KB056426

대일평화조약

대일평화조약

초판 1쇄 발행 2023년 1월 30일

편역자 | 송휘영 · 이성환 · 박병선 · 박지영 · 김영 · 손기섭

발행인 | 윤관백
발행처 | 선인
등 록 | 제5-77호(1998.11.4)
주 소 | 서울시 양천구 남부순환로 48길 1, 1층
전 화 | 02)718-6252 / 6257
팩 스 | 02)718-6253
E-mail | sunin72@chol.com
Homepage | www.suninbook.com

정가 72,000원
ISBN 979-11-6068-153-6 93900

· 잘못된 책은 바꿔 드립니다.

[영남대학교 독도연구소 번역총서 3]

마이니치신문사 편, 『대일평화조약』, 1952, 每日新聞社

대일평화조약

송휘영 · 이성환 · 박병선 · 박지영 · 김영 · 손기섭 편역

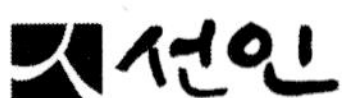

역자 서문

이 책은 샌프란시스코 평화조약이 발효하고 한 달 후에 마이니치(毎日)신문사에서 발행한 샌프란시스코 평화조약의 해설서이다. 이 책이 우리들의 주목을 끈 것은 책의 앞에 실려 있는 '일본영역도' 때문이다. 샌프란시스코 평화조약을 근거로 해서 작성된 이 일본영역도에는 독도가 일본의 영토에서 분명히 제외되어 있다. 이를 인용하여 한국에서는 "샌프란시스코 평화조약 체결 직후 일본 정부도 당시 독도가 일본의 관할 구역에서 제외된 사실을 확인하고 있다", "샌프란시스코 평화조약에서 독도가 일본영토로부터 제외된 증거"라는 등의 주장이 제기되었다(https://if-blog.tistory.com/239). 이 책이 샌프란시스코 평화조약 발효 직후에 발행되었고, 이 조약에 대한 일본의 인식을 가장 잘 표현한 것으로 볼 수 있는 측면이 있기 때문에 더욱 관심을 끌었다. 또 마이니치(毎日)신문사라는 사회적으로 공신력 있는 기관에서 출간했다는 점에서 의미는 더 강조되었다.

그러나 이 책의 본문에서는 독도에 관해 다음과 같이 기술되어 있다. 즉 제4장 제1절 영토 범위에서는 독도가 일본 영토에 포함되어 있으며, 이어서 제4장 제2절 분리되는 지역에는 독도가 포함되어 있지 않다. 나아가 제4장 제1절 '四 독도(竹島)' 부분에서는 구체적으로 다음과 같이 기술되어 있다. 즉 "1905년(明治38) 2월 22일 「시마네현 고시 제43호」로 정식으로 시마네현에 편입되어, 오키도사(隠岐島司)의 소관이 되었다. 현재는 오치군(隠地郡) 고카무라(五箇村)의 소속으로 되어 있으나, 1946년 총사령부 각서에 의해 일본 정부의 행정권이 정지하게 되었다."고 명기하고 있다. 요약하면 일본영역도에는 독도를 한국의 영토로 명기하고 있으나, 본문의 설명에서는 독도를 일본의 영토로 하고 있는 것이다.

샌프란시스코 평화조약은 제2차 세계대전 이후 아시아 · 태평양 지역의 질서를 재편성했으며, 현재도 이 지역의 질서를 규정하고 있다는 점에서 매우 큰 의미를 가지고 있다. 그러나 일반적으로 한국에서의 이 조약에 대한 전체적 이해는 깊지 않으며, 특정 관련 조항에 대한 부분적인 해석 등에 머물러 있다고 하겠다. 그러나 샌프란시스코 평화조약은 독도문제를 비롯해 한국 관련 문제와 깊은 관련을 가지고 있다. 이번에 샌프란시스코 평화조약의 해설서 격인 이 책을 번역 출간한 이유이다.

이 책은 크게 두 부분으로 구성되어 있다. 전반부는 평화조약에 대한 해설이고, 후반부는 평화조약에 관련된 자료이다. 전반부는 평화조약의 성립경위, 조약의 본질, 영토의 범위, 배상문제 등에 관한 일반적인 해설을 담고 있으나, 전체적으로 미국 편향적인 측면이 보이고 있는 것을 부인할 수 없을 것 같다. 예를 들면, 미국이 소련과 중국을 제외한 단독강화로 기울게 된 것은 "1947년 6월 마셜 플랜의 발표와 9월 말 코민포름의 결성으로 미소 간의 대립이 극명해지고, 같은 해 11월 25일부터 런던에서 열린 독일 · 오스트리아 평화조약에 관한 미영불소 4국 외무장관 회의가 결렬"되는 등 소련의 거부권 남용으로 곤란을 겪었기 때문에, 미국은 극동회원회 구성국의 다수를 중심으로 한 조약안 작성으로 기울었다고 언급하고 있으나, 소련이 거부권을 행사하는 이유에 대해서는 명확히 언급을 하지 않고 있다.

후반부의 자료 부분은, 1942년 1월 1일 연합국공동선언에서부터 평화조약의 작성과정에 직간접적으로 관련된 문서들을 망라하고 있다. 이 문서들을 통해 이 평화조약의 작성 과정 및 배경 등을 파악할 수 있다. 특히 조약 작성에서 주도적인 역할을 한 미국의 의도를 구체적으로 알 수 있으며, 이는 이 조약의 전체적인 지향성 및 성격을 파악하는 데 매우 유용하다. 물론 이러한 사실은 지금까지의 연구를 통해 충분히 입증된 부분이기 때문에 특히 새로울 것은 없으나, 여기에서 제시된 자료들의 전체적인 맥락에서 그 흐름을 재구성해 볼 수 있을 것이다.

미국은 구 소련(현 러시아)과 중국 등 공산권을 제외하고 서둘러 자유진영 중심의 단독강화를 추진했다. 때문에 일본은 러시아와는 아직도 강화조약을 체결하지 못하고 있다. 이러한 측면에서만 보면, 대일평화조약은 미완의 것이라 할 수 있다. 미국이 이러한 정책을 추진한 데에는 여러 요인이 작용했으나, 기본적으로는 확산일로에 있던 공산세력에 대한 공포와 일본에 대한 신뢰가 있었다. 특히 일본이 공산권에 포섭될 경우 전 세계의 안전보장이 위협을 받을 것이라는 점에 대한 우려는 상상 이상이었다. 그리고 약 5년간에 걸친 미국의 일본점령정책에서 보여준 일본 정부와 일본 국민의 종순성은 미국이 신뢰를 두기에 충분했다. 이 두 가지 요인이 상승작용을 일으키는 형태로 미국의 대일평화조약은 전범국가 일본에 대한 응징보다는 미국의 세계전략에 대한 일본의 기여를 더욱 중시하게 되었다. 1950년 미국 국무성이 발표한 '대일강화 7원칙'에는 일본에 대한 응징에 관한 내용은 전혀 없다.

대일평화조약에서의 미국과 일본의 관계는 본서에서 "이 조약(미일안전보장조약–인용자)이 평화조약과 실질적으로 일체를 이룬다는 점, 아니 그 이상으로 평화조약이 안전보장조약을 체결하기 위한 복선으로 체결됐다는 점은 성립경위 및 내용으로 보아 명확하다."고 하는 지적은 시사하는 바가 크다. 다시 말하면 미일안전보장을 체결하기 위해 대일평화조약이 필요했다는 의미이다. 이러한 점에서 대일평화조약은 미국을 위한, 일본을 포섭하기 위한 조약이었다고 할 수 있다. 그 결과 대일평화조약은 일본 편향적인 경향을 띨 수밖에 없는 것이었다고 하겠다. 최근 현안으로 되어 있는 독도문제, 배상문제, 일본의 재군비 문제 등도 그 연원은 이러한 대일평화조약의 성격에서 찾을 수 있다고 하겠다. 미국은 일본의 영토 처리 문제에서 일본이 포기할 지역과, 그 지역의 귀속처를 분명하게 하지 않았다. 미국은 대일평화조약에서 일본의 식민지 침략과 과거사에 대한 책임을 묻지 않았고, 1965년의 한일국교정상화도 이 틀 안에서 형성된 것이었다. 그리고 미국은 공산세력의 확대를 우려한 나머지 국제연합헌장의 집단적 · 개별적 자위권과 반덴버그 결의를 명목으로 사실상의 일본의 재무장화를 용인했던 것이다.

본서의 번역은 6명이 담당하였기 때문에 용어 및 표기의 통일 등에는 다소 미흡한 점이 있으나, 내용을 훼손하는 정도는 아니기 때문에 각자의 책임에 맡겼다. 그리고 순수한 해설 부분을 제외하고는 대부분이 영어가 원문이었으나, 이를 확인하여 대조하지는 않고, 일본어를 한글로 옮겼다. 그렇기 때문에 영어→일본어→한국어라는 중역(重譯)의 한계를 가질 수밖에 없다. 그러나 일본어를 원문으로 하여 번역을 한 데에는, 영어원문의 내용을 일본인들이 어떻게 번역 인식했는가를 알 수 있는 장점도 있다. 또 조선, 소련 등과 같은 용어는 현재의 한국, 러시아로 표기하지 않고, 용어의 역사성 등을 감안하여 일본어 표기 그대로 '조선' '소련' 등으로 하였다.

번역은 최대한 원서를 그대로 옮긴다는 취지에서 원칙적으로 직역에 충실하려고 노력하였다. 그러나 연설문, 기자 회견문 등의 구어체는 의미를 훼손하지 않으면서 읽기에 용이하게 윤문하였다.

이 책이 샌프란시스코 평화조약의 이해에 다소나마 보탬이 되기를 바란다. 이 책의 분역분담은 아래와 같다.

송휘영: 23~139쪽, 박병선: 140~254쪽, 박지영: 254~375쪽

이성환: 376~501쪽, 김 영: 502~630쪽, 손기섭: 631~764쪽

2023년 1월

편역자 이성환, 송휘영

목차

■ 자료

자료
해제

대일평화조약과 독도

송휘영

대일평화조약(=샌프란시스코 강화조약)은 제2차 세계대전 이후 정치·사회·경제·문화 등 동아시아 국제질서를 규정하는 중요한 의미를 지닌다. 따라서 전후 동아시아의 국제질서를 '샌프란시스코체제'라고 말할 수 있을 것이다. 대일평화조약은 우리에게 독도와 관련해 가장 가슴 아픈 사건으로 손꼽을 수 있다. 이 조약에서 "독도는 한국 땅"이라고 명시되었더라면 지금의 독도 문제는 일어나지 않았을지도 모른다. 일본은 조약에서 일본이 포기해야 할 영토 중에 독도가 명시되지 않았다는 점을 들어 독도가 일본의 영토라고 주장하고 있기 때문이다.

잘 알다시피 이 조약은 1951년 9월 8일 연합국과 일본이 미국의 샌프란시스코에서 제2차 세계대전 전후 처리를 위해 체약한 조약이다. 이 조약은 제2차 세계대전의 전쟁상태를 종결하고 국교를 회복하기 위해 일본이 미국·영국 등 48개국과 체결한 조약으로 1952년 4월 28일에 공표되어 이후 지금까지 그 효력을 발휘하고 있는 것이다. 제2차 세계대전 당시 신민지국이었던 한국은 조약 참가국에서 제외되었다. 당시 한국은 강화조약의 일원으로 참가하고자 했으나 연합국측은 과도한 배상을 우려해 한국을 배제했다. 또한 연합국의 입장에서 볼 때, 해외에서 항일투쟁을 전개한 대한민국 임시정부가 국제적으로 승인을 받지 못한 단체였고, 대한민국 정부는 1948년에 출범했기 때문에 한국에 참전국의 지위를 부여할 수 없다는 것이었다.

이 조약에서 한국의 영토처리와 관련된 내용은 '제2장 영역 제2조 (a)항'이다. 제2장 영역 제2조 a항에는 한국(조선) 포기 조항으로, 포기하는 대상에 독도는 제5차 초안까지 명시되어 있었던 독도가 누락되어 포함되어 있지 않다. 그것은 최종적으로 다음과 같은 것이었다.

> 일본은 한국의 독립을 승인하고 제주도, 거문도 및 울릉도를 포함한 조선에 대한 모든 권리, 권원 및 청구권을 포기한다.

대일평화조약은 전문과 본문 7장 27개조로 이루어져 있으며 이밖에 몇몇 나라와의 의정서, 국제조약에의 가입 및 전사자의 분묘에 관한 2가지 단독 선언이 덧붙여져 있다. 영토처리 문제에 대해서는 한반도의 독립 승인, 타이완과 팽호제도(澎湖諸島), 쿠릴열도(千島列島), 남사할린 등에 대한 일본의 모든 권리와 청구권을 포기하고 남태평양 제도의 구 위임통치지역을 미국의 단독 시정권으로 신탁통치 한다는 내용의 협정에 승인을 한 것이다. 또한 오키나와(沖繩)와 오가사와라 제도(小笠原諸島)를 신탁통치 예정지역으로 삼고, 그동안 미국에 의한 시정권 행사 및 일본의 잠재주권의 유지 등을 규정하고 있다.

그리고 배상문제 사항 등에 관해 규정하고 있는데, 배상문제에 대해서는 일본의 채무이행 능력에 대한 한계의 시인, 해외 일본자산의 차압과 유치, 역무배상 원칙의 확정, 일본의 조약체결국에 대한 모든 청구권의 포기를 규정하고 있다. 또한 안전보장에 대해서는 일본이 국제연합헌장 제51조의 개별적 · 집단적 자위권을 갖는다는 점을 승인하는 등의 내용을 규정하고 있다. 중국의 대표권에 대해서는 미국 · 영국 간에 의견이 일치하지 않았기 때문에 타이완(중화민국)이나 중화인민공화국은 회의에 초청받지 못했다. 인도 · 미얀마 · 유고슬라비아는 초청을 받았지만 참가하지 않았고 소련 · 폴란드 · 체코슬로바키아는 참가했지만 조약에 서명하지 않았다. 일본은 이 조약에 참가하지 않은 국가들과 1952~58년에 걸쳐 '2국간 평화조약', 혹은 그에 대신하는 문서를 체결하여 국교를 회복했다.

이 대일평화조약에서는 일본의 영역에 대해 규정하고 있는데, 그것이 앞에서 언급한 제2장 제2조 (a)항이다. 대일평화조약 최종안이 확정되기까지 10여 차례의 초안이 검토되었다. 연합국 최고사령관 지령인 SCAPIN677과 SCAPIN1033에서 독도를 한국영토로 취급하고 있었으며, 이를 승계하여 1947년 3월 19일의 제1차 초안에서부터 일본의 영역에서 제외되는 도서로서 독도(Liancourt)가 명기되어 있었다. 제5차 초안과 '맥아더 라인'에서도 독도는 한국의 영토 안에 명기되어 있었다. 그러나 그 후 일본에 의한 로비로 인해 제6차 초안부터 독도가 일본이 포기해야 할 영토를 규정하는 조항에서 삭제되었다. 일부 영국 초안에서는 여전히 일본이 포기해야 할 영토로 명기되어 일본영역에서 제외하고 있었다. 결과적으로 대일평화조약의 최종안에서는 독도는 영토조항과 무관하게 사라지게 되어 '독도'의 취급은 애매하게 처리되어 버렸다.

이에 그 후 한일 양국의 대일평화조약 해석을 둘러싸고 대립이 계속되고 있는 실정이다. 일본 정부는 대일평화조약의 제2장 영역 제2조 a항에서 "한국에 대한 영토 포기 조항에 변경은 없었으며, 포기해야 할 대상에 독도(죽도)는 포함되어 있지 않다"고 주장하며 최종적으로 독도는 일본 영토로 귀속되었다고 주장하고 있다. 이에 대해 한국은 "이 조약에서 독도에 관해 명시적 규정이 없으므로 SCAPIN677을 승계하여 일본이 포기한 한국의 영토"라고 주장하고 있다. 어찌됐든 대일평화조약이 발효된 1952년 4월 28일 이후에도 독도에 대한 한국의 실효적 지배는 계속되고 있으며, 대일평화조약 제2장 제2조 (a)항에 대한 논쟁은 계속되고 있다.

일본이 독도를 자국의 땅이라고 주장하는 가장 강력한 근거는 초안 작성에 영향을 미친 두 미국인의 의견이다. 미국 정부의 일본 정치고문 윌리엄 제이 시볼트(William J. Sebald)와 극동 담당 국무차관보 딘 러스크(D. Rusk)

가 그 주인공이다. 시볼트는 두 번에 걸쳐 "독도는 한국 땅이라는 근거가 없다"는 요지의 편지를 미국 국무성에 보냈고, 국무성은 이를 적극 반영해 초안에 "독도는 일본 땅"이라고 명기하기도 했다. 또한 러스크(D. Rusk)는 1951년 8월 양유찬 주미 대사에게 독도가 한국의 영토라는 사실을 부인하는 편지를 보냈다. 그 뒤 한일 간에 독도를 둘러싼 논쟁이 고조되자 미국정부 일각에서는 러스크 서한을 공개하자는 의견이 대두되기도 했다. 이에 대해 당시 미국 국무장관 덜레스(John F. Dulles)는 1953년 12월 독도 영유권에 관한 러스크 서한을 적절한 시점에서 일본에 전달하는 것도 고려하고 있으나, 이것은 대일평화조약 서명국 중 1개국의 입장일 뿐이며, 독도 문제는 국제사법재판소에 위임하는 것이 적절하다는 훈령을 내렸다. 결과적으로 대일평화조약 최종안에서 '한국의 독립을 인정하고 한국에 대한 일본의 모든 권리를 포기한다'는 내용이 담긴 조약 2장 2조 a항에 포기해야 할 영토에 독도가 명시되지 않았다. 독도를 영토 조항에서 아예 삭제해버린 것이다.

미국을 비롯한 연합국 측이 이렇듯 모호한 결론을 내린 것에는 당시의 정치적 상황이 작용하였다고 할 수 있다. 당시 미국은 러시아로 대표되는 공산권과의 대결에 돌입한 상황이었다. 판을 새로 짜야 하는 정세가 되면서 '일본'은 단순한 패전국이 아니라 러시아를 막는데 반드시 필요한 협조자로 간주하였고, 일본의 사정에 귀를 기울일 수밖에 없었다. 당시 일본의 총리 겸 외상이었던 요시다 시게루는 이런 상황을 적극적으로 활용했다. 그는 1951년 중소동맹이 성립돼 일본이 이들의 가상 적국이 되자 미국과 강화조약을 맺고자 했다. 미국은 중국과 소련이 손을 잡은 상황에 위협을 느끼고 있던 차에 일본의 제의가 솔깃하게 다가올 수밖에 없었다. 그들은 일본을 병참기지화 하고 일본의 경제를 복구시켜 공산 세력의 팽창을 막고자 했다. 이런 제반의 상황은 샌프란시스코 조약과 관련해 일본의 상황을 유리하게 만들었다.

그러나 대일강화조약을 음미함에 있어 다음과 같은 점에 유의할 필요가 있다. 첫째, 1946년 1월 29일 연합국 최고사령부가 발표한 「연합국 최고사령관 지령」(SCAPIN-677) 제3항에는 일본의 영토에서 울릉도, 독도, 제주도를 제외시킨다고 명시하여 일본의 영토에서 독도를 제외하였다. 이듬해인 1946년 6월 22일 공표한 SCAPIN-1033에서도 일본 어부들이 독도와 주변 12해리에 들어오는 것을 엄금했다. 따라서 "일본이 폭력과 탐욕에 의해 약취한 기타 일체의 지역에서 구축된다"고 밝힌 카이로 선언(1943.11.27)과 일본 영토를 규정한 포츠담 선언(1945.7.26), 그리고 연합국 최고사령관 지령(SCAPIN-677 및 SCAPIN-1033)의 연장선상에서 대일평화조약 발효 이후에도 유효하게 독도는 한국 영토로 남아있다는 점이다.

둘째, 1950년 6.25 전쟁이 발발하자 유엔군과 미국 태평양 공군 사령관은 '한국방공식별구역(KADIZ: Korea Air Defense Identification Zone)'을 설정하였는데, 이 범위 안에 독도가 포함되어 있다. 해당 라인은 지금도 국제사회에서 인정되고 있는 것이다. 셋째, 이 책자의 첨부지도인 〈일본영역도(日本領域図)〉에서 독도는 '竹島'라고 하여 한국(朝鮮) 영토로 규정하고 있다는 점이다. 특히 『대일평화조약1952』는 당시 조약의 조인과 발효, 일본 국회에서 비준에 이르기까지 각종 자료를 종합하여 엮은 것으로 당시 일본정부의 독도 인식을 나타내는 것이라 할 수 있다.

대일평화조약

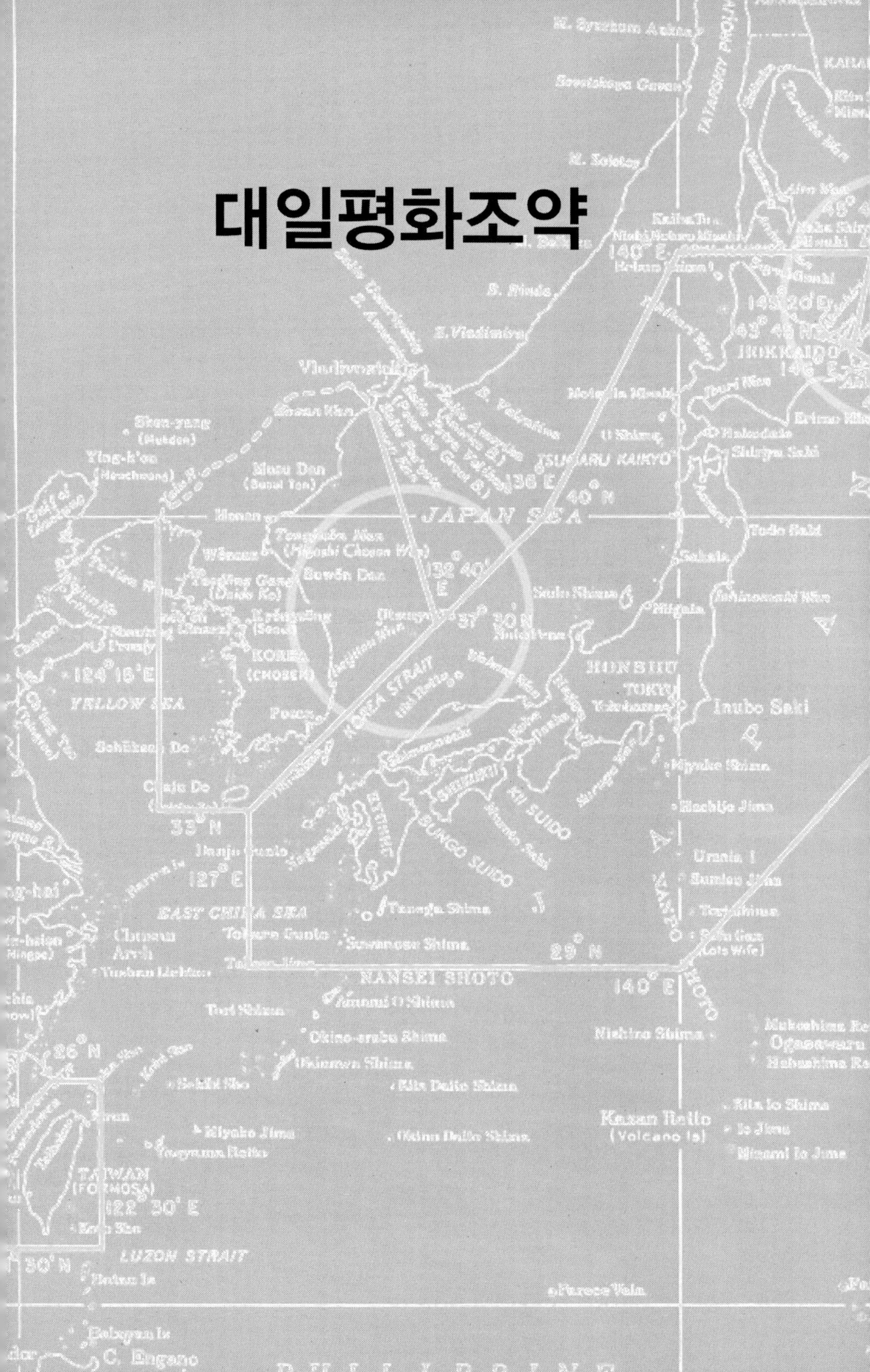

Vladivostok
JAPAN SEA
YELLOW SEA
KOREA STRAIT
EAST CHINA SEA
TSUGARU KAIKYO
HOKKAIDO
HONSHU
Inubo Saki
KII SUIDO
BUNGO SUIDO
NANSEI SHOTO
Kazan Retto
(Volcano Is)
TAIWAN
(FORMOSA)
LUZON STRAIT
C. Engano

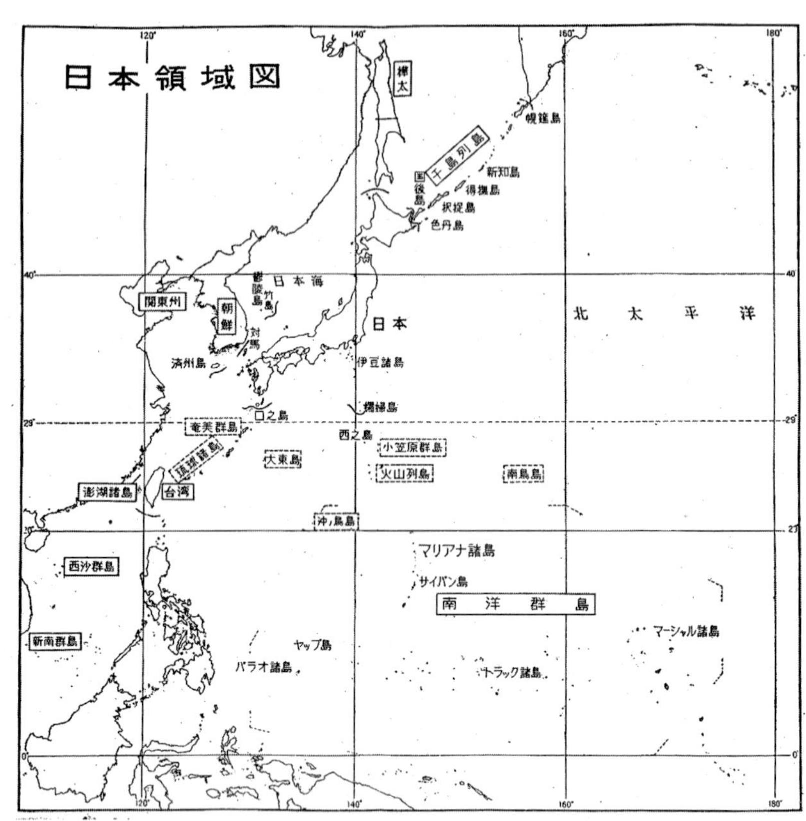
日本領域図
樺太
幌筵島
千島列島
国後島
新知島
得撫島
択捉島
色丹島
鬱陵島
竹島
日本海
関東州
朝鮮
対馬
日本
北太平洋
済州島
伊豆諸島
孀婦島
口之島
奄美群島
西之島
小笠原群島
琉球諸島
大東島
火山列島
南鳥島
澎湖諸島
台湾
沖ノ鳥島
マリアナ諸島
西沙群島
サイパン島
南洋群島
新南群島
マーシャル諸島
ヤップ島
パラオ諸島
トラック諸島

일본영역도

서 문

일본국민이 종전 이래 기다려온 독립의 날이 왔다. 1945년 9월 2일 항복문서에 서명하고 나서 만 6년 후인 1952년 9월 8일 마침내 연합국의 대다수와의 사이에 평화조약이 서명되었고, 이어서 일본 및 주요 연합국은 비준서 기탁을 마치고 동 조약은 4월 28일로써 발효한 것이다. 그리하여 점령상태는 종료하여 일본은 독립을 회복한 것이지만, 일본이 세계에 서약하고 연합국은 일본이 기대한 자유, 독립, 평화로운 민주적인 상태가 과연 실현된 것일까 문제는 역시 향후로 남겨진 것이다.

첫째, 이번 강화에 대하여 우선 주의해야 할 것은 반공진영과의 사이의 강화라는 것이다. 일본의 강화가 늦어진 것은 공산 반공 양 진영의 대립을 원인으로 하는 것이나, 그 대립의 해소를 기다리지 않고 일본은 반공진영과 강화한 것이며, 이리하여 일본이 자발적으로 반공진영에 참가한 것에 의해 안전보장문제가 향후 일본 최대의 문제가 된 것이다.

둘째로 주의해야 할 것은, 이번 강화는 패전의 결과로서 강화라는 점이다. 일본은 광대한 식민지와 그 자원을 잃고 또한 일본이 점령한 영토를 황폐화시킨 동남아시아 국가들에 대해 배상을 지불해야 하는 의무를 졌다. 이들이 자위력의 점증과 더불어 일본경제에 미치는 영향은 현저하게 나타날 것이다.

세 번째 주의해야 할 점은, 이번 강화는 국제정세의 긴박함에 대비하여 서명을 서둘렀기 때문에 중요문제에서 그 해결을 관계국 간의 장래 교섭에 맡긴 것이 많다는 것이다. 예를 들어 중국, 한국, 필리핀, 인도네시아 등과의 사이에 어업, 국적, 배상에 관한 교섭 역시 진행 중에 있다.

본서는 평화조약의 의의, 내용, 향후의 문제 등에 대해 평이하게 해설하고 거기에 주요관계자료를 첨부한 것이다. 해석함에 있어 특정의 입장을 취하지 않고 객관적으로 서술하고자 노력하였다. 본서는 분량의 절반을 자료로 충당한 것도 해설을 보존하고 독자 스스로의 판단에 맡기고자 한 것이다.

1952년 4월 마이니치신문사(毎日新聞社)

일본과의 평화조약 및 관계문서

일본과의 평화조약
〔대일평화조약(1951.9.9) 全文〕

전문(前文) (동등한 자로서 연합국과의 관계)

연합국과 일본은 앞으로의 관계는 동등한 주권국가로서 그들의 공동 복지를 증진시키고, 국제 평화 및 안보를 유지하기 위해 우호적으로 협력하는 관계가 될 것이라고 결의하거니와, 그들 간에 전쟁 상태가 지속됨으로써 여전히 미해결 중인 여러 문제들을 해결할 평화조약을 체결하기를 바라는 까닭에 일본은 국제연합에 가입하여, 어떤 상황하에서도 국제연합 헌장의 원칙들을 준수하고, 세계인권선언의 취지를 실현하기 위해 힘쓰고, 일본 내에서 국제연합 헌장 55조 및 56조에 규정된, 그리고 일본이 항복한 이후 이미 일본의 입법에 의해 시작된 안정과 복지에 관한 조건들을 조성하기 위해 노력하며, 공적 및 사적 무역 및 통상에서 국제적으로 인정된 공정한 관행들을 준수할 의향이 있으므로, 연합국들이 위에서 언급된 일본의 의향을 환영하므로, 연합국들과 일본은 현재 평화 조약을 체결하기로 결정하며, 그에 따라 서명자인 전권대사들을 임명했다. 그들은 자신들의 전권 위임장을 제시하여, 그것이 적절하고 타당하다는 것이 확인된 후 다음 조항들에 동의했다.

제1장 평화

제1조 (전쟁상태의 종료)

(a) 일본과 각 연합국들과의 전쟁 상태는 제23조에 규정된 바와 같이, 일

본과 관련된 연합국 사이에서 현 조약이 시행되는 날부터 중지된다.

(b) 연합국들은 일본과 그 영해에 대한 일본 국민들의 완전한 주권을 인정한다.

제2장 영토

제2조 (한국, 대만 및 팽호제도(澎湖諸島), 쿠릴열도와 사할린, 위임통치, 남극지역, 신난군도(新南群島) 및 서사군도(西沙群島))

(a) 일본은 한국의 독립을 인정하고, 제주도, 거문도 및 울릉도를 비롯한 한국에 대한 모든 권리와 소유권 및 청구권을 포기한다.

(b) 일본은 대만과 팽호제도에 대한 모든 권리와 소유권 및 청구권을 포기한다.

(c) 일본은 쿠릴열도에 대한, 그리고 일본이 1905년 9월 5일의 포츠머스 조약에 의해 주권을 획득한 사할린의 일부와 그것에 인접한 도서에 대한 모든 권리와 소유권 및 청구권을 포기한다.

(d) 일본은 국제연맹의 위임통치제도와 관련된 모든 권리와 소유권 및 청구권을 포기하고, 신탁통치를 이전에 일본의 위임통치권하에 있었던 태평양제도에 이르기까지 확대하는 1947년 4월 2일의 국제연합안전보장이사회의 조치를 수용한다.

(e) 일본은 일본 국민의 활동으로부터 비롯된 건이건, 아니면 그밖의 활동으로부터 비롯된 건이건 간에, 남극 지역의 어떤 부분과 관련된 어떤 권리나, 소유권 또는 이익에 대한 모든 권리를 포기한다.

(f) 일본은 남사군도(南沙群島)와 서사군도(西沙群島)에 대한 모든 권리와 소유권 및 청구권을 포기한다.

제3조 (남서제도 및 남방제도)

일본은 (류큐제도(琉球諸島)와 다이토제도(大東諸島)를 비롯한) 북위 29도 남쪽의 난세이제도(南西諸島)와 (오가사와라군도(小笠原群島), 니시노시마(西之島) 및 가잔열도(火山列島)를 비롯한) 소후암(孀夫岩) 남쪽의 남방제도(南方諸島), 그리고 오키노토리시마(沖の鳥島)와 미나미토리시마(南鳥島)를 유일한 통치 당국인 미국의 신탁통치하에 두려는 미국이 국제연합에 제시한 어떤 제안도 동의한다. 그러한 제안과 그에 대한 긍정적인 조치가 있을 때까지 미국은 그 영해를 포함한 그 섬들의 영토와 주민들에 대한 모든 행정, 입법, 사법권을 행사할 권리를 가지게 될 것이다.

제4조 (구 영토에 있는 재산, 해저 전선)

(a) 이 조항의 (b)의 규정에 따라, 일본의 부동산 및 제2조에 언급된 지역의 일본 국민들의 부동산의 처분 문제와, 현재 그 지역들을 통치하고 있는 당국자들과 그곳의 (법인을 비롯한) 주민들에 대한 (채무를 비롯한) 그들의 청구권들, 그리고 그러한 당국자들과 주민들의 부동산의 처분과 일본과 그 국민들에 대한 그러한 당국자들과 주민들의 채무를 비롯한 청구권들의 처분은 일본과 그 당국자들 간에 특별한 협의의 대상이 된다. 그리고 일본에 있는, 그 당국이나 거류민의 재산의 처분과, 일본과 일본국민을 상대로 하는 그 당국과 거류민의 청구권(부채를 포함한)의 처분은 일본과 그 당국 간의 별도 협정의 주제가 될 것이다. 제2조에서 언급된 지역에서의 어떤 연합국이나 그 국민의 재산은, 현재까지 반환되지 않았다면, 현존하는 그 상태로 행정당국에 의해 반환될 것이다.

(b) 일본은 제2조와 제3조에 언급된 지역에 있는 일본과 일본국민 재산에 대해, 미군정청 지침이나 이에 준해서 제정된 처분권의 적법성을 인정한다.

(c) 본 조약에 의해서 일본의 지배에서 벗어난 지역과 일본을 연결하는, 일본 소유의 해저 케이블은 균등하게 분할될 것이다. 일본은 일본측 터미널과 그 에 접하는 절반의 케이블을 갖고, 분리된 지역은 나머지 케이블과 터미널 시설을 갖는다.

제3장 보장

제5조 (국제연합 헌장에 정한 의무를 수락 자위권)

(a) 일본은 국제연합헌장 제2조에서 설명한 의무를 수락한다. 특별히 다음과 같은 의무이다.

(i) 국제평화와 안전, 정의가 위협받지 않는 평화적인 방법으로 국제적 논쟁을 해결해야 할 의무

(ii) 일본의 국제적인 관계에서, 어떤 나라의 영토보전이나 정치적인 독립을 해하거나, 어떤 식으로든 국제연합의 목적에 상반되는 위협이나 군사력의 행사를 금하는(자제하는) 의무

(iii) 국제연합이 헌장에 따라 하는 활동이라면 어떤 것이든 국제연합을 지원하고, 국제연합이 예방적이거나 제재하는 활동을 하는 어떤 나라도 지원하지 말아야 할 의무

(b) 연합국은, 그들과 일본과의 관계는 국제연합헌장 제2조의 원칙에 의거해서 정해질 것임을 확인한다.

(c) 일본은 주권국가로서, 국제연합헌장 제51조에 언급된 개별적 혹은 집단적 고유 자위권을 소유하며 자발적으로 집단안보 조약에 가입할 수 있음을 연합국 입장에서 인정한다.

제6조 (점령군 철수, 외국군대의 주둔)

(a) 본 조약이 시행되고 난 후 가능한 빠른 시일 내에, 그리고 어떤 경우라도 시행 후 90일 이전에, 연합국의 모든 점령군은 일본에서 철수할 것이다. 그러나 이 조항의 어떤 내용도, 1개 혹은 그 이상의 연합국을 일방으로 하고 일본을 다른 일방으로 해서 체결되었거나 체결될 상호 간, 혹은 다자간협정에 의해서 외국군을 일본영토 내에 주둔시키거나 유지하는 것을 막을 수는 없다.

(b) 일본군의 귀환과 관련한, 1945년 7월 26일 포츠담 선언 제9조의 조항은, 아직 (귀환이) 완료되지 않은 한 실행될 것이다.

(c) 그 보상비가 아직 지급되지 않았으며, 점령군의 사용을 위해 제공되어, 본 조약이 시행되는 시점까지 점령군이 소유하고 있는 일본의 모든 부동산은 상호 합의에 의해 다른 약정이 만들어지지 않는 한, 90일 이내에 일본 정부에 반환된다.

제4장 정치적 및 경제적 조항들

제7조 (2국 간 조약)

(a) 각 연합국은 본 조약이 시행된 지 1년 안에 일본에게 전쟁 전에 체결된 일본과의 양자 간 조약이나, 협약에 대해, 그것을 계속 유지 또는 부활시킬 의사가 있는지를 통지한다. 그와 같이 통지된 어떤 조약이나 협약은 본 조약의 이행에 필요할 수 있는 것과 같은 그러한 변경사항들을 준수하기만 한다면, 계속 유지되거나 부활된다. 그와 같이 통지된 조약 및 협약은 통지된 지 3개월 후에 계속 효력을 발생하거나 재개되며, 국제연합 사무국에 등록 된다. 일본에게 그와 같이 통지되지 않은 모든 조약들과 협약들은 폐기된 것으로 간주된다.

(b) 이 조의 (a)항에 의해 실시되는 모든 통지는 어떤 조약이나 협약을 실행하거나 재개하면서 통지하는 나라가 책임이 있는 국제관계를 위해 어떤 영토를 제외시킬 수 있다. 일본에게 그러한 통지를 한 날로부터 3개월 뒤에는 그러한 예외는 중단될 것이다.

제8조 (다른 평화조약의 효력의 승인, 유럽 및 아프리카의 정치적 특권 포기)

(a) 일본은 연합국에 의한 또는 평화 회복과 관련한 다른 협정들뿐 아니라, 1939년 9월 1일에 시작된 전쟁 상태를 종료하기 위해 현재 또는 앞으로 연합국에 의해 체결되는 모든 조약들의 완전한 효력을 인정한다. 일본은 또한 종전의 국제연맹과 상설 국제사법재판소를 폐지하기 위해 행해진 협약들을 수용한다.

(b) 일본은 1919년 9월 10일의 생 제르망 안 레이 협약과 1936년 7월 20일의 몽트뢰 조약의 서명국 신분으로부터 유래될 수 있는, 그리고 1923년 7월 24일 로잔에서 터키와 체결한 평화조약 제16조에 의해 발생될 수 있는 모든 권리와 이익들을 포기한다.

(c) 일본은 1930년 1월 20일에 독일과 채권국들 간에 체결한 협정과, 1930년 5월 17일자 신탁협정을 비롯한 그 부속 협정들인 1930년 1월 20일의 국제결재은행에 관한 조약 및 국제결재은행의 정관들에 의해 획득한 모든 권리와 소유 권 및 이익들을 포기하는 동시에, 그러한 협정 등으로부터 비롯되는 모든 의무로부터 해방된다. 일본은 본 조약이 최초로 효력을 발생한 뒤 6개월 이내에 이 항과 관련된 권리와 소유권 및 이익들의 포기를 프랑스 외무성에 통지한다.

제9조 (어업협정)

일본은 공해상의 어업의 규제나 제한, 그리고 어업의 보존 및 발전을 규정하는 양자 간 및 다자 간 협정을 체결하기를 바라는 연합국들과 즉각 협상을 시작한다.

제10조 (중국에서의 특수권익의 포기)

일본은 1901년 9월 7일에 베이징에서 서명된 최종 의정서의 규정들로부터 발생되는 모든 이익과 특권을 비롯하여, 중국에 대한 모든 특별한 권리와 이익을 포기한다. 그리고 모든 조항들과 문안 그리고 보충 서류들은 이로써, 이른바 요령, 조항, 문구, 서류들을 폐기하기로 일본과 합의한다.

제11조 (전쟁범죄인)

일본은 일본 안팎의 극동 및 기타국가 연합의 전범 재판소의 국제 군사재판 판결을 수용하고 이로써 일본 내 일본인에게 선고된 형량을 수행한다. 형량감경이나 가석방 같은 관용은 정부로부터 또는 사안별로 형량을 선고한 연합정부의 결정이 있을 경우 또는 일본심사결과가 있을 경우 이외에는 적용하지 않는다. 극동지역에 대한 국제 군사재판에서 선고받은 피고인 경우 재판소를 대표하는 정부 구성원이나 일본 심사결과상 과반수의 결정이 있을 경우 이외에는 적용하지 않는다.

제12조 (과도기의 통상항해관계)

(a) 일본은 안정적이고 호혜적 관계를 바탕으로 한 거래와 해상무역을 위하여 연합국과 조약을 맺거나 협상결과를 이끌어 내기 위하여 신속한 협정에 임할 준비가 되어있음을 선언한다.

(b) 관련 조약이나 협정상 합의사항 보류 시 현행 협정사항이 효력을 얻는 초년도부터 4년 기간 동안 일본은,

(1) 연합군의 권력과 구성국가들, 생산물자와 선박들을 수용한다.

(i) 최혜국 협정을 수용하여 관세율 적용과 부과, 제한사항 그리고 기타 물자 수출입과 연관해서는 관련규정을 따른다.

(ii) 해운, 항해 및 수입상품에 대한 내국민 대우와, 자연인, 법인 및 그들의 이익에 대한 내국민 대우. 다시 말해 그러한 대우는 세금의 부과 및 징수, 재판을 받는 것, 계약의 체결 및 이행, (유형, 무형) 재산권, 일본법에 따라 구성된 자치단체에의 참여 및 일반적으로 모든 종류의 사업활동 및 직업활동의 수행에 관한 모든 사항들을 포함한다.

(2) 일본 공기업들의 대외적인 매매는 오로지 상업적 고려만을 기준으로 하고 있다는 것을 보장한다.

(c) 하지만, 어떤 문제에 대해 일본은 관련된 연합국이 같은 문제에 대해 일본에게 경우에 따라 내국민 대우나, 최혜국 대우를 주는 범위 내에서만, 그 연합국에게 내국민 대우나, 최혜국 대우를 주어야 한다. 앞에서 말한 상호주의는 연합국의 어떤 비본토 지역의 생산품, 선박 및 법인, 그리고 그 지역에 거주하는 사람들의 경우에, 그리고 연방정

부를 가지고 있는 어떤 연합국의 국가 또는 주의 법인 및 그곳에 주소를 둔 사람의 경우에는, 그러한 지역이나, 주 또는 지방에서 일본에게 제공하는 대우를 참조하여 결정된다.

(d) 이 조를 적용함에 있어서, 차별적 조치는 그것을 적용하는 당사국의 통상조약에서 통상적으로 규정하고 있는 예외에 근거를 둔 것이라면, 또는 그 당사국의 대외적 재정 상태나, (해운 및 항해에 관한 부분을 제외한) 국제수지를 보호해야 할 필요에 근거를 둔 것이라면, 또는 긴요한 안보상의 이익을 유지해야 할 필요성에 근거를 둔 것이라면, 그리고 그러한 조치가 주변 상황과 조화를 이루면서, 자의적이거나, 비합리적으로 적용되지 않는다면, 경우에 따라서 내국민 대우나 최혜국 대우를 허용하는 것과 상충하는 것으로 간주되지는 않는다.

(e) 이 조에 의한 일본의 의무는 본 조약의 제14조에 의한 연합국의 어떤 권리 행사에 의해서도 영향을 받지 않는다. 아울러 이 조의 규정들은 본 조약의 제15조에 따라 일본이 감수해야 할 약속들을 제한하는 것으로 해석되어서는 안 된다.

제13조 (민간항공)

(a) 일본은 국제 민간항공운송에 관한 양자간, 또는 다자간 협정을 체결하자는 어떤 연합국의 요구가 있을 때에는 즉시 해당 연합국들과 협상을 시작한다.

(b) 일본은 그러한 협정들이 체결될 때까지, 본 조약이 최초로 발효된 때부터 4년간, 항공 교통권에 대해 그 효력이 발생하는 날에 어떤 해당 연합국이 행사하는 것에 못지않은 대우를 해당 연합국에 제공하는 한편, 항공업무의 운영 및 개발에 관한 완전한 기회균등을 제공한다.

(c) 일본은 국제민간항공조약 제93조에 따라 동 조약의 당사국이 될 때까지, 항공기의 국제 운항에 적용할 수 있는 동 조약의 규정들을 준수하는 동시에, 동 조약의 규정에 따라 동 조약의 부속서로 채택된 표준

과 관행 및 절차들을 준수한다.

제5장 청구권 및 재산

제14조 (배상능력 결여, 역무배상, 연합국에 있는 일본재산의 처분, 연합국에 의한 청구권의 포기)

(a) 일본이 전쟁 중 일본에 의해 발생된 피해와 고통에 대해 연합국에 배상을 해야 한다는 것은 주지의 사실이다. 그럼에도 불구하고, 일본이 생존 가능한 경제를 유지하면서, 그러한 모든 피해와 고통에 대한 완전한 배상을 하는 동시에, 다른 의무들을 이행하기에는 일본의 자원이 현재 충분하지 않다는 것 또한 익히 알고 있는 사실이다.

따라서,

1. 일본은 즉각 현재의 영토가 일본군에 의해 점령당한, 그리고 일본에 의해 피해를 입은 연합국들에게 그들의 생산, 복구 및 다른 작업에 일본의 역무를 제공하는 등 피해 복구 비용의 보상을 지원하기 위한 협상을 시작한다. 그러한 협상은 다른 연합국들에게 추가적인 부담을 부과하지 않아야 한다. 그리고 원자재의 제조가 필요하게 되는 경우, 일본에게 어떤 외환 부담이 돌아가지 않도록 원자재는 해당 연합국들이 공급한다.

2. (I), 아래 (II)호의 규정에 따라, 각 연합국은 본 조약의 최초의 효력 발생 시에 각 연합국의 관할 하에 있는 다음의 모든 재산과 권리 및 이익을 압수하거나, 보유하건, 또는 처분할 권리를 가진다.

(a) 일본 및 일본 국민,

(b) 일본 또는 일본 국민의 대리자 또는 대행자,

(c) 일본 또는 일본 국민이 소유하건, 지배하는 단체,

이 (I)호에서 명시하는 재산, 권리 및 이익은 현재 동결되었거나, 귀속되었거나, 연합국 적산관리 당국이 소유하거나, 관리하고 있는 것들을 포함하는데, 그것들은 앞의 (a)나, (b) 또는 (c)에 언급된 사람이나,

단체에 속하거나, 그들을 대신해서 보유했거나, 관리했던 것들인 동시에 그러한 당국의 관리하에 있었던 것들이었다.

(II) 다음은 위의 (I)호에 명기된 권리로부터 제외된다.

(i) 전쟁 중, 일본이 점령한 영토가 아닌, 어떤 연합국의 영토에 해당 정부의 허가를 얻어 거주한 일본의 자연인 재산. 다만, 전쟁 중에 제한 조치를 받고서, 본 조약이 최초로 효력을 발생하는 날에 그러한 제한조치로부터 해제되지 않은 재산은 제외한다.

(ii) 일본 정부 소유로 외교 및 영사 목적으로 사용한 모든 부동산과 가구 및 비품, 그리고 일본의 대사관 및 영사관 직원들이 소유한 것으로 통상적으로 대사관 및 영사관 업무를 수행하는데 필요한 모든 개인용 가구와 용구 및 투자 목적이 아닌 다른 개인 재산

(iii) 종교단체나, 민간 자선단체에 속하는 재산으로 종교적 또는 자선적 목적으로만 사용한 재산

(iv) 관련 국가와 일본 간에 1945년 9월 2일 이후에 재개된 무역 및 금융 관계에 의해 일본이 관할하게 된 재산과 권리 및 이익. 다만 관련 연합국의 법에 위반되는 거래로부터 발생한 것은 제외된다.

(v) 일본 또는 일본 국민의 채무, 일본에 소재하는 유형 재산에 관한 권리나, 소유권 또는 이익, 일본의 법률에 따라 조직된 기업에 관한 이익 또는 그것들에 대한 증서, 다만, 이 예외는, 일본의 통화로 표시된 일 본 및 일본 국민의 채무에게만 적용한다.

(III) 앞에서 언급된 예외 (i)로부터 (v)까지의 재산은 그 보존 및 관리를 위한 합리적인 비용의 지불을 조건으로 반환된다. 그러한 재산이 청산되었다면, 그 재산을 반환하는 대신에 그 매각대금을 반환한다.

(IV) 앞에 나온 (I)호에 규정된 일본 재산을 압류하고, 유치하고, 청산하거나, 그 외에 어떠한 방법으로 처분할 권리는 해당 연합국의 법률에 따라 행사되며, 그 소유자는 그러한 법률에 의해 본인에게 주어

질 권리만을 가진다.

(V) 연합국은 일본의 상표권과 문학 및 예술 재산권을 각국의 일반적 사정이 허용하는 한, 일본에 유리하게 취급하는 것에 동의한다.

(b) 연합국은 본 조약에 특별한 규정이 있는 경우를 제외하고, 연합국의 모든 배상 청구권과 전쟁 수행과정에서 일본 및 그 국민이 자행한 어떤 행동으로부터 발생된 연합국 및 그 국민의 다른 청구권, 그리고 점령에 따른 직접 적인 군사적 비용에 관한 연합국의 청구권을 포기한다.

제15조(연합국 재산의 반환)

(a) 본 조약이 일본과 해당 연합국 간에 효력이 발생된 지 9개월 이내에 신청이 있을 경우, 일본은 그 신청일로부터 6개월 이내에, 1941년 12월 7일부터 1945년 9월 2일까지 일본에 있던 각 연합국과 그 국민의 유형 및 무형 재산과, 종류의 여하를 불문한 모든 권리 또는 이익을 반환한다. 다만, 그 소유주가 강박이나, 사기를 당하지 않고 자유로이 처분한 것은 제외한다. 그러한 재산은 전쟁으로 말미암아 부과될 수 있는 모든 부담금 및 부과금을 지불하지 않는 동시에, 그 반환을 위한 어떤 부과금도 지불하지 않고서 반환된다. 소유자나 그 소유자를 대신하여, 또는 그 소유자의 정부가 소정 기간 내에 반환을 신청하지 않는 재산은 일본 정부가 임의로 처분할 수 있다. 그러한 재산이 1941년 12월 7일에 일본 내에 존재하고 있었으나, 반환될 수 없거나, 전쟁의 결과로 손상이나 피해를 입은 경우, 1951년 7월 13일에 일본 내각에서 승인된 연합국 재산 보상법안이 정하는 조건보다 불리하지 않는 조건으로 보상된다.

(b) 전쟁 중에 침해된 공업 재산권에 대해서, 일본은 현재 모두 수정되었지만, 1949년 9월 1일 시행 각령 제309호, 1950년 1월 28일 시행 각령 제12호 및 1950년 2월 1일 시행 각령 제9호에 의해 지금까지 주어진

것보다 불리하지 않는 이익을 계속해서 연합국 및 그 국민에게 제공한다. 다만, 그 연합국의 국민들이 이들 정령에 정해진 기한까지 그러한 이익을 제공해주도록 신청한 경우에만 그러하다.

(c) (i) 1941년 12월 6일에 일본에 존재했던, 출판여부를 불문하고, 연합국과 그 국민들의 작품들에 대해서, 문학과 예술의 지적재산권이 그 날짜 이후로 계속해서 유효했음을 인정하고, 전쟁의 발발로 인해서 일본 국내법이나 관련 연합국의 법률에 의해서 어떤 회의나 협정이 폐기 혹은 중지 되었거나에 상관없이, 그 날짜에 일본이 한 쪽 당사자였던 그런 회의나 협정의 시행으로, 그 날짜 이후로 일본에서 발생했거나, 전쟁이 없었다면 발생했을 권리를 승인한다.

(ii) 권리자에 의한 신청을 필요로 하지 않고, 또 어떤 수수료의 지불이나 다른 어떤 형식에 구애됨이 없이, 1941년 12월 7일부터, 일본과 관련 연합국 간의 본 협정이 시행되는 날까지의 기간은 그런 권리의 정상적인 사용 기간에서 제외될 것이다. 그리고 그 기간은, 추가 6개월의 기간을 더해서, 일본에서 번역 판권을 얻기 위해서 일본어로 번역되어야 한다고 정해진 시간에서 제외될 것이다.

제16조 (중립국 및 추축국에 있는 일본재산의 처분)

일본의 전쟁포로로서 부당하게 고통을 겪은 연합국 군인들을 배상하는 한 가지 방식으로, 일본은 전쟁기간 동안 중립국이었던 나라나, 연합국과 같이 참전했던 나라에 있는 연합국과 그 국민의 재산, 혹은 선택사항으로 그것과 동등한 가치를, 국제적십자 위원회에 이전해 줄 것이고, 국제적십자위원회는 그 재산을 청산해서 적절한 국제기관에 협력기금을 분배하게 될 것이다. 공정하다고 판단될 수 있는 논리로, 과거 전쟁포로와 그 가족들의 권익을 위해서. (앞문장의 일부분)본 협정의 제14조 (a) 2 (II) (ii)부터 (V)까지에 규정된 범위의 재산은, 본 협정이 시행되는 첫날, 일본에 거주하지 않는 일본국민들의 재산과 마찬가지로 이전대상에서 제외될 것이다. 이 항의 이전조항은 현재 일본 재정기관이 보유한 국제결재은행의 주식 19,770주에 대해서는 적용되지 않는다는 것도 동시에 양해한다.

제17조 (판결의 재심사)

(a) 어떤 연합국이든지 요청하면, 연합국 국민의 소유권과 관련된 사건에서, 일본 정부는 국제법에 따라서 일본 상벌위원회의 결정이나 명령을 재검토하거나 수정해야 하고, 결정이나 명령을 포함해서, 이런 사건들의 기록을 포함한 모든 문서의 사본을 제공해야 한다. 원상복구가 옳다는 재검토나 수정이 나온 사건에서는, 제15조의 조항이 관련 소유권에 적용되어야 할 것이다.

(b) 일본 정부는 필요한 조치를 취해서, 일본과 관련 연합국 간의 본 협정이 시행되는 첫날로부터 1년 이내에 언제라도, 어떤 연합국 국민이든지 1941년 12월 7일과 시행되는 날 사이에 일본법정으로부터 받은 어떤 판결에 대해서도, 일본 관계당국에 재심을 신청할 수 있도록 해야 하며, 이것은 그 국민이 원고나 피고로서 적절한 제청을 할 수 있는 어떤 소추에서라도 적용되어야 한다. 일본 정부는 해당 국민이 그러한 어떤 재판에 의해 손해를 입었을 경우에는, 그 사람을 그 재판을 하기 전의 상태로 원상복구 시켜 주도록 하거나, 그 사람이 공정하고 정당한 구제를 받을 수 있도록 조치해야 한다.

제18조 (전쟁 이전의 채무)

(a) 전쟁상태의 개입은, (채권에 관한 것을 포함한)기존의 의무 및 계약으로부터 금전상의 채무를 상환할 의무, 그리고 전쟁상태 이전에 취득된 권리로서, 일본 정부나 그 국민들이 연합국의 한 나라의 정부나 그 국민들에게 또는 연합국의 한 나라의 정부나 그 국민들이 일본 정부나 그 국민들에게 주어야 하는 권리에 영향을 미치지 않는다는 것을 인정한다. 그와 마찬가지로 전쟁상태의 개입은 전쟁상태 이전

에 발생한 것으로, 연합국의 한 나라의 정부가 일본 정부에 대해, 또는 일본 정부가 연합국의 한나라의 정부에 대해 제기하거나, 재제기할 수 있는 재산의 소멸이나, 손해 또는 개인적 상해나, 사망으로 인한 청구권을 검토할 의무에 영향을 미치는 것으로 간주되지 않는다. 이 항의 규정은 제41조에 의해 부여되는 권리를 침해하지 않는다.

(b) 일본은 일본의 전쟁 전의 대외채무에 관한 책임과, 뒤에 일본의 책임이라고 선언된 단체들의 채무에 관한 책임을 질 것을 천명하면서, 빠른 시일 내에 그러한 채무의 지불 재개에 대해 채권자들과 협상을 시작하고, 전쟁 전의 다른 청구권들과 의무들에 대한 협상을 촉진하며, 그에 따라 상환을 용이하게 하겠다는 의향을 표명한다.

제19조 (일본에 의한 청구권 포기)

(a) 일본은 전쟁으로부터 발생했거나, 전쟁상태의 존재로 말미암아 취해진 조치들로부터 발생한 연합국들과 그 국민들에 대한 일본 및 일본 국민들의 모 든 청구권을 포기하는 한편, 본 조약이 발효되기 전에 일본영토 내에서 연합국 군대나 당국의 존재, 직무수행 또는 행동들로부터 생긴 모든 청구권을 포기한다.

(b) 앞에서 언급한 포기에는 1939년 9월 1일부터 본 조약의 효력이 발생할 때까지 사이에 일본의 선박에 관해서 연합국이 취한 조치로부터 생긴 청구권은 물론 연합국의 수중에 있는 일본전쟁포로와 민간인 피억류자에 관해 생긴 모든 청구권 및 채권이 포함된다. 다만, 1945년 9월 2일 이후 어떤 연합국이 제정한 법률로 특별히 인정된 일본인의 청구권은 포함되지 않는다.

(c) 일본 정부는 또한 상호포기를 조건으로 정부 간의 청구권 및 전쟁중에 입은 멸실 또는 손해에 관한 청구권을 포함한 독일과 독일 국민에 대한 (채권을 포함한) 모든 청구권을 일본 정부와 일본 국민을 위해서 포기한다. 다만, (a)1939녀 9월 1일 이전에 체결된 계약 및 취득

된 권리에 관한 청구권과, (b)1945년 9월 2일 후에 일본과 독일 간의 무역 및 금융의 관계로부터 생긴 청구권은 제외한다. 그러한 포기는 본 조약 제16조 및 제20조에 따라 취해진 조치들에 저촉되지 않는다.

(d) 일본은 점령기간 동안, 점령당국의 지시에 따라 또는 그 지시의 결과로 행해졌거나 당시의 일본법에 의해 인정된 모든 작위 또는 부작위 행위의 효력을 인정하며, 연합국 국민들에게 그러한 작위 또는 부작위 행위로부터 발생하는 민사 또는 형사책임을 묻는 어떤 조치도 취하지 않는다.

제20조 (일본에 있는 독일재산의 보존 및 관리)

일본은 1945년 베를린 회의의 협약의정서에 따라 일본 내의 독일재산을 처분할 권리를 가지게 되는 여러 나라가 그러한 재산의 처분을 결정하거나 결정할 수 있도록 보장하기 위한 필요한 모든 조치를 취한다. 그리고 그러한 재산이 최종적으로 처분될 때까지 그 보존 및 관리에 대한 책임을 진다.

제21조 (중국 및 한국에 관한 특례)

중국은 본 조약 제25조의 규정에 관계없이, 제10조 및 제14조 (a)2의 이익을 받을 권리를 가지며, 한국은 본 조약의 제2조, 제4조, 제9조 및 제12조의 이익을 받을 권리를 가진다.

제6장 분쟁의 해결

제22조 (분쟁의 해결)

본 조약의 어떤 당사국이 볼 때, 특별청구권재판소나 다른 합의된 방법으로 해결되지 않는 본 조약의 해석 또는 실행에 관한 분쟁이 발생한 경우, 그러한 분쟁은 어떤 분쟁 당사국의 요청에 의해 그러한 분쟁에 대한 결정을 얻기 위해 국제사법재판소로 회부된다. 일본과, 아직 국제사법재판소 규정상의 당사국이 아닌 연합국은 각각 본 조약을 비준할 때, 그리고 1946년 10월 15일의 국제연합 안전보장이사회의 결의에 따라, 특별한 합의 없이, 이 조항에서 말하는 모든 분쟁에 대한 국제사법재판소의 전반적인 관할권을 수락하는 일반선언서를 동 재판소 서기에 기탁한다.

第7장 최종조항

第23조 (비준, 효력 발생)

(a) 본 조약은 일본을 포함하여 본 조약에 서명하는 나라에 의해 비준된다. 본 조약은 비준서가 일본에 의해, 그리고 호주, 캐나다, 실론, 프랑스, 인도네시아, 네덜란드, 뉴질랜드, 필리핀, 영국과 북아일랜드, 미국 중, 가장 중요한 점령국인 미국을 포함한 과반수에 의해 기탁되었을 때, 그것을 비준한 모든 나라들에게 효력을 발한다.

(b) 일본이 비준서를 기탁한 후 9개월 이내에 본 조약이 발효되지 않는다면, 본 조약을 비준한 나라는 모두 일본이 비준서를 기탁한 후 3년 이내에 일본 정부 및 미국 정부에 그러한 취지를 통고함으로써 자국과 일본 사이에 본 조약을 발효시키게 할 수 있다.

第24조 (비준서 기탁)

모든 비준서는 미국 정부에 기탁해야 한다. 미국 정부는 제23조 (a)에 의거한 본 조약의 효력발생일과 제23조 (b)에 따라 행해지는 어떤 통고를 모든 서명국에 통지한다.

第25조 (연합국의 정의)

본 조약의 적용상, 연합국이란 일본과 전쟁하고 있던 나라들이나, 이전 제23조에 명명된 나라의 영토의 일부를 이루고 있었던 어떤 나라를 말한다. 다만, 각 경우 관련된 나라가 본 조약에 서명하여, 본 조약을 비준하는 것을 조건으로 한다. 본 조약은 제21조의 규정에 따라 여기에 정의된 연합국이 아닌 나라에 대해서는 어떠한 권리나, 소유권 또는 이익도 주지 않는다. 아울러 본 조약의 어떠한 규정에 의해 앞에서 정의된 연합국이 아닌 나라를 위해 일본의 어떠한 권리나, 소유권 또는 이익이 제한되거나 훼손되지 않는다.

제26조 (2국 간 평화조약)
일본은 1942년 1월 1일 국제연합선언문에 서명하거나 동의하는 어떤 국가와, 일본과 전쟁상태에 있는 어떤 국가, 또는 이전에 본 조약의 서명국이 아닌 제23조에 명명된 어떤 국가의 영토의 일부를 이루고 있던 어떤 나라와 본 조약에 규정된 것과 동일하거나, 실질적으로 동일한 조건으로 양자 간의 평화조약을 체결할 준비를 해야 한다. 다만, 이러한 일본의 의무는 본 조약이 최초로 발효된 지 3년 뒤에 소멸된다. 일본이 어떤 나라와의 사이에서 본 조약이 제공하는 것보다 더 많은 이익을 주는 국가와 평화적인 해결을 하거나 전쟁청구권을 처리할 경우, 그러한 이익은 본 조약의 당사국들에게도 적용되어야 한다.

제27조 (조약 원본 및 인증된 등본)
본 조약은 미국 정부의 기록보관소에 저장된다. 미국 정부는 인증된 등본을 각 서명국에 교부한다.

이상을 증거로 하여, 아래의 전권위원은 본 조약에 서명했다.

1951년 9월 8일, 샌프란시스코에서 동일한 자격의 정문인 영어, 프랑스어 및 스페인어로, 그리고 일본어로 작성되었다.

(서명)

(주)서명국

아르헨티나, 호주, 벨기에왕국, 볼리비아, 브라질, 캄보디아, 캐나다, 실론(스리랑카), 칠레, 콜롬비아, 코스타리카, 쿠바, 도미니카, 에콰도르, 이집트, 살바도르, 에티오피아, 프랑스, 그리스, 과테말라, 아이티, 온두라스, 인도네시아, 이란, 이라크, 라오스, 레바논, 라이베리아, 룩셈부르크, 멕시코, 네덜란드, 뉴질랜드, 니카라과, 노르웨이, 파키스탄, 파나마, 파라과이, 페루, 필리핀, 사우디아라비아, 시리아, 터키, 남아프리카공화국, 영국, 미국, 우루과이, 베네수엘라, 베트남, 일본 이상 49개국.

의정서

서명은 이를 위해 정당하게 권한을 부여받아 일본과 평화가 회복되었을 때 계약, 시효기간 및 유통증권 문제 및 보험계약 문제를 다루기 위해 다음 규정을 협정했다.

계약, 시효 및 유통증권

A. 계약

1. F에서 정하는 적인(敵人)이 된 어떤 당사자 사이에서 그 이행을 위해 교섭을 필요로 하는 계약은 어떤 계약당사자가 적인이 되었을 때에는 해제된 것으로 본다. 단, 다음의 제2항 및 제3항에서 제시하는 예외에 대해서는 그러하지 아니하다. 무엇보다 이 해제는 오늘 서명된 평화조약의 제15조 및 제18조의 규정을 해치는 것이 아니며 또한 계약 당사자에 대해서는 선급금 또는 중도금으로 수령되었거나 그 당사자가 반대급부를 하지 않은 금액을 환불할 의무를 면제하는 것은 아니다.
2. 분할할 수 있으면서 또한 F에서 정하는 적인이 된 어느 당사자 간에 이행을 위해 교섭을 필요로 하지 않았던 계약의 일부는 전 항의 규정에 관계없이 해제되지 않는 것으로 하고, 또한 오늘 서명된 평화조약의 제14조에 포함되는 권리를 해치지 않고 계속 유효한 것으로 한다. 계약의 규정이 이와 같이 분할할 수 없는 경우에는, 그 계약은, 전체적으로 해제된 것으로 간주한다. 앞에 기록한 것은 이 의정서 서명국으로 평화조약에서 말하는 연합국으로 또한 해당 계약 또는 어느 하나의 계약 당사자에 대해 관할권을 갖는 것에 의해 제정된 국내의 법률,

명령 또는 규칙의 적용을 받고, 또한 해당 계약의 조항에 따르는 것으로 한다.

3. A의 규정은 적인(敵人) 간의 계약에 따라 적법하게 이루어진 거래가 이 의정서의 서명국으로 평화조약에서 말하는 연합국 정부의 허가를 받아 이루어졌을 때에는 당해 거래를 무효로 하는 것으로 간주해서는 안 된다.
4. 앞의 규정에 관계없이 보험계약 및 재보험계약은 이 의정서의 D 및 E의 규정에 따라 취급한다.

B. 시효기간

1. 사람 또는 재산에 영향을 주는 관계로, 분쟁상태이기 때문에 자기의 권리를 보전하는 데 필요한 소송행위 또는 필요한 절차를 할 수 없었다는 의정서의 서명국의 국민과 관련된 것에 대하여 소송의 제기 또는 보존조치를 할 권리에 관한 모든 시효기간 또는 제한기간은 이 기간이 전쟁발생 전에 진행되기 시작했는지 또는 후에 진행하기 시작했는지를 묻지 않고, 한편 일본식의 개역에 있어서, 한편 이항의 규정을 상호주의로 인해 일본에 부여하는 서명원의 영역에 있어서 전쟁의 지속 중 이러한 기간은 오늘 서명된 평화조약의 효력발생일로부터 다시 진행되기 시작한다. 이 규정은 금리 혹은 배당금 수령증의 정시에 관하여, 또는 상환을 위한 추출에 당첨된 유가증권 혹은 다른 어떠한 이유로 상환되는 유가증권의 지불을 받기 위한 표시에 대해 정해진 기간에 적용한다. 단, 이러한 이찰 또는 유가증권에 관해서는 기간은 이화 또는 유가증권 보유자에 대하여 금액을 지불한다.
2. 전쟁 중 아무런 행위를 하지 않았거나 또는 어떠한 절차를 거치지는 않았기 때문에 처분이 일본 영역에서 행해진 경우에 이 의정서의 서명국에서 평화조약에 관한 연합국으로서 국민에게 손해를 입히기에 이

르렀다. 이때는 일본 정부는 손해를 입은 권리를 회복해야 한다. 이 회복이 불가능 또는 불형편한 경우에는 일본 정부는 관계 서명국 국민에게 각각의 사정하에서 공정하고 공평한 구제가 주어지도록 해야 한다.

C. 유통증권

1. 적인 간에는 전쟁 전에 작성된 유통증권은 전쟁 중에 인수 또는 지불을 위한 증권의 제시, 발행인 혹은 배서인에게 인수거절 혹은 지급거절의 통지 또는 거절 증서의 작성을 소요기간 내에 하지 않은 것만의 이유로, 혹은 전쟁 중에 일정한 절차를 완료하지 않았다는 것을 이유로 하여 무효가 된 것으로 간주해서는 안 된다.
2. 유통증권이 인수 또는 지불을 위하여 제시되어, 인수 거절 혹은 지급거부 통지가 발행인 또는 이서인에게 주어지거나 거절증서가 작성되어야 하는 기간이 전쟁 중에 경과하고, 또한 증권을 제시하고, 거절증서를 작성하거나 또는 인수 거절 또는 지급거부의 통지를 하여야 하는 당사자가 전쟁 중에 이를 실시하지 아니한 경우에는 제시하고, 인수 거절 혹은 지불거부의 통지를 주거나 거절증서를 작성하는 것이 가능하도록 오늘 서명한 평화조약의 효력 발생일로부터 3개월 이상의 기간이 주어져야 한다.
3. 몇 명이 전쟁 전 또는 전쟁 중, 전쟁 후에 적인이 된 자로부터 부여받은 약속의 결과로서 유통증권에 기인한 채무를 졌을 때에는 후자는 전쟁 발생에 관계없이 이 채무에 관하여 전자에게 보상할 책임을 계속해서 져야 한다.

D. 당사자가 적인이 된 날 전에 종료되지 않은 보험계약 및 재보험계약(생명보험 제외)

1. 보험계약은 당사자가 적인이 되었다는 사실에 의해서는 해제되지 않은 것으로 간주한다. 단, 당사자가 적인이 되는 날 이전에 보험 책임이

개시하고, 또한 보험 계약자가 그날 전에 계약에 따라 보험을 성립시키거나 그 효력을 유지하기 위한 보험료로서 지불해야 하는 모든 금액을 지불하는 것을 조건으로 한다.

2. 전 항에 의거해 계속 효력을 가지고 있는 것 이외의 보험계약은 존재하지 않았던 것으로 간주하여 이에 의거하여 지불된 금액은 변제하여야 한다.

3. 이하 명문의 규정이 있는 경우를 제외하고 특약재보험 기타 재보험계약은 당사자가 적인이 된 날에 종료된 것으로 간주하고 이에 근거하는 모든 출재보험계약(出再保險契約)은 그날 취소된 것으로 한다. 단, 특약해상재보험에 의거하여 개시된 항해보험에 관한 출재보험계약은 재보험을 한 조건에 따라 자연 종료할 때까지 계속하여 완전하게 효력을 가지는 것으로 간주한다.

4. 임의재보험계약은 보험 책임이 개시되고 있거나, 또한 재보험을 성립시키거나 또는 그 효력을 유지하기 위한 보험료로 지불해야 할 모든 금액이 통례의 방법으로 지불되거나, 또는 상쇄된 경우에는 재보험계약에 특별한 규정이 없는 한, 당사자가 적인이 된 날까지 계속하여 완전하게 효력을 지니며, 동시에 그날에 종료한 것으로 간주한다.
무엇보다도 항해보험에 대해서는 이 임의재보험은 재보험된 조건에 따라서 자연스럽게 종료할 때까지 이어서 완전히 효력을 가진 것으로 본다. 또한, 전기 1에 근거해 계속 효력을 가지고 있는 보험 계약에 관한 임의재보험은, 원수보험의 기간 만료까지 계속 이어가 완전하게 효력을 가진 것으로 간주한다.

5. 전 항에서 취급한 것 이외의 임의재보험계약 및 「초과손해율(超過損害率)」에 근거한 초과손해재보험 및 박해재보험(雹害再保險, 임의계약의 여부를 묻지 않음)의 모든 계약은 존재하지 않았던 것으로 간주하여 이들에 의거하여 지불된 금액은 변제해야 한다.

6. 특약재보험 기타 재보험계약에 특별한 규정이 없는 경우에는 보험료는 경과기간에 비례하여 정산해야 한다.
7. 보험계약 또는 재보험계약(특약재보험에 근거한 출재보험계약을 포함함)은 어느 쪽 당사자가 국민인 어떤 나라 또는 그 나라의 연합국 혹은 동맹국에 의한 교전행위에 근거하는 손해 또는 청구권을 담보하지 않는 것으로 간주한다.
8. 보험이 전쟁 중에 원보험자로부터 다른 보험자에게 이전된 경우 또는 전액 재보험된 경우에는 그 이전 또는 재보험은 자발적으로 이루어졌는지 또는 행정 혹은 입법 조치에 의해 이루어졌는지를 불문하고, 유효하다고 인정하여, 원보험자의 책임은 이전 또는 재보험의 날에 소멸된 것으로 간주한다.
9. 동일한 두 당사자 간에 2회 이상의 특약재보험 기타 재보험계약이 있는 경우에는 두 당사자 간의 계정을 청산하는 것으로 하고, 그 결과 발생하는 잔고(殘高)를 확정하기 위해 그 계산에는 모든 잔고(미지불 손해에 대해 합의한 준비금을 포함함) 및 이러한 모든 계약에 따라 한 당사자로부터 다른 당사자에게 지불해야 할 모든 금액 또는 앞의 제 규정 중 어느 하나에 따라 변제되어야 할 모든 금액을 산입(算入)해야 한다.
10. 당사자가 적인이 되었기 때문에 보험료, 청구권 또는 계산 잔고의 결제에 있어서 발생했거나 또는 발생할 연체에 대해서는 어느 당사자도 이자의 지불을 필요로 하지 않는 것으로 한다.
11. 이 의정서의 D의 규정은, 오늘 서명한 평화조약의 제14조에 의해 주어지는 권리를 해치거나, 또는 이에 영향을 미치는 것은 아니다.

E. 생명보험계약

보험이 전쟁 중에 원보험자로부터 다른 보험자에게 이전되었을 경우 또는 전액 재보험된 경우에는 그 이전 또는 재보험은 일본의 행정기관 또는 입법기관의 요구에 의해 이루어진 것일 때는 유효하다고 인정하여, 원보험자의 책임은 이전 또는 재보험의 날에 소멸한 것으로 간주한다.

F. 특별 규정

이 의정서의 적용상, 자연인 또는 법인은, 이들 사이에서 거래를 하는 것이 이들 또는 해당 계약이 따르던 법률, 명령 또는 규칙에 근거하여 위법이 된 날로부터 적인으로 간주한다.

최종 조항

이 의정서는 일본 및 오늘 서명한 일본과의 평화조약 서명국에 의한 서명을 위해 개방되며, 우선 이 의정서가 취급하는 사항에 대해 일본과 이 의정서의 서명국인 다른 각국 간의 관계를 일본 및 해당 서명국 쌍방이 평화조약에 의해 구속되는 날부터 적용되는 것으로 한다.

이 의정서는 미합중국 정부의 기록에 기탁한다. 미국 정부는 그 인증 등본을 각 서명국에 교부한다.

이상의 증거로서 서명하는 전권위원은 이 의정서에 서명했다.

1959년 9월 8일 샌프란시스코에서 동일한 정문인 영어, 프랑스어 및 스페인어에 의해, 또한 일본어에 의해 작성했다.

(서명)

(주)서명국

호주, 벨기에왕국, 캄보디아, 캐나다, 실론(스리랑카), 도미니카, 이집트, 에티오피아, 프랑스, 그리스, 아이티, 인도네시아, 이란, 이라크, 라오스, 레바논, 라이베리아, 룩셈부르크 대공국, 네덜란드 왕국, 파키스탄, 사우디아라비아, 시리아, 터키공화국, 영국, 우루과이, 베트남, 일본 이상 27개국

선언(다국 간 조약)

오늘 서명한 평화조약에 관하여 일본 정부는 다음 선언을 한다.

1. 이 평화조약에 특별한 규정이 있는 경우를 제외하고, 일본은 실제 유효한 모든 다국 간의 국제문서로, 1939년 9월 1일 일본이 당사국이던 것이 완전하게 효력을 갖는 것을 승인하고, 또한 평화조약의 최초의 효력 발생 때에 이들 문서에 근거한 모든 권리 및 의무를 회복하는 것을 선언한다. 다만, 어느 하나의 문서의 당사국이기 때문에 일본이 1939년 9월 1일 이후 가맹국이 아니게 된 국제기관의 가맹국임을 필요로 할 경우에 이 규정은 일본의 해당 기관에 재가맹을 기다려서 효력이 발생하는 것으로 한다.
2. 일본 정부는 실행 가능한 최단 기간 내에, 또한 평화조약의 최초의 효력 발생 후 1년 이내에 다음의 국제문서에 정식으로 가입할 의사를 갖는다.

(1) 1912년 1월 23일, 1925년 2월 11일, 1925년 2월 19일, 1931년 7월 13일, 1931년 11월 27일 및 1936년 6월 26일의 마약에 관한 협정, 조약 및 의정서를 개정하는 1946년 12월 11일 레이크 석세스에서 서명을 위해 개방한 의정서

(2) 1946년 12월 11일에 레이크 석세스에서 서명한 의정서에 의해 개정된 마약의 제조제한 및 분배 단속에 관한 1930년 7월 13일 조약의 범위 외의 약품을 국제통제 하에 두는 1948년 11월 19일 파리에서 서명을 위해 개방한 의정서

(3) 1927년 9월 26일 제네바에서 서명한 외국의 중재판결 집행에 관한 국제조약
(4) 1928년 12월 14일 제네바에서 서명한 경제통계에 관한 국제조약 및 의정서 및 1928년 경제통계에 관한 국제조약을 개정하는 1948년 12월 9일 파리에서 서명한 의정서
(5) 1923년 11월 3일 제네바에서 서명한 세관수속 간편화에 관한 국제조약 및 서명 의정서
(6) 1911년 6월 2일 워싱턴에서, 1925년 11월 6일 헤이그에서, 또한 1934년 6월 2일 런던에서 수정한 화물의 원산지 허위표시 방지에 관한 1891년 4월 14일 마드리드협정
(7) 1929년 10월 12일 바르샤바에서 서명한 국제항공운송에 대한 어떤 규칙의 통일에 관한 조약 및 추가 의정서
(8) 1948년 6월 10일 런던에서 서명을 위해 개방한 해상에서 인명의 안전에 관한 조약
(9) 1949년 8월 12일 전쟁 희생자 보호에 관한 제네바 조약

3. 일본 정부는 또한 평화조약의 최초 효력 발생 이후 6개월 이내에 (a)1944년 12월 7일 시카고에서 서명을 위해 개방한 국제민간항공조약에 대한 참가 승인을 신청하였으며, 또한 일본이 그 조약의 당사국이 된 후 가능한 한 신속하게 같은 해 1944년 12월 7일 시카고에서 서명을 위해 개방한 국제항공업무 통과협정을 수락하고, 아울러 1947년 11월 11월 워싱턴에서 서명을 위해 개방한 세계기상기관 조약에 참가하는 승인을 신청할 의사를 가진다.

1959년 9월 8일 샌프란시스코 시에서 작성했다.

(일본 전권만 서명)

선언(전사자 묘지)

오늘 서명한 평화조약에 관해 일본 정부는 다음과 같은 선언을 한다.

일본은 어떠한 연합국에 의해 일본 영역에 있는 해당국의 전사자 무덤, 묘지 및 기념비를 식별하여 일람표로 만들어 유지하고, 정리할 권한을 부여받은 위원회, 대표단 기타 기관을 승인하고, 이들 기관의 사업을 용이하게 하고, 또한 위 전사자의 묘지 및 기념비에 관해 해당 연합국 또는 해당 연합국에 의해 권한을 부여받은 위원회, 대표단, 기타 기관과 필요로 하는 협정을 체결하기 위해 협상을 개시한다.

일본은 연합국이 연합국의 영역에 있으면서 보존을 희망하는 일본인 전사자의 무덤이나 묘지를 유지하기 위해 정할 목적을 가지고 일본 정부와 협의를 개시해야 한다는 것을 믿는다.

1959년 9월 8일 샌프란시스코 시에서 작성했다.

(일본전권만 서명)

미국과 일본 간의 안보조약

일본은 오늘 연합국과 평화조약에 서명했다. 일본은 무장을 해제했으므로 평화조약 효력 발생 때 고유의 자위권을 행사할 유효한 수단이 없다.

무책임한 군국주의가 아직 세계에서 없어지지 않았기 때문에 앞의 상태에 있는 일본에게는 위험이 있다. 따라서 일본은 평화조약이 일본과 미합중국 간에 협력이 발생함과 동시에 효력을 발생하는 미합중국과의 안전보장조약을 희망한다.

평화조약은 일본이 주권국으로서 집단적 안전보장의 결정을 체결할 권리를 갖는다는 것임을 승인하고, 나아가 국제연합헌장은 모든 국가가 개별적 및 집단적 자위라는 고유의 권리를 갖는다는 것을 승인하고 있다.

이들 권리의 행사로서 일본은 그 방위를 위한 잠정조치로서 일본에 대한 무력공격을 저지하기 위해 일본 국내 및 그 부근에 미합중국이 그 군대를 유지할 것을 희망한다.

미합중국은 평화와 안전을 위해 현재 약간의 자국군대를 일본국내 및 그 부근에 유지할 의사가 있다. 단, 미합중국은 일본이 공격적 위협이 되거나 또는 국제연합헌장의 목적 및 원칙에 따라 평화와 안전을 증진하는 것 이외에 이용할 수 있는 군비를 갖는 것을 항상 회피하면서도 직접 및 간접 침략에 대한 자국의 방어를 위해 점증적으로 스스로 책임질 수 있기를 기대한다.

따라서 양국은 다음과 같이 협정했다.

제1조

평화조약 및 이 조약의 효력 발생과 동시에, 미국의 육군, 공군 및 해군을 일본 국내 및 그 부근에 배치할 권리를 일본 정부는 허용하고, 미합중국은 이를 수락한다. 이 군대는 극동의 국제평화와 안전 유지에 기여하고, 1개 또는 2개 이상의 외부 국가에 의한 교시 또는 간섭에 의해 발생한 일본에서의 대규모 내란 및 소요를 진압하기 위해 일본 정부의 명시적인 요청에 따라 부여되는 원조를 포함하여 외부의 무력공격에 대한 일본의 안전에 기여하기 위해 사용할 수 있다.

제2조

제1조에 거론하는 권리가 행사되는 동안 일본은 미합중국의 사전동의 없이 기지에서의 혹은 기지에 관한 권리, 권력 혹은 권능, 주둔병사 혹은 연습의 권리 또는 육군, 공군 혹은 해군 통과의 권리를 제3국에 허용하지 않는다.

제3조

미국 내 군대의 일본 내 및 그 부근에 배치하는 규율 조건은 양국 정부 간 행정협정으로 결정한다.

제4조

이 조약은 국제연합 또는 기타에 의한 일본 구역에서 국제 평화와 안전을 유지하기 위해 충분한 규정을 한다. 국제연합의 조치 또는 이를 대신하는 개별적 혹은 집단적 안전보장 조치가 효력을 얻었다고 일본 및 미합중국 정부가 인정했을 때는 언제든지 효력을 상실하는 것으로 한다.

제5조

이 조약은 일본 및 미합중국에 의해 비준되어야 한다. 이 조약은 비준서가 양국에 의해 워싱턴에서 교환될 때 효력을 갖는다.

이상의 증거를 가지고 서명하는 전권위원은 이 조약에 서명했다.

1959년 9월 8일 샌프란시스코에서 일본어 및 영어에 의해 본서 2통을 작성했다.

해설(解說)

제1장
평화조약의 성립 경위

1. 점령 정책의 추이

일본은 포츠담 선언의 수락에 의해 연합국에 항복하였고, 그 후 만 6년 동안 연합국의 점령 및 관리하에 있었으며, 1951년 9월 8일 평화조약이 서명되어 그 효력발생과 함께 주권을 회복하게 되었다. 본서는 평화조약 및 그 관계문서에 대해 해설한 것으로, 우선 점령 개시부터 평화조약이 성립될 때까지의 경위를 설명해보자.

일본의 점령 기간을 크게 나누면 3기로 나눌 수 있다. 포츠담 선언의 기본원칙인 일본의 비군사화는 거의 최초의 2년간으로 그 목적을 달성하고, 그 후 1949년 중반까지 2년간은 주로 일본의 민주화에 역점을 두며, 마지막 2년간은 관리가 점진적으로 완화되게끔 되었다.

일본 관리의 기초로 되어 있는 문서는 물론 1945년 7월 26일의 포츠담 선언이다. 선언은 모두 13항으로 구성되어 있는데, 그 안목은 일본의 비군사화와 민주화에 있었다. 이 두 가지는 점령실시 이후에 나온 수많은 주요 각서에서 일관하고 있는 목표이다.

이 중 비군사화 조치는 특히 점령 초기에 철저하게 이뤄졌다. 군의 해체는 물론 정치적으로도 군국주의적 내지 초국가주의적 요소를 배제하기 위해 전쟁범죄자 처벌, 공직추방, 국가신도(國家神道) 철폐 등이 실시되었고, 또한 기본인권 존중 입장에서 특고경찰(特高警察)의 폐지, 종교 · 언론 · 집회 · 결사의 자유 확보, 정치범의 석방 등도 이뤄졌다.

한편 경제적으로는 농지개혁, 재벌해체, 재외금융기관 · 기업의 폐쇄, 외국환자금 · 귀금속 · 무역의 관리, 전시 경제통제단체의 해산, 경제계 추방 등에 관한 중요지령이 발령되었다. 배상 문제에 대해서는, 1945년 12월 보레이 배상 중간보고가 발표되어, 이 보고에 근거하여 극동위원회의 중간배상 계획이 결정되었으나 배상철거 범위는 매우 넓고, 평화 산업에서도 잉여 부분은 대부분 철거하여, 일본의 경제적 발전을 저해하고자 하는 의도를 지니는 것이었다.

점령군의 정책이 초래한 중대한 결과 중 하나는 좌익운동의 급격한 대두이다. 오랜 구속생활에서 해방된 공산주의자들은 전후 인플레이션의 고공행진과 식량사정 악화를 틈타 노동조합 내에서 확장하고 그들의 지도하에 생산관리, 식량 시위와 같이 폭력적 색채가 강한 쟁의(爭議)가 각처에서 일어나게 되었다.

원래 총사령부는 이와 같은 좌익운동의 등장을 바라지 않았지만, 구세력을 소탕하기 위해 좌익세력도 어느 정도 이용할 필요가 있다는 의미에서 그 존재를 용인한 것이었다. 그러므로 구세력이 일소된 후에 좌익세력은 오로지 사회적 혼란을 조장하는 것에 지나지 않는 것으로, 그 활동을 수정하는 방향을 취하게 된 것은 당연하다. 1946년 5월 15일 제4차 대일 이사회에서 애치슨 의장이, 미국은 자국에서건 일본에서건 불문하고 공산주의에 찬성하는 것은 아니라는 언명을 했다. 이는 총사령부의 책임 있는 지위에 있는 자가 공식석상에서 공산주의를 공공연히 비난한 최초의 행보로 주목받았지만, 이어 같은 달 20일 즉 황궁 앞 광장에서 식량 노동절이 열린 다음 날 맥아더 원수가 대중의 시위운동과 무질서한 행동에 대해 경고하고 가차없이 단속하겠다고 밝혔다.

이러한 국내 민주화의 전환에는 국제정세의 변화에도 힘입어 힘이 실렸다. 당시 이미 미소 관계는 냉각의 일로를 걷고 있었으나, 특히 1947년 6월 마셜 플랜의 발표와 9월 말 코민 포름의 결성에 의해 양자의 대립이 날카로워졌고, 나아가 같은 해 11월 25일부터 런던에서 열린 독일 · 오스트리아 평화조약에 관한 미영불소 4국 외무장관 회의가 결렬되고 나서부터 그 대립은 더욱 더 격렬해졌다. 대일강화 문제에 대해서도 이 대립은 예외 없이 후술하듯이 강화 회의의 절차 문제에서 소련은 미국의 안에 전면으로 반대했다.

그러나 미국은 사실상 단독으로 일본을 관리하고 있는 관계 때문에, 적어도 대일관계에 있어서는 절대적으로 유리한 자세로 임할 수 있었다. 그리하여 소련과 타협점을 찾을 수 없다는 사실이 밝혀지자 미국은 단독으로 대일관리정책의 변화 내지 대일원조를 적극적으로 하게 되었다. 1948~1949년 잇따른 사절단의 일본 방문과 「사실상의 강화」를 구축하기 위한 관리기구의 개정 및 관리정책의 완화는 미국의 대일정책의 전환을 구체적으로 나타내고 있다.

즉, 우선 1944년 1월 마셜 국무장관의 발의에 의한 조사의 목적으로 국무부의 조지 케넌 정책기획위원장이 일본을 방문하였으며, 이어 드레버 육군차관 일행의 경제사절단도 일본에 왔다. 케넌 씨의 일본 체재 중의 성과에 대해서는 어떤 발표도 없었으나 그의 의견은 마셜 국무장관의 정책결정에 강력한 영향을 미쳤다고 한다. 한편, 드레버 사절단도 귀국 후 사절단이 일본의 자립경제 달성을 위해 산업부흥의 필요성을 인정하는 점에서 맥아더 원수 및 육군성과 의견이 일치된 것을 명확히 하고, 정부가 육군성이 입안한 부흥계획안을 신속하게 채용하도록 권고하였다.

1949년에 이르러서는 대일 경제정책상 더욱 주목할 수많은 진전이 있었으나 가장 중요한 것은 1월에 돗지(J. M. Dodge)[1] 공사가 일본에 파견되어

---

1) (번역자주) Joseph Morre Dodge(1890~1964), 디트로이트 은행총재. 1949년 2월

경제안정계획 실시에 많은 성과를 올린 것과 5월 12일 극동위원회의 미국 대표 맥코이(F. McCoy) 소장이 배상 철거를 중지하고 평화산업을 무제한 허용한다는 취지의 성명을 발표한 것이다. 후자는 극동위원의 사전 승인을 거치지 않은 채 미국 단독조치로 이뤄진 것으로 국제정세 변화에 따라 미국이 일본의 공업력을 이용하려는 방침으로 바뀌었음을 의미한다.

1948~49년 사이의 이러한 움직임은 실제 시책 면에서도 다음과 같이 실현되고 있다.

첫째, 1949년 6월 육군성이 입안한 「1949년도 일본부흥원조안」이 미국 의회를 통과하였고, 그 결과 1949년부터 대일 원조비로 가리오아자금(GARIOA)[2] 이외에 에로아자금(EROA)[3]을 계상하게 되었다.

둘째, 1948년 8월 15일부터 민간무역에 대한 제한이 완화되었으며, 또한 11월 21일에는 극동위원회가 일본 실업가의 해외도항을 허가하는 결정을 내렸다. 또한 1949년 11월 21일부 각서에 의해 무역취급을 대폭 민간으로 옮기는 조치를 취하였다.

셋째, 1948년 5월 4일 총사령부는 집중배제위원회를 설치하여 경제력집중배제법의 합리적 운영을 도모하게 되었다.

GHQ경제고문으로 공사의 자격으로 내일. 그가 지도하여 실시한 엄격한 재정금융긴축정책을 돗지라인(Dodge line)이라고 한다.

2) (번역자주) 점령지역구제정부자금, GARIOA(Government Appropriation for Relief in Occupied Area). 제2차 세계대전이 끝나자 미군 점령지의 질병과 기아에 의한 사회불안을 방지하고 점령행정을 원활히 하기 위해 오스트리아, 서독, 일본 등에 대해 육군성의 군사예산에서 지출한 원조자금으로 예외적으로 한국에도 할당했다. 이 자금은 1947년부터 1951년까지 계속되었는데, 일반적으로 식량, 비료, 석유, 의약품 등 생필품 물자의 긴급수입이라는 형태로 실시되었으며 이것이 국내에서 자금으로 전환되는 성격을 가졌다.

3) (번역자주) 점령지역경제부흥자금, EROA Fund(Economic Rehabilitation in Occupied Area Fund). 구제정책에 부여된 가리오아자금과 함께 제2차 세계대전 종결 후 미국 정부의 군사예산에서 거출되었다. 경제부흥을 목적으로 한 것으로 석탄, 철광석, 공업기계 등 생산물자 공급을 위해 사용되었다.

넷째, 1949년 11월 11일자 각서에서 지금까지 총사령부가 취급했던 외국인의 사업 활동에 관한 인가의 사무를 일본 정부에 이양함과 동시에, 지금까지의 방침을 바꾸어 외국민간자본의 진출을 적극적으로 촉진하는 정책을 실시하였다.

이와 같이, 경제부흥을 위한 완화적인 조치가 취해졌지만, 한편으로 돗지 씨의 방일에 의해서 경제자립이 강하게 요청되어 1949년도 예산의 편성이 전면적으로 총사령부 제시안을 따르지 않을 수 없었던 것처럼 오히려 이전보다 통제가 강화된 부분도 부정할 수 없다.

이에 대해 정치정책 면에서는 1948년 중에는 이렇다 할 움직임은 없었지만, 1949년 2월 1일 로열 육군장관[4]의 일본 방문을 계기로 미국의 대일정책에 대한 재검토가 이루어져 민정 이관에 대한 논의도 활발해졌다. 총사령부 측에서는 이 소문을 부정했지만, 대일평화조약의 조기 체결이 어려워진 것과 관련하여 평화조약 체결 없이 가능한 범위에서 일본을 정상적인 국제관계로 복귀시키고 국내적으로는 총사령부의 권한을 점차 축소해 일본 정부로 옮기려는 이른바 사실상 강화 조치를 촉진하게 됐다. 5월 3일 헌법기념일의 맥아더 원수의 성명도 이러한 방향을 명확히 하며 "포츠담 선언으로 밝혀진 연합국의 여러 목적은 이미 여러 가지 면에서 달성됐다. 연합국 군대가 점령을 계속하고 있는 것은 일본 국민의 힘으로 어떻게 할 수 없는 국외 사정 때문이다. 일본 국민이 스스로 자치의 책임을 질 수 있는 정도에

---

4) (번역자주) 케네스 클레이본 로열(Kenneth Claiborne Royall, 1894~1971), 당시 미국 육군성 장관. 제2차 세계대전 초기인 1942년에 미육군 대령으로 임명되어 육군성 내부의 법무과장으로 발탁, 회계부장, 보급부장 등을 지냄. 1945년 4월 육군장관 특별보좌관으로 취임, 종전 후인 1945년 11월 9일엔 육군차관이 되었고, 1947년 7월 19일~1949년 4월 29일에 육군장관을 지냄. 육군장관으로 재직 시 일본에 과도한 제재를 가한 GHQ의 점령정책을 비판하여 먼저 일본의 경제부흥을 우선해서 일본을 아시아 공산주의자들에 대한 방벽으로 만들어야 한다고 의회에서 연설했다. 이 연설은 당시 미국 정부의 점령정책에 전환을 공식적으로 가져오는 계기가 된 것으로 유명하다.

따라 가능한 한 신속하게 진행을 도모하는 것이 자신의 염원이다."라고 하였다.

이를 구체화하여 총사령부는 6월 21일 지금까지의 군정부 명칭을 민사부로 변경한다는 내용을 발표하였으나, 그 후 각 도도부현(都道府縣)의 민사부 업무를 축소하고 제8군의 민사 수행의 책임을 해제하여 1950년 1월부터 총사령부에 민사국을 설치하여 지방 민사부를 통할하게 되었다.

이러한 각 방면의 완화정책은 당연히 극동위원회 및 대일이사회에서 소련의 거센 비난의 표적이 됐지만, 총사령부는 대일정책에 대한 반공성을 갈수록 분명히 했다. 일례로 1949년 7월 4일 미국 독립기념일 맥아더 원수의 성명에서는 "일본 국민은 공산주의의 동진을 막고 남진을 막는 유력한 방벽"이라고 논하며, 국내정책 측면에서도 단체 등 규정령 개정 및 국가공무원법 102조에 의한 공무원의 정치적 행위에 관한 인사원규칙 공포에 따라 국내 공산주의 운동의 단속을 강화했다.

2. 대일강화문제의 전개와 소련 및 중국의 태도

대일강화를 촉진하고자 하는 목소리가 높아지는 것은 종전 후 2년이 지난 1947년경부터이다.

우선 맥아더 원수가 1947년 5월 3일 신헌법 시행을 앞두고 3월 17일 마루노우치(丸の內)의 외신기자클럽에서 담화를 발표하여 대일강화 문제에 대해 "일본 점령은 빨리 끝내고 정식 대일평화조약을 맺어 총사령부를 해소해야 한다고 말했다.

이 담화에 대해 당시의 애치슨 국무장관은 국무성은 관여하지 않는다고 언명했지만, 실제 문제로서 맥아더 원수는 점령지 행정담당인 국무부 차관보 힐들링 소장과 합의해 담화를 발표한 것으로 알려졌다. 또, 이 담화는 상당히 반향이 좋아서 극동위원회, 미국 의회가 지지했을 뿐만 아니라, 영국 외무성 당국에서도 지지하는 태도를 분명히 하였다(1947.3.2. 도쿄 AP통신).

그로부터 1개월 정도가 지난 5월 8일 애치슨 국무차관은 클리블랜드에서 미국은 4대국(미국 · 영국 · 소련 · 중국) 간의 완전한 의견 일치가 없을지라도 일본 · 독일 양국의 부흥을 위한 결의라고 하는 중대한 연설을 하였지만, 이 발언은 4국 간의 협정이 없을 경우 미국이 일방적으로 구 적국의 문제를 처리한다고 하는 미국의 결의에 일본도 포함되어 있음을 밝힌 미국 측 최초의 공식적인 언명이었다. 이 무렵 유럽에서는 4국 외상회의에서 독일, 오스트리아와의 평화조약 심의가 정체되고 있었고, 미국 · 영국 · 프랑스 3국은 소련의 거부권 남용에 곤란을 겪고 있었을 때여서 미국으로서는 외상회의에 의한 방식을 배제하고 극동회원회 전 구성국이 참가하는 회의에서 다수결로 조약안을 기초하려는 생각으로 기울어진 것은 당연했다.

맥아더 원수와 애치슨 국무 차관의 발언이 주목받을 무렵부터 7월 11일 국무부 점령지 행정담당 국무차관보 존 힐드링 및 극동국장 존 빈센트는 극동위원회 구성국(당시, 미국 외에 영국 · 소련 · 프랑스 · 중국 · 캐나다 · 호주 · 뉴질랜드 · 인도 · 네덜란드 · 필리핀)의 주워싱턴 대사관 공사관 대표자의 참석을 요구하여 대일강화 예비회의 개최에 관한 미국의 제안을 통고했다. 그 내용은 다음과 같다.

(1) 미국 정부는 대일평화조약 토의를 위해 극동위원회와는 별도로 이 위원회 구성 11개국 대표에 의한 회의를 신속히 개최하고 싶다. 회의는 11개국 3분의 2 다수결로 한다.
(2) 위의 11개국 외에 일본과 전쟁상태에 있는 국가들에 대해서도 조약 초안을 기초함에 있어 의견개진의 기회를 준다. 기초가 충분히 진척되면 대일 교전국 전부의 총회를 열어 이를 심의한다.
(3) 회의는 일단 외무장관 대리인 및 전문가들로 조직한다.
(4) 회의의 개최 기일은 잠정적으로 8월 19일로 하고, 미국 정부는 관계국들의 의향에 따라 미국이 개최국이 되기를 희망한다.

이러한 미국 제안에 대해 각국은 몇몇 국가들이 기일의 연기를 요구한 것 이외는 대체로 승낙의 뜻을 나타냈다.

유독 소련은 이에 반대하며 미국이 관련국들과 사전에 협의하지 않고 일방적으로 예비회의를 소집한 행위를 비난함과 동시에, 워싱턴 주재 영국 · 소련 · 중국의 3국 대사가 미국대표와 함께 신속히 4국 외상회의 개최를 위한 협의를 해야 한다고 하는 대미 회답을 보냈다.

이에 대해 미국은 8월 13일 "카이로 선언, 얄타회담의 결정 및 일본에 관한 포츠담 선언의 어느 것도 대일강화의 처리에 대해 어떠한 권한도 외상회의에 부여하는 조항이 포함되어 있지 않다"며 소련이 4국 외상회의 방식을 정면으로 거절하는 각서를 보내왔다. 이 미소의 대일강화 회의 방식에 관한 대립은 그 후 몇 번이나 응수를 거치면서도 결국 해소되지 못했다.

미국의 예비회의 제안에 대해서 중국에서는 국민참정회 설치위원회가 국민정부는 대일강화 예비회의에 거부권이 인정되지 않는 한 참가를 거부해야할 것이라는 결의를 채택하였다고 전해졌으나, 한편 고유균(顧維鈞) 주미대사가 8월 7일 및 18일의 양일 각각 알머 및 로베트 두 국무차관과 회견한 결과, 표결수속에 대해서는 2/3 다수결에 동의하지만 이에 미국, 소련, 중국 3국의 동의를 포함하지 않으면 안 된다는 생각을 밝혔다.

이것은 미국 안에 대한 중국의 원칙적 동의라고 간주되고 있었으나 그 후 중국은 미국에 대한 정치적 고려 때문에 대소 동조의 의향을 표명하게 되었다. 즉 중국은 미국의 일본제국주의 부활의 움직임에 반대한다고 한다는 점에서는 소련과 동일한 입장일 뿐만 아니라 소련의 중국에 대한 지리적 위치를 생각한다면 소련이 대일강화회의에 참가하지 않는 것은 마찰을 증대시킬 뿐이기 때문에 소련이 참가하지 않으면 중국도 참가하지 않겠다고 하는 의향을 표명한 것이다.

이것은 장군(張群) 국민정부 행정원장이 9월 9일 국민당 4중전회(中全會)의 석상에서 언급하고 있다(1947.9.9. 남경AFP통신). 또한 왕세걸(王世杰)

외교부장도 9월 5일 국제연합총회 출석을 위해 출발하면서 "중국은 강화회의에서 거부권의 행사에 대해 타협의 준비가 되어 있으며, 참가국 전부가 협정에 동의하는 것이 이사적이라고 생각하며, 만약 소련 불참의 경우에는 전면적으로 그 입장을 재검토할 것이다"고 성명을 발표하여 앞의 국민참정회 설치 위원회의 방침에 동조하게 되었다.

중국의 태도 경화(硬貨)에 의해 강화회의의 조기개최에 관한 영미 측의 계획은 여기서 답보상태를 보이게 되었으나, 미국 측은 중국의 태도를 변경시키고자 9월 이래로 자주 협상을 진행하였다. 그러나 그 효과는 없었고 강화회의를 연내에 개최할 전망도 희박해졌다.

11월이 되어 국부(國府)는 미국 · 영국 · 소련 3국 정부 앞으로 보낸 각서에서 지금까지의 미국안과 소련안의 중간을 취하는 절충안을 제안하였다. 이에 의하면 극동위원회의 모든 구성국을 영국 · 소련 · 중국 정부가 결정하는 기일에 소집하여 평화조약의 기초 개시와 강화본회의의 소집에 관한 제문제의 결정을 하고, 회의의 표결은 모두 4대국의 일치를 포함한 다수결제로 한다는 것이었다. 이에 대해 영미 측은 미국원안 지지의 태도를 명확히 하고, 한편 소련도 11월 27일 대중국각서에서 자신의 종래의 태도를 바꾸어 확인함과 더불어 1948년 1월에 4국 외상회의의 특별회의를 중국에서 개최할 것을 제안하였다.

이어 12월 5일 국민정부는 소련에 대해 재차 중국제안의 수락을 요망했으나, 소련 측은 지금까지의 주장을 되풀이 하였고, 또한 영미 측도 새로운 의견을 표명하지 않았다.

이렇게 하여 다음해 1948년 및 1949년의 2년간에는 대일강화에 관한 구체적인 촉진 활동도 일시적으로 정지하는 형태가 되어 일본에 대해서는 미국의 독자적 정책에서 사실상의 강화가 촉진되었다.

한편 중국 내부의 정세변화도 강화문제의 진전을 저해하는 커다란 요인이 되었다. 즉 1949년 10월 1일 중화인민공화국이 성립하자 소련은 바로 이를 승인하고 대일강화 문제에 대해서는 신 중국과 완전히 공동보조를 취한다고 표명하였다. 그런데 미국으로서는 극동의 소국들이 이 새로운 정세에 직면하여 대일강화에 대한 태도를 바꿀지도 모른다는 것을 고려하지 않으면 안 되었다. 그리하여 미국이 이러한 나라들을 설득하는 것은 한층 곤란해졌으나 이것은 일면을 보면 미국이 취해야 할 방향을 오히려 확실히 하게 했다고 할 수 있다.

3. 극동위원회 구성 국가들과의 절충

이상과 같이 1948~49년의 2년간에 걸쳐 대일강화문제는 암초에 걸린 상태였지만, 1950년에 들어서자 콜롬보 영연방 외상회의, 이어서 방콕 극동주재 미국 외교관 회의에서 이 문제를 논의한 것을 시작으로 하여 각 방면에서 조기체결을 요망하는 목소리가 마침내 높아져갔다. 또한 1950년 2월 14일에 체결된 「중소우호동맹상호원조조약」[5]에서는 다른 입장에서 대일강화조약의 조기체결을 제창하였다.

1월에 콜롬보에서 열린 영연방외상회의에서는 베빈 영국 외상이 대일강화의 촉진을 강조하였고, 가장 대일 감정이 나쁘다고 했던 호주, 뉴질랜드의 찬성을 얻어 영연방 운영위원회에 강화문제를 상정하여 그 기본방침을 결정하기까지에 이르렀다. 그 무렵 미국에서는 평화조약 체결 후 일본의 안전보장 문제를 둘러싸고 국무성과 국방성 사이에 의견의 상이가 있었고, 그 때문에 최초에 예상되고 있었던 콜롬보 영연방 외상회의에 조약초안 제출도 불가능하게 되었다. 이러한 교착상태를 타개하고 또한 소련의 대일평

5) 중소우호동맹상호원조조약(中ソ友好同盟相互援助条約, Советско-китайский «Договор о дружбе, союзе и взаимной помощи)은 1950년 소련과 중화인민공화국 사이에 맺은 군사동맹과 경제협력을 약속한 조약. 1960년대 중소논쟁에 의해 형식만 남았다가, 1980년에 실효하였음.

화 공세에도 대처하기 위해 미국 정부는 4월 공화당으로부터 존 포스터 덜레스 씨를 국무장관 고문으로 맞이하여 초당파적 외교의 입장에서 대일강화의 조기체결을 기도했다. 덜레스 고문은 6월에 일본을 방문하고, 맥아더 원수 이하 총사령부 관계자, 요시다(吉田) 수상, 정계 수뇌자, 노동계 지도자들과 간담하여 일본 측 의향을 타진하였다.

덜레스 씨의 일본방문 성과는 같은 시기에 일본을 방문한 존슨(Louis A. Johnson) 미국 국방장관과 브래들리(Omar N. Bradley) 합동참모본부 의장 등 군사적 입장으로부터의 보고도 있어서 미국의 대일강화 촉진의 의도를 확정적인 것으로 할 것이라고 기대되고 있었으나, 그때 돌연히 한국동란이 일어나 대일강화 문제는 일시적으로 보류되는 것은 아닌가 하고 우려하고 있었다. 그러나 이것은 기우에 지나지 않았고, 한국동란의 발생은 오히려 일본의 반공방벽으로서의 의의를 미국이 재확인하는 계기가 되었다. 게다가 대일강화는 오히려 초미의 관심사로 적극적으로 추진되게 되었다.

8월 초 워싱턴의 유력 소식통의 발언으로 "8월 중에 덜레스 국무장관 고문이 주요 책임자가 되어 국무성, 국방성 및 다른 관계 정부기관 사이에서 일치를 본 종합적인 문서가 완성될 예정이었다. 초안을 완성한 다음 관계국 특히 영국 및 영연방국가들 사이에 회람하여 퇴의된다. 워싱턴에서는 한국동란보다 오히려 대일강화의 해결을 보다 긴급히 하고 싶다고 생각하고 있다"는 것이 UP통신 전보(電)에 의해 보도되었다. 이와 같은 보도에 의해 드디어 미국이 어떠한 조치를 취할 것이라고 예상하고 있었을 때, 9월 4일 트루먼 대통령은 대일평화조약의 절차 작성을 위해 소련을 포함한 극동위원회의 구성국들과 비공식적으로 협상을 개시할 권한을 부여하였다는 것을 밝혔다. 이 비공식 예비회담은 9월 21일부터 뉴욕에서 개시되어 10월 말까지 일단 종료하였다.

그 사이에 중국과의 사이에는 10월 22일 덜레스 씨는 국민정부의 장 국제연합대표와 단기간 회담했으나 강화회의에 국민정부가 참가할지 어떨지의 문제에는 전혀 언급하지 않은 모양이다(1950.10.22. 워싱턴UP통신).

또한 소련대표에 대해서는 10월 초에 회담을 제의하여 소련 측은 일단 이를 거부했으나, 20일이 되어 마리크 소련대표로부터 미국과 토의할 용의가 있다고 밝히고, 회담은 26일 뉴요크의 덜레스 씨 자택에서 열렸으나, 미국 측 제안에 대해서 마리크 씨는 2~3개의 질문을 한 다음 본국정부에 검토를 요청한다는 약속을 했을 뿐으로 간단히 종료했다. 소련은 지금까지 결석을 계속해온 극동위원회에 9개월 만에 복귀하는 등 크게 협조적 태도를 보이고 있었을 때였으므로 이 회담에 대해서도 상당히 낙관적인 보도가 있었으나 실제 어떠한 일치도 보지 못했다는 것이 후일 밝혀졌다.

미국이 극동위원회 구성 국가들과 비공식회담을 위해 준비하고 있었던 제안은 소위 「강화7원칙」으로, 그 내용은 거듭 UP통신[6]와 뉴욕 헤럴드 트리뷴(New York Herald Tribune)[7]에 의해 대체로 전해지고 있었지만, 공식적

---

6) UP(합동통신)은 당시 미국의 최대의 통신사중 하나로 1907년 6월 19일 E.W. 스크립스(E.W. Scripps)에 의해 설립되었고, 현재 워싱턴에 본사가 있다. 원래 UP(United Press)라는 이름으로 창설한 스크립스하워드계 통신사이다. 초기에는 석간 전문의 상업통신이었다. 스피드와 센세이셔널리즘으로 AP와 격심한 경쟁을 벌였으며, 제1·2차 세계대전 중의 보도활동을 통하여 본격적인 국제통신사로 성장하였다. 제2차 세계대전 이후 급격한 발전을 이룩하였으나, 경비의 증가와 통신수입의 부진으로 경영난에 봉착한 INS(International News Service: 1909년 창립)와 합병하여 1958년 5월 24일부터 UPI(United Press International)라는 이름으로 변경하여 통신업무를 하였다. AP가 해외에서 로이터·아바스통신사(AFP의 전신) 등 각국의 대표적 통신사와 제휴하여 세계 통신사연맹을 조직하여 해외 통신사 간의 활동영역을 존중하고 있었던 데 반하여, UPI는 스스로 활동영역을 확장하여 영국연방 내에서는 BUP(British United Press)를 조직하고 로이터에 도전하였다. AP가 전미(全美) 회원사에 의해서 공동관리되는 비영리조합 조직이라면 UPI는 순전한 영리조직이다. 1970년대 들어와 미국 신문사들 간의 경쟁이 시들해진 가운데 통신사의 필요성도 점차 희박해지자 만성적 경영위기에 빠져 1982년 미디어뉴스에 매각되었고, 1992년 영국 런던에 있는 아랍계 방송사인 중동방송에 경영권이 넘어갔다.

7) 미국 저널리즘의 효시로 평가되며, 페니페이퍼(1페니짜리 신문) 발행 운동으로 생긴 최초의 신문 중 하나이다. 1924년 뉴욕에서 발간되던 『트리뷴』이 『헤럴드』지를 흡수·합병(合倂)함으로써 창간되었으며, 1966년 오랜 동안의 경쟁지였던 『저널 아메

으로는 발표되지 않았다. 그런데 트루먼 대통령이 (1950년) 11월 16일의 기자회견에서 "덜레스 고문은 대일강화 문제에 관한 관계 각국과의 비공식회담을 마쳤다. 향후 더욱 이 문제에 관한 토의가 진행될 것이다"라고 언급했다. 소련 측은 같은 달 20일 미국의 제안에 대해 설명을 요구하는 각서를 제출하였고, 더욱이 23일 모스크바 방송을 통해 7항목째의 미국제안 및 소련의 대미각서의 내용을 공표했기 때문에 국무성도 24일 미국의 7항목째의 제안 및 소련의 대미각서를 공표했다.

12월 28일 국무성은 소련각서에 대한 회답을 보냈는데 이 회답에서 미국은 대일강화의 체결에 대해 어떤 나라에도 항구적인 거부권은 없다고 하여, 필요하다면 소련의 참가가 없더라도 강화를 추진할 용의가 있다는 것을 표시했다.

4. 덜레스 특사의 극동국가(諸國) 방문

미국은 극동위원회 구성국들과의 비공식 절충 결과를 바탕으로 더욱 각국별로 협상을 진행하게 됐다.

우선 첫 번째 착수한 일로서, 트루먼 대통령은 그해(1951년) 1월 11일 덜레스 고문을 대사 직함을 가진 대통령의 특별사절로 임명해 일본에 파견하게 되었다. 덜레스 특사의 일행은 부단장으로 공사 자격을 가진 J. 아리슨[8] 국무부 동북아부장, E. 존슨 육군 차관보, G. 맥그루더 소장 S. 밥콕

리칸』 및 『월드 텔레그램 앤드 선』지와의 합병교섭에 성공하고 계속 발행이 계획되었으나, 신회사 설립을 둘러싼 노사분쟁으로 폐간되었다. 오랫동안 온건한 공화당의 정책을 지지하는 역량있는 신문으로 평가를 받았다. 한편, 프랑스 파리에서 국제판으로 발간되던 『파리 헤럴드(Paris Herald)』는 본사와 분리되어, 『뉴욕 타임스(The New York Times)』와 『워싱턴 포스트(The Washington Post)』의 합작투자로 『인터내셔널 헤럴드 트리뷴』으로 개칭되어 유럽에서 발행하는 유력 영자지로 꾸준히 발전하고 있다.

대령, R. 필리어리 국무부 직원, 특사 비서 도일 여사 및 민간 측에서는 일·미 간의 문화 관계를 촉진하기 위해 참가한 J. 록펠러 3세의 8명으로 구성돼 있었으나, 그중 피어리 씨는 사전 준비를 위해 23일자로 도쿄에 왔다.

덜레스 씨는 일본체재 중 요시다(吉前) 수상과 1월 29일, 30일 및 10월 7일의 3회에 걸쳐 미국의 강화7원칙을 중심으로 회담을 하였고, 또한 민주·사회·자유의 각 당 대표, 프랑스, 이탈리아, 중국, 오스트레일리아, 영국의 재일 사절단 대표와도 회견하여 의견을 교환했으나, 2월 11일 임무를 끝내고 도쿄를 떠나 필리핀으로 향했다.

필리핀은 대일감정이 가장 나쁜 나라로 꼽혀 왔었고, 이전부터 대일 배상 80억 달러의 징수를 주장하고 있었으므로 덜레스 씨와의 회담도 당연히 배상 문제가 중심이 됐다. 다음날 12일 키리노 대통령과의 회담에서 필리핀 측은 80억 달러의 대일 배상을 여전히 주장했지만, 특사는 필리핀 태평양문제조사회의 오찬에서 한 연설에서 필리핀 국민이 배상문제에 관심을 갖는 것은 일본의 필리핀에 대한 파괴를 생각하면 당연한 것이지만 그 실행에 대해서는 의구심을 갖고 있다는 견해를 보였다. 게다가 이날 기자회견에서도 배상문제는 "문제는 요구가 타당한 것인지 아닌지에 있는 것이 아니라, 그 요구를 만족시키는 경제적인 방법을 찾을 수 있을지 어떨지에 있다"고 말해 이 문제의 앞날이 다난함을 내비쳤다.

이어 그는 2월 14일 캔버라에 도착하여 다음날부터 멘지스(R.G. Menzies) 호주 총리, 스펜더(P. Spender) 호주 외무장관, 도이지 뉴질랜드 외무장관과 회담을 가졌고, 그 결과 일본을 자유로운 민주주의 진영에 참여시키는 것에 대해 의견을 같이했다는 내용의 공동 기자회견을 발표했다. 특사는 19일 뉴질랜드를 들러 25일 워싱턴으로 귀국했다.

---

8) (번역자주) 존 무어 앨리슨(John Moore Allison, 1905~1978)은 미국의 외교관으로 주일미국대사, 주인도네시아대사, 주체코슬로바키아대사 등을 역임하였음.

본국 귀환 후 덜레스 특사는 태평양 국가들과의 협의 결과에 대한 보고서를 국무부에 제출했다. 이 보고서는 상당히 확정적인 것을 담고 있던 것 같아 대통령도 매우 만족하고는 덜레스 씨에게 가능한 한 신속하게 대일평화조약의 완성에 힘쓰도록 전적인 권한을 부여했다는 것이다.

그 후 조약안 작성이 시급하였으나 대체로 3월 중순경까지 일단 안이 완성된 모양으로, 3월 19일에 상원 외교위원회 극동분과위원회에서 2시간 이상에 걸쳐 초안에 대해 설명이 이루어졌다. 이 초안은 덜레스 씨가 3월 31일 로스엔젤스시의 휘티아 대학(Whittier College)에서의 연설에 처음으로 그 개요를 소개하였으며, 또한 4월 5일 UP통신헨슬레이 기자가 전문 및 본문 8장 20개조로 구성된 초안 전문을 입수하여 신문에 발표했다. 조약으로서의 형태를 갖추어 발표된 것은 이때가 최초이다. 일본 정부는 이 미국 초안을 3월 27일에 수령하였다(제11회 임시 국회에서의 요시다 수상 연설 참조).

대일평화조약 체결과 관련하여 태평양 국가들의 안보 문제에 대해서도 덜레스 씨의 극동국가 방문 때 논의됐다. 그 결과 미국 · 필리핀 간에는 8월 30일 워싱턴에서 상호방위조약이, 미국 · 호주 · 뉴질랜드 3국 간에는 9월 1일 샌프란시스코에서 안전보장조약이 체결되었지만, 처음에는 미국 스스로는 이런 문제에 관한 계획은 갖고 있지 않으며 오히려 이 문제와 관련된 국가들이 먼저 제안해야 한다고 생각했다. 그러나 원래 이것이 대일강화의 문제와 밀접하게 관련된 문제인 것은 덜레스 씨 자신도 인정하고 있던 바였으므로, 필리핀 방문 시에는 안전보장의 문제에 대해 토의하였고, 호주, 뉴질랜드 방문에서도 같은 문제가 협의되었다. 호주, 뉴질랜드 양국에서도 일본의 군사력 부활을 우려해 안전보장의 결정에 대한 토의가 이뤄진 것도 양국 외무장관이 이를 강조하고 덜레스 씨가 동정적인 고려를 한 결과로 알려져 있다.

일본의 안전보장 문제는 물론 이와는 별개의 입장이지만, 1월부터 2월까지 덜레스 씨가 일본을 방문했을 때 이미 이 문제가 미일 간 토의의 주요 이슈였던 것은 그의 연설에서도 드러난다. 즉 2월 2일 미일협회에서의 연설에서는 특히 일본의 안전보장 문제에 대해 간접 침략에 대한 자위, 직접 침략에 대한 집단방위를 역설하고, "일본과 우리 우방국들과의 협력을 기초로 하는 안전보장 계획하에서 미국은 미일 양국 단합의 증거로써 일본의 국내 및 그 주변에 미국 군대를 주둔시키는 것을 동정적으로 고려할 것"이라고 밝혔다. 나아가 11일 도쿄를 떠나면서 발표한 성명에서도 이 문제를 언급하면서 "평화조약이 발효했을 때는 일본을 완전히 비무장인 채로 자위 불가능한 지경에 이르게 하는 힘의 진공상태가 존재하는 일이 생기지 않도록 앞의 제안을 수락하지 않으면 안된다는 것이 일본국민의 압도적인 희망이다"고 하여, 미국은 일본 측도 안전보장조약의 체결을 희망하고 있다고 생각하고 있음을 밝혔다. 이 문제는 4월 덜레스 씨의 재차 일본 방문에 의해 한층 더 구체적으로 진전했다.

이때의 일본 방문은 4월 11일 맥아더 원수의 해임이라는 예기치 않은 사건이 발생했기 때문에 후임 리지웨이 최고사령관과 첫 회담을 가졌고, 아울러 최고사령관의 이동이 대일강화의 조기체결을 바라는 미국의 정책에 조금도 영향을 주지 않음을 강조하는 의례적인 것에 지나지 않는 것으로 보여졌지만, 19일 방송회관에서 덜레스 특사의 기자회견에서 미일 안전보장 조약의 작성이 평화조약과 병행하여 추진되고 있는 것으로 발표되었다. 덜레스 특사는 18일 오전 리지웨이[9] 최고사령관, 요시다 총리와 3자 회담을 가진 데 이어, 오후엔 시볼트 대사와 함께 요시다 총리, 이구치 외무성 부상,

---

9) (번역자주) 매튜 벙커 리지웨이(Matthew Bunker Ridgway, 1895년 3월 3일~1993년 7월 26일), 미국의 육군 군인. 6.25 전쟁이 한창이던 1950년 12월 23일에 교통사고로 순직한 미 제8군 사령관 월튼 워커 중장의 후임으로 6.25 전쟁에 참전. 1951년 4월 해임된 맥아더를 대신하여, 제2대 유엔군 사령관 및 미 극동군 사령관으로 취임하여, 중공군의 진격을 끝내 저지하고 대한민국을 지켜냈다. 이런 점에서 6.25 전쟁에서 한국의 적화통일 저지에 가장 크게 기여한 사람이라고 할 수 있다.

니시무라 조약국장 등과 만났고, 마지막으로 23일에는 양측 대표단 간에 마지막 의견 교환을 하였으며 특사는 이날 밤 귀국했다.

5. 미영 간의 의견조정

미국 초안은 3월 중에 관계15개국(극동위원회 구성국 및 스리랑카, 인도네시아, 한국)에 배포됐으며, 이어 영국 초안도 관련국에 배포되어 각국의 검토를 요구받았으나 영국은 미국 초안에 관해 무역, 조선, 산업 제한 등 여러 점에서 이견이 있음을 미국에 보낸 각서에서 밝혔다.

게다가 영국은 4월이 되어 대만을 중공에 건네줄 것 및 대일강화 교섭에 중공을 참가시킬 수 있도록 초안을 수정할 것을 미국에 요청한 것이 거의 밝혀졌다(구1951.4.11. 워싱턴AP통신).

이에 미국은 3월 앨리슨 공사를 영국 방문시켜서 절충을 보게 했고 이어 4월 25일부터 워싱턴에서도 영국 대사관과 국무부 간 협의를 시작했다.

이어서 6월 국무부는 덜레스 씨를 서터스웨이트 영연방 북유럽국 차장 및 먼저 방영한 아리송 공사 등과 함께 방영하게 됐다.

덜레스 씨 일행은 6월 3일 런던 도착하여 8일까지 영국 측 인사들과 회담한 뒤, 9일 일단 파리로 가서 프랑스 당국자들과 회담하고 10일 다시 런던으로 돌아왔으며, 14일 모리스 외무장관 등을 만나 이날 귀국길에 올랐다. 특히 앨리슨 공사는 런던에서 덜레스 씨 일행과 헤어진 다음 인도, 파키스탄, 필리핀을 순방하고, 6월 24일 도쿄에 도착하여 일본 측과 회담하고 7월 3일 귀국길에 올랐다. 그는 런던에 머무는 동안 6월 5일 기자회견을 갖고 또한 7일 잉글리시 스피킹 유니언 연설에서 대일강화에 대한 견해를 밝히면서 미국의 기존 태도를 재확인했다.

영미회의는 덜레스 씨가 “대일강화문제 해결의 준결승”이라고 지칭하는 것으로 보아 양국 간에 상당한 의견 접근이 전해졌으나, 14일의 회담이 끝난 뒤 공동 기자회견이 발표돼 양국 간에 완전한 의견일치를 보았다고 밝혔다. 그러나 기자회견에서는 일치점의 내용에는 언급하지 않았기 때문에 그 타협점이 어떤 것인지는 불분명했다. 그러나 뒤에 발표된 미영 초안에서 보면, 강화회의에서의 중국의 대표를 중공, 국민 정부의 어느 쪽을 취할 것인가 하는 문제와 이에 관련하는 대만 귀속의 문제에서 결국 전자에 대해서는 강화회의에는 중국을 제외하는 것, 후자에 대해서는 일본은 대만을 포기해야 하지만 그 최종적 귀속은 장래의 문제로서 당분간 접어두는 것으로 이때 결정되었다는 것은 확실하다. 중국 대표 문제는 중공의 국제연합 가입, 나아가 한국동란의 해결에도 영향을 미치는 중요한 문제인 만큼 미국과 영국 간 의견을 조율하는 데 상당한 고심을 하였으나 절충의 결과 국민정부의 불참으로 일단 마무리됐다.

그 외에 미영 회담에서 경제조항에도 많은 수정이 이루어 것은 4월 5일의 UP통신에 의한 미국 초안과 7월 12일 발표한 미영 초안을 비교하면 명확하다.

한편, 도중에 인도, 파키스탄, 필리핀을 순방하고 6월 24일 도쿄에 온 앨리슨 공사는 25일 방송회관에서 기자회견을 열고 “대일평화조약은 9월 1일까지 서명될지 모른다. 관련국들에 의해 수정된 초안은 다시 관련국들에게 전달되어 준최종적 초안이 마련될 것이다. 중공이냐 국민정부냐의 문제는 미영 간에 원칙적으로 의견이 일치했지만 이에 대해서는 앞으로 워싱턴에서 발표가 있을 수 있다”라고 밝혔는데, 이 회견은 미영회의 결과를 반영한 것으로 주목받았다.

6. 조약 초안의 완성과 강화회의의 개최

이렇게 해서 미국과 영국 공동안이라고도 할 수 있는 개정 초안이 마련되면서 7월 5일부터 워싱턴 주재 관계국 외교대표에게 배포되기 시작했다.

이 개정 초안은, 미국 초안이 8장 20개조로 된 것에 대해 7장 27개조로 되어 7월 12일 덜레스 씨에 의해 정식으로 발표되었다.

게다가 그 후 덜레스 씨와 방미 중인 영국 무임소 대사 데닝 씨의 공동작업으로 18개소의 자구 수정을 가한 것이 7월 20일 미영 양국 정부에 의한 강화회의 초청장과 함께 각국으로 보내져 검토를 요청하였다. 그 결과 미국 초안에서 도중에 삭제된 일본의 완전한 주권을 인정하는 1항(파키스탄, 인도네시아의 요구에 의함) 및 일본 군대의 송환에 관한 1항(일본의 요청에 의함)이 추가되었고, 그밖에 배상 조항이 수정되는 등(필리핀의 요구에 의함) 각국의 요구에 따른 약 80곳의 수정, 추가가 이루어져 8월 13일 최종 조약문이 완성되었다. 일본 정부는 이 최종 조약문을 8월 15일 수령했다.

이에 앞서 8월 6일, 미 국무부 당국은 대일강화회의가 9월 4일부터 8일까지 샌프란시스코에서 열린다는 내용을 발표했다. 회의 장소로 동 시의 오페라하우스를 이용하는 것으로 되었는데, 이것은 6년 전인 1945년에 국제연합 헌장 채택의 회의장이 된 곳이다.

강화회의 초청장은 7월 20일 미국 · 영국 공동으로 소련을 포함한 49개국에 발송됐다. 모든 나라가 참가하면 미국 · 영국 · 일본을 포함하여 52개국이 되어야 했다. 문제의 중국은 제외됐고, 또한 항복 후 연합국의 공동교전국으로서 대일 선전을 포고한 이탈리아, 일본에서 분리된 한국은 모두 초청받지 못했다. 일본에 대한 초청장도 이날 시볼트 외교국장에게서 전달됐다.

소련이 어떻게 나오느냐가 주목 받았지만 결국 8월 12일에야 출석 통보를 했다. 소련은 5월 7일의 대미각서에서 대일강화의 준비는 한 나라만 할 것이 아니라 각국이 공동 추진해야 한다며 외무장관회의 방식에 의한 강화회의 개최를 주장했으나, 미국은 5월 19일의 대소련 회답을 통해 이를 논의했다. 이어 6월 10일 소련은 다시 대미 각서를 송부하여 미국안을 반대하고 미국, 소련 대표들 간에 대일강화에 관한 협상이 이루어진 적이 없으며,

덜레스 고문과 마리크 대표와의 회견은 전혀 개인적인 것으로 미소 협상이 아니라는 견해를 밝혔다. 이러한 경위를 보더라도 소련의 강화회의 참가는 불투명했기 때문에 갑작스런 출석 통고는 미영 측의 의표를 찌르는 것으로 후일 미영 측이 소련의 활동을 봉쇄하기 위해 강화회의 의사 규칙 작성에 부심하는 결과가 되었다. 버마(얀마)는 배상 요구가 충족되지 않는다는 이유로 8월 23일 불참을 결정했고, 유고슬라비아는 끝내 정식 통보를 하지 않았지만 유고슬라비아 통신사는 8월 24일 유고의 불참을 발표했다.

끝까지 거취를 주목받았던 인도는 8월 25일 마침내 불참을 결정하였고, 27일 인도의회에서 홀 수상이 불참의 이유에 대해 성명을 발표했다.

한국은 초청받지 못했지만 회의에 옵서버(observer)를 파견했다. 한국은 7월 18일 양유찬[10)]주미대사를 통해 찰스 덜레스에게 조약 서명에 동참할 것을 요구했으나, 한국은 제2차 세계전쟁 중 일본과 정식 전쟁 상태가 없었던 점, 미국은 기존에 한국의 이익을 적절히 대표해 왔다는 점 등을 들어 이를 거부한 바 있다.

결국 향의는 불참한 버마, 유고슬라비아, 인도의 3개국 이외에는 프랑스의 주장에 의해 뒤에 초청된 인도차이나 3국(베트남, 라오스, 캄보디아)을 포함한 52개국이 참가한 가운데 열렸다.

---

10) (번역자주) 양유찬(梁裕燦, You Chan Yang, 1897~1975), 의사이자 해방 후 활동한 외교관, 정치인. 주한 미국 대사관 제2대 대사(1951~1960)를 역임. 1897년 부산에서 출생, 일찍이 미국으로 건너가 미킴레이 고등학교를 마치고 하와이 대학에서 수학, 보스턴으로 옮겨서 1923년 보스턴대학교 의학부를 졸업하고 의학박사 학위를 취득한 뒤 하와이에서 개업. 1951년 2월 홀로눌루 총영사의 알선으로 이승만 대통령을 만나 주미한국대사직을 수락하여 외교관으로 변신. 1951년 7월 19일 당시 주미한국대사로 그는 美국무부에 찾아가 존 포스터 덜레스를 만난 자리에서 이승만 정부의 5개 요구사항을 전달하였다. 5개 항 가운데서 마지막 항은 "대마도, 파랑도(이어도), 독도가 러일전쟁 중 일본이 점령하기 전에 한국 영토였으므로, 일본은 그 세 섬에 대한 영유권을 포기해야 한다"는 요구였다. 그러나 파랑도의 위치를 묻는 덜레스의 질문에 잘못된 대답을 하여 거절당하였다. 4.19혁명으로 대사를 사직하고 제2인자였던 한표옥 공사가 대리대사로 지명됨.

강화회의는 정식으로는 '일본과의 평화조약 체결 및 서명을 위한 회의'로 불리며 9월 4일부터 8일까지 개최되었다. 첫째 날인 9월 4일 개막식에서 해리 트루먼 대통령의 연설이 있었고, 이틀째인 5일부터 본격적인 의사일정에 들어갔다.

우선 5일 오전 회의에서는 소련-폴란드-체코 전권의 끈질긴 반대 작전을 누르고 미국과 영국 양국이 공동으로 제안한 의사규칙을 채택했다. 이 의사규칙에 따르면, 동 회의는 평화조약에 서명하는 것뿐으로 새로운 제안은 허용되지 않으며(제1조), 또한 각국 대표의 성명은 1시간 이내로 한정되었고, 평화조약 이외의 문제는 의장의 권한으로 중지할 수 있다(제18조)고 되어 있었으므로, 소련 쪽 3국의 활동은 봉쇄되는 결과가 되었다. 물론 미국은 소련 측이 회의 진행을 방해하려 한다는 것을 예상하고 소련이 강화회의 초청을 수락했던 대미 회답 중에서 소련은 독자적인 평화조약 제안을 하겠다고 밝힌 반면, 미국은 8월 16일 대소련 각서를 보내어 "평화조약 조항은 1950년 9월 중반부터 각 국가 간에 열띤 토의가 이뤄진 이후 도달한 것이기 때문에 샌프란시스코 회의는 각 조항에 대해 재협상하는 회의가 아니다", 즉 서명만을 하기 위한 회의라고 경고했다. 또한 애치슨 국무장관도 이미 지난 4월 덜레스 씨에 대해 소련이 출석할 경우 미국이 취해야 할 전법(戰法)을 입안하도록 지령하고 있었다고 한다(1951.8.16. 워싱턴UP통신). 그 결과, 미영 공동으로 의사 규칙이 작성되어 회의를 열기 3일전에, 주된 국가들 사이에서 양해가 이루어졌다(1951.9.3. 샌프란시스코UP통신). 이 작전이 먹혀들어 중공의 참여 문제를 비롯하여 연설시간의 제한규정 삭제 요구, 필요한 문서의 회부권, 의사규칙의 안을 마련하기 위한 소위원회 설치 등에 관한 소련의 제안은 줄줄이 부결됐다.

이어 열린 정부의장 선거에는 각각 애치슨 미국 전권대사, 스펜더 호주 전권대사가 선출되어 5일 오전 회의를 마쳤다.

오후부터 회의는 조약의 제안자 측으로서 덜레스(J. F. Dulles) 미국 전권대사 및 영거(K. Younger) 영국 전권대사로부터 조약안의 설명이 있었고, 이어 각국 전권대사의 의견 개진으로 옮겨갔다. 멕시코 전권대사, 도미니카 전권대사에 이어 세 번째로 선 그롬이코 소련 전권대사는 이번 조약안이 새로운 전쟁을 초래할 것이라고 강력히 비난하면서 1시간 이상 소련의 11개 항의 수정안을 설명하였다. 도중 스펜더 부의장이 "소련 전권대사의 설명은 제안이 아닙니까?"(수정 제안이라면 의사규칙을 위반함)라고 경고했다. 그러나 그롬이코 전권은 "소련 정부의 견해를 표명하고 있는 것이다"라고 변명하면서 발언을 계속했다. 소련 전권대사의 발언은 대체로 지금까지의 입장을 재확인한 것인데, 미영 초안의 제3장 안에 소야해협(宗谷海峡), 네무로해협(根室海峡)의 일본 측 전 연안 및 츠가루(津輕), 대마도의 두 해협을 비무장화하여 모든 나라 상선의 자유통항권을 인정하고, 또한 이들 해협을 회항하는 군함은 동해(일본해)와 면하고 있는 나라들에 국한된다는 1개조를 추가할 것을 주장한 것은 지금까지 없었던 새로운 요구이며, 또 전체적으로는 어느 때보다 구체적이라는 것이 주목되었다.

각국 전권대사의 의견 개진은 7일 오후 회의까지 계속되었고 마지막으로 일본 전권대사가 수락 연설을 했다. 7일 밤 회의는 스리랑카 전권대사의 동의에 따라 이후 발언을 30분 이내로 하고 회의는 11시에 완결하기로 결정됐으나 여기서 다시 소련 전권대사와 미국 및 영국 전권대사의 질의응답이 이뤄졌다.

다음날 8일 오전 평화조약, 2개의 선언, 의정서에 대한 서명이 이루어졌으며, 이에 역사적인 강화회의는 막을 내렸다. 평화조약에 서명한 것은 회의에 참가한 53개국 중 소련, 폴란드, 체코의 3개국을 제외한 49개국이었다. 또한 안전보장조약의 서명 및 이에 관련하는 공문의 교환은 같은 날 오후 샌프란시스코 미육군 제6군사령부에서 이루어졌다.

각 문서의 서명국은 다음과 같다(괄호는 서명자).

(1) 일본과의 평화조약

아르헨티나(Hipolito J. Paz), 호주(Percy C Spender), 벨기에(Paul van Zeeland, Silvercruys), 볼리비아(Luis Guachalla), 브라질(Carlos Martins, A. de Mello-Franco), 캄보디아(Phleng), 캐나다(Lester B Peason, R W Mayhew), 실론(J. R. Jayewardene, G.O. S. Corea, R. G. Senanayake), 칠레(F. Nieto del Rio), 콜롬비아(Cipriano Restrepo Jaramillo, Sebastian Ospina), 코스타리카(J Rafnel Orenmuno, V. Vargas, Luis Dobles Sanchez), 쿠바(O Gans, J. Machado, Joaquin Meyer), 도미니카(V. Ordonez, Luis F. Thomen), 에쿠아도르(A Quevedo, R G Valenzuela), 이집트(Kamil A. Rahim), 살바도르(Hctor David Castro, Luis Rivas Palacios), 이디오피아(Men Yayehirad), 프랑스(Schuman, H. Bonnet;, Paul-Emile Naggiar), 그리스(A. G. Politis): 과테말라(E Catillo 4, A M Orellana, J Mendoza) 아이티(Jacques N: Leger, Gust. Layaque), 온두라스(J. E. Valenzuela: Roberto Go Gorvez B., Rowul Al-) varado) 인도네시아(Ahmad Subardjo), 이란(A G Ardalan), 이라크(A. I. Bakr), 라오스(Sayang), 레바논(Charles Malik), 리베리아(Gabriel L. Dennis; James Anderson, Raymond Horacey J. Rudolph Grimes), 룩셈부르그(Hugues Le Gallais), 멕시코(Rafael della Colina, Gustavo Dias Ordaz, A. P. Gasga), 네덜란드(D U Stikker, J H van Roijen), 뉴질랜드(C Berendsen), 니카라과(G Sevilla Sacasa, Gustabo Manzanares), 노르웨이(Wilhelm Munthe Morgensticrne), 파키스탄(Mairculla Klaun), 파나마(Ignacis Molino, Joscar Boettner), 페루(F Berckmeyer), 필리핀(Carlos P. Romuls, J M Elizalde, Vicente Fran cisco, Diosdado Macapagal, Emiliano T, Tirona, V.G. Sinco), 사우디아라비아(Asad Al-Faqih), 시리아(F. El-Khouri), 터키(Feridun C Erkin), 남아프리카공화국(G. P Jooste), 영국(Herbert Morrison, Kenneth Younger, Oliver Franks), 미국(Dean Acheson, John Foster Dulles, Alexander Wiley, John J. Sparkman), 우루과이(Jose A. Mora), 베네수엘라(Antonio M. Araujo, R. Gallegos M.), 베트남(T. V. Huu, T. Vinh, P. Thanh, Bu Kinh), 일본(Sigeru Yoshida, Hayato Ikeda, Gizo Tomabechi, Niro Hoshijima, Muneyoshi Tokugawa, Hisato Ichimada) (49개국, 밑줄을 그은 것은 최초 효력발생에 관계가 있는 나라)

(2) 선언(다수국 간 조약에 관한 것)

일본만 서명.

(3) 선언(전사자의 묘지에 관한 것)
일본만 서명.

(4) 의정서(계약, 시효기간 및 유통증권 및 보험에 관한 것)
호주, 벨기에, 캄포디아, 캐나다, 실론, 도미니카, 이집트, 에티오피아, 프랑스, 그리스, 아이티, 인도네시아, 이란, 이라크, 라오스, 레바논, 리베리아, 룩셈부르크, 네덜란드, 파키스탄, 사우디아라비아, 시리아, 터키, 영국, 우루과이, 베트남, 일본(27개국), 서명자는 평화조약과 같음.

(5) 일본과 미국 사이의 안보조약
일본(요시다 시게루) · 미국(Dean Acheson, John Foster Dulles, Alexander Wiley, Styles Bridges)

본서는 이들 다섯 가지 문서에 대해 종합적으로 해설한 것이다.

제2장
평화조약의 본질

1. 전쟁상태 개시의 방식

국가 간의 관계 내지 상태에는 평화관계와 전쟁상태 두 가지가 있다. 그 어느 것도 아닌 관계 또는 상태나 과도적 상태는 존재하지 않는다. 그래서 언제 평화관계에서 전쟁상태로 치달았는지, 또 언제 전쟁상태에서 평화관계로 돌아왔는지를 명확히 할 필요가 있다. 평화조약은 전쟁상태의 종결을 명확히 하는 하나의 방식이다.

평화조약에 대해 설명하기 위해서는 전쟁상태가 어떻게 하여 개시되었고, 어떻게 하여 종료되었는가에 대해 설명하지 않으면 안된다.

전쟁상태의 시작에는 세 가지 방식이 있다. 적대행위의 개시에 관한 조약(「개전에 관한 조약」, 1911.10.18. 헤이그에서 서명, 일본은 1911.12.13. 비준서 기탁)은 "이유를 첨부한 개전선언의 형식 또는 조건부 개전선언을 포함한 최후통첩의 형식을 가지는 명료하고도 사전의 통고" 없이는 적대행위를 개시해서는 안 된다고 규정하고 있다. 그래서 헤이그 조약의 당사국 간에는 단순한 개전선언 또는 조건부 개전선언을 하지 않고서 적대행위를 개시해서는 안 되는 의무가 있는 것이다. 헤이그 조약 이전에는 실질적 적대 행위에 의해 전쟁이 개시된 적이 종종 있었고, 오히려 그런 것이 보통이었다.

지금도 헤이그 조약에 가입하지 않은 나라와의 전쟁 개시에 대해서는 이 조약에 구속되지 않으며, 헤이그 조약에 가입한 국가들 사이에서도 이 절차에 의하지 않는 것은 불법이기는 하지만 역시 전쟁이다. 1914년 제1차 세계전쟁 때 오스트리아=헝가리는 세르비아에 대해 24시간 기한으로 최후통첩을 보냈지만, 적대행위를 개시할 의사가 있다는 것에 대해서는 전달하지 않았다. 1939년 독파전쟁, 1941년 독소전쟁 및 태평양전쟁은 모두 헤이그조약이 정하는 절차를 밟지 않고 개시되었다. 무엇보다도 대규모 적대행위가 이루어지고 있더라도, 당사국에 전쟁의 의사가 없으면 전쟁이라고는 취급되지 않는다. 예를 들면, 만주사변, 중일전쟁이 그것이다. (다만, 후술하는 전쟁희생자 보호에 관한 조약의 개정 결과, 위의 여러 조약의 적용에서는 전쟁과 동일하게 취급되고 있다.)

개전선언은 평화관계에서 전쟁상태로 질서정연하게 이행하기 위해 필요한 것인데, 이것은 일방적 행위이며 상대방이 걸려들면 반드시 전쟁이 된다. 그리고 개전선언(선전포고)이 있으면 실제 적대행위가 이루어지지 않아도 전쟁상태가 존재하는 것이다. 일본과 전쟁상태에 있는 나라는, 덜레스 고문에 따르면 53개국(1951.3.31. 연설), 애리슨 공사에 따르면 50여 개국(1995.6.5. 신문 기자회견)이 있었지만, 그렇게 많은 나라 중 일본이 적대행위를 개시하여 전쟁이 된 것은 미국 · 영국 · 네덜란드(자치령 및 구식민지 포함)뿐이었고, 다른 나라는 모두 상대방에 대해 선전포고를 함으로써 전쟁이 된 것이다.

전쟁상태가 개시되면 당사국은 교전국이 되며, 평시 국제법을 대신하여 전시 국제법(교전법규 및 중립법규)이 적용된다. 교전권 발생으로 교전국은 교전법규에 위반되지 않는 한 어떠한 해적(害敵) 수단도 쓸 수가 있으며, 적의 병력을 치는 것뿐만 아니라 자진해서 적의 영토도 점령할 수 있다. 개전에 의해 외교관계, 조약관계, 통상관계는 근본적인 영향을 받는다. 전쟁이 일어나면 외교, 영사관계가 단절되는 것은 물론, 교전국들은 적국에서 자국의 이익보호를 중립국에 의뢰하는 것이 보통이다. 조약 중, 교전국 간에 관한 것은 효력을 잃거나 또는 효력을 정지하고, 중립국을 포함한 다수국 간 조약은 교전국 간에 효력을 정지한다. 교전국은 또한 자국영역 내 적국인 및 적국재산에 대해 전시 비상조치를 취하고 자국인과 적국인 간의 계약관계 및 통상관계를 금지할 수가 있다. 전쟁상태의 종료는 이러한 개전의 효과를 어느 정도 원상태로 되돌릴 수 있다.

2. 전쟁상태 종료의 방식

그렇다면 전쟁상태는 어떻게 해서 끝날 수 있는가 하면 네 가지 방식이 있다.

첫째는 **정복**이다. 이 경우에는 교전국 중 한쪽이 소멸되므로 교전국 간의 관계를 전쟁 이전 상태로 되돌리는 문제는 일어나지 않는다.

둘째, **평화조약의 체결**에 의한 것으로 이것이 가장 일반적인 방식이다. 전쟁상태는 한쪽 의사만으로 발생하지만 평화조약은 교전국 간의 합의이다.

셋째, **적대행위의 전반적 종료**이다. 전쟁은 나중에 설명하는 것과 같은 상태이기 때문에, 적대행위가 그친다고 해서 당연히 전쟁상태가 종료되는 것은 아니지만, 교전국이 전쟁을 계속할 의사를 잃고 적대행위를 장기간에 걸쳐 정지하여 평화조약 없이 질질 끌면서 전쟁이 끝나 버리는 경우이다. 그 예를 역사상에서 찾으면 1710년에 끝난 프랑스 · 스페인 전쟁, 1801년에 끝난 러시아 · 페르시아 전쟁, 1824년에 끝난 스페인과 그 식민지와의 전쟁, 1886년에 끝난 스페인 · 칠레 전쟁 및 프랑스 · 멕시코 전쟁이 있다. 그러나 이 방식은 의의(疑義)가 많고 교전국 간, 그 국민 간의 관계가 불명확할 뿐만 아니라 중립국도 당혹스러운 경우이다. 여기서 거론한 예는 모두 19세기 이전의 것으로 현재와 같이 국제관계가 밀접한 시대에 이 방식은 부적합하다.

그러므로 평화조약을 체결하여 평화관계를 정식으로 회복하는 것이 가장 바람직하다. 그로 인해 비로소 전쟁을 일으키게 된 분쟁의 결정적 해결을 확인하고, 교전국 간의 관계는 물론 중립국과의 관계도 밝혀지게 되는 것이다. 그러나 평화조약 체결이 어떠한 이유로 인해 불가능할 경우에 이를 대신하는 방법으로 나온 것이 넷째, **전쟁상태의 종료 선언**이라는 방식이다. 다음으로, 우선 이 변칙적 방식인 전쟁상태의 종료 선언에 대해 설명하고 이어 평화조약에 대해 설명하기로 하자.

3. 전쟁상태의 종료 선언

제1차 세계전쟁 때 중국은 실전에는 참가하지 않았으나 독일에 선전포고하였으므로 강화회의에 초청받았지만 베르사유 조약의 산동(山東) 조항에 반대하여 평화조약에 서명하지 않았다. 그래서 입법원은 1919년 8월 3일 독일과의 평화상태를 회복하는 법률을 가결하였으며, 그 후 1921년 5월 20일 독일과의 단독 평화조약이 체결되었다. 미국에서도 주로 국제연맹규약(각 평화조약의 제1편)에 대한 반대로 인해 상원이 대독일 베르사유 조약, 대오스트리아 상제르만 조약, 대헝가리 트리아논 조약의 비준을 불가능하게 했기 때문에, 독일 및 오스트리아=헝가리와의 전쟁상태의 종료에 관한 결의를 1929년 4월 9일 하원에서 가결한 다음 상원에서도 가결했다. 이에 대해 평화조약의 비준을 고집하는 윌슨[1])은 거부권을 행사했기 때문에 하원은 5월 20일 그 결의를 다시 가결하였으나 3분의 2의 다수를 얻지 못해 대통령

1) (번역자주) 토머스 우드로 윌슨 (Thomas Woodrow Wilson, 1856~1924), 미국의 제28대 대통령. 정치학자이자 현대 행정학의 창시자로 앤드루 잭슨과 더불어 연속 2기를 집권한 당시 두 번째 민주당 대통령이었음. 1918년 1월 8일 윌슨 대통령은 미국의 상하 양원 합동회의에서 제1차 세계대전 후 수립되어야 하는 평화의 본질에 관한 자신의 구상을 14개 조항으로 발표한 것으로 유명하다.

의 거부권을 뒤집을 수 없었다(미국 헌법 제1조 7항 (3)을 참조). 그러나 이듬해 1921년 7월 2일 「독일 · 미국 간 및 오스트리아=헝가리 · 미국 간 전쟁상태를 종료하는 양원 합동결의」가 가결되었고, 이어서 오스트리아와는 8월 14일, 독일과는 8월 25일, 헝가리와는 8월 29일 단독 평화조약이 맺어졌다. 중국 입법원을 통과한 법률도 미국 양원의 합동결의도 전승국의 국내법일 뿐 대외적 의사표시가 아니었으며, 이들은 강화를 기다리지 않고 교전권 행사를 중지하여 전시조치를 폐지하는 효과를 거둘 뿐 수교 효과는 없었다. 그러기 위해서는 평화조약을 다시 맺어야 했다.

제1차 세계대전 때는 동맹국 및 연합국 모두가 독일 측과 강화하는 것에 대해 이의가 없었으며, 단지 강화조건 중 어떤 부분에 대해 의견이 일치하지 않았기 때문에 평화조약에 서명하지 않거나 이를 비준하지 않았다. 그 결과 독일과의 사이에 여전히 전쟁상태가 존재하고 있었으므로 이를 없애기 위해 전쟁상태 종료선언을 하였고, 그런 다음에 단독 평화조약을 맺었으나 제2차 세계대전에서는 전혀 사정이 다르다. 이번 경우는 미영 진영과 소련 진영의 대립 때문에 종전 후 몇 년 동안이나 전면강화가 성립되지 않았기 때문에, 실질적으로 단독 강화의 성격을 지닌 전쟁상태 종료 선언을 생각한 것으로 제1차 세계대전 때는 없었던 어려움이 있었던 것이다.

제2차 세계대전에서 전쟁상태 종료선언이 처음 문제가 된 것은 1947년 9월 16일의 「영국과 오스트리아 간 전쟁상태 종료 선언」이다.

영국, 오스트리아 간 전쟁상태 종료 선언 【1947년 9월 16일】

영국 정부는, 1938년 3월 13일 오스트리아가 독일에 강제 편입되었던 점,
1939년 9월 3일, 독일국 전체와 전쟁상태가 통고된 점,
영국 정부가, "오스트리아는 독일의 지배로부터 해방되어 자유롭고 독립적인 국가로 재건되어야 한다"고 발표한 1943년 11월 1일 모스크바에서 발표된 선언의 당사국이었던 점.

> 적극적 적대행위는 1945년 6월 5일 발표된 독일의 항복에 관한 선언으로 종료한 점, 그러므로 자유롭고 독립의 오스트리아의 설립을 위한 조치가 취해져, 1946년 1월 5일 영국 정부는, 국가로서 오스트리아의 존재와 그 적법 정부로서 오스트리아 정부의 승인, 또한,
> 오스트리아의 힘이 미치지 못하는 사정으로 인해 독일과의 전쟁상태에서 발생하고 있는 오스트리아에 관한 제반 문제를 처리해야 할 조약을 체결하는 것이 지금도 불가능한 것이 분명함을 고려하여,
> 독일의 항복에 관한 앞의 선언 혹은 오스트리아에 대한 관리기구에 관한 1946년 6월 28일 협정의 규정 또는 조약의 체결을 기다려야 해결할 수 있는 문제의 결정을 침해하지 않고, 영국과 오스트리아 간의 형식적 전쟁상태를 즉시 종료하여 영국과 오스트리아 정부 간의 관계를 앞에서 오스트리아의 독일국 편입 이전에 양국 간에 존재했던 우정이 즉시 이루어지도록 결정하였다.
> 따라서 오스트리아와의 형식적 전쟁상태가 1947년 9월 16일 16시에 종결되었다는 통고를 공표 중에 있다.
> 영국 정부는, 당분간 적에 대한 거래 법령에 의해 관리되고 있거나 또는 어느 쪽의 포획 심검소가 보관하고 있는 어떠한 금전 또는 재산도 보유할 권리를 유보해야 한다. 단, 지금 이후의 재산취득 또는 영국과 오스트리아와의 사이의 전면적인 통상상 및 금융상 거래의 즉각 재개에 대해 아무런 장애도 설치하지 않는다.
> 영국 정부는 또한 당분간 영국에 있는 자와 오스트리아에 있는 자 사이에 전쟁 이전에 맺어진 계약의 강제 또는 결제의 정지를 계속한다. 단, 1944년 9월 16일부터 이후에 체결된 계약은 우방국에 있는 자와 맺은 계약과 동일한 지위에 두며, 또한 영국과 오스트리아 사이에 이전에 형식적 전쟁상태가 존재했다는 사실을 이유로 위의 계약에 관해서는 어떠한 장애도 설치하지 않는다.

이것은 전쟁상태의 전면적 종식을 규정한 것이 아니라 그 부분적 종식을 규정한 것이다. 이 선언을 오스트리아 정부에 통고함으로써 영국 정부는 형식적으로 전쟁 상태가 중지했음을 인정했지만 여기에는 하나의 유보가 붙어 있다. 즉, 이 선언은 독일의 패배 및 독일의 최고권력 장악에 관한 미소영불선언(1945.6.5) 혹은 오스트리아의 관리기구에 관한 영미소불협정(1946.6.28)의 규정 또는 평화조약의 체결을 기다리지 않으면 해결할 수 없

는 것으로, 문제의 결정에는 영향을 미치지 않는다. 즉 오스트리아를 포함한 독일의 최고권력은 여전히 미소영불 4국에 장악되어 이 4국이 구성하는 대오스트리아 연합위원회가 오스트리아를 관리하는 것에는 변함이 없었으며, 또한 영토문제 외에 평화조약을 하지 않으면 해결할 수 없는 문제는 손대지 않았다. 또한 오스트리아인의 재산 취득, 오스트리아인과의 통상금융 관계, 계약 관계의 재개는 허용되었지만, 기존에 취해진 조치는 당분간 계속된다고 하고 있다. 말하자면 이 선언은 교전권에 근거하는 점령자로서의 권능을 유보하면서 영국 국내법상의 전시비상조치를 장래에 대해 해제한 것에 불과하며, 이 정도 일이라면 일본 및 독일도 사실상 강화단계에서 이미 달성되고 있다.

독일에 대해서는 1949년 11월 24일 미국 · 영국 · 프랑스 3국의 고등변무관과 서독 정부 간에 서명된 페테르부르크 의정서에서 처음으로 이 문제가 다루어졌다. 이때엔 "전쟁상태 종료 문제가 논의됐다. 그러한 종료는 의정서의 정신에는 합치하지만, 이 문제에는 검토를 필요로 하는 많은 법률상 및 실제상의 곤란이 있다(제9조)"고 기록한 것만으로 문제의 검토를 장래에 넘겼지만, 그 후 오늘날까지 영미를 포함한 15개국이 독일과의 전쟁상태 종료 선언을 하였다.[2] 1951년 3월 6일 서독정부 외무성이 설치되었고, 4월 초순에는 바티칸(외교단장), 네덜란드, 이탈리아(이상 대사), 룩셈부르크, 스위스, 스웨덴, 포르투갈, 인도(이상 공사)가 우선 외교사절을 파견했다. 그러나 미영불에 의한 점령은 여전히 계속되고 있었으므로 전쟁상태의 종료는 완전한 것이라고는 할 수 없다. 최근의 보도(1952.3.12. 본AP통신)에 따르면, 3국 고등변무관은 서독과의 사이에 평화 협정을 교섭 중이라고 하

---

2) 이집트(1950.12.7), 인도(1950.12.23), 파키스탄(1951.1.6), 이탈리아(1951.7.7), 멕시코(1951.7.7), 영국(1951.7.9), 호주(1951.7.9), 뉴질랜드(1951.7.9), 남아프리카공화국(1951.7.9), 스리랑카(1951.7.10), 벨기에(1951.7.10), 쿠바(1951.7.12), 터키(1951.7.20), 네덜란드(1951.7.26), 미국(1951.10.24).

므로, 그것이 성립되면 그때 비로소 전쟁 상태가 완전하게 종료되는 것이다.

일본에 대해 현재 문제가 되고 있는 전쟁상태 종료선언은 인도, 이탈리아, 유고슬라비아에서 나온 것인데(제17장 6 참조), 모두 대일평화조약의 효력발생과 동시에 자국과 일본 간의 전쟁상태를 중지하자는 것이므로 전면적인 효과를 갖는다는 것은 말할 필요도 없다. 이렇게 되면 단독 평화조약과 크게 다르지 않다. 다만 전쟁상태 종료선언은 일방적 행위이기 때문에 일본의 동의를 필요로 하지 않으며, 또한 일본의 동의를 전제로 하는 사항을 포함할 수 없다. 그래서 인도는 국가 간 평화조약(제26조 참조), 이탈리아는 "전쟁상태 존재의 결과 및 양국 당국이 취한 조치의 결과로 양국 간에 발생한 여러 문제 해결을 위한 협정"을 체결하여 현안을 해결하도록 하고 있는 것이다.

4. 평화조약

이상에서 명확히 알 수 있듯이 전쟁상태의 종료는 평화조약에 의한 것이 정석이며, 전쟁상태 종료선언은 평화조약의 체결을 불가능하게 하는 특별한 사정이 있는 경우이거나, 후일 평화조약이 체결될 때까지의 과도적 조치이거나, 또는 과거 우방이었던 국가에 의해 행해지는 변칙적 방식이다. 평화조약은 합의이므로 영토, 배상, 청구권, 군비 등 해결해야 할 여러 가지 문제를 그 안에서 어떻게 해서든 결정할 수가 있는 것이다.

전투행위의 정지, 즉 휴전에서 강화까지는 다소의 기간이 주어지고, 그 사이에 강화조건에 관한 교섭이 이루어지며, 그것이 결정되면 조약 서명을 준비하게 된다. 제1차 세계대전 때는 1918년 11월 11일 콩피에뉴(Compiègne) 숲에서 동맹국 및 연합국과 독일 간의 휴전규약 서명과, 1919년 6월 28일 베르사유에서의 평화조약 서명 사이에는 7개월밖에 되지 않지만, 제2차 세계전쟁에서는 휴전 기간이 현저하게 길어지고 있다. 이탈리아, 루마니아,

핀란드, 불가리아, 헝가리와의 평화조약은 1947년 2월 10일 파리에서 서명되었고, 같은 해 9월 15일 효력이 발생했으나, 이들 5개국과의 휴전조약이 서명된 것은 이탈리아는 1943년 9월 3일 및 9월 29일, 루마니아는 1944년 9월 21일, 핀란드는 1944년 9월 28일, 불가리아는 1944년 11월 1일, 헝가리는 1945년 1월 20일이므로, 가장 짧은 것도 2년, 긴 것은 3년 5개월이다.

일본은 1945년 8월 15일 정전(停戰; 종전(終戰)이라고 말하고 있으나, 실은 전쟁을 중지한 것이 아니라 전투행위를 일시 정지했을 뿐이다)하고, 그 다음에 9월 2일 항복문서에 서명하여 정식 휴전을 했으므로 평화조약의 효력발생이 1952년 4월이라고 하면 휴전기간은 6년 7개월이 되는 것이다.

이번 대일평화조약의 특징은 첫째, 기정사실 확인이 많았던 점과, 둘째, 내용이 간단하고 향후 해결을 해야 할 문제가 많다는 점일 것이다. 첫 번째는 항복문서가 단순한 휴전규약이 아니라 강화조건도 미리 포함시킨 것으로 연합국은 장기 점령기간 중에 강화조건을 실현시켜버렸다는 것에 의한다. 이러한 경향이 가장 두드러진 것은 영토 문제이며, 남양군도 위임통치지역은 1947년 7월 18일 확정적으로 일본의 손을 떠나 미국의 신탁통치 지역이 되었고, 또한 한국은 1948년 8월 15일 독립을 선언하여 이미 29개국에 의해 승인되었다. 그 외에 일본에서 분리되는 지역도 일본 정부의 행정관할 밖에 놓여 있다. 두 번째는 점령정책을 완수한 결과, 불필요하게 된 규정(예를 들어, 이탈리아 조약에 포함되어 있는 국내정치, 군사에 관한 규정)도 있지만, 주된 이유는 미국이 강화의 성립을 서둘렀기 때문에, 관계국의 이해 조정에 시간이 걸리는 것은 모두 뒤로 미룬 탓이기도 하다. 이렇게 하여 영토의 귀속, 구 영토 주민의 국적 및 재산의 처리, 안전보장, 어업협정, 배상, 기타 중요문제가 장래에 해결되지 않으면 안된다. 평화조약 전문(제1단)은 "양자 간 전쟁상태의 존재의 결과로서 아직도 미해결인 문제를 해결하는 평화조약을 체결할 것을 희망하므로"라고 하고 있으나 평화조약 자체로는 해결되지 않은 중요문제가 매우 많다는 것을 잊어서는 안 된다.

제3장 평화관계의 회복

1. 전쟁상태의 종료

앞장에서 설명한 바와 같이 평화조약은 교전국 간에 존재하는 전쟁상태의 종료와 평화관계 회복의 조건을 정한 것이다. 평화조약을 체결하는 이상 교전국 쌍방의 의사가 전쟁상태를 중지하는 데 있다는 것은 말할 필요도 없으므로, 조약 안에 그것을 특별히 규정할 필요는 없으나 명문으로 그것을 강조하는 것이 일반적이다. 이탈리아 평화조약은 전문에서 전쟁상태의 종료를 선언하는 것에 의견이 일치하였다고 기술하고 있으며, 대일평화조약은 본문 첫머리에서 일본과 각 연합국 간의 전쟁상태는 평화조약이 효력을 발하는 날에 종료한다고 밝혔다. 이는 당연한 것을 말한 것에 지나지 않기 때문에 전문에서 규정하든 본문에서 규정하든 효과는 마찬가지이다.

대일평화조약 미국 초안(제1장)에서는 "연합국과 일본 간의 전쟁상태는 종료한다"고 되어 있었지만, 미영 초안(제1조)에서는 "일본과 각 연합국 간의 전쟁상태는 제23조의 규정에 따라 이 조약이 일본과 해당 연합국과의 사이에 효력을 갖는 날에 종료한다"고 하였다. 이 수정에 의해서도 취지에는 변함이 없고, 단지 법률적으로는 이전보다 명확해졌다. 평화조약은 일본과 주요 연합국 6개국이 비준서를 제출하였을 때 그때까지 비준한 국가들 사이에서 가장 먼저 효력을 발생하며, 따라서 이들 국가와 일본 사이의 전쟁 상태는 그때에 종료한다. 그 후에 비준하는 나라에 관해서는 그 나라가 비준서를 제출하였을 때에 평화조약이 효력을 갖게 되고, 따라서 그 나라와 일본과의 전쟁 상태는 그때에 종료한다. 즉 평화조약의 효력발생 시기가 상대에 따라 다르므로 전쟁상태의 종료도 그에 따라 다르다는 것을 분명히 한 것이다.

평화조약에 서명하지 않았거나 서명하더라도 이를 비준하지 않는 국가들과의 사이에는 전쟁상태 종료가 선언되지 않는 한, 기술적으로는 전쟁상태가 계속된다. 전쟁상태가 계속된다고 해도 일단 휴전이 된 이상 휴전 조건(포츠담선언 및 항복문서)의 중대한 위반이 없으면 상대국은 일본에 대해 실력을 행사할 수 없는 것이다. 그러나 이번 평화조약이 애초부터 소련의 불참을 전제로 기획되었고, 또 실제로 소련이 참여하지 않은 상태에서 성립된 점으로 미루어 보아 일소 간에 존속하는 전쟁상태가 향후 여러 가지 마찰의 원인이 되지 않을까 우려된다.

2. 주권의 승인과 점령 및 관리의 종료

1945년 9월 2일 항복문서에 서명한 일본은 이후 포츠담 선언의 조항을 이행하기 위해 그 필요를 인정하는 연합국 최고사령관의 제한하에 놓여있다(1945.8.11. 미국의 회답 참조). 독일에서는 1949년 9월까지 정부가 없었기 때문에 연합국은 직접 점령행정을 시행하였으나 일본에서는 정부가 있었기 때문에 처음부터 이를 이용해 간접 점령행정을 실시하고 있다.[1] 이탈리아에서는 처음에는 직접행정과 간접행정이 병행하여 실시되었지만, 나

---

1) 항복 후 미국의 초기 대일방침 제3부의 2, 「일본 점령 및 관리를 위한 연합국 최고사령관에 대한 항복 후의 초기 기본적 지령」 제1부 2를 참조.

중에는 간접 행정으로 통일되었다.

1870년 헤이그 「육상전[陸戰]의 법규 관례에 관한 규칙」 1관은 "적국의 영토에서의 군의 권력"을 규정하고 있다. 적국영토 점령에 관한 일반적인 국제법규는 현재로서는 이것뿐이지만 헤이그 조약의 규정은 교전국 중 어느 한쪽이 전투지속 중 다른 쪽의 영토를 일시적으로 점령한 경우를 예견하고 있는 것으로, 이번 연합국에 의한 휴전 후의 이탈리아 · 독일 · 일본의 전 국토에 대한 장기점령과 같은 것은 전혀 예상하지 못했다. 이번 점령행정은 지금까지의 것과는 비교할 수 없을 정도로 광범위하며, 그 때문에 점령군 자체의 행동과는 구별해서 생각하는 것이 편리하기 때문에 협의의 '점령'에 대해 이를 '관리'라고 한다.

점령 및 관리는 교전권의 행사로서 실시되는 것이지만 평화조약의 효력 발생과 동시에 전쟁상태는 종료하고, 따라서 교전권은 소멸하므로 연합국에 의한 점령 및 관리는 당연히 해제된다. 말하자면 일본 정부에 주어진 제한이 제거되고 일본은 완전한 주권을 회복한다. 제1조 (b)의 "연합국은 일본 및 그 영해[領水]에 대한" 일본국민의 완전한 주권을 승인한다는 규정은 이것을 의미하는 것이다.

연합국은 일본 정부를 통해 점령행정을 실시하고 있다고 하지만, 일본 정부를 통해 일본을 통치하는 연합국의 기구가 일본 관리 기구이다. 일본관리의 최고기관은 워싱턴에 있는 극동위원회로 이것은 13개국(소련, 영국, 미국, 중국, 프랑스, 네덜란드, 캐나다, 호주, 뉴질랜드, 인도, 필리핀, 버마, 파키스탄)으로 구성되어 대일 점령정책을 결정하는 기관이다. 그러나 극동위원회는 연합국 최고사령관과 일본 정부를 상대로 직접 명령할 수는 없다. 미국 정부가 극동위원회의 정책결정을 구체화한 훈령을 최고사령관으로 보내고, 그 훈령에 따라 최고사령관이 일본 정부에 대해 개별 지령을 내리면 비로소 일본 정부를 구속하는 것이다. 별도로 최고사령관의 자문기관으로서 도쿄에 연합국 대일이사회(미국, 소련, 중국의 대표자와 영국, 호주,

뉴질랜드, 인도를 공동으로 대표하는 자로 구성함)가 있다. 극동위원회, 연합국 최고사령관, 연합국 대일이사회는 평화조약 효력 발생과 동시에 폐지된다.

이밖에 일본 정부가 연합국 최고사령관이 발령하는 지령의 준수를 확보하기 위해 미군과 영국(호주, 캐나다)군이 일본에 주둔하고 있다. 이것도 평화조약의 효력발생과 동시에 점령군으로서의 자격을 상실하며, 이로부터 90일 이내에 일본에서 철수해야 한다. 이탈리아 평화조약(제73조)에도 이와 같은 규정이 있다. 무엇보다 이탈리아에서는 평화조약의 서명(1947.2.10) 이전에 관리기관인 연합국 위원회는 폐지(1947.1.30)되었다.

점령군에게 제공된 일본 재산으로, 평화조약의 효력발생 시에 아직 대금이 지급되지 않은 것은 원칙적으로 90일 이내에 반환된다(제6조). 이에 해당하는 이탈리아 평화조약의 규정(제73조)은 반환의 대상을 "화물, 예금 또는 현금"으로 한정하고 있는데, 대일 평화조약에서 말하는 "일본재산"은 그것보다 범위가 넓을 것이다. 진주군이 접수한 가옥의 반환이 현재 큰 관심의 대상이 되고 있지만, 신문 보도에 의하면 지금 총사령부에서 사용하고 있는 '다이이치상호빌딩'도 점령이 끝나면 소유자에게 반환되는 것이다(1951.11.2. 워싱턴UP통신).

주권 조항은 원래 미국 초안(제1장)에 포함되어 있었지만, 미영 초안에서는 점령군 철수 조항과 중복된다고 생각하였기 때문에 생략된 것을 8월 13일의 수정으로 부활한 것이다. 이것은 파키스탄 및 인도네시아의 요청에 의해 추가되었으나, 의문의 여지를 없애기 위한 수정이라고 생각된다. 점령이 끝나면 관리기구는 당연히 폐지되지만, 평화조약으로 규정하면 강화 후에도 조약이행 보장기구를 설치할 수 있다. 그렇기 때문에 그러한 것도 설치하지 않는다고 하는 의미를 가지는 것으로 생각한다면, 이 규정이 반드시 무용지물은 아닐 것이다. 제1차 세계대전 후에는 동맹국들에 의한 라인랜드 보장 점령(베르사유 조약 제428조 이하 참조)의 예가 있으며, 제2차 세계대전에서 채택되지는 않았지만 이탈리아 평화조약에 대해 전쟁범죄인 문제에 관한 감시위원회, 핀란드 평화조약에 대해 조약실시 협의회의 설치가 제안된 적이 있다. 일본과 독일에 대해서도 1946년 번스(James F. Byrnes)[2] 국무장관이 제안한 「일본(독일)의 무장 해제 및 비군사화에 관한 조약안」(제1조)에서는 감독위원회가 설치되는 것으로 되어 있었다. 이후 국제정세 변화의 결과 이 제안은 채택되지 않았으나 일본에서는 한국동란 이전에 단독 강화가 이뤄질 경우 대소련관계의 고려에 의해 일본 방위를 담당하는 외국 군대는 대일 감시기관이라는 명목으로 주둔하는 것이 아닐까라고 추측하는 사람이 많았다. 제6장(안전보장)에서 설명하는 바와 같이, 강화 후에도 미군은 제6조 (a)의 후반부 및 일미 안전보장 조약에 근거하여 안전보장 병력(점령군은 방위군으로 개칭됨)으로서, 영국군은 요시다 · 애치슨 간의 왕복서한에 근거해 한국동란이 계속되는 중에는 유엔군으로 계속 일본에 주둔하는 것으로 되어 있으므로, 이들 외국군대의 존재가 일본의 주권을 침해하는 것이 아님을 분명히 하기 위해서도 제1조 (b)의 규정은 있는 것이 좋을 것이다.

주권 조항이 삽입된 것은 반드시 무의미한 것이 아니라고 하더라도 이 조항과 제3조와는 어울리지 않는 것이 아닌가 하는 의문이 생긴다. 제3조에 제시한 남서제도(南西諸島) 및 남방제도(南方諸島)는 유엔헌장 제77조 제1항 b의 "제2차 세계대전의 결과로 적국에서 분리되는 지역"으로서 미국 단독 신탁통치하에 두기로 예정하고 있으나, 이러한 지역이 유엔헌장의 문언

2) (번역자주) 제임스 번스(James F. Byrnes, 1882~1972), 미국의 정치가로 투르먼 대통령 시대 국무장관을 지냈다. 제49대 미국 국무장관(1945~1947). 내각 내에서 유일하게 원폭투하 강경파로 유명하다. 1945년 7월에 국무장관이 되어 원자폭탄의 투하를 강력하게 대통령에게 진언. 전후에는 1946년 9월 점령하의 독일에 대한 강력한 탈공업화 정책(모르겐소 플랜)을 수정하여 독일 산업의 재던을 지지하여 독일 국민에게 희망을 주기도 했다. 그러나 동측 외교의 카드로 원폭의 사용을 남발하여 1947년 파면, 그 후 고향으로 돌아와 장학제도의 창설(번스기금) 등에 힘썼음.

대로 일본으로부터 분리된다면, 일본은 남은 지역에서 완전한 주권을 가지게 되어 모순되지 않지만 덜레스 고문의 말처럼 일본이 이 지역에 대해 “나머지 주권”을 보유한다면 모순이 되기 때문이다(제4장 제2절을 참조).

일본 관리기구의 폐지에 대해서도 문제가 없는 것은 아니다. 연합국 최고사령관은 종전 직후 연합국들 간의 협의에 의해 미국 정부가 임명하게 되어 있기 때문에(항복 후 미국의 초기 대일방침 제2부 1, 항복 후 대일기본정책 제2부 1을 참조), 미국 단독으로 폐지할 수 있다. 그러나 극동위원회 및 대일이사회는 1945년 12월 모스코에서의 소 · 영 · 미 3국 외무장관 회의의 결정에 따라 설립되었으므로 그렇게는 되지 않는다. 대일이사회는 자문기관이기 때문에 자문하는 연합국 최고사령관이 폐지되면 이것도 폐지된다고 해석할 수 있지만 극동위원회는 미국 · 영국 · 소련 · 중국을 포함한 전체 구성국 과반수의 동의가 없으면 유효하게 폐지될 수 없다(극동위원회 회부조항 7을 참조). 그러나 실제 문제로서 평화조약 비서명국(소련, 중국, 인도, 버마)만으로 회의를 열더라도 아무것도 결의할 수 없으므로 기능을 정지시킬 수밖에 없다. 소련 단독의 일본 관리 기관을 새롭게 설치하려고 해도, 소련에 의한 실효적인 점령이 없는 한 그것은 불가능하다.

3. 외교관계 재개

제1조 (b)는 일본 국내에서의 주권 회복을 규정한 것이지 대외적인 주권 회복을 규정한 것은 아니다. 그러나 연합국에 의한 점령 및 관리가 종료되고 평화조약에서 일본의 대외활동에 대한 아무런 제한도 규정하고 있지 않는 이상 일본은 평화조약의 효력 발생과 동시에 대외적으로도 완전한 주권을 회복한다.

점령하에서는 일본의 외교기능은 전면적으로 정지되었으나, 그 후 다음과 같이 점차 회복되었다. 그러나 그것은 연합국의 감독하에 또한 그 인정하는 범위 내에서 행사되고 있을 뿐이다. 평화조약 전문(前文)은 "연합국과 일본의 관계가 향후 주권을 가진 대등한 자로서 우호적인 제휴 아래 협력하는 국가 간의 관계가 되어야 한다"고 언급하고 있다. 일본은 강화에 의해 비로소 연합국과 대등한 관계를 맺을 수 있는 것이다.

일본과 연합국 간의 외교 및 영사 관계는 개전에 따라 당연히 단절됐지만, 스위스, 스웨덴, 포르투갈, 바티칸, 아프가니스탄, 아일랜드 등 6개 중립국과의 외교 또는 영사 관계는 종전 후에도 계속돼 왔다. 그러나 총사령부는 이러한 상태가 일본의 점령 및 관리와는 양립하지 않는다는 전제하에 1945년 10월 25일 중립국에 있는 일본공관의 재산과 공문서를 연합국 대표에게 넘겨주고 그 공관원을 즉시 일본으로 철수시키라는 지령을 내리고, 같은 해 11월 4일에는 재일 중립국 대표와 일본 정부 간의 공적 관계도 총사령부의 승인이 없는 한 정지하도록 지령하였다. 일본 측은 일본의 이익보호 관계 사무를 취급하기 위해 스위스 및 스웨덴에 최소한의 연락관을 두고 싶다고 요청했으나, 같은 해 11월 18일자 총사령부 각서로 허가하지 않는 것으로 밝혀졌다.

게다가, 이듬해 12월 2일에는 총사령부 이외의 연합국 재일 대표와의 직접교섭도 금지하기로 했으므로 일본 정부의 외교기능은 전면적으로 정지되어 외국과의 교섭은 모두 총사령부를 통해서 하거나 또는 총사령부가 일본을 대신하여 하는 것으로 되었다.

그 후, 1950년 2월 9일, 미국 내에 네 곳의 재외 사무소설치가 인정된 것을 비롯해 일본과 관계가 깊은 국가들에 해외 사무소가 잇따라 설치되었다.[3)]

---

3) 이미 설치되었거나 또는 가까운 시일 내에 설치될 일본 정부 재외사무소는 다음과 같다. 미국: 워싱턴, 뉴욕, 샌프란시스코, 호놀룰루, 로스엔젤레스, 시애틀/ 캐나다: 오타와 / 멕시코/ 브라질: 리오데자네이루, 상파울루/ 우루과이: 몬테비데오/ 페루: 리마/ 인도: 뉴델리, 캘커타, 폼페이/ 파키스탄: 카라치/ 태국: 방콕/ 버마: 랭군/ 인도네시아: 자카르다, 수라바야/ 영국: 런던/ 프랑스: 파리/ 벨기에: 브뤼셀/ 스웨덴: 스톡홀름/ 네덜란드: 헤이그/ 타이베이/ 서독: 본/ 이탈리아: 로마/ 스페인: 마드리드/

재외사무소의 기능은 통상의 촉진과 재외 일본인의 신분 및 재산 사무의 처리 등에 한정되며, 또한 그 주재원은 외교관 또는 영사관으로서의 특권을 가진 자가 아니지만, 일본 정부의 대외적 기능이 한걸음 전진하게 되었음은 틀림없다.

더욱이 1951년 2월 13일자 총사령부 각서로, 3월 15일 이후, 재일사절단과 직접 통신하는 것이 허가되었다. 즉, 재도쿄외국인의 출입국, 사절단에 대한 서비스, 국제기관에 관한 상무적 통신, 출판물의 교환 결정에 관한 사항 등에 대해 서면에 의한 통신이 허용되었고, 또한 서면에 의해 통신된 사항에 대해서는 구두로 협의하는 것도 가능하게 되었다. 이것은 평화조약 서명 후 9월 13일자 총사령부 각서로 더욱 제한이 완화되어 앞의 각서에 의한 교섭사항의 제한은 전부 해제되었고, "상호 관계가 있는 모든 문제에 대한 서면에 의한 통신"을 하여도 좋다고 허락되었다. 다만 상대국과 정식의 협정 또는 조약을 체결하는 경우에는 사전에 총사령부의 승인을 받아야 하며, 또한 정책문제를 포함한다고 생각되는 경우에는 스스로 직접 회답을 하지 않고 최고사령관에 조회할 수도 있다고 하고 있다. 그리고 교섭 가능한 상대국 대표는 도쿄주재 23개국의 대표부이며 소련대표부는 제외되어 있다.

이 9월 13일의 각서와 관련하여 9월 28일에는 재외사무소의 기능도 확대되었다. 그것에 의하면, 지금까지 재외사무소에 부과되었던 제한은 원칙적으로 철폐되어, 일본 정부는 관계국 정부와의 교섭에 따라 재외사무소의 기능을 규정하는 계약을 체결할 수 있다. 따라서, 정부의 암호 사용, 선전 활동, 재류 일본인의 보호 등도 상대국이 허가하면 할 수 있고, 재외사무소는 실질적으로 전전(戰前)의 영사관, 경우에 따라서는 대사관 지위에 가까운 것으로 되었다.

외교기능의 회복과 관련하여 국제조약 및 국제기관에의 가입도 점령하

스위스: 제네바/ 아르헨티나: 부에노스아이레스.

에서 점차로 허용이 되어갔다. 전후 국제협정에의 참가는 만국우편조약의 가입이 최초였으며, 그 후 현재까지 가입한 국제조약 및 국제기관은 다음과 같다.

(1) 가. 만국우편조약(1948.6.30. 가입통고)
나. 소포우편물에 관한 약정(상동)
(2) 국제전기통신조약(1948.11.25. 가입통고)
(3) 가. 가격표기의 서신 및 소포에 관한 약정(1949.10.3. 가입통고)
나. 대금상환 우편물에 관한 약정(동상)
다. 우편환에 관한 약정(동상)
라. 우편대체에 관한 약정(동상)
(4) 1890년 7월 5일 브뤼셀에서 서명한 관세표 간행을 위한 국제연합의 설립에 관한 조약, 관세표 간행을 위한 국제사무국을 설치하는 조약의 실시 규칙 및 서명조서를 수정하는 의정서(1949.12.16. 서명)
(5) 국제포경단속조약(1951.4.21. 가입통고)
(6) 세계보건기구(WHO)(1951.5.16. 가입통고 기탁)
(7) 국제연합 교육과학문화기구(UNESCO)(1951.7.2. 가입통고 기탁)
(8) 국제소맥협정(1951.7.2. 가입서 기탁)
(9) 국제연합식량농업기구(EAO)(1951.11.21. 총회에서 승인)
(10) 국제노동기구(ILO)(1951.11.26. 가입서 기탁)

또한, 국제기관에 대해서는 일본이 가입한 조약에 기초하여 만국우편연합, 국제전기통신연합, 세관표간행국제연합에도 가입하고 있다.

이상은 다수국 간의 국제조약이며 이 이외에도 일본과 외국과의 사이에 다수의 2국 간 무역협정과 지불협정을 체결하고 있다. 이들 협정을 체결함에 있어서는 지금까지 총사령부가 일본을 대신하였다. 그런데 1951년 8월 2일 일본과 독일의 지불협정 및 8월 31일 일본과 영국의 지불협정에서는 관리기간 중에 실시한 것과 평화조약의 협정 발생 후에 실시한 것 2종류의 계약이 이루어졌다. 전자는 일본 정부를 대신하여 연합국 최고사령관이 일본을 위해 서명하였고, 후자는 일본 정부의 대표가 스스로 서명하고 있다. 평화조약의 효력발생 후에 실시되는 협정으로 일독지불협정에는 다음과 같이 규정되어 있다.

제11조 이 협정은 연합국 또는 그 어떤 국가와 일본 간의 평화조약의 효력발생의 날로부터 효력이 발생한다.

제12조 이 협정의 효력발생 시 1951년 8월 2일에 서명한 독일연방공화국과 점령하의 일본 간의 지불협정에 근거하여 점령하의 일본을 대신하여 행하는 연합국 최고사령관 또는 그 후계자에게 귀속하는 모든 권리 또는 의무는 이 협정에 근거하여 일본 정부에 귀속하는 권리 또는 의무로 간주하고, 또한 전기의 지불협정 제2조에 근거하여 개설된 협정감정은 이 협정의 제2조에 근거하여 개설된 협정감정이라고 간주한다.

영일지불협정에서는 이 부분에 상당하는 규정은 다음과 같다.

제9조 이 협정은 일본 정부와 영국 정부 사이에 평화조약 효력발생 시에 효력이 발생하는 것으로 한다. 단, 1951년 8월 31일에 발효한 영국과 점령하의 일본에 관해서 행하는 연합국 최고사령관 간의 협정이 그 이전에 종료하였을 때는 그렇지 아니하다. 우선 후자의 협정을 종료시키는 통고가 이미 있었더라도 그 기간이 만료하지 않은 경우에는 이 협정은 당해 통고 기간의 남은 기간에 대해서만 효력이 발생하는 것으로 하고, 두 체결국이 반대의 합의를 하지 않는 한 이어서 종료하는 것으로 한다. (이하 생략)

이처럼 이들 협정은 평화조약이 효력을 발하기 전에 일본 정부의 대표가 상대국 정부 대표와 서명한 것으로 이례적이다. 총사령부는 이 협정을 전후하여 8월 30일자 각서에서 일본 정부에 대해 금융협정, 무역협정을 체결하는 권한을 인정했다.

평화조약의 효력발생과 동시에 일본과 연합국 간의 평화관계는 회복되고 중립국과의 관계도 제한이 풀리지만 그것으로 당장 외교관계가 재개되는 것은 아니며 그러기 위해서는 각국과 개별적인 협상을 필요로 한다.

일본과 전쟁 상태에는 있지 않으나 외교관계를 단절하고 있는 나라로, 핀란드(1944.9.22), 루마니아(1944.10.31), 불가리아(1944.11.7), 스페인(45.4.12), 덴마크(1945.5.23)가 있지만,[4] 이들 중 어떤 국가와도 외교관계 재개에 대해 교섭이 이루어질 것이다.[5] 또한 태국[6] 및 일본에 의해 독립을 승인받는 한국과의 사이에도 외교관계가 열릴 것이다.

신문보도에 따르면 아르헨티나, 벨기에, 브라질, 버마, 프랑스, 필리핀, 인도, 인도네시아, 이탈리아, 한국, 파키스탄, 태국, 터키, 영국, 미국 등 15개국에 대사관이 설치되고, 호주, 캐나다, 칠레, 이집트, 이란, 멕시코, 페루, 포르투갈, 스위스, 스페인, 스웨덴, 남아프리카공화국, 서독, 바티칸, 네덜란드 등 15개국에 공사관이 설치되며 그 외 총영사관 및 영사관을 합하여 20개소에 설치될 예정이다.

더구나 현재 도쿄에 있는 외국의 대표부는 총사령부에 대하여 파견하고

---

4) 콜롬비아는 1941년 11월 8일 동국 주재 일본공사에 대해 외교관계의 단절을 통고했다. 이후 대일 선전 통고는 없었지만 이 나라는 일본인 및 일본 재산에 대해 전시조치를 적용하여(제9장 참조) 샌프란시스코 회의에도 초청된 것으로 보아 선전한 것이 아닌가 생각된다.

5) 재도쿄 스페인대표부는 1951년 12월 5일, 스페인 정부는 같은 해 안에 일본 정부와 양국 간 국교회복에 관한 각서를 교환할 것을 언명했다(공동). 1952년 2월 29일, 일본과 덴마크 사이에, 대일평화조약의 최초 효력발생일로부터 양국 간의 외교관계를 재개하고, 그 후 가능한 한 빠른 시일 내에 공사를 교환한다는 내용의 서한이 교환되었다(1952.2.19. 요시다 외상과 재일 덴마크 외교대표 간 왕복서간을 참조).

6) 태국은 1941년 12월 21일 일본과 동맹조약을 맺었고, 이듬해 1942년 1월 25일 미국과 영국에 대해서 선전포고하였으나, 1945년 8월 16일 대미 · 대영 선전포고는 국민의 뜻에 반하며 자국의 헌법에 위반되는 것이라고 하여 무효를 선언하였다. 이어서 9월 11일에 일본 · 태국 동맹조약 및 이에 부수하는 모든 조약 및 협정의 파기를 선언했고, 9월 16일에 우호관계의 존속 및 상호 영토존중에 관한 조약(1940.6.12), 보장 및 정치적 양해에 관한 의정서(1941.5.9) 및 정치적 성질을 가지는 모든 협정의 파기를 일본에 대해 통고해왔다. 종전 후 재태국 일본대사관원은 영국군에 억류된 관계로 일본 · 태국 간 외교관계는 사실상 단절되었다.

있으나, 총사령부 폐지 이후에는 대사관 · 공사관으로 전환될 것이다. 각국 대표부 중 소련대표부는 총사령부에 대해 파견한 것이 아니라 대일이사회에 대해 파견하고 있으나, 대일이사회가 폐지되면 이 대표부는 법적으로는 일본에 머물 수 있는 근거를 잃는다.

4. 억류자의 송환

제6조 (b)는 "일본 군대의 각자의 가정 복귀에 관한 포츠담선언 제9항(일본 군대는 완전 무장해제 후 각자의 가정에 복귀하여 평화적이고 생산적인 생활을 할 기회를 갖도록 할 것) 규정은 아직 그 실시가 완료되지 않은 한 실행되고 있는 것으로 한다"고 규정하고 있다. 이 규정은 일본 정부의 요청에 근거하여 8월 13일의 수정으로 추가된 것이다.

1929년 「포로의 대우에 관한 조약」(일본은 여기에 서명했을 뿐 비준하고 있지 않으나 일본 정부는 1952년 1월 29일부 재도쿄 스위스공사 앞으로 보낸 서간에서 연합국에 대해 이 조약을 준수할 것을 통고하였다)의 제75조는 "교전국이 휴전협정을 체결하고자 할 때는 원칙적으로 그 안에 포로의 송환에 관한 규정을 넣어야 하며, 그 규정을 넣지 못한 경우라도 교전국은 가능한 한 신속하게 연락을 취하여 어떤 경우에도 포로의 송환은 평화 극복 후 가능한 한 신속하게 한다"고 규정하고 있다.

그런데 2차 세계대전의 특색으로서 독일, 이탈리아에 대해서도 마찬가지이지만 휴전 후 무장을 해제당한 군대가 적국에 다수 억류된 채 송환되지 않는 사태가 벌어지고 있다. 이탈리아에 대해서는 이미 평화조약이 체결되어, 그 제7조에서 포로는 가능한 한 신속하게 송환해야 한다고 규정되어 있지만, 독일에 대해서는 아무런 보장도 존재하지 않는다. 더욱이 휴전 후 억류된 것은 "무장을 해제한 군대"이지 "포로"가 아니라고 해석하였고, 따라서 포로조약은 이들 억류자에게 적용하지 않는다는 방침을 세운 나라도 있었다. 포로의 보호에 임하는 적십자국제위원회에서도 실제상의 취급으로서 이들을 포로가 아닌 "항복한 적국 인원"이라고 하는 새로운 범주에 넣고 있었다는 것이다(적십자국제위원회 발행 「제2차 세계대전 중 적십자국제위원회의 사업」을 참조). 어쨌든 2차 세계대전에서는 종전과 동시에 몇백만이라는 군대가 무장을 해제당해 억류되었기 때문에 수용국으로서는 이들 인원을 포로로 대우하는 것이 경제적으로 불가능했던 실정이고, 국제법상 포로로서의 신분에는 아무런 변경은 없었다. 이는 일본인 포로에 대해서도 마찬가지였다. 또한 일반인들은 패전의 경우 외지로부터 반드시 귀환시켜야 한다는 것은 없으며, 당시 정부로서도 오히려 해외에 잔류하라고 훈령을 내렸지만 현지의 치안 상황, 경제적 불안은 전혀 이를 허용하지 않았다.

종전 당시 외지에 배치되어 있었던 육해군부대 및 재외 일반 일본인의 수는 총 660여만 명으로 추산되고 있다. 그중 중부 태평양, 자바, 프랑스령 인도 등 구 일본점령지구로부터의 귀환이 1947년 말까지 거의 완료되었음에도 불구하고, 소련점령지구(소련령 이외에 만주 · 관동주 · 북한 · 남사할린 · 쿠릴열도)로부터의 귀환은 종전 이후 6년이 지난 지금까지 완료되지 않았다.

소련에서의 송환은 1946년 12월 19일 총사령부와 소련 측 사이에 체결된 귀환협정에 따라 1965년 4월까지 약 1만 명이 귀환하였다. 그런데 같은 해 4월 21일 소련은 타스통신을 통해서 귀환 완료를 성명으로 발표하였고, 예외로서 소련에 잔류시키고 있는 포로 내역은 다음과 같다라고 발표했다.

전범 수형자 또는 심리중인 자	1,487
병환이 있는 자	9
중국국민에 대한 전범으로 중공정부에 인도되는 자	971
합계	2,467

한편 일본 측에서는 1950년 12월 11일 현재 성명이 판명된 미귀환자수를 316,309명으로 발표하였는데, 그 후 1951년 5월 14일, 6월 14일의 양일 요시다(吉田) 외상은 엔테자무 국제연합총회 의장에게 서한을 보내 지금까지 밝혀진 사정을 보고함과 동시에 다음과 같은 숫자를 밝혔다.

외지 억류자 총수	340,585
내역	
생존자	77,637
사망자	234,151
생사불명자	28,198

양국 정부가 발표한 숫자에는 이처럼 큰 차이가 있기 때문에 귀환 문제는 심각한 사회문제로 바뀌고 있다. 우연히 1951년 7월 13일에 발표된 평화조약 초안에는 포로의 귀환을 위한 조항이 없었기 때문에 중대한 국내문제로 되었으나, 결국 정부는 부재 중인 가족의 희망을 담아 덜레스 고문, 시볼트 총사령부 외교국장에게 서한을 보내 포츠담선언의 제9항을 확인하는 조항을 초안에 넣도록 요청했다. 이것이 받아들여져 제6조에 (b)항으로 추가된 것이다. 이 조항은 조약에 서명하지 않은 소련을 구속할 힘이 없고, 다만 귀환을 완료하지 않은 국가에 대해 포츠담선언 제9항의 실시를 끝까지 요구한다고 하는 태도를 보여주는 의미밖에 없다. 현재 억류자의 문제는 국제적 이슈로 대두되고 있으며, 국제연합 인권위원회가 이를 거론하여 이 위원회 중에 에스테르 베르나두테 백작부인(스웨덴), 호세 구스타보 겔레로 판사(살바도르), 아웅 카인 판사(버마) 등 3명으로 구성된 특별위원회가 설치되어 각국에 있는 억류자의 현황을 조사하고 있다.

제4장
영토

제1절 영토의 범위

1. 개황

평화조약에서 일본영토의 범위를 정하고 있는 것은 제2장 영역 중에 제2조와 제3조로서, 이것에 의하면, 일본의 영역은 혼슈(本州), 홋카이도(北海道), 규슈(九州), 및 시코쿠(四國) 이외에 북위 29도 이북의 남서제도(南西諸島, 오스미군도(大隅群島), 요코아테지마(横当島)를 제외한 도카라군도(吐噶喇群島), 소후암(孀婦岩) 이북의 남방제도(南方諸島), 이키(壱岐), 쓰시마(対馬), 오키(隠岐), 사도(佐渡), 레분(礼文), 리시리(利尻) 등과 같은 섬들에 한정되게 된다. 이것을 지금까지 일본영토의 총면적 675,389.54㎢에 비하면 그 54.5%에 해당하는 368,471.07㎢ 정도이다.

이 이외에도 지금까지 일본의 영토가 아니었으나, 관동주 조차지(3,462.45㎢)[1]와 남양군도 위임통치 지역(2,148.80㎢)에 대해서도 일본은 그 권리를 포기

1) 관동주 조차지에 대한 일본의 권리 포기는 제2장의 제2조 및 제3조에 의하는 것이 아니라, 제10조의 중국에서의 모든 특수권익의 포기에 관한 규정에 의한 것이다.

해야 한다.

전전의 일본영토		675,389.54	㎢, 관동주(關東州), 남양군도(南陽群島)를 포함하지 않음
전후의 일본영토		368,471.07	
상실한 영토	조선	220,791,81	쿠릴열도의 범위는 명확하지 않으나, 현재 소련군의 점령하에 있는 지역. 시코탄섬(255.12) 및 하보마이군도(101.59)도 포함
	대만	35,834.35	
	팽호제도	126.86	
	사할린	36,090.30	
	쿠릴	10,315.36	
	류큐	2,386.24	
	아마미	1,270,61	
	오가사와라	120.94	
상실영토 합계[2]		306,918.47	

또한 조약 제3조의 지역 즉 류큐제도, 아마미군도, 오가사와라군도 등에 대해서는 뒤에서 언급하듯이 일본에 잔존주권이 있다고 되어 있으며, 또한 하보마이군도는 쿠릴열도의 범위에는 들어가지 않는다고 덜레스 미국전권이 샌프란시스코 회의에서 말하고 있으므로, 가령 이들 섬들도 일본영토로 간주하여 계산한다면, 지금까지 영토의 55.1%(372,332.55㎢)가 남으며, 44.9%를 상실하게 되는 것이다. 비록 이들 섬이 일본 영토로 남더라도 앞의 수치와 비교하여 크게 영향을 미치는 것은 아니다.

어쨌든 이와 같은 수치는 가까운 장래에 1억 가까운 인구가 될 일본에게 있어서 용이하지 않은 앞길을 시사하는 것이라 하겠다.

---

2) 자료, 제59회 대일본제국통계연감 1940년(昭和15), 제2회 일본통계연감, 1950년.

2. 영역의 결정

이와 같은 일본영토의 범위는 어떻게 정해졌는가에 대한 가장 기본적인 방침은 항복문서에 의해 일본이 수락한 포츠담선언에 나타나 있다. 즉, 그 제8항에 다음과 같이 기술되어 있다.

「카이로선언의 조항은 이행되어야 하며 또한 일본의 주권은 혼슈, 홋카이도, 큐슈, 시코쿠 및 우리들이 결정하는 여러 작은 섬(小島)에 국한되어야 한다.」

카이로선언의 조항이란 (1)제1차 세계전쟁의 개시 이후에 일본이 탈취하거나 점령한 태평양 상의 일체의 도서를 일본으로부터 박탈한다. (2)만주, 대만 및 팽호제도와 같이 일본이 중국인으로부터 도취한 일체의 지역을 중화민국이 회복한다. (3)일본은 폭력(violence) 및 탐욕(greed)에 의해 일본이 약취한 기타 일체의 지역에서 구된다. (4)마침내 한국을 자유롭고 독립적인 것으로 한다는 것이므로, 항복문서의 수락으로 적어도 남양군도의 위임통치 지역, 관동주(關東州) 조차지, 대만 및 팽호제도, 한반도 등이 일본에서 분리하는 것은 연합국의 결정을 기다리지 않더라도 이미 확정적으로 되어 있었던 것이다. 그러나 상기 이외의 일본 영토가 어떻게 될지에 대해서는 4개의 주요 섬이 (일본 영토로) 남는다는 것 이외는 항복 문서에서 분명히 다루지 않았다.

그 후 연합군의 점령 및 관리가 개시되고 얼마되지 않은 1964년 11월 미국 합동참모본부로부터 맥아더 원수에게 하달된 일본점령 관리에 관한 「초기의 기본적 지령」 및 같은 해 12월 19일 발표된 맥아더 원수의 일본점령 목적과 그 달성 방법에 관한 「관할부대에 대한 훈령」에서는 일본이란 4개의 주요 섬과 「대마제도(對馬諸島)를 포함한 약 1천 개의 근접소도」(about 1,000 smallar adjcent Islands including the Tsushima Islands)를 가리키는 것이 명확하게 되어 있었다. 이어서 이듬해 1946년 1월 29일(같은 해 3월 30일 일부 정정)에 총사령부는 일본 정부의 정치상 · 행정상의 권한이 미치는 지역을 지정했지만,[3] 이것에 관한 각서 중에서 "일본"이라고 칭하고 있는 것도 앞의 지령이나 훈령에서 말하는 "일본"과 같은 4개의 주요 섬과 약 1천개의 근접한 여러 소도를 의미하고 있으며, 각서에서 지정한 일본 정부의 행정관할 지역이라고 하는 것은 이와 같은 "일본"의 범위에 대해 더욱 구체적으로 나타낸 것에 다름 아니다.

「약간의 외곽지역의 일본으로부터 정치상 및 행정상의 분리에 관한 총사령부 각서」
AGO91(1946년 1월 1일) GS
(SCAPIN 677) 1946년(昭和21) 1월 29일

각서를 보내는 곳: 일본제국 정부
경　유: 도쿄, 종전연락 중앙사무국
건　명: 약간의 외곽지역의 일본으로부터 정치상 및 행정상의 분리

1. 일본제국정부는 일본 외의 어떠한 지역에 대해서도 또는 위 지역 내의 어떠한 정부의 직원 및 사용인에 대해서도 혹은 어떠한 다른 사람에 대해서도 정치상 또는 행정상의 권력을 행사하는 것, 또는 행사하고자 시도하는 것을 정지하도록 지령을 받는다.
2. 이 사령부에 의해 허가되는 경우를 제외하고, 일본제국 정부는 허가된 선박의 운항 · 통신 및 기상업무의 일상 운영 이외의 어떠한 목적을 위해서도 일본 밖에 있는 정부의 직원 및 사용인 또는 기타 어떤 사람과도 통신을 해서는 안된다.
3. 이 지령에 관해서 일본은 일본의 4개 주요 섬(홋카이도(北海道), 혼슈(本州), 규슈(九州) 및 시코쿠(四國))과 약 1,000개의 인접한 작은 섬들을 포함하는 것으로 정의된다. 인접한 작은 섬들에는 쓰시마제도(對馬諸島) 및 북위 30도 이북의 류큐(南西)제도(구치노시마(口之島)를 제외)가 포함되어, ⓐ울릉도, 독도(竹島) 및 제주도, ⓑ북위 30도 이남의 류큐(南西)제도(구치노시마(口之島)를 포함), 이즈제도(伊豆諸島), 남방제도(南方諸島),[4] 오가사와라군도(小笠原群島) 및 이오

---

3) 「일본 정부의 정치상 · 행정상의 권한이 미치는 지역」에 대해서는 아래에서 제시.

황도(流黃列島), 기타 모든 외곽 태평양제도(다니토제도(大東諸島), 오키노토리시마(沖ノ鳥島), 미나미토리시마(南鳥島), 나카노토리시마(中ノ鳥島)[5]를 포함한다) 및 ⓒ쿠릴열도(千島列島), 하보마이군도(歯舞群島: 스이쇼지마(水晶島), 유리토(勇留島), 아키유리토(秋勇留島), 시보츠토(志発島) 및 다라쿠토(多楽島)를 포함한다) 및 시코탄섬(色丹島)이 제외되었다.

4. 일본제국 정부의 정치상 및 행정상의 관할권으로부터 제외되는 상기 이외의 지역은 다음과 같다. ⓐ1914년 제1차 세계대전의 개시 이후 일본이 위임통치하에서 또는 다른 방법으로 탈취 또는 점령한 태평양제도(太平洋諸島), ⓑ만주, 대만 및 팽호제도, ⓒ한반도 및 ⓓ사할린(華太).

5. 이 지령에 포함되어 있는 "일본"의 정의는 다른 지정이 없는 한 장래 연합군사령부에서 발령하는 보든 모든 지령, 각서 및 명령에도 적용된다.

---

4) (번역자주) 일본열도의 남방에 위치한 제도(諸島)를 가리키는 말이지만, 남방제도(南方諸島)의 범위에 대해서는 정해진 바가 없다. 법령(法令)의 용법으로서는 오가사와라제도(小笠原諸島) 중에서 오가사와라군도(小笠原群島)와 가잔열도(火山列島)만을 가리킨다. 그러나 일본의 국토지리원(国土地理院)에서는 남방열도(南方諸島)라는 명칭을 사용하고 있지 않다. 「오가사와라반환협정(小笠原返還協定)」, 「샌프란시스코 평화조약」, 「오가사와라진흥개발특별조치법(小笠原諸島振興開発特別措置法)」 등에서는 오가사와라제도의 최남단에 있는 "소후암(孀婦岩)의 남쪽에 위치한 섬들의 범위"를 나타낸다. 여기에서 오키노토리시마(沖ノ鳥島)와 미나미토리시마(南鳥島)는 포함되지 않는다.

5) (번역자주) 나카노토리시마(中ノ鳥島, 영명 Ganges Island)은 북위 30도 05분, 동경 154도 2분에 존재했다고 하는 환상의 섬이다. 별명 갠지스섬(Ganges Island) 또는 근방에 갠지스암초가 있었다고 하나, 실재하지 않은 섬이다. 1907년(明治40) 8월 도쿄시(東京市)의 실업가이자 중의원이었던 야마다 데이자부로(山田禎三郎, 1871~1930)가 도쿄부(東京府) 오가사와라섬(小笠原島)에서 560리(哩)에 있는 섬을 발견하여 탐험, 측량을 시도했다고 한다. 야마다는 이 섬을 '갠지스섬(Ganges Island)'에 비정하여 1908년 5월 오가사와라청(小笠原庁)에 자료를 첨부하여 섬 발견의 보고를 하고, 영토편입을 청원하여, 1908년 7월 22일 각의결정에 의해 「나카노토리시마(中ノ鳥島)」라고 명명하여 일본 영토로 편입하였다. 그러나 그 후 두 번 다시 이 섬을 발견할 수 없었고, 1943년(昭和18)에 「해군수로고시(海軍水路告示)」에 의해 수로도지(水路図誌)에서 "갠지스암초"와 함께 삭제되었다. 그러나 제2차 세계대전 후, 1946년 1월 29일 연합국군 총사령부에서 "일본"의 범위에 대한 훈령(「SCAPIN 제677호」)에서는, 제3항에 "나카노토리시마(中ノ鳥島)"가 포함되어 있었는데, 미국 측에서는 미확정 상태로 있었기 때문이다.

6. 이 지령 중의 어떠한 규정도 포츠담 선언의 제8조에 기술되어 있는 여러 작은 섬들의 최종적 결정에 관한 연합국의 정책을 나타내는 것으로 해석되어서는 안된다.
7. 일본제국 정부는 일본의 모든 정부기관에서 이 지령에 정의되어 있는 "일본" 이외의 지역에 관한 직무를 갖는 자의 보고를 작성하여 연합군 사령부에 제출해야 한다. 이 보고는 관계 각 기관의 직무, 조직 및 직원의 일람표를 포함해야 한다.
8. 앞의 제7항에 기술되어 있는 기관의 모든 기록은 보존되어, 이 사령부의 검열을 받을 수 있도록 해야 한다.

(이 각서로 인접하는 여러 섬들(諸小島)에서 제외되었던 이즈제도(伊豆諸島, 소후암까지)가 3월 22일의 각서에서 인접 소도에 포함시키는 것으로 수정되었다.)

먼저 여기서 말하는 "일본"이란 1월 29일자 총사령부 각서 중에서도 "포츠담 선언의 제8조에서 기술하고 있는 여러 소도의 최종적 결정에 관한 연합국의 정책을 나타내는 것으로 해석되어서는 안된다"라고 특별히 추가적으로 언급하고 있듯이 일본을 점령 · 관리하는 데 있어 편의적으로 정한 것이며, 포츠담 선언의 영토 조항과 같이 장래 일본 영역의 결정에 직접 관계 있는 것은 아니었다.

다만 실제로는 평화조약으로 정해진 일본의 영역은 위의 각서에 근거해 실제로 일본 정부가 정치상 · 행정상의 권한을 행사하고 있는 범위와 거의 큰 차이가 없기 때문에 지금 생각해보면 각서 당시부터 이미 장래의 영역결정을 예측하여, 신중히 검토한 결과 그 범위가 정해진 것으로 생각된다. 현 일본 정부의 행정권 범위와 평화조약에 규정된 일본영역 사이에서 명료하게 다른 점은 남서제도를 제한하는 북위 10도선이 조약에서는 29도선으로 변경되어 있는 것과 현재는 행정권의 범위 밖에 놓여 있는 동해(일본해)의 독도가 조약에서는 언급되어 있지 않다는 두 가지 점에 불과하다.

3. 북위 29~30도의 남서제도

북위 29~30도의 남서제도(南西諸島)[6]라고 하는 것은 도카라군도(吐噶喇群島)[7]에 속하는 구치노시마(口之島), 나카노시마(中ノ島), 가자지마(臥蛇島), 스와노세지마(諏訪瀬島), 아쿠세키지마(悪石島), 다이라지마(平島), 다카라지마(宝島), 고타카라지마(小宝島)의 8개의 섬을 가리키는 것으로, 그중에서 고타카라지마는 다카라지마의 부속섬으로 간주하기 때문에 일반적으로 도카라 7도라고 부르고 있다. 모두 작은 화산섬이며 섬을 전부 합하면 총면적은 88㎢ 정도에 불과하다. 옛날에는 북위 30도 이북에 있는 다케시마(竹島), 구로시마(黒島), 이오지마(硫黃島)와 함께 가와베10도(川辺十島)라고도 불렀고, 행정산으로도 이들 10개 섬으로 가고시마현 오시마군(大島郡) 도시마무라(十島村)를 구성하고 있었다. 1946년(昭和21) 1월 29일자 「행정권 분리에 관한 총사령부 각서」에 의해 북위 10도선을 경계로 마을이 미시마(三島)와 나나시마(七島)로 분할되게 되었고, 미시마(三島) 쪽의 도시마무라 사무소는 카고시마시에 설치됐고, 또한 나나시마 쪽의 도시마무라 사무소 나카노시마(中ノ島)에 설치되어 같은 무라(村) 내에 있으면서도 두 쪽의 교통이 자유롭지 못한 상황이었다. 이번의 조약으로 이 부자연스러움이 시정되어 이후 하나의 무라(村)를 구성할 수 있게 됐다. 그리고 1951년 12월 5일자 총사령부 각서에 의해 그 행정관할권이 일본 정부에 반환되었다.

---

6) 여기서 남서제도(南西諸島)란, 규슈(九州) 남단에서 대만 동북에 걸쳐 위치하는 도서군을 총칭하는 것이다. 북쪽에서 남쪽으로 오스미제도(大隅諸島), 도카라열도(吐噶喇列島), 아마미군도(奄美群島), 오키나와제도(沖縄諸島), 미야코열도(宮古列島), 야에야마열도(八重山列島)로 연결되며, 오키나와제도의 동쪽에 있는 다이토제도(大東諸島), 야에야마열도의 북쪽에 있는 센카쿠제도(尖閣諸島) 등이 있다.

7) 도카라군도는 '吐噶喇群島'가 바른 표기이므로 정정하였음.

	면 적(㎢)	인 구		
		1939년	1942년	1950년
다케시마(竹島)	3.35	241		302
구로시마(黑島)	9.60	611		631
이오지마(硫黃島)	8.25	556		551
소 계	**21.20**	**1,408**		**1,484**
구치노시마(口之島)	10.67	434		
가자지마(臥蛇島)	4.60	105		
나카노시마(中ノ島)	30.50	790		
스와노세지마(諏訪瀬島)	29.60	67		
아쿠세키지마(悪石島)	3.35	149		
다카라지마(宝島)	6.34	579		
다이라지마(平島)	2.20	135		
고타카라지마(小宝島)	0.88	0		
소 계	88.11	2,259		2,865
도시마무라(十島村) 총계	109.31	3,667	3,673	4,349

또한 도카라군도(吐噶喇群島) 중에서 최남단에 있는 요코아테지마(横当島)만은 29도 이남에 남겨지게 되었으나, 이 섬은 무인도이다.

4. 다케시마(竹島, 독도)

다케시마는 시마네현(島根県) 오키노시마(隠岐島)의 서북 약 85리(浬), 북위 37도 9분, 동경 131도 56분에 있는 동해(일본해) 중의 작은 섬으로 동서로 대치한 2개의 독암(禿岩)과 이에 부속하는 많은 암초로 구성되어 있다. 일본에서는 이 섬은 예전에 마쓰시마(松島)라는 이름으로 알려져 있었으나, 1905년(明治38) 2월 22일 「시마네현 고시 제40호[8]」[9]로써 정식으로 시마네현에 편

8) (번역자 주) 원문에는 '43호'로 되어 있으나 40호로 수정.

9) 「시마네현고시 40호」

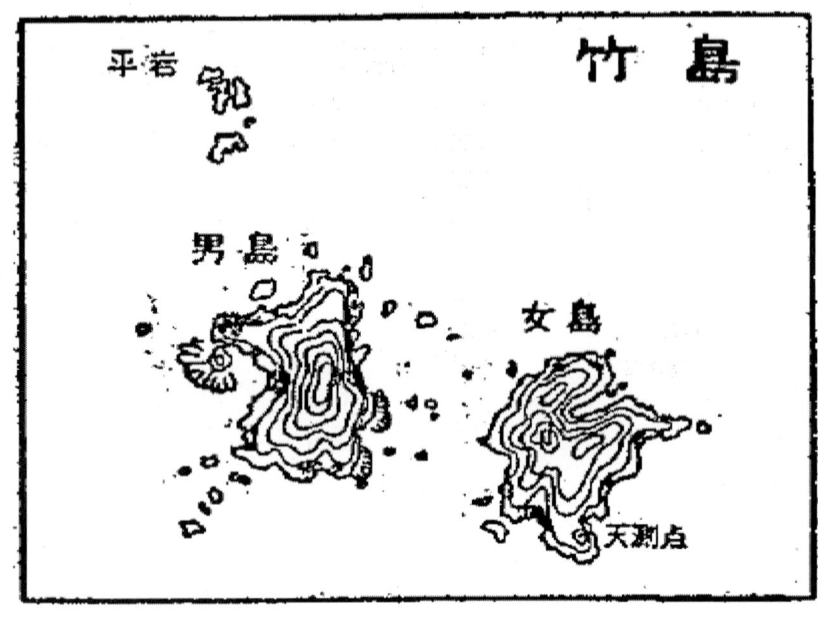

〈지도〉 독도

입되어, 오키도사(隱岐島司)의 소관이 되었다. 현재는 오치군(隱地郡) 고카무라(五箇村)의 안으로 되어 있으나, 1946년 총사령부 각서에 의해 일본 정부의 행정권이 정지하게 되었다. 자연조건이 사람의 정주에는 적합하지 않기 때문에 여름철에 이 섬으로 모여드는 강치를 잡기 위해 때때로 오키(隱岐)에서 사람이 왔다.

북위 37도 9분 30초, 동경 131도 55분, 오키섬에서 서북 85리(浬)에 떨어져 있는 섬을 다케시마(竹島)라 칭하고, 지금부터 시마네현 소속 오키도사의 소관으로 정한다. 메이지 38년(1905) 2월 22일.

5. 약 1천 개의 근접 소도들

더구나 앞의 지령, 각서 등에서 이러한 "일본"의 범위 내에 있는 섬의 수를 약 1,000개로 추산하고 있는 것도 후술하는 바와 같이 결코 추정의 근거가 없는 숫자가 아니었다. 이것은 일본영역에 관한 미국의 조사연구가 얼마나 주도면밀한 것인가를 보여주는 것으로 흥미로운 면이 있다.

과연 일본의 주변에 어느 정도의 섬이 있는가 하는 것에 대해서는 지금까지 몇 가지의 자료가 있다. 대표적인 것으로는 예전 1824년(文政7) 갑신(甲申) 나츠키(夏月)의 발문(跋)이 있는 다카하시 가게야스(高橋景保)[10] 편『지세제요(地勢提要)』에서는, 3,340개로 산정하고 있다. 통계국의 숫자는 류큐(琉球), 오가사와라(小笠原), 쿠릴(千島) 등 현재 행정관할 밖에 있는 지역을 제외하고 있다. 또한 다카하시 가게야스(高橋景保)도 막말의 일본영역에 대해 조사한 것이므로, 대체로 이것에 가까운 범위의 도서 수를 나타내고 있는 것으로 생각된다. 어쨌든 약 1천 개라는 수의 3배 이상이 된다. 이러한 차이는 섬의 크기를 취하는 방법, 범위를 정하는 방법(특히 각 항만 내와 내해(內海)의 섬까지를 포함하는지의 여부) 등에 의해 생겨난다고 생각할 수 있으나, 그 기준이 명확하지 않기 때문에 비교할 수 없다. 그래서 수로부에서는 해도(海圖)에 대해 실제 일본 정부의 행정관할하에 있는 섬에 대해 엄밀한 산정을 실시한 결과 다음 표와 같은 수치를 얻었다.

---

10) 다카하시 가게야스(高橋景保, 1785~1829)는 에도시대 후기의 천문학자로 통칭은 사쿠사에몬(作左衛門), 천문학자인 다카하시 요시토키(高橋至時)의 장남으로 오사카에서 출생. 시부카와 가게스케(渋川景佑)의 형. 1804년(文化1)에 아버지의 뒤를 이어 에도막부(江戸幕府)의 천문학 담당(天文方)이 되었고, 천체관측, 측량, 천문관측 관련 서적의 번역 등의 일에 종사하였음. 1810년,「신정만국전도(新訂万国全図)」를 제작하였고, 이노 다다타카(伊能忠敬)의 전국측량사업을 감독하여『대일본연해여지전도(大日本沿海輿地全図)』를 완성시킴.

구 역	내해, 항만 내의 섬을 제외하는 경우			내해, 항만 내의 섬을 포함하는 경우		
	주민 있음	주민 없음	둘레2km 이상	주민 있음	주민 없음	둘레2km 이상
혼슈(本州)	44	587	43	70	1,073	80
홋카이도(北海道)	10	41	11	-	-	-
규슈·잇키·쓰시마·고토 (九州·壱岐·対馬·五島)	89	141	187	170	302	383
시코쿠(四國)	16	97	24	21	182	31
내해(內海)	-	-	-	173	352	211
계	159	866	265	434	1,909	705
총계		1,025			2,343	

주: 섬은 평균 수면고도가 대략 1m 이상의 것.

위의 수치 중 내해, 각 항만의 섬을 제외한 1,025라는 수치는 바로 총사령부 각서와 합동참모본부 지령, 맥아더 원수 훈령 등에서 말하는 약 1,000개에 해당한다.

또한 앞에서 말한 다카하시 가게야스(高橋景保)와 통계국의 수치도 내해 각 항만 내의 섬까지 포함하고 있다고 생각된다. 따라서 이것을 앞의 수로부의 실측 결과에 의한 외양(外洋) 44%, 내해 및 각 항만 내의 섬 56%라고 하는 비율로, 외양의 섬에 대해 산정하면 다카하시 가게야스의 경우는 1,672, 통계국의 경우는 1,470이 되어 역시 약 1천 개라고 하는 수에 가깝다.

요컨대 전후 일본영토의 한계에 대해서는 미국으로서는 이미 종전 직후부터 그 대강을 결정하여, 다소 변화가 있더라도 기본방침은 일관되게 변하지 않았다고 할 수 있다. 다만 문제는 일본으로부터 분리되는 지역의 처분이며, 이에 대해서는 세계정세의 추이와 관련하여 약간 변화하였고 평화조약에 의해서도 결국 해결되지 못하는 많은 부분을 남기게 되었다.

제2절 분리되는 지역

여기서는 편의상 일괄하여 '분리되는 지역'으로 했으나, 일본이 모든 권리, 권원 및 청구권을 포기하는 지역(제2조)과 미국을 유일한 시정권자로 하는 신탁통치제도하에서 벗어나야 할 지역(제3조)으로 크게 나누어진다. 더욱이 전자는 ①지금까지 일본 영토의 일부였던 지역, ②위임통치지역, ③일본 영토는 아니지만 일본이 그 땅에 대해 권리, 권원 및 청구권을 가지고 있는 지역의 3가지로 나뉜다. ①에 해당하는 것은 한반도(같은 조 (c)항), 대만 및 팽호제도(같은 조 (b)항), 쿠릴열도 및 남사할린(같은 조 (c)항), 게다가 신난군도(新南群島,[11] 같은 조 (d)항)도 프랑스와의 사이에 그 귀속에 대해 분쟁은 있었지만, 일본으로서는 정식으로 영토로 편입시킨 땅이다. ②에 해당하는 것으로 남양군도(南洋群島,[12] 같은 조 (d)항)지역, 또한 ③에 해당하는 것은 남극지역(南極地域, 같은 조 (c)항)과 서사군도(西沙群島, 같은 조 (b)항)이다.

1. 조선(한반도)

조선은 1910년 8월 29일의 한일합병에 의해 일본 영토에 편입되었으나, 이번 조약 제2조 (a)에 의해 일본은 한국의 독립을 승인하여 제주도, 거문도 및 울릉도를 포함한 한국에 대한 모든 권리, 권원 및 청구권을 포기하게 되었다. 카이로선언에 "마침내 한국을 자유롭고 독립된 국가로 만들기로

---

11) 신난군도(新南群島)란 남사제도(南沙諸島, Spratly Islands)를 지칭하는 일본식 명칭.

12) 남양군도(南洋群島)란 서태평양의 적도 이북에 산재하는 마리아나, 파라오, 캐롤라인, 마셜 등 제1차 세계대전 이후 구 일본위임통치령이었던 섬들의 총칭. 제2차 세계대전 이후에 미국의 신탁통치령으로 바뀌었음.

결의한다"고 하는 것을 보아도 이는 당연한 조치이며, 새로운 국가의 독립 승인의 경우에는 당연히 정부의 승인을 포함하고, 한반도에는 2개의 정권이 생겨났기 때문에 어느 쪽을 승인할 것인가라고 하는 문제가 있다.

소련군은 종전 직전인 8월 12일에 한반도(조선)에 들어가, 계속하여 한반도의 북쪽 절반의 점령을 이어갔으나, 9월 2일 일반명령 제1호에 의해 우선 북위 38도선을 경계로 하여 북부는 소련군, 남부는 미군의 점령 관리하에 놓여지게 되었다(미군은 9월 8일 상륙).[13] 이어서 그해 12월 16일부터 26일까지 모스크바에서 미국·영국·소련 3개국 외교장관회의가 열려 조선의 독립을 달성하기 위한 기본 방침을 협의하였다. 임시조선민주정부의 성립

---

13) 북위 38도선을 미소 양군의 군사점령 경계선으로 삼은 경위에 대해서는 1950년 7월 20일 미 국무부가 발표한 「한국의 위기에서의 미국의 정책」(소위 「한국백서」)에 다음과 같이 기술되어 있다. "한국은 전시 중 실시된 정상 간의 회담 중 어느 것에서도, 미국과 소련 간의 협정에 의해 정식으로 점령 지역으로 분할된 적이 없다. 일본의 항복 제안을 받은 후, 미국 정부는 가장 가까운 곳의 미군이 오키나와에 있으며, 소련군은 이미 한국 내에 있었던 상황에서 일본군의 항복에 대처하기 위해 소련군이 38도선 이북의 북한 내 일본군의 항복을 수락하고, 한반도 내 이남의 일본군은 미군에게 항복할 것을 제안했다. 이 결정이 스탈린 서기에 의해 수락된 후, 연합국 최고사령관 맥아더 원수가 1949년 9월 2일 발령한 「일반명령 제1호」에 포함되었다." 한편 『한반도에서의 88도선』의 저자는 아마도 포츠담에 출석한 미고 양국의 군사사절단 사이에서, 양국 군사행동의 한계에 대해 모종의 통합이 이루어져 그것이 이 선의 결정에 영향을 주었을 것이라고 기술하고 있다. 『타임』지 1960년 7월 3일호에도 마찬가지로 포츠담회담에서 한 장군이 38도선을 제안했다고 기록하고 있다. 그러나 아마 앞의 국무성 발표대로 소련군이 조선에 진입해 계속 남하하고 있었을 때, 미군은 아직 오키나와까지만 도달했고, 이대로는 한반도는 소련의 점령하에 놓여지는 형세에 있었으므로, 이것을 저지하기 위해 일본의 항복 후 우선 미국 측으로부터 38도선으로써 미소 양군의 점령 경계선으로 하는 것이 제안되었을 것으로 생각된다.

38도선을 선택한 이유는 분명치 않지만, 이것이 지리적으로 한반도의 거의 중앙에 위치하고 있다는 사실 이외에 청일전쟁 이후 한국에 많이 진출해 온 러시아와 세력범위를 협정하고자 하여 일본 야마가타(山縣) 원수가 당시 러시아 외상에게 제안한 선과 일치하고 있다는 점은 흥미롭다.

어쨌든 38도선은, 당초에는 단지 일본 군대의 항복처를 나타내는 것에 지나지 않았으나, 나중에는 그것이 정치적 경계선으로서의 성격을 띠게 된 것이다.

을 지원하고, 또한 적당한 조치의 예비적 입안을 목적으로 하여 미소공동위원회를 설치할 것, 이 위원회는 조선의 민주적 정당 및 사회단체들과 협의하여 미 · 영 · 소 · 중 4국 정부에 권고를 하면서도 조선을 5년 이내의 기간에 앞의 4개국에 의한 신탁통치에 부치기 위해 그 협정 원안을 작성하는 등의 방침을 결정하고 동시에 첫 번째 업무로서 남북조선에 관계가 있는 긴급문제를 논의하기 위해 2주간 이내에 조선에서 미소 양군의 대표자회의를 소집하게 되었다(1945년 12월 27일).

이 결정에 기초하여 다음 1946년 1월 16일부터 2월 8일까지 서울에서 미소 양군의 대표자회의가 열렸으며, 이에 따라 미소공동위원회를 설치하고 나서, 동 위원회는 3월 30일부터 서울에서 모스크바 협정에 기초한 과제에 착수하였으나 쉽사리 양국의 의견 일치를 보지 못하고 공동위원회에 의한 조선문제의 해결은 절망적으로 되었다. 이 때문에 미국은 이듬해 1947년 가을 유엔 제1차 총회에 조선독립 문제를 상정하고, 같은 해 11월 4일 총회 본회의에서 조선에 유엔임시조선위원회(구성국: 호주, 캐나다, 중국, 살바도르, 프랑스, 인도, 필리핀, 시리아, 우크라이나)를 설치하여, 1948년 3월 30일까지 이 위원회 입회하에 총선거를 실시한다는 안이 찬성 43, 기권 12로 가결되었다. 기권 중 6표는 유고슬라비아를 포함한 소련 진영이다. 이에 따라 유엔임시조선위원회는 활동을 개시하게 되었으나 결의에 반대한 우크라이나는 위원회에 참가하지 않았고, 소련도 협력하지 않아 위원회의 사업은 남한에 한정되었으며, 총선거도 1948년 5월 10일 남한에서만 실시되었고, 7월 12일의 헌법 채택을 거쳐 8월 15일에 대한민국 정부가 수립되었다.

이에 대해 북한에서도, 1948년 7월 10일에 최고인민회의 선거가 실시되었고, 9월 8일의 헌법 채택에 의해 다음날인 9일에는 조선민주인민공화국의 성립이 선언되었다. 이에 북위 38도선을 경계로 북한과 남한이라고 하는 두 개의 정권이 수립되게 되었다. 이는 한국이 두 개의 독립국가로 분리된 것이 아니라 양쪽 모두 자신이 전한반도에 걸친 정통정부이며, 다른 한쪽이 비합법정부라는 것으로 여러 국가도 또한 그 입장에 따라 대한민국을, 혹은 조선민주인민공화국을 승인하고 있다.[14)]

이와 같이 한반도의 독립이라고 하는 것에서는 일치하고 있지만, 어떠한 정권을 한반도의 정통정부로 할 것인가라고 하는 점에 대해 국가마다 그 입장을 달리하고 있는 것이다. 그러나 일제에 관한 한 유엔의 제3차 총회가 1948년 12월 12일 결의(48 대 6, 기권 2)로 대한민국 정부를 한반도에서의 유일한 합법정부로 인정하고 있다. 또한 대일평화조약 서명국 중에는 조선민주인민공화국을 승인하고 있는 나라는 한 나라도 없기 때문에 일본 정부가 평화조약에 의해 승인해야 할 한반도의 정권은 이미 선택되어 있으며, 자유재량의 여지는 남아있지 않다.

2. 대만 및 팽호제도

청일전쟁으로 인해 청나라로부터 일본에 양도된 대만 및 팽호제도가 이번 전쟁의 결과 다시 일본으로부터 분리되는 것은 이미 항복문서에 의해 일본이 인정한 카이로선언에서 확정적으로 되어 있었다. 다만 분리 후의 귀추에 대해서는 중국정세의 변화와도 관련되어 나중에 문제가 발생하였고, 대일평화조약안의 기초에 있어서도 몇 차례 그 방침이 바뀌어 조약의 성립에 의해서도 아직 해결되지 않는 문제를 남기고 있다.

카이로 선언에서 대만 및 팽호제도는 중화민국이 회복한다고 되어 있다.

---

14) 1951년 6월 10일 현재, 대한민국을 승인하고 있는 나라는 29개국(미국, 중국, 영국, 프랑스, 필리핀, 바티칸, 칠레, 브라질, 뉴질랜드, 도미니카, 쿠바, 캐나다, 네덜란드, 그리스, 볼리비아, 코스타리카, 터키, 하이티, 호주, 벨기에, 살바도르, 이란, 태국, 에콰도르, 우루과이, 페루, 룩셈부르크, 아이스랜드, 베네수엘라), 조선민주주의인민공화국을 승인하고 있는 나라는 9개국(소련, 중공, 체코, 헝가리, 폴란드, 우크라이나, 불가리아, 루마니아, 몽골)이다.

국민 정부가 중국 본토의 대부분의 지역에 걸쳐 세력을 확보하고 있었던 시대에는 이에 대해 별 문제가 없었으나, 1949년 들어 중공정권의 공세가 마침내 현저해짐에 따라 대만 및 팽호제도의 지위가 주목을 끌게 되었다. 그해 하반기 중국 정세가 결정적 단계로 내몰려 국민 정부가 12월 7일에는 청두에서 타이베이로 천도하여 중국 본토를 전면적으로 포기하게 되자 대만 및 팽호제도의 장래 귀속에 대해 한층 더 많은 논의가 전개되었다. 특히 미국에서는 미국의 극동 방위에 있어서의 대만의 전략적 가치라는 관점에서 이 문제가 다루어졌고, 일부에서는 중공(中共)의 손에 넘어가기 전에 실력행사를 해서라도 이를 확보해야 한다는 논의조차 있었다. 트루먼 대통령은 1950년 1월 5일 기자회견에서 미국이 대만의 국부군(國府軍)에 대해 군사원조를 제공하거나 무력간섭을 할 의사가 없다고 밝혔고, 애치슨 장관도 그 후 6월 23일 기자회견에서 그가 발표한 미국의 대만에 대한 정책은 그 후 아무런 변화가 없다는 사실을 확인했다. 그런데 그 성명이 발표된 직후인 25일, 북한군이 남한을 침입하게 되어 미국의 한국 군사행동이 개시되기에 이르러, 종래 미국의 정책도 중대한 전환을 피할 수 없게 되었다. 트루먼 대통령도 6월 27일의 성명에서, “한국에 대한 공격으로 말미암아 지금 공산세력이 독립국 정복을 위해 지하운동에 의지하는 단계를 이미 뛰어넘어 무력침략 및 전쟁마저 굳이 실행하기에 이르렀다는 것은 한 점 의심의 여지도 없이 나타났다. (중략) 이와 같은 정세를 보면, 만약 공산군이 대만을 점령하는 사태가 일어난다면, 그것은 태평양지역의 안전에 대해 또한 그 지역에서 합법적이고도 필요한 기능을 다하는 미군에 대해 직접적 위협이 된다. 따라서 나는 제7함대에 대해 대만에 대한 어떠한 공격도 저지하도록 명령했다. 이 행동과 관련하여 나는 대만의 국부에 대해 본토에 대한 항공 작전을 중지하도록 요청한다”고 언급하였고, 더욱이 대만의 장래 지위에 대해서는 “태평양의 안전 회복, 대일강화 내지는 유엔에 의한 검토가 있을 때까지 기다리지 않으면 안된다”라고 하는 의향을 밝혔다.

이와 같은 점에서 같은 해 11월 24일 미 국무부에서 발표된 대일평화조약에 관한 미국의 "7원칙" 제안에서는 대만 및 팽호제도의 위상에 관해서는 미국, 영국, 소련 및 중국의 장래 결정을 기다려, 조약의 효력이 발생한 뒤 1년 안에 결정이 없을 경우에는 유엔총회가 결정하기로 했다.

이 제안에 대해 소련은 11월 20일자 대미각서를 통해, 카이로 선언 및 포츠담 협정에 의해 대만 및 팽호제도의 중국반환 문제가 결정되어 있는 이 협정이 존재하는 이상, 위 지역의 지위에 관한 문제를 미 · 영 · 중국 및 소련의 새로운 결정에 맡기고, 또한 앞의 국가들이 1년 이내에 합의에 이르지 못했을 경우는 유엔총회의 결정에 맡긴다는 각서의 제안은 어떻게 설명되어야 할 것인가라는 질문을 던져왔다. 이에 대해 미국은 12월 27일자 답변으로서,

> "1943년의 카이로 선언은 만주, 대만 및 팽호제도를 중화민국에 반환할 의도를 성명하였다. 이 선언은, 미국 정부의 의견에서는, 얄타 선언이나 포츠담 선언과 같은 전시 중의 다른 선언과 같이 여러 가지 관련 요소를 고려해야 할 최종적 해결의 여부에 달려 있었던 것이다. 미국은 소련 정부가 주장하는, 카이로에 대표를 보내지 않았던 다른 연합국의 견해를 전혀 무시해야 한다는 견해를 받아들일 수 없다. 또한 미국은 카이로에서 발표한 선언과 같은 선언이 다른 어떤 국제협정에도 우선할 의무를 정한 유엔헌장에 비추어보아 필연적으로 고려되어야 한다고 믿는다."

라고 하여, 카이로, 얄타, 포츠담 등의 선언 내지는 협정에도 불구하고 대만 등의 최종적 귀속은 유엔의 결정에 맡겨야 한다는 견해를 명확히 했다.

이에 앞서 트루먼, 아틀리의 미영 두 장상은 12월 4일부터 5일간 워싱턴에서 한국동란 및 이와 관련한 제반 문제와 관련하여 회담을 가졌지만, 대만 문제에 대해서는 중공 · 국부 양측 정부가 함께 카이로선언의 유효성을 주장하고, 이 문제를 유엔이 고려하기를 꺼리고 있지만 이 문제는 ①어디까지나 평화적 수단에 의해, ②대만 주민의 이익을 보호하고, ③태평양의 평

화와 안전을 유지할 수 있는 방법으로 해결되어야 하며, 그러한 해결은 이 문제를 유엔의 토의에 부침으로써 크게 촉진될 것이다(회담에 관한 공동성명)라는 점에서 의견의 일치를 보고 있었다.

그러나 앞의 "7원칙"에 규정된 대만 및 팽호제도의 처리방식에 대해서는 소련에 발언권을 주는 것은 바람직하지 않다는 다른 입장에서 미국 의회 쪽에서도 반대가 있었다. 그리하여 1951년 3월말 미 국무부가 작성한 제1차 대일평화조약 초안(소위 미국초안)에서는 단순히 일본이 대만 및 팽호제도에 대한 모든 권리, 권원 및 청구권을 포기할 것을 규정하고, 그 최종적 지위는 미해결인 채 두기로 했다.

이에 대해서도 소련은 5월 7일 대미각서를 보내,

> "1943년 카이로 선언에는 대만 및 팽호제도는 중국에 반환돼야 한다고 분명히 규정돼 있다. 그런데 미국의 초안에서는, 단지 일본은 대만 및 팽호제도에 대한 모든 권리를 포기한다고만 되어 있을 뿐 중국에 인도한다는 것은 묵살하고 있다. 이러한 점에서 보면, 미국의 초안은, 이들 섬을 중국에 반환한다고 정한 카이로 협정을 위반하고, 사실상 중국에서 떼어내고 있는 대만, 팽호제도의 현상을 그대로 두고 변경을 하고 있지 않다고 결론지을 수 있는 것이다."

라고 논하였으나, 미국은 5월 19일자 대소 회답 각서에서 다음과 같이 언급하여 다시 소련의 주장을 반박했다.

> "영토문제에 대해서는 소련 정부는 조약 초안이 항복조항을 충실히 반영하고 있지 않다는 뜻을 밝히며, 그 이유로 초안이 '대만 및 팽호제도는 중국에 반환돼야 한다고 규정하고 있지 않다'는 점을 들고 있다.
>
> 항복조항의 영토의 항은 '카이로 선언의 조항은 이행할 수 있도록, 또한 일본의 주권은 혼슈, 홋카이도, 규슈, 시코쿠 및 우리들이 결정하는 제 소도에 국한되어야 한다'고 규정하고 있는데, 미국의 조약 초안은 바로 일본의 주권을 위의 규정대로 제한하고 있는 것이다.

> 카이로 선언은 '만주, 대만 및 팽호제도는 중화민국에 반환되어야 한다'고 규정했다. 미국 정부는 소련의 각서가 정확히 카이로선언을 인용하고 있지 않음을 지적한다. 즉 소련의 각서에서는 '만주'라는 말은 삭제되고, '중화민국'이라는 말이 '중국'이라는 말로 대체되고 있다.
> 소련 정부가 만주에서 이익 지대를 획득했다고 하는 공공연한 사실에 비추어 볼 때, 미국 정부는 소련 정부가 만주 반환에 대해 언급하기를 꺼리고 있는 의미를 굳이 질문하고 싶은 마음에 사로잡힌 것이다.
> 더욱이 소련 정부가 현재 중화인민공화국이라고 하여 밝힌 것은 중화민국과 동일하지 않다는 점에서, 종종 소련 정부 자체가 지적하고 있는 사실을 생각할 때, 미 행정부는 소련 정부에 대해 소련 정부는 과연 지금 만주, 대만 및 팽호제도가 중화민국에 반환되어야 한다고 희망하는가에 대해 질문한다.
> 조약 초안은 일본의 주권은 항복 조항에 따라 대만 및 팽호제도에 대한 주권을 제외하도록 "국한시켜야" 하며, 만약 일본이 위를 제외하는 경우에는, 일본은 요구받은 모든 것을 모두 마치게 되고, 따라서 일본 국민은 대만 및 팽호제도를 그 후 어떻게 처분할지에 대한 연합국 간의 의견 차이 때문에 평화상태를 저해당하지 않는다는 가정에 기초하여 기술하고 있는 것이다."

요컨대 미국으로선 이 문제는 어느 쪽이든 유엔헌장의 목적과 원칙에 따라 적당한 시기에 해결책을 찾아야 한다고 생각하고 있지만, 현 단계에서 최종적 해결에 도달하기는 어렵고, 그 해결을 평화조약으로 요구하는 것은 쓸데없이 대일평화조약 체결을 미루게 되므로, 평화조약에서는 대만에 대한 일본의 주권포기를 규정하는 것만이 이 문제를 다룰 마땅한 방법이라는 데 있었다. 이 견해는 영국 정부로부터 지지를 받아[15] 미영 초안에도 미국

---

15) 영국의 국회의 석상에서 대만 문제에 대해 다음과 같이 말하고 있다. "이 조약은 또한 대만 및 팽호제도에 대해 일본이 그 주권을 포기해야 한다고 규정하고 있다. 이 조약 자체는 이들 도서의 장래를 결정하지 않는다. 대만의 장래에 대해서는 「카이로선언」에 언급되어 있으나, 「카이로선언」은 또한 불가침과 영토적 야욕의 부정이라는 기본적 원칙과 함께 한국에 관한 조항을 포함하고 있다. 중국이 실제의 행동에서 이들 조항이나 원칙을 승인하는 것을 표명하지 않는 한, 대만 문제의 최종적 해결에 도달하기는 어려울 것이다. 이제 「국제연합 헌장」의 목적과 원칙에 따라 해결책을

초안과 같은 규정이 채용되었고, 그것이 다시 성립된 대일평화조약의 규정이 되었다.

이에 대해서는 소련 이외에 직접적인 관련국인 국민정부, 중공정부가 반대하는 것은 물론, 인도 등도 다른 입장에서 반대의사를 표명하고 있는데다[16] 영국은 중공정권을 승인하고 미국은 여전히 국민정부를 인정하고 있다고 하는 관계에 있으므로 최종적 해결은 쉽지 않을 것으로 생각된다. 어쨌든 일본으로서는 평화조약의 효력 발생에 의해 대만 및 팽호제도에 대한 권리, 권원 및 청구권을 포기하게 된 것이다.

3. 쿠릴열도(千島列島) 및 남사할린(南華太島)

쿠릴열도 및 남사할린의 귀속에 대해서는 포츠담선언에도 카이로선언에도 어떠한 언급도 되어있지 않다. 그러나 1945년 2월 11일 얄타에서 루즈벨트, 처칠, 스탈린의 미국, 영국, 소련의 3수뇌 사이에 서명된 얄타협정에 쿠릴열도(千島列島)를 소련에 넘겨주고 사할린(華太島)을 소련에 반환한다는 협정이 있었다. 이와 같은 협정의 규정은 카이로선언과 포츠담선언과 같이 항복문서에 의해 인정하고 있지 않기 때문에 일본 정부로서는 법적으로 직접 이 협정에 구속된다고 하는 것은 아니지만, 4개의 주요도서 이외에는 연합국의 결정을 따르는 것을 일본은 승낙하고 있다. 그러므로 이 연합

찾아야 한다. 그러나 그동안 대일강화 체결을 연기한 것은 잘못됐다. 그래서 우리는 대만에 대한 일본의 주권 포기를 이 조약에 규정하는 것만이 대일평화조약에서 대만 문제를 다루는 적당한 방법이라는 결론에 다다른 것이다."

16) 인도는 196년 8월 23일자 대미각서에서 대만 문제에 대해 다음과 같이 기술하고 있다. "인도 정부는 특히 대만의 중국 반환을 매우 중요하게 여기고 있다. 대만의 중국 반환 시기와 절차는 후일 이뤄지는 협상으로 남겨두어도 되지만, 과거 분명한 국제협정이 있음에도 불구하고 평화조약 중에 이 문제가 아무런 언급이 없다는 것은 정당하지도 않고 또한 문제 해결에 도움이 되지 않는다."

국 결정의 일부라는 것이라면 간접적으로 이에 구속된다고 할 수 있다.

이에 관해서 미국의 대일강화 '7원칙'에서는 쿠릴열도 및 남사할린은 대만 및 팽호제도(澎湖諸島)와 같이 미국, 영국, 소련 및 중국의 장래 결정을 기다려서 조약이 발효하여 1년 이내에 결정되지 않은 경우에는 유엔(국제연합)이 결정하는 것으로 했다. 이에 대해 소련은 얄타협정의 규정을 구실로 삼아 그 실행을 밀어붙였던 것이다.

그 후 미국초안에서는 일단 소련의 주장을 수용하여 얄타협정에 근거하여 "사할린의 남부 및 이에 인접하는 모든 섬을 소련에 반환하고 또한 쿠릴열도를 소련에 넘겨준다"라는 것으로 개정하였으나, 위 초안의 제8장 제1항의 규정에 따라, 만일 소련이 이 조약에 서명하고 이를 비준하거나 또는 이에 가입하지 않는 한, 또한 그렇게 하기까지는 어떠한 권리, 권원 또는 이익도 부여되지 않으며, 그 반면 일본의 어떠한 권리, 권원 또는 이익도 이 조약에 서명하고 또한 이에 비준하고, 또한 이에 가입하지 않은 국가를 위해 감소되거나 또는 침해되지 않는 것으로 했다. 즉 남사할린 및 쿠릴에 대한 소련의 권리가 확인되는가 어떤가는 소련이 이 조약에 참가했는가 어떤가에 달려 있으며, 만일 소련이 조약에 참가하지 않으면 이 조약의 규정으로 말하면 앞의 지역은 여전히 일본영토로서 남아야 하는 것이었다.

그러나 미국초안 이후는 조약이, 쿠릴열도 및 남사할린이 일본으로부터 소련에 할양되는 것이 좋지 않다는 고려에서 세 번씩이나 바뀌어, 일본이 일방적으로 쿠릴열도 및 남사할린에 대한 권리, 권원, 청구권을 포기한다는 것으로 개정되었고 그것이 최종적으로 대일평화조약의 내용이 되었다. 이에 따라 소련은 이 지역의 영유를 조약상 당연한 권리로서 보증받지 않게 되었으나, 한편 일본도 또한 평화조약의 효력 발생과 더불어 이들 지역에 대한 권리를 결정적으로 포기하게 되었고, 소련이 조약에 가입하지 않을 경우에는 일본영토로서 남을 거라는 희망을 잃어버리게 되었다.

또한 조약에서는 '쿠릴열도(千島列島)[17]'의 범위가 명확하지 않았으나, 이에 관해 덜레스 미국무장관 고문은 샌프란시스코 회의에서 미국 전권으로서의 연설 중에 하보마이군도(歯舞群島)[18]는 쿠릴열도 안에 포함되어 있지 않다고 하는 것이 미국의 견해라는 것을 밝힘과 동시에 이 점에 관한 분쟁은 국제사법재판소에 부탁할 수가 있다는 취지를 말한 적이 있다. 이에 따라 앞의 1951년(昭和26) 1월 28일 신문기자회견에서 "소련은 얄타협정에서 인정된 쿠릴(千島)의 일부라는 이유로 하보마이군도(歯舞群島)를 점령하고 있으나, 미국 정부는 하보마이군도의 소련 점령을 승인하는 조약을 마련하고 있지 않다. 하보마이군도는 어떠한 구실을 가지고서도 쿠릴열도의 일부라고 생각할 수 없다"고 언급하고 있었으나, 강화회의의 공식 석상 주최국 정부의 공식견해로서 거듭 이것을 표명한 것이다.

---

17) 쿠릴열도에 관한 권위 있는 고전적 지리서로 알려져 있는 Captain H.J. Snow의 "Notes orn the Kuril Islands"에 다음과 같은 기사가 있다. p.4. The......cluster of low flat islands lying between Cape Noishaf, the extreme eastern point of Yezo, and Shikotan, can scarcely be considered as belonging to the Kurils proper. (Noishaf 곶이라고 하는 것은 네무로반도(根室半島)의 돌출부에 있는 노사프곶을 말함)

18) 하보마이 군도(歯舞群島)라는 호칭은 종래에는 그다지 사용되지 않았지만, 1964년 1월 29일자 총사령부 각서에서 사용된 이래, 거의 이것이 통칭이 되고 말았다. 앞의 각서에서 말하는 하보마이군도란 스이쇼(水晶), 유리(勇留), 아키유리(秋勇留), 시바츠(志發), 다라쿠(多樂)의 각 섬을 가리키고, 시코탄섬(色丹島)은 이와는 별도로 취급하고 있다. 수로지나 해도에서는 이 하보마이군도를 스이쇼제도(水晶諸島)라고 부르고 토착민들은 고요마이제도(珸瑤瑁諸島) 혹은 '섬'이라고 부르고 있다. 또 시코탄섬까지 포함해 시코탄 열도(色丹列島)라고 부르는 경우도 있다(佐々木保雄, 「千島列島」, 大野笑三, 「南千島色丹島誌」). 덜레스 씨가 말하는 하보마이군도는 시코탄섬도 포함하고 있을까? 분명하지는 않지만 일단 총사령부 각서의 하보마이군도의 범위를 나타내는 것으로 해석할 수 있을 것이다.

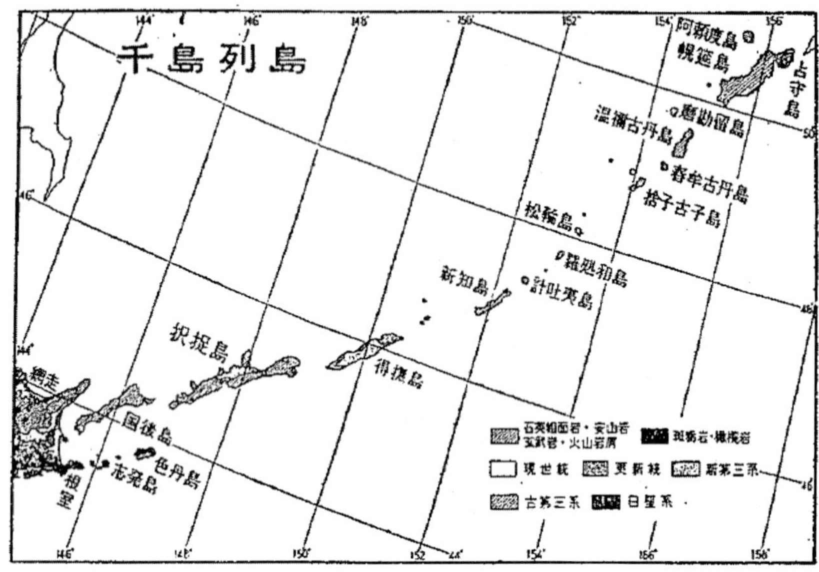

〈지도 1〉 쿠릴열도(千島列島)

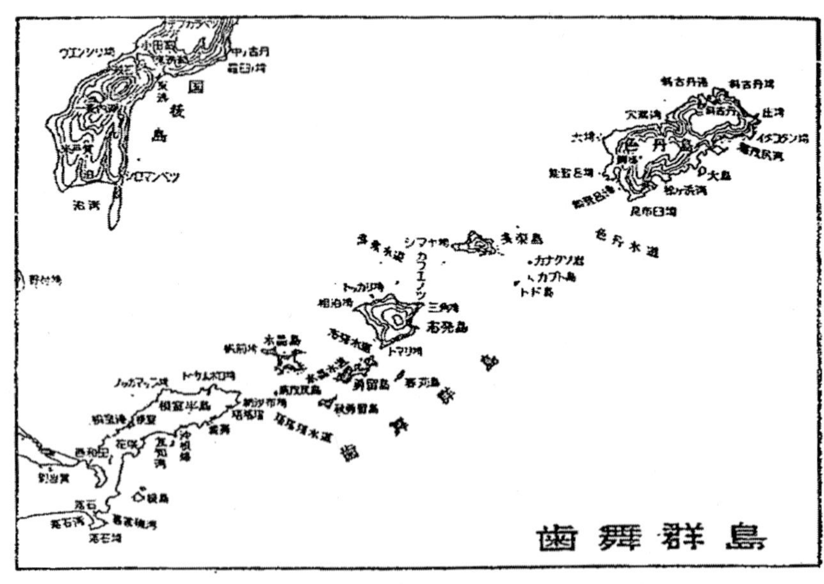

〈지도 2〉 하보마이군도(歯舞群島)

그러나 일본의 입장에서 본다면, 하보마이군도뿐만 아니라 시코탄섬(色丹島)도 또한 쿠릴열도와는 구별되어야 할 것이며, 게다가 같은 쿠릴열도에도 남쿠릴(南千島)과 북쿠릴(北千島)은 서로 역사적으로 사정을 달리 하고 있다. 뿐만 아니라, 쿠릴열도 및 남사할린을 한국, 대만, 남양군도(南洋群島) 등과 같은 선상에 두고, 그 권리, 권원 및 청구권의 포기를 요구하는 것 자체에 대해서도 문제가 있는 것이다.

쿠릴열도는 홋카이도(北海道)에서 캄차카반도까지 1,200km에 걸쳐 나열되어 있는 호상열도(弧狀列島)[19]로 새로운 제3기층(第三紀層)을 기반으로 하여, 이를 연결하는 다수의 젊은 화산군(火山群)으로 이루어져 있으며, 지세도 일견 일련의 화산이 바다 가운데에 솟아올라 열도를 형성하고 있는 것처럼 보인다. 이에 반해 하보마이군도(歯舞群島)와 시코탄섬(色丹島)은 쿠릴열도의 바깥쪽에 태평양에 면하여 홋카이도 네무로반도(根室半島)와 거의 병렬하여 동북을 향해 점재하고 있는 여러 개의 작은섬[小島]으로 쿠릴에서는 먼 중생대(中生代) 전반의 백아기층(白亞紀層)을 기반으로 하여 이에 수반한 염기성 화산류가 발달하여, 지세도 완만한 파상기복(波狀起伏)을 보이고 있다. 따라서 쿠릴과는 지구구조적으로 확실히 구분되며, 하보마이군도 및 시코탄은 오히려 네무로반도의 연장부로 간주할 수 있다.

그 연혁을 보더라도, 하보마이군도 및 시코탄섬은 쿠릴열도보다는 네무로반도와 밀접한 관계를 갖고 있으며, 오래전부터 네무로 부근 아이누의 삶의 터전이었다. 1780년대(天明)에는 네무로반도의 기리탓푸(霧多布)에서 일본 막부 측과 교역이 이루어졌던 것은 『에조습유(蝦夷拾遺)』[20]에 나타나

---

19) 활모양처럼 둥글게 나열되어 있는 것을 호상열도(弧狀列島)라고 함.

20) 1786년(天明6) 사토 겐로쿠로(佐藤玄六郎)의 서명이 있는 『에조습유(蝦夷拾遺)』에 다음과 같이 기록되어 있다. "유루리: 키이탓푸 앞바다 10정(町) 정도에 있고, 둘레 1리(里) 정도. 에조야(蝦夷家) 및 산물은 없음. 상선(商船)이 섬에 정박하기도 함. 시코탄: 키이탓푸 동쪽 앞바다 약 10리 정도에 있음. 둘레 20리 정도. 에조(蝦夷)의 호구 등 자세한 점은 알 수 없음. 물산은 키이탓푸에 가져와서 교역함. 타라쿠, 모시

고 있다. 1790년(寛政2)에는 무라야마 전베에(村山伝兵衛)의 노력에 의해 일본인에 의한 경영도 시작되어 1801년(享和2)에는 일본 선박에 의한 시코탄섬으로의 교통도 열려 간호 움막(介抱番屋)도 짓게 되었다. 그러나 그곳의 자연조건은 사람들의 경영을 어렵게 했기 때문에, 1807년(文化4) 주민을 네무로의 하나사키(花咲)로 옮겨서 그 후에는 봄가을 철 출어를 나가게 되었다.

이러한 사정 때문에 1869년(明治2) 홋카이도에 국군(國郡)을 설치하게 되었을 때도 하보마이군도 및 시코탄섬은 네무로반도와 함께 네무로국(根室國) 하나사키군(花咲郡)이 되었다(쿠릴(치시마)열도는 이것과는 별도로 치시마국(千島國)이 된다). 그 후 시코탄섬은 1885년(明治18) 1월 네무로국 하나사키군에서 분리되어 쿠릴국 시코탄군(色丹郡)이 되는데, 이는 1886년 7월 북쿠릴의 아이누를 이 섬으로 이주시킨 데 따른 편의적 조치에 지나지 않았다. 한편 이 하보마이군도는 이미 하나사키군에 속하여, 이후 네무로반도 동부의 여러 마을과 함께 하보마이무라를 형성하게 되었다. 또 하보마이군도 및 시코탄섬의 경제개발이 본격적으로 시작된 것은 메이지 초기 이후지만 이 경우에도 네무로를 중심으로 한 경제권의 일부로 발달하였고, 인적 경제적으로 네무로반도와의 관련성이 가장 긴밀한 부분이 있었다. 이와 같이, 지리적으로 역사적으로 경제적으로 볼 때 하보마이군도나 시코탄섬은 쿠릴열도 안에 들어가지 않는다는 것이 분명하나, 그럼에도 불구하고 소련군에 의해 전후 그 섬들이 점거당하게 된 것은 첫째, 전시 중 이 섬들이 남쿠릴의 에토로프섬(択捉島)에 사령부를 둔 제89사단의 관할하에 있었던 이유도 있으나, 연합국 최고사령관으로부터 일본 군대의 항복을 지시하는 지령이 발령되기 이전에 소련군이 실력으로 이들 섬을 점령해 버린 것에

리카, 하루카루모시리, 시히우치, 유우르, 아키로로, 모이시모리, 스이쇼: 상선이 이곳에 들러 정박함. 우카츠토키, 키나시토맛푸" 이상 10개의 섬이 있다고 하나, 사람이 거주할 수 없는 작은 섬이다.

의한 것이다.[21)]

한편 쿠릴열도라고 해도 남쿠릴의 쿠나시리(國後), 에토로프(択捉島) 두 섬과 우르프섬(沢捉島) 이북의 섬들과는 자연지리적으로 현저한 차이가 있고, 남쿠릴의 두 섬은 오히려 홋카이도 본섬과 일련의 자연지리적 통일체를 구성하고 있다.[22)] 이러한 자연적 경계는 또한 역사적으로도 하나의 경계선

---

21) 전시 중 사할린 및 쿠릴 방면은 삿포로(札幌)에 사령부를 둔 제5방면 군의 지휘하에 있었고, 그중 하보마이군도와 시코탄섬에는 제5방면 군에 속하는 제89사단(사단 사령부는 에토로후섬의 텐네이(天寧, Burevestnik))의 관할 부대인 혼성 제4여단이 주둔하고 있었다. 1945년(昭和20) 8월 19일 관동군총참모장과 극동소련군 최고지휘관 사이에 국지 정전 및 무기 인도에 관한 협정이 성립되자, 제5방면군 사령관은 당시 전투 중이던 사할린의 제8사단장과 북쿠릴 부대였던 제1사단장에 대해 앞의 방침에 준거하여 국지 정전 및 무기 인도에 관한 사항을 처리하도록 명령했다. 그런데 소련군은 제1사단의 무장해제에 이어 같은 사단의 관할 밖에 있는 전쿠릴에 걸쳐 무장해제를 시작했으며, 9월 11일까지 쿠릴열도 및 하보마이 군도, 시코탄섬의 각 부대의 무장해제를 완료했다. 이후 연합국 최고사령관으로부터 일본 군대의 항복을 지시한 「지령 제1호」가 발령되었다.

「지령 제1호」 1945년 9월 2일

ⓐ 제국 대본영은 이에 칙령에 의해, 또한 천황에 의한 일체의 일본 군대의 연합국 최고사령관에 대한 항복에 따라 일본 국내 및 국외에 있는 일체의 지휘관에 대해 그 지휘하에 있는 일본 군대 및 일본의 지배하에 있는 군대로 하여금 적대행위를 바로 종료하고, 그 무기를 버리고 현 위치에 머무르며 또한 다음에 지시하거나 연합국 최고사령관에 의해 추가적으로 지시가 내려지는 미국, 중화민국, 영국, 및 소비에트사회주의공화국연방의 이름으로 행동하는 각 지휘관에 대해 무조건 항복을 할 것을 명하는 지휘관 또는 그 지명된 대표자에 대해 즉각 연락해야 하는 것으로 한다. 단 세목에 관해서는 연합국 최고사령관에 의해 변경이 이루어질 수 있으며 위 지휘관 또는 대표자의 명령은 완전히 또한 즉시 시행해야 하는 것으로 한다.

ⓑ 만주, 북위 38도 이북의 조선, 사할린 및 쿠릴제도에 있는 일본의 선임지휘관 및 일체의 육상, 해상, 항공 및 보조부대는 소비에트 극동군 최고사령관에게 항복해야 한다.

ⓒ 일본 대본영 및 이에 인접하는 여러 소도, 북위 38도 이남의 한국, 류큐제도 및 필리핀에 있는 선임지휘관 및 일체의 육상, 해상, 항공 및 보조부대는 미국 태평양육군부대 최고사령관에 항복해야 한다.

22) 식물분포상 구나시리, 에토로후 두 섬과 우루프섬 및 그 이북의 섬들과의 사이에

을 이루어 1855년(安政1)의 「시모다조약(下田条約)」[23]에 의해 러일 양국 간에 쿠릴(치시마)열도에서의 경계가 정해졌을 때에도 에토로프 이남을 일본령, 우르프 이북을 러시아령으로 하게 되었다.[24] 무엇보다 이 조약의 협상 과정에서 푸차친 러시아 전권은 처음에는 에토로프섬까지 러시아령이라고 주장했으나, 그것은 통상 개시를 요구하기 위한 거래로 사용하기 위한 것으

현저한 차이가 있다. 에토로프, 우루프섬 사이에 그어진 분포계선을 "미야베선(宮部線)"이라고 부르고 있다. 미야베선에 의해 구분되는 두 구역의 특징은 삼림수종에 가장 잘 나타나는데, 남쿠릴의 여러 섬은 온대의 임상(林相)을 나타내고, 또 일본 고유요소를 포함하여 홋카이도와 같다. 예를 들면, 에토로프섬의 삼림수종 100종 가운데 2종을 제외하고는 모두 홋카이도와 공통이며, 또한 그 80%는 혼슈(本州)와 공통이다. 쿠나시리섬은 또한 홋카이도 산중과 같은 울창한 원시림을 이루고 있는 곳도 있다.

이에 비해 "미야베선(宮部線)" 이북은 남쿠릴에서 볼 수 있는 에조마츠, 도도마츠 등 침엽권목림이 전혀 없으며, 활엽수도 현저하게 수종이 줄어 온대적인 것, 혹은 일본 고유 요소는 거의 자라지 않는다. 동물에 대해서는 식물만큼 엄밀한 의미의 분포계선을 인정할 수 없으나 포유류, 조류 등을 지표로 한다면 역시 식물학상의 "미야베선(宮部線)"을 가지고 동물구역상 경계를 긋는다.

23) (번역자주) 「시모다조약(下田条約)」은 일반적으로 「일러화친조약(日露和親条約」이라고 부른다. 일러화친조약(日露和親条約, Симодский трактат)은 1855년 2월 7일 이즈(伊豆)의 시모다(下田)에서 일본과 러시아제국 간에 체결된 조약. 일본 측 전권(全権)은 오메츠케(大目付) 츠츠이 마사노리(筒井政憲)와 간죠봉행(勘定奉行) 가와지 도시아키라(川路聖謨), 러시아 측 전권은 푸차친(Jevfimij Vasil'jevich Putjatin, 1803~1883)이 대응하였다. 이 조약에 의해 에토로프섬(択捉島)과 우르프섬(得撫島) 사이에 국경선이 획정되었고, 사할린섬에 대해서는 국경선을 설정하지 않고 지금까지와 같이 양국 국민의 혼주의 땅으로 정하였다. 이 조약은 1895년(明治28)에 체결된 「일러통상항해조약(日露通商航海条約)」에 의해 "영사재판권(領事裁判権)"을 비롯한 모든 것을 무효로 하였다. 조약의 정식 명칭은 일본·러시아통호조약(日本国魯西亜国通好条約)으로, 일러통호조약(日露通好条約), 시모다조약(下田条約), 일로통호조약(日魯通好条約)이라고도 한다.

24) 「일본·러시아통호조약(日本国魯西亜国通好条約)」
제2조 지금부터 일본과 러시아와의 경계를 에트로프섬과 우루프섬과의 사이에 두는 것으로 한다. 에트로프 전도는 일본에 속하고 우루프 전도부에서 북쪽 쿠릴제도는 러시아에 속한다. 사할린섬에 이르러서는 일본과 러시아 사이에 경계를 구분하지 않고 지금까지 대로처럼 한다.

로 우리 가와지(川路) 전권으로부터 강경한 반대에 부딪히자 즉시 그 주장을 철회하고 에토로프섬이라는 절충안을 제안하여 이조차도 일본 측의 동의를 얻을 수 없다는 것을 알자 더욱 양보하여, 러시아와 통상개시를 인정한다면 이 섬(에토로프)의 일본영유를 인정한다고 하는 본심을 노출하였고, 결국 에토로프섬 이남의 일본영유가 결정된 것이었다. 쿠나시리 섬(国後島)에 대해서는 러시아 전권이 한 번도 문제로 삼은 적이 없으며, 게다가 하보마이군도나 시코탄섬의 귀속에 대해서도 논의된 적이 없었다.

이와 같이 러시아가 남치시마의 일본 영유권을 인정할 수밖에 없었던 것은 그 경영의 실제에도 의한 것으로, 이곳에는 옛날 홋카이도와 동종의 아이누가 거주하였고 또한 그 생활의 터전이기도 했다. 1731년(享保16)에 에토로프, 쿠나시리 두 섬의 에조(蝦夷)[25]가 홋카이도의 마츠마에(松前氏) 씨의 성하(城下) 후쿠야마(福山)로 와서 마츠마에 씨를 알현했던 것이 『후쿠야마비부(福山秘府)』(年歴部巻之六)[26]에 나타나고 있으며, 예로부터 마츠마에 씨의 실력이 그들에게 미친 것으로 알려져 있다. 1754년(宝暦4)에는 쿠나시리섬(國後島)의 후루카맛푸(古釜布)[27]에 교역장소가 설치되어, 운죠야(運上屋),[28] 반야(番屋)가 설치되었고, 마츠마에 가(松前家)의 어장도 열리게 되

25) 에조(蝦夷)란 일반적으로 일본 근세시기 혼슈 이북의 홋카이도 지역을 가리키는 말이다. 에도시대 이후 혼슈에 살았던 아이누족들은 혼슈 북쪽 및 홋카이도 쪽으로 쫓겨났고, 막말에는 거의 홋카이도로 옮겨갔다. 이곳에 사는 아이누족을 에조인(蝦夷人) 또는 에조라고도 불렀다. 여기서 에조(蝦夷)는 에조인 즉 아이누족을 의미한다.

26) 마츠마에번(松前藩) 관계사료를 집대성한 것으로 전 60권으로 구성. 1776년(安永5) 마츠마에번주(松前藩主) 미치히로(道広)의 명으로 가로(家老) 마츠마에 히로나가(松前広長)가 편집을 담당하여 1780년 12월에 완성하였다. 본서는 제1권부터 제7권까지 번정(藩政)에 관련되는 「역년부(年歴部)」를 비롯하여, 지리, 에조언어(蝦夷言語), 금수, 어패, 수목, 약품, 관문이란(寛文夷乱) 등 에조지(蝦夷地)의 전반에 관련된 부분을 망라하고 있다. 잔존하는 것은 29권 정도에 지나지 않으나 최근 새로 발견된 자료로 「연력부(年歴部)」의 전권이 갖추어졌다.

27) 후루카맛푸(古釜布)는 쿠릴열도(千島列島) 남부(南千島)의 쿠나시리섬 중간에 있는 촌락의 이름이다. 러시아어로는 유지노 크릴리스크(Южно-Курильск)라고 한다.

었다. 에토로프섬도 1799년(政11)에 막부직할령(幕府直轄領)이 된 이래, 적극적으로 개발되었다. 메이지(明治) 이후에는 산업의 발달과 함께 일본인이 이곳으로 이주하는 일도 급격히 하게 증가했다. 1939년(昭和14) 쿠나시리, 에토로프 두 섬의 상주 인구는 1,611명에 달하였고, 남녀별, 연령별 인구구성 등으로 보아도 이미 식민지적 영역을 벗어나 그들의 향토가 되어 있었던 것이다. 그 후 전쟁으로 인해 인구는 감소하였지만, 종전 이전(1944년 2월 22일 현재) 10,787명을 기록했었다.

에토로프섬 이북의 쿠릴(千島)은 1854년(安政1)의 시모다조약에서는 러시아령으로 되었지만, 원래 쿠릴열도 전체에 대한 인식은 일본이 매우 오래되어 이미 1644년(正保1)의 지면에도 부정확한 형태이기는 하나 대부분 현재의 도명에 맞아떨어지는 듯한 치시마(쿠릴)가 그려져 있다. 당시 유럽의 지도에는 여전히 일본의 북부는 비어 있었다.

우선 북쿠릴의 경영은 1711년(正德1) 러시아인이 캄차카로부터 해협을 건너 치시마(쿠릴) 제1, 제2섬에 이른 것이 시작이었으나, 그 무렵에 이미 남치시마(남쿠릴)의 아이누인을 경유하여 일본 상품은 쿠릴의 오지까지 들어갔고, 러시아인이 처음 북치시마에 건너왔을 때에도 이 지역의 토착민으로 일본 상품을 소지하고 또한 일본 상품을 들고 남치시마(남쿠릴)로부터 온 사람도 있었다는 것이 알려졌다. 또한 러시아인이 북치시마(북쿠릴)에 다다른 것도 일본인의 안내를 받아서 이루어진 것이었다. 그 후 러시아인은 북치시마의 섬들을 답사하면서 열도를 차츰 남하하여, 19세기 초기에는 에토로프 부근에서 일러 양 세력이 서로 접촉하게 되었기 때문에 1854년(安政1)의 국경확정이 되었던 것이다.

1855년의 조약에서는, 쿠릴의 국경문제와 함께 사할린의 국경문제에 대해서도 논의되었지만, 러일 양국 간에 의견 일치까지 이르지 못했기 때문

28) 마츠마에 번(松前藩)의 허락으로 상업 독점권을 가진 장소 청부인을 말한다.

에, 1855년 조약에서는 "사할린섬에 대해서는 일본과 러시아 사이에 경계를 구분하지 않고 현행 그대로로 한다"라고 되었다. 러시아 측은 사할린 전도에 진출할 수 있다는 뜻으로 이해한 뒤 무력으로써 남사할린까지 진출하였다. 이로 인해 일본인끼리의 사건이 종종 발생하게 된 것은 물론 일본 쪽 사할린에서의 경영은 점차 압박을 받아 1874년(明治7) 1월에는 사할린 거주 일본인 이민이 5백수십 명이 되었고 그중 4백수십 명도 같은 해 9월 홋카이도로 귀환하지 않을 수 없었다. 이대로 상황이 지속되었다면 마침내 일본인은 사할린에서 완전히 그 발판을 잃는 사태로까지 되었을 것이다. 이 때문에 일본에서는 에토로프섬(得撫島) 이북과 교환하여 사할린을 러시아에 양보하고자 하는 논의가 생겨났고, 1875년(明治8) 사할린 · 치시마 교환조약이 체결되었고, 특히 일본은 쿠릴열도 전역을 영유하게 되었던 것이다. 그러나 사할린 · 쿠릴의 교환은 일본 측에 불리한 거래라는 것을 러시아 측도 인정하여, 그 보상으로 사할린에서의 일본 어업자의 기득권익의 보장과 조세 면제, 오호츠크해 · 캄차카 방면에서 일본인 어업에 대한 최혜국 대우 등의 특권을 승인했다. 이것이 후일에 일본의 러시아령 어업권익이 된 것이다.

이상과 같이 말하자면 쿠릴열도(千島列島) 중 남쿠릴(南千島)은 과거 일본 이외의 국가에 의해 영유된 적이 없으며, 러시아 또한 당초부터 일본령임을 인정하고 있었다. 에토로프 이북은 1855년 안세이조약(安政條約)에 의해 러시아령이 되었지만, 1875년(明治8) 사할린과의 교환 교섭은 평화롭게 양국의 의견 일치를 본 것으로 일본이 폭력으로 쿠릴을 획득한 것은 아니었다. 만일 굳이 강제가 있었다고 한다면 그것은 오히려 러시아의 무력 진출이 쿠릴 · 사할린 교환을 촉진하게 되었다고 할 수 있다.

다음으로 사할린은 러일전쟁의 결과 그 남쪽 절반을 일본이 획득했다. 그러나 사할린의 인지 및 경영은 일본이 훨씬 더 러시아보다 앞서 있었다. 러시아는 1689년의 네르친스크 조약으로 인해 흑룡강 하류 유역에서 사할린으로 나오는 길이 지저되었기 때문에, 이를 우회하여 캄차카로 나갔고 여기에서 쿠릴열도를 남하하여 사할린에 나타난 것이다. 그들이 사할린에 이른 것은 쿠릴의 발견부터 약 100년이 지난 1805년의 일이었다. 이에 비해 일본은 1635년(寬永20) 마쓰마에 번이 가신(家臣) 사토 가모사에몽(佐藤加茂左衛門, 일설에는 무라카미 소베(村上掃部))을 이 섬에 파견한 것을 시초로 한다. 자주 마츠마에번 및 후에는 막부가 사할린 조사를 실시하였고, 1808~9년(文化5~6)에 걸친 마미야 린죠(間宮林藏)[29]의 탐험은 사할린의 지도발달사상 불후의 공적을 남기게 된 것이다.[30] 또한 그 경영에 대해서 보더라도 마쓰마에번은 이미 1751년(宝暦1) 이후 수차례에 걸쳐 어장 조사를 위해 사람을 파견하였고, 1790년(寬政2)에는 사할린에 교역 장소를 마련한 이후에는 남사할린의 각지에 어장도 열리게 되었다. 그 후 러시아의 진출에

---

29) 마미야 린죠(間宮林藏), 1780~1844. 에도시대 후기의 탐험가로 본명은 토모무네(倫宗). 무가(武家)가 귀농한 농민 출신으로 막부에서 고테이반(御庭番, 쇼군의 밀정)을 담당한 관리였다. 홋카이도와 쿠릴열도, 사할린 등을 탐험하여 사할린이 섬이라는 사실을 확인하고 마미야해협(間宮海峽)을 발견한 것으로 알려져 있다. 곤도 쥬죠(近藤重蔵), 히라야마 고죠(平山行蔵)와 더불어 분세이 시대 산죠(文政の三蔵)라고 불린다.

30) 사할린이 섬인가 반도인가 하는 것은 오랫동안 문제였다. 그것에 최종적 해결을 준 것이 마미야 린죠(間宮林藏)로, 프랑츠 폰 시볼트는 그의 저서 『일본(日本)』에 마미야의 이 시기의 탐험기 「동달기행(東韃紀行)」을 게재함과 동시에 그가 확인한 대륙과 사할린을 구분하는 해협을 '마미야해협'으로 명명하여 널리 세계에 그의 공적을 소개하였다. 1804~5년에 걸쳐 이 방면의 탐험에 종사하면서 사할린을 섬으로 미처 알지 못했던 러시아의 대항해가 크루젠슈텔른은 시볼트로부터 마미야해협 발견의 소식을 접하고 "일본인이 우리를 정복했다"라며 그의 업적을 칭송했다고 한다.
※(번역자주: 보완) 크루젠슈테른(Adam Johann von Krusenstern, 1770~1846)은 러시아의 해군제독이자 탐험가. 그는 1803년부터 1806년까지 러시아에서 처음으로 세계 여러 곳을 두루 항해하였으며, 귀국 후에는 상세한 항해 기록을 남겼다. 그의 저서는 1810년 러시아 상트페테르부르크에서 『세계주항지(世界周航誌)』라는 이름으로 처음 출판되었다. 1811~1812년 독일 베를린에서, 1813년 영국 런던에서도 출판되었으며, 그 후에는 프랑스어, 덴마크어, 네덜란드어, 스웨덴어, 이태리어로 번역 출판되었다. 또한 태평양 지도 등을 포함한 「도록(圖錄)」은 1827년 러시아 상트페테르부르크에서 출판되었다.

의해 사할린의 국경을 확정할 필요가 생겨났지만, 전술한 바와 같이 안세이 조약(安政條約)에서는 러일 양국의 의견이 정리되지 않은 채 "경계를 구분하지 않고 종래대로"라고 하는 것으로 되었기 때문에 러시아 세력이 남하하게 되었고, 그것이 사할린 · 쿠릴의 교환으로 된 것이다.

따라서 사할린은 러일전쟁의 결과 새롭게 획득한 토지가 아니라 원래 일본인에 의해 개발되어 운영되고 있던 것을 러시아의 무력적 압박에 의해 러시아 측에 양도하고 있던 것이나 다름없었다. 게다가 러일전쟁으로 남사할린을 획득하려는 일본 측의 요구는 당시 결코 부당한 요구로 볼 수 없었다. 당시의 루스벨트 미국 대통령도 특히 러시아 황제에 친전(親電)을 보내어 이 안의 수락을 권고하고 있으며, 여러 신문의 논조도 이를 지지하고 있었다.[31] 그리고 이 안의 결정에 대해서는 러시아 전권단은 매우 만족의 뜻을 표했고, 제3국의 소식통도 일본 측의 관대함을 칭찬하였던 것이다. 비록 전쟁의 결과이긴 했어도 사할린의 획득은 결코 폭력으로 부당한 강탈을 행한 땅이라고 할 수는 없을 것이다. 그러므로 샌프란시스코 회의에서 요시다(吉田) 수석전권(首席全權)도 다음의 말로 쿠릴열도 및 남사할린을 일본이 침략에 의해 탈취한 것이라는 소련 전권의 주장에 항의하는 바가 있었던 것이다.

---

31) 콜로스트 웨츠 지음, 『포츠머스 강화회의 일지』(島野三郎譯)

8월 24일 「제 신문은 일본에 의해 제출되고 루즈벨트에 의해 지지를 받고 있는 타협안을 상세하게 검토하고 있다. 그러나, 다수의 신문은 타협안을 러시아에게 충분히 받아들일 수 있는 것, 러시아의 존엄을 훼손하지 않는 것으로 보고 있다」

8월 30일 「포츠머스조약의 성립에 대해 당시 제3국 관계자 사이에는 러시아의 외교적 승리로 보는 동시에 일본의 관대함을 칭찬한 것이 적지 않았다.」

(콜로스트 웨츠는 러시아 전권 위테(S.Y.Witte)의 비서로, 포츠머스 회의에 대해 상세한 일지를 남기고 있다. ※(번역자주) 세르게이 유리에비치 위테(Сергей Юльевич Витте, Sergei Yuljevich Witte, 1849~1915)는 재정러시아 말기의 정치가.)

"일본 개국의 당시 쿠릴 남부의 두 섬 에토로프(択捉) 쿠나시리(國後)가 일본 영토인 것에 대해서는 제정러시아도 아무런 이의를 제기하지 않았습니다. 단지 우르프섬(得撫島) 이북의 북쿠릴제도(北千島諸島)와 사할린남부는 당시 러일 양국인 혼주의 땅이었습니다. 1897년 5월 7일 러일 양국정부는 외교교섭을 통해 사할린 남부는 러시아령으로 하고, 그 대가로 북쿠릴 제도(北千諸島)는 일본령으로 하기로 합의했습니다. 명분은 보상이었습니다만, 사실은 사할린 남부를 양도하여 교섭의 타결을 도모한 것입니다. 그 후 사할린 남부는 1905년 9월 5일 루스벨트 미국 대통령의 중개에 의해 연결된 포츠머스 평화조약으로 일본의 영토가 된 것입니다. 쿠릴열도 및 사할린남부는 일본 항복 직후인 1945년 9월 20일 일방적으로 소련영토로 수용되었습니다. 또한 일본의 본토인 홋카이도의 일부를 구성하는 시코탄섬 및 하보마이제도도 종전 당시 우연히 일본병이 남아있었기 때문에 소련군에게 점령당한 채 있습니다."

어쨌든, 하보마이군도, 시코탄섬도 포함하여 쿠릴열도 및 남사할린은 실제로 소련군의 점령하에 있고, 더욱이 소련은 평화조약에 참가하지 않았기 때문에 평화조약에 의한 어떤 결정도 이를 소련이 인정하지 않는 한 실제적 해결을 보기는 매우 어렵다고 할 수밖에 없다. 하보마이 군도에 관한 국제사법재판소 제소도 비슷한 이유로 현재로는 그 길은 폐쇄되어 있다.

4. 신난군도(新南群島)

신난군도는 1939년 3월 30일 일본 정부가 대만 고웅시(高雄市)의 관할 구역에 정식으로 편입을 완료한 지역이다. 따라서 평화조약에서 대만 및 팽호제도(澎湖諸島)에 대한 처분이 시행될 때는 신난군도에 대해서도 당연하게 어떤 규정이 있어야 하지만, 7원칙에도, 미국 초안에도, 그에 관해서는 일절 언급되지 않았다. 그렇다고 하지만, 이보다 앞서 1950년 3월 8일 런던발 AP 통신에 따르면 영국의 대일강화원칙으로 지칭한 것은 남중국해에 있는 스프라틀리 제도(Spratly Islands, 신난군도)를 포기한다는 1항이 있었지만, 미국의 주목을 받지 못한 것으로 생각된다.

그러나 그 뒤의 미영(美英) 초안 이후에는 아마 프랑스의 요구에 따라 스프라틀리 제도에 대한 일체의 권리, 권원(權原, 법률적 근거) 및 청구권을 포기한다는 1항이 넣어지게 됐다. 다만, 미영 초안에는 '아일랜드(island)'라는 단수로 돼 있어 신난군도 중 1개 섬, 서조도(西鳥島)을 가리키는 데 지나지 않았기 때문에 최종 조약에서는 '아일랜즈(islands)'라는 복수로 고치고, 신난군도 전부를 의미하는 것을 분명히 했다.

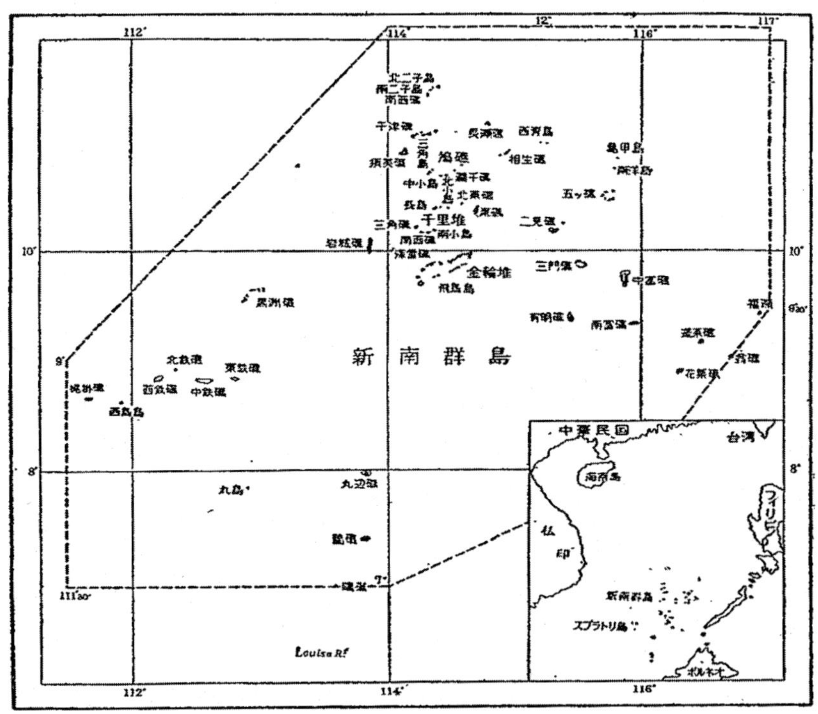

신난군도(新南群島)

대체로 신난군도라는 곳은 인도차이나 반도와 필리핀 군도와의 중간에 북위 12도 · 동경 27도－북위 9도 30분 · 동경 27분－북위 8도 · 동경 116도－

북위 7도 · 동경 114도－북위 7도 · 동경 111도 30분－북위 9도 · 동경 111도 30분－북위 12도 · 동경 114도－북위 12도 · 동경 117도 지점을 잇는 영역 안에 산재한 산호질의 작은 암초섬이다. 신난군도로 칭한 것은 1921년 라사시마인광(ラサ島燐鑛)주식회사가 사업을 개시한 것에 즈음해 임시로 명명됐지만, 뒤에 정식 명칭이 됐다. 유럽에서는 이곳을 스프라틀리 군도로 불렀지만, 그 범위는 엄밀하게 일치하지 않는다. 군도 대부분은 항행위험구역에 있는 암초지만, 그 구역 밖의 서쪽에 고조면(高潮面) 위에 4, 5피트(1피트는 30.48cm) 내지 10여 피트, 면적 5천 평 내지 2만 평에 이르는 평탄한 섬 10여 개가 있다. 이것이 군도의 주요부분을 구성하고 있는데, 주요한 섬은 다음과 같다.

> 장도(長島 · 118,250평), 삼각도(三角島 · 98,835평), 서조도(西鳥島 · 44,806평), 서청도(西青島 · 45,800평), 이자도(二子島 · 북 40,336평, 남 38,008평), 중소도(中小島 · 19,011평), 비조도(飛鳥島 · 4,800평)

일반적으로 비교적 작은 잡목 · 초목이 자라지만, 드물게 야자나무와 큰 나무가 있는 섬도 있고, 인산질(燐酸質) 구아노(guano, 바다새의 배설물이 퇴적된 것) 및 인광석을 갖고 있다. 더욱이 근해는 가다랑어, 다랑어, 날치, 바다거북, 수도리패(高瀨貝)[32] 등의 수산자원이 풍부하다.

일본 정부가 정식으로 영토에 편입하기 이전, 비교적 일찍부터 존재가 알려져 답사, 측량도 이뤄지고 있었다. 장도 이외는 정주가 곤란하기 때문에 드물게 중국인 어부가 20, 30톤 정크선으로 섬을 찾아 이곳을 기지로 근해의 해삼류, 조개, 거북 등을 채집해 돌아가는 정도여서 국제법상 무주

---

32) 수도리패(Commercial trochus), 소라의 한 종류로 크기는 높이 약 10cm, 폭 12.5cm 정도이다. 인도, 괌, 필리핀, 인도네시아 등의 바닷가에 서식하며, 빛깔은 흰색 바탕에 연한 무지갯빛이 감돌아 자개장식용으로 활용하기도 한다.

지(無主地)로 간주돼야 마땅한 곳이었다.

일본인은 1917,8년경부터 이 군도를 답사했지만, 1921년에는 장도에서, 1923년에는 남이자도에서 라사시마인광주식회사가 정부 원조하에 항구적인 시설을 만들어 인광 채굴에 착수했다. 그러나 사업개시 이후 8년 만에 경제 불황으로 1929년 4월 19일에 조업을 일단 중지해 전원 본국으로 철수하기에 이르렀다.

그 후 동 군도에 대한 경제개발을 적극적으로 하려는 시도가 없었던 때인 1932년 7월 24일 돌연 프랑스 정부는 주 프랑스 일본대사관 앞으로 공문을 보내 스프라틀리섬(西鳥島), 안포안섬(丸島), 이시아파섬(長島), 구루푸듀쮸루섬(二子島), 로아이타섬(中小島), 데이시섬(三角島)의 주권은 앞으로 프랑스에 귀속하겠다는 뜻을 통지해왔다. 스파라틀리섬은 1930년 4월에, 그 밖의 섬은 1933년 4월에 프랑스 해군이 점령했다는 이유였다.

이에 대해 일본의 주 프랑스 대리대사는 동 군도는 지금까지 무주지였으나 일본 정부의 승인원조 아래 일본인이 계속 점유하고 사용했기 때문에 현재 사업을 일시 중지하고 있지만, 일본 정부의 동 군도에 대해 갖고 있는 권원 및 이익은 존중돼야 한다고 밝혔다. 또 이에 반하는 프랑스 정부의 이번 선점선언은 국제법상 실효적인 점유를 수반해야 한다고 항의했다. 이를 계기로 신난군도의 귀속을 둘러싼 일본 · 프랑스 간의 응수가 있었지만, 일본 정부로서는 당연히 일본영토에 속해야 하는 사안인데도, 행정상의 관할관계가 확립되지 않았기 때문에 프랑스와 사이에 쓸데없는 분규 내지는 마찰을 일으켰다고 여겼다. 일본 정부는 이때 동 군도의 행정관할을 확립해 대내외적으로 소속관계를 명백히 하는 것이 적절하다는 결론에 도달해 위에 기술한 것처럼 1939년 3월 30일 대만 고웅시의 관할구역에 편입했다.

이 조치에 대해 프랑스는 물론이고 영, 미 등 각국도 항의해 신난군도 귀속이 국제적으로 전면적인 승인을 얻는데 이르지 못했다. 그러나 이번 평화회담조약 중에서 신난군도에 대한 권리의 포기가 규정됐다는 점은 적어도 과거 동 군도에서 일본 측의 실적이 연합국에 의해서도 인정받았다는 것을 의미해 주목할 만한 가치가 있을 것이다. 1929년 본토로 철수할 때까지 일본 측의 경영으로는 먼저 앞서 기술한 것처럼 라사시마인광주식회사가 장도에서 인광 채굴을 했기 때문에 시설로는 잔교, 궤도, 창고, 직원숙소, 광부숙소, 화약고, 사무소, 분석실, 신사(神社) 등이 있고, 여기에 직원 50~70명, 의사 1명, 광부 60~130명, 상주해 조직적인 개발을 했다. 그리고 사업 개시 이후 철수할 때까지 본토에 수송한 인광은 기선 11회 왕복에 의해 26,000톤에 달했고, 나오해안에 인광 약 8,000톤을 남겨놓고 왔다. 그 후에는 1936년 5월에는 개양흥업(開洋興業)주식회사가 장도에 진출해 어업에 종사하면서 무전장치를 설치해 기상통보, 출어선과의 연락 등을 맡게 됐다. 1939년 일본영토 편입 후에는 경찰관, 측후소 직원 등을 상주시켰고, 장도에 어업근거지로서 제반 시설을 만들어 어업의 일대 발전을 기대했다. 마침 그때, 1940년 12월 5일 대폭풍우가 섬을 강타해 섬 전체는 거의 풀 한포기도 남아있지 않을 만큼 파괴됐고, 게다가 대폭풍우에 수반한 해일에 의해 섬은 수면 아래 2~3m 정도 가라앉기에 이르렀다. 폭풍에 의해 파괴되기 전까지 경영은 남양흥업(南洋興業)주식회사가 약 3천 톤의 인광을 채굴한 것 외에도 대만총독부의 손에 의해 수로의 굴착, 안벽(岸壁), 잔교의 건설, 방파제의 축조(미완성) 등이 시행됐다. 또 척양수산(拓洋水産)주식회사가 10톤 제빙공장, 연유(燃油)탱크, 저수장 등을 신설해 폭풍 때에는 약 400명의 거주자가 있었다.

한편, 프랑스 측은 1939년 7월 22일 장도에 프랑스 경찰관 3명의 지휘 아래 프랑스령 인도차이나 인부 30명을 동원해 건축자재 등을 양육했다. 이를 계기로 섬의 동북 모퉁이에 프랑스인, 베트남인 등이 거주하게 됐지만, 1940년 10월 11일 전원 퇴거했다. 그때 거주한 사람은 34명이고, 시설로서는 무전장치 외에 가옥 4동에 지나지 않았다.

일본이 권리를 포기한 후 신난군도의 귀속에 대해서는 이 조항이 설령 프랑스 측의 요구에 따라 넣어졌다고 하더라도, 곧 프랑스에 귀속된다고 할 수 없을 것이다. 중국은 동 군도가 대만 고웅시에 편입됐기 때문에 당연히 대만 및 팽호제도와 함께 그 영유권을 주장하겠지만, 현재 샌프란시스코 회의에서 소련의 그로미코 전권대사는 중국정권의 대변자로서 스프라틀리섬을 포함해 남사군도(南沙群島, 신난군도)에 대한 '중화인민공화국의 완전한 주권'을 인정받도록 요구하고 있다. 한편, 필리핀도 국방상의 필요 때문에 동 군도의 귀속을 주장하고 있어 앞으로 귀속이 확정될 때까지 상당한 분규를 피할 수 없을 것으로 생각된다.

5. 위임통치지역

위임통치에 관한 평화조약의 규정에는 두 가지 내용이 포함돼 있다. 앞부분은 국제연맹의 위임통치제도에 관한 모든 권리, 권원 및 청구권을 포기하는 것이고, 뒷부분은 이전에 일본의 위임통치 아래에 있던 태평양의 제도에 신탁통치제도를 시행하는 1947년 4월 2일 국제연합 안전보장이사회의 행동을 수락하는 것이다.

앞부분의 규정은 제1차 세계 대전의 5대국(영 · 불 · 일 · 이탈리아 · 미) 및 4대국(5대국에서 미국 제외)의 하나로서 일본이 구 독일 식민지 및 구 터키령 영토에 대해 소유한 모든 권리, 권원 및 청구권의 포기를 의미한다. 위임통치제도가 시행될 때 구 터키 영토였던 시리아, 레바논은 프랑스가, 팔레스타인과 메소포타미아는 영국이 각각 수임국(受任國)이 됐지만, 터키의 권리 및 권원은 주요한 동맹국(영 · 불 · 일 · 이탈리아)을 위해 포기할 수밖에 없는 것이다. 구 독일 식민지는 영국, 벨기에, 남아프리카공화국, 오스트레일리아, 뉴질랜드, 일본 등 여러 나라가 각각 수임국이 됐지만 독일의 권리 및 권원은 주요한 동맹국 및 연합국(앞의 4대국 및 미국)을 위해 포기한 것이기 때문에 일본은 수임국으로 구 독일 식민지 가운데 남양군도에 대해 권리 및 권원을 소유한 것 외에도 앞의 4대국 혹은 5대국의 하나로 위임통치지역 전체에 대해서도 권리 및 권원을 소유한 것이다.

이번 평화조약에 의해 이 같은 위임통치지역 전체에 대해 소유한 권리 및 권원을 포기하지만, 일본과 같은 조건에 있던 이탈리아 경우에도 마찬가지로 포기를 요구받았다. 이탈리아 평화조약 제40조에는 '이탈리아는 위임통치제도 혹은 제도와 관련해 부여받은 약속에서 발생한 일체의 권리, 권원, 청구권 및 위임통치지역 지역에 관한 이탈리아의 일체의 특수 권리를 여기에 포기한다'는 규정이 있다.

뒷부분에서 종전 일본의 위임통치 아래에 있던 태평양의 제도에 신탁통치제도를 시행하는 1947년 4월 2일의 국제연합 안전보장이사회의 행동을 수락하는 것은 일본의 구 위임통치지역인 남양군도를 미국의 전략적 신탁통치에 맡기는 것을 추인한다는 의미다.

남양군도는 적도 이북의 태평양에 동경 130~175도, 북위 0~22도의 해역에 산재한 마셜 · 캐롤라인 · 마리아나 등 3개 제도의 총칭이다. 여기에 포함하는 해면은 동서 2,700해리, 남북 1,300해리에 걸쳐있고 섬 숫자는 1,400여개(주요 섬은 623개)에 달한다. 최대 섬인 포나페(375㎢)나 팔라우(370㎢)이지만 오키섬 정도의 크기에 지나지 않고 총면적은 2,149㎢, 도쿄도(東京都) 정도의 면적 밖에 없다. 야프섬이 오래된 대륙의 잔편으로 인정받은 고기암층(古紀岩層)으로 이뤄진 것을 제외하고는, 일반적으로 화산암 또는 화산암을 기저로 하는 융기산호초나 산호초로 이뤄져 있다. 화산섬의 지세는 대체로 높고 험하지만, 산호초 섬은 낮고 평탄하면서도 좁고 길다.

마리아나제도가 16세기 중반 스페인령이 된 것 외에는 오랫동안 방치돼 있었지만, 1880년대에 캐롤라인제도는 스페인령에, 마셜제도는 독일령이 됐다. 그 후 미국 · 스페인전쟁에 의해 괌은 미국령이 됐지만, 나머지 마리아나 · 캐롤라인 두 제도는 2,500만 페세타로 독일이 매수해 남양군도 전역을 소유하게 됐다. 제1차 세계대전에 즈음해 1914년 일본 해군이 점령한 바가 있다. 전후 구 독일 식민지에 위임통치제도가 시행되는 즈음해 1920년 12월 17일 국제연맹 이사회에서 '태평양 중적도 이북에 있는 독일 속지에 대한 위임통치조항'이 채택돼 남양군도는 일본을 수임국으로 하는 위임통치지역이 됐다.

이것은 C식 위임통치로, 원주민의 이익을 위해 일정한 보장이 필요하고(제3조) 육해군 근거지 또는 축성을 할 수 없는 제약이 있다(제4조). A식과 같은 원주민의 자치 또는 장래 독립에 관한 규정이 없고, 수임국은 영토의 구성 부분으로 시설 및 입법의 전권을 갖는 동시에 사정에 따라 필요한 행정구역 변경을 통해 자국의 법규를 적용할 수 있어(제3조), 수임국 영토와 가장 유사한 성격을 갖고 있다. 더욱이 미국은 베르사유 조약을 비준하지 않았기 때문에 동 조약 제1편에 의거해 창설된 국제연맹에 참가하지 않았으므로, 앞에 기술한 연맹 이사회에서 채택된 위임통치조항과 별도로 일본과의 사이에 1922년 2월 11일 '야프섬 및 다른 적도 이북의 태평양 위임통치제도에 관한 조약'을 체결해 그 조치를 승인했다.

제2차 세계대전에 즈음해 남양군도는 격렬한 전장이 돼 미군의 점령하에 놓였고, 그 후 1947년 4월 2일의 안전보장이사회 결의에 의해 미국의 전략적 신탁통치지역이 됐다.

포츠담선언을 통해 카이로선언에서 밝힌 일본의 처리방침을 재확인했는데, 카이로선언에 「1914년 제1차 세계전쟁의 개시 이후에 일본이 탈취하거나 점령한 태평양의 모든 도서는 몰수한다」는 규정이 있었다. 이 때문에 일본이 동 지역의 권리를 포기하는 것은 이미 예상할 수 있었지만, 이것을 미국의 신탁통치로 바꾸는 시기와 절차에 대해서는 문제가 없던 것은 아니다.

미국은 이 지역이 일본 고유의 영토가 아니고 지금까지 단지 수임국으로 시정을 맡은 것에 지나지 않다는 점, 일본은 위임통치조항에 반해 여기를 침략의 거점으로 사용했기 때문에 수임국의 권리를 상실했다는 점, 더욱이 동 지역의 몰수는 카이로선언 이래 여러 번 되풀이해 선언했기 때문에 일본도 잘 알고 있을 것이라는 점 등을 이유로 들었다. 동 지역을 평화조약과는 분리해 신탁통치에 부칠 수 있다는 해석을 내려 국제연합 안전보장이사회에 미국의 전략적 신탁통치지역으로 하는 협정안을 제출했고, 이 협정안은 1947년 2월 이후 동 이사회에서 심의됐다. 미국을 시정권자로 하는 신탁통치지역에 대해 반대는 없었지만, 평화조약 체결을 기다리지 않고 처리하는 것에 대해서는 영 · 소련 · 오스트레일리아가 이론을 제기했다. 오스트레일리아는 신탁통치협정의 효력 발생을 평화조약의 효력 발생 때까지 정지하자는 뜻을 추가한 안을 제출한 바가 있다. 그러나 결국 정치적 해결에 의해 안전보장이사회 이사국 이외의 극동위원회 구성국(캐나다, 인도, 네덜란드, 뉴질랜드, 필리핀)을 회의에 초청하는 것으로 타협해 같은 해 4월 2일 안전보장이사회에서 전원 일치로 위의 협정안이 채택됐다.

이어서 7월 17일 미국은 상하 양원의 합동결의 형식으로 협정안을 승인하고 다음날인 18일 대통령이 서명을 마침으로써 이날 이후 미국의 시정 아래에 놓이게 됐다. 동시에 종래의 군정을 폐지하고 민정이 시행되기까지의 중간 시정을 규정하는 대통령령이 발효돼 태평양함대사령관 루이스 덴펠드(Loise Emil Denfeld)가 임시 고등판무관에 임명됐다. 그 후에도 태평양함대사령관이 고등판무관을 겸임했지만, 1951년 1월 3일 전 민주당 상원의원인 엘버트 던칸 토마스(Elbert Duncan Thomas)가 문관으로는 처음으로 고등판무관에 임명돼 같은 해 7월 1일 이후 민정으로 바뀌었다. 이렇게 남양군도는 평화조약 체결 전에 이미 일본의 손에서 완전히 벗어났지만, 그 처리와 관련해 이번 평화조약 체결을 즈음해 안전보장이사회의 추인을 받은 것이다.

6. 남극지역

남극지역은 일본이 한 번도 영유선언을 하지 않았지만, 이번 평화조약에서 권리, 권원 및 이익에 대해 청구권을 포기하도록 규정된 지역이다.

이 규정은 카이로선언에도, 포츠담선언에도 없고 대일강화 7원칙에서도 손대지 않은 것이지만, 1946년 3월 31일 덜레스 국무장관 고문이 로스앤젤레스 휘티어대학에서 행한 대일평화조약에 관한 연설에서 처음으로 언급해 미국 초안에 실리게 됐다. 다만 미국 초안(제3장 제1항)에는 「남극지역의 일본 국민의 활동에 유래하는」 모든 권리로 돼 있지만, 미영 초안 이후에는 「일본 국민의 활동에 유래하거나, 이외에 유래하는 것을 불문하고」로 고쳐져 남극지역에 대해 일본은 모든 발언권을 상실하게 된 것이다. 「일본 국민의 활동에 유래한다」는 것은 후비치중병(後備輜重兵, 후방 병참부대) 중위 시라세 노부(白瀨矗)를 대장으로 하는 남극 탐험을 가리키는 것이다. 시라세 중위 일행은 1910년 11월 29일 가이난호(開南丸, 199톤)를 타고 시나가와만(品川灣)을 출발해 다음해 3월 남극대륙인 로스해의 입구인 남위 74도 16분의 쿨먼섬(Coulman Island) 부근에 도착했지만, 유수로 인해 그 이상 전진하지 못했다. 5월 1일에 시드니항으로 일단 후퇴해 그곳에서 재기를 모색했다. 일행은 시드니항에 6개월여 머물러 있다가 다시 장도에 올라 1912년 1월 16일에 마침내 남극대륙의 일각에 도착해 여기를 가이난만(開南灣)으로 명명했지만, 상륙에 적합하지 않았기 때문에 이곳에서 약 30마일 동쪽으로 항해해 후경만(後鯨灣)에서 상륙했다. 같은 달 28일에는 시라세 대장 등 5명의 대원은 남위 80도 5분, 서경 156도 37분의 지점에 도착했다. 일행은 이 지점에 국기를 게양하고 탐험대원 및 후원자의 명부를 얼음 속에 묻고, 이곳을 야마토설원(倭雪原)이라고 명명한 뒤 귀환길에 올랐다. 그간 별동대는 고래만(鯨湾) 바닷길의 서부 연안 일대를 탐험해 남위 76도 6분, 서경 151도 20분 지점까지 도달하는 동시에 킹 에드워드 7세 랜드의 일각에도 족적을 남겼다. 가이난만 서쪽에 있는 만에 대해 '오쿠마만(大隈灣)'으로 명명했다.

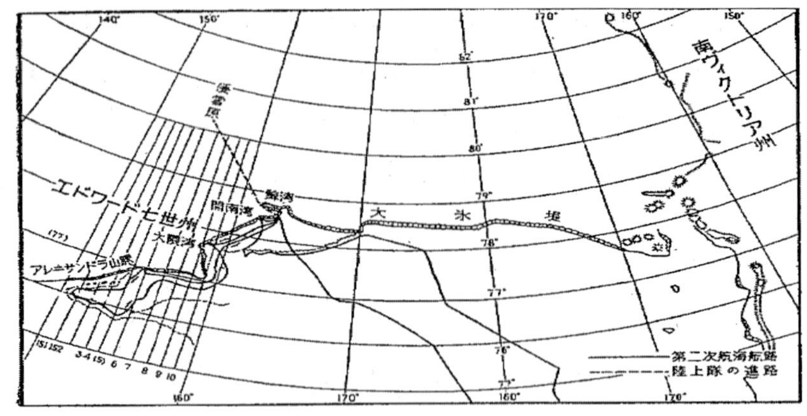

시라세 중위의 남극탐험지도(1)

이 같은 시라세 중위의 남극지역 활동에 대해 미국지리학협회는 1932년 10월 발행한 남극지도에 남위 80도 5분, 서경 156도 37분 지점과 남위 76도 56분, 서경 155도 55분 지점에 각각 '시라세'의 이름과 도착일을 기록해 그 행적에 세계적인 권위를 부여했다. 거기에 내셔널 지오그래픽 매거진(The National Geographic Magagine) 1935년 10월호에 게재된 남극탐험에 관한 보고에서도 리처드 E 버드(Richard Evelyn Byrd) 소장이 제1차 남극탐험 때에 명명한 헬렌 워싱턴만(Helen Washington Bay) 및 핼 플러드만(Hal Flood Bay)을 시라세 중위의 「남극기(南極記)」에 근거해 '가이난만', '오쿠마만'으로 고쳤고, 1939년 7월호에서도 부속지도 중에서 시라세 중위가 명명한 '야마토설원'에 해당하는 장소를 "시라세가 일본을 위해 주장한 지역, 1912(Shirase claimed area for Japan, 1912)"이라고 주(注)를 단 바가 있다.

그러나 일본 정부가 시라세 중위의 탐험을 근거로 남극대륙에 대한 영유 선언을 한 것은 한 번도 없었다. 다만, 1938년 3월 주미일본대사관에서 미국무성에 대해 "일본 정부는 남극지역의 주권설정 문제에 대해서는 항상 발언권을 유보한 것으로, 형식 여하를 불문하고 이 문제가 국제적으로 논의되는 경우에는 반드시 일본 정부에게도 협의할 것을 기대한다"는 뜻을 정부 훈령

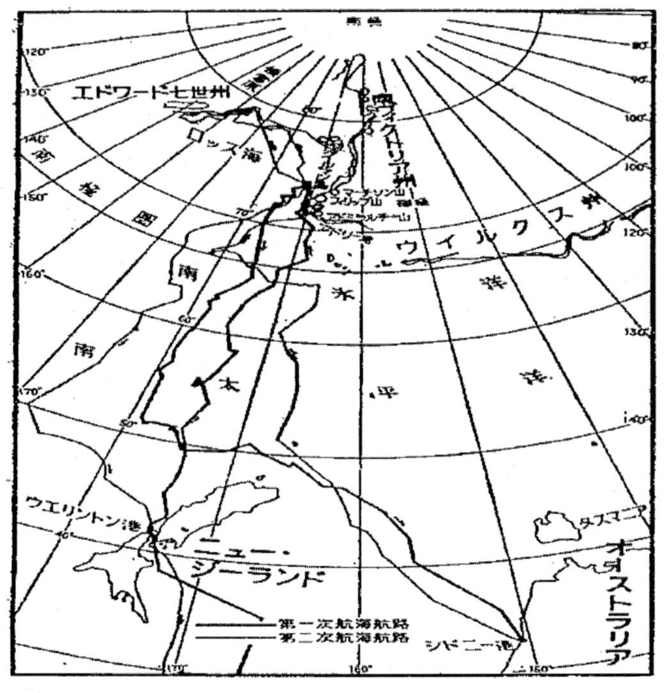

시라세 중위의 남극탐험지도(2)

으로 표현한 사실이 있다.

전반적으로 남극지역 영유권 문제에 대해서는 1908년과 1917년에 영국은 포클랜드제도 부속지(Falkland Islands dependency)로 불리는 남위 50도 이남, 서경 20~50도 지역과 남위 58도 이남, 서경 50~80도 지역을 영국령으로 선언했다. 이어 1923년에는 남위 60도 이남, 동경 160~서경 150도 로스 부속지(Ross dependency)를 추밀원령에 의해 뉴질랜드령으로 했다. 한편으로 프랑스는 1924년 아델리랜드(Adêliêland)를 대통령령에 의해 프랑스령으로 했고, 1938년에 그 범위를 남위 60도 이남, 동경 136~142도로 했지만, 1933년에 오스트레일리아 연방정부도 아델리랜드를 제외한 남위 60도 이남, 동경 160~45도의 구역을 법령 제8호로 영토에 편입했다. 게다가 1939년에는 노르웨이 정부도 포클랜드제도 부속지와 오스트레일리아 지구의 중간인 남위 60도 이남, 동경 45~서경 20도의 구역을 칙령으로 노르웨이 주권 아래에 놓인 것을 분명히 했다. 이렇게 해서 현재 어느 나라에 의해서도 영유선언을 하지 않은 범위는 서경 150~80도뿐이다. 그러나 이들 영유선언은 종래 국제법상 일반적으로 영토선점의 요건인 (1)선점의 주체는 항상 국가여야 하고 (2)선점의 객체는 무주지여야 하고 (3)실효적인 선점이어야 한다는 세 가지 요건을 모두 충족시켰다고 말할 수 없기 때문에 여전히 국제적으로는 문제를 남기고 있다. 일본 정부가 시라세 중위의 업적에 근거해 선점선언을 함에 따라 도리어 광대한 구역에 걸친 타국의 영유선언을 인정하는 결과가 될 수 있기 때문에 이것을 피하려고 한 것으로 생각된다.

어느 쪽이든 일본은 이번 권리포기로 인해 직접 잃은 것은 없지만, 장래 남극지역에 대한 주권설정 문제가 국제적으로 논의되는 경우에는 전반적으로 발언권을 가질 수 없는 것이다.

또 이번 청구권 포기는 영토 주권적 주장을 가리키고 있어 현재 남극해의 공해(公海)에서 일본이 벌이고 있는 포경업과는 관계가 없다.

7. 서사군도(西沙群島)

서사군도도 과거 일본 영토는 아니었지만, 이곳에서 일본인이 사업을 경영한 바가 있다. 미영초안 이후 권리, 권원 및 청구권의 포기가 규정됐지만, 아마 신난군도(新南郡島)와 마찬가지로 프랑스 측의 요구에 의해 1항이 들어간 것으로 생각된다.

이 군도는 인도차이나반도의 베트남 해안에서 약 165해리 떨어져 있고, 북위 15도 45분~17도 55분, 동경 111도 13분~112도 47분의 광대한 해역에 퍼져 있는 산호질의 나지막한 20여 개 암초 섬이다. 여기에는 암피트라이트(Amphitrite), 크레센트(Crescent)의 2개 군도와 다수의 고립된 섬으로 이뤄져 있다. 어느 것도 10만 평 내외의 작은 암초 섬이지만, 인광을 생산하거나 염전에 적합한 장소도 있다. 근해는 수산물이 풍부하나, 선박의 피항 장소로는 부족하다. 상주자는 없고 때때로 중국인 어부가 여름철 찾아와 원시적인 오두막집을 짓고 살면서 어업을 하는 정도여서 국제법상 무주지로 간주돼야 하는 곳이다.

이 군도의 영유를 둘러싸고 국제적인 문제가 된 것은 1896년 서사군도 중 암피트라이트군도에서 일본선박 히메지호(姫路丸)가 난파해 화물을 중국인 어부에게 약탈당했기 때문이다. 이와 관련해 영국보험회사가 북경주재 영국공사 및 해남도 해구(海口)주재 영국영사관을 통해 해남도 관헌에게 약탈품의 압류를 요구한 것이 발단이었다. 이에 대해 당시 중국 측 관헌은 서사군도는 버려진 섬으로, 베트남에도 중국에도 속하지 않고 행정관할상 해남도의 어떠한 지구에도 편입돼 있지 않다고 밝히며 요구를 거절했다.

그 후 이 군도의 동쪽 동사도(東沙島) 영유를 둘러싸고 1907년 일본과 중국 간에 분쟁이 일어났기 때문에 서사군도에 대해서도 같은 문제가 발생할 것을 두려워한 중국 정부는 1909년 4월과 6월, 두 차례에 걸쳐 동 군도를 답사했다. 중국은 그 후 두 번째 시찰에 즈음해 정부의 이름으로 선점 조치를 취해 1921년 3월 30일에는 해남도의 행정관할에 편입시켰다. 일본 정부는 그에 따라 서사군도를 중국령으로 인정하고, 1920년 일본인이 동 군도에 인광 채굴을 신청했을 때에도 중국인 명의로 광동성 정부에서 채굴권을 얻어야 한다는 방침을 결정한 바가 있다. 그런데 1938년 7월 4일에 이르러 프랑스 정부는 주일 프랑스대사를 통해 서사군도에 대해 프랑스는 결정적이고도 완전하게 선점했다는 뜻을 통고했다. 이 군도는 일찍부터 베트남왕이 비석과 탑을 세웠기 때문에 베트남에 소속된다는 것이다. 프랑스는 1937년 크레센트군도 중 패틀섬(Pattle Island)에 등대를 건설하고 다음해 6월에는 수백 명의 인부를 동원해 암피트라이트군도 등에 보루를 축조하는 행동에 나섰다.

이에 대해 일본 정부는 위의 통고는 종래 서사군도에 관해 중국을 교섭 상대로 한 일본 측의 방침을 바꾸는 것이므로 인정하기 어렵다는 뜻을 회답했다. 그 후 프랑스 정부는 1941년 11월 1일에도 주일 프랑스대사를 통해 일본상사가 서사군도에서 현재 벌이고 있는 인광채굴사업을 확장하는 때에는 인도차이나 관헌의 허가를 얻도록 제의했다. 이에 대해서도 일본 정부는 프랑스의 동 군도에 대한 주권을 인정하지 않는 이상, 허가를 얻어야 하는 성질이 아니라고 회답해 서사군도를 중국령으로 하는 일본 정부의 견해를 끝까지 유지했다.

일본인은 1917년 이후 이곳을 답사해 1920년부터 때때로 끊겼다 이어졌다가 하면서 동 군도에서 인광채굴사업을 벌였다. 1938년에는 가이요인광주식회사(開羊燐鑛株式會社)가 경영을 넘겨받은 뒤에는 가장 대규모로 인광채굴이 행해졌다. 동 사는 암피트라이트군도에 사업장을 마련해 직원 15명, 광부 300명 정도를 두고 채굴을 개시한 이후 1940년 말까지 약 1만 7, 8천 톤의 인광을 채굴해 주로 대만에 수송했다.

이번 평화회담에 의해 일본은 동 군도에 대한 모든 권리, 권원 및 청구권을 포기하게 됐지만, 앞으로 귀속과 관련해 프랑스와 중국 사이에 문제가 발생할 것이라고 생각된다.[33)]

33) 전권대사는 서사군도 및 중사군도 '파라셀군도, 암피라이트군도, 맥크스필드 퇴'의 중화인민공화국의 완전한 주권을 인정하도록 요구했다. 암피라이트군도는 파라셀군도의 일부이고 서사군도와 파라셀군도는 동일하고 중사군도라는 것은 어느 곳을 가리키는 것인지 명확하지 않다. 또한 맥크스필드 퇴라는 것은 없고 아마 메이클즈필드 퇴의 오류로 생각된다. 이처럼 소련의 제안은 매우 부정확하지만 이것이 서사군도를 의미하는 것은 틀림없다.

8. 조약 제3조의 지역

조약 제3조의 지역이란 북위 29도 이남의 난세이제도(南西諸島, 류큐제도 및 다이토제도를 포함), 소후간(孀婦岩)의 남쪽 난보제도(南方諸島, 오가사와라군도, 니시노시마 및 가잔열도를 포함), 오키노토리시마(沖の鳥島) 및 미나미토리시마(南鳥島)를 가리킨다.

북위 29도 이남의 난세이제도는 큐슈 남단부터 대만 동남단에 위치해 일반적으로 800km에 걸쳐 연속해 있는 호상열도(弧狀列島)이고, 난세이제도 중 북부의 오스미(大隅), 도카라(吐噶喇, 요코아테지마는 제외) 양 군도를 제외한 섬들이다. 도카라군도 중 요코아테지마(横当島)와 아마미(奄美), 오키나와(沖縄), 사키시마(先島) 등 세 군도를 가리키고 있다. 그중에 오키나와, 사카시마 등 두 군도는 류큐제도에 포함되고, 여기까지 오키나와현에 속해 있다.

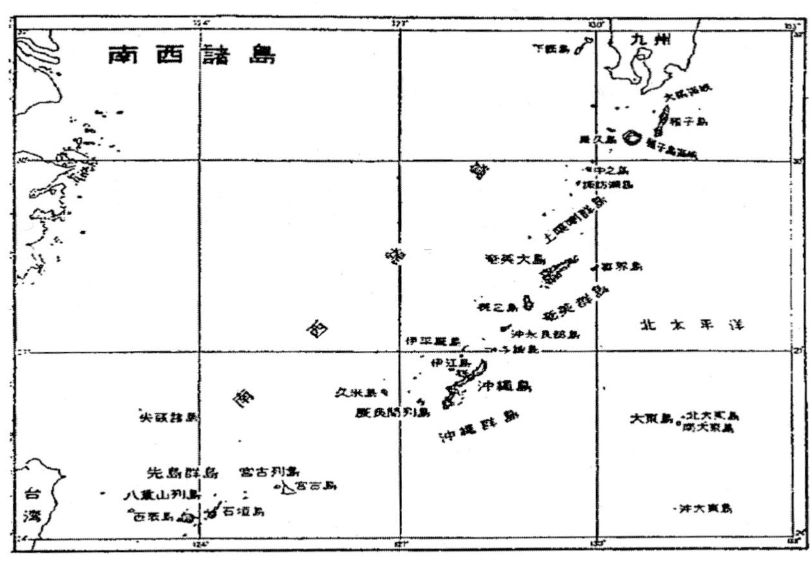

난세이제도(南西諸島)

전반적으로 난세이제도는 옛날부터 보통 난도(南島)로 불렸고 일찍부터 일본 본토와 밀접한 관계가 있었다. 그러나 헤이안시대 후기에 조정이 난도 경영을 소극적으로 해 1609년 시마즈(島津)가문이 류큐정벌을 할 때까지 정치적으로 양자 간의 관계가 소원해졌다. 그간 류큐 본섬을 중심으로 하는 류큐제도에 텐손(天孫)가문이 땅을 통치했고, 25대째에 반역한 신하에 의해 왕위를 빼앗겼다. 우라소(浦添)안사(按司, 신분 위계 첫 번째로 왕자 다음의 위치) 손톤(尊敦)이 의병을 일으켜 역신을 토벌하고 순텐(舜天)왕통의 시조가 되었다. 그때는 1187년으로, 헤이시(平氏)가 망한지 2년이 지난 시점이었다. 더욱이 손톤은 미나모토노 다메토모(原爲朝)가 이즈(伊豆)에서 오키나와로 건너가 오자토(大里)안사의 여동생과 결혼해 낳은 아들이라고 전해진다.

순텐왕통은 3대 72년간 지속되다가 에이소(英祖)왕통이 들어섰다. 에이소왕통은 5대 90년간 계속되다가 말기부터 정치력의 쇠퇴로 삿토(察度)왕통이 이어받았다. 이 틈을 타고 북부, 남부에 다른 세력이 일어나 세 개의 세력이 대립하게 됐다. 이를 산잔분립시대(三山分立時代)라고 부르고 있다. 그 사이에 1372년 삿토는 명나라의 초유(招諭)에 따라 조공을 했고, 잇따라 남부, 북부도 이를 따랐다. 이 때문에 오키나와와 중국과는 조공관계가 생기게 됐다.

삿토 왕통은 2대로 끝났고, 그 뒤를 이은 쇼 씨(尙氏)왕통의 2대째인 쇼하시(尙巴志)는 남북, 양 세력을 멸망시키고 산잔 통일의 위업을 이뤘다. 쇼하시가 죽은 뒤부터 왕위계승 싸움이 끊이지 않아 불과 60여 년 만에 쇼엔(尙圓)왕통이 새로 들어섰다. 1609년 시마즈 이에히사(島津家久)가 오키나와를 정벌한 때는 쇼엔 왕통의 7대째인 쇼네왕(尙寧王)시대였다. 시마즈 가문은 류큐정벌 후에도 쇼엔 왕통에게 류큐제도의 통치를 맡겼으나 교대로 관리를 파견해 통치를 감독했다. 시마즈 가문은 무역이익을 얻기 위해 중국에 대한 조공을 인정했기 때문에 오키나와는 소위 두 나라에 귀속되는 관계가 됐다. 메이지유신 이후에는 잠시 류큐번이 됐으나 1879년 오키나와현이 되면서 본토의 행정구역에 편입됐다.

아마미군도는 1266년 이후 류큐왕조에 조공했지만, 류큐왕국의 영토는 아니었다. 류큐정벌 후에 시마즈 가문의 직할령이 돼 메이지유신 이후 폐번치현에 즈음해 가고시마현에 편입됐다.

도카라군도 이북은 류큐왕조의 세력이 미치지 않았고, 류큐에서도 타카라지마(宝島)라고 해 별개로 다루었지만, 폐번치현에 즈음해 아마미군도와 함께 가고시마현에 편입됐다.

요약하면 역사적으로 북위 29도 이남의 난세이제도는 대체로 류큐왕조의 세력이 미치는 범위라고 할 수 있다. 그러나 여기에 사는 아마미 주민, 오키나와 주민은 체질인류학적으로 볼 때 일본인의 일부라는 것이 정설이고, 언어, 풍습 등에서도 옛날 일본의 모습을 그대로 갖고 있는 점이 극히 많다. 게다가 이곳의 언어, 풍습 등에는 정치적으로 소원해진 헤이안시대 말기부터 가마쿠라시대까지의 흔적이 많이 발견돼 그 시대에도 일반인의 교류가 여전히 계속됐음을 짐작할 수 있다.

류큐제도의 산업은 농업을 중심으로 했지만, 토지가 협소한데다 돌이 많고 메마른 땅이 대부분이었다. 겨우 남아있는 평지도 융기산호초에서 생성돼 수리(水利)에 불편했고, 태풍 등 기상재해가 빈번해 그 자체로는 자립하기에 곤란한 환경이었다. 고구마, 사탕수수 재배가 대부분을 차지했고, 본토를 시장으로 하는 채소 재배 등도 이뤄졌지만 매년 많은 양의 식량 수입이 필요했다. 그밖에 공업으로는 직물, 양조 등이 있었지만, 일용잡화류의 대부분은 본토에 의존했다. 류큐는 설탕, 채소, 직물, 칠기, 모자, 수산물 등을 본토에 수출했지만, 대량의 수입 초과는 어쩔 수 없었다. 이를 극복하기 위해 대거 해외이민을 보내거나 딸을 본토에 출가시키기도 했으나, 섬들의 재정은 그들이 고향에 보내는 송금액을 고려해도 전부를 보충하기에는 불충분했다. 그 때문에 정부는 1921년부터 10년간 1,200만 엔을 지출해 궁핍한 환경을 타개하려고 노력한 바가 있다.

아마미군도의 경제사정도 거의 류큐제도와 비슷했지만, 시마즈번의 직할령인 만큼 오키나와보다는 한층 본토에 대한 의존도가 컸다.

다이토제도(大東諸島)는 지금까지 행정관할상 오키나와현에 소속돼 있기 때문에 이번 조약에서는 난세이제도의 일부에 포함돼 있지만, 지리적으로는 오키나와의 제도에서 약 200해리 가까이 떨어져 있는 섬이다. 두 제도는 심도 6,000~7,000m에 달하는 류큐해구를 경계로 해 생성과정, 지형, 인문발달상에서 차이가 있다.

다이토제도는 남 · 북다이토지마(南 · 北大東島)와 이곳에서 남방 약 80해리에 있는 오키다이토지마(沖大東島)로 이뤄져 있다. 전자는 보로디노섬(Borodino Islands), 후자는 라사(Rasa) 또는 켄드릭섬(Kendrick Island)으로 불려진 17, 8세기경부터 구미에도 알려져 있었지만, 아무도 경영하지 않은 그대로 오랫동안 방치돼 있었다.

1885년 일본 정부는 오키나와 현령에게 명해 남 · 북다이토지마를 조사하도록 하고 같은 해 8월 영토에 편입했다. 오키다이토지마는 1892년 군함 가이몬(海門)의 조사를 근거로 1900년 10월 정식으로 일본 영토에 편입했다.

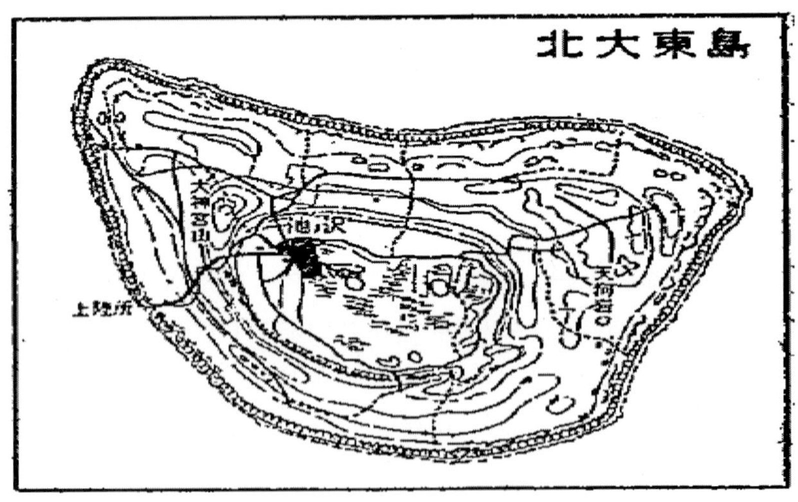

북다이토지마

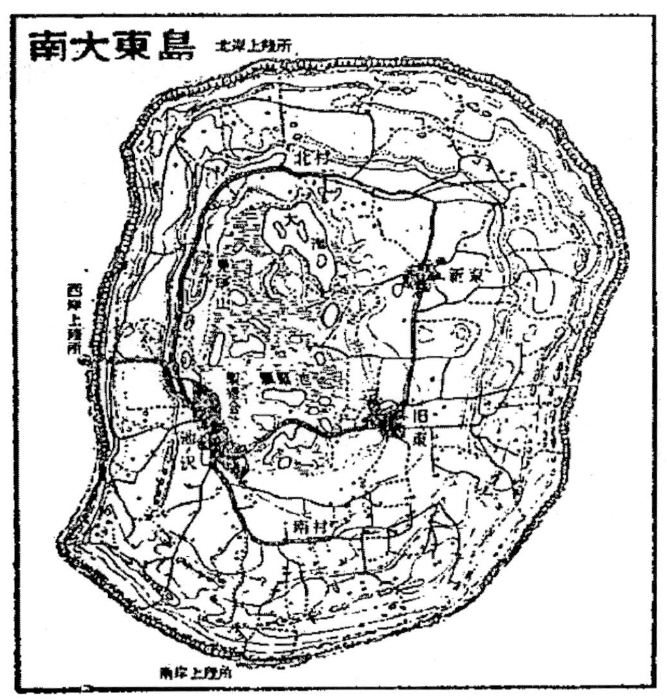

남다이토지마

이들 섬은 모두 반원형의 융기산호섬이고, 북다이토지마는 5.9㎢, 남다이토지마는 13㎢, 오키다이토지마는 1.2㎢에 지나지 않는다. 지형은 낮고 평평하고 중앙에 분지가 있다. 남다이토지마는 1890년, 북다이토지마는 1911년에 각각 개발에 착수해 불과 30여 년 만에 제당과 인광채굴에서 급속한 발전을 이뤘고, 1935년 인구조사에서는 6,601명[34]에 이르는 것으로 나타났다. 3개 섬 가운데 북다이토지마는 제당과 인광석채굴, 남다이토지마는 제당, 오키다이토지마는 인광석채굴로 알려져 있었고, 남다이토지마에는 근대식

34) 참고로, 2010년 10월 현재 3개 섬을 포함한 다이토제도(大東諸島) 전체의 인구는 2,107명임.

제당공장도 있었다.

주민은 처음 하치조지마(八丈島) 주민에 의해 개척되었기 때문에 하치조지마 출신이 중심을 이뤘지만, 뒤에 오키나와인도 찾아와 근래에는 오키나와인이 약 60%를 차지한다. 다만, 오키나와인은 유동성이 있는 계절적인 노동자가 많았다.

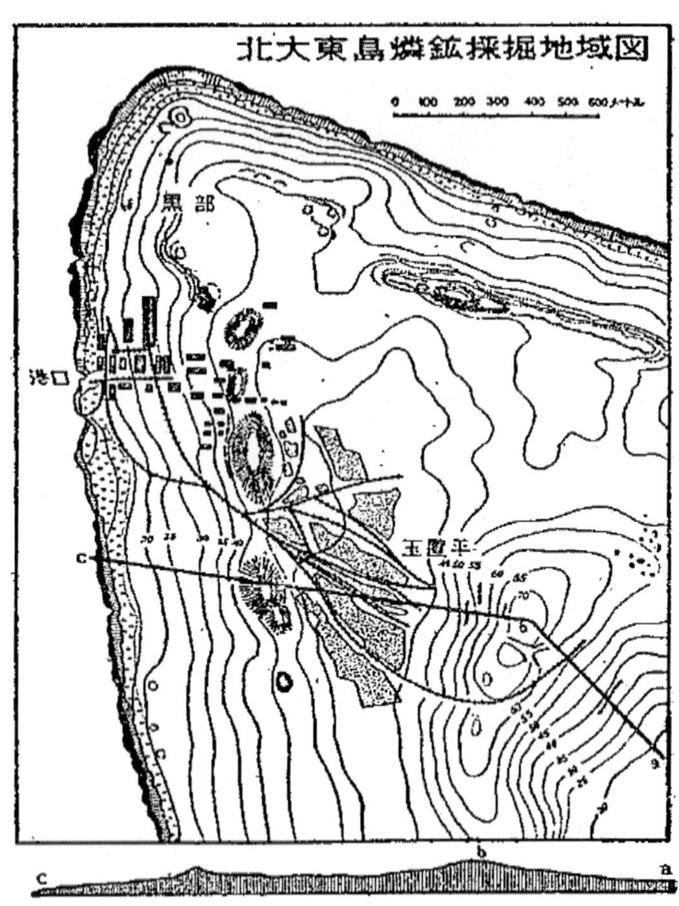

북다이토지마 인광석 채굴 지역도

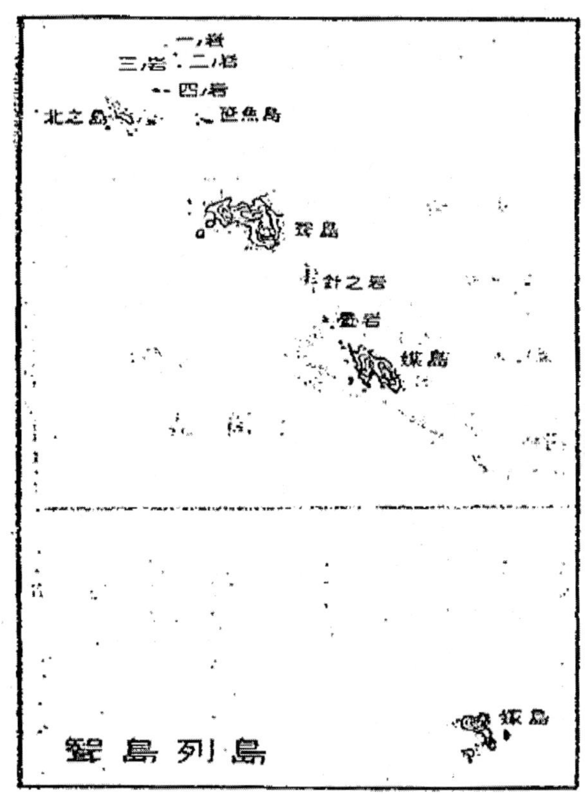

무코지마(聟島)열도

소후간의 남쪽 난보제도는 오가사와라군도와 가잔열도를 가리키고 있다.

오가사와라군도는 이즈제도의 남남동쪽, 북위 26도30분~27도45분 사이에 연이어 있는 30여 개의 비교적 오래된 화산열도다. 무코지마(聟島), 치치지마(父島), 하하지마(母島)의 세 개 열도와 치치지마의 서쪽 약 70해리에 있는 고도(孤島)인 니시노시마(西之島)로 이뤄져 있다. 제3기 시신세(第三紀始新世, Eocene Epoch: 5,600만~3,390만 년 전의 기간) 때 해저에서 화산이 분출한 이후 여러 번의 지각운동을 거쳐 현재에는 매우 뒤섞여 복잡한 지형을 나타내면서 평탄한 땅이 적다. 산악은 암골이 많이 노출돼 있지만, 산허리,

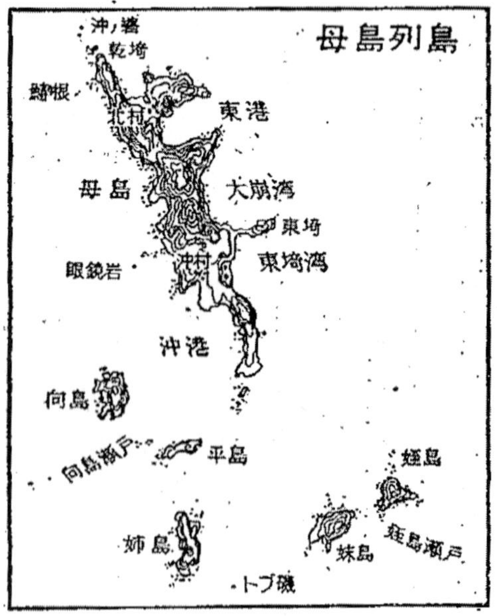

치치지마(父島)열도(위)와 하하지마(母島)열도

계곡 등에는 야자나무, 비로야자 등 열대성식물이 무성하다. 주요 섬은 치치지마(24.5㎢), 하하지마(21.2㎢) 등 2개이고, 다른 섬은 5㎢ 이하의 협소한 섬들에 지나지 않는다.

오가사와라군도는 1593년 신슈(信州) 에카시(深志)의 성주이자 민부소보(民部少輔)인 오가사와라 사다요리(小笠原貞頼)가 발견했다는 설이 있지만, 믿기 어렵다. 그러나 국가가 동 군도를 영유하기 위한 목적으로 실지답사에 나선 것은 1675년 시마야 이치자에몬(島谷市左衛門) 일행이 최초인 것은 의심할 수 없다. 시마야 일행은 약 1개월간 당시 '무인도'(Bonin Islands는 일본어 ぶにん에서 전와된 것)라고 불린 오가사와라에 체재해 섬들을 순찰하고 천조대신궁(天朝大神宮) 외에 두 신을 권청(勸請)하고, 신사에 '대일본의 영토(大日本の內)'라 쓰고 귀환했다.

그 후 섬은 오랫동안 방치돼 있었지만, 1823년 한 척의 포경선이 표류하다 하하지마에 닿아 선장인 코핀(Coffin)이 이 섬을 코핀섬이라고 명명했다. 페리제독에 따르면 그는 미국인으로 알려져 있다. 다음으로 1825년에는 영국 포경선이, 1827년에는 영국 군함이 치치지마의 후타미항(二見港)을 방문해 함장 비치(Beechey)는 치치지마를 필(Peel)섬으로, 후타미항을 포트 로이드(Port Lloyd), 하하지마를 베일리(Balley)섬으로 명명했지만, 얼마 지나지 않아 1830년에 이르러 이탈리아 · 미 · 영 · 덴마크인 5명과 20여 명의 카나카 토민 일행이 하와이에서 오가사와라제도 치치지마에 내항했다. 그들 중 일부는 이곳을 영구주거지로 정해 치치지마와 하하지마에 나눠 살았다.

이 사실을 안 막부는 1862년 외국봉행 미즈노 지쿠고노카미(水野筑後守) 일행을 제2차 순검사로 오가사와라에 파견했다. 일행은 2개월 반에 걸쳐 섬을 순찰하고 당시 치치지마 및 하하지마에 있는 구미계 이주민을 초청해 일본령이라는 것을 설명했다. 그들의 재산을 보증하면서 물자를 나눠주고, 법령을 공포하고, 항규를 정하는 한편으로 부근을 측량해 지도 및 직경도를 작성하고 오기우라(扇浦)에 임시관청을 개설했다. 이에 대해 이주민들은 모두 순검사의 명령에 복종해 오래도록 보호하에 있을 것을 서약했다.

순검사 일행이 귀국할 즈음해 막부관리 일부는 섬에 남아 업무를 처리했고, 곧 1차 이민으로 하치조지마 주민 28명이 도착했기 때문에 경영이 겨우 시작됐다. 그러나 마침 그때부터 일본 근해의 방비가 위급해졌기 때문에 막부는 이 군도를 개척할 여력이 없어 섬에 머문 지 약 10개월 만인 1863년 5월 관민 모두는 오가사와라에서 어쩔 수 없이 철수하기에 이르렀다. 철수할 즈음해 남아있는 구미계 섬 주민에게 주권에는 변화가 없다는 뜻을 선언하고 가옥, 식량, 개간지 등을 공여하거나 임대했다.

그리고 12년이 지난 1875년 메이지정부는 다시 오가사와라의 경영에 나서 외무성 사등출사(四等出仕) 다나베 다이치(田邊太一) 일행을 파견했다. 일행의 조사 결과에 근거해 다음해 3월 10일 오가사와라군도를 내무성 소속으로 정했고 12월 31일에는 치치지마의 오기우라에 관청을 개설했다. 그 후 1880년 11월 이즈제도가 도쿄부 관할로 환원될 즈음해 이 제도도 도쿄부 관할이 됐다. 도쿄부 출장소가 설치됐다가 1886년 오가사와라 도청(島廳)으로 바뀌었고, 1926년 오가사와라 지청(支廳)이 돼 오늘에 이르렀다.

1862년 막부 제2차 순검에 즈음해 막부는 주일 미 · 영공사에게 그 취지를 통지했지만, 영국 공사는 다음해인 1863년 3월 15일 자로 서한을 보내 막부의 의견을 요청해왔다. 취지는 최초 발견자가 일본인이라고 하더라도, 현재 오가사와라는 각국인이 섞여 살고 있기 때문에 일국, 일국민의 소유로 인정하기 어렵다는 것이었다. 이에 대해 막부는 현지조사를 기다렸다가 답변했는데, 동 섬에 거주하는 구미인은 어쩔 수 없이 남아있지만, 혼자만의 생각으로 섬을 찾아온 사람이고 국가의 명을 받아 개척하기 위해 찾아온 사람이 없다는 점을 강조했다.

그 후 메이지정부가 오가사와라 조사에 나설 때에도 데라시마 무네노리(寺島宗則) 외무경과 영국공사 간에 문제가 됐는데, 그때 영국공사는 이 섬을 '무주지'로 간주해 일본 정부의 주장과 방안을 반박했다. 그러나 1875년

11월 5일 데라지마 외무경과의 회견에서는 '귀국에서 천황관할이 되면 타국보다 이의를 제기할 말씀이 없습니다'라고 일본의 관할에 대해 이의가 없다는 뜻을 언명했다. 이어 다음해인 1876년 11월 24일에는 문서를 통해 거듭 일본의 오가사와라 영유를 확인하기에 이르렀다.

한편, 미국은 오가사와라를 일본에 정식 편입할 즈음해 미국공사가 동섬에 거주하는 미국인의 대우에 대해 의견표명을 했을 뿐, 일본 편입에 대해 문제 삼은 것은 아니었다.

오가사와라에 거주하는 구미계 이주민의 자손은 1875년 정부가 이 섬을 조사할 즈음에는 14가구, 71명이 있었고 일본령 편입 후 1881년까지 전부 일본에 귀화했다. 1944년 6월 1일 현재, 귀화인으로는 치치지마 오무라(大村)에 사는 87명뿐이다. 게다가 그들은 오랜 기간에 걸쳐 일본인과의 접촉에 의해 혈연적으로 문화적으로 일본인에 동화된 부분이 많았다.

한편으로 일본인은 막부의 제2차 순검에 즈음해 38명의 이민을 보냈지만, 곧 철수해 1876년 정식으로 편입한 후 다시 이민을 시작해 1944년 6월 1일 현재, 거주인구 6,263명, 본적인구 6,516명을 헤아렸지만, 전쟁이 격화됨에 따라 전원 본토로 철수했다.

이 섬의 주요 산업은 농업과 어업이고 특히 사탕수수 재배, 설탕의 제조가 번성했다. 인구가 급증한 이유도 있지만, 설탕 가격 하락에 따라 채소재배로 전업해 겨울철 게이힌(京浜)지방에 채소를 공급하고 있다. 그밖에 열대성 과실, 약초, 향료작물 등도 재배한다. 어업은 연안어업 성격을 벗어나지 못했지만, 근해에는 오가사와라난류로 인해 가다랑어, 다랑어 등의 어장이 있고, 포경도 활발해 일본연안 포경의 20%를 차지하고 있다.

가잔열도는 이오열도(硫黄列島)라고도 불리며, 오가사와라군도의 서남쪽 100해리, 북위 24도 10분~25도 27분, 동경 141도 10분~141도 30분 사이에 있는 세 개의 작은 섬이다. 북쪽으로부터 북이오지마(北硫黄島, 5.4㎢), 이오지마(20.1㎢), 남이오지마(南硫黄島, 3.8㎢)가 같은 거리에 남북으로 배열돼 있다. 중앙의 이오지마는 가장 크고 오가사와라군도, 가잔열도를 통틀어 유일하게 평탄한 형태의 지형을 갖고 있다. 반면, 남 · 북이오지마는 둘 다 가파르고 급한 지형이며, 특히 남이오지마는 사방이 험준한 추형태의 지형이어서 섬 안에 염수도 없고 정주자도 없다.

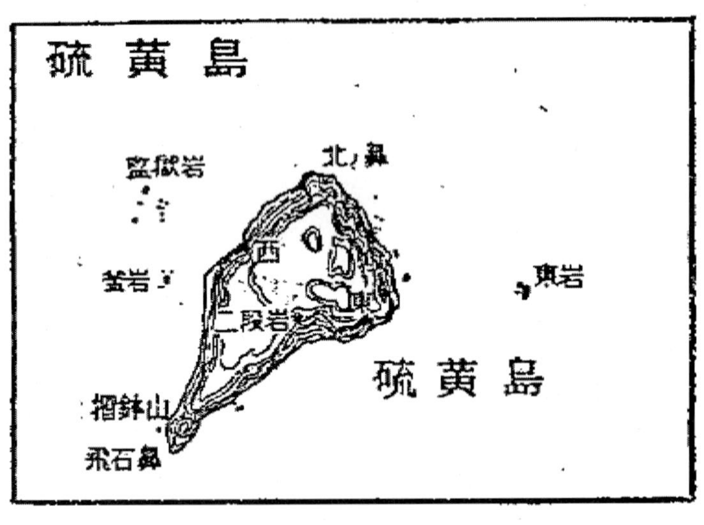

이오지마(硫黄島)

이 섬들은 지체구조(地體構造)에서는 오가사와라보다 한참 늦은 제4기(약 200만 년 전부터 현재까지의 시기)에 분출해 아직까지 멈추지 않는 더 없이 새로운 화산섬이다.

이 섬들은 이미 16, 7세기 이후 구미인들에게 알려져 있었지만, 어느 누구도 해상에서 관망하는 정도에 지나지 않았고, 절해의 고도였기 때문에 오래도록 거주자도 없고 소속도 없는 섬으로 방치돼 있었다.

1887년 11월 다카사키 고로쿠(高崎五六) 교토부지사가 처음으로 이 섬을 순시해 1891년 9월 정식으로 일본령에 편입했다.

일본 편입 후 일본인의 손에 의해 개발됐고 처음에는 어업이나 유황 채취

등을 이오지마에서 소규모로 행해졌을 뿐이지만, 1910년 사탕수수 시험재배에 성공한 이후 사탕수수 재배가 섬의 최대 산업이 됐다. 그러나 그 후 설탕업계의 불황으로 1927년 이후 코카 재배가 활발해지면서 특이한 존재로 알려지게 됐다.

북이오지마는 1899년 4월 하치조지마 주민들이 처음 이주했고, 그 후 100여 명의 주민이 2개 촌으로 나뉘어 거주하면서 사탕수수 재배와 패각 채집 등에 종사했다. 남이오지마는 정주자가 없다.

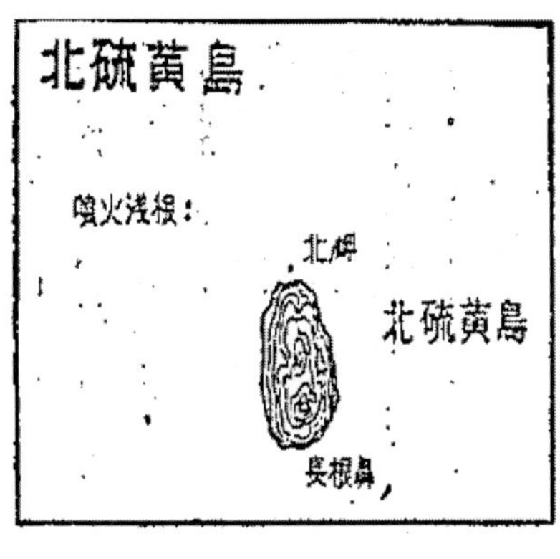

북이오지마

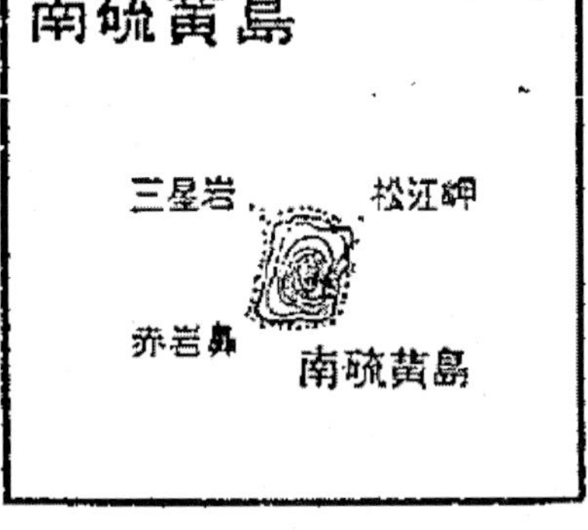

남이오지마

주민 수는 북이오지마, 이오지마를 합해 1944년 6월 1일 현재, 본적인구 700명, 현재인구 1,029명을 헤아렸지만, 전쟁이 격화됨에 따라 같은 해 모든 주민은 본토로 철수했다. 이 섬의 주민은 모두 본토에서 이주한 사람 및 그 자손으로 외국인이나 귀화인은 한 명도 없었다.

오키노토리시마(沖の鳥島)는 북이오지마의 남서쪽 약 370해리에 떨어진 고립된 섬이다. 둘레 약 2km, 동서 길이 5km, 남북선의 최대 폭 1.7km의 무인도로 큰 타원형의 환초(環礁)다. 서부 주변에서 북위 20도 25분 34초, 동경 136도 3분 5초의 지점에 한 개의 수상암, 옛 명칭 기타로암(北露岩)이

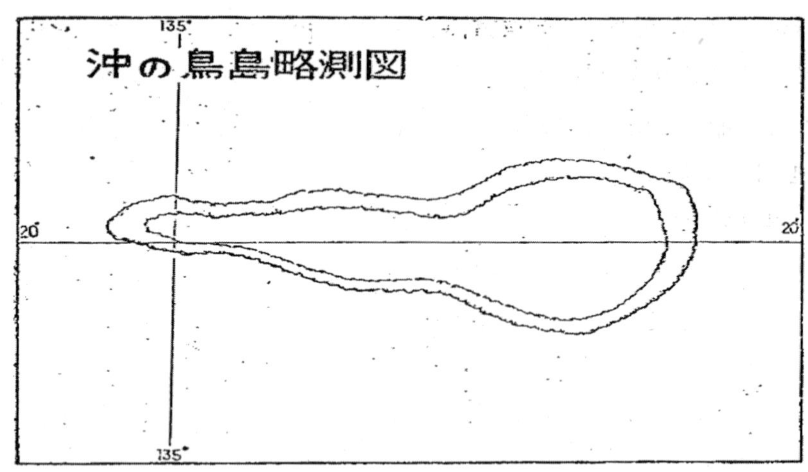

오키노토리시마(沖の鳥島)

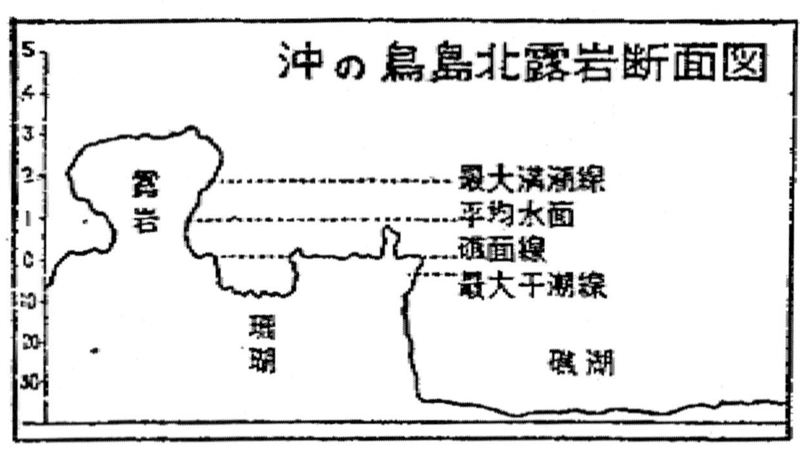

오키노토리시마(沖の鳥島) 기타로암 단면도

라고 불리는 바위가 수면 위에 나와 있는 것 외에는 암초는 모두 수중에 잠겨 있어 간출암(干出岩, 평균 수면보다는 위쪽에, 해안선보다는 아래쪽에 위치해 조수간만의 차에 따라 드러나기도 하고, 수면 아래로 잠기는 바위)이곳곳에 점처럼 있는 것에 지나지 않는다.

이 섬은 17세기 스페인제 해도에 이미 파라세 벨라(Parace Vela)라는 이름으로 기록됐고, 1789년 영국의 캡틴 다글라스(Captain Douglas)에게 발견되면서 부터는 더글라스 리프(Douglas Reef)라고도 불렸다. 그러나 섬의 대부분이 바다 속에 있기 때문에 소속에 대해 문제가 된 적은 없었다. 일본 정부로서는 동 도가 타국에서 선점한 사실이 없고 지리적으로도 일본에 속하는 것이 타당하다는 견지에서 1931년 7월 6일 내무부 고시를 통해 도쿄부 오가사와라지청 관할에 편입했다.

이 섬은 태풍연구에 더없이 중요한 위치를 점하고 있고, 해양과학연구에도 유리한 조건을 갖추고 있기 때문에 서부 주변의 수상암을 중심으로 암초 위에 기상관측소를 건설하는 계획을 세웠다. 1939년 착공했지만, 공사모선이 암초의 안팎에 정박이 불가능해 공사 대부분이 수중작업이었고 기상 영향을 크게 받았기 때문에 공사는 생각처럼 진척되지 않았다. 착공 이후 3년 만에 간신히 청사의 수중기초가 완성됐지만, 전쟁이 일어났기 때문에 포기한 채 현재에 이르고 있다.

미나미토리시마는 오가사와라군도의 치치지마에서 동남동 640해리 떨어져 있고, 북위 24도 17분 30초, 동경 153도 58분에 위치한 절해의 양도(洋島, 대양 중에 고립돼 있는 섬)다. 면적은 약 2㎢, 둘레는 5km 남짓이고, 거의 정삼각형 형태에 낮고 평평한 융기산호초로 해발 5~6m이며 최고점이라도 19m에 지나지 않는다.

섬 전체에 수목이 무성하고 해변에는 백색의 모래와 자갈이 둘러싸고 있다. 섬에는 물새류가 많고 조분(鳥糞)으로 인해 토질이 비옥하다. 근해에는 가다랑어와 어류가 풍부하다.

19세기 후반 이후 마커스(Marcus) 또는 위크스(Weeks)라는 이름을 통해 서양인에게 알려졌지만, 절해의 고도여서 상륙이 쉽지 않은 곳이기 때문에 오래도록 무인도로 방치돼 있었다.

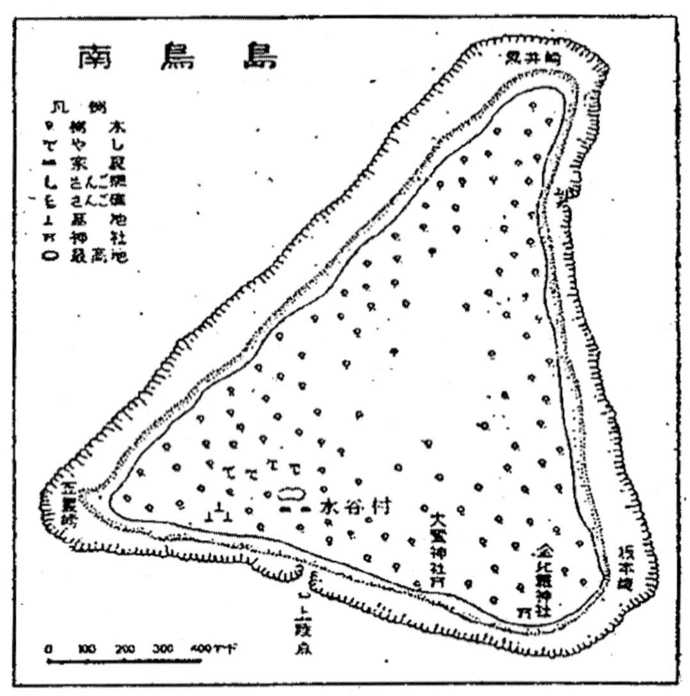

미나미토리시마(南鳥島)

일본인이 처음 이 섬을 답사한 것은 1883년이었지만 1896년에 이르러 미즈타니 신로쿠(水谷新六)라는 사람이 섬을 답사하고 같은 해 12월 28일에는 오가사와라군도 하하지마에서 노동자 23명을 이주시키는 한편, 정부에 임차를 신청했다. 정부는 1898년 7월 24일 도쿄부 고시를 통해 미나미토리시마로 명명해 도쿄부 오가사와라 도사(島司) 소관으로 하는 동시에 8월 19일 10년의 기한으로 미즈타니에게 임대했다. 그 후 이 섬에서 포조(捕鳥), 어업 등의 경영이 해마다 발전해 1901년경에는 년 생산량이 1만 4,000엔 이상을 기록했고, 주민도 60, 70명에 이르렀다. 마침 1902년에 이르러 이 섬의 영유권을 둘러싸고 미국과 일본 사이에 사건이 일어났다.

이보다 앞서 1889년 미국 선장 로즈힐(A. Rosehill)이라는 사람이 태평양을 항해하다가 이 섬을 발견하고 무인도라는 이유로 야자수에 미국기를 게양하고 호놀룰루에 귀항했다. 그는 호놀룰루에 주재하는 미국공사를 통해 국무성에 대해 이 섬에 대한 발견 보고서를 제출하는 동시에 조분 채취의 권리를 요청했다. 그러나 국무성은 이를 기록에 남겼을 뿐, 특별한 조치를 취하지 않았고 로즈힐도 필요한 정식 절차를 함께 진행하지 않았기 때문에 섬은 그대로 방치됐다. 1902년에 이르러 그는 간신히 미국 정부로부터 조분 채취 허가를 얻어 7월 11일에 호놀룰루에서 출항해 현지로 향했다.

당시에 이미 미나미토리시마는 일본 영토에 편입돼 일본인이 현지에서 사업을 경영하고 있었다. 로즈힐의 소식을 외국에 파견된 정부기관으로부터 받은 일본 정부는 로즈힐과 현지 일본인 사이에 분쟁이 일어날 것을 우려해 외무성 전신과장 이시이 기쿠지로(石井菊次郎)를 섬에 급파했다. 이시이 과장은 군함 가사기(笠置)를 타고 7월 27일 미나미토리시마에 도착했지만, 로즈힐은 아직 도착하지 않았다. 게다가 섬의 상황은 군함 정박에 적절한 곳이 없어 장기체류를 할 수 없었다. 부득이 아키모토 히데타로(秋元秀太郎) 해군 중위 등 16명을 섬에 잔류하게 해 이시이 과장으로부터 로즈힐에게 보낸 서한을 맡기고 군함 가사기는 29일에 귀항길에 올랐다. 한발의 차이로 다음날 30일 섬에 도착한 로즈힐은 아키모토 중위에게서 앞서 기술한 서한을 받고 신속한 퇴거를 요구받았다. 그러나 이런 저런 교섭의 결과로 승조원의 휴식과 동반한 학자 2명의 조사를 위해 1주일에 한해 체재를 허락받아 기한을 채운 뒤 8월 7일 로즈힐은 미나미토리시마를 떠났다.

로즈힐은 귀국 후 400만 달러의 손해배상을 일본 정부로부터 받아 주도록 미국 정부에 신청했지만, 수용되지 않았기 때문에 미나미토리시마의 일본영유는 결국 국제문제가 되지 않고 오늘에 이르렀다.

미나미토리시마의 경영은 1896년 12월 28일 미즈타니 신로쿠가 오가사와라 하하지마에서 23명의 노동자를 이주시켜 새 포획, 어업 등에 종사한 것이 시작이었지만, 그 후에는 주로 신천옹의 깃털을 벗겨 그것을 태평양 방면에 수출했다. 이어 조분 채취와 야자 재배도 시작돼 미나미토리시마합자회사가 이를 경영했다. 주민은 대체로 30명에서 50명을 헤아렸지만, 1930년 11월 이후 도민 대부분은 퇴거했다.

이상 기술한 조약 제3조의 지역은 앞의 제2조 지역과 같이 모든 권리, 권원 및 청구권에 대한 규정은 없고, 국제연합에 대해 미국을 유일한 시정권자로 해 신탁통치제도 하에 두려는 미국의 어떠한 제안에도 일본은 동의할 수밖에 없다.

일본의 권리, 권원 및 청구권 포기를 명기하지 않았다는 것은 신탁통치에 들어갔다고 해도, 이 섬들의 주권이 일본에 남아 있는 것을 의미하는 것으로 해석된다. 이에 관해 덜레스 미국 전권은 샌프란시스코회담의 대일평화조약에 관한 설명 중에서 "미국은 그 섬들을 미국을 시정권자로 하는 국제연합의 신탁통치제도 아래에 두는 것이 가능하기 때문에 일본에게 뒷날 남아있는 주권을 보유하도록 허가하는 것이 최선의 방법이라고 느꼈다"고 밝혔다. 영국 대표 케니스 영거(Kenneth Younger) 국무상도 "류큐 · 오가사와라와 관련해 이 조약은 이 섬들에 대한 일본의 주권을 박탈하는 것이 아니라 북위 29도 이남의 류큐제도에 대해 미국이 계속해 시정을 행하는 것을 규정하고 있는 것이다"고 설명했다. 어느 것도 일본이 그 섬들에 대한 주권을 상실한 것은 아니라고 분명하게 밝혔다.

류큐 및 오가사와라를 미국의 신탁통치 지역으로 두겠다는 생각은 상당히 일찍부터 미국, 특히 미 군부의 사이에 있었다. 일본 정부의 행정권 분리에 관한 각서가 발표되고 얼마 지나지 않아 1946년 2월 3일 뉴욕타임스의 군사평론가 핸슨 볼드윈(Hanson W Baldwin)은 권위 있는 소식통을 인용해 다음과 같이 밝혔다.

> 미국 해군 및 합동참모본부는 태평양의 신탁통치 문제에 대해 의견이 일치하고 있다. 위의 고위관료 소식통은 마리아나, 캐롤라인, 팔라우제도는 미국이 완전한

주권을 갖고 지켜가야 한다는 견해를 갖고 이를 정부에 권유하고 있다. 또 류큐난세이제도(오키나와 포함), 이즈, 오가사와라제도, 난보제도(이오지마 포함)는 미국만의 신탁통치 지역으로서 국제연합의 신탁통치 아래에 두는 것을 바라고 있다. 이런 군부의 견해가 국무성과 기타 정부 소식통의 신탁통치에 관한 입장과 일치하는 지는 명확하지 않다. 백악관과 국무성도 아직 이 문제에 관해 입장을 완전하게 밝히고 있지 않지만, 트루먼 대통령은 "미국 장래에 반드시 필요한 도서지역은 미국만의 신탁통치를 요구할 것이다"고 밝혔고, 애치슨 국무차관은 "국제연합 헌장의 규정에는 태평양의 전략도서에서 미국의 이익을 보호하도록 돼 있다"고 언명했다.

소식통의 견해로는 국무성, 특히 국제연합기구의 강화에 지대한 관심을 갖는 관리들은 미군이 일본에서 탈취한 도서에 대한 미국의 주권문제는 가능하면 손대지 않고, 이 도서 대부분을 미국의 독점적 신탁통치 하에 두고 싶어 하는 것으로 보고 있다. 여기에서 군부와 국무성의 입장은 약간의 차이가 있는 것 같다. 그러나 양자의 차이가 의논을 통해 해소되면 정부의 최종 정책으로 결정될 것으로 보인다.

그 후 11월 7일 트루먼 대통령은 지금 미국이 통치하고 있는 일본 영토와 구 위임통치지역을 국제연합의 신탁통치제도 아래에 두는 것을 계획하고 있다는 뜻을 밝히고, 일본 영토 중에는 미나미토리시마, 오가사와라군도, 류큐제도 등이 포함돼 있는 것을 밝힌 바가 있다.

이 생각은 미국의 「7원칙」에 채용돼 '일본은 미국을 시정권자로 하는 류큐제도 및 오가사와라군도의 국제연합 신탁통치에 동의한다'고 돼 있다. 이는 미국초안, 미영초안에도 계승돼 평화조약 조문이 됐다. 다만, 미국초안에는 7원칙에 따른 신탁통치에 첨부돼야 하는 범위를 더욱 더 구체적으로 나타내는 한편, 신탁통치협정이 국제연합에서 가결될 때까지의 잠정적 조치에 대해서도 규정했다. 제2차 미영초안에는 지명을 더 정확하게 표현해 고치는 것과 함께, 미국을 '유일'한 시정권자로 한다는 '유일'이라는 자구를 삽입해 미국만이 시정권자라는 점을 분명하게 밝힌 바가 있다.

전반적으로 미국이 류큐 및 오가사와라에 대해 주목하게 된 것은 이번 전쟁 이후가 아니라 1853년 페리제독이 미일수호조약을 체결하기 위해 일본을 찾았을 때였다. 당시 영국은 이미 인도, 말레이, 홍콩, 동인도의 여러 지역을 수중에 넣고 있는 상황이었고, 미국도 동아시아 교통의 요충인 류큐, 오가사와라 등에 근거지를 얻어 이에 대항해야 한다는 생각을 갖고 있었다. 1853년 6월 25일 자로 류큐 나하에서 해군장관에게 보낸 서한 등은 페리제독의 생각을 가장 잘 나타내고 있다고 할 수 있다. 이 서한은 페리제독이 잠시 나하에 입항한 후 오가사와라를 통해 다시 나하에 귀환한 때에 보낸 것이다.

> 본직은 본 함대에 부여된 국무장관 훈시에 따른 장소에 도착해 동양 근해의 선박 대피항을 구하기 위한 임무를 수행하고 있습니다. 현재 휘하 함대가 정박한 류큐국 나하 및 오가사와라군도 중 포트 로이드(Port Lloyd, 치치지마 후타미항), 두 항구가 적당한 것으로 인정받고 있습니다. 이 두 항구는 조만간 취항할 태평양횡단 정기항로를 위해서는 가장 편리한 정박지가 될 것입니다. 앞으로 중국의 상업 중심지는 광동에서 상해가 될 것이며 옮겨가고 있는 중입니다. 만약 태평양횡단항로가 개시되면 중국산 차, 견직물은 기선에 의해 캘리포니아까지 8주 만에 도달할 것이고 이것을 고려한다면 태평양항로 개시에 따른 이익은 경시할 수 없습니다. 두 정박지의 가치 또한 미루어 알 수 있을 것입니다.
>
> 오가사와군도 포트 로이드는 저탄소, 기선정박지로 가장 적당할 뿐만 아니라 그 지리적 위치도 더 말할 것이 없을 정도이고, 하와이제도에서 상해 또는 홍콩에 이르는 항로에 가장 안성맞춤이 될 것이고, (중략)
>
> 이와 같은 사정으로 오가사와라군도의 가치여하에 구애되지 않고, 주권을 보유함으로써 만족할 수 있는 국민적 명예심까지 고려해 본직은 포트 로이트가 미국, 일본, 영국 어느 누구의 영토라는 것을 묻지 않고, 일정한 제한 하에 자유항으로 만들고자 합니다. 각국 선박에 개방하기 위해서는 국무성이 주영공사에게 훈령해 영국 정부의 양해를 얻을 필요가 있다고 믿습니다. (중략)
>
> 본직은 예정된 것과 같이 나하, 포트 로이드 두 항구를 획득해 몰래 각종 시설을 설치하면서 조금도 주민의 감정을 해치는 일없이 (중략) 류큐국은 일본제국의 가장 중요한 종속국일 지라도 우리들은 사실상 동 국의 지배권을 획득했습니다.
>
> 〈다보하시 기요시(田保橋潔) 역〉

이와 같이 페리제독은 오가사와라에 대해서는 치치지마 후타미항(二見港, 포트 로이드)에 입항했을 때 주민에게 저탄소 설치에 필요한 토지를 구입했고, 뒷날에는 부하인 플리머스(Plymouth)호 함장 켈리(J. Kelly) 중령을 오가사와라에 파견해 일찍이 미국인 코핀이 발견했다고 일컬어진 하하지마를 미국의 이름하에 정식으로 점령했다.

류큐에 대해서는 나하항을 수차례에 걸쳐 근거지로 사용하는 것과 함께 (1)석탄창고로 적당한 건축물을 임차 또는 신축, (2)미국함대 승조장교가 상륙할 즈음해 정리(貞吏, 탐정을 직무로 하는 관리)를 미행하지 않도록 하는 것, (3)시장에서 물품구입을 허락하고 함대 필수품을 구입하는데 편리하게 하는 것 등 세 가지 조건을 요구했다. 이를 거절하는 경우에는 슈리(首里)를 점령할 것이라는 뜻을 밝히고 류큐 측 관헌에게 전면적으로 승인하도록 했다. 만약 일본 정부가 미국 정부가 요구하는 개국문제에 대해 만족할 만한 답변을 주지 않을 경우에는 페리제독은 오가사와라, 류큐 두 섬을 실력으로 점령하려는 계획을 갖고 있었다.

그러나 이 같은 계획은 페리제독이 일본으로 출발한 뒤 취임한 민주당 출신의 프랭클린 피어스 대통령의 정책과 맞지 않았다. 페리제독 자신도 일본의 개국을 성공시키기 위해 두 섬의 점령을 실행하지 않고 끝내는 바람에 앞서 예정했던 오가사와라의 저탄소 설치계획도 중지됐다.

이렇게 볼 때 미국이 이번 평화조약 제3조의 지역을 신탁통치로 하는 것은 페리제독 이래의 숙원을 해결하는 것으로 주목할 만하다. 오늘날에서는 이 지역의 전략적 의의 외에 미군이 많은 피를 흘리고 스스로의 힘으로 점령한 사실까지 더해져 군부로서는 이 지역들에 대한 관심이 특히 강할 수밖에 없을 것이라고 생각된다.

이에 대해 소련은 7원칙 제안과 관련해 1950년 11월 20일 자 각서를 통해 다음과 같은 질문을 했다.

> 카이로선언에도, 포츠담협정에도 류큐제도 및 오가사와라군도를 일본의 주권 아래에서 제외해야 한다고 밝힌 적은 없다. 이들 협정에 서명할 즈음해 여기에 참가한 여러 나라는 "영토 확장에 일절 생각을 갖지 않는다"고 발표했다.
> 그와 관련해 류큐제도 및 오가사와라군도에 대해 미국을 시정권자로 하는 국제연합의 신탁통치 하에 둬야 한다고 각서에 나타나 있는데, 그 제안의 근원은 무엇인가 하는 문제가 생긴다.

그해 12월 28일 미국은 이렇게 답변했다.

> 미국 정부는 미국을 시정권자로 하는 류큐제도 및 오가사와라군도를 국제연합의 신탁통치 아래에 두는 것을 시사한 것과 관련해 소련이 '영토 확장'을 언급한 것을 이해할 수 없다. 국제연합 헌장 제77조는 제2차 세계 대전의 결과로 적국에서 분리된 지역에도 신탁통치제도를 적용하는 것을 명백하게 예정돼 있고, 신탁통치제도는 확실하게 영토 확장과 동일시되는 것이 아니다.
> 미국 정부는 류큐제도 및 오가사와라군도에 대해 카이로선언에도, 포츠담협정에도 밝히지 않았기 때문에 평화해결에 이 지역을 고려하는 것은 자동적으로 제외돼 있다고 하는 소련의 제안을 이해할 수 없다. 소련 정부는 일본의 주권이 본토 4개의 큰 섬과 우리들이 결정한 여러 작은 섬에 제한된다고 하는 포츠담선언에서 규정한 사실을 무시한 것처럼 생각된다. 따라서 평화해결을 위해 이들 제도의 장래 지위를 결정하는 것은 포츠담협정에 엄격하게 따른 것이다.

위에서 밝혔듯, 7원칙 제안은 결코 포츠담선언 위반이 아니고, 오히려 엄격하게 따른 것이라고 근거를 설명했다. 그러나 소련은 끝까지 미국의 제안이 카이로선언이나 포츠담선언 위반이라고 비난했고, 샌프란시스코회담에서도 그 지역들의 일본 잔류를 주장했다.

한편, 인도도 1951년 8월 27일 자 각서를 통해 (1)평화조약은 일본에게 자유국가의 공동사회에서 명예가 있고 평등한 동시에 만족할 만한 지위를 부여하고, (2)특히 극동의 안정적인 평화 유지에 관심을 갖는 모든 국가들이 조만간 서명할 수 있도록 작성하지 않으면 안 된다고 밝혔다. 인도 정부의 입장은 역사적으로 일본과 밀접한 관계를 가졌음을 보여주는 것이다. 인도는 침략에 의해 획득한 것이 아닌 류큐 및 오가사와라를 미국의 신탁통치에 두거나, 신탁통치가 실시될 때까지 계속해서 미국의 통치 아래에 두는 결정에 반대한다는 뜻을 표명했다. 인도는 이 같은 이유를 들어 샌프란시스코회담에 참가하는 것을 거절했다.

그러나 다른 면에서 이 지역들을 미국의 주권 아래에 두는 것을 희망하는 나라도 있고 연합국 측의 의견도 알고 있었기 때문에 미국으로서는 이 섬들에 대해 미국을 시정권자로 하는 국제연합의 신탁통치제도 아래에 두는 것이 가능했다. 동시에 일본에게 '뒷날 넘겨줄 주권'을 보유하는 것이 최선의 방법이라고 느꼈다고 샌프란시스코회담에서 덜레스 전권은 설명했다.

그렇기는 하지만, 신탁통치에 대한 사고방식은 순이론(純理論)만으로 보면 종래의 사고와 일관되지 않는 것이 있다. 국제연합 헌장 제77조에 의한 신탁통치제도 아래에 두어야 하는 지역은 가)현재 위임통치 아래에 있는 지역, 나)제2차 세계 대전의 결과로 적국에서 분리된 지역, 다)시정에 대해 책임을 지고 있는 나라에 의해 자발적으로 신탁통치제도 아래에 놓인 지역으로 되어 있다.

조약 제3조의 지역이 나)에 해당한다는 것은 앞서 기술한 1950년 12월 28일 자 소련에 대한 미국의 답변에서도 분명하게 밝혔고, 이 경우 '적국에서 분리되다'는 것은 당연히 신탁통치가 되면 주권을 잃은 것이라는 의미로 생각된다. 그렇다고는 하지만, 조약 제3조 후단에는 신탁통치 제안이 가결될 때까지는 미국이 행정, 입법 및 사법의 권력을 가진다는 뜻으로 규정돼 있지만, 제2조와 같이 권리포기의 규정은 아니기 때문에 제3조의 지역에 대해서는 신탁통치협정이 국제연합의 승인을 얻을 때까지 일본의 주권이 계속되는 것으로 말할 수 있다. 그러나 종래의 사고방식에 따르면 일단 신탁통치 아래에 놓이면 일본은 주권을 상실하는 것이기 때문에 일본의 주권 보유와 신탁통치 이론이 어떻게 조화를 이룰지 하는 문제가 향후에 남아

있다.

더욱이 신탁통치 지역에는 비전략지구와 전략지구 두 종류가 있다. 비전략지구는 국제연합 총회에 참석해 투표하는 국가 3분의 2 이상 찬성에 의해 지정되고 그 지구에서 무장은 금지되지 않지만, 시정권자가 안전을 이유로 특정지구를 폐쇄할 수 없다. 이에 반해 전략지구는 당연히 무장이 가능하고 특정지구를 폐쇄하는 것이 허락된다. 전략지구 지정에는 안전보장이사회 구성국 가운데 7개 이사국의 찬성투표를 필요로 하고 그중에 상임이사국 미 · 영 · 불 · 소 · 중 5개국 전부의 동의가 포함돼야 한다.

미국이 신탁통치를 제안하더라도, 어떤 종류의 신탁통치를 제안할지 밝히지 않았지만, 소련이 대일강화에 참가하지 않은 현재에는 전략지구로 하겠다면 안전보장이사회에서 소련이 거부권을 행사할 가능성이 높다. 당연한 결과로 미국이 총회에 대해 비전략지구로 지정을 제안할 수밖에 없을 것으로 생각된다. 그러나 이 경우에는 특정지구를 폐쇄하는 것은 허락되지 않음은 앞에서 밝혔다.

이같이 볼 때 미국이 조약 제3조 지역에 대한 신탁통치를 제안하는 데에는 여러 가지 장애가 예상되기 때문에 당분간 실행을 미루는 것을 고려할 것으로 추측된다. 지난 1951년 9월 18일 시볼드(William J Sebald) 총사령부 외교국장이 미일협회의 연설에서 "제3조에 관해 국제연합 신탁통치에 회부하는 문제는 미국이 이를 제안할 때까지 연기한다는 의미다"라고 밝힌 것은 당연하게 그렇게 되어가고 있음을 나타낸다. 특별히 이 점을 강조한 것은 당분간 미국이 신탁통치 제안을 할 의사가 없음을 시사하는 것으로 해석된다.

제3절 영토변경에 따른 여러 문제

일반적으로 영토변경을 할 경우에는 분리하는 지역 주민의 국적이나 그 지역에 있는 재산에 대한 약정이 있어야 한다. 그러나 이번 평화조약에서는 여러 가지 사정 때문에 그 문제에 대한 결정은 거의 대부분 뒤로 미뤄졌다.

1. 국적

먼저 국적에 대해서는 이번 평화조약에서 한마디도 언급돼 있지 않다. 일본이 권리, 권원 및 청구권을 포기하는 지역 가운데 귀속처가 정해지지 않은 곳이 많기 때문이다. 대만, 쿠릴(千島), 사할린(樺太)은 이번 평화조약에 관한한 어느 나라 영토가 될지 결정되지 않았기 때문에 주민의 국적을 정할 수 없다. 류큐, 오가사와라에 대해서는 미국의 신탁통치가 행해질 때까지 일본의 주권이 존속하는 것은 의심할 바 없고 그 후에도 일본에게 잠재적인 주권을 남겨두는 방식이 고안된다면 주민의 국적변경에 대한 문제는 생기지 않는다. 그러나 신탁통치에 회부할 때에는 국제연합의 승인을 필요로 하고, 국제연합이 법리상 의심스런 그 같은 방식을 승인할지 어떨지는 알 수 없어 주민의 지위 변경이 없을 것이라고 보장할 수 없다. 조선은 독립을 승인받았기 때문에 평화조약 중에서 국적문제를 결정하겠다고 하면 결정할 수 있겠지만, 두 개의 정권이 대립하고 전쟁을 했기 때문에 결정을 일시 유보한 것이다. 조선에 대해서는 이 문제를 결정해야 할 때가 다가오고 있다.(제175장 2 참조) 그러므로 아주 간단하게 국적변경에 관한 전례를 소개해 이 문제의 이해를 돕고 싶다.

전례에 따르면 할양지역 또는 독립한 지역의 원주민은 지금까지의 국적을 잃고 양수국 또는 독립국의 국적을 취득했다. 그렇지만 주민 의사와 관계없이 국적 변경이 되는 것은 잔혹하기 때문에 인도적인 견지에서 종래의 국적을 회복하고 싶은 사람은 일정 기간(1년 혹은 2년) 동안 선택권을 줬다. 선택권을 행사한 사람이 그 땅에 계속 거주할 수 있을 지에 대해서는 전례가 일치하지 않아 일정기간(보통 1년) 안에 퇴거해야 한다는 조약(베르사유 조약 제36조, 제37조, 제58조, 제91조, 제106조, 제113조)과 퇴거를 요구받을 수 있을 뿐이라는 조약(이탈리아 평화조약 제19조)이 있다. 뒤에 기술한 것처럼 예전 조선, 대만에는 호적법이 시행되고 있었기 때문에 일본인으로 대만, 조선에 거주하는 사람도 일본에 본적을 갖고 있었고, 대만, 조선에 있던 일본인은 유용자(留用者, 사람을 자기 나라에 머물게 해서 부린다는 뜻으로 일본 패전 후 기술자, 군인 등 8천~1만 명이 중국에서 인민해방군 요청으로 국민당과의 전쟁에 협력한 사람)를 제외하고 종전 후 전부 일본으로 철수했다. 그러므로 외지에 남은 일본인의 선택권은 문제가 되지 않을 것이다. 문제는 일본 국내에 있던 조선인 및 대만인에 대한 조치다.

화제의 순서에 따라 이들 외지인이 종전 후 일본에서 어떤 대우를 받았는지에 대해 설명하지 않으면 안 된다. 먼저 신분관계부터 말하면 류큐인은 신분법에 일반 일본인과 다르게 대우받지 않았다. 류큐에는 일본 정부의 행정권이 미치지 않았기 때문에 류큐에 본적을 가진 사람은 신분관계 처리를 후쿠오카에서 했다. 조선인 및 대만인에 대해서는 민법 및 호적법이 적용되지 않았기 때문에 신분관계의 이동이 정지돼 있다. 이들은 그때 사정에 맞춰 편의적으로 대우되고 있다. 즉 외국인등록령(1947년 5월 2일 칙령 제207호)을 적용해 조선인 및 중국(국민당 정부) 대표단에 등록한 대만인은 외국인이 되고, 「외국인 재산 취득에 관한 건」(1949년 3월 15일 정령 제51호)을 적용해 등록 대만인은 외국인임을 다시 확인했다. 이밖에 등록 대만인은 연합국 국민과 마찬가지로 일본의 형사재판 관할에 따르지 않았지만(1947년 2월 25일 중국인 등록에 관한 총사령부 각서 참조), 그 후 연합국 국민에 대한 형사재판 관할이 일본에 넘어가면서 이 특권은 소멸됐다(1950년 10월

18일 민사 및 형사재판 관할에 관한 총사령부 각서 참조). 이처럼 일련의 제도에 따라 이들은 외국인으로 취급되지만, 단속의 필요성에 근거한 조치일 뿐, 국적을 결정하는 문제와는 상관없다.

현재로서는 이들 외지인은 일본의 제도에 따라 다르게 취급받고 있기 때문에 평화조약이 효력을 발생한 후에도 이 제도가 바뀌지 않는 한 현재와 같은 대우가 계속될 것이다. 그러나 한국과는 머지않아 국교 정상화가 이뤄지기 때문에 적어도 조선인에 대해서는 시급하게 국적문제를 해결하지 않으면 안 된다. 일본에 있는 조선인 중에는 일본 국적을 희망하는 사람이 다수인 상황이지만, 종전 전 일본에 주소를 옮긴 사람을 제외하고는 전부 한국 국적을 취득할 수밖에 없을 것이다.

2. 분리지역에서의 재산 처리

(1) 일본 재산 및 청구권 처리방법

패전국에서 분리된 지역에 있는 국유 또는 공유 재산을 양수국이 취득하는 것은 국제법상 일반적인 원칙이다. 예를 들면 이탈리아 평화조약(제14 부속서 제1항)은 분리지역에 있는 이탈리아 국유 또는 준국유 재산을 양수국이 무상으로 수령하는 것을 규정하고 있다. 이 경우 '국유 또는 준국유 재산'이란 것은 이탈리아국, 지방관헌, 공공시설 및 공유 회사 또는 조합의 동산 및 부동산, 종전의 파시스트당 또는 보조단체에 속하는 동산 및 부동산을 말한다. 베르사유 조약에서도 분리지역에 있는 독일 및 국가 재산을 양도받도록 규정(제256조 제1항)돼 있고, 이 경우 왕실재산, 전 독일황제 및 왕실 사유재산도 국유재산과 같이 취급됐다(동 조항 제2항). 그러나 분리지역에 있는 사유재산의 처리에 대해서는 이 같은 선례가 확립되어 있지 않다. 예를 들면 베르사유 조약과 이탈리아 평화조약의 규정을 비교해도 다음과 같이 처리방침이 다르게 되어 있다.

(가) 양도국의 국적을 보유한 채 분리지역에 거주하는 주민이 해당 지역에서 보유한 재산에 대해 베르사유 조약(제297조)에서는 청산하도록 돼 있지만, 이탈리아 평화조약(제14 부속서 제9항)에서는 청산하지 않도록 돼 있다.

(나) 분리지역에 거주하지 않는 패전국 국민이 해당 지역에서 보유한 재산에 대해 베르사유 조약(동 조)에서는 청산하도록 돼 있지만, 이탈리아 평화조약(제79조 제6항)에서는 청산하지 않도록 돼 있다. 휴전일부터 조약 실시일 사이에 청산된 경우에는 청산조치를 해제해 반환하도록 돼 있다(제14부속서 제9항).

원래 일본에서 분리된 지역은 평화조약의 효력 발생에 의해 분리가 정식으로 결정될 때까지 일본 영토의 일부이기 때문에 당연히 일본과의 전쟁상태는 있을 수 없어 그 주민이 일본에 대해 배상청구권을 가질 수 있는 것도 아니다. 이 같은 점으로 인해 분리지역의 일본 재산에 관해서는 연합국, 중립국 및 구 주축국에 있는 일본 재산처럼 배상에 충당한다는 규정을 적용하는 것은 아니어서 결국 앞서 밝힌 것처럼 일본과 분리지역의 시정권자 간의 약정에 의해 처분을 결정하게 된다. 그러나 이들 분리지역을 일본이 영유한 기간에 일본 정부 및 국민과 해당 지역 주민의 사이에 여러 형태로 발생한 청구권이 있다. 예를 들면 분리지역에 본점을 가진 일본 은행에 대한 예금이라든지 일본 정부, 법인, 개인의 미지급금에 관해 은행의 해당지역 주민은 청구권을 가질 수 있다. 일본 측도 은행의 해당지역 주민에 대한 대출 미회수금이라든지 일본 정부, 법인, 개인에 대해 해당지역 주민이 납세, 지불, 공출, 대가의 제공 등을 이행하지 않은 부분에 대해 청구권을 가질 수 있을 것이다. 이 같은 채권 · 채무관계를 근거로 하는 청구권이 영토의 할양, 분리에 의해 소멸하지 않는다는 것은 이탈리아 평화조약(제16부속서 제13항), 베르사유 조약(제72조)에서도 확인할 수 있다. 대일평화조약에서 이 같은 청구권의 처리는 앞에서 밝힌 재산의 처리와 함께 일본과 분리지역의 시정권자 사이에 이뤄지는 약정에 달려 있다.

(2) 연합국 재산의 손해보상

나아가 대일평화조약에서는 분리지역에 있는 연합국 재산이 아직 반환되지 않았다면 해당지역의 시정권자가 현재 상황으로 반환하지 않으면 안 된다고 규정돼 있다(제4조(a)).

일본은 평화조약 제15조(a)에 근거해 일본에 있는 연합국 및 그 국민의 재산을 반환하지 않으면 안 되지만, 이 경우 '일본' 중에는 당연히 분리지역이 포함되지 않는다. 이것은 「연합국재산보상법」에 있는 손해배상의 범위를 연합국 국민이 개전 때 일본에서 갖고 있는 재산에 한정되며(제3조) 일본이란 평화조약에 의해 일본이 주권을 회복하는 지역(제2조)이라고 하는 것이 분명하다. 그렇다고는 하지만, 보상법은 조약에서는 없고 일본 국내법에 지나지 않지만 이 법률은 연합국 측의 승인을 얻었기 때문에 실질적으로는 평화조약의 일부라고 할 수 있다. 이탈리아 평화조약(제78조 7항)에서는 분리지역에 있는 연합국 재산이 전쟁 중에 입은 손해에 대해 이탈리아가 계속해 책임을 지도록 돼 있다. 일본의 경우에는 위와 같이 분리지역의 시정권자가 책임을 지게 돼 있지만, 연합국 재산에 손해를 끼친 행위 자체에 대해서는 하등의 책임을 질 필요가 없는 시정권자에게 이처럼 보상의 의무만을 지우는 것은 이론적으로는 매우 이상한 규정이다. 그러나 실제로는 대부분 충분할 정도의 연합국 재산이 존재하지 않기 때문에 앞으로 보상에 관해 귀찮은 문제가 생기는 것은 아닐 것이다. 그렇기 때문에 위와 같이 규정한 것이 있고 이탈리아의 분리지역과 같이 연합국 재산이 상당히 있으면 일본에 계속해 보상의 책임을 지우게 될지 모른다.

(3) 주한(駐韓) 미군정청(美軍政廳)의 일본재산처리의 승인

제4조(b)는 '일본은 제2조 및 제3조에서 언급한 지역 어딘가에 있는 미군정청에 의해, 또는 그 지령에 따라 시행된 일본 및 국민의 재산 처리의 효력을 승인한다'고 규정돼 있다. 이 조항은 최종조약문에 처음부터 들어가 있다. 분리지역에서 미군정이 시행된 것은 오키나와와 조선이지만, 이 조항이 마련된 것은 한국의 대일배상청구 요구에 대처하기 위한 조치로 보인다. 즉 주한 미군청청은 1945년 12월 6일 명령 제33호에서 일본 재산을 관리했지만,[35] 한국 독립 후 1948년 9월 11일의 결정으로 이를 한국 정부에 이전했

---

35) 명령 제33호 문장은 다음과 같다.

재조선미육군사령부
군정장관실

명령 제33호 1945년 12월 6일

조선 내 일본 재산에 대한 귀속권

섹션 1. 공보(公報)에 게재된 바 없는 명령 제31호는 비록 발표된 바 없지만 이로써 무효이고 법적 효력이 없음을 공표한다.

섹션 2. 1945년 8월 9일 이후 일본 정부 또는 그 기관, 또는 그 국민, 기업, 협회, 조합, 또는 일본 정부에 의해 설립되거나 통제되는 여타 조직에 의해 직간접적, 전체 혹은 부분적으로 소유되거나 관리되는 모든 금, 은, 백금, 통화, 금융기관의 증권 계정, 예금, 유가증권, 그리고 그 관할구역 내 모든 종류의 여타 재산, 그리고 그 수익금은 이로써 1945년 9월 25일자로 조선 군사정부에 귀속되고, 그런 모든 재산은 조선 군사정부에 의해 소유된다. 누구든 조선 군사정부의 허가 없이 그런 재산의 소유권을 얻거나 소유하거나, 그런 재산의 일부분을 없애거나, 또는 그 가치나 효용을 손상시키는 것은 불법이다.

섹션 3. 이 명령은 섹션 2에 의해 조선 군사정부에 귀속된 재산을 소유, 관리, 또는 통제하는 모든 보관인, 관리인, 관리, 은행, 신탁회사 그리고 다른 모든 개인, 조직 또는 단체에게 요구된다.

a. (1) 그 재산을 그대로 유지할 것. 군정장관의 지시를 조건으로, 그리고 양도하지 말고 다르게 처리하라는 지시가 있을 때까지.

다.[36] 조선은 일본과 전쟁상태가 아니었기 때문에 일본에 대해 배상청구권

---

(2) 관리, 유지, 보호하고 그 재산의 가치와 효용을 훼손하는 어떤 조치도 막을 것.

(3) 정확한 기록과 회계를 유지할 것.

b. 군정장관의 지시를 받을 때:

(1) 1945년 8월 9일 이후 재산 관련 필요한 자료를 제공하는 보고서와 관련된 모든 영수증과 비용을 제출하라.

(2) 그 재산과 모든 책, 기록물 그리고 계좌에 대한 관리와 통제를 인도하라; 그리고

(3) 그 재산과 모든 수입과 수익을 설명하라.

섹션 4. 이 명령의 조항 또는 명령 관련 허가 또는 지시를 위반하는 개인은 진주군 군사재판소의 판결에 따라 법정이 정한 처벌을 받게 될 것이다.

섹션 5. 이 명령은 공보(公報)에 공표되는 즉시 발효된다.

재조선미육군 사령관의 명령에 의해

A. V. 아놀드
미 육군소장
조선 군정장관

36) 1948년 9월 11일 서명된 「미국 정부와 대한민국 정부 간 재정 및 재산 해결에 관한 최초의 합의」 중 일본 재산의 귀속이전과 관계가 있는 제5조 및 제6조에 대한 문장은 다음과 같다.

미 정부와 한국 정부 간 최초의 재정 및 재산 합의
(개요)

(1948년 9월 11일, 서울에서 서명)

제5조

조선 정부는 재조선미육군사령부군정청에 의해 이미 발효된 것처럼 재조선미육군사령부군정청의 명령 제33호에 따라 귀속된 구 일본의 공적 · 사적 재산에 대한 처분을 인정하고 비준한다. 이 협정의 제1조와 9조에 포함된 미 정부에 의한 재산의 취득과 사용에 관한 예외사항을 제외하고, 귀속됐으나 매각되지 않은 나머지 재산, 임대 및 판매 계약의 미사용 순이익금은 다음과 같이 조선 정부에 이양될 것이다:

(a) 모든 현금, 은행 예금 또는 다른 유동 자산은 이로써 이 협정의 효력일자로 이양된다.

(b) 이양되는 다른 모든 귀속 재산은 모든 가능한 목록, 지도, 증서, 또는 다른 소유권

을 가질 수 없지만, 종전 후 자주 대일배상을 요구할 권리가 있다고 주장했다.[37] 한국은 미국초안이 발표된 즈음에도 조선에 있는 일본 재산을 한국에

증거물과 함께 조선 정부에 점진적으로 넘겨질 것이다. 이는 대차대조표, 손익계산서, 그리고 귀속 재산 관련 다른 재무 기록에 의해 뒷받침되고, 법적인 양도가 효력을 발휘하는 것처럼 빠르게 처리된다. 조선 정부는 조선 국민의 이익을 위해 명령 제33호에 따라 지금까지 귀속된 재산을 수령하고 관리하는 별개의 정부 기구를 설립하는데 동의한다. 귀속 재산은 이 조항에 의거해 조선 정부에 이양되거나 이양될 것이다.

조선 정부는 이 조항에 따라 조선 정부에 의해 획득된 조선 내 구 일본 재산에 있어서, 일본과 교전국 국민의 직간접적 권리와 이익을 존중하고 보존하고 보호할 것이다. 그러한 권리와 이익이 명령 제33호의 효력일 이전에 성의 있는 양도에 의해 법적으로 획득됐을 때 적용된다.

조선 정부는 이로써 미국의 모든 법적 책임을 면제한다. 이는 이 조항에 언급된 재산의 귀속, 관리와 처분으로 인해 발생하는 현재와 미래의 모든 청구를 포함한다.

제6조

일제 정부에 의해 적산(敵產)으로 처리된 다른 재산과 함께, 전시 규정 아래 일제 정부에 의해 몰수 또는 압류된 조선 내 재산과 제5조 조항에 따라 조선 정부로 이양된 재산은 합법적인 소유권자가 합당한 기간 내에 재산의 반환을 요구해 그 소유권자에게 반환될 때까지 조선 정부에 의해 보호되고 보존될 것이다. 조선 정부는 조선 정부와 소유권자 간 상호 합의에 의해 달리 제공되지 않는 한, 그런 모든 확인 가능한 재산의 반환을 책임진다. 재조선미육군사령부군정청에 의해 시작된 정책을 이어서, 조선 정부는 소유권자의 관리 아래 없었던 기간 동안 발생한 그런 재산의 손상 또는 손실에 대해, 일제 정부와 그 기관, 대행기관 또는 그 국민에 의해 전쟁 목적으로 몰수 또는 압류된 조선 재산의 손실 또는 손상에 대해 조선 정부가 지불하는 보상과 같은 수준으로, 소유권자에게 보상할 책임을 진다. 조선 정부는 이로써 이 협정의 효력일 이전에 이 조항에 언급된 재산의 관리로 발생하는 모든 청구에 대한 미 정부의 법적 책임을 면제한다.

37) 1948년 8월 27일 서울발 조통특보(KIP, 朝通特報)는 조선의 대일배상 요구에 대해 다음과 같이 전하고 있다.
"조선의 대일배상요구액은 1945년 8월 9일 현재 가격으로 약 480억 엔에 이르는 것으로 추산되고 있다. 현재 조선 · 일본 간 환율이 결정돼 있지 않기 때문에 정확한 평가는 곤란하지만, 종전 시 일본화폐 15엔에 대해 1달러로 환산해도 오늘날 일본엔으로 환산하면 8,460억 엔에 달한다. 이 배상액의 계산은 임시정부(신정부 수립 전) 심사위원회, 각 부처 장 및 미국인 고문이 긴밀하게 연락해 조사했다. 이렇게 완성된

귀속한다는 뜻이 명확하게 규정된 조항을 조약에 넣어야 한다고 의견을 밝혔다. 이 같은 요청을 살펴 위의 (b)가 최종조약문에 추가된 것으로 생각된다. 이로 인해 일본은 주한 미군정청이 시행한 일본 재산의 처분이 유효하다는 것을 승인하게 된 것이다.

그런데 여기에서 문제가 되는 것은 이처럼 재산 처분을 일본이 승인한다고 하면 제4조(a)와의 관계가 어떻게 될까 하는 점이다. 한국에 있는 일본 재산은 제4조(a)에 의해 특별결정의 주제로부터 완전하게 제외하도록 돼 있는지, 아니면 특별결정의 주제라고 할 수 있는 것인지 하는 문제가 생기게 된다. 앞서 밝힌 명령 제33호에 의하면 일본 재산에 대한 소유권은 '1945년 9월 25일부로 조선군정청이 해당 재산을 소유한다'(제2조)고 돼 있고, 1948년 9월 11일 한미협정(제5조)에서는 위의 명령 제33호를 근거로 조선군정청이 이미 시행한 일본 재산의 처분을 한국 정부가 추인하는 동시에 지금까지 조선군정청에 귀속돼 있는 일본 재산을 한국 정부에 이전하는 것을 규정하고 있다. 일본으로서는 제4조(a)에 의해 이처럼 재산 이전을 시행한 조치 자체에는 물론 이견을 제기할 수 없다. 그러나 일본이 이 같은 조치를 승인하는 것은 조선에 있는 일본 재산에 관해 완전하게 청구권을 포기하는 것을 의미하는 것일까. 이 문제는 조선군정청이 행한 조치를 일본 재산의 몰수라고 볼 수 있을지 어떨 지에 따라 저절로 결론이 달라진다. 거기에는 앞에서 밝힌 명령 제33호에 '소유권은 조선군정청에 귀속하고 조선군정청이 해당 재산을 소유한다'는 규정이 영문으로 어떻게 쓰여 있는 지를 보면 'is hereby vested in…, and…is owned by'라고 돼 있다. 또 한미협정 제5조에서도 '귀속결정'이라는 말이 사용되고 있다. 'vest'라는 단어는 예를 들면 신탁관계로 위탁자가 신탁재산을 수탁자에게 맡기는 경우에도 사용되지만, 이 경우 신

조사 결과는 최근 신정부에 이관됐다. 적산(조선에 있는 일본 재산)이 앞으로 어떻게 취급될 지는 불분명하지만, 개인재산의 총 8할을 차지하는 일본인 재산과 상쇄한다고 하면 예상보다 한층 낮아질 것으로 보인다."

탁재산의 소유권은 수탁자에게 이전하는 대신에 수탁자는 위탁자에게 일정한 급부를 행하는 채무를 지우게 된다. 또 영국의 적국거래금지법에 의하면 적산(敵産)을 적산관리인에게 'vest'시킨다고 돼 있지만, 이것은 전쟁 중 적산관리인에게 적산을 관리하게 하는 것으로 최종 처분의 권한을 준 것으로 볼 수 없다. 그렇다면 조선의 경우에 사용되고 있는 'vest'는 이 같은 적산관리의 조치와 같은 의미가 있는 것으로 봐도 타당할 것이다. 또 한미협정 제5조(b)에서 한국 정부가 한국 정부에 이전한 일본 재산을 '한국 인민의 이익을 위해 수령해 관리하는 별개의 정부기관을 설치하는 것에 동의한다'고 규정하고 있는 것을 볼 때도 일본 재산의 관리보전에 관한 권한을 한국 정부에 이전한 것뿐이지, 최종 처분의 권한을 준 것으로 간주할 수 없다. 동 조항의 뒷부분에서는 '한국 정부는 이 조항에 언급한 재산의 귀속결정, 관리 및 처분에서 발생하는 현재 및 장래의 모든 청구를 포함한 책임으로부터 미국을 제외한다'고 돼 있다. 여기에서는 청구권의 책임이 미국에서부터 한국 정부로 이양돼 있는 것일 뿐으로, 일본과 한국 간의 청구권을 어떻게 할지에 대해서는 조금도 손대지 않았다. 하지만 그 후 1949년 10월 19일 한국 정부는 귀속재산처리법(법률 제74호)을 공포해 귀속재산의 소유, 매각, 관리 등에 관해 각각의 규칙을 제정했다. 이 같은 점을 보더라도 한국 정부는 일본 재산권의 이전을 몰수와 같은 의미로 해석한 것처럼 보이지만, 원래 한국에는 대일배상청구권이 없기 때문에 일본 재산을 배상에 충당하기 위해 몰수하고 청산하는 것은 할 수 없다. 또 육전(陸戰)법규에 의하면 점령군은 점령지에 있는 사유재산을 몰수할 수 없고(1907년「육전의 법규관례에 관한 조약」부속서「육전의 법규관례에 관한 규칙」제46조 제2항), 국유재산에 대해서도 단지 관리자 및 용익권자(用益權者)가 되는 것에 지나지 않도록 돼 있다(동 제55조). 배상청구권이 없기 때문에 은급(연금)청구권이나 금전채권과 같은 일반적인 대일청구권을 담보로 해 일본 재산을 관리한다고 하면 불합리하지 않다. 이 같은 청구권은 일본도 한국에 대해 갖고 있다. 일본은 제4조(b)에 의해 한국에서의 일본재산 처리가 유효한 것을 인정했기 때문에 일본 재산의 귀속처가 이전한 것이나 매각, 기타 방법으로 처분되는 것에 대해 이의를 제기할 수 없다. 그러나 일본 재산을 매각하든지 임대하는 때에는 그 매각대금이나 임대관계에서 발생한 수익에 대해서는 청구권을 가질 수 없을까 하는 점을 여기에서 생각할 수 있다. 그렇다면 일본의 한국에 대한 청구권에는 제4조(b) 규정이 전면적으로 적용되기보다는 특별결정의 대상으로 할 수 있는 것이 있다.

3. 해저전선

재산 중 해저전선에 대해서는 별도 규정이 있다. 즉 일본과 '일본의 지배로부터 제외된 지역'을 연결한 일본 소유 해저전선은 일본과 분리된 지역이 절반씩 보유한다(제4조(c)).

'일본의 지배로부터 제외된 지역'은 제2조에 언급한 것뿐이지만, 제3조에 언급한 것을 포함하는 것인지, 또 관동주(關東洲, 중국 요동반도)조차지(제10조 참조)까지 포함하는지 분명하지 않다. 제2조에 언급한 지역을 포함하면 22개이고, 거기에 관동주를 포함하면 24개다.[38)]

그 이외의 일본 소유 해저전선에 대해서는 규정이 없지만, 현재 재산에

---

38) 네무로(根室)－구나시리섬(國後島)－사카노시타(坂ノ下, 홋카이도 왓카나이 부근)－가이바섬(海馬島, 사할린 서남) · 사루후츠(猿拂, 홋카이도 기타미국)－이시하마(石浜, 사할린 최남단) · 사루후츠－메레(女麗, 사할린 오토마리 부근)[4개] 나가사키(長崎)－단수이(淡水)[2개] · 지쿠미(千酌, 시마네현)－울릉도 · 요시미(吉見, 야마구치현)－암남(부산 부근)[5개] 소쓰토하마(卒土浜, 쓰시마)－궁농리(부산 부근) · 무로쓰(室津, 야마구치현)－용호(龍湖)－(부산 부근) · 고모다(小茂田, 쓰시마)－궁농리 · 쓰시마－부산 제1루트(구 고쿠사이전기통신주식회사 소유) · 쓰시마－부산 제2루트 가마쿠라(鎌倉)－오가사와라(小笠原) · 오하마(大浜, 가고시마현 오스미군)－아마미오시마(奄美大島)

사세보(佐世保)－다롄(大連) · 나가사키－다롄(구 만철소유)

관한 규정(제14조(a)2)이 적용될 것이다.

이탈리아 평화조약(제14부속서 제3항)에서는 할양지역 내의 한 지점과 계승국의 영역 밖에 있는 한 지점을 연결하는 이탈리아 해저전선은 단국시설 및 할양지역의 영해내 수역에 있는 전선에 관한 한 계승국이 수령한다고 돼 있다.

제5장
국제연합과의 관계

1. 국제연합의 세계성

앞서 기술한 것처럼 점령 및 관리를 진행하는 단계에서는 일본이 어느 정도 외교기능을 행사하는 것을 인정받았고 평화조약 서명 후에는 대내외에서 일본의 자주권을 급속하게 회복하고 있다. 현재 대외관계는 전전과 큰 차이 없는 상태에 이르렀지만, 점령 하에 있을 때는 연합국총사령부의 통제를 받는다. 이 통제는 평화조약 효력 발생과 동시에 없어져 일본은 완전한 외교능력을 회복한다. 그 때 일본은 우선 첫 번째로 국제연합에 가입 신청하는 의도를 갖고 있음을 전문에서 선언하고 있다. 여기에서 국제연합을 언급한 것은 그 목적 및 구성국으로 보아 국제연합은 세계적인 기구여서 여기에 가입하지 않으면 국제사회 일원으로서의 자격을 인정받지 못하기 때문이다. 그러므로 일본이 국제사회에 복귀하기 위해서는 무엇을 하더라도 먼저 국제연합에 가입하지 않으면 안 된다. 일본의 가입에 대해 조약 본문 중에서 법률상의 의무로 규정되지 않고 전문에서 일본의 일방적 선언 형식으로 규정돼 있다. 이는 강제가 아니라, 일본의 자유의사에 따라 국제연합 가입문제를 결정하도록 한다는 생각에 의한 것이다(1951년 3월 3일 덜레스 연설 참조).

국제연합은 목적과 구성국 면에서 세계적이다. 국제연합의 목적이 무엇인가 하면 평화유지와 국제협력, 두 가지다. 국제적으로 평화를 유지하기 위해서는 국제분쟁이 일어났을 때 이를 해결하는 것만으로는 충분하지 않다. 스스로 나서서 국제분쟁의 원인을 없애겠다는 것이 국제협력의 지향점이다. 그러기 위해서는 경제 사회 위생 문화 등 모든 방면에서 여러 나라가 협력하지 않으면 안 되지만, 국제연합이 중심이 돼 노력을 조정하는 역할을 하겠다는 것이다. 국제기구는 많이 있지만, 모든 국제문제를 다룰 수 있는 것은 국제연합 말고는 없다.

이처럼 넓은 목적을 가진 국제기구는 국제연합이 처음은 아니고, 국제연맹이라는 전례가 있다. 국제연맹은 주지하는 바와 같이 제1차 세계대전 후 창설됐고 일본은 주요한 동맹 및 연합국의 일원으로 상임이사국 지위에 있었지만, 만주사변 때문에 탈퇴했다. 국제연맹에는 미국이 처음부터 참가하지 않았으며 1933년 이후 일본 · 독일 · 이탈리아가 탈퇴했고 소련은 제명됐다. 대국(大國) 중에 남은 나라는 영국과 프랑스 정도였다. 제2차 세계대전 직전에는 중요한 정치문제는 연맹 밖에서 다뤄져 국제연맹은 국제정치의 무대로서 그 의의를 상실했다. 이 같은 상황이 된 것은 국제연맹이 당초 기대와는 달리 세계평화라는 높고 원대한 이상을 추구하는데 태만했는데다 베르사유 체제 유지를 위한 도구로 이용되면서 운영에 유감스런 점이 있었던 것이 근본 원인이다. 말기의 국제연맹 기능은 사실상 국제협력 분야에 한정됐고 제2차 세계대전은 그 분야의 활동까지 저해해 연맹 존립에 치명상을 안겼다.

국제연합은 제2차 세계대전 중 국제연맹을 대신하는 평화기구로 설립하기로 계획됐다. 기초법인 국제연합 헌장은 종전 전인 1945년 4월 25일~6월 26일 샌프란시스코에서 열린 「국제기구에 관한 연합국 회의」에서 50개국 대표가 서명했고 같은 해 10월 24일 발효됐다. 그러나 실제 활동을 개시한 것은 1946년 1월부터다.

국제연합 원명은 The United Nations이다. United Nations라는 것은 원래 연합제국(聯合諸國)을 의미하고, 이 말이 처음 사용된 것은 1942년 1월 1일 연합국 선언(평화조약 제26조 참조)에서다. 이 선언에서는 워싱턴에 모인 26개국이 전쟁을 완수하는 결의를 표명하는 동시에 단독 휴전 · 강화를 하지 않기로 서약했다. 전쟁이 진행됨에 따라 추축국에 대한 선전(宣戰, 전쟁 개시)에 참가하는 나라가 증가해 선언 참가국은 47개국에 달했다. 참가국은 다음과 같다.

미국 영국 소련 중국 오스트레일리아 벨기에 캐나다 코스타리카 쿠바 체코슬로바키아 도미니카 엘살바도르 그리스 과테말라 아이티 온두라스 인도 룩셈부르크 네덜란드 뉴질랜드 니카라과 노르웨이 파나마 폴란드 남아프리카공화국 유고슬라비아 멕시코 필리핀 에티오피아 이라크 브라질 볼리비아 이란 콜롬비아 라이베리아 프랑스 에콰도르 페루 칠레 파라과이 베네수엘라 우루과이 터키 이집트 사우디아라비아 시리아 레바논

이처럼 United Nations라는 것은 원래 추축국과 싸우는 국가들의 군사동맹 명칭이었고 후에 루스벨트 대통령의 제안에 따라 평화기구의 명칭으로 사용하게 됐다. 중국어로는 평화기구의 명칭도 "聯合國(연합국)"(일본어로 連合國이라고 쓰는 것은 聯자가 제한 한자이기 때문이다)으로 불리지만, 그것으로는 연합제국(連合諸國)을 가리키는 것인지 평화기구를 가리키는 것인지 구별이 어려웠다. 일본어로는 후자의 의미로 사용하는 경우에는 국제연합으로 번역하게 됐다.

국제연맹은 제1차 세계대전의 여러 평화조약(대독 베르사유 조약, 대오스트리아 생제르맹 조약, 대헝가리 트리아농 조약, 대불가리아 뇌이 조약) 제1편(연맹규약)에 의거해 설립됐지만, 전쟁 종결 후 만들어졌기 때문에 동맹 및 연합국 외에 중립국들도 원연맹국(原聯盟國)이 됐다. 그런데 국제연합은 앞서 기술한 것처럼 전쟁 중 군사동맹에서 발전했기 때문에 원가입국은 연합국, 즉 추축국과 전쟁상태에 있는 국가로 한정돼 있다. 그렇지만

그 이외의 국가라도 일정한 자격과 절차를 조건으로 가입이 가능해 국제연합 가입국은 현재 원가맹국 51개국(샌프란시스코 회의에 출석한 50개국과 폴란드)에 신가입국을 더해 60개국이 돼 있다. 그 외에 국제연합의 주요기구인 국제사법재판소만 참가하는 국가가 2개국이다. 국제연합 가입국 및 국제사법재판소 참가국은 다음과 같다.

국제연합 가입국
아프가니스탄 아르헨티나 오스트리아 벨기에 볼리비아 브라질 버마 백러시아(벨라루스) 캐나다 칠레 중국 콜롬비아 코스타리카 쿠바 체코 덴마크 도미니카 에콰도르 이집트 엘살바도르 에티오피아 프랑스 그리스 과테말라 아이티 온두라스 아이슬란드 인도 라이베리아 이란 이라크 이스라엘 멕시코 네덜란드 뉴질랜드 니카라과 노르웨이 파키스탄 파나마 파라과이 페루 폴란드 필리핀 사우디아라비아 타이 스웨덴 시리아 터키 우크라이나 남아공 소련 영국 미국 우루과이 베네수엘라 예멘 유고슬라비아

국제사법재판소 참가국
리히텐슈타인 스위스

이외에 국제연합 가입을 신청한 국가는 18개국이며 그 국가는 다음과 같다.

알바니아 몽골 요르단 아일랜드 포르투갈 헝가리 이탈리아 오스트리아 루마니아 불가리아 핀란드 스리랑카 한국 북한 네팔 베트남 리비아 베트남민주공화국(북베트남)

이를 보면 알 수 있듯, 국가다운 국가로 국제연합에 가입하지 않거나 가입 신청을 하지 않은 국가는 일본, 독일, 스페인 정도다. 일본과 독일이 아직 가입하지 않은 것은 당연하지만, 스페인이 가입하지 않은 것은 다음과 같은 특수한 사정 때문이다. 스페인의 프랑코 정부는 이탈리아 · 독일 원조에 의해 당시의 공화정부를 무너뜨리고 정권을 차지했기 때문이다. 국제연

합은 스페인을 준추축국으로 취급해 국제연합 및 국제기구에서 배제했다. 그러나 스페인에 대한 보이콧은 제5회 총회에서 폐기됐기 때문에 스페인은 간신히 국제적 고립상태에서 벗어날 수 있었다.

국제연합의 세계성을 가장 잘 나타내는 것은 소련 및 그 위성국이 모두 가입(우크라이나, 벨라루스, 체코, 폴란드, 이밖에 중화인민공화국 승인 문제가 있음)해 있거나 가입 신청(알바니아, 몽골, 헝가리, 루마니아, 불가리아, 북한, 베트남민주공화국)을 했다는 점이다.

이 같은 점은 다른 국제기구에서 볼 수 없는 현상이다. 미·소 대립이 격화됨에 따라 국제연합 내에서 소련에 반대하는 분위기가 농후해졌음에도, 소련은 국제연합에서 탈퇴할 기색이 전혀 없을 뿐만 아니라 오히려 국제연합을 이용해 외교정책을 추진하려고 한다. 미국도 소련을 국제연합에서 쫓아내려고 하지 않는다. 험악한 국제정세에 관계없이 미·소 양 진영이 같은 지붕 아래에 있는 것도 국제연합뿐이다. 이런 의미에서 국제연합은 세계적 규모로 구성돼 있다는 것이다.

국제연합 가입국 60개국 중 44개국(일본을 제외한 총 서명국은 48개국)이 대일평화조약에 서명했지만, 나머지 16개국과 일본의 관계는 다음과 같다.

교전국 : 소련 우크라이나 벨라루스 체코 폴란드 버마 인도 중국
단교국 : 덴마크
외교관계가 사실상 정지된 국가 : 아프가니스탄 스웨덴 타이
외교관계가 전혀 없는 국가 : 아이슬란드 이스라엘 예멘 유고슬라비아

평화조약에 서명한 44개국 중 몇 개국이 비준할 지 알 수 없지만, 비준하지 않은 국가는 예외적일 것이기 때문에 일단 전부 비준할 것이라고 가정한다. 거기에 단독 강화한 인도·유고슬라비아, 외교관계를 재개한 덴마크, 외교관계가 사실상 정지된 것에 지나지 않는 3개국을 합하면 50개국이 된다. 일본이 이 국가들과 손을 잡고 세계평화에 공헌하겠다고 생각한다면

국제연합에 가입하는 것이 꼭 필요하다. 그러나 일본이 희망한다고 바로 국제연합 가입이 실현되는 것은 아니다. 일본의 가입에는 뒤에 기술한 것처럼 큰 장애가 있다. 트루먼 대통령도 샌프란시스코회담 연설에서 "이 조약에는 국제연합에 가입하고 싶다는 일본의 의도가 표명돼 있다. 이 조약에 서명한 다른 국가들은 일본의 국제연합 가입을 위해 노력할 것으로 기대하지만, 그럼에도 일본의 국제연합 가입은 늦어질 수 있다"고 밝혔다.

2. 국제연합의 원칙

일본은 평화조약 전문에서 모든 경우에 국제연합 헌장을 준수할 것을 스스로 약속하고 있다. '모든 경우에'라는 것은 가입이 허용되기 전에도 그렇게 하겠다는 의미다. 그렇다면 국제연합 헌장의 원칙은 어떤 것인지 살펴보면 헌장 제2조에 내세운 다음의 7가지다.

1. 모든 가입국의 주권 평등
   국제연합에서는 대국이나 소국이나 원칙적으로 평등한 권리를 갖는다. 투표권은 각 1표씩이고 표결은 다수결에 의한다. 다만 여기에는 안전보장이사회 상임이사국(중국 프랑스 소련 영국 미국)이 가진 거부권이란 예외가 있다.
2. 헌장 의무의 성실한 이행
3. 평화적 수단에 의한 국제분쟁
   2, 3에 대해서는 특별하게 설명할 것까지 없을 것이다.
4. 무력에 의한 위협 또는 무력 사용의 금지
   여기에는 4가지 예외가 헌장에 규정돼 있는데 강제조치(제42조), 자위권(제51조), 구추축국에 대한 행동(제53조, 제107조), 과도기의 5대국 공동행동(제106조) 경우에는 무력 사용이 가능하다.
   강제조치는 국제연합이 침략국에 대해 적용하는 제재이고, 여기에는 비군사적 조치와 군사적 조치가 있다. 국제연합 자체적으로 군대를 보유하지 않기 때문에 필요한 경우에 가입국에서 군대를 제공받기 위한 협정을 사전에 가입국 사이에 체결해 둔다. 이를 특별협정이라고 한다. 국제연합 발족 후 얼마 지나지 않아 안전보장이사회의 보조기관인 군사참모위원회가 우선 5대국 간 특별협정을 체결하기 위한 교섭을 시작했지만, 주로 소련과 다른 4대국 간에 근본적인 의견이 달라 교섭은 진척되지 않았다. 이로써 특별협정은 장래에도 이뤄질 가능성이 거의 없기 때문에 본래 의미의 국제연합에 의한 군사적 강제조치는 적용할 여지가 없다. 충분한 수의 특별협정이 체결될 때까지 국제연합은 군사력을 갖고 있기 않기 때문에 그때까지의 과도기에는 5대국이 공동으로 국제연합을 대신해 행동하도록 돼 있다.

강제조치의 발동은 안전보장이사회가 결정하지만, 결정에 즈음해서는 5대국 전부의 찬성이 필요하다. 현재 한국에서 국제연합의 이름 아래 가입국 군대가 출동해 있지만, 이는 강제조치가 아니라 다음과 같은 변칙적인 방법에 의한 것이다. 즉 1950년 6월 25일과 27일 안전보장이사회는 다행스럽게 중공 승인문제와 관련해 같은 해 1월 이래 소련대표가 궐석하고 있는 상황에서 열렸고, 가입국에 대해 '한국이 무력공격을 격퇴하는데 필요한 원조를 한국에 제공하도록' 하는 권고안을 채택했다. 미국과 기타 국가들이 임의로 권고안에 따라 군대를 파견하고 있는 것이다. 한국에 관한 2개 결의안을 채택한 후 소련 체코 폴란드는 이 결의들은 소련 대표가 궐석 중에 채택된 것이기 때문에 무효라고 항의했지만, 어쨌든 이들 결의도 국제연합의 행동으로 간주된다. 소련은 이 같은 결의안 채택의 재발을 방지하기 위해 그 후 태도를 바꿔 안전보장이사회에 출석하게 돼 앞으로는 이 같은 일이 일어나지 않을 것이다. 소련이 출석하면 확실하게 거부권을 행사할 것이기 때문이다.

다음으로 고려할 방법으로는 안전보장이사회를 회피해 거부권 없이 총회를 이용하는 방법이다. 1950년 11월 2일 총회는 '평화결집 결의'로 불리는 혁명적인 결의안을 채택했는데, 안정보장이사회의 기능을 실제적으로 빼앗기 위한 목적이었다. 이로 인해 총회가 안전보장이사회의 거부권으로 움직일 수 없을 때는 안건을 총회에 상정해 필요하다고 인정되면 가입국에 대해 무력행사까지 권고할 수 있게 됐다. 장래 대규모 전쟁에 대한 개입은 다음 장에서 기술한 자위권 발동에 의한 것이 아니라면 이 방법으로 국제연합의 이름 아래에서 이뤄질 것으로 생각된다.

5. 국제연합의 행동에 대한 원조 및 침략국에 대한 원조금지

국제연합이 취한 행동에 대해 가입국은 국제연합에 원조를 제공해야 하고, 침략국에 대해서는 원조를 제공해서는 안 된다. 한국전쟁에서 소위 국제연합군

의 행동은 엄밀히 말하면 국제연합 헌장에서 규정한 국제연합의 행동이 아니다. 그렇지만 실제로는 그렇게 다뤄지고 있기 때문에 현재 일본이 한국에 관해 행하고 있는 협력은 이 원칙으로 설명할 수 있다.

6. 비가입국에 대한 강제
 국제연합은 비가입국도 헌장의 원칙에 따라 행동해야 한다고 돼 있기 때문에 비가입국도 헌장의 원칙을 위반하면 제재의 대상이 된다.

7. 국내사항에 대한 불간섭
 국내사항은 각국이 자유롭게 결정하도록 국제법상 인정받은 것으로, 국제연합이 간섭할 수 없다. 국제협력 분야에 대해서는 국제연합이 가입국에 대해 국내사항에 관한 여러 가지 권고를 하지만, 어디까지나 권고일 뿐, 채택 여부는 각 가입국이 결정하기 때문에 간섭이라고 할 수 없다.

위에서 언급한 7가지 원칙 중 제6 원칙과 제7 원칙은 국제연합 기구가 준수해야 하는 것이다. 가입국이 준수해야 하는 원칙을 일본이 똑같이 준수해야 하는 것은 제1 원칙 또는 제5 원칙이다. 제3 또는 제5 원칙은 안전보장에 관한 내용이지만, 대일평화조약 제5조(a)는 이 3개를 특히 중요한 의무로 언급하고 있다.

3. 국제연합의 가입

국제연합은 태생적으로 전시중 군사동맹에서 발전했기 때문에 원래 가맹국은 추축국과 전쟁상태에 있는 국가(연합국 선언에 서명했거나 혹은 가입한 국가) 또는 그 위성국(백러시아, 우크라이나)이다. 국제연합의 궁극적인 목적은 전후 평화유지에 있기 때문에 중립국은 물론이고 구 추축국에게도 개방돼 있다.

국제연합에 가입하려면 다음과 같은 2가지 요건을 충족해야 한다. 첫 번째는 평화 애호국이라는 점이다. 두 번째는 헌장 의무를 수락하는 동시에 위와 같은 의무의 이행능력과 의사가 있다고 국제연합에 의해 인정받아야 한다. 침략전쟁의 책임이 있는 일본도 연합국에 의해 장기간 점령되면서 완전하게 비군사화되고 민주화돼 평화조약 서명에 의해 평화애호국의 일원이 됐기 때문(샌프란시스코 회담의 각국 대표 연설 참조)에 현재는 첫 번째 요건을 갖춘 것으로 봐도 무방하다. 그러나 필리핀, 오스트리아, 뉴질랜드처럼 일본에 의한 새로운 침략을 극도로 두려워하는 국가가 있기 때문에 반드시 문제가 없다고 단정할 수 없다. 그렇다고는 하지만 이 국가들도 미국과의 조약에서 안전을 보장받고는 평화조약에 서명했기 때문에 절대적인 반대는 하지 않을 것이다. 일본은 평화조약(전문, 제5조(a))에서 국제연합 헌장의 원칙(의무)을 준수하는 것을 약속하고 있기 때문에 두 번째 요건에 대해서는 문제가 없을 것이다. 헌장 의무 중에는 강제조치를 발동하는 경우 군대를 제공하는 의무도 포함돼 있기 때문에 영세중립국인 스위스는 그 의무와 영세중립국 지위를 함께 지킬 수 없다는 이유로 국제연합에 가입하지 않고 국제사법재판소만 참가했다. 그러나 군사적 강제조치는 현재 사정에 미뤄 사실상 적용할 방법이 없어 어떤 국가도 의무를 부담하지 않기 때문에 군대를 갖지 못한 일본도 그 이유만으로 배제되는 것은 아니다(한국전쟁과 관련해 국제연합에 대한 협력의무는 헌장에 근거한 것이 아니다).

객관적인 가입 자격을 갖추고 있다고 인정받더라도, 바로 가입이 허락되는 것은 아니다. 거기에는 다음과 같은 절차를 거쳐야 하는데, 난관이 상당히 많다. 가입 승인은 총회에서 안전보장이사회의 권고에 의거해 출석 및 투표에 3분의 2 이상 찬성으로 결정된다. 그러나 안전보장이사회의 권고에는 거부권이 사용될 수 있다. 거부권은 단지 한 국가가 행사하더라도 안전보장이사회의 결정을 방해할 수 있는 권리다. 안전보장이사회의 표결은 11분의 7 다수결에 의해 결정되지만, 극히 얼마 되지 않는 절차사항에 관해 표결하는 경우를 제외하고 찬성 7개국 중에 5대국 전부가 들어가야 한다. 즉 5대국 중 1개국이라도 빠지면 결정은 이뤄지지 않는다. 게다가 5대국이 거부권을 행사할 때에는 이유를 제시할 필요가 없다. 거부권이 가입문제에 적용되면서 가입 신청한 18개국 가운데 9개국은 7표 이상 찬성을 받았음에도, 거부권 행사로 인해 가입할 수 없었다. 게다가 거부권을 행사한 것은 언제나 소련이었다. 가장 가혹한 사례는 이탈리아다. 이탈리아 평화조약 전문에는 동맹 및 연합국이 이탈리아의 국제연합 가입신청을 지지한다고 쓰여 있음에도 불구하고, 이탈리아 평화조약에 서명한 소련은 5차례에 걸쳐 이탈리아의 가입을 거부했다. 소련은 이탈리아의 가입자격을 문제 삼은 것이 아니라 자기 진영에 속하는 국가(알바니아 몽골 헝가리 루마니아 불가리아)의 가입승인을 서유럽 진영에 속한 국가의 가입승인과 교환조건으로 하는 것이다.

가입문제에 거부권이 적용되는 것은 국제연합 헌장에 규정돼 있지 않다. 헌장은 절차사항 이외의 사항은 상임이사국 전부의 동의를 요구한다고 규정돼 있을 뿐이다. 가입문제가 비절차 사항이라는 것은 1945년 샌프란시스코 회담의 5대국 해석에 따라 결정됐다. 가입문제에 관한 거부권 행사가 빈발하자, 국면 타개를 위한 대책이 강구했다. 먼저 위의 해석을 바꿔 가입문제를 준절차 사항으로 만들어 거부권을 제외하려는 시도가 있었지만, 성공하지 못했다. 다음으로 안전보장이사회의 권고를 기다리지 않고 총회만으로 가입 승인을 하자는 안건이 제출됐으나 국제사법재판소는 이를 불허하는 권고적 의견을 제시했다.

이탈리아는 거부권이라는 장애 때문에 가입할 수 없지만, 이미 국제연합 본부 소재지에 연락부를 설치해 유력한 스태프를 상주시키고 있다. 이탈리아 가입문제는 신탁통치가 시행되는 과거 이탈리아령 소말릴란드(현 소말리아)에 대한 시정권자로 이탈리아가 지정됐기 때문에 한층 중요해졌다. 미국을 비롯해 서유럽 국가들은 이탈리아를 어떻게든 가입시키려고 노력하고 있다. 1951년 9월 26일 발표된 이탈리아 평화조약 개정문제에 관한 미 · 영 · 불 공동선언은 "미 · 영 · 불 3국 정부는 이탈리아의 국제연합 가입을 위해 모든 노력을 기울일 것을 결의한다"고 재확인했다. 1951년 11월 6일부터 파리에서 열린 제6회 총회에서도 이 문제가 상정됐다. 정치위원회에서는 소련이 제안한 알바니아 몽골 불가리아 루마니아 헝가리 핀란드 이탈리아 포르투갈 아일랜드 요르단 오스트리아 실론(현 스리랑카) 네팔 리비아 등 14개국의 일괄 가입승인이 가결됐지만, 1952년 2월 1일 일본 회의에서 3분 2 이상 찬성을 얻지 못해 부결됐다. 뒤이어 1952년 2월 6일 안전보장이사회에서는 이탈리아 가입승인을 권고하는 프랑스 안이 소련에 의해 거부됐고, 소련이 제안한 14개국 동시 승인안도 부결됐다. 더욱이 이 총회 개최 직전에 이탈리아는 가입문제에 관한 각서를 미 · 영 · 불에 제출했지만 그 안에 담긴 법리론을 3국 전문가가 검토한 결과, 효과가 없다는 결론에 도달했다(1951년 11월 1일 해밀턴 기자 발 11월 3일자 아사히신문).

이탈리아조차 이런 상태로 있기 때문에 일본의 가입도 용이하지 않을 것이다. 그러나 평화조약 서명 후 최초의 총회인 제6회 총회에서 일본은 독일과 나란히 옵서버를 파견했고, 최근에는 국제연합 여러 기구와의 직접 통신도 허가됐다(1951년 11월 7일 「일본 정부와 국제연합기구 간 직접 통신의 허가」에 관한 총사령부 각서 참조). 현재 도쿄에는 국제연합 기구로 유니세프(UNISEF) 대표 외에 한국재건단(UNKRA)이 있다. 일본도 아시아 · 극동위원회 준가입국이 되면서(1952년 1월 29일 회의 결의, 단 경제사회이사회에 의한 동위원회 위임조항 개정의 승인을 조건으로 한다) 국제연합 본부에 연락관을 파견하게 될 것이다. 이런 형태로 일본과 국제연합 간에 사실상 협력관계가 이뤄지고 있는 중이다.

4. 국제협력

앞에서 국제연합은 평화유지와 국제협력이라는 두 가지 목표를 갖고 있는 기구라고 했다. 분쟁해결은 국제연합의 가장 중요한 임무지만, 개개의 분쟁을 해결하는 것만으로는 새로운 분쟁이 계속 발생하기 때문에 영원히 없어지지 않는다. 그래서 세계평화를 확립하려면 분쟁이 발생하지 않도록 하는 상태를 만들어야 한다. 이 상태는 모든 국가의 국민이 물질적 정신적 불만이 없어질 때 실현된다. 오늘날 세계의 거리는 짧아져 한 국가 안에서 일어난 일이 금세 다른 나라에 영향을 미치기 때문에 국민의 생활향상을 도모하기 위해서는 국제적인 협력이 필요하다.

일본은 평화조약 전문에서 '국제연합 헌장 제55조와 제56조에 나타나 있고, 이미 항복 후 일본의 법제도에 의해 제정 · 시행되는 안정 및 복지 조건을 일본 안에 창조하기 위해 노력'한다고 선언하고 있다. 헌장 제55조와 제56조는 국제협력의 원칙을 규정하고 있지만 대체로 다음과 같은 의미를 기술하고 있다.

> 여러 국가 간 평화적 우호적 관계를 갖기 위해서는 먼저 각각의 국가 내부가 안정돼 그 국민이 행복하지 않으면 안 된다. 그러기 위해서는 다음과 같은 것이 필요하다.
>
> 가. 생활수준을 높이고 근로할 의사와 능력이 있는 사람은 누구라도 직업을 얻을 수 있도록 하고 경제적 사회적 진보 및 발전을 도모하는 것.
>
> 나. 경제적 사회적 위생적인 국제문제를 해결하고, 문화적 교육적 문제에 대해 국제적으로 협력하는 것.
>
> 다. 인종, 성, 언어, 종교의 차별 없이 모든 사람을 위한 인권 및 기본적 자유를 누구라도 존중하고 준수하도록 하는 것.
>
> 그러기 위해 가입국은 국제연합과 협력해 다른 국가와 공동행동을 취하거나 단독행동을 취하는 것을 서약한다.

앞의 국제연맹과 이번 국제연합을 비교할 때 현저하게 바뀐 점은 국제연합은 국제연맹보다 훨씬 국제협력에 힘을 쏟고 있다는 것이다. 국제연맹도 국제협력을 목적의 하나로 내세워 그 목적을 위해 연맹의 자치기구로 국제

노동기구를 설립했다. 연맹본부에도 각종 위원회를 설립해 경제적, 사회적, 위생적, 문화적 사항을 다뤘으나 그 취급 범위가 극히 협소했다. 국제연맹이 정치적 권위를 잃은 뒤 이를 국제협력기구의 활동으로 회복하려고 시도했지만 제2차 세계대전 발발로 그 의도는 실현되지 못했다. 그러나 그 생각은 국제연합 설립에 즈음해 충분하게 채용됐다. 국제협력 분야는 극히 넓어 국제연맹처럼 집중주의를 택하면 자연히 취급 범위가 한정되기 때문에 국제연합은 분산주의를 택하고 전문적 사항의 처리를 위해 다수의 전문기구를 설립했다. 국제연합은 이 전문기구들의 활동을 조정하는 역할을 하는 것으로 만족하고 있다. 국제연합 전문기구는 현재 11개가 있지만, 그중 만국우편연합, 국제전기통신연합, 세계보건기구, 국제연합교육과학문화기구, 국제노동기구, 국제연합식량농업기구 등 6개 기구에는 일본도 가입돼 있다. 국제민간항공기구, 세계기상기구에도 평화조약의 효력 발생 후 가입신청을 한다(제7장 제2절 1 참조). 이밖에 국제통화기금 가입도 고려중이다.

제6장
안전보장

1. 군비의 무제한

일반적으로 패전국은 평화조약 체결을 통해 화해조건으로 승전국에 영토를 할양하고 배상금을 지불하는 것을 약속한다. 이와 함께 장래에 다시 상대방에게 위협을 가할 수 없도록 군비를 제한하는 것이 보통이다. 제1차 세계대전 후 독일과 체결한 베르사유 조약이나 제2차 세계대전 후 체결한 이탈리아 평화조약도 그러했다. 대일평화조약도 이 사례에서 벗어나지 않고 영토 및 배상에 대해 가혹한 조건이 부과됐지만, 다만 군비에 관해서는 전혀 제한이 없다. 이탈리아 평화조약이 어떠했는지 보면 이탈리아 해군병력을 2만 5천, 육군 18만 5천, 공군 2만 5천 명으로 제한했고 이탈리아의 항공모함, 잠수함, 핵무기 등 보유를 금지하고 있다. 반면 대일평화조약에 군비제한 조항이 없는 것과 현저히 대비되지만, 이 같은 차이는 이탈리아 평화조약의 체결 시기와 대일평화조약의 체결 시기 사이에 국제정세에 근본적인 변화가 생긴 것이 원인이다.

말할 것도 없이 이탈리아 평화조약은 종전 후 여전히 남아 있는 구 추축국에 대한 증오가 조금도 수그러들지 않았고, 미소관계도 첨예하지 않은 시기에 체결돼 오로지 이탈리아에 의한 침략전쟁의 부활 방지에 초점을 뒀다. 반해 대일평화조약은 일본을 반공진영에 끌어들이기 위해 체결됐고, 그 결과 언젠가는 일본 군사력을 이용하는 상황을 예상하고 있는 것이다. 그 간의 국제정세 변화는 이탈리아 평화조약에도 영향을 미치지 않은 것이 아니어서 조약을 새로운 정세에 적용되도록 변경하는 방안이 고려되고 있다. 이탈리아 평화조약의 군사조항은 동맹 및 연합국(이탈리아 평화조약에 서명한 전승국)과 이탈리아 간에 합의로 변경할 수 있지만(제46조), 앞서 기술한 이탈리아 평화조약 개정에 관한 미 · 영 · 불 3개국 공동선언(제5장 3참조)은 이탈리아 정부의 요구에 대해 호의적으로 고려할 뜻을 밝히고 있다. 그 후 1951년 12월 21일 이탈리아정부는 미국 및 서유럽 7개국 승인을 얻어 평화조약 중 병력 제한, 국경지대 비무장화 및 핵무기 생산금지에 관한 조약을 무효화하겠다는 뜻을 밝혔다(1951년 12월 21일 로마 UP통신). 또 이탈리아 정부는 1952년 2월 9일 소련에 대해 이탈리아의 국제연합 가입문제에 관한 소련의 거부권 행사를 항의하는 동시에 이탈리아 평화조약 중 소련과 관계있는 항목을 무효화하겠다는 뜻을 통고했다(1952년 2월 9일 로마 AP통신).

일본에 대해서도 연합국의 최초 방침은 일본을 완전한 비무장화 및 비군사화하는 것이었다. 이 방침은 포츠담선언(제7항, 제9항, 제11항), 「항복 후 미국의 초기 대일방침」(제3부 1), 「항복 후의 대일기본정책」(제3부 1) 등 일본점령 및 관리에 관한 여러 기본 문서에 명확하게 나오지만, 연합국이 점령하는 중에는 물론이고 강화 후에도 상당히 장기간에 걸쳐 비무장화 및 비군사화 상태를 유지하는 것으로 돼 있다. 이 계획은 1946년 6월 21일 미국 국무장관 제임스 F 번즈(James F Byrnes)가 제안한 「일본의 무장해제 및 비군사화에 관한 조약안」에서도 확인할 수 있다. 이 조약안은 같은 해 2월 독일에 관한 미 · 영 · 소 · 불 4개국 조약과 실질적으로 같은 내용을 갖고 있다. 일본에 관한 조약체결국은 미 · 영 · 소 · 중 등 4개국이다. 기한이 처음에는 어느 조약이나 모두 25년으로 돼 있었으나 독일에 관해서는 소련의 제안에 따라 40년으로 연장됐다. 양 조약안은 정식으로 채택되기 전에 국제정세가 급변하면서 폐기됐지만, 미국의 대일본·독일 정책 추이를 볼 수 있다는 점에서 대단히 흥미로운 자료다.

미국의 방침은 일본을 태평양의 반공방어선으로 삼아 일본에 군사기지를 갖겠다는 것이다. 덜레스 국무장관 고문이 강화안 작업을 시작하기 전인 1950년 1월 12일에 이미 애치슨 국무장관은 내셔널 프레스클럽 연설에서 미국의 방침을 처음 공개적으로 언명했다.

> 일본의 패전과 무장해제는 우리의 안전보장을 위해서도, 태평양 전 지역의 안전을 위해서도, 그리고 일본 안보의 중요성에서도 미국이 일본의 군사적 방위를 맡아야 하는 필요성을 부여한다. 일본에는 미군 부대가 있고 호주 부대도 있다. 저는 호주를 대표하는 위치에 있지 않지만, 일본이라는 방어진지를 포기하거나 약화시키는 어떠한 의도도 없으며, 영구적인 합의나 다른 방법에 의해 어떤 결정이 이뤄지더라도 일본 방위는 반드시 유지될 것임을 확언할 수 있다. 이 방위선은 알류산군도를 따라 일본을 거쳐 류큐제도까지 이어지고 있다. 우리는 중요한 방위 위치를 유지하고 있고 계속 유지해 나갈 것이다. 류큐제도의 주민을 위해, 우리는 적당한 시기에 류큐제도에 대한 유엔의 신탁통치를 신청할 것이다. 그러나 이 제도는 태평양 방위선의 일부이며 계속 유지돼야 하고 유지될 것이다.

요약하면 점령 중에는 물론이고 강화 후에도 미국은 일본의 방위를 맡아 류큐를 미국의 신탁통치 아래에 두고, 현재의 기지를 계속 유지하겠다는 것이다.

그리고 1년 후인 1951년 2월 2일 덜레스 특사가 두 번째 방일 중 일미협회에서 행한 연설에서 대일강화와 관련해 위의 방침을 일본국민에게 명확하게 밝혔다. 덜레스는 한국전쟁을 예로 들어 "만약 일본이 간접침략(공산주의에 의한 국내교란)에 대해 자신을 방어하고 싶은 마음이 있다면 일본이 희망하는 경우에는 간접침략에 대해 집단적 보호를 함께 맡을 수 있다"며 "미국은 미군을 일본 국내 및 주변에 주둔하는 것을 호의적으로 고려할 것이다"고 말했다.

뒤이어 2월 11일 일본을 떠나면서 성명을 통해 다시 다음과 같이 말하면서 미일안전보장조약의 구상을 밝혔다.

> 2. 우리는 일본의 장래 안전보장에 대해 토의했다. 2월 2일 미국 정부를 대표하는 저는 일본이 원할 경우 미국 군대를 일본 국내와 주변에 유지시킬 것을 호의적으로 고려한다고 공언했다.
> 일본 정부는 그 제안과 함께 일본에서 열린 우리의 많은 회담을 열성적으로 환영했다. 우리에게 밀려드는 엄청난 여론을 전달받으면서 우리는 다음과 같이 확신한다. 평화조약이 효력을 발생하는 때에 완전히 비무장으로 방어할 수 없는 처지에 빠지는 힘의 진공상태가 존재하지 않도록 앞서 기술한 제안(2월 2일의 연설에 포함된 내용)을 수용해야 한다는 것이 일본국민의 압도적인 희망이라는 것을. 그래서 우리는 미국과 일본 간 잠정적 안전보장 합의에 대해 토의했다.
> 이와 관련해 우리는 미국이 조약 당사자가 되는, 명확한 성격의 모든 지역적 · 집단적 안보 협정을 맺고 1948년 6월 11일 반덴버그(Vandenberg)상원 결의에 제시된 기본 정책에 따라 모든 당사자에 의한 '지속적이고 효과적인 자조적 · 상호 원조'하는 것을 규정해야 한다고 지적했다.

여기에 따르면 일본의 안전보장 문제를 2단계로 나누고, 먼저 과도적 조치로 일본의 완전한 비무장화 후에 힘의 공백을 메우기 위해 미일안전보장조약을 체결한다. 다음으로 결정적 조치로서 반덴버그 결의에 의거해 재무장한 일본도 참가하는 지역적 안전보장 협정을 체결하게 되는 것이다.

2. 개별적 및 집단적 자위권

평화조약은 일본의 안전보장에 관해 국제연합 헌장 제51조에 나타난 개별적 또는 집단적 자위에 대해 고유의 권리를 갖는다는 점, 일본이 집단적 안전보장 협정을 자발적으로 체결할 수 있다는 점(제5조(c))을 규정하고 있다. 또 집단적 안전보장 협정(평화조약의 문구에 따르면 '하나 또는 둘 이상의 연합국을 한편으로, 일본을 다른 편으로 해 쌍방 간에 체결할 지, 2개 국가 간 또는 다자국 간의 협정')에 의거하는 경우에는 외국군대가 평화조약의 효력이 발생하는 90일 후부터 일본에 주둔할 수 있다는 점(제6조(a))도 규정하고 있다. 이를 이해하려면 다음 순서로 집단적 안전보장이 무엇인지 설명하지 않으면 안 된다.

집단적 안전보장이란 어느 국가를 외부의 침략으로부터 보호해 안전한 상태로 두는 것이다. 침략은 언제, 어떠한 방면에서 어떤 힘으로 행해질지 알 수 없기 때문에 한 국가만으로 모든 위험에 대비하려면 방대한 군비를 가질 필요가 있다. 그래서 이 같은 위험을 느끼는 국가는 똑같은 위험을 느끼는 국가와 만일 위험이 발생할 때 서로 협력한다는 약속을 평소부터 맺어두면 안심할 수 있다. 이것이 집단적 안전보장이다. 옛말로 방어동맹과 대체로 같은 것이지만, 집단적 안전보장이 넓은 개념이다. 2개 국가 간부터 세계적인 규모까지 포함돼 같은 그룹에 속하는 국가가 침략을 받을 경우에 대한 보장까지 포함하고 있기 때문이다.

집단적 안전보장에는 먼저 국제연합에 의한 일반적 안전보장이 있다. 그러나 일반적인만큼 허술한 보장이다. 그래서 더 범위를 좁혀 훨씬 강고한 안전보장이 필요하다. 이것이 국제연합 아래에서 협정에 근거한 특별보장이다. 지역적 협정이 발달하면 국제연합의 약체화를 가져오지만, 국제연합 설립에 즈음해 유력한 국가들의 주장에 의해 그 존재가 승인된 것이다.

국제연합에 의한 일반적 보장의 얼개는 제5장 2에서 기술한 것처럼 안전보장이사회와 가입국 간 병력 등의 제공에 관한 특별협정을 사전에 체결해 두고, 침략행위가 발생하면 안전보장이사회가 강제조치 적용을 결정한다. 이 결정에 따라 각 가입국에 대해 각자 특별협정의 범위 안에서 병력 등의 제공을 명령하는 방식이다. 그런데 중요한 특정협정은 하나도 체결돼 있지 않고 설령 장래 충분한 수의 특별협정이 체결된다고 해도, 강제조치는 안전보장이사회에서 상임이사국(중국, 프랑스, 소련, 영, 미) 전부의 동의가 필요하다. 따라서 5대국 중 한 곳이거나 5대국의 지지를 받는 국가가 침략국일 경우에는 국제연합은 완전히 무력해질 수밖에 없다.

이 같은 경우를 타개하기 위한 방법으로 평화결집결의가 도입됐고, 앞으로는 이 결의에 근거해 총회 권고에 따라 각 가입국이 임의로 따르는 형식으로 집단적 군사행동이 가능하다. 이는 안전보장이사회가 결정하는 강제조치의 대용이라는 점을 앞서 기술한 바 있지만, 국제연합 헌장 자체에도 강제조치가 행해지지 않을 경우를 예상해 구제책을 강구하고 있다. 헌장 제51조에 규정하는 자위권이 그것이다. 본래 자위권이란 현실적이거나 긴급한 공격에 대해 자신의 신체(영토), 재산 또는 명예를 보호하는 개인 또는 국가의 권리지만 헌장 제51조는 다음과 같이 규정하고 있다.

> 국제연합 가입국에 대해 무력공격이 발생했을 때 안전보장이사회가 국제적 평화 및 안전 유지에 필요한 조치를 취할 때까지 이 헌장에서 어떠한 규정도 개별적 또는 집단적 자위권을 행사하는 고유한 권리를 해쳐서는 안 된다. 이 자위권 행사에 있어 가입국이 취한 조치는 즉각 안전보장이사회에 보고해야 하고, 국제적 평화 및 안전 유지 또는 회복을 위하여 필요한 것으로 인정되는 행동이므로 헌장에 규정된 안전보장이사회의 권능과 임무에 영향을 미치지 않는다.

어느 국가가 전혀 도발하지 않았는데도 무력공격을 받았다면 안전보장이사회가 거부권 행사로 행동하지 못할 때에는 스스로 반격할 수 있다. 이 경우에는 무력사용을 금지하는 제4원칙에 반하는 것이 아니다. 자위권은 지금 설명하는 것처럼 실제로 공격받거나 공격 위협을 받은 개인 또는 국가의 권리이지, 다른 개인 또는 다른 국가의 권리가 아니다. 다만 국내에서는 공격과 반격을 판정하는 재판소가 있는데 반해, 국제적으로는 그 같은 권위를 가진 기구가 존재하지 않는다. 이 때문에 공격받은 국가 자신이 판정할 수밖에 없어 자위권은 자칫 남용될 폐단이 있지만, 국가 고유의 권리이고

국가라면 반드시 갖고 있어야 하는 만큼 국제법에서도 그 존재를 인정받고 있다. 그러므로 단독 자위권만 있다면 헌장에 규정을 마련할 필요가 없을 것이다. 헌장 제51조는 집단적 자위권까지 인정하는 것에 의미가 있다. 여기에서 주의할 점은 여러 국가가 함께 반격한다고 해도 다음의 두 가지 경우를 구별하지 않으면 안 된다. 동시에 공격받은 A국과 B국이 공동으로 방어하는 것은 단독 자위권 2개가 모인 것뿐이기 때문에 자위권이 용인되는 것은 말할 것도 없다. A국만 공격받았고, B국은 직접 공격받지 않았음에도 B국이 A국과 공통적인 이해를 갖고 있다면 주도적으로 침략국에 대한 반격을 가할 수 있다. 이 부분은 헌장에서 처음부터 인정돼 있다. 이 권리를 집단적 자위권이라고 한다. 집단적 자위권은 일반적으로 두 국가 이상이 한 국가에 대한 제3국의 공격이 발생했을 때 상호 원조를 약속하거나 상호 원조를 인정하는 조약을 체결하는 것에 의해 행사할 수 있다. 제3국에 대한 방어를 조직하는 것을 전제로 한다. 이 같은 조약을 지역적 협정이라고 하고, 대일평화조약에서는 집단적 안전보장 협정이라는 용어를 사용하고 있다. 여기에 반해 종래부터 인정되고 있는 단독 자위권을 개별적 자위권이라고 한다. 국내법(예를 들어 일본형법 제36조 참조)에서는 급박부정의 침해(急迫不正の侵害, 법익(法益)이 침해되거나 침해가 임박한 상태. 정당방위 요건의 하나)에 대해 자신 또는 타인의 권리를 방위하기 위해 부득이하게 발생한 행위를 정당방위라고 부르고 처벌하지 않고 있지만, 집단적 자위권은 국내법의 정당방위 관념을 국제법에 채용한 것이라고 볼 수 있다. 다만 국내법의 '타인'은 공격받는 자와 전혀 관계없는 자라도 괜찮지만, 집단적 자위권의 경우 '타국'은 공격받는 국가와 지역적 협정을 체결하거나 적어도 이해를 함께 하는 국가여야 한다는 차이가 있다.

국제연합 헌장은 한편으로 이 같은 자위권 범위를 확대하는 동시에 다른 한편으로 남용을 방지하기 위해 다음의 두 가지 조건을 규정해 그 범위를 제한한다. 첫 번째로 무력공격이 반드시 있어야 한다. 일반 국제법은 위험이 임박한 경우라도 자위권 행사를 인정하지만, 헌장 아래에서는 실제 침략이 없다면 자위권을 행사할 수 없다. 핵무기에 대해서는 원자폭탄의 실제 투하가 일어난 후에는 때를 놓치기 때문에 핵공격의 예비행위로 인정되는 일정한 행동까지 무력공격에 포함돼야 한다고 발의한 정치인(반덴버그 미국 상원의원)이 있지만, 이 경우는 아직 인정되지 않는다. 두 번째로 안전보장이사회가 적당한 조치를 취하면 자위권 행사를 중단해야 한다. 여기에 상임이사국이 관계돼 있을 때는 안전보장이사회는 결코 적당한 조치를 취할 수 없기 때문에 이 경우에는 헌장 제51조 규정이 위력을 발휘한다. 평화결집결의에 근거해 국제연합 총회의 권고에 따라 가입국이 군사행동을 벌일 수 있다. 이 경우에는 안전보장이사회가 반드시 적당한 조치를 취하는 것은 아니기 때문에 자위권 행사를 중단할 필요가 없다. 앞에서 미래의 대규모 전쟁은 평화결집결의에 따를 것인지, 자위권에 따를 것인지, 어느 쪽 중 하나라고 밝혔지만 실제로는 둘 다에 의해 행해질 것이다.

더욱이 국제연합 헌장 제51조는 '국제연합 가입국에 대해 무력공격이 발생했을 때는'이라고 돼 있지만, 지역적 협정 중 비가입국을 포함하고 있더라도 상관이 없다. 북대서양조약에 이탈리아, 포르투갈이 참가하고 있는 사례가 있어 일본은 평화조약 제5조에 헌장 의무를 수락하는 대신에 헌장 제51조에서 내세운 개별적 또는 집단적인 자위권을 갖거나 집단적 안전보장협정을 자발적으로 체결할 수 있다는 뜻을 명문화했기 때문에 의문의 여지가 없다.

집단적 자위권은 국제기구 설립에 관한 샌프란시스코회의에서 지역적 협정과 관련해 헌장에 채용된 것이지만, 이 두 개가 반드시 동일한 것만은 아니다. 지역적 협정은 미연에 침략을 방어하기 위한 상설 조직으로 침략 전에 존재하는 것이고, 집단적 자위권은 침략 때문에 발생하는 집단적 반발이다. 집단적 자위권은 침략이 있을 때에만 발동되는 것은 아니지만, 지역적 협정은 침략의 위협(뒤에 기술할 간접침략, 미일안전보장조약 제1조 후단 참조) 경우에도 발동할 수 있다.

현재 지역적 협정 중에서 가장 중요한 것은 미주상호원조조약(1947년 9월 2일 리우데자네이루에서 서명)과 북대서양조약(1949년 4월 4일 워싱턴에서 서명)이다. 1948년 3월 17일 브뤼셀에서 벨기에, 프랑스, 룩셈부르크, 네덜란드, 영연방 5개국이 「경제적 사회적 및 문화적 협력 및 집단적 자위를 위한 조약」을 체결한 후 서유럽 반공진영을 강화하기 위해서는 미국이 참가해 리우데자네이루조약과 같은 상호원조조약을 체결하는 것이 필요했다고 생각된다. 그 결과 북대서양조약이 체결됐지만, 이 조약의 길을 연 것은 1948년 6월 11일 미국 상원 결의 제239호(반덴버그결의)[1]다. 북대서양조약[2]은 미국이 전통적인 고립정책을 포기하고 처음으로 유럽의 안전에

---

1) 1948년 6월 11일 미국 상원 결의(반덴버그 결의)
정의로운 평화와 인권 및 기본적 자유의 옹호는 보다 효력 있는 국제연합을 통한 국제적 협력이 필요하기 때문에 다음과 같이 결의한다.
상원은 무력이 공동의 이익을 위해서가 아니면 사용되지 않도록 국제연합을 통해 국제적 평화 및 안보를 달성하려는 미국의 정책을 재확인해야 한다는 것, 그리고 대통령은 미국 정부가 헌법 절차에 의해 국제연합 헌장의 범위 안에서 다음과 같은 목표를 특히 추구해야 한다는 상원의 의향을 신중하게 고려해야 한다는 것.
(1) 국제 분쟁 · 사태의 평화적 해결에 필요한 제반 문제 및 새로운 가입국을 용인하는데 거부권을 없애기 위해 자발적으로 협약하는 것.
(2) 헌장의 목적, 원칙 및 규정에 따라 개별적 또는 집단적 자위를 위한 지역적 · 집단적 협정을 점진적으로 발전시키는 것.
(3) 지속적이고 효과적인 자조(自助) 및 상호 원조에 근거하는 동시에 미국의 국가적 안전에 영향을 미치는 지역적 또는 다른 집단적 협정에 대해 헌법 절차에 따라 미국이 참가하는 것.
(4) 만일 미국의 국가적 안전에 영향을 미치는 무력공격이 일어날 경우에는 제51조에 근거해 개별적 · 집단적 자위(自衛)의 권리를 행사한다는 결의를 분명히 함으로써 평화 유지에 기여하는 것.
(5) 헌장에 규정된 대로 군대를 국제연합에 제공하는 협정을 체결하기 위해 위반사항에 대한 충분하고 신뢰할 수 있는 보장을 바탕으로 군비의 일반적 규제와 감축에 대한 협정을 가입국 사이에서 이끌어내기 위해 최대한 노력하는 것.
(6) 국제연합의 강화를 위해 충분한 노력을 기울인 후, 필요할 경우 제109조에 근거하거나 소집된 전체회의 또는 총회에 의해 적당한 시기에 헌장을 재검토하는 것.

---

2) 뒤에 기술하는 것처럼 북대서양조약의 주둔군협정은 미일안전보장조약 행정협정(동조약 제3조 참조)의 모범이 되기 때문에 북대서양조약의 성립경위 및 운영에 대해 아래에 간단하게 설명해 두겠다.

북대서양조약에 관한 교섭은 1948년 여름 워싱턴에서 미 · 영 · 캐나다 · 벨기에 · 프랑스 · 룩셈부르크 · 네덜란드 등 7개국 대표에 의해 개시됐고, 1949년 3월 이후에는 노르웨이 대표가 추가됐다. 그 결과 같은 해 4월 4일 워싱턴에서 서명이 진행됐다. 조약에 서명한 것은 8개국 외에 덴마크, 아이슬란드, 이탈리아, 포르투갈 등 4개국이 추가돼 12개국이다. 1951년 9월 오타와의 제7회 북대서양 이사회에서 그리스 · 터키의 가입이 승인됐고 1952년 2월 15일 12개국 전부의 승인을 얻었기 때문에 가입국은 14개국이 됐다.

조약은 전문 및 14조로 이뤄졌지만, 주요 규정은 제1조~5조다. 조문 중 가장 문제가 되는 것은 제5조다. 먼저 제5조에서 말하는 '무력공격'이 행해지는 범위는 체약국의 영토 외에 독일, 오스트리아, 트리에스테에 있는 점령군, 그밖에 선박 또는 항공기도 포함하게 됐다(제6조). 다음으로 무력공격의 내용인데, 애치슨 국무장관이 1949년 3월 18일 뉴욕타임스 기자에게 국내혁명이라도 외부 지원을 받고, 북대서양지역에서 행해지는 경우에는 조약이 적용된다고 설명했다. 미 상원 외교위원회도 1949년 6월 6일 보고서에서 같은 견해를 밝혔다. 이것은 물론 체약국의 일치된 해석이 없지만, 지극히 유력한 견해다. 그렇다고 하지만, 이 같은 경우에는 국제법상 '침략'으로 인정된다. 거기다 동년 3월 19일 미국 정부 백서에는 미국의 개전선언은 의회의 권한에 속하지만, 조약실행을 방해하는 것이 아니라고 밝혔다. 미국이 사전에도 무력행사를 포함한 조치를 취할 수 있는 약속을 한다고 해도 지장이 없다고 밝힌 것은 주목할 가치가 있다.

조약실행기구는 다음과 같다. 최고기구인 북대서양이사회는 원칙적으로 체약국의 외무대신으로 구성되지만, 필요에 따라 바로 열릴 수 있도록 워싱턴에 주재한 외교사절이 이사회 대표가 될 수 있다. 이사회는 적어도 년 1회 정기적으로 국제연합 총회와 때 · 장소와 같이 열리고, 임시로 의장 또는 체약국의 과반수 요청에 의해 소집된다. 조약 제4조 또는 제5조에 근거한 특별회의의 경우에는 관계국 요구에 의해 소집된다. 이사회는 현재까지 8번 열렸다. 이사회 폐회 중에는 이사회 임무를 대행하는 상설기구로 런던방위위원회가 있고, 방위위원회에 대해 군사적 조치를 권고하는 군사위원회가 있다. 군사위원회에는 상임위원회가 설치돼 있고 그 아래에 북대서양방위계획 소위원회, 캐나다 · 아메리카방위계획 소위원회, 남유럽 · 지중해방위계획 소위원회, 북유럽방위계획 소위원회 등 5개 지역 소위원회가 있다. 이외에 이사회에 해운기획위원회, 방위경제재정위원회를, 군사위원회에 군수생산공급위원회를 두고 있다.

북대서양조약

1949년 4월 4일 워싱턴에서 서명

대해 관련을 맺은 점에서 획기적인 의의를 갖는다. 미국은 이번의 대일강화

전문

이 조약의 체약국은 국제연합 헌장의 목적 및 원칙에 대한 신념과 모든 국민 및 모든 정부와 함께 평화를 살리고자 하는 소원을 재확인한다.

체약국은 민주주의, 개인의 자유 및 법의 지배 원칙 위에 구축한 국민의 자유, 공동의 유산 및 문명을 옹호할 것을 결의한다.

체약국은 북대서양지역의 안정 및 복지 증진에 노력한다.

체약국은 집단적 방위 및 평화와 안전 유지를 위하여 노력을 결집할 것을 결의한다.

체약국은 따라서 북대서양조약에 동의한다.

제1조

체약국은 국제연합이 규정하는 바에 따라 자국이 연루돼 있는 어떠한 분쟁도 국제적 평화 및 안전과 정의를 위태롭지 않도록 하는 방법으로 평화적 수단에 의해 해결하는 것, 또 국제관계에서 국제연합의 목적과 양립하지 않는 어떠한 방법에 의해서도 무력으로 위협하는 것, 또는 무력행사하는 것을 삼갈 것을 약속한다.

제2조

체약국은 자유로운 여러 제도를 강고하게 하는 것에 의해, 위의 여러 제도의 기초를 행하는 원칙과 이해를 촉진하는 것에 의해, 또 안정 및 복지의 조건을 증진하는 것에 의해 평화적이고 우호적인 국제관계를 더욱 더 발전시키는데 공헌한다. 체약국은 국제경제정책의 충돌을 없애기 위해 노력하는 동시에 어느 한 국가 혹은 모든 체약국 간 경제협력을 장려한다.

제3조

이 조약의 목적을 한층 유효하게 달성하기 위해 체약국은 단독이든지 공동이든지 계속적이고 효과적인 자조 및 상호원조에 의해 무력공격에 저항하는 개별적 및 집단적 능력을 유지하고 발전시킨다.

제4조

체약국은 체약국 어느 국가든 영토의 보전, 정치적 독립 또는 안전이 위협받고 있다고 하나의 체약국이 인정하는 때에는 어느 때라도 협의한다.

제5조

체약국은 유럽 또는 아메리카의 체약국 1개 또는 2개 이상에 대한 무력공격을 전 체약국에 대한 공격으로 간주하는 것에 동의한다. 따라서 각 체약국은 그 같은 무력공격이 행해질 때는 국제연합 헌장 제51조에 의해 인정되는 개별적 또는 집단적 자위권을 행사해 북대서양지역의 안전을 회복하고 유지하기 위해 병력 사용을 포함해 필요한 행동을 즉시 개별적 또는 다른 체약국과 공동으로 취함으로써 공격을 받은

와 관련해 미 · 필리핀 상호방위조약(1951년 8월 30일), 미 · 오스트레일리

1개 또는 2개 이상의 체약국을 원조하는데 동의한다.
위와 같은 무력공격 및 그 결과로 취해진 모든 조치는 즉각 안전보장이사회에 보고해야 한다. 위와 같은 조치는 안전보장이사회가 국제평화 및 안전을 회복하고 유지하는데 필요한 조치를 취할 때는 중단해야 한다.

제6조
제5조의 적용에서 1개 또는 2개 이상의 체약국에 대한 무력공격이란 유럽 또는 북아메리카 어느 곳이든 체약국의 영토와 프랑스령 알제리의 여러 지방, 유럽의 어느 곳이든 체약국이 점령지에 배치한 군대, 북해귀선 이북 북대서양지역의 어느 곳이든 체약국 관할에 있는 섬 또는 위와 같은 체약국 지역 안의 선박 또는 항공기에 대한 무력공격을 포함하는 것으로 간주한다.

제7조
이 조약은 국제연합 가입국인 체약국이 헌장에 의거한 권리 및 의무는 물론이고, 국제평화 및 안전에 대한 안전보장이사회의 주요한 책임에 대해 어떠한 영향을 미치는 것이 아니다. 또 영향을 미치고 있는 것으로 해석해서는 안 된다.

제8조
각 체약국은 자국이나 다른 어느 체약국 또는 다른 어느 제3국 간 현재 유효한 어떠한 국제약속도 이 조약의 규정에 저촉되지 않음을 선언하는 동시에 이 조약과 저촉되는 어떠한 국제약속도 체결하지 않겠다는 것을 약속한다.

제9조
체약국은 이 조약의 실행에 관한 사항을 심리하기 위해 각 체약국의 대표자가 참석하는 이사회를 여기에 설립한다. 이사회는 어느 때라도 신속하게 회동할 수 있도록 조직해야 한다. 이사회는 필요한 보조기구를 설치하고 특히 제3조 및 제5조를 실행하기 위한 조치를 권고하는 방위위원회를 즉시 설치해야 한다.

제10조
체약국은 이 조약의 원칙을 촉진하는 동시에 북대서양지역의 안전에 공헌하는 지위에 있는 다른 어떠한 유럽국가에 대해서도 이 조약에 가입하도록 전원 일치 합의로 초청할 수 있다. 이렇게 초청된 국가는 미국 정부에 가입서를 기탁함으로써 이 조약의 당사국이 될 수 있다. 미국 정부는 위의 가입서가 기탁될 때마다 각 체약국에 통지한다.

제11조
체약국은 각자 헌법상의 절차에 따라 이 조약을 비준하고 그 규정을 실행해야 한다. 비준서는 가능한 한 신속하게 미국 정부에 기탁해야 한다. 위의 정부는 각국 정부가

아 · 뉴질랜드 안전보장조약(1951년 9월 1일), 미일안전보장조약 등 3개의 조약을 체결해 아시아 안전에 대해서도 연관을 맺게 됐다.

이에 대해 소련 측에서 체결한 지역적 협정 중에서 일본과 관련 있는 것은 1950년 2월 14일 모스크바에서 서명한 중 · 소 우호상호원조조약이다. 이 조약 제1조에서 중 · 소 양국은 "일본 또는 직 · 간접적으로 일본과 침략 행위를 연합하는 타국"(넌지시 미국을 지칭)의 침략을 방지하기 위해 필요한 조치를 공동으로 취할 것을 약속하고 있다.

3. 미국안에 대한 비판

대일평화조약이 일본에 대해 집단적 자위권을 인정하는 것은 단순한 이론상의 관점에서만 아니라 실제로 강하게 필요하기 때문이다. 일본은 포츠담선언에 의해 완전하게 무장이 해제됐지만, 평화조약은 군비제한조항을

기탁할 때마다 다른 모든 서명국에 통지한다. 이 조약은 벨기에 캐나다 프랑스 룩셈부르크 네덜란드 영국 및 미국의 비준서를 포함해 서명국 중 비준서의 과반수가 기탁되는 것과 동시에 비준한 국가 간에 효력이 발생한다. 나머지 국가는 비준서가 기탁되는 날부터 효력이 발생한다.

제12조
이 조약이 효력을 발생한 다음 10년 후 또는 그 후 언제라도 어느 체약국이 요청할 때는, 이 조약을 재심의하기 위해 협의해야 한다. 이때 체약국은 국제연합 헌장에 근거해 국제평화 및 안전유지를 위해 세계적 혹은 지역적인 협정을 발동하는 것을 포함해 북대서양지역의 평화 및 안전에 영향을 미치는 여러 요소를 고려해야 한다.

제13조
이 조약이 효력을 발생한 다음 20년을 경과한 뒤에는 체약국은 미국 정부에 폐기통지를 한 다음 1년 후에 체약국에서 탈퇴할 수 있다. 위의 정부가 폐기통지를 할 때마다 각 체약국 정부에 통지한다.

제14조(생략)
말문(생략)

마련하지 않음으로써 일본이 재무장하는 길을 열었다. 동시에 일본이 재무장할 때까지 공백을 메우고 재군비 후에도 실력을 보충하기 위해 집단적 자위권을 갖는 것과 그 권리에 의거해 집단적 안전보장협정을 체결할 수 있는 것을 인정하고 있다.

이 방식은 대일강화 7원칙의 네 번째 원칙(안전보장)에서 발전한 것이지만, 이 같은 방식에 대해 소련이 정면에서 반대하고 있음은 말할 것도 없다. 7원칙이 덜레스 고문으로부터 말리크(Yakova Malik) 소련 대표에게 건네진 것은 1950년 10월 26일이지만, 소련은 11월 20일 각서에서 점령군의 철군과 관련해 포츠담선언 제12항을 인용해 대일평화조약도 이탈리아 및 구 추축 위성국과의 평화조약처럼 확정기한을 규정해야 하는 지에 대해 질문했다. 동시에 1947년 6월 19일 극동군사위원회 정책결정(항복 후 대일기본정책)을 인용해 미국의 제안은 일본의 재군비를 전제로 하는 것이지만, 강화 후에도 미국 육·해·공군기지를 일본에 유지하는 것을 의미하는 지에 대해 질문했다. 이에 대해 미국은 11월 20일 평화조약 체결과 동시에 일본에 대한 군사점령은 종료됐지만, 평화, 안전 및 정의의 신질서가 확립되지 않고 무책임한 군국주의가 세계에서 구축(驅逐)되지 않은(이 문구는 뒤에 안전보장조약 전문에 채용됐다) 현실은 일본이 개별적 및 집단적 자위를 위한 협정에 참가하는 것이 타당하다고 회답했다. 또 이들 협정은 미국 및 기타 국가 군대를 일본에 주둔하게 하는 규정을 포함할 수 있다는 점, 극동위원회의 정책결정은 특정한 규정 내용이 평화조약 중에 채용된 경우를 제외하고 점령기간만 효력을 갖는다는 점을 밝혔다. 덜레스 특사는 1951년 2월 19일 시드니의 태평양문제연구소 강연에서 베르사유 조약의 예를 인용해 조약에서 재군비를 제한하는 잘못을 피해야 한다고 밝혔다. 이 점에 관한 미·소의 응수는 미국초안을 둘러싸고 계속됐다(1951년 5월 7일 소련각서, 5월 19일 미국회답, 6월 10일 소련각서, 7월 9일 미국회답 참조). 소련은 외국이 군대와 기지를 일본에 유지하는 것에 극력 반대하고 그 대신에 일본의 자위에 필요한 한도로 군비를 인정해야 한다고 주장했고, 미국은 루마니아 · 불가리아 · 헝가리의 예를 보더라도 조약에 의한 군비제한을 신뢰할 수 있는 마음이 아니라고 되풀이해 반박했다. 샌프란시스코 회담에서는 소련은 구체적인 숫자를 들어 일본에서 철군해야 한다고 주장하면서 육군 · 경찰을 합해 15만 명, 해군 2만 5천 명, 공군 2만 명에 제한하는(참고로 현재 일본의 경찰력을 소개하면 국가지방경찰 3만 명, 자치단체경찰 9만 5천 명, 해상보안청 1만 8천 명, 경찰예비대 7만 5천 명) 것을 제안했지만 이 제안은 묵살됐다(제1장 참조).

더욱이 소련의 비난을 감안해 미영초안(제6조)에서 점령군의 철군에 관한 조항이 들어갔다고 해도, 안전보장협정에 근거해 주둔하는 경우에는 이 조항에 저촉되지 않기 때문에 미국이 실제로 양보한 것은 아니다.

이처럼 미국이 대일정책을 근본적으로 수정하면서 평화조약 초안의 준비과정에서 공산진영으로부터 맹렬하게 비난받은 것은 당연하지만(중공의 태도에 대해서는 1951년 8월 15일 주은래 성명 참조) 반공진영의 내부에서도 이의가 제기된 것은 주목해야 하는 점이다.

반공진영에도 두 개의 입장이 있었고, 그 첫 번째는 필리핀 · 오스트레일리아 · 뉴질랜드의 입장이다. 이 국가들은 일본에 의해 침략을 받았거나 침략과 관련된 곳으로, 공산주의 위협보다도 일본에 의한 새로운 침략에 대해 매우 불안하게 느끼고 있다. 이들은 평화조약 중에서 일본의 재군비에 대해 엄중한 제한이 부과되는 것을 바라고 있었기 때문에(1951년 3월 1일 덜레스 방송 참조) 미국이 안전보장조약을 조건으로 이 국가들에 대일강화를 동의하도록 했다. 이렇게 해서 1951년 8월 30일 워싱턴에서 미 · 필리핀 상호방위조약, 이어 9월 1일 샌프란시스코에서 미 · 오스트레일리아 · 뉴질랜드 안전보장조약이 서명됐다.

두 번째는 인도 및 아랍 국가들의 입장이다. 이 국가들은 앞의 태평양 국가들과는 달리 일본의 침략 재발을 두려워하지는 않는다. 자신들이 오랜 기간 식민지적 지위에 놓였던 것을 감안해 전시 중 점령군으로 진주한 미국이나 외국군대가 집단적 안전보장협정에 근거한 방위군으로 그대로 남아있는 것에 반대했다. 인도는 1951년 8월 23일 대미각서에서 류큐 및 오가사와라의 신탁통치 위임과 안전보장조항에 대한 반대를 이유로 샌프란시스코 회의 불참을 통고했다. 인도는 이 각서에서 조약 제5조에 정해놓은 권리는 일본이 진실로 주권국으로 될 때 일본에 의해 행사돼야 하고, 현재 점령군이 방위조약에 의해 병력 일부를 잔류하는 것을 조약에 시사한 것은 일본의 자유로운 결정이 아닌 것 같은 인상을 줄 수밖에 없을 것이라고 밝혔다. 샌프란시스코 회의에 참석한 이집트는 '자국민의 의지에 반해 영토가 지금도 외국군대에 의해 점령돼 있는 국가'로서 일본의 영토가 연합국 군대에 의해 점령된 동안에는 선택의 자유에 관한 조건이 충족되지 않다고 판단하는 최상의 자격을 갖고 있는 점, 강화 후까지 외국군대가 주둔하는 것은 국제연합 헌장의 첫 번째 원칙인 주권평등에 반한다는 점을 지적했다. 다른 아랍 국가들도 이집트의 주장에 동조했다.

4. 미일안전보장조약

(1) 평화조약과의 관계

이상과 같이 미국의 구상에 의거해 체결된 것이 「미국과 일본 간 안전보장조약」이다. 이 조약의 정문(正文)은 평화조약의 정문과 마찬가지로 샌프란시스코 회의 전에 완성됐지만, 논쟁 유발을 피하기 위해 내용은 서명이 끝날 때까지 비밀로 부쳐졌다.

이 조약이 평화조약과 실질적으로 일체를 이룬다는 점, 아니 그 이상으로 평화조약이 안전보장조약을 체결하기 위한 복선으로 체결됐다는 점은 성립경위 및 내용으로 보아 명확하다. 안전보장조약 전문(제1단~제4단)도 평화조약이 서명됐음에도 일본은 무장해제했기 때문에 개별적 또는 집단적 자위권을 행사하는 유효한 수단을 가질 수 없는데도, 무책임한 군국주의가 아직 세계에서 구축되지 않았기 때문에 일본에는 위험이 있어 평화조약은 일본이 주권국으로서 집단적 안전보장협정을 체결하는 권리를 승인하고 있다. 이 때문에 일본은 방위를 위한 잠정조치로 미국이 일본 내와 부근에 군대를 유지하는 것을 희망하고, 미국도 평화 및 안전을 위한 뜻이 있다고 조약체결의 취지 및 평화조약과의 관계를 설명하고 있다.

(2) 잠정성

안전보장 전문에는 미군의 주둔은 '일본이 공격적인 위협으로 사용하지 않고, 국제연합 헌장의 목적 및 원칙에 따라 평화 및 안전을 증진하는 것으로만 사용하는 군비'(전문 제5단 1951년 5월 19일 대소련회답 참조)를 갖출 때까지 '잠정조치'(전문 제4단 참조)로 한다는 점이 명기돼 있다. 이 점은 '계속적이면서 효과적인 자조 및 상호원조'에 의거하지 않으면 미국은 집단적 안전보장협정에 참가할 수 없다고 한 반덴버그 결의에서도 당연히 확인된다. 그러므로 일본도 자조, 즉 재무장을 통해 자위의 능력을 갖추는 것과 함께 서로 상대방까지 원조해야 한다. 덜레스 고문이 되풀이해 밝힌 것처럼(1951년 2월 2일 연설, 2월 12일 이일성명, 3월 1일 라디오방송, 3월 31일 연설, 4월 23일 연설 참조) 미국은 언제까지나 일본에 편승을 허용할 마음이 아니다. 안전보장조약 자체로는 일본의 재군비를 의무화하지 않고 장래에 일본의 자주적 결정에 맡기고 있지만, 일본이 계속해 미국의 군사적 보호를 받겠다고 한다면 재군비는 필수조건이 되는 것이다.

(3) 미군의 임무

일본 국내 및 그 부근에 주둔한 미군은 (1)극동의 국제평화 및 안전유지와 (2)외부로부터 무력공격에 대한 일본의 안전을 위해 사용된다. 첫 번째 임무는 일본의 안전과 직접적인 관계는 없지만 국제연합 기구로 행동하는 경우다. 안전보장조약 서명과 동시에 애치슨 국무장관과 요시다 시게루 수상 간에 교환된 서한에는 국제연합 가입국이 국제연합의 활동으로 한국전쟁에 파견하는 군대를 일본 및 부근에 주둔하는 것을 일본이 허용하는 것과 함께 용이하게 주둔하도록 하는 것을 확인하고 있다. 두 번째 임무 중에는 소위 간접침략(1951년 2월 2일 덜레스 연설, 2월 12일 이한성명, 4월 23일 연설 참조)에 대한 방위도 포함돼 있다. 간접침략이라는 개념이 국제법상 성립하는지 여부는 잠시 놔두고, 어쨌든 간접침략이라는 것은 외부로부터 무력공격, 즉 직접침략 직전의 상황을 가리킨다. 이를 안전보장조약 제1조는 '1개 또는 2개 이상의 외부 국가에 의한 교사 · 간섭으로 인해 일본에서의 내란 및 소요'로 정의해 설명하고 있다. 간접침략의 경우라도 일본 정부가 명시적으로 요청하면 원조를 받을 수 있다. 직접침략의 경우에는 일본 정부의 명시적 요청이 필요하지 않는 것은 집단적 자위권에 관한 설명한 부분에서 밝힌 바와 같다.

1951년 2월 2일 연설에서 덜레스 특사는 일본이 간접침략에 대해 자신을 방위할 마음이 있다고 해도 미국은 직접침략의 경우에 일본의 방위를 부담한다는 구상을 나타냈지만, 완성된 조약에서는 간접침략의 경우라도 일본이 요청하면 원조하기로 고쳤다.

(4) 제3국에 대한 권리허여의 금지

미군이 주둔하고 있는 동안에는 일본은 미국의 사전 동의 없이 기지, 기지에 관한 권리, 주둔, 연습, 군대통과의 권리를 허여해선 안 된다.(제2조)

국제연합 가입국 군대가 국제연합의 행동으로서 이 권리를 요구하는 경우에는 어떨까. 헌장 의무(국제연합 헌장 제2조 참조)와 다른 국제협정에 근거한 의무가 저촉하는 경우에는 전자가 우선하지만(동 103조), 국제연합은 현 단계에서 강제력을 가진 결정을 할 수 없기 때문에(제5장 2 참조) 미국의 동의 없이 일본이 이 같은 권리를 제3국에 허여해야 하는 사태는 일어나지 않는다. 국제연합군으로 활동하는 외국군대 주둔에 대해서는 애치슨·요시다 왕복서한에서 확인했기 때문에 문제가 되지 않는다.

(5) 행정협정

현재 일본에 있는 점령군은 미군과 영국(오스트레일리아·캐나다)군으로 편성돼 있다. 이들 군대는 교전권에 근거해 일본을 점령하고 있지만, 평화조약의 효력이 발생하면 교전권은 소멸되기 때문에 점령군은 그 자격을 잃는다. 그 결과로 원래라면 일본에서 철수해야 한다.[3] 평화조약에는 90일의 철수유예기간을 두고 있지만(제6조(a) 전단), 이 유예기간은 이탈리아 평화조약(제73조)과 같다. 다만 안전보장협정에 근거해 외국군대의 주둔, 잔류(종래 주둔한 군대가 그대로 남은 것)를 방해하지 않는다는 규정(동조(a) 후단)으로 인해 실제로는 미군은 계속해 일본에 남게 된다. 이 주둔조항의 삽입은 인도가 샌프란시스코 회의의 불참 이유 중 하나로 들었고 이 회의에서 이집트를 비롯해 아랍 여러 나라의 비난 대상이 된 것은 앞서 기술한 바와 같다.

미군의 일본 국내 및 부근 배치를 규율하는 조건은 미·일 양 정부 간의 행정협정에서 결정된다(제3조). 행정협정이라는 것은 국제약속이긴 하지만, 조약과 같이(일본은 한국과 달리 내각 권한임) 의회 승인을 거치지 않고

---

3) 점령하에서는 '연합국 점령군에 부속되거나 동반한 연합국 국민이나 단체'에 대해 일본 정부는 민사재판관할권(1946년 2월 26일 '민사재판관할권 행사'에 관한 각서, 1946년 9월 19일 '민사 및 형사재판 관할에 관한 각서의 수정'에 관한 각서, 1946년 칙령 273호 「민사재판권의 특례에 관한 칙령」 참조)도, 형사재판관할권(1950년 10월 18일 '민사 및 형사재판권 관할권 행사'에 관한 각서, 1950년 정령 제324호 「연합국민에 대한 형사사건 등 특별조치령」 참조)도 갖지 못한다.

정부 권한으로 체결하는 것이다. 현재 일본에 있는 미군은 평화조약 효력발생 즉시 안전보장조약의 효력이 동시에 발생(안전보장조약 전문 제2단 참조)해 방위군의 성격으로 변하기 때문에 행정협정은 그때까지 준비되지 않으면 안 된다.

평시에 한 국가의 군대가 타국의 영토 내에 그 국가의 동의를 얻어 체재하는 경우에는 그 군대를 구성하는 군인 및 군속은 체재국의 법권에 따르지 않고 군대 소속국의 법권에 따른다. 이를 국제법상 군대의 치외법권이라고 한다. 군대의 치외법권은 외교관의 치외법권과 비슷하지만, 외교관의 치외법권은 외교관 개개인이 향유하는 것인데 반해 군대의 치외법권은 군대 전체가 향유하는 것이다. 이 때문에 군인 · 군속이 숙소에서 떠나 공무와 관계없는 행위까지는 치외법권이 미치지 않는 것이 외교관과는 다른 점이다. 그런데 이번 미군의 주둔은 일본의 안전을 보장하기 위한 목적인 동시에 상당한 대규모 병력이기 때문에 일반적인 국제법에서 인정하는 특권만으로는 불충분하다. 그러므로 행정협정 중에서 시설(편의공여)[4]에 대해 규정하는 동시에 미군의 지위에 대해서도 규정할 필요가 있다. 덜레스 고문은 1951년 4월 19일 신문기자와의 회견에서 "협정은 영국이나 북대서양조약 가입국과의 협정과 비슷하게 될 것이다"라고 설명했다.[5]

---

4) 미군이 사용하는 데 제공될 가능성이 많은 것으로 보도된 기지는 다음과 같다.

육군기지−요코하마(총사령부), 삿포로, 센다이, 나고야, 오사카, 후쿠오카
해군기지−요코스카(해군사령부), 마이즈루, 오타루, 사세보
공군기지−다카치와(도쿄, 공군사령부), 비호로(홋카이도),
미사와(아오모리), 요코다(사이타마), 고마키(아이치),
이타즈케(후쿠오카)

5) 북대서양조약에 의거한 체약국 군대가 다른 체약국 영토 내에 주둔하는 경우 양국 간의 관계 및 군인 · 군속 및 그 가족의 지위는 1951년 6월 19일 런던에서 서명된 「북대서양조약 체약국 군대의 지위에 관한 체약국 간의 협정」에 의해 규정되고 있다. 이 협정은 부분적으로는 제2차 세계대전 중에 체결된 각종 협정과 서유럽연합의 관행에서 생성된 것이지만, 그 내용은 대략적으로 다음과 같다(1951년 6월 20일자 타임즈).

영국군의 점령지구는 구레(吳, 히로시마현)와 이와쿠니(岩國, 야마구치현)이지만, 영 · 일 간에는 안전보장협정이 없기 때문에 평화조약의 효력 발생 후 90일 안에 철수해야 한다. 그러나 1951년 9월 8일 애치슨 · 요시다 왕복서한은 "평화조약의 효력 발생 후에 국제연합의 1개 또는 2개 이상의 가입국 군대가 극동에서 국제연합 활동에 종사하는 경우에는 군대를 파견한 1개 또는 2개 이상의 가입국이 일본 국내 및 그 부근에 주둔하는 것을 일본이 허락하는 동시에 용이하게 한다"고 밝혔기 때문에 한국전쟁 중에 소위 국제연합군으로 활동하는 한 종래와 같이 일본에 주둔할 수 있다.

---

(1) 협정은 군인, 군속 및 그 가족에 적용된다. 체약국 군대는 접수국의 법률을 존중하는 의무를 갖는 동시에 이 협정의 정신에 반하는 어떠한 행위도 삼가야 한다.

(2) 대략 말하면 접수국은 공무수행 중 어떠한 작위(作爲) 또는 부작위(不作爲)에서 발생한 사건 이외의 사건에서는 재판 관할권을 갖는다. 즉 군대의 구성원은 통상 파견국과 접수국 쌍방의 법에 따르지만, 근무 중에 발생한 사건에서는 파견국의 군대 관리가 우선 첫 번째 재판 관할권을 갖고 다른 대다수 사건에서는 접수국이 우선 첫 번째 재판 관할권을 갖는다. 다만 후자의 경우에는 접수국은 재판 관할권을 포기할 수 있고 파견국이 포기를 요청할 때는 그 요청을 호의적으로 고려해야 한다.

군대의 구성원이 접수국에서 기소된 때는 즉각적이고 신속한 심리와 변호를 위해 충분한 편의가 제공돼야 한다.

스칸디나비아 국가들처럼 법률로 사형을 허용하지 않은 국가에서는 파견국이 접수국 내에서 사형 집행은 허용되지 않는다.

(3) 체약국 간 손해배상 청구권 대부분은 서로 포기해야 하지만, 다른 청구권은 합의에 의해 택한다. 접수국의 고급재판관 혹은 과거 그런 경력이 있는 1명을 중재자로 해 책임의 유무 및 배상액을 결정한다. 제3자(보통은 접수국민)에 의한 청구권은 그 국가의 법률에 따라 심리한다. 근무 중에 발생한 모든 사건에서는 접수국의 책임 유무를 묻지 않고 접수국은 손해액 중 4분의 1 이상을 부담해야 한다.

(4) 파견국 MP(헌병)는 병영 내의 질서에 대해 책임을 갖지만, 기타에 대해서는 지방 경찰의 권능이 거의 영향을 받지 않는다.

(5) 외국군대의 주둔에 의해 접수국 경제가 악영향을 받지 않도록 접수국은 노동력의 고용조건 결정이나 상품 구입을 제한할 수 있다.

(6) 위의 사항 외에 과세, 관세, 환율, 여권 및 비자 규칙, 제복 착용, 무기 휴대 등에 대해 규정돼 있다.

딘 러스크 국무차관보는 행정협정에 관한 정보 수집을 위해 1951년 11월 일본을 찾았지만, 일단 귀국길에 오른 후 새로 임명된 대사의 자격으로 다음해 1월 26일 다시 찾아와 같은 달 29일 일본 측과 공식 회담을 개시했다. 그리고 2월 28일 29개조로 이뤄진 행정협정이 러스크 대사와 오카자키(岡崎) 국무상에 의해 서명됐다. 나아가 국제연합군의 지위와 그에 대한 편익 제공에 대해서는 행정협정에서 규정하지 않고 관계국 간에 협정하는 모양인 것 같다.

(바) 효력발생과 실효(失效)

안전보장조약은 워싱턴에서 미·일 양국이 비준서를 교환하는 때에 효력이 발생하지만(제5조) 이 조약은 평화조약과 동시에 효력이 생기기 때문에(전문 제2단 참조) 비준서 교환은 평화조약의 효력 발생일에 행해지도록 처리해야 한다. 평화조약과 안전보장조약은 동시에 비준돼 비준서도 동시에 워싱턴 재외사무소에 보내졌지만, 평화조약 비준서만 먼저 기탁된(제16장 1 참조) 것은 위의 이유에 따른 것이다.

이 조약에는 일정한 유효기한이 없고 '일본 구역의 국제적 평화와 안전 유지를 위해 충분한 규정이 있는 국제연합의 조치, 또는 이를 대신하는 개별적·집단적 안전보장 조치가 생겼다고 미·일 양국 정부가 인정하는 때에 효력을 잃게 된다(제4조).' 첫 번째의 국제연합의 조치에 대해서는 국제연합 총회는 1952년 1월 12일 평화결집결의에 의거해 집단조치위원회의 보고를 채택했다. 이 위원회의 보고는 결론에서 가입국은 침략행위가 있을 경우 즉각 국제연합이 사용하도록 제공하는 부대를 자국군대 내에 조직해 둘 것을 권고했다. 지금까지 이 같은 부대 설립을 국제연합에 대해 약속한 국가는 덴마크, 브라질, 그리스, 캐나다, 영, 불, 미, 뉴질랜드다. 이로써 국제연합의 집단조치는 겨우 시작된 것이라고 말할 수 있다. 두 번째 국제연합의 조치를 대신하는 안전보장 조치에 대해서는 일본이 약간의 무장을 한 후 미 · 필리핀 상호방위조약, 미 · 오스트레일리아 · 뉴질랜드 안전보장조약, 미 · 일 안전보장조약을 태평양 집단적 안전보장조약 중에 끌어들여 일대 반공세력을 조직한다는 것이다. 덜레스 고문은 이러한 안전보장 조치를 구상하고 있는 것 같다(1951년 3월 1일 방송, 3월 31일 연설, 4월 19일 기자회견, 4월 23일 연설, 미 · 오스트레일리아 · 뉴질랜드 조약 제8조 참조).

제7장
조약

제1절 일본이 당사국인 조약의 효력

1. 두 국가 간 조약

조약은 전시에 적용되는 것은 별도로 하고 관계국 간 우호관계의 존재를 전제로 맺는 것이기 때문에 전쟁은 우호관계를 근본적으로 파괴한다. 교전국이 조약 당사국인 경우에는 조약에 직 · 간접적 영향을 주는 것은 당연하다. 그러나 어떠한 영향을 주는 지에 대해서는 논의가 나뉘고 있다. 두 국가 간 조약 중에 정치조약이나 통상항해조약은 개전과 동시에 효력을 잃는다고 해석하는 것이 통설이지만, 그 외의 조약에서는 명확하지 않다. 그래서 평화조약 체결에 즈음해 전전(戰前)의 조약에 대해 규정할 필요가 있다.

먼저 여기에 관한 주요한 전례를 소개하겠다. 베르사유 조약(제289조)에서는 동맹국과 연합국은 복원을 바라는 조약을 독일에 통고하게 돼 있고, 이 규정에 의해 벨기에, 프랑스, 그리스, 이탈리아가 소수의 조약을 복원했다. 이탈리아 평화조약(제44조)도 동맹과 연합국이 통고한 조약에 한해 계속 유효하도록 하거나 복원하기로 해 베르사유 조약과 같은 원칙을 채용하고 있다.

이 규정에 의해 유효하게 된 조약 중에는 미 · 이탈리아 저작권조약이 있다. 이 사례들은 어느 것이나 전승국이 전전의 조약 효력에 관해 자기 혼자만의 생각으로 결정하는 것을 인정하는 것이지만, 제2차 세계대전에서 최초의 평화조약인 영국 · 인도와 태국 간 조약(제18조)은 더 나아가 수정을 덧붙여 통고하는 것을 인정하고 있다. 여기에 반해 이탈리아 · 쿠바 평화조약(제4조)은 쌍방 대등한 형식으로 전전의 조약 효력을 확인하고 있다.

대일평화조약의 규정은 베르사유 조약 및 이탈리아 평화조약과 같은 취지지만, 통고기간은 베르사유 조약에서는 없고 이탈리아 조약은 6개월, 대일평화조약은 1년이다. 통고된 조약은 통고한 날부터 3개월 후부터 계속해 유효한 것으로 간주하거나 복원되고, 통고가 없는 모든 조약은 폐기된 것으로 간주한다(제7조(a)).

연합국은 통고할 때에 국제관계에 대해 책임을 가진 지역을 제외할 수 있다(제7조(b)). '국제관계에 대해 책임을 가진'이란 스스로 외교관계를 갖지 못하고 연합국이 대신해 대외관계를 처리하는 신탁통치 지역이나 보호국이다. 이탈리아 평화조약에는 이 조항에 해당되는 규정이 없다.

2. 다수국(多數國) 간 조약

다수국 간 조약이 전시에 적용되는 것은 당연히 유효하고, 그 이외의 것은 전쟁 중 교전국 간에 효력이 정지된다고 해석하는 것이 통설이다. 이탈리아 평화조약도 통설에 따라 이런 종류의 조약은 유효하다고 해석하는 것 같고, 수정이 필요하거나 이탈리아가 포기해야 할 권리를 규정한 조약(제39조~제43조)을 제외하고는 언급돼 있지 않다.

일본은 다수국 간 조약에 관한 선언으로 평화조약과 다른 규정이 있는 경우(조약에 규정한 권리 및 이익을 포기하는 경우 — 제2조(d), 제8조, 일본에 관해서만 폐기하는 경우–제10조)를 제외하고, 다수국 간 조약이 완전하게 유효하다는 것을 승인하고 있다(선언 제1항). 평화조약에 의무로 규정하지 않고 일방적인 선언으로 한 것은 당연한 것을 말한 것이기 때문이다. 다수국 간 조약 중에는 이미 연합국에 관해서만 폐기된 조약(예를 들어 상설국제사법재판소 규정에 관한 서명 의정서, 뒤에 기술하는 제8조(a)에 관한 설명 참조)이나 개정된 조약(예를 들어 아편마약 관련 여러 조약) 전쟁희생자 보호 관련 여러 조약, 뒤에 기술하는 조약에 관한 선언 2(1), (2), (9) 참조)이 있지만, 그 조약들과 일본의 관계에 대해서는 다른 장에서 설명하겠다.

선언 제1항 단서에는 '어느 하나의 문서(文書)라도 당사국이기 때문에 일본이 1939년 9월 이후 국제기구 가입국에서 제외됐지만, 가입국이라는 사실이 필요한 경우에는 이 항의 규정은 일본의 해당기구 재가입을 기다려 효력이 발생하는 것으로 한다'고 돼 있지만, 이에 해당하는 문서가 실제로는 없다.

3. 여러 평화조약의 효력 승인과 국제연맹 해산에 관한 협정 수락

일본은 제2차 세계대전의 여러 평화조약 및 평화회복을 위한 협정과 그에 관련한 다른 협정의 효력을 승인한다(제8조(a) 전단). 여러 평화조약이라는 것은 이미 체결된 연합 및 동맹국 대 이탈리아 · 헝가리 · 루마니아 · 불가리아 · 핀란드 조약(1947년 2월 10일)뿐만 아니라 장래에 체결되는 대 독일 · 오스트리아 조약도 포함한다. 이 조약들에는 일본에 직간접적인 관련이 있는 규정이 포함돼 있을지, 혹은 포함될 가능성이 있다고 해도, 일본은 그 효력을 승인하는 수밖에 없다. 예를 들어 이탈리아 조약에는 일본 · 독일의 생산 · 설계와 관련된 군용자재의 획득이나 제조의 금지(제52조), 일본 · 독일의 재군비 방지(제68조~제70조)에 관한 규정이 있다. '다른 협정'은 어떤 것을 가리키는지 명확하지 않지만, 베를린회의 의정서(포츠담협정, 1945년 8월 2일)에는 대일평화조약 제20조(일본에 있는 독일 재산의 보존 및 관리)와 관련한 독일 재산의 보존 및 관리(제2부 제18항)가 있다. 제2차 세계대전 중 일본의 점령하에 있던 국가와 연합국 간 평화조약(영 · 인도 대 태국 평화조약) 및 평화회복협정(1946년 11월 17일 프랑스 · 태국 협정)에도 그 규정이 포함된 것은 아닐까.

다음으로 일본은 국제연맹 및 상설국제사법재판소의 폐지에 관한 협정을 수락한다(제8조(a) 후단). 국제연합 및 국제사법재판소의 발족에 의해 국제연맹 및 상설국제사법재판소는 존재 이유를 잃었기 때문에(제5장 1, 제14장 2 참조) 국제연맹은 1946년 4월 마지막 총회를 열어 같은 달 18일 양 기구의 해산에 관한 2개의 결의를 채택했다. 일본은 1935년 국제연맹에서 탈퇴하고 1938년 상설국제사법재판와의 협력을 끝냈기 때문에 실제로는 문제가 없다. 국제연맹은 일본이 제1차 세계대전 때 주요한 동맹 및 연합국의 일원으로 서명한 여러 평화조약의 제1편(연맹규약)에 근거해 설립됐지만, 평화조약의 다른 편 규정에 의해서도 갖가지 임무가 부과돼 있었다. 제1편이라도 위임통치에 관한 제22조에 근거한 권리의무는 연맹 탈퇴와 관계없이 일본이 계속 갖고 있었다. 상설국제사법재판소는 1920년의 서명의정서에 의해 설립됐지만, 이 서명의정서에는 탈퇴 규정이 없다. 따라서 일본은 아직도 형식적으로는 당사국이기 때문에 양 기구에 대한 조치의 추인을 요청한 것이다.

이탈리아 조약에도 제8조(a)에 해당하는 규정이 포함돼 있다(제18조, 제39조).

4. 유럽 및 아프리카의 특권 포기

일본은 생제르맹앙레 제 조약(諸條約), 몽트뢰 조약, 로잔 조약 제16조에 의거한 모든 권리 및 이익을 포기하고(제8조(b)) 대독배상협정 및 국제결제은행에 관한 조약에 의거한 모든 권리, 권원 및 이익을 포기한다(같은 조(c)). 이 규정들은 미국초안에는 없고 런던회의의 결과에 따라 포함됐다. 이 권리 및 이익은 일본이 제1차 세계대전 때에 주요한 동맹 및 연합국의 일원으로서 획득한 것이지만, 이번 패전에 의해 모든 것을 잃게 됐다.

생제르맹앙레 제 조약은 소위 콩고분지 조약으로 아프리카의 화주류(火酒類) 협정에 관한 조약을 가리킨다. 다짐하기 위해 덧붙여 말하지만, 제1차 세계대전의 대 오스트리아 평화조약의 문제는 아니다.

콩고분지란 중앙아프리카에서 대서양으로 흐르는 콩고강과 그 지류의 관개지역을 말한다. 이 강은 본류 길이 3천 마일 중 80마일은 해양항행선이 소항(遡航)할 수 있고 142만 5천 평방마일의 관개면적을 갖고 있다. 이 강의 유역 개발은 벨기에 국왕 레이폴 2세(Leopold II)와 영국인 헨리 모턴 스탠리(Henry Morton Stanley)에 의해 시도됐지만, 독일 재상 비스마르크의 개입으로 1885년 2월 26일 벨기에회의 일반의정서에 의해 레이폴을 국왕으로 하는 콩고자유국이 세워졌다. 대신에 콩고강 유역에서 항행 및 통상의 완전한 자유가 인정됐다. 그 연장으로 1890년 7월 2일 브뤼셀 회의 일반의정서 및 선언이 서명됐지만, 제1차 세계대전 후 1919년 9월 10일 생제르맹앙레 조약(서명국－프랑스 · 벨기에 · 미 · 영 · 이탈리아 · 일본 · 포르투갈)에 의해 2개의 의정서는 폐지됐다. 이 개정조약도 콩고강 유역의 항행 및 통상의 자유를 규정하고 있지만, 원래 의정서와는 다르게 그 자유를 모든 국가에게 인정하지 않고 서명국 및 가입국에만 한정했고 게다가 가입자격도 제한했다. 일본이 콩고분지 조약의 서명국이라는 점에서 유래한 권리 및 이익을 포기함으로써 일본 제품은 앞으로 콩고분지 조약에서 쫓겨날 것이다.[1] 이

1) 참고로 콩고분지 지역에 대한 일본의 전전(戰前) 무역을 보면 1937~39년은 연평균 수출은 5천400만 엔, 수입 약 2천만 엔으로 일본 수출 · 수입액의 1.74%와 0.64%를 각각 차지하는데 그쳤다. 그러나 일본의 수출은 1937년 벨기에령 콩고의 총수입액

규정의 목적이 영국의 산업, 특히 랭커셔 면업을 위한 시장 확보에 있는 것은 쇼크로스(Hartley William Shawcross) 상무상이 1951년 7월 19일 맨체스터에서 말한 바가 있다. 이탈리아 평화조약(제42조)에서는 장래에 조약 내용을 추가해 변경(아직 그런 변경은 없었다)할 수 있고, 이탈리아의 수락을 규정하고 있는 것에 지나지 않는 점과 비교해 대일평화조약에서는 일본의 권리 및 이익의 포기를 규정한 것으로도 영국의 의도를 엿볼 수 있을 것이다.

아프리카의 화주류 단속에 관한 조약은 아프리카 각지 토인의 알콜 중독 위험을 방지하는 목적을 갖고 있기 때문에 이를 위해 브뤼셀에 '아프리카의 화주류 단속을 위한 국제중앙국'이 설치돼 있다. 일본은 아프리카에 식민지를 가진 적이 없지만, 주요한 동맹 및 연합국의 일원으로서 이 조약에 서명했다.

몽트뢰 조약에서는 다르다넬스 해협－마르마라 해(海)－보스포루스 해협에 대한 통행항해의 자유제도가 제정됐다. 일본은 이 조약의 서명국으로 터키가 급박한 전쟁의 위험에 처했을 때 군함의 통행을 제한하는 경우에 통지를 받을 권리 및 외국군함의 동정, 기타 정보를 포함하는 연보(年報)를 받을 권리를 갖고 있지만, 이를 포기하게 됐다. 그러나 상선의 통행은 평시 전시를 가리지 않고 자유롭기 때문에 실제로 불이익을 받는 것은 아니다. 로잔 조약 제16조는 '터키는 본 조약에 규정한 국경 외에 위치한 지역에 대해서나 그에 관해 가진 일체의 권리, 권원과 본 조약에 의해 터키의 주권으로 인정된 여러 섬 이외의 섬에 대해 가진 일체의 권리, 권원은 성질 여하

중 14%를 차지해 벨기에 본국 다음으로 2위를 점했고 같은 해 케냐, 우간다의 총수입액 중 10% 넘게 차지했다. 전후에는 1950년을 제외하고 무역은 증대하는 경향을 나타내고 있다. 1947년에서 1949년까지 일본의 수출은 총 수출액의 3.5% 정도(1950년에는 1.7%)이고, 수입은 총수입액의 1% 안팎을 점하고 있다(외무성 정보부, 「일본과의 평화조약 해설」, 1951년 8월 20일, 14쪽).

를 묻지 않고 포기해야 한다는 것을 성명한다'고 규정하고 있다. 이는 주로 A식 위임통치에 관한 것이다. 그러므로 제8조(b) 후단은 제2조(d) 전단과 중복되는 규정이다. 제1차 세계대전 중 터키와의 세브르 평화조약(1920년 8월 10일)은 소아시아의 터키 영토에 A식 위임통치제도 시행을 규정했다(제22조, 제94조, 제95조). 세브르 조약은 터키가 비준하지 않았기 때문에 효력이 발생하지 않았지만, 영 · 불은 그것과 관계없이 위임통치를 개시했다. 터키는 뒤에 로잔 조약(1923년 7월 24일)을 체결하는 즉시 제16조에 따라 위임통치지역을 포함한 영토 포기를 선언했다. 일본 및 이탈리아는 각자 주요한 동맹국의 일원으로 로잔 조약에 서명했기 때문에 터키의 영토 처리에 관해 권리를 갖고 있지만 이를 포기하는 수밖에 없다(이탈리아 평화조약 43조 참조). 그렇다고는 하지만, A식 위임통치지역 중에 메소포타미아(이라크)는 1932년 독립했고, 팔레스타인의 일부를 제외한 기타 지역도 1945년 이후 차례차례 독립(시리아 · 레바논 · 요르단 · 이스라엘)을 달성했기 때문에 포기해야 하는 권리 내용은 대부분 소멸됐다.

대독배상협정과 국제결제은행에 대해서는 후술한다(제9장 4(주2) 참조).

5. 중국의 특수권익 포기

일본은 중국에 대해 중요하고도 다양한 '특수권익'을 갖고 있지만, 이를 모두 포기해야 한다. '특수권익'이라는 것은 불평등조약에 의거해 취득한 중국의 주권을 제한하는 권리 및 이익을 말한다. 불평등조약에는 중 · 일 양국 간의 문제, 중국과 다른 국가 간의 조약에 있어 최혜국 조약(청일통상항해 조약을 포함한다)에 따라 일본도 균점한 문제, 중국과 일본을 포함한 여러 국가 간의 문제 등 3가지 종류가 있다. 앞의 두 종류는 전쟁(당시 중경에 있던 국민당 정부는 1941년 12월 9일 대일 선전포고를 했다. 일본은 왕정위 정권을 지지했기 때문에 위의 선전포고를 무시했지만, 패전한 이상 이를 인정하지 않을 수 없다)에 의해 소멸됐지만, 세 번째 문제는 존속하는 것으로 해석할 여지가 있다(다수국 간 조약의 효력에 관한 앞의 기술 2의 설명 참조). 그렇게 되면 곤란하기 때문에 제10조에는 북청사변(北淸事變, 의화단 운동)최종 의정서(당사국－청 · 독 · 오스트리아 · 헝가리 · 벨기에 · 미 · 불 · 영 · 이탈리아 · 네덜란드 · 러시아 · 일, 다만 독 · 오스트리아 · 헝가리는 제1차 세계대전의 결과로, 러시아는 혁명의 결과로 특권을 모두 잃었다)는 일본에 관한 한 폐기된다고 규정했다. 미국초안(제5장 제4항)에서는 '일본은 중국에서의 모든 특수권익을 포기한다'고 돼 있어 일본은 북청사변 최종의정서에 근거한 권리(단비(團匪, 비적의 무리)배상청구권, 북경공사관구역 행정권, 북중국주병권)를 잃었다. 그러나 일본은 여전히 최종의정서의 당사국이라는 해석이 성립될지 모르기 때문에 그런 해석을 허용할 수 없도록 일본에 관한 한 폐기되는 것을 첨가한 것이다.

주요한 특수권익은 다음과 같다(괄호 안은 근거가 되는 조약).

1. 관동주(關東州, 대련 및 여순)조차지(1905년 12월 22일 만주에 관한 청일조약, 1915년 5월 25일 만주 및 동부 내동부에 관한 중일조약에 의해 1999년까지 연장, 1932년 9월 15일 일만의정서에 의한 권리 참조)
2. 조계(租界)

   천진(1896년 7월 21일 청일통상항해조약, 1896년 10월 19일 청국 신개발지에 일본 전관 거류지 설치 기타에 관한 의정서, 1898년 8월 29일 천진일본거류지 협정서, 1903년 5월 24일 확장 협약서)

   한구(청일통상항해조약, 의정서, 1898년 7월 16일 한구일본거류지역 협정서, 1907년 2월 9일 한구일본확장거류지 협정서)

   소주(1895년 4월 17일 청일강화조약, 1897년 3월 5일 소주일본거류지 협정서)

   항주(청일강화조약, 1896년 9월 27일 항주일본거류지 협약서, 1897년 5월 13일 추가 협약서)

   사시(沙市)(일청강화조약, 1898년 8월 18일 사시일본거류지 장정)

   중경(청일강화조약, 1901년 9월 24일 중경일본전관거류지 협약서)

상해 공동조계(영국 조계와 미국 조계가 합병해 생겼기 때문에 조계 행정은 상해 영사단 및 북경 외교단의 감독에 따랐다. 일본은 영사단 및 외교단의 일원으로서 권리를 가진 것에 지나지 않았다.)

고량서((鼓浪嶼) 공동조계(1842년 8월 29일 영청남경조약, 1902년 1월 10일 일 · 영 · 미 · 독 · 불 · 스페인 · 덴마크 · 네덜란드 · 스웨덴 · 노르웨이 영사, 민절(閩浙, 절강성 항주 부근)총독 간 「고량서조계토지 장정」)

3. 북경공사관 구역(1901년 9월 7일 북청사변 최종의정서)

일본은 왕정위 정권에 대해 「조계 환부(環付) 및 치외법권 철폐 등에 관한 일화(日華)협정」(1943년 1월 9일) 및 그에 근거한 세목 협정으로 전관조계, 북경공사관 구역, 고량서 공동조계, 상해 공동조계의 행정권을 돌려받았다. 그러나 중경 정부는 왕 정권이 외국과 체결한 모든 조약을 부인했기 때문에 평화조약에서 새롭게 규정할 필요가 있었던 것이다. 이탈리아도 북경공사관 구역, 상해 공동조계, 천진 · 전관조계의 행정권을 왕 정권에 돌려받았지만 평화조약(제25조)에서 새롭게 고쳐 권리의 소멸에 동의했다.

4. 과세권 및 영사재판권

만주에서는 「만주국의 일본국민 거주 및 만주국의 과세 등에 관한 일만(日滿)조약」(1936년 6월 10일), 「만주국의 치외법권 철폐 및 남만주철도 부속지 행정권의 이양에 관한 일만조약」(1937년 11월 5일)에 의해 치외법권적 권리는 사실상 모두 소멸돼 있다. 중국에서도 과세권은 왕 정권과의 사이에 체결된 「중화민국의 일본신민에 대한 과세에 관한 중화민국, 일본 간 조약」(1943년 7월 3일)에 근거하고 있어 포기하고 있다.

5. 주병권

화북(북청사변 최종의정서)

만철 부속지(러일강화조약 추가 약관, 1905년 12월 22일 만주에 관한 청일조약 부속협정)

개항장의 군함 정박권(최혜국 조관)

6. 내항항행권

연안무역(청일통상항해조약)

장강 항행권(최혜국 조관, 청일강화조약)

백하 항행권(최혜국 조관)

서하 항행권(최혜국 조관)

내수 항행권(1903년 10월 8일 청일 추가통상항해조약, 1905년 12월 22일 만주

에 관한 청일조약 부속협정)

7. 개항장의 제 권리(청일통상항해조약)
8. 단비(團匪)배상금(북청사변 최종의정서)
9. 철도 이권
   만철
10. 광산 이권
   무순(撫順, 만주에 관한 조약)
   한야평(漢冶萍, 1915년 5월 15일 한야평공사에 관한 교환 공문)

〔아래는 중일 합판(合辦, 공동 사업)〕
방자(坊子) · 치천(淄川)(1922년 2월 4일 산동 현안해결에 관한 조약)
박산(博山)
양가이(楊家坨)
정형(井陘)

제2절 기존 조약의 가입과 신조약의 체결

1. 기존 조약의 가입

제3장에서 기술한 바와 같이, 일본은 점령하에서 이미 총사령부의 허가를 얻어 몇 몇 국제조약에 가입했지만 평화조약의 효력 발생 후에는 개방조약에 자유롭게 가입할 수 있다. 조약에 관한 선언은 일본이 평화조약의 효력 발생 후 일정 기간 안에 특정한 다수국 간 조약에 가입하거나 가입 신청하는 의사를 가진 것을 확인하고 있는 것이다. 일본 정부는 1년 이내에 아편마약 단속 관련 제2의정서, 외국 중재판결의 집행에 관한 조약, 경제통계조약, 세관 수속의 간이화(簡易化)에 관한 조약, 화물 원산지 허위표시 방지에 관한 협정, 국제항공운송에 관한 일종의 규정 통일을 위한 조약, 해상의 인명 안전에 관한 조약, 전쟁희생자의 보호에 관한 제 조약 등에 가입

통고를 하거나 이를 비준한다(제2항). 6개월 이내에 국제민간항공조약, 세계기상기구조약에 가입 신청(제3항)을 한다. 전문 제2단에 언급한 국제연합의 가입 등에 관한 선언에 대해서도 동일하다고 말할 수 있지만, 선언은 일본의 일방적 의사표시이고 국제약속은 아니다. 그러므로 엄밀히 말하면 일본은 이 조약들에 가입하는 의무는 없지만, 만약 일본이 정해진 기간 안에 가입 절차를 밟지 않으면 국제 신의에 반하게 될 것이다. 왜냐하면 평화조약의 본문에 규정되지 않고 선언 형식으로 한 것은 일본의 자주성을 존중하겠다는 고려에서 나온 것이기 때문이다.

다음으로 이 조약들에 대해 차례차례 설명하겠다.

(1) 아편마약 단속에 관한 의정서

제2차 세계대전 전에 체결된 아편마약에 관한 조약, 협정 및 약정서에는 다음과 같이 여섯 종류가 있다.

1912년 1월 23일 헤이그에서 서명한 국제아편 조약 및 최종의정서
1925년 2월 11일 제네바에서 서명한 제1아편회의 협정, 의정서 및 최종의정서
1925년 2월 19일 제네바에서 서명한 제2아편회의 조약
1931년 7월 13일 제네바에서 서명한 마약제조 제한 및 분배 단속에 관한 조약, 서명의정서 및 최종의정서
1931년 11월 27일 방콕에서 서명한 아편흡식 방지에 관한 협정 및 최종의정서
1936년 6월 26일 제네바에서 서명한 위험약품 부정거래 방지에 관한 조약, 서명의정서 및 최종의정서

이들 조약, 협정 및 의정서는 1946년 12월 11일 레이크석세스에서 서명한 의정서에 따라 개정됐다. 이 개정 의정서에 대해 설명하려고 하면 당연한 결과로 종래의 아편마약 단속 문제에 언급하지 않으면 안 된다.

아편흡식 및 마약남용 방지에 관한 국제협력은 1909년 상해국제아편회의

에서 시작됐다. 이 회의는 미국 정부의 주선으로 열렸기 때문에 이 회의에는 영 · 미 · 불 · 독 · 일 · 러시아 · 오스트리아 · 헝가리 · 이탈리아 · 네덜란드 · 페르시아 · 포르투갈 · 태국 · 중국이 참가했다. 회의에서 일련의 결의가 채택됐지만, 이 결의들은 그저 희망의 표명에 지나지 않아 구체적인 성과를 얻지 못했다.

그 후 미국 정부의 제의에 의거해 오스트리아 · 헝가리를 제외한 상해회의 참가국은 1912년 헤이그에 다시 회합을 갖고 1월 23일 국제아편 조약에 서명했다. 이 조약은 생아편, 아편연고(煙膏, 흡연 용도의 값싼 아편), 약용 아편, 모르핀, 코카인, 헤로인의 생산, 분배, 사용, 수출입의 제한 또는 금압(禁壓)과 중국 및 중국에서의 치외법권 향유국에 따른 조약 준수를 목적으로 했다.

이 국제아편 조약의 비준서 기탁 또는 서명(회의에 대표자를 참석시키지 않은 국가는 뒤에 조약에 서명할 수 있다. 제22조)을 촉진하기 위해 1913년 및 1914년 헤이그에서 제2회 및 제3회 국제아편 회의가 열렸지만, 제1차 세계대전 발발로 지장을 초래해 조약은 효력이 생길 수 없었다.

제1차 세계대전 후 여러 평화조약은 아편 조약에 서명하지 않은 국가 또는 서명했더라도 비준하지 않은 국가는 동 조약의 실시 및 그 목적을 위해 지체 없이 어떠한 경우라도 평화조약 실시 후 12개월 안에 필요한 법령을 제정해야 한다고 규정했다(베르사유 조약 제95조, 생제르맹 조약 제247조, 트리아농 조약 제230조, 뇌이 조약 174조). 일본은 1920년 1월 10일 일본 비준서를 기탁했다.

한편, 국제연맹은 연맹 규약 제23조(8)에 따라 아편 기타 유해약물 거래에 관한 협정의 실행에 대해 일반 감시의 임무를 맡게 됐다. 그때까지 단지 중국에 관한 문제에 지나지 않았던 아편마약 문제가 이 시기부터 세계적인 문제가 됐다. 1921년에는 이 문제에 관한 자문기관인 아편자문위원회가 연맹 내에 설립됐다.

1924년 11월~1925년 2월 제네바에서 아편회의가 두 차례 열려 제1아편회의 협정(1925년 2월 11일) 및 제2아편회의 조약(1925년 2월 19일)이 서명됐다. 일본은 1928년 10월 10일 비준서를 기탁했다.

영(인도 · 말레이) · 중국 · 불(인도차이나) · 일 · 네덜란드(인도네시아) · 포르투갈(마카오) · 태국 등 극동의 속지 및 영역(조차지 및 보호령을 포함)에서는 아편 연고의 사용이 허용됐기 때문에 아편 밀수가 성행했다. 국제아편 조약 제2장이 규정한 아편 연고의 제조, 국내거래 및 사용에 대해 점진적이고 유효하게 금지하는 것을 목적으로 취해진 조치의 효과가 적었다. 이 때문에 제1아편회의 협정은 앞서 기술한 국가들이 아편의 수입, 판매 및 분배를 정부의 독점 사업으로 하고, 아편 연고의 제조도 사정이 허락하는 한 신속하게 정부의 독점사업으로 해야 한다고 규정했다.

제1아편회의 협정이 극동에 속지 및 영역을 가진 국가들 간에 맺어진데 비해 제2아편회의 조약의 체약국은 위와 같이 한정돼 있지 않았다. 이 조약은 체약국 간에서는 국제아편 조약 제1장(생아편), 제3장(약용아편, 모르핀, 코카인 기타) 및 제5장(체약국 간 정보교환)을 변경한 것이다. 이 조약은 국제거래 단속에 대해 상세한 규정을 마련해 국제거래에 대해서는 수입허가증 및 수출허가증을 요구하고 있다. 이 조약은 상설아편중앙위원회를 설립해 체약국에 대해서는 연보(年報) 제출을 의무화했다.

1931년 7월 13일 제네바에서 서명된 마약의 제조제한 및 분배 단속에 관한 조약은 국제아편 조약 및 제2아편회의 조약의 규정을 보충하는 것이지만, 이는 국제협정에 의해 마약의 제조를 의료에 제한하는 의도를 갖고 있다. 이 조약에 따라 체약국은 각 약품의 견적을 상설중앙기관에 제출해 그 견적은 감독기관(국제연맹 아편자문위원회, 상설아편중앙위원회, 국제연맹 보건위원회, 공중위생사업국이 각 1명의 구성원을 임명한다)에 의해 검사됐다. 일본은 1935년 6월 3일 비준서를 기탁했다.

마지막으로 하나 더 일본이 가입한 조약으로 1931년 11월 27일 방콕에서 서명된 아편흡식 방지에 관한 협정이 있다. 이는 극동에 속지 또는 영역을 가진 국가 간에 맺어진 협정이다. 일본은 1937년 1월 22일 비준서를 기탁했다.

1936년 6월 26일 제네바에서 서명된 위험약품 부정거래 방지에 관한 조약은 한편으로 국제아편 조약, 제2아편회의 조약, 마약의 제조 제한 및 분배 단속에 관한 조약 규정의 위반행위를 막기 위해 수단을 강화하고, 다른 한편으로 위의 조약들에서 언급한 약품 및 물질의 부정 거래를 가장 유효한 수단에 의해 방지하는 목적을 가졌다. 이 조약은 제2차 세계대전 발발로 인해 효력이 발생하지 않았다. 일본은 이 조약에 서명은 했지만 아직 비준하지 않았다.

이 같이 아편 및 마약의 단속은 국제연맹에 의해 이뤄졌지만 제2차 세계대전 후 연맹이 해산됨에 따라 종래 연맹 임무를 국제연합과 그 전문기구인 세계보건기구로 옮길 필요가 생겼다. 그 결과 1946년 1월 11일 레이크석세스에서 앞서 기술한 제 협정, 조약 및 의정서를 개정하는 의정서가 서명됐다. 일본 정부는 이 개정 의정서 규정에 원칙적으로 동의한다는 뜻을 1948년 9월 16일 총사령부에 통고했다.

마약의 제조제한 및 분배 단속에 관한 조약이 체결된 후 약리학 및 화학의 진보에 따라 중독성이 강한 새로운 약품, 특히 많은 합성약품이 발견되기에 이르렀다. 데메롤(Demerol), 아미돈(Amidone) 등이 있지만, 이들 새로운 약품은 모르핀처럼 특히 위험한 약품을 대신해 의료용으로 사용되거나 사용되게 됐다.

그래서 국제연합 경제사회이사회는 보조기관인 마약위원회에 명해 이 약품들을 국제적으로 통제하는 것을 연구하도록 했다. 그 결과, 마약의 제조제한 및 분배 단속에 관한 조약의 범위 밖에 있는 약품을 국제적으로 통제하는 의정서가 1948년 11월 19일 파리에서 서명됐다. 이 약정서에 의거해 새로이 단속되는 중독성 약품은 다음과 같다.

데메롤(Demeroi), 케토-베미돈(Keto-Bemidone), 베미돈(Bemidone), 알파프로딘(Alphaprodine), 베타프로딘(Betaprodine), 메타돈(Methadone), 이소-네타돈(Iso-nethadone), 메타돌(Methadol), N.I.H-2953, 페나독손(Phenadoxone), NU-1932, NU-2206

아편마약과 관련해 일본에 대한 비난은 외지(대만, 조선, 관동주)와 치외법권 지역(중국)에 관한 것이었다. 만주국 수립, 중일전쟁의 진전에 따라 대륙의 아편 이용은 정치적 이권과 뒤얽혀 대대적으로 이뤄져 한층 더 세계의 주목을 끌기에 이르렀다. 극동국제군사재판소의 기소장에는 일본이 위반한 조약 중에 국제아편 조약, 국제연맹 규약 제23조(8), 제2아편회의 조약, 마약의 제조제한 및 분배 단속에 관한 조약(미비준)을 언급했지만, 판결문 중에도 일본의 아편마약 정책을 비난한 구절이 있다.

미국초안(제5장 제1항)은 일본이 공정한 무역 관행의 촉진, 마약의 남용 방지, 어류 및 야생생물의 보존을 목적으로 하는 현행 조약에 이미 당사국이 돼 있으면 계속해 당사국으로 남고, 아직 당사국이 아니라면 새롭게 가입을 신청해야 한다는 점을 규정하고 있었다. 미국초안이 무역, 마약, 어류 세 가지를 문제 삼는 것은 이 문제들에 대해 일본이 전전에 국제적으로 불신을 샀기 때문이다. 일본은 이번에 외지를 모두 잃고 중국에서의 치외법권도 포기했지만, 그럼에도 일본을 경계하는 마음은 없어지지 않는다.

(2) 외국의 중재재판의 집행에 관한 조약

중재조항에 관한 의정서(1923년 9월 24일 제네바에서 서명, 일본은 1927년 6월 4일 비준서 기탁)는 상사(商事, 상업)와 기타 중재에 의해 해결해야 하는 사항에 관한 계약과 그에 관련한 분쟁을 중재에 부치는 것을 규정하는 약정이다. 이 약정은 중재가 어느 당사국도 재판권에 따르지 않는 국가에서 이뤄지는 경우일지 라도 그 효력을 승인하는 동시에 자국 영역 안에서 이뤄진 중재판결의 집행을 보증하는 것을 약속하고 있다. 외국의 중재판결의 집행에 관한 조약(1927년 9월 26일 제네바에서 서명)은 더욱 더 나아가 중재재판의 국제적 효과를 보장하기 위해 일정한 경우에 외국의 중재판결을 집행하는 것을 약속한 것이다.

(3) 경제통계에 관한 조약

경제통계에 관한 조약(1928년 12월 14일 제네바에서 서명)은 경제통계의 획일적인 방법에 대해 규정하고 있다. 이 조약은 국제연맹의 주재로 1928년 11월 26일~12월 14일 제네바에서 열린 국제경제통계회의에서 체결됐기 때문에 그 중에 연맹과의 관계를 규정한 조문이 있었다. 종래 연맹이 가진 의무 및 임무를 국제연합에 인계하는 것이 필요했기 때문에 개정의정서가 서명됐다.

(4) 세관 수속의 간이화에 관한 조약

세관 수속의 간이화에 관한 조약은 국제연맹의 주재로 1923년 10월 15~11월 13일 제네바에서 열린 세관 수속의 간이화에 관한 국제회의에서 체결됐으므로 세관 수속의 공평, 간이화 및 공개 3원칙 및 세관제도의 전문적 사항(견본, 모형 및 여상(旅商, 행상), 원산지증명서 발급, 영사 사입서 등)에 대해 규정하고 있다. 일본은 이 조약에 서명했지만, 아직까지 비준하지 않았기 때문에 이번에 비준하게 된 것이다.

(5) 상품의 원산지 허위표시의 방지에 관한 협정

상품의 원산지 허위표시의 방지에 관한 협정(1891년 4월 14일 마드리드에서 서명, 1911년 6월 2일 워싱턴에서, 1925년 11월 6일 헤이그에서, 1934년 6월 2일 런던에서 개정)은 원산지 허위표시를 한 생산물은 수입이 이뤄지면 허위표시를 도용당한 국가 또는 허위표시를 한 생산물을 받아들인 국가에서 압류하는 것을 규정하고 있다.

(6) 국제항공수송에 관한 일종의 규정 통일을 위한 조약

국제항공수송에 관한 일종의 규정 통일을 위한 조약은 1929년 10월 4~12일 바르샤바에서 열린 제2회 국제항공사법회의에서 서명됐다. 이 조약은 국제항공수송에 사용되는 서류(여객권, 수하물권 및 항공운송장)와 수송자의 책임에 관한 국제항공수송의 조건을 통일적인 방식으로 규제하는 것을 목적으로 하고 있다. 일본은 이 조약에도 서명했을 뿐, 아직 비준하지 않았기 때문에 이번에 비준해야 한다.

(7) 해상의 인명 안전에 관한 조약

1929년 5월 31일 런던에서 서명된 해상의 인명 안전에 관한 조약(일본은 1935년 6월 11일 비준서를 기탁)은 최근 선박 구조기술, 항해기술 등이 진보함에 따라 시대에 뒤진 것이다. 이 때문에 기술 진보를 수용할 수 있도록 개정하기 위한 목적으로 1948년 4월 23일~6월 10일 런던에서 해상인명안전회의가 열렸고 신 조약이 서명됐다. 신 조약은 구 조약의 내용을 일신해 선박의 구조, 구명설비, 항해방법의 안전 확보, 위험화물의 적재방법, 선박증서 등에 대해 상세하게 규정하고 있다.

(8) 전쟁 희생자의 보호에 관한 제 조약

전쟁 희생자의 보호에 관한 조약으로는 종래 전쟁지역 군대의 부상자 및 병자의 상태 개선에 관한 조약(1929년 7월 27일 제네바에서 서명, 일본은 일부 유보해 서명하고 1934년 12월 18일 비준했다), 적십자 조약의 원칙을 해전에 응용한 조약(1907년 10월 7일 헤이그에서 서명, 일본은 1911년 11월 6일 비준), 포로의 대우에 관한 조약(1929년 7월 27일 제네바에서 서명, 일본은 서명했지만 비준은 하지 않았다)이 있다. 스위스 정부는 이 조약들의 개정안을 1940년에 계획된 국제회의에 제출할 예정이었는데, 제2차 세계대전 때문에 불가능해졌다. 이번 전쟁의 결과로 기존 조약의 미비함이 폭로되고 보정 필요성을 통감했기 때문에 적십자국제위원회가 새 조약을 만들었다. 1948년 8월부터 스톡홀름에서 열린 제17회 적십자국제회의에 제출된 새 조약은 약간의 수정만을 거쳐 채택됐다. 뒤이어 스위스 정부의 초청으로 1949년 4월 21일 제네바에서 59개국(그밖에 4개국이 옵서버를 파견했다)이 참가한 가운데 외교회의가 열렸다. 8월 12일 앞서 채택된 다음과 같은 4개 조약이 서명됐다. 이 회의에는 일본에서도 연합국 총사령부 대표로 카펜터 법무국장 등 2명과 일본인 기술고문 2명이 참석했다.

(가) 전쟁지역 군대의 부상자 및 병자의 상태개선에 관한 조약

이는 1929년 조약을 개정한 것이다. 중요한 개정 내용은 적의 권내에 빠진 의료인원을 강제적으로 송환하지 않도록 해 포로 보호를 맡기기 위해 억류할 수 있게 했고(제28조), 모종의 사정이 있으면 의료용 항공기가 중립국 상공을 비행하는 것을 허용하게 했다는 점이다(제37조).

(나) 해상에 있는 군대의 부상자, 병자 및 난선자(難船者)의 상태개선에 관한 조약

이는 1907년 조약을 개정한 것으로 63개조로 이뤄져 있다. 구 조약이 육전(陸戰)조약을 이어받은데 반해 신 조약은 육전 조약보다 독립적이고 완전한 조약이 됐다. 조약에 따르면 병원선의 의료인원 및 승조원은 선내에 부상자 · 병자의 존재 여부와 관계없이 포로로 하거나 억류할 수 없다(제36조). 병원선 자체도 한층 더 효과적으로 보호하는 것으로 돼 있다(제22조~제35조).

(다) 포로 대우에 관한 조약

이는 1929년 조약을 개정한 것이다. 개정 조약은 구 조약보다 훨씬 길지만, 규정 대부분은 구 조약에서 추정할 수 있는 원칙적 규정이다. 그러나 예를 들어 구 조약의 제2조처럼 간단한 용어를 사용한 것이 달라진 점이다. 지금까지 중요한 원칙을 다룬 규정이 남용돼온 점을 감안해 이번 개정은 용어를 명료하게 했다.

(라) 전시의 문민(文民) 보호에 관한 조약

이는 새롭게 만들어진 조약으로, 159개조와 3개의 부속서로 이뤄져 있다. 이 조약은 1929년 회의에서 문민의 조건 및 보호에 관한 국제조약 체결에 관해 연구해야 한다는 권고가 결의됐고, 이를 근거로 한 것이다. 적십자 국제위원회가 조약안을 작성해 1934년 도쿄의 제15회 적십자 국제회의의 승인을 얻은 것이 골자다.

1864년 제네바 조약이 체결된 당시에는 문민은 전장에서부터 아득히 멀리 후방에 있는 존재에 지나지 않았지만, 금세기 초엽 무기 진보, 군대의 행동범위 확대로 인해 문민도 전투원과 똑같이 위험에 노출되게 됐다. 그래서 이 조약에 의해 부상자 및 병자인 문민은 지금까지 군대에만 적용하던 원칙에 적용되는 것이다. 일례를 들면 문민병원, 즉 부상자 및 병자, 불구자, 임산부를 위해 치료를 제공하는 병원은 전시에 군병원과 똑같이 보호를 받을 수 있고, 적십자기를 게양해 표식을 하는 것이 허용된다(제38조).

이상 4개의 조약에는 다음과 같은 공통적인 규정이 있다.

첫 번째로 이 조약은 선전포고한 전쟁이거나 체약국의 2개 국가 또는 그 이상의 국가 간에 일어난 모든 무력분쟁인 경우에 체역국의 한 국가가 전쟁상태를 승인하지 않은 때에도 적용된다. 또 체약국인 한 국가의 영내에서 일어난 비국제적 성격의 무력분쟁인 경우에도 분쟁 당사자는 무기를 버린 전투원, 병자 및 부상자를 인도적으로 다뤄야 한다.

두 번째로 체약국은 조약을 중대하게 위반한 자나 위반을 명령한 자에 대해 부과해야 할 형벌을 결정하기 위해 필요한 입법조치를 취하도록 돼 있다.

(9) 국제민간항공 조약

국제항공에 관한 조약으로는 1919년 항공법규에 관한 조약(파리 조약)과 1928년 상업항공기에 관한 조약(하바나 조약)이 있고, 일본은 전자에 참가해 있다. 그런데 제2차 세계대전 중 항공기술이 현저하게 발달했기 때문에 이 조약들은 시세에 적용되지 않게 됐다. 연합국은 전황이 그들에게 유리하게 전개되기 시작하자, 민간 항공기에 관한 새로운 조약 채결을 고려하기에 이르렀다. 미국 정부의 초청에 의해 1944년 11월 1일 시카고에서 국제민간항공에 관한 회의가 열려 12월 7일 중립국을 포함한 39개국이 회의의 최종문서에 서명했다. 이 최종문서는 1947년 4월 4일 효력을 발생했다. 최종문서에는 국제민간항공 조약, 국제항공업무통과 협정, 국제항공수송 협정, 국제민간항공중간 약정이 포함돼 있다. 국제민간항공기구는 국제민간항공 조약에 근거해 설립됐기 때문에 소재지는 캐나다의 몬트리올이지만, 국제민간항공기구가 발족하기까지 중간 약정에 근거해 임시 국제민간항공기구가 있었다. 평화조약 제13조는 일본이 국제민간항공기구에 가입 전이라도 국제민간항공조약의 규정을 시행해야 한다고 규정하고 있다.

연합국 및 중립국이 국제민간항공기구에 가입하는 데에는 통고만으로 가능했지만, 구 추축국의 가입에 대해서는 (1)국제연합 총회의 과반수에 의한 승인, (2)국제민간항공기구 총회의 5분의 4에 의한 승인, (3)그 국가가 제2차 세계대전 중 침략 또는 공격을 가했던 모든 국가의 동의를 조건으로 하고 있다.

선언 제3항(a) 후단에서 일본 정부는 국제민간항공 조약에 가입 후 조속히 국제항공업무통과 협정을 수락하는 뜻을 갖고 있다고 밝혔다. 이 협정은 흔히 '두 개의 자유'협정이라고 불렸고, 정기 국제항공에 관한 무착륙 통과의 자유와 비상업적 업무목적을 위한 착륙의 자유를 인정하는 것이다. 이 협정과 '다섯 개의 자유'협정이라고 불리는 국제항공수송 협정을 조약에서 분리한 것은 이들 자유를 조약에 규정할 때는 조약에 서명하지 않은 국가가 생길 우려가 있었기 때문이다.

더욱이 일본은 국제민간항공 조약에 가입하기까지 항공기의 국제항공에 적용해야 하는 동 조약의 규정을 시행하는 동시에 동 조약의 부속서로 채택된 표준, 방식 및 수속을 실시하게 돼 있다(조약 제13조(c)).

(10) 세계기상기구

세계기상기구조약은 말할 필요도 없이 세계기상기구를 설립한 조약이다. 이 조약은 1947년 10월 11일 워싱턴에서 세계기상기구의 전신인 국제기상기구의 제12회 대장회의(臺長會議) 때에 전권위원의 자격을 가진 31개국의 대표자에 의해 서명됐다. 1950년 3월 23일 효력이 발생했다.

기상관측은 표준화된 관측 결과를 가능한 한 넓은 범위에 걸쳐 신속하게 입수하지 않으면 정확성을 기대할 수 없다. 그 때문에 일찍부터 국제협력의 필요성이 주창됐지만 1879년 로마에 국제기상기구가 설립됐다. 다만 그 구성원은 각국의 기상대장이고 이번 세계기상기구처럼 정부는 없었다. 일본의 중앙기상대장은 1885년경부터 제2차 세계대전 발발까지 국제기상기구와 협력관계를 유지해 종전 후에는 점령군을 통해 세계기상기구에 협력하고 있다. 세계기상기구의 소재지는 스위스의 로잔이다.

일본은 아시아 기상관측에 중요한 위치를 차지해 실제로 도쿄는 뉴델리, 하바롭스크와 함께 아시아의 준대륙방송(準大陸放送, 기상정보를 회원국에 전송·교환하는 거점 방송)의 중심에 지정돼 있다. 일본으로서도 세계기상기구 가입을 희망하고 있다.

국제연합 가입국은 통고만으로 가입 가능하지만 일본이 국제연합 가입

전에 세계기상기구에 가입하려면 가입국 3분의 2 승인이 필요하다.

더욱이 다수국 간 조약에 관한 선언이 제2항과 제3항을 분리한 것은 제2항에 언급한 조약은 일본의 일방적 통고만으로 가입이 가능한데 반해, 제3항에 언급한 2개 조약은 일본의 의사만으로는 가입할 수 없기 때문이다. 즉, 국제민간항공기구는 구 적국의 가입에 대해 조건을 까다롭게 하고 있고, 세계기상기구의 가입에 대해서는 소련이 트집을 잡기 때문에 평화조약 서명과 동시에 가입 의사를 선언해 두면 장래 가입을 신청할 때에 장애가 적을 것이라고 생각했기 때문일 것이다.

2. 신 조약의 체결

일본이 앞으로 새롭게 체결해야 하는 조약으로는 (1)어업협정(제9조), (2)통상항해조약(제12조(a)), (3)국제민간항공수송협정(제13조(a)) 등 세 개가 예정돼 있다.

(1) 어업협정

대일평화조약 제9조에는 어업협정에 대해 '희망하는 연합국과 신속히 교섭을 개시한다'고 규정돼 있다. 일본과 미국 및 캐나다 간 어업협정에 대해서는 1951년 11월 5일부터 3국어업 회의가 열려 12월 14일 회의를 통해 조약안을 결정하고 각자 자국 정부에 권고했다. 앞으로 다른 연합국에서 어업협정 체결을 신청하는 경우에도 일본으로서는 교섭에 응해야 할 의무가 있는 것이다. 실제로 인도네시아와 사이에 1951년 12월 16일부터 1952년 1월 18일까지 어업문제에 관한 의견이 교환됐고, 1952년 2월 15일부터 개최된 한일회의에서는 양국 간 어업협정도 검토되고 있다(한국은 평화조약에 서명하지 않았지만, 제21조에 따라 어업협정에 관한 제9조의 이익을 받게 돼 있다). 더욱이 오스트레일리아 · 필리핀도 일본과 협정을 체결해 일본 어선의 진출을 저지해야 한다는 목소리가 강한 것 같다.

현재 일본의 어선은 특별하게 허가받은 모선식(母船式) 가다랑어 · 다랑어 어업과 남극 포경을 제외하고 맥아더 라인(MacArthur Line)[2] 내의 조업밖에 인정되지 않았다. 원래 이 라인은 연합국 최고사령부가 일본의 점령 및 관리 차원에서 설정했기 때문에 평화조약의 효력 발생에 따라 최고사령부의 권한이 소멸되는 동시에 당연히 철폐되는 성격의 조치다. 이 경우에 일본이 도처에서 공해에 진출해 어류를 남획하지는 않을까라는 위협을 느끼는 국가가 상당히 있다. 그 같은 위협을 가장 크게 직접적으로 느끼는 것은 미국 태평양 연안의 어업자들이다. 이는 전전에 브리스톨만(Bristol Bay) 문제를 두고 복잡한 사정이 있었기 때문이다. 이 만은 알래스카 반도

---

2) 종전 직후 일본의 선박은 한때 이동을 금지당해 이에 따른 어선 활동도 일시 정지됐지만, 곧 연안 12마일 이내에서 조업이 허용됐다. 그보다 먼 바다에서 조업하는 경우에는 일일이 선명, 선종, 기지, 항행기일 및 조업구역을 첨부해 그때마다 총사령부에 허가를 요청해야 했다. 이 같은 번잡함을 피하기 위해 일본 정부는 일정구역 범위 안에서 포괄적 조업을 할 수 있도록 요청했다. 이 요청에 대해 먼저 1945년 9월 27일 100톤 이하 각종 소형어선에 대한 허가가 이뤄진데 이어 10월 13일 동일한 해역에 대해 100톤 이상 어선에 대해서도 허가됐다. 이 조업구역이 맥아더 라인의 시작이었지만, 그 후 1946년 6월 23일과 1949년 5월 19일 2차례에 걸쳐 라인이 확장됐다. 현재의 라인을 대략 말하면 동쪽은 동경 180도에 달하고 남쪽은 북위 24도선으로 그려지고, 서쪽은 남서제도, 대마도, 독도를 포함하고 북쪽은 홋카이도를 둘러싸고 있다.
더욱이 1950년 5월 11일 맥아더 라인의 남방에 일정한 구역을 범위로 모선식(母船式) 가다랑어 · 가랑어 어업이 허가됐다. 이는 특정한 가다랑어 · 다랑어 모선과 그에 부속한 어선에 대해 조업이 허가된 것이고, 당연히 출어 때마다 총사령부의 허가를 받아야 한다. 따라서 맥아더 라인 안에서처럼 조업 가능한 어선은 어업종류 여하에 관계없이 출어할 수 있는 것은 아니다. 일본 포경선은 1946년 이래 매년 남극해에 출어하고 있지만, 이것도 일본의 식량위기 타개를 위해 함께 허가된 것이다.
맥아더 라인은 일반적으로 출어 자체를 제한하는 것처럼 오해받고 있지만, 원래 어선의 항행제한을 목적으로 설정된 것이기 때문에 그로 인해 출어 자체도 제한되는 결과를 낳았다. 이에 대해 어업 종류를 한정해 조업이 허가되고 있는 것은 앞서 기술한 모선식 가다랑어 · 다랑어와 남극해 포경이다.

와 알래스카 본토(미국령)에 끼어있고, 이 만으로 흘러드는 강을 거슬러 올라가는 홍연어를 미국인들이 오랜 세월에 걸쳐 보호해 세계 제일의 홍연어 어장으로 돼 있던 곳이다. 그런데 캄차카의 오키토리 어업(沖取漁業, 원해에서 연어 · 송어를 잡는 어업)이 포화상태에 달하자, 일본 업자 중에 이곳을 주목해 출어를 신청하는 이가 생겨났다. 처음 일본 정부는 미일관계의 장래를 고려해 이를 허가하지 않았다. 그 후 업계의 브리스톨만에 대한 관심이 계속 높아졌기 때문에 결국 농림성의 손으로 조사한 후 향후 방침을 결정하기로 하고 1936년과 37년 2차례에 걸쳐 시험선을 해역에 파견했다. 시험선이 조업한 지점은 알래스카에서 먼 바다 공해였지만, 알래스카 연어는 원래 자원보호책에 의해 미국이 키운 것이다. 이 때문에 설령 영해 밖에 있다고 할지라도 타국이 이를 무시하고 어획하는 것은 국제신의에 반하는 침략행위라며 미국 내에서 일본 어업에 대한 배격의 목소리가 맹렬하게 일어났다. 이처럼 험악한 공기를 감안해 일본 정부는 3년간에 걸쳐 계속하려던 어업조사를 중단하는 동시에 당분간 그 방면에 대한 어선의 출어를 허가하지 않겠다고 성명했다. 그 결과, 이 문제는 미국 측이 어떠한 실제적인 피해를 입은 것 없이 일단 종결됐다. 그러나 이 사건으로 인해 미국인이 일본의 어업에 대해 받은 나쁜 인상은 상당히 심각한 것으로 보여, 어디에서 일이 있을 때마다 침략어업의 예로 인용됐다.

그리고 종전 후에도 미국 태평양 연안 어업자들은 미국이 점령 및 관리하에 있는 사이에 일본과 어업협정을 체결하거나 평화조약 중에 일본의 행동을 제한하는 조항을 넣어야 한다는 의견을 갖고 있었다. 이들은 만약 어업문제를 만족할 정도로 해결하지 않으면 조기 강화에 반대한다는 강경한 태도로 미국 정부 당국에 압력을 넣었다. 평화조약과 관련해 어업문제가 크게 다뤄진 것은 위와 같은 사정이 있었다는 점을 알아 둘 필요가 있다.

그러나 실질적인 문제로 평화조약 체결 전에 어업협정을 체결하는 것은 여러 가지 곤란한 점이 있을 뿐 아니라, 많은 연합국은 어업문제의 해결책에 대해 각자 독자적인 방법을 생각하고 있기 때문에 이를 조정하고 공해의 어업권에 관한 세계적인 규약을 마련해 대일평화조약에 집어넣는 것은 용이하지 않았다. 따라서 미국 정부도 앞에서 밝힌 바와 같은 어업계의 요망을 그대로 넣을 수 없었지만, 그렇다고 해서 평화조약 체결까지 아무 것도 손대지 않으면 어업계의 의견이 굳어질 우려가 있었다. 1951년 2월 7일 덜레스 특사와 요시다 총리의 왕복 서한은 이 같은 분위기를 감안해 이뤄진 것이다. 요시다 총리가 덜레스 특사 앞으로 보낸 서한에서 일본은 평화조약의 효력 발생에 따라 현재의 맥아더 라인이 없어지더라도, 어업협정이 체결되기까지는 국제적 또는 국내적으로 자발적인 조치를 통해 이미 조치가 이뤄진 모든 수역의 현 보존어장은 물론이고 일본이 1935년에 조업하지 않았던 어장에는 조업을 금지하는 뜻을 약속했다. 더욱이 7월 13일 정부 성명으로 이 서한에 들어있는 일본의 자발적 선언은 세계 모든 부분의 어장보존협정을 포함하는 의도인 점을 확인한다고 밝혔다. 우리로서는 이 같이 일본 정부가 자숙하는 태도를 표명하고 있는 이상, 어업협정이 체결되지 않더라도 일본 어선이 제멋대로 행동할 것이라는 걱정은 하지 않을 것처럼 생각된다. 그러나 상대편 입장에 있으면 견해를 달리하는 까닭에 단지 성의를 피력하는 것만이 아니라 일본 정부로부터 명확한 보증을 빠르게 얻어내지 않으면 안심할 수 없다는 목소리가 여전히 강한 것 같다. 평화조약 서명 후 재빨리 미 · 일 · 캐나다 3국어업 회의가 개최되기에 이른 것은 미 · 캐나다 어업계에서 이 같은 의견이 유력하다는 점을 반영했다고 말할 수 있다.

미 · 일 · 캐나다 3국어업 회의에서는 11월 9일에 이르러 헤링턴 미국대표가 미국의 어업협정 초안을 발표했다. 이 초안은 공해의 어업자원 어획에 관한 국제법상 권리가 원칙적으로 인정되지만 어업자원 보호와 향후 어업 발전을 위해 어느 경우에는 특정국에 권리 행사를 포기하게 하는 새로운 원칙을 확립하는 것을 의도한 것이다. 제1조에는 다음과 같이 기술돼 있다.

1. 체약국은 공해 어업자원의 획득에 관한 체약국의 국제법상 권리 행사는 다음의 자원에 관해 포기해야 한다는 원칙에 동의한다.
   (a) 과학적 증거에 따라 한층 더 강도 높은 어획을 하면서도 매년 지속된 생산고의 실질적인 증가를 초래하지 않은 것이 명확한 자원.
   (b) 최고 생산성을 유지하는데 필요한 조건을 발견하기 위해 광범위한 과학적 조사 대상이 되는 자원.
   (c) 생산력의 유지 또는 증가를 위해 어획이 제한되고 규제되고 있는 자원.
   다만 해당 체약국에 따라 실질적인 규모에서 최근까지 또는 지금 어업을 발전시키는 어업자원이나 유지되고 있는 어업자원, 이 조약의 당사국이 아닌 1개 혹은 2개 이상의 국가에 의해 대부분 어획되고 있는 어업자원에 관해서는 체약국이 포기하지 않는 것으로 한다.
2. 체약국은 이 조약의 부속서에 명기된 공해 어업자원의 획득 권리를 포기하는 것에 동의한다.(중략) 이 조약에 부속하는 동시에 임시로 수정된 부속서는 이 조약과 불가분의 일체를 이룬다.
3. 체약국은 북동태평양의 미국과 캐나다가 어획조업에 대한 역사적 교착(交錯) 및 조업에 의해 어군이 교착하는 사실과 더불어 다 년 간에 걸쳐 확립한 공동 보존 및 규제 계획을 감안해 알래스카만 수역을 포함해 그 남쪽의 미국 및 캐나다의 태평양 연안 수역에 서식하는 어군에 대해서는 어획 권리를 포기할 것을 권고하지 않는데 동의한다.

이를 구체적으로 말하면 지금 미국과 캐나다 간에 보존조치를 강구하고 있는 태평양 연안 헬리벗(Halibut, 큰 넙치)어업,[3] 프레이저(Fraser)강 수계

---

3) 헬리벗(Halibut, 북해산 큰 넙치)은 북미 태평양 연안이 북부, 섭씨 3~8도 한해(寒海) 대륙붕에 서식하는 저어(底魚, 바다 밑에 사는 물고기)의 일종으로 일본에서는 오효우(おひょう, 大鮃)라고 불리고 있다. 대서양 연안에도 있지만 태평양에 가장 많고, 세계 어획총량의 60%를 차지하고 있다. 이 고기의 특색은 성장이 매우 늦다는 점이고 암컷이 성장할 때까지 보통 12년, 그중에는 30년 이상 걸리는 것도 있다. 산란 수가 많지만 성장하는 개체는 적고 성장 후에는 일정한 해저에 정착하기 때문에 남획의 피해가 극히 현저하다. 이 때문에 1913년을 정점으로 어획량이 감소하면서 이를 보호하기 위한 조약이 1923년 3월 2일 미국 · 캐나다 간에 체결됐다. 이 조약은 주로 장래 규제를 위한 기초를 만드는 목적으로 이뤄졌지만, 1930년 5월 9일과 1937년 1월 29일에 수정돼 현재는 출어기한, 어구, 체장(體長) 등에 여러 가지 제한이 있다.

의 연어 어업,[4] 브리스톨만의 연어 어업 등에 대해서는 일본이 어획하는 권리를 포기하는 것을 의미한다. 제1조 제3항에 따르면 미국과 캐나다, 양국은 북동태평양에서 어떠한 경우에도 어획 권리를 포기하지 않지만, 일본만은 기한이 만료될 때에 실적이 없으면 배제되도록 한 것이다.

이에 대해 일본은 위의 미국초안을 신중하게 검토한 결과, 일본 측 초안을 입안해 14일 제출했다. 이 초안의 요지는 다음과 같다.

1. 미국안에서는 공해 어획의 자유에 대한 제한이 기조를 이루지만, 일본 측은 공해 자유의 원칙을 존중해 특정한 경우에만 제한을 인정한다.
2. 이번 협정 체결 때에 장기보호 조치가 강구돼 있는 어업자원 이외는 협정을 통해 설치되는 3국 합동위원회에서 장래의 제한조치를 위한 구체적인 조사연구를 진행한다.
3. 3국 합동위원회에는 조사, 연구 및 필요한 경우 감시 권한을 부여해 3국 정부에 대해 제한조치 등의 권고권을 인정하지만, 최종적인 결정권은 인정하지 않는다. 그 권고를 근거로 구체적인 제한조치가 필요한 경우에는 장래 3국 간 회의에서 개정해 결정한다.

요컨대 미국 측은 공해일지라도 일정한 어업에 대해서는 특정 국가의 어획을 일방적으로 억제하는 것을 규정하려고 하는데 반해, 일본 측은 어업자원을 보호하는 일에는 특정 국가를 배제하지 않으면서 어떠한 경우에도 공해 자유의 원칙에 의거해 평등한 입장에서 실시할 것을 주장했다(다만 자원의 기한 만료에 이르거나 지금 보호조치가 강구돼 있는 어업자원에 대해서는 그 현상을 존중하기 위해 실질적으로 어획에 종사하지 않은 국가는 어업활동을 억제하는 것으로 했다). 이 같은 미·일 간에 의견이 대립됐고

---

[4] 프레이저강 수계의 연어와 관련해 1930년 5월 미·캐나다 간에 체결된 조약은 밴쿠버섬 주변의 프레이저강 하구 수역인 북위 48~59도 공해에서 홍연어를 포획하는데 대해 여러 가지 제한을 부과하고 있다.

그 후 수차례에 걸쳐 절충된 결과를 조정했다. 조약에서는 미국안의 세 가지 조건을 모두 갖추고 있는 어업자원에 대해 실질적으로 어획에 종사하지 않았던 국가는 어업활동을 억제하게 했다. 그러나 이는 예전부터 해온 보호조치를 계속하는 의무를 지우는 것이어서 일본 측이 주장한 공해 자유의 원칙에 대한 변경을 의미하는 것은 아니다. 따라서 연안 국가가 영해에 인접한 공해에 있는 어업자원이라는 이유 때문에 우선권이 있다는 생각은 포기해야 하는 것이다.

미 · 일 · 캐나다 어업회의에서 나타난 사정을 감안하더라도, 향후 일본과 위 국가 외의 평화조약 서명국 간에 어업협정이 이뤄지기까지는 여전히 많은 우여곡절이 있을 것이라고 생각된다. 한편으로 전쟁상태가 계속되는 국가와의 사이에는 오히려 지금까지 이상으로 곤란한 문제가 생길 것이라는 우려가 있다. 맥아더 라인은 일본 어업에 큰 제한을 가했지만, 한편으로 볼 때 이 범위 안에서 일본 어업의 활동이 보장되는 효과도 있었다. 평화조약의 효력 발생에 의해 맥아더 라인이 없어지면 전쟁상태에 있는 국가에 의한 일본 어선의 나포사건은 지금까지 이상으로 빈발할 위험이 있다. 게다가 이 같은 사건이 일어날 가능성이 있는 해역은 일본 어업에 매우 중요한 북태평양, 동중국해, 황해 방면으로 예상되기 때문에 일본 어업은 향후에도 여전히 어려운 길을 걷지 않으면 안 될 것이다.

(2) 통상항해조약(通商航海條約)

통상항해조약이란 조약체결국 상호 간의 통상, 항해에 관한 사항 및 조약체결국 쌍방 국민(법인을 포함)의 통상, 항해, 거주, 영업 등에 관한 사항을 규정하는 조약이다. 평화조약의 효력 발생에 따라 조약체결국 간의 전쟁상태가 종료되어 그때까지 단절되어 있었든지 또는 여러 가지 제한이 있었던 통상관계를 평상상태로 복귀시키기 위해서는 이처럼 조약체결국 간 통상관계의 기초가 되는 통상항해조약을 가능한 한 조속하게 체결할 필요가 있다.

평화조약 서명국 중에서 개전 당시에 우리나라와 통상항해조약을 체결하고 있었던 국가는 26개국이었지만,[5] 이 조약들은 전쟁발발과 함께 단순

---

5) 제2차 세계대전 개시 당시의 일본과 평화조약 서명국 간의 통상항해조약 관계는 다음과 같다(○표를 붙인 것은 조약국, X표를 붙인 것은 무 조약국, 개전 당시는 조약국의 한 지역이었지만 그 후 독립한 것은 X표를 붙였다).
○ 아르헨티나: 수호통상항해조약(1898.2.3.)
○ 호주: 영일조약을 적용
○ 벨기에: 통상항해조약(1924.6.27.)
○ 볼리비아: 통상조약(1914.4.13.)
○ 브라질: 수호통상항해조약(1895.11.5.)
○ 캐나다: 영일조약을 적용
○ 실론: 영일조약을 적용
○ 칠레: 수호통상항해조약(1897.9.25.) 추가조항(1899.10.16.)
X 콜롬비아
X 코스타리카
X 쿠바
X 도미니카
X 에콰도르
○ 이집트: 통상잠정조치(1930.3.19.)는 일단 폐기 통고가 있었지만, 다시 존속되었다.
X 사우바도르
X 에티오피아: 수호통상조약(1930.11.5.)은 이탈리아의 에티오피아 병합(1935.5.9.)에 따라 실효
○ 프랑스: 통상항해조약(1911.8.19.)
○ 그리스: 수호통상항해조약(1899.6.1.)
X 과테말라: 통상항해조약(1912.7.12.)
○ 네덜란드: 통상항해조약(1912.7.12.)
○ 뉴질랜드: 영일조약을 적용
X 니카라과
○ 노르웨이: 통상항해조약(1911.6.16.)
○ 파키스탄: 영일조약을 적용
X 파나마
X 파라과이
X 페루
X 필리핀
X 사우디아라비아
X 아이티

하게 효력이 정지된 것인지, 혹은 소멸한 것인지는 학설이 나뉘지만, 대일평화조약 제7조는 이 점에 관한 논의를 피하고 연합국은 원하는 대로 이러한 종류의 조약의 운명을 어떻게든지 결정할 수 있다는 편의주의(便宜主義)를 취했다. 즉, 제7조에 따르면 연합국이 전전(戰前)의 일본과 조약을 계속해서 유효한 것으로 하든지 또는 부활시키는 것을 희망할 때는 평화조약의 효력발생 후 1년 이내에 그 취지를 일본에 통고해야 하는 것으로 하였으며, 1년이 경과된 후에도 통고하지 않은 것은 폐기하는 것으로 간주한다고 규정하고 있다. 따라서 전전의 통상항해조약을 부활시킬 지, 폐기할 지는 모두 상대국의 뜻에 따라 결정되는 것이다.

앞에서 기술한 것처럼 원래 통상항해조약은 국가 간 통상관계의 기초가 되는 것이므로 각종 조약 중에 가장 중요한 조약이라 할 수 있지만, 최근 국제관계의 평등화가 존중됨에 따라 모든 통상항해조약도 그 내용은 대동

X 온두라스
X 인도네시아
○ 이란: 통상잠정조치(1929.3,30.)
X 이라크
○ 라오스: 일불조약을 적용
X 레바논
○ 라이베리아: 통상잠정조치(1936.3.9.)
○ 룩셈부르크: 일 · 벨기에 조약을 적용
○ 멕시코: 통상항해조약(1924.10.8.)
X 시리아
○ 터키: 통상항해조약(1930.10.11.)
○ 남아프리카공화국: 영일조약을 적용
○ 영국: 통상항해조약(1911.4.3.), 보충조약(1925.7.30.)은 1941년 7월 26일에 영국이 폐기 통고, 1년 후 실효될 예정이었다.
X 미국: 통상항해조약(1911.2.21.)은 1939년 7월 26일에 미국이 폐기 통고, 1940년 1월 26일 실효
○ 우루과이: 통상항해조약(1934.5.10.)
X 베네수엘라
○ 베트남: 통상항해조약(1934.5.10.)

소이한 것이 되었으며, 문명국 간의 교류에 있어서 당연한 것을 상정한 것에 불과하다는 인상을 주게 되었다. 따라서 국가 간의 관계가 통상적(通常的)인 상태에 있을 때는 일반적으로 통상항해조약의 중요성에 대해서 거의 의식하지 않지만, 제2차 세계대전의 개시 이전에(1939.7.26.) 미국이 일본에 행한 것처럼, 한번 조약이 폐기될 때는 그것이 끼칠 영향이 광범위하다는 것을 새삼스럽게 통감할 수밖에 없다.

이러한 통상항해조약의 본질은 제2차 세계대전 후에도 변함은 없지만, 전후 각국 간에 체결된 조약과 전전(戰前)의 조약을 비교해보면 그 내용면에서 꽤 충실하고 발전된 모습이 보이는 점은 부정할 수 없다. 8월 29일자 일본경제신문에 따르면 현재 외무성에서는 전후 미국이 각국과 체결한 조약을 참고로 하여 향후 우리나라가 여러 외국과 체결할 조약의 기본 안을 작성하는 준비를 추진하고 있다고 한다. 전후 미국은 중국(국민정부, 1941.11.4.), 이탈리아(1948.2.2.), 우루과이(1949.11.23.), 아일랜드(1950.1.21.), 콜롬비아(1951.4.26.)와의 사이에 각각 새로운 통상항해조약을 체결했는데, 이 조약 중에 미 · 중 조약은 치외법권 철폐 후의 미국의 재중(在中) 권익 및 경제활동을 어떻게 보호할 지에 대해 고심하는 점에서, 미 · 우루과이 조약은 후진국의 경제개발에 중점이 놓여 있는 점에서 각각 특색이 있었다. 그러나 이 국가들과 일본 사이에는 경제발전의 정도나 종래에 경험한 국제적 환경에 작지 않은 차이가 있으므로 조약의 내용을 전면적으로 받아들이는 것은 적절하지 않다. 일본으로서는 위의 두 조약보다 미 · 이탈리아 통상항해조약 쪽이 참고가 될 것으로 판단된다. 이 조약은 상호 간에 무조건 형식의 내국민대우 및 최혜국대우를 부여하는 것을 원칙으로 하고 있는데, 이것을 전전의 각 조약과 비교해본다면 다음과 같은 점에서 내용 면에서 충실하고 발전된 점이 보인다.

외국인의 투자 보호라는 관점에서 법률상의 정당한 절차를 거치지 않고, 또한 충분한 보상을 지불하지 않은 채 외국인의 재산을 압류해서는 안 된다는 것, 외국이 수령한 보상금을 본국으로 송금할 때 세금이나 환율상의 제한을 부과해서는 안 되는 것 등을 규정하고 있다(제5조 제2항).

전전의 여러 외국의 조약이 최혜국대우를 부여했었던 '외국 법인의 영업허가'에 내국민대우를 부여하고(제3조 제1항), 전전은 국내산업 보호라는 관점에서 규정을 두지 않았던 '외국 자본의 내국법인에 대한 설립 참가'에 최혜국대우를 부여하는(같은 조 제2항) 등, 외국 법인의 활동과 외국 자본의 법인참가에 대한 제한을 완화하고 있다.

국영무역 기업의 구입 및 판매는 상업적 고려만을 근거로 하여 행해져야 하는 것(제18조 제1항), 불공정 무역관습의 제거를 위해 노력할 것(같은 조 제3항), 환율관리로 인한 차별대우를 하지 않을 것(제17조) 등의 각종 규정이 만들어졌으며, 관세무역일반협정이나 국제무역헌장의 무역자유화 정신이 조약에 반영되었다.

외국인에 대한 사회보장규정을 만들어 고용 관계에 의한 부상, 병으로 인한 사망의 경우에 대한 보상이나 실업보험 적용에 내국민대우를 부여하고 있다(제12조 제1항, 제2항).

뉴스, 정보교환을 비롯하여 광범한 문화교류의 자유를 통상항해조약에서 규정하고 있다(제11조 제2항).

대일평화조약에서는 "일본은 각 연합국과 무역, 해운, 기타 통상관계를 안정적이며, 또 우호적인 기초 위에 두기 위해 조약 또는 협정을 체결하기 위한 교섭을 조속하게 개시할 생각이 있다는 것을 선언한다(제12조(a))"라고만 되어 있을 뿐, 장래에 체결할 통상항해조약의 내용은 이러해야 한다는 규정은 아무것도 담고 있지 않다. 그러나 향후 일본이 각국과 통상항해조약을 체결함에 있어서 상대국이 전전의 조약을 파기할 경우에는 새로운 조약을 체결하기까지는 상당한 시일이 필요할 것으로 보아야만 할 것이다(미·이탈리아조약에서도 예비교섭개시부터 서명까지는 약 8개월이 걸렸다). 따라서 이러한 경우에는 평화조약의 효력 발생 시부터 신 조약 체결에 이르기까지 무 조약 상태가 지속하게 되므로 이 과도기간 중에 여러 가지 혼란이나 지장이 발생할 우려가 없을 것이라고 할 수도 없다. 그래서 대일평화조약에서는 이러한 과도기간의 공백 상태를 메우기 위해 조약의 효력발생 후 4년간 일본이 다음과 같은 조치를 취할 것을 규정하고 있다(제12조(a)).

> (1) 각 연합국, 그 국민, 생산품 및 선박에 다음의 대우를 부여한다.
> (i) 화물의 수출입에 대한 것 또는 이와 관련 있는 관세, 과금, 제한 및 기타 규칙에 관한 최혜국대우
> (ii) 선적, 항해 및 수입화물에 관한 내국민대우, 그리고 자연인, 법인이나 이들의 이익에 관한 내국민대우(이 대우 중에는 세금의 부과 및 징수, 재판을 받는 것, 계약체결 및 이행, 재산권, 일본의 법률을 근거로 조직된 법인에 대한 참가, 그리고 여러 가지 종류의 사업 활동 및 직업 활동의 수행에 관한 사항을 포함)
> (2) 일본의 국영무역 기업이 외국에서 구입 및 판매하는 것은 상업적 고려를 근거로 한 것만 실행한다.

이것은 앞에서 기술한 것처럼 평화조약의 효력 발생 후의 공백 상태로 인한 혼란을 피하기 위한 목적으로 취해지는 과도적 조치이므로 평화조약의 '효력 발생 후 4년'보다 빨리 통상항해조약이 성립된 국가와의 사이에는 이러한 과도적 조치를 취할 필요가 없다는 것은 말할 것도 없다. 이탈리아 평화조약(제82조)에서는 이러한 과도적 조치 시행 기간이 18개월이다. 대일평화조약 미국초안(제5장 제8항)에서는 3년이었지만, 영 · 미 초안에서 1년 연장되어 4년으로 변경되었다.

(2)의 조항도 영 · 미 초안에서 추가된 것이다. 현재 우리나라에서 국영무역 기업에 해당하는 것은 전매공사나 공단이 외국에서 제품을 판매하거나 식량 및 원료를 구매할 경우밖에 생각되지 않지만. 어찌 되었든 이러한 조항이 담긴 것은 연합국 사이에 일본기업이나 국책회사가 전전에 해외에서

실시한 덤핑이나 정치적 의도를 지닌 통상거래에 대한 기억이 아직 생생하게 남아있다는 것을 시사해주는 것이라고 할 수 있다.

일반적으로 통상항해조약에는 최혜국조항이 삽입되어 있지만, 이것은 조약체결국 중 한쪽이 상대국 국민에 부여한 이익보다 많은 이익을 제3국의 국민에게 부여했을 경우는 상대국 국민도 그것과 동등한 이익을 받을 수 있도록 해주는 약속을 한 조항으로 이러한 대우를 최혜국대우라고 한다. 따라서 통상항해조약 중에 이 조항을 삽입해 둔다면 다른 국가보다 불리한 대우를 받는 일은 없으므로 이러한 점에서 종래 최혜국조항은 통상항해조약 중에 가장 중요한 조항으로 간주했다. 또한, 사실 최근 나라 안에서 외국인의 지위가 평등하게 된 것은 최혜국조항의 결과라고도 말할 수 있다. 그러나 제1차 세계대전 이후 영연방 내의 특혜관세를 비롯하여 기타 국가들에서도 최혜국대우를 제외하는 예가 점차 확대되어 그 결과 각국 간 통상의 자유가 적지 않게 방해를 받게 되었으므로, 현재 국제무역헌장이나 관세무역일반협정은 그것을 가능한 제한하려고 노력하고 있다. 한편 내국민대우라는 것은 조약체결국의 국민, 화물 및 선박에 대해 자국민에 대한 것과 동등한 대우를 부여하는 것이다. 일반적으로 내국민대우는 가장 유리한 대우인 것처럼 생각되고 있지만, 반드시 그렇지 않은 예도 있다. 예를 들어 전전 일본 및 서구의 다수국가는 중국에서 치외법권을 누리고 있었으므로 조약국의 국민은 중국인보다 유리한 대우를 받고 있었다.

그러나 대일평화조약에서 일본이 부여하도록 규정되어 있는 최혜국대우 및 내국민대우는 일본만이 일방적으로 부여하는 것이 아니다. 일본은 연합국이 해당 사항에 대해 최혜국대우 또는 내국민대우를 부여하는 한도에서만 동등한 대우를 부여하면 되는 것이며, 이 부분에서 상호주의의 원칙이 인정되고 있다. 쇼크루스 영국 상무장관은 1951년 7월 13일 하원에서 "조약체결 후도 일본이 최혜국대우를 받을 권리는 주지 않겠다"라고 밝히고 9월 19일 제네바에서 열린 관세통상회의에서도 같은 취지의 발언을 했지만, 만약 영국이 일본에게 최혜국대우를 부여하는 것을 거부한다면, 일본도 영국에게 최혜국대우를 부여할 의무가 없는 것이다. 그러나 일본과 영국이 이러한 관계가 될 경우, 일본 쪽이 훨씬 많은 불이익을 받을 것은 말할 필요도 없다.

이상과 같이, 대일평화조약은 상대국이 최혜국대우와 내국민대우를 부여하지 않으면 일본도 그런 대우를 부여할 필요가 없는 것과 같이 소극적인 상호주의 원칙을 인정하고 있는 것에 불과하다. 상대국이 일본에 대해 그러한 대우를 부여해야 할 의무의 강제화는 아무것도 규정되어 있지 않다.

제12조에서는 일본 또는 각 연합국이 부여할 수 있는 최혜국대우 또는 내국민대우의 예외, 즉 차별 대우를 해도 되는 경우를 규정하고 있다. 첫째는 당사국의 통상조약에 일반적으로 포함되어있는 예외로, 이에 해당하는 것으로는 공안, 위생, 동식물 보호, 군수품, 독점상품, 국내법에 따른 금지제한, 국보, 금은화폐, 도덕, 인도(人道) 등에 관한 것이 있다. 둘째는 당사국의 대외적인 재정상태 및 국제수지(해운 또는 항해에 관한 것은 제외)의 악화를 방지할 필요에 따른 경우로, 예를 들어, 국제무역헌장 제21조에 규정된 "자국 통화 준비율의 중대한 감소로 인한 즉각적인 위협을 예방하고, 또는 이러한 현상을 방지하는 데 필요한 수입제한조치의 설정, 유지 또는 강화"나 국제통화기금협정 제14조에 규정된 "전후 과도기의 경상적인 국제거래를 위한 지불 및 송금에 대한 제한의 계속성 및 사정 변화에 따른 개정" 등의 조치가 이에 해당한다. 셋째는 당사국의 중대한 안전상의 이익을 유지하는 데 필요한 경우로, 구체적으로 어떠한 내용의 조치를 가리키는지 명확하게 기술되어 있지는 않으나 앞에서 기술한 관세무역일반협정 제21조에 규정되어 있는 안전보장 관련 예외규정[6]은 중요한 참고사항이 될 것이다.

---

6) 관세무역일반협정 제21조의 안전보장에 관한 예외규정은 다음과 같다.
이 협정의 규정은 다음을 허용하는 것으로 해석되어서는 안 된다.
(a) 발표하면 자국의 안전보장 상 불가결한 이익에 반한다고 체약국이 인정하는 정보

안전보장상의 이유에 따른 예외조치 규정은 전전의 통상항해조약에는 전례가 없지만, 전후 미국이 맺은 조약 중에는 그런 규정이 포함되어 있다.[7)]

이상의 세 가지 경우에는 최혜국대우 또는 내국민대우의 적용 규정에 대한 예외사항으로서 차별적 조치를 취하는 것이 인정되지만, 물론 이러한 조치는 그것이 상황에 부응하며, 또 합리적인 방법으로 적용되는 것을 조건으로 한다.

또한 제12조의 (C)에서는 이 조항을 근거로 한 일본의 최혜국대우 또는 내국민대우 부여의무는 제14조, 즉 연합국의 관할하에 있는 일본 및 일본국민의 재산에 대한 연합국의 권리행사 때문에 영향을 받는 것이 아니며, 또한 제15조에 따라 연합국 재산 반환 등과 관련해서 일본이 받아들일 약속을 제한하는 것으로 이해해서는 안 된다고 규정하고 있다. 이것은 당연한 것으로 만약을 대비해서 규정한 것에 불과하다.

또한, 샌프란시스코 회의에서 얀가 영국 대표가 발언한 것처럼 대일평화조약 초안 협상이 진행되고 있는 도중에 영국 국내에서는 일본의 산업경쟁력 부활이 초래할 위협에 대한 불안을 표명하는 목소리가 매우 강했다. 이

를 제공하는 것을 그 체약국에 요청하는 것 또는

(b) 자국의 안전보장 상 불가결한 이익을 보호하는 데 필요하다고 체약국이 인정하는 다음의 조치를 취하는 것을 방해하는 것

(Ⅰ) 핵분열성 물질 또는 그것을 추출할 수 있는 물질에 관한 행동 혹은

(Ⅱ) 무기, 탄약 및 전쟁 장비의 거래 또는 군사기지물을 공급하기 위해 직접 또는 간접적으로 이루어지는 다른 화물 및 물자의 거래에 관한 행동, 또는

(Ⅲ) 전시 또는 국제관계에 있어 기타 긴급한 경우에 취하는 행동 또는

(c) 체약국이 국제 평화 및 안전 유지를 위해 국제연합 헌장에 근거한 의무에 따라 조치를 취하는 것을 방해하지 않을 것.

7) 미국 · 이탈리아 통상항해조약에서는 일반적 배제사항의 하나로서 "국제 평화와 안전 유지를 위한 의무를 이행하기 위해, 또는 국가적 긴급 시에 상기 체약국의 주요 이익을 보호하기 위해 필요한 것"(제24조(e))을 들고 있다. 미 · 중(제26조 2) 미 · 우루과이(제18조(d)) 미 · 아일랜드(제20조(d))의 통상항해조약에서도 같은 취지의 규정이 포함되어 있다.

러한 정세로 인해 당시 일본에서도 평화조약에 일본의 산업 수준이나 선박 보유량을 제한하는 조항이 마련되는 것이 아닌지 우려하는 견해도 있었지만, 결국 영국도 다른 연합국과 함께 조약에 그러한 제한 조항을 마련하는 것이 적당하지 않다는 것을 인정하게 되었다. 그 결과 대일평화조약에서는 일본의 경제활동을 제한하는 조항은 아무것도 들어가지 않았다. 하지만 조약 전문(前文)에 향후 일본의 통상활동에 관하여 다음과 같은 기준이 제시되어 있다는 것에 주의할 필요는 있다.

> 일본은 어떤 경우에도 국제연합헌장 제55조 및 제56조[8]에 규정되어 있으며, 이미 항복 후의 일본의 법제에 따라 만들어지기 시작한 안정 및 복지의 조건을 일본에 창건하기 위해 노력하고, 그뿐만 아니라 공적 · 사적 무역 및 통상에서 국제적으로 승인된 공정한 관행에 따르겠다는 의사를 선언한다.

무엇보다 이것은 일본의 일방적 선언의 형태를 취하고 있으며, 일본의 의무로써 규정되어 있는 것은 아니다. 그러나 일본이 국제적으로 승인된 공정한 무역 관행을 준수하는 것과 관련해서 연합국이 얼마나 큰 관심이 있는지는 얀가 영국 전권대사가 샌프란시스코 회의에서 다음과 같이 발언하고 있는 것을 본다면 명확하게 알 수 있다.

> 이 조약 초안의 전문, 통상조항 및 조약에 부속된 제1의 선언은 모두 자유 국가인 일본에게 다른 국가들과의 통상관계를 평등의 기초 위에 규제할 수 있는 지위를 다시 획득하게 해준 것이다. 이것은 일본이 국제적으로 승인된 공정한 무역 관행을 준수하고 세계 무역을 규율하는 데 도움이 되는 많은 비교적 중요한 국제 문서 및 협약에 참여하겠다는 의도를 표명한 결과 더욱 쉽게 실현될 것이라고 믿는다.

전쟁 전의 일본은 국제간 통상에서의 합의를 준수하는 것에 그다지 충실

---

8) 제5장 4 참조.

하지 않았던 것으로 보였으며, 일본의 통상활동에 대해 여러 나라가 가졌던 인상은 대단히 좋지 않은 것이었다. 만주사변 후 일본의 수출 무역이 대단한 기세로 성장했을 무렵, 서유럽의 각국은 이에 대해 소셜 덤핑이라며 비난을 가했다. 즉 일본 수출 무역 진흥은 국민의 생활수준 향상을 희생하여 이루어졌으며, 이러한 수출 무역을 통해 획득한 이익을 주로 군비 확장에 쏟아 붓고 있다고 보았던 것이다. 이러한 견해가 서유럽 각국뿐만 아니라 미국에서도 상당한 영향력이 있었던 것은 종전 직후에 발표된 보레의 대일 배상보고 및 에드워드 재벌 조사단의 보고를 봐도 알 수 있다. 그리고 오늘날까지도 일본의 무역이 향후 또다시 외국 산업의 번영과 고용 안정을 위협하게 될지도 모른다고 우려하는 나라가 적지 않게 있는 것도 사실이다. 이 같은 우려를 불식시키기 위해서라도 조약의 전문에 향후 일본의 통상활동에 대해 위와 같은 기준을 명시할 필요가 있었던 것이 아닌가 추정된다. 따라서 여기에 명시된 기준은 일본의 국제연합 가맹 가능 여부와 관계없이, 준수해 나가야 할 것이라는 것은 말할 것도 없다.

또한 평화조약에서는 통상항해조약이 체결될 때까지의 과도적 조치로서 상호주의에 의한 최혜국대우와 내국민대우의 적용을 규정하고 있지만, 앞에서 기술한 것처럼 이러한 경우 상호주의는 상대국이 일본에 그런 대우를 부여하지 않는 한, 일본도 부여할 필요가 없다는 소극적인 평등의 원칙에 입각한 것이다. 상호 간에 최혜국대우와 내국민대우를 제공하는 것을 의무화한 것이 아니므로 일본에 그런 대우를 부여하는 것을 거부하는 나라도 있을 수 있다는 것을 예상해야 한다. 실제로 영국은 그러한 태도를 보일 가능성이 크며, 호주와 캐나다에도 일본이 관세무역일반협정에 가입한 회원국이 누리는 최혜국조항을 균점하는 것에 대해 강한 반대 의견이 있는 것으로 알려지고 있다. 또한, 평화조약 제8조에서는 일본이 콩고분지조약[9]

[9] 제7장 제1절 4 참조.

에 따른 권리와 이익을 포기하도록 규정하고 있지만, 이 조항이 영국의 요청으로 인해 추가되었다는 것은 1951년 7월 17일에 쇼 크로스 영국 상무장관이 맨체스터에서 기자단에게 다음과 같이 발언하고 있는 것을 보아도 분명하다(1951년 7월 17일 런던 AFP).

> 나는 랭커셔 면직업 노동조합 및 경영자가 정부와 같이 일본이 부당한 무역 경쟁을 할 가능성에 대해 우려하고 있다는 것을 알고 있다. 정부는 이 문제에 끊임없이 주의를 기울이고 있다. 영국은 대일평화조약 초안에서 중요한 양보를 획득했지만, 이로 인해 랭커셔 면직업은 영국의 주요 시장 중의 하나인 콩고 시장에 대해 어느 정도의 보호를 받게 될 것이다.

일본은 1935년과 1936년경에 콩고 분지에 1억 5천만 야드 이상의 면제품을 수출하고 있었다. 전후에도 이 지역은 향후 우리의 면직물, 비단, 스프 등의 섬유제품을 비롯해 법랑, 철기, 기타 잡화에 대한 수요가 매우 증가할 시장으로 유력시되고 있었다. 하지만 평화조약으로 인해 통상의 기회 균등을 포기하게 되므로 향후 관세의 차별 대우를 받아도 어쩔 수 없게 되었다. 향후 일본의 수출 무역 발전은 이 같은 미개발 지역의 시장에 기대하는 것이 큰 만큼, 이것은 대단한 타격이라고 할 수 있다. 이처럼 대일평화조약은 일본과 연합국과의 통상관계가 대등하며 상호주의 원칙에 따라 이어진다는 것을 일단 인정하고는 있지만, 한편으로는 일본의 경쟁력 부활로 인한 위협을 없애려는 고려도 충분히 이루어지고 있다는 것에 대해 주의해야 한다. 게다가 향후 우리나라 무역의 발전을 제약하는 것은 이뿐 만이 아니다. 일본은 영토의 45%를 잃어 원료 입수 및 기타 여러 가지 점에서 전쟁 전보다 교역 조건이 크게 불리해진 상태이다. 게다가 전전 일본이 해외 각국에서 보유하고 있던 재산이 대부분 배상으로 인해 사라지고 말았으므로, 전전에 수십 년간에 걸쳐 우리나라가 해외 국가에서 구축한 통상활동의 기반은 거의 전멸된 것으로 보아야 한다. 이러한 점에서도 향후 우리나라의 대외

통상 진출이 전전과 비교하면 훨씬 곤란할 것은 분명하다.

(3) 국제민간항공운송협정

일본은 연합국으로부터 국제민간항공운송협정 체결 제의가 있을 때는 신속하게 협상에 응할 의무가 있다(제13조(d)).

이러한 연합국과의 협정이 체결될 때까지 일본은 평화조약의 최초 발효시부터 4년간(이것도 미국초안(제5장 제11항)에서는 3년간이었다) 평화조약의 효력발생 일에 연합국이 행사하고 있는 것보다 불리하지 아니한 항공교통상의 권리 및 권한을 그 국가에 부여하며, 항공 업무의 운영 및 발달에 대한 완전한 기회균등을 부여하여야만 한다(제13조 (b)).

현재 연합국 중에 일본 취항을 인정받고 있는 미국, 영국, 필리핀, 캐나다, 호주의 9개 항공사이며, 이 회사들은 일본 법률로 국내 항공을 시행하는 자를 정하는 권리를 부여받고 있다.

평화조약의 효력발생 일에 이 권리를 행사하지 아니한 연합국에 대해서는 그것을 부여할 의무가 없는 것은 말할 것도 없다.

여기서 주의해야 할 것은 과도기의 통상항해 관계가 상호주의의 기초위에 서 있는데, 민간 항공에 대해서만 편무적으로 되어있다는 것이다. 이탈리아평화조약(제82조 제1항(d))에서는 민간 항공에 대해서도 쌍무적으로 규정되어 있다.

제8장
전쟁범죄인

1. 전쟁범죄의 의의

제2차 세계대전 전의 전쟁범죄(전시 범죄)라고 하면, 전쟁 중에 전쟁 법규, 관례를 위반한 행위(예를 들어 교전 자격이 없는 자가 적을 해치는 수단에 종사하거나 민간인 또는 민간인으로 변장한 군인이 간첩행위를 하는 것)로 이를 위반한 자가 적에게 잡히면 처벌할 수 있는 것을 의미했다. 제2차 세계대전에서는 기존의 전쟁범죄 외에 평화에 대한 죄(침략 전쟁 또는 국제법, 조약, 협정 또는 보장을 위반한 전쟁 계획, 준비, 시작 및 수행 등)와 인류에 대한 죄(살육, 섬멸, 노예적 학살, 추방, 기타 비인도적 행위 또는 정치적 또는 인종적 이유에 근거한 박해 행위, 이것은 주로 유대인들에 대한 박해를 가리킨다. 따라서 일본과 관련해서는 이에 상응하는 사실이 거의 없다)가 추가되었기 때문에 정치적으로 중대한 의의를 지니게 되었다.

새로운 전쟁범죄 이론의 맹아는 이미 베르사유 조약(제227조)에서 볼 수 있지만, 이 조약은 국제적 도의에 반해 조약의 신성함을 침범한 중대 범죄인으로 전 독일 황제인 빌헬름 2세를 기소하기 위해 미국, 영국, 일본, 프랑스, 이탈리아에서 각 한 명씩을 재판관으로 임명하여 구성하는 특별재판소 설치를 규정했다. 당시 독일 황제는 중립국인 네덜란드로 망명 중이었으며, 네덜란드 정부가 인도를 거부했기 때문에 재판이 실행되지는 않았지만, 침략 전쟁을 범죄시하고 그에 대한 개인 책임을 추궁하려는 생각은 이후 전쟁범죄 이론의 선례가 된 것이다. 그 후 제2차 세계대전이 발발하기까지 전쟁을 국제 범죄시하려는 시도가 여러 차례 있었지만, 아직 일반적인 법규범을 확립하기까지는 이르지 못했다. 게다가 전쟁을 국제 범죄시하는 사상도, 국가 행위로서의 전쟁을 배척했으며, 개인의 책임은 전혀 문제가 되지 않았다. 전쟁법규 위반행위 이외에 대해서는 개인의 책임을 추궁하는 이론은 뉘른베르크재판과 도쿄재판에서 처음으로 전개되고 또한 실행된 것이다.

제2차 세계대전의 전쟁범죄인 처리는 주로 독일인을 목표로 진행되었지만, 1945년 8월 8일 런던에서 미국과 영국, 프랑스, 소련 간에 유럽 전쟁범죄인 재판에 관한 협정과 함께 국제군사재판소 조례가 성립되었다. 그리고 이에 따라 독일의 주요 전쟁범죄인에 대한 뉘른베르크재판이 이루어졌다.

일본의 전쟁범죄인을 직접 대상으로 한 규정은 포츠담 선언 제10항이지만, 동 항은 연합군 포로를 학대한 자들을 포함한 일체의 전쟁범죄인에 대해 엄중한 처벌이 가해져야만 한다는 것을 규정하고 있다. 1946년 1월 29일의 맥아더 원수의 극동국제군사재판소 설치 명령에 부속된 극동국제군사재판소 조례(제5조)는 전쟁범죄로 (가)평화에 대한 죄, (나)기존의 전쟁범죄, (다)인도적인 차원에 대한 범죄, 세 가지를 꼽았다.

일본에서는 평화에 대한 범죄 또는 이를 포함하는 범죄를 저지른 전쟁범죄인은 A급 전범으로 불리며, 극동국제군사법원에서 11개국(호주, 캐나다, 중국, 프랑스, 네덜란드, 뉴질랜드, 소련, 영국, 미국, 인도, 필리핀)에 의해 공동 심리되고, B급(전쟁법규 위반행위의 현지 책임자) 및 C급(전쟁법규 위반행위의 하수인) 전범은 각 연합국(미국, 호주, 네덜란드, 영국, 중국, 필리핀, 프랑스)에 의해 단독 심리되었다(소련에 의해서도 실행된 모양이지만 자세한 것은 알 수 없다).

2. 판결의 수락과 형 집행

전쟁의 범죄화와 개인 책임의 추궁이라는 새로운 전쟁범죄 이론은 도쿄재판에서도 변호인 측이 대대적으로 논쟁하였으며, 재판소가 이것을 국제법적으로 정립하는 것이 가능했는지 아닌지도 의문이다. 하지만 어쨌든 전쟁범죄 재판은 군사 행동의 하나로 진행된 것이며, 따라서 평화조약에 특별한 규정이 없으면 전쟁범죄 재판의 판결은 강화와 동시에 효력을 잃게 되고, 또 연합국은 강화 후에는 새로운 용의자를 기소할 수 없다. 이탈리아평화조약(제45조)은 종전 후 얼마 지나지 않아 체결되었기 때문에 이탈리아가 전쟁범죄인의 체포 및 인도에 협력할 것을 규정하고 있지만, 일본에서는 점령이 장기간 계속되어 그 사이에 전쟁범죄 재판이 완료되었기 때문에, 그러한 규정은 필요하지 않다. 대신, 일본은 전쟁범죄 재판 판결의 수락과 형 집행 약속을 강제 당했다(제11조 전단).

3. 전쟁범죄인에 대한 특사의 허용

전쟁범죄인에 대한 사면, 감형, 임시석방의 특사를 부여하려면 일본 정부의 권고에 따라, 극동국제군사재판소가 형을 선고한 자에 대해서는 동 재판소 구성국의 과반수(6개국)의 결정, 그 외의 자에 대해서는 해당 사건에 대해 형을 선고한 연합국의 결정이 있어야 한다(제11조 후단). 미국초안(제5장 제5항, 제6항)에서는 특사 허용은 일본과 연합국이 공동으로 시행하게 되어있었지만, 패전국이 승전국과 공동으로 허용하는 것은 이상하다고 하여 이렇게 수정된 것이다. 재판소 구성국 중에 소련, 중국, 인도는 평화조약에 서명하지 않았지만, 이들 국가가 동의하지 않아도 다른 6개국의 동의가 있으면 되는 것이다.

연합국에서 복역 중인 자에 관한 규정은 없지만, 해당 연합국 정부와 일본 정부의 직접 교섭에 따라 결정될 수 있을 것이다. 현재 복역 중인 전쟁범죄인의 수 및 복역 지역은 다음과 같다(1952년 3월 1일 현재).

지 구 별	A 급	B, C 급
내지(스가모)	13	1,134
필리핀(마닐라)	0	112
호주(마누스 섬)	0	210
합 계	13	1,456

평화조약 효력 발생 전에 특사를 허용하는 것은 이 규정과는 무관하다. 1949년 12월 25일, 스가모에서 복역 중인 632명이 석방되었지만, 1950년 3월 7일에 선서 임시석방 제도가 마련되어 그해 5월 9일 이후 현재(1952년 3월 1일)까지 674명이 이 제도를 근거로 가석방되어 현재 자택 복역 중인 301명을 제외하면 모두 자유의 몸이 되어있다. 이에 대해 소련은 엄중하게 항의하고 있지만, 이를 통해 강화 후의 특사 허용에 대한 소련의 태도를 엿볼 수 있다.

전쟁범죄 이론은 연합국이 전쟁 방지와 전쟁을 인도주의적인 것으로 만들기 위해 발전시키려고 한 것이다. 별도로 전쟁의 인도주의화를 위해 전쟁 희생자 보호에 관한 각종 조약이 개정되었으며, 일본도 새로운 조약에 가입하기로 되어있다는 것은 이미 기술한 바와 같다(제7장 제2절, 1의 (8) 참조).

제9장
배상

1. 배상의 의의 및 방법

배상은 침략 전쟁을 기도한 국가가 그 전쟁의 결과 상대국에 끼친 손실 및 손해를 보상하는 것이다. 따라서 개전 책임, 다시 말해 침략 전쟁 개시의 책임이 어느 쪽에 있느냐는 문제와 불가분의 관계이다. 제1차 세계대전 후의 베르사유 조약(제231조)은 이와 관련해서 배상 조항의 시작 부분에 "동맹 및 연합국 정부는 독일과 그 동맹국의 공격으로 인해 강제당한 전쟁의 결과, 그 정부와 국민이 입은 일체의 손실 및 손해에 대한 책임이 독일 및 그 동맹국에 있다는 것을 단정하고, 독일은 이를 승인한다"라고 규정하여 개전 책임이 독일에 있음을 분명히 하고 있다. 제2차 세계대전의 배상 처리와 관련해서도 이탈리아평화조약의 경우, 배상 조항에는 그 규정이 없지만, 조약 전문에 "파시스트 정권하의 이탈리아가 독일 및 일본과의 3국 조약의 당사국이 되어 침략 전쟁을 기도하였으며, 그로 인해 일체의 동맹 및 연합군과 기타 연합국과의 전쟁 상태를 일으키고 또 그 전쟁을 분담하고 있었다"라고 명기하고 있다. 대일평화조약에서는 개전 책임에 대해 아무런 언급이 없지만, 연합국의 점령 초기 대일 관리 정책을 보면 개전 책임과 배상과의 관계가 명확하게 드러나 있다. 예를 들어, "항복 후의 미국의 초기 대일

정책"(1945년 9월 22일)에는 "일본의 침략에 대한 배상방법은 다음과 같다. (후략)"(제4부 경제－배상), 또한, "항복 후 대일 기본 정책"(1947년 6월 19일, 극동위원회 결정)에는 "일본이 실행한 침략행위에 대한 배상은 일본으로부터 징수해야만 한다"라고 정하고 있다. 따라서 일본의 개전 책임을 전제로 일본이 배상을 지급해야 한다는 생각이지만, 미국은 외교 정책으로 이른바 화해의 강화를 제창하고 있었기 때문에 영국을 비롯한 일부 국가의 주장을 물리치고 조약의 표현을 완화한 것이다.

이처럼 배상은 개전 책임을 전제로 의무화되는 것이지만, 실제로는 개전 책임이 반드시 그 나라에 없는 경우에도 패전국이기 때문에 그 책임을 전승국으로부터 강요당하는 경우가 많다. 또 설령 전승국이더라도 전쟁 법규를 위반하는 행위로 인해 패전국 또는 그 국민에게 손해를 끼친 경우에도 이론상 당연히 보상책임이 있지만, 이 경우에도 패전국은 보상 청구권을 포기하지 않으면 안 되는 것이 보통이다.

이상과 같이 배상은 전쟁 피해, 즉 상대 국가와 그 국민이 전쟁의 결과 입은 생명, 신체 및 재산상의 손실 및 손해를 보상하는 것을 본질로 하고 그 피해를 어떠한 정도로, 또한 어떠한 방식으로 보상할 것인가가 배상의 핵심 문제가 된다.

오래된 시대는 차치하더라도, 제1차 세계대전 전의 19세기의 평화조약에서도 전승국이 패전국에 대해 배상을 부과한 사례가 많았다. 예를 들어, 난징 조약(영국－청국, 1842.8.29.), 프랑크푸르트 본 조약(독일－프랑스, 1871.5.10.), 부에노스아이레스 조약(파라과이－아르헨티나, 1876.2.3.), 산스테파노 조약(러시아－터키, 1878.3.3.), 시모노세키 조약(일본－청국, 1895.4.17.) 등은 모두 그 예이다. 그러나 그것은 금전으로 주로 전비, 즉 전쟁에 든 국가의 비용을 보상한 것이었다. 따라서 이러한 배상에 대해서는 배상금(Reparations)보다는 군사적 보상(Military indemnity)이라는 단어가 사용되었다.

그런데 제1차 세계대전에서는 국가의 군사, 정치, 경제 총력을 기울여 싸운다는 이른바 '총력전' 경향이 현저해졌으며, 그 결과 일반 국민이 전쟁으로 인해 입는 손실도 종래의 전쟁과는 비교할 수 없을 정도로 극심해졌다. 그래서 전쟁의 결과 전승국은 종래와 같이 패전국으로부터 영토를 할양받거나 전비 배상금을 징수하는 것만으로는 만족하지 않고 베르사유 조약 제232조로 동맹 및 연합국과 그 국민이 입은 일체의 손실과 손해에 대해 완전한 배상 책임이 있지만, 특히 배상 능력의 점에서 "교전 기간 내에 육상, 해상 및 공중 공격으로 인해 동맹과 연합군의 일반 인민과 그 재산에 대해 가해진 일체의 손해, 요약하자면 본 조약 제1 부속서에 기술된 일체의 손해에 대한 보상을 요구하고, 독일은 이를 보상하는 것으로 약속한다"라고 규정했다. 그리고 배상 총액의 정식 결정에 앞서 우선 이 조약으로 200억 마르크를 금화, 선박, 석탄 및 석탄 제품, 화학제품, 가축, 기계 설비, 건축 자재, 가구 등의 현금 및 현물로 지급하기로 되었다. 여기에서 패전국에 부과된 지급의무는 더는 단순한 군사적 보상(Military indemnity)이 아니라 배상금(Reparations)이라고 하는 것이 더욱 적절하게 된 것이다.

이렇게 하여 1921년 5월, 배상위원회[1]는 배상 총액을 1,320억 마르크로

---

[1] 1919년 6월 28일에 성립된 베르사유 조약의 제233조에 따라 1920년 1월 10일에 전승국 간에 배상 징수총액 및 징수와 분배방법을 결정하기 위한 기관으로 배상위원회가 설치되었다. 이 위원회는 1921년 5월 런던회의에서 독일로부터 징수할 배상총액을 1,320억 마르크로 결정했으나, 이 금액은 당시 실제로 독일의 지불능력을 거의 무시한 것이었다. 이 배상 안에 따라 독일은 같은 해에 20억 마르크의 배상을 지불했으며, 그 결과 마르크의 가치가 현저하게 하락하게 되었다. 뿐만 아니라 1923년 1월에는 프랑스가 벨기에와 함께 독일이 석탄, 목재 등으로 약속한 현물배상 이행을 제대로 하지 않았다는 것을 이유로 룰 지방에 대한 보상점령을 단행했다. 그로 인해 마르크의 가치는 거의 몰락되었다. 이 때문에 발생한 전대미문의 인플레이션은 렌텐 마르크 설정으로 겨우 진정되었지만, 이러한 독일 경제의 격심한 변동에 직면해서 전승국들은 새로운 배상 방식을 확립할 필요가 있게 되었다. 이러한 요청에 따라 생긴 것이 1924년부터 실시된 도즈 배상 안이다. 도즈 배상 안은 배상처리 기준을 일단 독일의 지불능력을 고려하여 입안된 것으로, 최초 5년간은 일단 도즈 배상 안으

결정했지만, 이것은 단순히 동맹과 연합군이 입은 손해를 배상받겠다는 생각뿐이었지 독일의 경제 능력 등을 무시한 것이었다. 그 결과 독일 경제는 파탄에 처했으며, 미국 및 기타 국가의 지원이 있었음에도 규정대로 배상금 지급을 수행할 수 없었다.

즉, 연합국이 독일로부터 실제로 징수할 수 있었던 배상액은 현금, 시설, 생산물, 점령 비용 및 배상 채권국의 수입 독일 제품에 대한 과세 등의 형태로 도스 플랜 실시(1924.9.1.) 전에 104억 2,600만 마르크(배상위원회 추산), 그 후에 108억 2,090만 마르크(배상 인도위원회 보고), 총 212억 4690만 마르

로 정해진 배상 지불을 이행할 수가 있었다. 그러나 이 지불은 독일의 경제부흥으로 이루어진 것이 아니라 결국 거액의 외채를 이용해서 이루어진 것에 불과했다. 뿐만 아니라 이러한 지불이 지속되는 한편으로 산업합리화가 강행되어 그 희생은 대부분 노동자에게 전가되었으므로 독일 국내의 정치, 경제상의 모순은 근본적으로는 약간도 해결되지 않았다.

1930년 1월 헤이그 협약으로 결정된 영 배상 안은 이러한 도즈 배상안의 모순을 타개하기 위해 작성된 것이지만, 영 배상 안은 배상 지불실행기관으로 국제결제은행을 설립하여 배상문제를 정치문제와 분리하여 순수하게 경제문제로 해결하려고 했다. 또 배상의 지불 잔액을 대폭 감액하여 당시 가격 358억 마르크로 만들었다. 하지만 이 무렵부터 미국의 주식거래소 공황을 발단으로 하여 세계공황의 파도가 독일에도 파급되었으며, 독일 경제를 빈사 상태로 만들었다. 따라서 각국은 배상문제 처리보다 먼저 세계공황으로부터 벗어나기 위한 대책을 강구할 필요가 생겼으며, 1931년 6월, 미국의 후버 대통령은 미국이 각국의 대미전쟁채권 추심을 1년간 유예하는 한편, 각국도 독일로부터 배상 추심을 1년간 연기하는 방안을 제안했다. 그러나 이 제안도 독일의 금융공황을 저지할 수 없었으며, 유럽경제의 위기는 더욱 더 커져 영국이 금본위제를 중지하는 사태로까지 발전했다. 그래서 각국은 결국 독일의 배상 지불능력 회복을 포기하게 되었으며, 1932년 6월의 로잔 회의(참가국은 미국을 제외한 영국, 프랑스, 이탈리아, 일본의 5대 채권국과 채무국 독일을 포함한 18개국)에서 배상문제의 최종적 해결을 도모하게 되었다.

이런 경위로 같은 해 7월, 로잔 조약이 체결되고 종래의 배상금이라는 명칭을 폐지하고 유럽경제부흥자금이라는 이름으로 겨우 30억 마르크로 감액되었을 뿐만 아니라, 3년 후 시장상황이 안정될 경우에 공채발행으로 지불하고, 15년간 발행이 불가능할 경우에는 채무가 소멸된다는 조건이 붙어있었다. 그러나 그 후 히틀러정권이 출현하여 이 조약도 이행되지 않게 되었다.

크였다. 그러나 그사이에 연합국이 독일에 쏟아 부은 자본원조 금액은 로잔 조약 체결 당시 약 260억 마르크에 이르렀으며, 배상 지급액보다 약간 더 많았다. 연합국은 처음에 이러한 씁쓸한 경험을 참작하여 제2차 세계대전에서는 다음과 같은 방침으로 배상을 수행하도록 하려고 생각했다.

(가) 종래와 같이 단순히 전쟁의 결과 발생한 손실 및 손해 보상을 목적으로 하지 않고, 패전국이 다시 침략 전쟁을 도모할 수 없도록 그 나라의 경제기구 안에서 전쟁 잠재능력을 제거하는 것을 주요 목적으로 한다.[2)]

---

2) 항복 후의 대일기본정책(1947.6.19. 극동위원회 결정) 제4부(경제관계) 제4항(배상 및 반환)은 대일배상의 기본방침에 대해서 다음과 같이 기술하고 있다.

"일본이 자행한 침략행위에 대해, 또 일본이 연합국에게 발생시킨 손해의 공평한 배상을 목적으로, 그리고 전쟁수행을 위한 일본의 재군비를 이룩할 수 있는 산업에 대한 일본의 잠재적 전쟁능력을 파괴할 수 있도록 하기 위해 배상은 현존하는 일본의 자본설비 및 시설, 또는 현존하는 혹은 장래적으로 생산되어질 일본의 화물 중에 극동위원회가 제시한 방침에 따라 또는 동 위원회의 부탁 조항에 따라, 그 목적을 위해 이용되어질 것의 인도를 통해 일본으로부터 징수해야만 한다. 동 배상은 일본의 비군사화 계획의 완수를 위협하지 않고, 또 점령비의 지불 및 국민의 최저생활수준 유지를 해치지 않는 형태의 것이 되어야만 한다. 일본의 배상 총액 중에서 각국의 배분은 일본의 침략 준비 및 수행의 결과로 각 청구국이 입은 물적, 인적 파괴 및 손해의 범위를 충분하게 고려하고, 또한 일본의 침략에 대한 각국의 저항 정도 및 기간을 포함하고, 일본의 패배에 대한 각국의 기여도도 충분히 고려하여 폭넓게 정치적 기초 위에서 결정되어야만 한다."

한편 1945년 8월의 포츠담 협정에서 결정된 독일에 대한 배상 기본방침도 다음같이 전쟁잠재능력의 제거에 중점을 두고 있다.

(가) 독일의 전쟁잠재능력을 제거하기 위해 무기, 탄약, 군용기재, 항공기 및 원양선박의 생산을 금지한다.

(나) 금속, 화학공업, 기계류, 기타 전쟁에 직접 필요한 품목의 생산을 엄중하게 관리하고 또 평화경제의 유지에 필요한 한도를 넘어서는 것은 철저하게 철거 또는 파괴한다.

(다) 배상은 독일에게 영국 및 소련을 제외한 유럽의 생활수준의 평균을 넘지 않는 수준을 유지하기 위해 필요한 생산력만을 남기는 것을 한도로 한다.

(라) 배상의 지불은 독일국민이 외부로부터 원조 없이 생활이 가능한 한도 내에서

(나) 제1차 세계대전의 대독일 배상처럼 패전국의 경제를 위기에 빠뜨리고, 그 결과 연합국이 패전국에 원조 자금을 쏟아 붓지 않으면 안 되는 어리석음을 다시 반복하지 않기 위해서 배상은 패전국의 평화적 경제유지를 방해하지 않는 한도 내에서 시행한다.

(다) 배상 문제를 비교적 단기간에 안정적으로 해결하기 위해 제1차 세계대전 때처럼 금전배상을 장기간에 걸쳐서 징수하는 방법을 취하지 않고 원칙적으로 현물 배상방식에 따르는 것으로 한다.

예를 들어, 이탈리아평화조약(제74조의 가)은 소련에 대한 배상으로 (가) 군용 자재 생산을 위한 공장 및 기계 설비, (나) 루마니아, 불가리아, 헝가리에 있는 이탈리아의 재산, (다) 매일 생산되는 공산품, 이 세 가지만을 대상으로 하고, 1억 달러를 한도로 시행되게 되어있다. 하지만, 1억 달러는 평가액으로 이것은 금전 배상적인 취지가 아니다. 일본에 대한 연합국의 방침은 처음에는 일본 국내의 잉여(剩餘) 시설 철거와 연합국에 있는 일본 재산의 처분으로 배상요구를 충족시킬 생각이었다. 하지만 당시 실제로 이런 배상방식을 생각하고 있었던 것은 미국과 그 밖의 일부 국가뿐이었으며, 일본군에게 점령되었던 나라는 여전히 기존의 배상 관념을 버릴 수 없었다. 따라

이루어져야만 한다.

(마) 배상물건의 배분은 다음의 방침에 따른다.

(a) 소련은 독일의 소련 점령지역으로부터의 철거물 및 불가리아, 핀란드, 헝가리, 루마니아와 동부 오스트리아에 있는 독일의 자산으로 배상을 받는다. 또 소련은 이외에도 서부독일에서 배상으로 받아야 하는 설비의 10%를 무상으로, 15%는 식료품, 석탄, 목재 등에 대해 대가를 지불하고 취득할 수 있다.

(b) 영미 양국은 점령 하에 있는 서부 독일에 소재하는 철거물 및 독일의 재외자금 중에 소련에 할당된 것 이외의 국가에 있는 것으로 배상을 받는다. 또 소련 및 폴란드 이외의 연합국들이 취득해야할 배상은 영미가 취득하는 것 중에서 배분한다.

(c) 독일의 평화경제에 필요한, 따라서 배상으로 이용할 수 있는 공업자본설비의 수량 및 성질의 결정은 프랑스의 참가를 기다려 연합국독일관리이사회에서 한다. 단 설비 철거의 경우에는 설비가 소재하는 지역의 점령군사령관의 최종적인 승인을 얻어야만 한다.

서 일본에서 철거하는 잉여 시설의 배분조차도 국가 간 의견이 좀처럼 합의에 이를 수 없었다. 하지만 그 과정에서 미소 관계가 점차 악화하고, 미국이 일본을 아시아의 반공(反共) 장벽으로 삼기 위해 일본의 공업 시설을 가능한 많이 이용할 필요가 생겼다. 그래서 미국은 잉여 시설 철거에 대한 애초 계획을 점차 완화하게 되었으며, 1949년 5월에 마침내 맥코이 대표가 극동위원회에서 시설 철거 중단을 제안하기에 이르렀다.

그러나 일본에게 국토를 유린당한 동남아시아 국가들은 이러한 미국의 제안을 석연치 않게 여기고 받아들이지 않았을 뿐만 아니라, 미국이 대일평화조약 초안의 작성에 착수하자 각각 방대한 대일배상요구 금액을 제출했다. 하지만 미국으로서도 이들 국가의 요구를 처음부터 배척할 경우에는 평화회의 조기개최 여부가 불투명해지므로 여기에 무언가 타협의 길을 도출해내지 않으면 안 되게 되었다. 평화조약의 배상 조항은 이처럼 2가지의 다른 생각이 타협한 결과 태어난 것으로 미국초안에는 없었던 용역배상 규정이 영미 초안 이후 포함되게 되었다. 즉 미국초안에서는 "연합국은 일본이 점령 목적 촉진을 위해 1945년 9월 2일 이후 제공된 구제 및 경제 원조에 대한 채무를 갚으며, 또 전쟁 피해에 대해 연합국에 적절한 배상을 시행하기 위해 일본이 생존에 필요한 경제력을 유지하면서 금, 재산 또는 용역으로 지급할 능력이 없다는 것을 승인한다"라고 규정하여 일본에 배상지급 능력이 없다는 것을 분명하게 인정했다. 그렇지만 영미 초안에서는 한편으로는 일본에 배상지급 능력이 없다는 것을 여전히 인정하면서도, 다른 한편으로는 "원칙적으로는 배상을 지급해야 하지만(후략)"이라고 배상지급 의무가 있다는 것을 인정하는 것처럼 하고, 나아가 용역을 통해 "일본인의 숙련과 근면을 해당 연합국에 제공하는 것으로"라며, 용역으로 배상 의무를 이행하여야 한다고 규정하기에 이르렀다. 이러한 용역배상 의무는 8월 13일의 수정 초안에서 더욱 뚜렷해졌다. 이 수정 초안에 따라 "배상지급 능력이 없다"라는 문구는 삭제되고 "일본의 자원은 완전한 배상을 이행하기 위해 현재 충분하지 않다"라는 것으로 수정되었다. 즉, 자원은 충분하지 않지만, 용역으로 배상 의무를 이행할 수 있다는 것을 인정하고, 자원도 현재는 충분하지 않지만, 앞으로도 반드시 그렇다고 할 수는 없다는 뜻이 내포되게 된 것이다.

2. 설비배상

연합국의 대일배상방침은 이상과 같은 경위를 거쳐서 당초 미국이 생각하고 있던 시설철거를 통한 배상 대신에 용역을 통한 배상을 일본에게 부과하게 되었다. 그러나 이미 1947년 말부터 1950년 5월에 걸쳐서 중간배상으로 상당한 공장시설이 중국, 필리핀, 네덜란드, 영국 등의 4개국에 넘어간 것을 잊어서는 안 된다.

여기에서 말하는 중간배상이란 평화조약으로 최종적인 결정이 나오기 전에 이루어진 임시배상을 의미한다. 그 결정은 극동위원회에서 정식으로 결정된 경우이며, 또 미국의 중간지령으로 이루어진 경우도 있지만 대일배상 중간계획[3]은 1946년 5월부터 같은 해 12월에 걸쳐서 극동위원회가 소위

---

3) 극동위원회 중간배상계획의 요지는 다음과 같다.
(가) 육해군 공창 및 항공기 공장의 정의를 분명하게 하고, 그에 해당하는 공장 전부를 철거한다(1046.5.13. 결정).
(나) 경금속: 연간생산 15,000톤의 알루미늄압연설비를 제외하고 전부 철거한다(앞의 결정).
(다) 공작기계: 연간생산 27,000대를 넘어서는 부분을 철거한다(앞의 결정).
(라) 유산: 연간생산 350만 톤을 넘어서는 부분을 철거한다(앞의 결정).
(마) 조선: 조선능력 연간 15만 총톤 및 300만 총톤의 상선을 유지하는데 필요한 시설 이외를 철거한다(앞의 결정).
(바) 베어링 및 베어링 볼: 연간생산 3,350만 엔(1943~44년 평균가격)을 넘어서는 것을 철거한다(앞의 결정).
(사) 철강: 연간생산 선철 200만 톤, 강괴 350만 톤(중에 전기로 생산품 10만 톤)을 넘어서는 부분을 철거한다(1946.6.12. 결정). 철강압연(특수강 단주(鍛鑄)를 포

포레 방안을 기초로 삼아 결정한 것이다. 즉, 종전직후의 미국의 대일경제 관리정책은 일본 경제의 비군사화에 주력이 놓여있었지만, 배상문제의 처리에 있어서도 이러한 방침으로 실시하기 위해 에드윈 포레사절을 일본으로 파견하여 배상실시계획의 입안을 담당하게 했다. 소위 포레 중간방안(원명: '대통령에 대한 보고, 일본으로부터의 배상 즉시 실시계획'(1945.12.7.)은 그 조사보고이었지만, 일본의 군사능력에 대한 철저한 파괴에 중점을 두고 일본 국민이 최저 생활을 유지하기 위한 평화적 수요를 지극히 낮게 계산하고 있기 때문에 일본에게는 상당히 가혹한 배상 안이었다. 1946년 4월 미국이 극동위원회에 제출한 시안은 위의 포레 안을 약간 완화한 것이지만, 이 미국 안을 기초로 하여 극동위원회가 전기의 중간배상계획을 결정한 것이다.

이 중간배상계획은 육해군 공창 및 항공기 공장, 경금속, 공작기계, 유산, 조선 등 11개 부문에 걸쳐서 일본에 남겨두는 생산능력을 표명하고 그것을 넘어서는 부분을 철거한다는 내용이었다. 그리고 이 계획에 따라 총사령부는 구체적으로 배상예정공장을 지정하여 그 관리 하에 두는 것으로 하는 한편, 이러한 공장시설이 배상으로 넘겨질 때까지 일본 정부가 책임을 지고 보관하도록 지시했다. 이러한 공장의 지정은 먼저 1946년 1월 1일에 육해군 공창, 항공기 공장, 중요연구소 등, 389개 공장에 대해서 실시되었으며, 그 후 공작기계, 소다회(공업용무수탄산나트륨) 및 가성소다, 철강, 화력발전, 유산, 민간병기, 조선, 베어링(bearing), 인조고무 등의 공업부문들의 공장에

함) 270만 5천 톤을 넘어서는 부분을 철거한다(1946.6.12. 결정).

(아) 소다회(공업용무수탄산나트륨), 염소 및 가성전해 가성소다 연간생산 82,500톤, 염소 75,000톤, 솔베이법(Solvay process)소다회 63만 톤을 넘어서는 부분을 철거한다(앞의 결정).

(자) 화력발전소: 210만kw를 넘어서는 부분을 철거한다(앞의 결정).

(차) 민간병기공장 전부를 철거한다(1946.6.20. 결정).

(카) 인조석유, 인조고무 공장을 전부 철거한다(1946.9.20. 결정).

도 확산되었다.[4)]

한편, 미국은 이러한 중간배상계획에 따라 일본에서 철거하는 시설을 어떻게 배분할 것인지에 대해서도 연합국 간에 협의할 것을 제안했지만, 각 국가 간의 의견은 좀처럼 합의가 이루어지지 않았다. 따라서 1947년 4월 3일 극동위원회 회부 조항에 따라 미국에게 주어진 권한을 바탕으로 다음과 같은 중간배상 철거명령을 연합국 최고사령관에 대해 발표했다.

(가) 연합국 최고사령관에 대한 배상지불의 전도금으로 일본의 산업 시설을 일부 전쟁 피해국이 즉시 징수할 수 있게 하는 권한을 준다.

(나) 이 중간 지령에 따른 철거는 1946년에 결정된 중간배상계획에 규정된 철거산업능력의 30%이다. 그 국가 별 할당량은 중국이 15%, 필리핀이 5%, 네덜란드(네덜란드 령 동인도)가 5%, 영국(버마, 말레이 및 극동의 영국 식민지)이 5%였다. 미국은 이 전도계획으로는 배상금 회수에 참여하지 않았다.

이 지령에 따라 총사령부는 같은 해 11월부터 일본 정부로 하여금 배상지정시설의 철거 및 인도를 시작하기로 했는데, 이때부터 미국 본국에서는 일본에게 엄중한 배상을 부과하는 것이 일본의 경제 자립을 어렵게 할 뿐만

4) 배상예정공장의 지정은 그 후 몇 차례 개정되어 지정이 해제되거나 추가되기도 했지만, 1951년 10월 1일 현재의 지정공장 수는 843개이며 그 내역은 다음과 같다.

분류	가동공장 수	휴업공장 수	합계
항공기	155	146	301
민간병기	108	70	178
공작기계	74	15	89
베어링	19	8	27
철강	11	9	20
유철	14	9	23
소다	14	5	19
인조고무	4	3	7
화력발전	18	2	20
조선(민간)	18	1	19
군공창(군조선소를 포함)	89	51	140
합계	524	319	843

아니라, 오히려 미국의 부담을 더욱 무겁게 하는 결과를 초래하지는 않을까라는 반성의 목소리가 점차 강세가 되었다. 따라서 미국 정부는 스트라이크와 도레바라는 2개의 사절단을 일본에 파견하여 배상과 일본 경제의 자립에 관한 조사를 실시했다. 이 조사결과는 스트라이크 방안(원명: '미합중국에 대한 일본 산업 배상 조사' 1948.2.27. 육군성에 제출) 및 존스턴 방안(도레바 방안이라고도 한다. 원명: '일본과 조선의 경제적 지위 및 전망 그리고 그 개선에 필요한 방안에 관한 보고, 1948년 4.26. 육군성에 제출)으로 각각 발표되었다. 하지만 두 방안 모두 일본 경제의 자립화를 도모하기 위해서는 배상을 완화해야 한다고 강조하는 것이었다. 즉 스트라이크 방안은 일본으로부터의 배상시설 철거를 주로 제1차적 군수생산시설의 범위에 그칠 것을 권고한 것이었으며, 도레바 방안은 이보다 더 관대한 것으로 제1차 군수생산시설일지라도 평화산업으로 전환이 가능한 일부의 시설은 남겨두어야 할 것이라고 권고한 것이다.

이러한 권고를 미국 정부는 즉시 채택하지는 않았지만 그 후 미 · 소 간의 대립이 점점 격화됨에 따라 일본경제를 한시라도 빨리 안정시켜 견고한 반공방벽을 구축할 필요가 있다고 보게 되었다. 이런 경위로 중간배상 철거지령에 따른 인도가 아직 완료되지 않은 1949년 5월 12일에 극동위원회의 미국대표 맥코이 소장은 중간배상 철거 중지성명[5]을 발표하고, 동시에 연합

---

5) 중간배상철거중지 성명의 요지는 다음과 같다.

(가) 미국 및 다른 극동위원회 구성국의 대일배상정책은 2개의 기본방침을 기초로 하고 있다. 첫째는 배상으로 일본에서 철거해야 하는 물건은 일본의 자립경제를 위한 평화적 수요를 분명하게 초과하는 것일 것, 둘째는 극동위원회 구성국이 수락하고 동의할 수 있는 배분기준을 작성하는 것이 가능할 것이라는 것이다.

(나) 미국은 일본점령이후 이 두 가지 방침을 달성하기 위해 몇 차례나 제안을 해왔지만 아직 실현되지 않고, 또 실현될 가능성도 거의 없다.

(다) 일본은 낮은 생활수준을 유지하고 있음에도 불구하고 여러 가지 이유로 일본경제는 상당한 적자상태에서 가동되고 있다. 일본점령목적을 달성하기 위해서는 어느 정도의 생활수준에서 자립이 가능하도록 하지 않으면 안 된다.

국 최고사령관에 대해 중간배상 철거 중지 지령(미국 합동참모본부회의 중간 지령 제104호)을 발령했다. 이 지령으로 각국에 할당되어 있던 시설은 계속해서 철거되었지만, 그 이외의 시설철거는 중지되게 되었다. 이렇게 해서 1950년 5월 10일의 필리핀 선박에 대한 인도를 마지막으로 인도 작업을 완료했지만 철거개시 이후 수령국에게 인도된 시설은 개략적으로 다음과 같다.

〈표 8〉 인도시설 수량(참정수치) 1951년 4월 현재

국가별	기계대수	포장개수	순중량톤	총중량톤	총용적톤
중국	-	19,231	-	56,853.0	107,905.206
네덜란드	-	3,654	-	8,835.0	16,150.770
필리핀	-	8,306	-	22,840.0	42,607.684
영국	-	5,733	-	22,228.0	33,870.639
합계	53,946	36,924	90,599.954	110,756.0	200,534.299
T.I.D.*	3,193		112,206		

*T.I.D.: Technical Intelligence Detachment(정밀기계류)

(라) 미국은 극동위원회가 채택한 일본의 전쟁 능력을 제거해야만 한다는 원칙을 지지하며, 앞으로도 이 원칙의 달성을 위해 노력할 것이다. 그러나 이미 일본의 전쟁목적 시설은 파괴되었다.

(마) 일본은 모든 해외 영토를 빼앗겼을 뿐만 아니라 대량의 해외자산의 몰수 및 중간배상계획에 의해 상당히 많은 배상을 지불했다.

(바) 이상의 사실을 감안하여 미국은 1947년 4월 4일의 중간배상철거 지령을 취소하고 동 지령에 의해 설정된 배상철거계획을 중지한다. 또한 1947년 11월 6일 대일배상 각국 배분에 관한 극동위원회에 대한 미국의 제안을 취소한다. 미국은 향후 중간지령 권한에 따라 일본으로부터 또 다른 배상철거를 가능하게 하는 것과 같은 일방적인 조치를 취할 의도가 없다.

(사) 일본의 경제 불황 및 향후 일본 국민이 최저생활수준을 유지하기 위해 필요한 공업 생산과 무역수준에 도달하는데 직면할 각종 곤란을 감안하여 일본의 평화적 산업을 무제한으로 발달시키는 것이 적당하다.

(아) 미국은 향후 극동위원회에 대해 동 위원회에서 성립되었고, 또 현안이 되고 있는 배상 및 공업수준 관련 정책문서의 폐기 또는 수정을 제안하고 그 심의를 요구할 계획이다.

〈표 9〉 인도시설 가격(잠정수치) 1951년 4월 현재

국가별	기계평가가격	철거비	계
중국	87,043,201.00	10,899,618.55	97,943,819.55
네덜란드	19,244,144.00	1,694,505,28	20,938,649.28
필리핀	32,315,893.50	4,378,533.70	36,694,427.20
영국	25,255,204.40	4,261,744.48	29,516,948.88
합계	163,858,442.90	21,234,402.01	185,092,944.91

*1939년 환산가격, 단위 엔

참고로 앞의 중간배상철거 중지성명 후에도 배상지정공장은 여전히 총사령부의 관리 하에 놓여 있었지만, 이것을 평화산업으로 전환하여 조업하는 것에 대해서는 군공창을 제외하면 조건이 상당히 관대하게 되었고, 현재 지정공장의 약 80%가 가동 중에 있다. 또 군공창이라도 총사령부의 허가를 얻어 일본의 민간회사가 사용하는 것이 상당히 있을 뿐만 아니라, 미국 해군이 사용하고 있는 것도 있다.

이처럼 잔존시설은 일본경제의 자립이나 일 · 미 경제협력에 큰 역할을 하고 있지만, 평화조약에서는 시설배상의 규정이 없으므로 현재 이상은 철거되지 않을 것이다. 단지 현재 아직 지정이 해제되지 않고 있으므로 불편한 점이 많지만, 행정협정에 따른 것 외에는 평화조약의 효력발생과 동시에 지정 해제가 가능해 질 것이다.

3. 용역배상

대일평화조약 제14조 (a)는 일본은 "현재의 영역이 일본 군대에 의해 점령되고, 일본에 의해 손해를 입은 연합국"이 희망할 경우, 그 손해를 회복하기 위해 "생산, 침몰선 인양, 기타 작업에 필요한 일본인의 용역"을 제공하는 결정에 대해 협상을 신속하게 추진해야한다고 규정하고 있다. 앞에서 언급한 바와 같이 이 규정은 필리핀, 미얀마, 인도네시아 등, 각국의 집요한

요구에 따라 영미초안 이후 새롭게 추가된 것이다.

현재의 영역이 일본 군대에 의해 점령되어 손해를 입은 연합국은 필리핀, 중국, 인도네시아, 베트남, 캄보디아, 라오스, 영국(말레이 연방 · 싱가포르 직할 식민지 · 영국령 보르네오) 등이지만, 샌프란시스코 회의에서 필리핀의 로무로 대표는 "이 조약의 어떠한 반대 규정에도 불구하고 일본으로부터 필리핀에 인도될 배상의 종류와 형식 및 지불 또는 인도 방법에 대해 필리핀 공화국 정부는 일본 정부와 협상하며, 또 상호 동의하는 권리를 여기에서 보류한다"며 강경한 태도를 보여 주었다. 또한 인도네시아 스바루죠 대표도 조약 서명의 중요한 요건으로 "일본 정부는 인도네시아가 제2차 세계대전 중에 입은 손해에 대해 대일평화조약 제14조에 규정된 조건에 따라 인도네시아에 충분한 배상을 지불할 마음이 있는가? 일본 정부는 조약 서명 후에 가능한 신속하게 체결되어야 할 인도네시아와 일본 간의 쌍무 조약 중에 이러한 배상이 명세서에 기록되고, 그 금액도 결정되는 것에 동의하는가?"라고 질문하고 있다. 버마는 평화회의에 불참했지만, 불참한 큰 이유가 평화조약의 배상조항에 대한 불만에 있었기 때문에 향후 일본과의 사이에 평화조약 체결협상을 할 경우에는 배상요구를 일본이 추가하는 것을 조건으로 내걸 가능성이 크다. 중국(국민당정부)도 1949년 5월의 중간배상철거 중지 성명이 나올 무렵까지 매우 강경한 태도를 취하고 있었지만, 이 조약의 불참국이며 또한 국제적으로도 미묘한 입장에 있기 때문에 현재는 드러내놓고 배상을 요구하고는 있지 않다. 베트남은 샌프란시스코 회의에서 "베트남은 여기에 제안되어 있는 것보다 더 중요한 배상협상을 필요로 한다. 그리고 향후 일본경제가 회복되고 일본이 그 의무를 완수하는 입장이 되었을 때 더욱 효과적인 지불방법을 연구하도록 요구할 것이다"라고 하고 있지만, 이 나라는 다른 나라에 비해 피해가 적었다. 말레이 연방 · 영국은 미국과 영국 간에 합의가 있었기 때문인지 현재로는 요구 사항이 없다. 이렇게 본다면 현 시점에서 교섭에 응해야 할 국가는 필리핀과 인도네시아뿐이라고 할 수 있다.

참고로 여기에서 주의해야 할 점은 바로 용역배상 규정 중에는 생산물 배상이 포함되어 있지 않다는 것이다. 일부에서는 "생산을 위한 일본인의 용역"이라는 문장의 "생산"이라는 단어에 주목하여 생산물 배상도 포함되는 것처럼 해석하고 있지만, 이것은 잘못된 것으로 이 경우는 가공을 의미한다. 또 기타 작업이란 주로 산업 기술의 제공을 가리키는 것으로 보아야 한다.

그럼 용역배상으로는 구체적으로 어떤 방법이 있을까? 향후 협상에 따라 차츰 구체화되겠지만, 다음과 같은 방식을 생각해 볼 수 있다.

(가) 무상가공: 뒤에서 설명하는 것처럼 "원재료부터의 제조가 필요한 경우"에는 배상수령 국가가 원재료를 공급하고 일본이 이를 가공한 제품을 무상으로 인도한다. 예를 들어 필리핀이 철광석, 망간광석을 제공하고 일본이 제철뿐만 아니라 목재를 제공하여 선박, 자동차, 기타 기계류를 제조하여 인도한다. 기타 마닐라 삼으로 로프, 동광으로 전선을 가공하는 것도 생각할 수 있다. 인도네시아의 경우에는 보크사이트로 알루미늄과 그 제품, 고무로 타이어, 기타 고무제품 등을 가공하는 것이 있을 수 있다.

(나) 침몰선 인양: 배상수령 국가의 영해에 침몰되어 있는 선박의 인양, 해체 및 수리 등을 실시하고, 필요한 비용을 일본 정부가 부담한다. 현재 이들 나라의 주변에 침몰되어 있는 선박은 필리핀이 약 300척, 인도네시아가 약 150척, 베트남이 약 50척인 것으로 알려져 있다.

(다) 기술제공: 일본의 산업기술을 무상으로 제공하여 배상수령 국가의 자원을 개발, 제품화한다. 그러나 이 경우에 무상으로 제공하는 것은 산업기술만으로 개발에 필요한 설비, 기계는 일반 상업거래를 통해 공급한다는 것을 미리 분명하게 해둘 필요가 있다.

(라) 기술교육: 산업기술자를 무료로 양성한다. 배상수령 국가의 기술자를 일본에 유학시키는 것과 거꾸로 일본 기술자가 수령국으로 가서 기술교육을 실시하는 것의 두 가지 경우가 있다. 그리고 유학비용, 기술자 파견비용은 일본 정부가 부담한다.

뿐만 아니라, 이상과 같은 용역배상이행을 약정하는 데 있어서 두 가지의 조건이 붙어있다(제14조(a)). 첫 번째는 다른 연합국에게 추가적인 부담을 주지 않는 범위 내에서 배상지불협정을 맺어야 한다는 조건이다. 구체적으로는 배상지불을 위해 미국의 경제원조 제공을 기대해서는 안 된다는 것이다.

둘째는 일본에 원료가공을 요구하는 국가는 어떠한 외환적인 부담을 일본에게 부과하지 않도록 원료를 배상요구 국가가 제공해야 한다는 조건이다. 이것은 자원이 부족한 일본의 경제자립을 가능하게 하는 동시에 배상요구에도 부응할 수 있도록 한다는 생각에 따른 것으로 보인다. 이탈리아조약에도 이와 약간 유사한 규정(제74조 가4, 나4)이 있다. 그러나 그것은 생산물 배상의 경우에 "평상시 이탈리아에 수입되는 자재로 상기 화물 생산에 필요한 물건을 상업적인 조건으로 이탈리아에 공급해야만 한다"는 것으로, 수입 원료는 공급해 주어야 하지만 국산원료를 사용한 생산물은 원료를 제공할 필요 없이 배상으로 징수할 수 있다. 일본의 경우에는 가공배상을 징수할 경우에 "어떠한 외환적인 부담을 일본에 부과하지 않기 위해 원료를 해당 연합국이 공급해야 한다"고 규정하고 있으므로, 수입 원료는 물론이며, 설령 국산원료일지라도 그것을 배상용으로 사용하여 그 부족분을 수입해야 하는 경우에는 배상요구 부담이 되는 것으로 해석할 수 있을 것이다. 이런 식으로 해석하면 실질적으로는 가공배상을 요구할 수 있는 범위가 상당히 제한된다. 그러나 배상 요구국이 부담하는 원료를 그 나라에서 생산되는 것으로만 한정한다는 규정이 없기 때문에, 제3국에서 원료를 구매하여 일본에 공급하고 가공시켜도 지장이 없는 것이다. 따라서 예를 들어 배상청구국이 미국에서 면화를 구매하여 일본에 공급하고 이것을 면제품으로 가공해 무상으로 제공받는 방법이 취해질 수도 있다.

다만 여기에서 문제가 되는 것은 배상 요구국이 부담하는 원료는 주요원료뿐이며, 부수적인 원료는 포함되어 있지 않은 것이 아닌가라는 점이다.

이 점은 조문에서 확실하게 규정되어 있지 않다. 예를 들어, 가공배상을 제철로 할 경우에 배상요구국은 철광석만을 공급하고 석탄과 전력 등의 부수적인 원료는 일본에서 부담해야 한다고 하면, 일본은 그렇지 않아도 이와 같은 원료가 부족한 상태이므로 일반수출 및 국내소비를 위한 생산에 크던지 작던지 지장을 초래할 수밖에 없다.

또 조약에서는 원료 및 배상가공물의 수송을 어느 나라가 부담하는지에 대해서는 밝히고 있지 않지만, 일본이 부담할 경우에는 선박 부족난이 한층 심각해질 것이다.

평화조약에 규정된 용역배상은 이와 같은 내용이지만 배상의 종류, 수량, 지불기간 등이 구체적으로 표시되어 있지 않기 때문에 이러한 문제는 모두 향후 협상을 통해 해결되어야 한다. 베르사유 조약에서는 용역배상 규정은 없었지만, 배상총액, 종류, 기간 등은 명시되어 있었다. 이탈리아조약에서도 배상총액, 기간이 명시되어 있다. 대일평화조약에서 이것이 명시되지 않은 것은 이 점에 관해서 완전한 타협점을 찾지 못했기 때문으로 미국은 이를 위해 조약체결을 언제까지나 늦출 수 없었기 때문에 일본과 배상 청구국 간의 향후 협상을 통해 결정하도록 한 것이다.

현재까지 배상협상이 이루어진 것은 인도네시아 · 필리핀 두 나라이다. 전자는 1951년 12월 15일부터 도쿄에서 열렸으며, 1952년 1월 18일에 중간협정안의 가서명이 이루어졌다. 이는 용역제공에 의한 배상의 원칙을 서로 합의한 것으로 구체적인 문제는 오는 5월에 회담하기로 결정되었다. 후자는 1952년 1월 28일부터 마닐라에서 열렸으며, 양국의 견해를 교환하고 종료되었기 때문에 구체적인 성과를 이룰 수는 없었다. 기타 향후 협상이 예상되는 국가는 미얀마, 중국 등이 있다.

현재 일본에 배상을 요구하고 있는 나라는 향후 일본의 수출시장으로 발전될 것이 가장 기대되고 있는 지역이다. 일본이 배상이행에 성의 있는 태도를 보이지 않는다면, 이들 배상청구국은 평화조약의 비준을 거부하거나 일본의 통상활동에 차별대우와 압박을 가하게 될지도 모른다. 이런 상태가 된다면 일본이 입게 되는 손실은 배상지불로 인한 손실보다 오히려 큰 것이 될지도 모른다. 따라서 일본이 각국과 배상협상을 할 경우에는 일본의 현재 경제 상태와 함께 미래의 통상활동의 발전도 염두에 두고 추진할 필요가 있다.

4. 해외재산에 의한 배상

이상과 같은 용역배상의 지급 총액 및 이행방법은 일본과 배상 청구국과의 사이에 개별적인 교섭으로 결정되지만, 연합국이 일본의 해외재산을 배상으로 충당하는 것과 관련해서는 일본과의 사이에 이러한 교섭을 필요로 하지 않는다.

(1) 연합국에 있는 재산

일본의 해외재산이 배상에 충당될 것이라는 것은 베르사유 조약과 이탈리아평화조약의 선례로부터 예상되고 있었지만, 일본의 경우로 이미 종전 직후부터 그러한 방침이 결정되어 있었다. 즉, "항복 후 미국의 초기 대일정책"(1945.9.22.) 제4부 "경제"의 "배상 및 반환" 항목에서는 배상방법의 (a)로 "일본이 보유할 수 있는 영역 밖에 있는 일본의 재산을 관계 연합국 당국의 결정에 따라 인도할 것"이라고 기재하고 있으며, 뿐만 아니라 "해외 재산이 점령군 당국에 명시되어야만 한다는 것 및 연합국 당국의 결정에 따른 처분을 기다려야 한다는 것"을 분명히 하고 있다. 또한 1945년 12월 7일에 발표된 보레 특사의 중간배상계획에 관한 성명(제8항)은 "일본 본토 밖에 있는 일본의 모든 재산의 소유권 또는 지배권을 박탈한다"고 하고 있다. 한편 총사령부도 이와 같은 조치가 취해질 경우에 대비해서 1945년 9월 22일에

“금, 은, 유가증권 및 금융상의 제반 증서의 수출입 통제”에 관한 각서 및 “금융거래의 통제”에 관한 각서를 내고 일본 정부 및 개인의 해외재산을 마음대로 이전하거나, 거래하는 것을 불가능하도록 했다.

대일평화조약에서도 이 같은 방침은 변함이 없으며, 각 연합국은 조약이 최초로 발효될 때(일본과 주요 연합국 6개국이 비준서를 기탁한 때, 제23조 (a) 참조)에 관할 하에 있는 일본의 모든 재산, 권리 및 이익을 압류하고, 유치하고, 청산하며, 또 다른 방법으로 처분 할 수 있도록 되어 있다(제14조 (a)의 2(Ⅰ)). 그리고 이렇게 연합국이 처분할 수 있는 재산의 내용에 대해서는 다음과 같이 규정하고 있다.

(a) 일본 및 일본국민의 재산, 즉 연합국에 있는 일본의 국유재산과 일본국적을 가진 자연인 및 법인에 소속된 재산.

(b) 일본 혹은 일본국민을 위해, 또는 이를 대리하여 행동한 자의 재산, 즉 일본 정부 나 일본을 위해 또는 이를 대리하여 행동한 자가 명의상 소유하거나 점유하며, 또는 관리하고 있는 재산. 이 경우 처분대상이 되는 것은 그 사람이 소유하고 점유 또는 관리하고 있던 일본 정부나 일본국민의 재산이지, 그 사람의 고유재산과 그 사람이 일본 정부나 일본국민 이외의 자를 위해 소유하거나 점유 또는 관리하고 있는 것에까지 미치지 않는다는 것은 언급할 필요도 없다.

(c) 일본 또는 일본국민이 소유하거나 지배한 단체의 재산, 여기에서 언급한 “단체”란 법인, 조합, 기타 사람의 집단을 의미하며, 이러한 단체가 일본의 법령에 따라 조직된 것이 아닌 경우에도 실질적으로 일본 정부 또는 일본국민에 의해 “지배”된 것일 경우에는 그 재산이 처분대상이 되는 것이다. 실질적인 “지배”란 예를 들어 (1) 대부분의 출자지분을 일본 정부 또는 일본국민이 소유하고 있는 경우, (2) 경영의 주체를 이루는 이사단이 일본 정부가 임명한 자 또는 일본국민으로 이루어진 경우, (3) 그 사업경영에 일본 정부 또는 일본국민이 결정적인 영향력을 지니고 있는 경우들이 이에 해당할 것이다. 이에 따라 만주국 법인도 처분대상이 되는 것이다.

하지만 연합국 중에는 일본의 해외재산을 이미 처분해버린 국가가 있다.

소련은 만주에 있던 일본의 공업시설을 가져갔지만, 소련은 이것을 전리품이라고 하여 배상으로 처리할 생각이 없다. 중국(국민정부)은 종전된 해의 10월에 "일교재산처리변법(日僑財産處理弁法)"을 공포하여 중국에 있는 일본인의 재산을 몰수했다. 중국은 이번 평화조약에 서명하지 않았지만, 제14조(a)의 이익을 취득하므로(제21조), 이러한 조치는 추인된 것이다. 그 외의 연합국도 전쟁계속 중 또는 종전 후 일본재산에 대하여 다음과 같은 관리조치를 취하고 있다.

1. 미국: 1942년 3월 11일, 대통령은 "대적거래법"(1917.10.6. 제정, 1941.12.18.의 제1차 전시권한법으로 수정)에 따라 행정명령 제90호를 공포하여 미국에 있는 일본 및 일본국민의 모든 재산을 접수하는 권한을 사법성의 외국인재산관리국에 부여했다. 그러나 실제로 외국인재산관리국이 접수한 것은 1941년 12월 7일 이후 일본에 거주한 자 또는 미국에서 위험적국인으로 체포 및 감금된 자의 재산뿐이며, 전쟁 중에도 계속해서 거주하는 것이 허용된 재미 일본인의 재산에 대해서는 그러한 조치를 적용하지 않았다. 종전 후 "대적거래법"은 2회(1946년 3월 8일과 8월 8일)에 걸쳐서 개정되었으며, 전쟁 중 미국 또는 다른 연합국에 거주하는 것이 허용된 적국인 및 이에 준하는 일정범위의 적국인에 대해서는 접수한 재산을 반환하는 것이 성문화되었다. 또 1946년 12월 31일, 외국인재산관리국은 일본 및 일본국민과의 통상재개를 위해 "대적거래법"에 따른 일반 허가를 공포하고, 이날 이후 정당하게 일본인의 소유로 귀속된 재산은 접수대상으로 삼지 않는 것으로 했다.
2. 영국본국: 불명
3. 네덜란드: 일본인의 재산은 적성을 지닌 것으로 간주하여 소유자의 주소와 관계없이 정부로 이전되었다. 재산 처분은 법률에 따라 이루어질 것이지만 현재는 행정사무국이 관리하고 있다.
4. 노르웨이: "적산령" 제1항에 따라 일본은 적국으로 취급되며, 일본인의 재산은 소유자의 주소와 관계없이 적산으로 몰수되었다.
5. 덴마크: 1946년 3월 30일 법률 제132호(1948년 6월 9일 법률 제263호로 수정)에 따라 같은 날 현재 덴마크에 있던 모든 일본과 독일의 재산은 소유자의 주소와 관계없이 공사를 불문하고 몰수되었다.

6. 스위스: 스위스와 일본 간의 지급결제를 위한 임시조치를 정하는 "연방의회령"(1945년 8월 14일, 1945년 11월 30일)에 따라 스위스로부터 (가) 일본, (나) 재외일본인, (다) 외국에 지점을 가진 법인으로 일본과 이해관계를 지니는 자에 대한 지급을 스위스 국립은행에 지급할 필요가 있다. 또 스위스에 있는 일본자산신고 의무를 정하는 "연방의회령"(1945년 10월 2일, 1945년 11월 30일)에 따라 일본 재산은 신고할 필요가 있다.
7. 스페인: 일본 재산이 없음
8. 포르투갈: 독일재산에 관한 1945년 5월 14일 법률 제34,600호가 1945년 8월 15일에 일본재산에도 확장 적용되어 (1) 일본재산의 이전 및 명의변경은 금지되고, (2) 재산, 유가증권은 신고할 필요가 있고, (3) 포르투갈과 일본 간의 수출입은 허가가 필요한 것으로 되었다.
9. 필리핀: 미국의 "대적거래법" 및 미국 대통령 집행명령 제9,788호, 제9,789호, 제9,818호는 필리핀에 있는 적국 재산에도 적용되어(1946.7.2., 8.10. 필리핀-미국 간 각서교환), 이들 재산은 미국 정부기관인 필리핀 정부에게 명목적 대가로 이전되었다.
10. 인도: 적산으로 접수된 일본인 재산의 대부분은 청산되었으면 이익금은 관리인이 보관하고 있다.
11. 호주: "국가보안(적산)령"에 따라 공유재산은 정부에 귀속시키고 일본 또는 적국에 있는 일본인의 재산은 관리 조치를 받고 있다.
12. 캐나다: 불명
13. 도미니카: 1941년 12월 11일 법률 제1,366호에 따라 주축 재산은 동결되고 거래도 금지되었다. 그러나 실제로는 부동산은 금지되지 않았으며, 금융 및 상업재산만 동결된 후에 청산되었다.
14. 쿠바: "적산취급일반규칙"(1941년 12월 12일 법령 제3,343호)에는 저촉되지만, 일본인 재산에 대해서는 어떠한 조치도 취해지지 않았다.
15. 파나마: 1946년 8월 8일 법률 제41호에 따라 일본인 소유의 현금 190,000달러와 8,000달러 상당의 부동산이 유치되어 있다.
16. 콜롬비아: 1942년 법률 제59호, 제147호에 따라 일본인 재산은 신탁관리제의 적용을 받아 공화국 은행안정기금에 산입되었지만, 1945년 법률 제39호에 따라 독일의 권익과 관계없는 일본인 기업은 신탁제의 적용을 받지 않게 되어 1947년 2월 28일 재무성령으로 반환되었다.
17. 베네수엘라; 1941년 12월의 2법령에 따라 적국의 공사(公私)자금 동결자금관리

인 임명, 자금의 국채투자, 공공의 이익 및 보조금 지급을 위한 자금지출 권능이 부여되었지만, 1946년 2월 13일 법령에 따라 독일과 일본의 재산은 국가기본재산에 귀속되어, (1) 베네수엘라인의 전쟁피해보상, (2) 전쟁으로 인한 특별지출의 손해보전, (3) 독일과 일본의 침략 희생자 구제자금에 충당되었다.

18. 과테말라: 1949년 7월 13일 포고 제630호에 해당하는 일본재산은 없음
19. 니카라과: 적국인 재산은 일반적으로 동결 후에 관리재산자문위원회의 관리를 받게 되었다. 니카라과에 있는 유일한 일본인 상사인 미쓰이 물산의 재산은 몰수한 후에 국방공채로 전환되었지만, 미쓰이 물산이 해당인 명부에서 삭제되었으므로 현재는 국립은행에 기탁되어 있다.
20. 칠레: 일본재산은 칠레 추축국 및 신추축국 재산경제관리위원회의 관리를 받고 있다.
21. 브라질: 1942년 3.11일 법률 제4,111호에 따라 관리조치를 받고 있었지만, 1950년 11월 4일 "독일 · 일본재산 동결 해제법"에 따라 같은 날까지 브라질에 주소를 가지고 있던 일본인(법인을 포함)의 재산은 반환되었으며, 브라질 국외에 주소를 가지고 있는 일본인의 재산은 계속해서 위의 법률의 적용을 받아 평화조약 또는 일본과의 특별조약에 따라 최종적인 처분을 결정하기로 되었다.
22. 페루: 전쟁발발과 동시에 일본인의 은행예금 지급을 금지하여 일본인 기업은 힘든 지경에 빠져 폐쇄하는 기업이 속출했지만, 페루정부는 이들 폐쇄 기업을 청산하고 그 자금을 동결했을 뿐만 아니라, 나아가 필요하다고 인정되는 경우에는 일본인 기업의 강제수용을 실시하고 그 자금도 동결했다. 페루정부는 이 동결자금 관리를 위해 재무부 관할 하에 경제통제국을 설치하고 자금인출을 엄중하게 단속했다. 종전 후 페루정부는 최종손해보상과 전비충당을 이유로 지급을 극도로 제한하고 있다.

이들 재산은 장래 배상 대상으로 충당될 것으로 보아야 할 것이지만, 연합국 중에는 칠레, 페루, 멕시코 등과 같이 이렇게 관리해 온 재산의 일부분을 이미 특수한 목적으로 처분해버린 국가도 있다. 영미초안에서는 배상대상이 되는 일본의 해외재산에 관해서 "조약이 발효되었을 때, 연합국에 있는 재산, 권리 및 이익"이라고 규정하고 있을 뿐이므로, 그 중에는 이미 처분이 끝난 것은 포함되지 않는다. 따라서 8월 13일의 수정으로 연합국이

처분 가능한 재산, 권리 및 이익 중에 현재 봉쇄되어 있는 것, 또는 연합국의 적산관리국의 점유물, 혹은 관리를 받고 있는 것 이외에 소속이 변경된 것도 포함하게 되었다.

전쟁으로 인한 실질적인 피해를 입지 않은 중남미 각국은 배상을 요구할 이유가 없는 것이지만, 그럼에도 불구하고 이러한 처분을 인정한 것은 반공진영을 강화하려는 목적으로 가능한 많은 국가를 대일평화조약에 참가시키기 위해 미끼로 던져준 것이 아닐까? 뒤에서 밝히는 것처럼 베르사유 조약의 서명국으로 배상금을 받지 않은 국가로 인한 독일재산 처분은 비독일화라는 목적으로 청산되었지만, 일본의 경우에는 제16조의 대상이 되는 재산이 동등한 가치의 물건을 넘겨주는 것으로 청산을 면제받기로 되어 있는 것과 비교한다면 가치적인 면에서 비일본화의 의미를 지니고 있지 않은 것으로 생각된다.

이처럼 대일평화조약은 각 연합국이 관할하고 있는 일본의 재산을 처분할 권리를 원칙적으로 인정하고 있지만, 다음과 같은 재산은 처분대상에서 제외하기로 했다.

(i) 전쟁 중 연합국 정부의 허가를 얻어 연합국 영역에 거주한 일본인의 재산, 단 "전쟁 중에 제한을 받았으며, 평화조약의 최초 효력발생 일에 제한이 해제되지 않는 재산을 제외 한다"고 되어있다. 따라서 페루처럼 현재까지도 재류중인 일본인의 재산 동결을 해제하지 않는 국가는 조약의 발효 일까지 동결을 계속할 가능성이 크다.

(ii) 대 · 공사관과 영사관의 재산 및 직원 재산.

(iii) 종교단체 또는 민간자선단체의 재산.

(iv) 종전 후 연합국과 일본 간의 무역 및 금융관계가 재개된 결과 발생한 재산.

(v) 일본 통화로 표시된 일본 정부나 일본국민의 채무, 일본 국내에 있는 재산에 관한 권리, 일본법에 따라 조직된 기업 관련 이익 또는 이와 관련된 증서. 예를 들어 재산 자체는 일본에 있지만, 그 권리 및 채무에 관한 계약증서 또는 채권 등이 외국에 있는 경우가 이에 해당한다.

이 재산들은 연합국이 관리 및 보존을 위해 소요된 비용을 공제하고 반환하기로 되어 있으며, 이미 이를 청산했을 경우에는 그 매도차익금을 반환하게 되어 있다. 이러한 재산처분에서 제외되는 것은 이탈리아평화조약(제79조)에도 기재되어 있지만, 이탈리아의 경우에는 문학 및 미술의 저작권이 처분대상에서 명확하게 제외되어 있다. 이에 비해 일본의 경우는 별도 항목으로 일본의 상표와 문학 및 미술의 저작권을 각국의 일반적인 상황이 허용하는 한 일본에 유리하게 취급한다고 한 것에 불과하다(제14조(a)2(ⅴ)).

대일평화조약과 이탈리아평화조약의 해외재산 처분에 관한 규정을 비교해 보면 그 외의 다른 점에서 더욱 중요한 차이가 있다. 이탈리아평화조약에서 연합국은 이탈리아에 대한 청구권의 범위 내에서 관할 하에 있는 이탈리아 재산을 처분할 수 있지만, 청구권 금액을 초과하는 이탈리아의 재산 또는 매도이익금은 이탈리아에 반환하여야 한다고 하고 있다(제79조 제1항). 이와 같은 연합국이 몰수한 적국의 해외재산에서 청구권 금액을 빼고 청산하는 규정이 대일평화조약에는 없다.

제2차 세계대전 중에는 전쟁말기에 일본에 대해 선전포고만 했을 뿐 전투에 참가하지 않은 나라가 상당히 많다. 거기에는 여러 가지 이유가 있을 것이지만, 1945년 4월 25일에 샌프란시스코에서 개최된 국제연합 설립에 관한 회의에 참석하기 위해서는 3월 1일까지 독일 또는 일본에 대한 선전포고를 해야만 했던 것이 가장 큰 이유로 생각된다. 이 나라들은 전쟁으로 인한 피해를 거의 입지 않았음에도 불구하고 조약에서는 전쟁으로 인해 큰 피해를 입은 국가와 마찬가지로 일본의 재산을 처분할 권리를 부여하고 있다.

베르사유 조약에서는 폴란드, 세르보크로아트슬로비누(훗날의 유고슬라비아), 체코슬로바키아 등의 전후에 새로이 탄생한 국가나 라틴 아메리카의 각 국가처럼 독일이 실시하는 배상지급의 분배를 공유할 권리를 지니고 있지 않던 국가에 대해서도 그 영역 내에 있는 독일재산을 청산할 수 있는 권리가 주어졌다. 이것은 독일의 경제력을 구축하는 것을 목적으로 한 것으로서, 배상청구 권리를 충족하기 위한 청산을 "배상청산"이라고 한다면, 이것은 "비독일화청산"이라고 할 수 있을 것이다. 그러나 베르사유 조약조차도 이러한 "비독일화청산"을 실시한 경우에는 청산잔액을 직접 소유자에게 지급하도록 규정하고 있다(제297조 (아) 제2호 제2항). 이에 반해 일본의 경우는 목적 여하를 불문하고 연합국에 있는 재산을 송두리째 압류시킬 가능성이 있는 것으로 전례가 없는 가혹한 조치이다. 연합국에 있는 재산이 이미 이와 같지만. 더 가혹한 것은 중립국과 추축국에 있는 재산의 처분이다.

(2) 중립국과 추축국에 있는 재산

또한 대일평화조약에서는 중립국 및 연합국과 전쟁을 했던 나라에 있는 일본의 재산을 일본의 포로가 된 사람이 당한 부당한 고통에 대한 보상으로 국제적십자위원회[6]에 인도하도록 규정하고 있다(제16조). 이 조항은 전쟁

---

6) 국제적십자위원회는 1863년 2월 9일에 창립되어 현재 회원은 25명이다. 회장은 막스 휴벨(전 국제사법재판소 소장)이며, 회원은 모두 스위스 인이다.
제네바 출신의 앙리 듀난은 1859년 이탈리아 전쟁 당시 공교롭게도 솔페리노 전투를 목격하고 전장의 비참함에 충격을 받아 1862년 '솔페리노의 추억'이라는 제목의 인도주의에 대한 책자를 저술하고 여러 방면으로 지원을 요청했다. 그 결과 제네바의 자선단체 중의 하나인 '공익협회'가 이 주장을 받아들였으며, 회장인 규스터 베모아니에를 비롯하여 듀플 장군, 루이 아비아 박사, 디오돌 모노알, 그 외에 듀난을 포함한 다섯 사람이 1863년 제네바에 '구제위원회(또는 별칭 '5인위원회')'를 설치했다. 이것이 훗날 국제적십자위원회가 되었다. 목적은 각국의 전쟁으로 인한 상이군인에 대한 특별구제조직(즉 각 국가 별 적십자사)을 설치하도록 요청하는 것이다.
국제위원회는 1864년의 프러시아 · 덴마크 전쟁, 1870년의 보불전쟁, 1877년의 러시아 · 터키 전쟁, 1912년의 제1차 발칸전쟁 등에 출동하여 상이군인들의 구호 및 정보교환 활동을 했다. 그리고 제1차 세계대전 당시에는 제네바에 국제사무국을 설치하였으며, 이 때 처음으로 종래의 전쟁으로 인한 상이군인의 구호는 각국 적십자사에 맡기고, 국제위원회는 주로 포로에 대한 정보교환과 구호를 담당하게 되었다. 전시 중에 약 700만 통의 통신을 취급했으며, 또 대표자를 각국에 파견하여 포로수용소를 시찰하도록 했다.
이번 전쟁에서는 제네바에 "전쟁포로 중앙사무국"을 마련하고 주로 포로와 가족 간의 통신교환, 위생의료품 · 위문품의 수송배달, 수용소 방문 외에, 일반 억류자들에 대한

중에 일본에게 포로로서 고통을 겪은 사람에 대한 손해보상을 요구하는 목소리가 일부 연합국 사이에 강력하게 제기되었기 때문에 영미초안 작성 이후부터 들어가게 된 것이다. 이탈리아평화조약은 구 추축국인 루마니아, 불가리아, 헝가리에 있는 이탈리아의 재산은 소련에 대한 배상의 일부로 넘겨주도록 규정하고 있다. 이것은 당시 이 국가들이 소련의 점령하에 있었기 때문에 소련에 있는 재산과 같은 취급을 받은 것으로 중립국 및 다른 추축국에 있던 이탈리아의 재산은 연합국에 넘어가지 않았다. 독일과 관련해서는 미국과 영국, 프랑스의 세 나라가 점령국 자격으로 스위스(1946.5.25.), 스웨덴(1946.7.18.)과 독일 재산의 청산에 관한 협정을 맺었다. 이 협정에 따라 스위스와 스웨덴은 각각 자기나라에 있는 독일 재산을 청산하게 되었지만, 그 청산대금은 유럽의 전쟁부흥 및 난민구제를 위해 사용되었다. 비 서명국가에 있는 재산의 처분과 관련해서 일본과 독일의 중요한 차이점은 다음과 같이 요약할 수 있다.

(가) 일본의 경우에는 포로를 학대한 것에 대한 보상이라는 측면에 목적이 있어서 일종의 배상청산으로 간주할 수 있지만, 독일의 경우에는 스위스 및 스웨덴이 독일과 가까운 중립국으로 막대한 자본이 그곳으로 도피되었다는 사실 때문에 앞의 세 나라가 이것을 배상으로 충당하려고 했지만, 주로 스위스의 반대로 인해 그 청산대금이 유럽부흥 및 구제를 위해 사용되었다.

(나) 독일의 경우에는 연합국과의 협정에 따라 중립국 스스로 재산의 청산을 실시했지만, 일본의 경우는 비 서명국에 있는 재산을 국제적십자위원회에 넘겨주고, 뿐만 아니라 연합국은 그와 관련해서 중립국과 교섭하는 번거로움이 발생하지 않도록 넘겨줄 의무를 일본에게 부과하고 있다.

그런데 비 서명국에 있는 일본의 재산 중에 일부는 정부의 재산만 있는

뒷바라지도 처음으로 실시했다.
참고로 국제적십자위원회와 각국의 적십자사가 연합해서 만든 적십자연맹과는 다른 기관이다. 적십자연맹은 1919년에 미국이 주창해서 만든 것으로 본부가 파리에 있다.

것이 아니라 국민의 사유재산도 있기 때문에 일본 정부가 국제적십자위원회에 재산 인도 의무를 이행하기에 앞서 사유재산을 수용하기 위한 입법조치를 마련할 필요가 있다. 다음으로 앞에서 언급한 정부재산 및 사유재산은 일본 정부의 권력이 미치지 않는 곳에 있기 때문에, 일본 정부는 미리 중립국이나 구 추축국에 이러한 재산의 이전을 방해하거나 제한하지 않도록 교섭을 해야 한다. 그 과정에서 만약 상대국이 교섭에 응하지 않는다면 그 재산을 국제적십자위원회에 전달할 수 없게 된다. 평화조약은 그런 사태가 발생할 수 있다는 것을 예상하고, "일본이 선택할 경우에는 이러한 자산과 동등한 가치의 물건을 국제적십자위원회에게 양도해야 한다"고 규정하고 있다. 물론 일본은 중립국이 인도를 방해하지 않는 경우에도 대체물을 전달하는 것으로 처리할 수 있지만, 이 규정이 마련된 것은 독일의 재산을 넘겨주는 과정에서 문제가 있었던 것이 원인이 아닐까라고 생각된다.

중립국에 있는 일본의 재산 중에는 일본의 9개 민간은행[7]이 출자한

[7] 1929년 9월 1일부터 도즈 방안(1924.9.1. 실시) 대신에 실시된 영의 대독배상계획은 "대독배상문제의 최종적 해결을 도모하는 것을 목적으로 하는 것으로 이 방안에 따라 (가) 배상금총액과 지급기간의 설정, (나) 연차배상금의 대폭 감액, (다) 연차지급금의 무조건 부분과 각 조건부 부분으로의 분할 및 무조건 부분의 증권화, (라) 일체의 정치적 관리 폐지 등이 실시되고, 이에 배상문제가 완전한 경제문제로 취급받게 되었다. 그 결과 각국 간의 배상 관련 업무를 취급하는 국제중앙은행을 설치할 필요가 발생했다. 이러한 요구에 따라 1930년 2월, 스위스 바젤에 국제결제은행이 설립되었다. 자본금은 5억 스위스프랑으로 이것을 20만 주로 나누어 4분의 1씩 불입하기로 했다. 따라서 1주는 2,500스위스프랑, 불입된 자본금은 1억 2,500만 스위스프랑이었다. 주식은 각국의 중앙은행 또는 특정 은행단이 인수했으나, 창립자인 일본, 영국, 미국, 프랑스, 이탈리아, 벨기에, 독일의 7개국이 총 자본금의 56% 이상을 동일한 금액으로 거출하고, 잔액은 공모하기로 했다. 여기에 응모할 수 있는 국가는 배상문제에 이해관계가 있으며, 또 실질적인 금본위제를 시행하고 있는 국가로 한정되었는데, 국가 수가 20개국 이상이 되었다. 주주총회에서의 표결권은 64%를 창립국이며 또 대주주인 7개국이 장악했다. 처음에 이 은행의 주요업무는 배상금 수령, 분배, 증권화 외에 각국의 중앙은행 계정으로 각종 금 거래를 수행하여 금의 현물수송이라는 헛수고를 폐지하는 것이었다. 하지만 히틀러 정부가 대두하여 배상문제에 장애가 초래되었으며, 나아가 전쟁발발로 인해 국제금융에 관한 각국 중앙은행 간의 통로로

19,770주의 국제결제은행 주식이 있다. 하지만 이것은 대상에서 제외된다. 일본은 국제결제은행에 관한 조약 및 정관에 따른 권리, 권원 및 이익을 모두 포기하기로 되어 있지만(제8조), 민간은행이 출자한 주식은 국제적십자위원회에 인계할 재산에서 제외되며, 이사단이 액면가격으로 매입하도록 되어 있다. 따라서 일본의 10개 은행은 출자금을 환불받게 되지만, 이 은행들 중에는 요코하마정금은행처럼 폐쇄기관으로 지정된 은행도 있으며, 다른 은행도 1946년 8월의 전시보상 중단에 따라 시행된 '금융기관재건정비법'에 의해 이미 구 계정의 정리를 완료했기 때문에, 향후 이 환불금의 처리 방법과 관련해서 문제가 발생할 것이다.

베르사유 조약(제297조(자)), 이탈리아평화조약(제74조 마), 독일재산에 관한 연합국 스웨덴 간의 협정(제3항) 및 스위스 간의 협정(제1조 제2항) 등은 배상목적을 위해 해외재산을 압류당한 국민에게 해당국 정부가 국내통화로 보상할 의무를 부과하고 있지만, 대일평화조약에서는 이 점에 대한 언급이 전혀 없다. 일본 정부는 중간배상계획의 대상으로 지정되어 기능이 중지된 민간공장이나 해외에 재산을 소유하고 있던 개인고객 및 기업에 대해 아직 손실보상을 실시하고 있지 않으며, 또 향후 보상을 할 것인지도 태도를 분명하게 보이고 있지 않다. 다만 재외공관 차입금(종전 직후에 재

서의 역할도 사실상 중지되었다. 그러나 제2차 세계대전 종전 후에 이 은행은 유럽 각국 간의 결제기구로 또 다시 중요한 역할을 수행하게 되며, 몇 차례의 지불결제협정에서도 결제대리기관이 되었다. 일본은 전쟁 전과 전쟁 중에 이 은행에 이사를 파견하였으며, 출자금에도 손을 대지 않고 있었지만, 평화조약으로 이 은행에 대한 이사선출권 및 출자권, 영 방안으로 인한 대독배상청구권 등을 포기하게 되었다. 참고로 국제결제은행 창립 당시 일본의 출자은행은 14개 은행(일본흥업은행, 요코하마 정금은행, 미쓰이 은행, 미쓰비시 은행, 스미토모 은행, 야스다 은행, 노무라 은행, 다이이치 은행, 가와사키 제100은행, 아이치 은행, 나고야 은행, 고이케 은행, 야마구치 은행, 34은행)이었다. 하지만 그 후 은행 합병으로 인해 일본흥업은행, 요코하마 정금 은행, 구 제국은행, 미쓰비시 은행, 스미토모 은행, 산와 은행, 도카이 은행, 노무라 은행, 야스다 은행의 9개 은행이 되었다.

외공관, 주로 중국에 있는 영사관의 거류민으로부터의 차입금)에 대해서는 일정한도에서 상환하게 되었지만, 그것과의 균형을 위해 해외재산의 손실에 대해서도 어느 정도의 보상을 요구하는 목소리가 향후 상당히 강력하게 대두될 것이다. 그러나 정부는 이미 국내에서 전시 보상을 중단했기 때문에 해외재산에 대한 손실보상 문제는 그것과의 균형도 고려한 공정한 조치를 마련해야 한다. 어쨌든 대일평화조약이 국내 보상에 대해 전혀 언급하고 있지 않은 것은 이것을 국내 문제로 해결하게 하려는 의도에 따른 것으로 보이지만, 해결은 좀처럼 쉽지 않을 것이다. 만일 일본 정부가 손실보상을 약속한다 하더라도 현재의 재정 상태에서 어느 정도까지 이행이 가능할 수 있을지 의문이다. 무리를 해서라도 만족스러운 보상을 하려고 하면 통화 추가발행 또는 조세 추가징수 외에는 방법이 없으며, 그 결과 오히려 대부분의 국민의 경제생활은 악화될 것이다.

5. 연합국의 대일청구권 포기

연합국의 대일청구권과 관련해서는 이 조약에 별도로 규정한 것이 있는 경우를 제외하고 연합국은 모든 배상청구권과 전쟁 수행 중에 일본 및 일본 국민이 한 행동으로 인해 발생한 연합국 및 연합국 국민의 다른 청구권과 점령의 직접군사비와 관련된 청구권을 포기하기로 규정되어 있다(제14조(b)). 여기에서 말하는 별도의 규정이란 제14조(a)(배상), 제15조(연합국 재산 반환), 제16조(중립국 및 구 추축국에 있는 일본 재산의 처분), 제17조(일본의 포로심문소에 대한 검정, 또는 명령, 통상재판소 판결의 재심사), 제18조(a)(전쟁 전의 책무)의 각 조항이 이에 해당된다. 또 여기에서 말하는 점령의 직접군사비 중에는 미국의 대일원조비와 같은 점령 간접군사비는 포함되지 않는다는 해석을 정부가 내리고 있다(외무성 정보부, 「일본과의 평화조약초안의 해석」, 25쪽 참조).

종전 후 미국의 대일원조비로 실시되어 왔던 일본에 대한 물자 및 신용의 제공이 대여인지 증여인지에 대해서는 지금까지 일본 국회에서도 종종 논의되어 왔지만, 정부는 항상 확정되지 않은 문제라는 답변을 해왔다. 그러나 1949년 4월 10일에 체결된 「아와마루 청구권 처리를 위한 일본 정부 및 미국 정부 간의 협정」에서는 합의사항으로 "점령비 및 일본이 항복한 때부터 미국 정부에 의해 일본에 제공된 차관과 신용은 일본이 미국 정부에 빚진 유효한 채무이며, 이러한 채무는 미국 정부의 결정에 의해서만 감액할 수 있는 것이다"라고 확인하고 있다. 또 1951년 3월 31일, 덜레스 씨는 휘티어대학 연설에서 미국의 대일경제원조에 대해 다음과 같이 말했다.

> "미국은 점령 개시 이후 일본 국내의 사회 불안과 경제 불안을 방지하기 위해 구제비용과 경제원조비용으로 약 20억 달러를 지원했다. 이것은 미국이 이 문제와 주요 점령국으로서의 책임을 얼마나 진지하게 생각하고 있는지를 여실히 보여주는 것이다. 그러나 미국은 점령 종결 후에도 무기한으로 이러한 경제 원조를 계속할 생각이 없다. (중략) 사실 미국은 전후 미국의 대일채권이 어느 정도 우선적인 취급을 받을 것이라고 우리들은 생각한다."

"우선적인 취급을 받을 것이라고 생각한다"는 것이 구체적으로 무엇을 의미하는지 명확하지는 않지만, 여기서 덜레스 씨가 대일원조비용을 대여로 생각하고 있다는 것은 분명하다. 또한 평화조약의 서명을 마치고 귀국한 이케다 재무장관은 1951년 9월 14일의 기자 회견에서 "대일원조비용이 채무인 것은 이번에 닷지 씨와 미국 정부 당국자와의 회담에서도 재확인되었다. 따라서 상환해야 되는 것이지만, 내년도 예산으로 즉시 상환할 것인지 여부는 검토가 필요하다"고 했다(1951년 9월 15일, 마이니치신문).

이상과 같이 대일원조비용이 일본의 부채로 간주되고 있는 것은 분명하지만, 평화조약은 이 채무에 대하여 어떻게 규정하고 있는 것일까? 제14조(a)에서는 일본이 존립 가능한 경제를 유지해 가려면 완전한 배상을 실시하는 동시에 다른 채무를 이행하기 위해서는 현재 일본의 자원이 부족하다는 것을 인정하고 있다. 이 "다른 채무"에 원조비용도 포함되어있는 것으로 보인다. 만약 그렇다면 현재의 일본경제는 연합국이 만족하는 배상을 이행하는 동시에 대일원조비용의 채무를 갚을 능력이 없는 것으로 일단 인정받고 있는 셈이다. 그러나 이 경우 배상을 완전하게 이행하지 아니한다면 대일원조비용의 상환이 가능하다고 보고 있는 것인지, 혹은 배상의 이행과 대일원조비용의 상환 중에 어느 쪽을 우선적으로 이행해야 하는 것으로 보고 있는 것인지에 대한 의문이 여전히 남는다.

이와 관련해서 미일 양국의 정부는 아직 아무런 발표가 없다. 하지만 마이니치신문의 사쿠라 특파원은 다음과 같이 매우 의미 있는 통신을 보내오고 있다(1951년 9월 25일, 마이니치신문).

> "미국 정부가 중요하게 생각하고 있는 것은 대일원조비용과 배상의 처리문제이다. 이것은 일본이 놓여 있는 국제환경을 고려하면 미국으로서는 당연한 일일 것이다. 강화회의에서는 배상과 관련해서 많은 국가들의 불만이 있었다. 미국이 힘으로 불만을 누르고 평화회의를 성립시킨 것이다. 미국 정부는 그에 대한 의무가 있다. 미국은 대일원조비용이 일본의 우선적인 부채라고 하여 배상요구를 어느 정도 억제시킨 것이므로 일본이 이것을 확인해주지 않으면 배상을 강력하게 요구하는 국가들은 인정하지 않을 것이며, 미국의 입장도 난처해진다. 이케다 재무장관이 귀국 후의 기자회견에서 이것을 확인한 것은 미국의 입장을 잘 고려한 것이다. 무엇보다 대일원조비용이 우선적인 부채임을 확인해주면서도 거치 기간과 지불기간을 길게 하여 일본경제에 큰 부담이 가지 않도록 할 수는 있을 것이다. 이러한 기술적인 협상은 향후의 큰 문제이지만 미국도 배려를 잘 해주고 있으므로 오히려 대일원조비용 처리가 배상요구에 대한 방패가 될 수 있을 것이라고도 할 수 있다."

제10장 연합국 재산의 반환

1. 일본 소재 연합국 재산의 반환

앞에서 언급한 바와 같이 외국에 있는 일본의 재산은 배상을 위해 충당되지만, 일본이 전쟁 중에 접수한 일본 소재 연합국의 재산은 모두 반환하여야 한다. 대일평화조약에 따르면 태평양 전쟁이 시작된 1941년 12월 7일부터 일본이 항복문서에 서명한 1945년 9월 2일에 이르는 사이의 어느 시기에 일본 국내에 있던 것으로, 조약 발효 후 9개월 이내에 신청이 있는 경우에는 일본은 그 신청일로부터 6개월 이내에 반환해야 한다고 규정하고 있다(제15조(a)). 여기에서 말하는 연합국 재산이라는 것은 각 연합국 및 그 국민의 재산으로 동산, 부동산, 지적재산, 권리, 이익을 포함한다. 또한 "일본에 있던 재산"이라 함은 평화 조약에 의해 확정된 일본 영역에 있던 것을 말하는 것이므로, 구 영토에 있던 것과 관련해서는 제4조(a)에서 "제2조에 규정된 지역(조선, 대만 및 팽호열도, 쿠릴열도 및 남사할린, 남양 군도의 구 위임통치지역)에 있는 연합국 또는 그 국민의 재산은 아직 반환되지 않고 있는 한 행정당국이 현재 상태로 반환하여야 한다"고 규정하고 있다. 영미초안에서는 "제2조 및 제3조에 규정된 지역"이라고 되어 있지만, 8월 13일의 수정에서 제3조에 규정된 지역(난세이 제도 및 남방 제도)이 빠진 것에 주목할 필요가 있다.

일본에 있는 연합국 재산을 반환할 때 그 소유자가 강박이나 사기가 아닌 자유의사로 그 재산을 처분한 경우에는 그것을 반환할 의무가 없다. 그러나 연합국의 재산이 전쟁 등으로 인해 소멸되어 반환할 수 없거나 또는 손상 혹은 손해를 입은 경우에는 1950년 7월 13일의 각의결정 '연합국 재산 보상 법안'이 정한 조건보다 불리하지 아니한 조건으로 보상하도록 결정되어 있다. 이탈리아평화조약(제78조 제4항의 가)에서는 이러한 경우에 손해보상에 필요한 금액의 3분의 2를 보상하는 것을 조약문 자체에서 규정하고 있지만, 대일평화조약에서는 보상 틀을 결정하지 않고 일본의 국내법에 일임하는 방법을 취했다. '연합국 재산 보상 법안'은 사전에 연합국 측의 승인을 받은 것으로 보이지만 국회는 1951년 11월 2일에 이것을 그대로 채택했다. 이처럼 행정부가 입법부의 권한을 침범한 것은 문제이며, 조약문 자체에 규정하는 것이 힘들다면 조약의 부속서로 작성해야 하는 것이 아니었을까?

이 동법의 요지는 다음과 같다.

(가) 보상 대상이 되는 재산의 범위

우선 제1조에서는 "이 법은 연합국과의 사이의 평화 회복에 수반하여 연합국 또는 연합국 국민이 본국 내에 소유하고 있던 재산에 대하여 전쟁의 결과로 발생한 손해에 대하여 보상할 것을 목적으로 한다"고 하고 있다. 하지만 제2조에서는 이 법률에서 말하는 "연합국"이란 대일평화조약 제25조에 규정된 연합국과 같은 의미라고 하고 있기 때문에, 대일평화조약의 비 당사국인 연합국의 재산에 대해서는 일단 보상하지 않는 결과가 되며, 따라서 그것은 장래 2국 간의 평화조약이 체결될 경우에 결정되어야 한다. 또한 같은 조 제3항에서는 "본국이란 평화조약으로 일본의 주권이 회복되는 지역을 가리킨다"라며, 일본에서 분리되는 지역에 있는 연합국 재산에 대해 언급하지 않고 있는 것에 주목해야 한다(이탈리아평화조약 제78조 제7항에서는 구 영토에 있는 연합국 재산이 입은 손실에 대해서도 보상 책임을 지게 되어 있었다).

제4조에서는 일본이 보상해야 할 손해는 (1)전투행위에 기인하는 것, (2)전시 특별

조치, 기타 일본 정부 또는 그 대리기관의 조치에 기인한 것, (3) 해당 재산의 관리자 또는 소지인이 선량한 관리를 게을리 한 것에 기인한 것, (4) 연합국 국민이 전쟁으로 인해 해당 재산을 일본에서 보험에 들어 둘 수가 없었던 것에 기인한 것, (5) 점령군이 해당 재산을 사용한 기간 동안 발생한 그 사용에 기인하는 것을 포함하는 것으로 규정하고 있다. (1)의 "전투행위에 기인하는 손해"와 관련해서는 어떠한 구체적인 해석 규정이 마련되어 있지 않으므로 일본군의 군사행동으로 인해 발생한 손해뿐만 아니라, 연합군의 군사행동(예를 들어 공습)에 의해 연합국 재산이 입은 손해에 대해서도 일본이 보상하여야 하는 것인지 아닌지에 대해 명확하지 않다. 일본 정부가 손해를 보상하는 연합국 국민의 재산에 대해서는 "해당 연합국 국민이 구 '적산관리법'에 의해 적국으로 고시된 국가에 소속된 경우 또는 해당 연합국 국민이 전시특별조치로 체포, 억류 및 구금되거나, 또는 소유재산을 압수, 처분, 혹은 매각 된 경우에 한한다"라고 별도로 규정되어 있으므로(제3조 제1항), 연합국의 재일 외교기관의 재산처럼 '적산관리법'의 적용을 받지 않고 이익보호국이 보관하고 있던 것이 공습 등으로 입은 손해는 보상대상에 포함되지 않는 것으로 해석해야만 할 것이다. 재일 연합국 대표부 중에 건물 수리를 이미 일본 정부에 요구하고 있는 경우도 있지만, 일본 정부가 의무가 아닌 국제사회 복귀를 위한 연합국의 호의를 획득하기 위해 그 요구에 응해주는 것은 고려할 수 있을 것이다.

(나) 손해금액의 산정

유체물, 용역물권 및 부동산 임차권, 금전채권, 공사채, 특허권, 상표권, 주식, 회사 등의 각 항목으로 나누어 각각의 손해액의 산정방법을 제시하고 있지만, 유체물에 대해서는 다음과 같이 규정하고 있다. 즉 "유체물로 반환된 것에 대해서 발생한 손해금액은 그 재산을 반환할 때의 상태를 개전 당시의 상태까지 회복하기 위해 보상 시에 필요한 금액으로 한다"라고 되어 있으며, "유체물인데 멸실되거나 현저한 손상이 발생했거나, 혹은 소재불명인 탓에 반환되지 않은 것에 대해서 발생한 손해액을 개전 당시의 상태의 그 재산과 동등한 재산을 구입하기 위해 보상 시에 필요한 금액"으로 한다고 되어 있다(제5조 제1항, 제2항). 다시 말하면 재취득가격 또는 원상회복에 필요한 금액에 상당하는 엔화로 지급해야만 하는 것으로 손해보상에 필요한 금액의 3분의 2를 보상하면 되는 이탈리아와 비교하면 이점에서 조건이 불리하다(이탈리아평화조약 제78조 참조).

(다) 보상금의 지불방법

매년 최고 한도를 정하여 합계금액이 한 회계연도에 100억 엔을 초과할 때는 그 초과액의 지불을 다음 회계연도로 이월할 수 있게 되어 있다(제19조). 이 점은 보상금의 지불이 일본의 재정에 큰 부담이 되지 않도록 하겠다는 연합국의 배려에 따라 결정된 것으로 보인다.

이상과 같이 '연합국 재산 보상법'의 내용에 관해서 언급했지만, 실제로 향후 일본이 반환 또는 손해배상을 해야 하는 연합국의 재산은 어느 정도일까? 일본 정부가 1941년 12월 12일에 공포한 '적산관리법'에 따라 압수한 연합국의 재산은 당시의 환율(1달러=4엔 26전 8리, 1파운드=17엔 14전 2리)로 환산하여 총 4억 5,800만 엔, 여기에서 부채를 제외하면 모두 3억 7,600만 엔이었다. 이처럼 일본이 적산으로 관리한 재산 중에 주요한 것을 예를 들면, 토지(120만 평) 3,940만 엔, 건물(13만 평) 2,619만 엔, 동산 1,811만 엔, 현금 86만 엔, 예금 233만 엔, 주식(341만 주) 1억 2,983만 엔, 공사채 3,600만 엔, 전화(가입권가격) 30만 엔, 상품 2,224만 엔, 기타 440만 엔, 채권 5,550만 엔 등이다. 물론 이것은 당시의 외환관리율로 환산한 가격으로, 현재의 환율(1달러=360엔, 1파운드=2달러 80센트)로 계산하면 엄청난 금액이 된다. 그러나 이러한 재산 중에는 전후에 여러 절차를 거쳐 이미 반환된 것도 상당히 있다. 즉, 1945년 9월 13일자 '연합국 및 추축국 재산의 보전'에 관한 총사령부 각서에 따른 대장성령 제80호 '연합국 재산 보전에 관한 건'(같은 달 26일 공포)에 따라 먼저 연합국 재산의 이동, 변경, 거래를 금지하고, 다음 해인 1946년 5월 6일자 '재일 연합국 재산의 반환 절차'에 관한 총사령부 각서에 따른 칙령 제295호 '연합국 재산의 반환 등에 관한 건'(같은 달 20일 공포)에 따라 관리재산을 원래 소유자에게 돌려주게 되었다. 이 두 개의 법률은 훗날 하나로 모으고 약간 보충하여 1951년 1월 22일에 공포된 정령 제6호 '연합국 재산의 반환에 관한 건'이 되었으며, 또 주식과 관련해서는 1949년 8월 18일에 별도로 정령 제310호 '연합국 재산인 주식의 회복에 관한 건'을 공포하여 전시와 전후의 증자에 따른 주식도 반환하게 되었다.

이러한 절차를 거쳐 이미 반환이 끝난 재산의 1951년 6월 말 현재의 상황은 대장성 조사에 따르면 다음과 같다. 즉 토지 664,000평, 지상권 28,000평, 임차권 20,000평, 건물 59,000평, 기타 동산, 지체화물, 전화가입권, 주식 등 상당한 정도에 이르러 있다고 한다. 이탈리아평화조약에 있는 약탈재산의 반환에 관한 규정(제75조)이 대일평화조약에 없는 것은 이러한 사정에 따른 것일 것이다. 이러한 상황을 감안한다면 향후 우리나라의 재정 부담과 관련해서 큰 문제가 될 것은 반환보다도 오히려 손해보상이라고 할 수 있을 것이다. 대장성 사무당국에서는 손해배상 총액을 약 270억 엔으로 추정하고 있는 것으로 알려져 있지만 배상액이 큰 것은 주식이 첫 번째이며, 다음으로 동산, 특허권, 예금, 채권 등의 순서가 된다. 하지만 이것은 단순계산이며 최종적으로 배상총액이 어느 정도가 될지는 향후 각국과의 교섭을 거쳐야만 한다.

(라) 배상청구 절차

배상청구권자는 평화조약 발효부터 18개월 이내에 소속 국가의 정부를 거쳐 일본 정부에게 배상금지급청구서를 제출하여야 한다(제15조).

2. 공업소유권

공업소유권은 지적재산의 범주에 속하는 것으로 특허권, 실용신안권, 의장권, 상표권, 상호권, 원산지표시권 등이 포함된다. 일본의 재외 공업소유권은 원칙적으로 일본의 일반재외재산에 대한 것과 동등한 취급을 받지만, 단지 상표에 대해서는 각국의 일반적인 사정이 허락하는 한 일본에 유리하게 취급된다(제14조(a)2(ⅴ)). 이탈리아평화조약에서는 이러한 상표의 사용에 관한 특별규정이 담겨져 있지 않다. 실제로 일본의 상표가 어떤 방식으로 유리하게 취급될지는 향후 연합국의 판단에 따라 결정될 문제이다.

베르사유 조약과 이탈리아평화조약에 담겨있는 적국의 공업소유권 처분에 관한 규정을 보면 연합국이 전시특별조치를 적용한 적국의 공업소유권을 다른 재산과 마찬가지로 배상의 원천으로 삼는 것 외에, 전후에 적국의 공업소유권 취득에 대해서도 제한을 부과하는 권리가 유보되어 있다. 예를 들어 베르사유 조약(제306조 제5항)에서는 조약의 효력발생 전에 독일이 연합국에 소유하고 있던 공업소유권을 처분할 수 있을 뿐만 아니라 조약발효 후에 독일이 취득한 공업소유권에 대해서도 연합국이 국방상 또는 공익상 필요하다고 인정하는 경우에는 상당한 보상금 또는 사용료를 지불한 후에 이를 제한할 수 있는 것으로 되어 있었다. 이탈리아평화조약(제79조 제4항)에서는 조약발효 후에 취득한 공업소유권은 제한 조치의 대상이 아니지만, 협약발효 전에 이탈리아가 연합국에서 취득한 공업소유권에 대해서는 국가적 이익을 위해 필요하다고 인정되는 한도, 조건 및 제한을 부과할 수 있는 것으로 되어 있다.

대일평화조약에서는 이러한 특별규정이 없지만, 일본이 외국에 특허권을 출원 · 등록하는 것은 이미 허가되어 있다. 이 경위를 간략하게 설명하면, 1947년 8월 6일에 먼저 미국이 일본인이나 독일인에 대한 특허출원의 재개를 인정하고 그 후 만국공업소유권보호동맹조약 가입국 대부분도 각각 그 국내법에 따라 이것을 인정하도록 되었다. 이러한 정세에 대응하여 총사령부도 1949년 5월 27일에 '특허출원'에 관한 각서를 공시하여 종전 이후 금지해 왔던 외국에 대한 특허출원을 처음으로 허가했다. 그 후 같은 해 7월 11일과 1950년 7월 1일의 2회에 걸쳐 특허권출원 절차에 관한 수정각서가 공시되었지만, 현재까지 이와 같이 지정된 절차에 따라 출원된 특허권은 총 110건이다. 이 중 허가된 것이 몇 건인지는 분명하지 않지만, 허가된 것은 향후 어떤 취급을 받는 것일까? 1947년 6월 5일에 미국이 공포한 '이탈리아, 불가리아, 헝가리, 루마니아와 각 평화조약 중의 특허권 실시 및 기타 목적을 위한 법률'의 제3절에 따르면 "독일 및 일본국민은 향후 자기의 발명에 대해서는 미국에서 특허법에 따라 특허를 출원하여 취득하고, 또한 그 특허에 관한 권리 및 특권을 향유할 수 있다. 하지만 이 발명과 관련한 특허는 향후 독일 또는 일본과 체결될 평화조약의 규정에 따라 의회 또는 대통령에 의해 규정되어질 존속기간, 취소, 사용, 양도 및 실시허락에 관한 조건 및 제한사항을 준수하여야 한다"고 규정하고 있다.

따라서 전후 일본이 취득한 특허권 중에는 앞으로 취소되거나, 양도를 강요받거나 존속기간이 단축되는 것도 있을 수 있는 셈이다. 그러나 실제로 그러한 제한조치를 강구해야만할 정도로 중요한 특허권의 취득이 이루어지고 있다고는 생각되지 않는다.

이상과 같이 일본의 재외 공업소유권에 대해 설명했다. 다음으로는 연합국의 공업재산권에 대해 어떠한 규정이 있는지 살펴보도록 한다.

전쟁 전 일본에서 조약(주로 만국공업소유권보호동맹조약)상의 보호를 받고 있던 연합국 국민 소유의 공업소유권은 개전과 함께 '공업소유권 전시법'(1917년 7월 21일)의 적용을 받아 국내에서 일반에게 공개되었다. 이 같은 조치는 종전 후 연합국에 대한 권리 침해로 간주되어 총사령부 지령에 따라 우선적으로 이러한 권리 침해를 모두 중지하고, 그와 함께 이러한 권리를 회복시키는 절차가 진행되었다. 즉, 1945년 9월 13일자 '연합국 및 추축국 재산의 보전' 및 9월 22일자 '금융거래의 통제'에 관한 총사령부 각서에 따라 연합국 국민에게 귀속되는 모든 지적재산권에 대하여 그 현황을 조사, 보고하는 한편 일본 정부도 이러한 재산권을 엄중하게 관리하고 무단처분을 금지하도록 명령했다. 이어서 1946년 7월 13일자 '특허, 실용신안, 의장 및 상표', 11월 30일자 '연합국 국민의 특허 및 저작권 사용료를 기반으로 하는 은행 예금', 12월 7일자 '연합국 특허, 실용신안, 의장, 상표 및 저작권 사용'에 관한 각종 각서를 발령하여, 개전 당시 및 그 이후에 연합국 국민이 소유했던 일본에 있던 지적재산권의 현황, 일본 내에서의 사용 현황, 사용료와 관련해서 취해진 조치 등에 대해 상세한 보고를 요구했다. 이렇게 하여 일본 정부는 연합국 국민에게 귀속되는 지적재산에 대하여 아무런 적극적인 조치를 취할 수 없게 되었지만, 1948년 9월 7일자 '특허권 등록' 및 10월 5일자 '상표권 등록'에 관한 각서에 따라 당시까지 일본 정부가 처리하는 것을 금지하고 있었던 외국인의 특허, 실용신안, 의장 및 상표권 등록신청이 일본의 특허법에 따라 처리할 수 있도록 허가되었으며, 이러한 신청에 대하여 만국공업소유권보호동맹조약이 규정한 우선권을 인정하도록 명령받았다. 또한 1949년에는 연합국 국민이 전쟁 중에 침해받은 재산권과 관련하여 원상회복 또는 보상을 요구할 수 있는 조치가 취해지게 되었다. 즉

4월 8일자 '특허, 실용신안 및 의장권의 연합국 국민에 대한 반환절차' 및 5월 16일자 '재일특허권의 연합국 국민에 대한 반환절차'에 관한 각서는 전쟁 중에 침해받은 이러한 재산권에 대한 이전 권리자의 회복요청을 인정하고, 피 침해기간 중의 부담을 면제하고, 그리고 전쟁 중에 경과된 기간을 전후로 연장하는 것 등을 상세하게 지시한 것이다.

한편, 상표권과 관련해서도 9월 9일자 각서로 거의 같은 내용의 원상회복조치가 실시된 것 외에 일본의 제조업자에 대해서 유사상표의 사용이 금지되었다. 이러한 각서에 따라 일본 정부는 포츠담정령 제309호 '연합국 국민의 공업소유권에 대한 전후 조치령'(1949년 9월 1일 시행), 정령 제9호 '연합국 국민의 상표권 전후 조치령'(1950년 2월 1일 시행), 정령 제12호 '외국인의 상호에 관한 임시조치령'(1950년 1월 28일 시행)을 공포하고 그 보전 및 원상회복조치를 강구했으나, 1951년 3월 1일자 총사령부 각서에 따라 회복될 특허권, 상표권 등의 범위가 더욱 확대되었기 때문에 이러한 정령들도 각각 개정되었다.

이처럼 연합국의 공업소유권과 관련해서는 이미 점령관리 기간에 보전 및 원상회복에 필요한 조치가 취해졌지만, 평화조약에서는 전쟁 중에 침해된 연합국 국민의 공업소유권에 대해서는 일본이 지금까지 위에서 언급한 3개의 정령(모두 개정된 현행의 정령)으로 부여한 것보다 불리하지 않은 이익을 부여해야만 한다고 규정하고 있다(제15조(b)).

3. 저작권

전쟁 전, 우리나라의 외국인 저작권에 대한 취급은 주로 베른 조약(제2차 개정 조약) 및 미일 조약에 따르고 있었지만, 전쟁 개시로 인해 이러한 조약상의 의무이행이 실질적으로 곤란해졌으며, 외국 저작권의 사용은 정부의 결정에 따르게 되었다. 종전 후에는 총사령부가 외국인에게 귀속되는 저작권에도 연합국 국민의 재산 일반에 관한 각 지령을 적용하게 했기 때문에, 일본 정부에서도 이를 관리, 보전하기 위한 조치를 강구했지만, 1946년 10월 17일, 총사령부가 '일본에서의 외국인 소유 저작권'에 관한 각서를 발령하고, 개전 이후 우리나라에서 등록 또는 신청된 외국인 소유의 모든 저작권에 대해서 상세한 보고를 제출하도록 명령했다. 그 후 총사령부는 종종 저작권 침해 사실을 개별적으로 지적하고, 일본 정부에서도 침해방지를 위해 노력하는 한편, 저작권 침해자에 대해서는 적어도 소매가격의 10% 정도를 총사령부의 관리계정에 공탁하도록 하는 조치를 취하도록 요청했다. 뿐만 아니라 1949년 4월 4일자 '일본에서의 외국인 소유 저작권의 등록 및 보호'에 관한 총사령부 각서에 따라 외국 연극 및 악극의 번역 공연에 관한 규정, 일본 출판업자의 의무, 일본 저작권법상의 모든 권리의 외국저작자에 대한 적용 등이 상세하게 지시되었다. 이처럼 외국인에게 귀속된 저작권에 대해서도 점령 관리 중부터 보전 조치가 취해져 왔지만, 공업소유권의 경우와 다르게 전쟁 중에 침해된 권리의 원상회복 및 반환에 대해서는 그다지 뚜렷한 지시가 내려지지는 않았다.

그래서 평화조약에서는 연합국 국민의 저작권이 개전 후에도 계속해서 효력을 지니고 있었다는 것을 일본이 승인해야만 할 것과 앞에서 기술한 저작권 보호에 관한 조약, 또는 협정이 전쟁 중에 유효했다면 발생했을 연합국 국민의 저작권을 승인해야만 한다는 내용이 규정되었다(제15조(c)(ⅰ)). 이와 같은 권리를 지닌 자는 스스로 신청할 필요가 없으며, 어떠한 수수료의 지급 및 기타 절차를 이행할 필요가 없다. 또 앞에서 기술한 조약에 첨부되어 있는 유보사항에 따라 저작권의 보호기간은 30년, 번역의 보호기간은 10년으로 되어 있으나, 개전으로부터 효력발생까지의 기간은 번역의 경우에는 6개월을 추가하고 이러한 권리들의 통상적인 기간에서 제외하여 계산한다(제15조(c)(ⅱ)).

제11장 판결의 재심사

1. 나포심사 및 검사소의 검정 또는 명령의 재심사

교전국은 적국의 해상운송을 저지하기 위해 적국 선박 및 전시금지품 수송, 봉쇄 파쇄 또는 군사적 보조를 위해 종사하는 중립국 선박을 해상에서 나포할 수 있는 권리를 국제법상 인정받고 있다. 육상에서는 사유재산 존중의 원칙이 확립되어 있어서 사유재산이 제한을 받을 수는 있어도 몰수되지는 않는데 반해, 해상에서 사유재산 존중의 원칙이 인정되지 않는 것은 해상교통을 차단하여 적의 경제력을 감소시킬 필요가 있기 때문이다. 그러나 나포만으로는 선박이나 재화가 나포 국가의 소유물이 되지 않으며, 나포된 물건은 일정한 절차를 밟아야지만 몰수가 가능해진다. 나포의 적법성 여부를 심사하여 나포의 효력을 확정시키기 위해 마련된 교전국의 특별재판소가 나포심사 및 검사소이다. 일본에서는 요코스카, 사세보에 나포심사 및 검사소, 도쿄에 고등 나포심사 및 검사소가 설치되어 있지만 종전 후의 사정을 감안하여 1946년 4월에 폐지되었다.

나포심사 및 검사소에서 적용되는 법은 실질적으로는 국제법이지만, 각국은 국제법에 따라 국내법을 제정하고 이를 적용하고 있다. 해상나포에 관한 국제법은 파리선언(1856년 4월 16일)과 런던 선언(1909년 2월 26일)이 있다. 런던선언은 서명국 10개국이 모두 비준을 하지 않았기 때문에 효력이 발생하지 않았지만, 그 내용은 대체로 기존의 관습을 성문화한 것이기 때문에 관습법으로 지켜지고 있었다. 하지만 제1차 세계대전 이후 현실과 부합하지 않게 되었다. 따라서 관습법으로도 인정하기 어렵게 되었다. '제국 해전법규'(1914년 10월 6군령 제8호, 1942년 2월 20일 개정)는 런던선언의 조항을 답습하고 있기 때문에 국제법에 의거한 것이라고 할 수 있을지 의문의 여지가 있다. 나포심사 및 검사 절차는 '나포심사 및 검사령'(1894년 8월 21일 칙령 제149호, 이후 수차 개정)으로 규정하고 있다.

통상적으로 재판소가 취급하는 형사사건에서는 범죄사실을 입증하는 책임이 검사 측에 있지만, 나포사건에서는 특별히 반증이 없는 한 나포는 적법한 것으로 간주되며, 나포된 물건은 몰수되기 때문에 나포를 불법이라고 주장하여 몰수를 면하기 위해서는 이해관계인 측에서 이것을 입증해야만 한다. 때문에 심사 및 검사가 공정하지 않을 수도 있다. 따라서 대일평화조약에서는 연합국은 그 국민이 소유권을 지니는 선박 또는 재화와 관련이 있는 사건에 관한 검정 또는 명령의 재심사를 일본 정부에 요청할 수 있다고 했다(제17조(a)의 전단). 이탈리아평화조약(제17부속서(가))에서는 동맹 및 연합국이 재심사하여 부당하다고 인정된 검정 또는 명령의 수정을 이탈리아 정부에 권고하기로 되어 있지만, 대일평화조약에서는 일본 정부가 재심사를 하도록 되어있다. 재심사의 결과 반환하는 것으로 확정된 경우에는 연합국 재산의 반환에 관한 제15조의 규정이 적용된다(제17조(a) 후단).

또한 나포된 선박 중에는 지령에 따라 이미 반환된 것이 있다.

2. 일반재판소 판결의 재심사

일반재판소의 판결과 관련해서도 연합국 국민은 원고 또는 피고로서 사건에 대해 충분한 진술을 할 수가 없었던 소송에서 내려진 판결에 대한 재심사를 평화조약 발효로부터 1년 이내에 요청할 수가 있으며, 또 손해를 입은 경우에는 원상회복 또는 구제 방법이 규정되어있다(제17조(b).

제12장 일본의 청구권 포기

1. 연합국에 대한 청구권 포기

여기서 말하는 청구권은 이른바 전쟁청구권으로, 전쟁 전의 청구권이나 일본의 항복 이후 일본과 연합국 사이에 재개된 무역 및 금융 관련으로 발생한 청구권은 포함되지 않는다. 전쟁 상태에 있었기 때문에 취해진 행동(예를 들어 적산관리)으로 인해 발생한 청구권이나 점령군의 존재, 작전 또는 행동으로 인해 발생한 청구권이 포기의 대상이 된다. 전쟁 상태가 계속되는 중에 적국이 취한 행동이나 각종 전시조치로 인해 손해를 입은 것은 물론 전승국만이 아니다. 그러나 이 손해에 대한 배상 또는 보상을 청구할 수 있는 것은 전승국 측뿐이며, 패전국은 평화조약의 결정으로 이러한 청구권을 모두 포기하는 것이 일반적이다. 이탈리아평화조약에서는 제76조(1-3)에서, 대일평화조약은 제19조(a)에서 그러한 청구권 포기가 규정되어있다. 이밖에 일본은 일본선박에 대해 연합국이 취한 조치와 연합국의 수중에 있던 일본인 포로 및 억류자에 관하여 발생한 청구권도 포기하는 것으로 규정되어 있다(제19조(a)). 선박에 대해서는 유럽전쟁의 개시(1939년 9월 1일) 이후, 즉 일본이 아직 중립을 유지하고 있던 시기에 연합국이 일본선박에 대해 취한 조치에 따른 청구권도 포함되어 있다. 선박에 관한 전시취급은

'해전에 관한 국제법규'(파리선언 1856년 4월 16일 서명, 1887년 3월 19일 공포, 해전에서의 나포권 행사 제한에 관한 조약 1907년 10월 18일 서명, 1912년 1월 13일 공포, 해전의 경우에 있어서 중립국의 권리의무에 관한 조약 1907년 10월 18일 서명, 1912년 1월 13일 공포)로 규정되어 있으며, 또 포로 및 일반 억류자의 대우와 관련해서도 '육전의 법규 관례에 관한 조약'(1907년 10월 18일 서명, 1912년 1월 13일 공포)과 '포로의 대우에 관한 조약'(1929년 7월 27일 서명)이 적용된다. 그 결과 일본에게 청구권이 발생하는 경우가 있으므로 그것들도 포기하도록 규정된 셈이다.

2. 일본과 독일 간의 청구권에 대한 조치

한편, 일본의 독일 및 독일 국민에 대한 모든 청구권(채권을 포함)은 상호 포기를 조건으로 하여 포기하는 것으로 결정되어 있다(제19조(c)). 이탈리아평화조약(제77조)에도 같은 내용의 규정이 있다.

이 조항에 따라 포기대상이 되는 일본과 독일 양국의 청구권 중에 중요한 것으로는 1943년 1월 28일의 '경제협력에 관한 일 · 독 협정'과 이에 따른 '무역', '기술협력' 및 '지급'에 관한 3가지 약정, '요코하마 정금은행과 독일 동아은행 간의 협정'에 따른 채권채무협정이 있다. 이 협정들은 독일이 항복한 1945년 5월 7일 이후에 효력을 상실한 것으로 일본 정부가 발표했지만, 협정에 따라 발생한 채권채무관계는 아직 해결되지 않은 채 남아있다. 일본은 독일에 대해 채권국이므로 이 규정에 따라 이익을 얻을 수 있다.

3. 청구권 포기와 손실보상

그런데 이처럼 연합국에 대한 청구권 포기의 경우에도 국민의 재산이 배상으로 사용되는 경우와 마찬가지로 일본국민이 입을 손실에 대한 정부의 보상여부 문제가 발생한다. 대일평화조약에서는 이 점에 대해 아무런 언급이 없다. 이탈리아조약(제76조)에서는 이탈리아 영역에 있는 동맹 또는 연합국 군대의 징발에 응해 군수품 또는 용역을 제공한 사람 및 전쟁이 원인이 아닌 손해를 입은 사람에 대해서 이탈리아 정부가 리라화로 공평한 보상을 할 것, 또 동맹국 군사관헌이 이탈리아에서 발행한 군표에 대해 이탈리아 정부가 모든 책임을 지는 것으로 규정되었다. 일본 정부는 1949년 4월 1일의 협정으로 아와마루 사건[1]에 대한 청구권을 포기했지만, 그 때

---

[1] 제2차 세계대전 말기에 일본 정부는 이전부터 미국 정부의 요청을 수용하여 당시 남방의 일본군 점령지역에 수용되어 있던 연합국의 포로 및 억류자에 대하여 미국이 위탁한 구호품을 발송하기 위해 아와마루라는 선박에게 수송 임무를 수행하도록 했다.

아와마루는 1945년 2월 17일에 몬지를 출발하여 임무를 수행하였으며, 3월 28일에 싱가포르를 출항하여 귀국하고 있었다. 하지만 4월 1일 심야에 대만해협에서 미국 잠수함에 의해 격침되었다. 원래 이 선박이 출항할 당시에 왕복하는 동안 연합군이 격침, 임시검문, 기타 어떠한 방해도 하지 않겠다고 미국 정부가 약속했었기 때문에 미국 정부는 즉시 불법행위임을 인정하고 잠수함의 함장을 처벌했으며, 일본에 대해서는 적대행위가 종료된 후에 손해배상에 응하겠다고 답변했다.

그러나 전후 일본 정부는 미국이 황폐화된 일본경제의 재건을 위해 적극적인 원조를 제공하고 있는 실정을 감안하여 아와마루와 관련한 배상청구권을 자발적으로 포기하는 것이 적당하다는 결론을 내렸다. 이런 경위로 1949년 4월 6일에 정부가 상정한 '아와마루 청구권 포기에 관한 결의안'이 국회에서 채택되고, 이에 따라 4월 14일에 일본 정부와 미국 정부 사이에 '아와마루 청구권 처리에 대한 일본 정부와 미국 정부 간의 협정'이 체결되었다. 이 협정에 따라 일본 측은 미국에 대한 아와마루 관련 배상청구권을 포기하고, 일본 정부는 이 재난으로 사망한 사람의 유족 및 해당 선박 소유자에게 위로금을 지급하기로 했다. 일반적으로 전시국제법상 불법행위로 인한 손해배상과 패전국의 배상청구권 포기는 강화조약에서 규정되는 것으로, 이처럼 점령기간 중에 청구권 포기에 관한 협정이 체결된 것은 특별한 예라고 할 수 있다. 따라서 이 협정은 요시다 외무장관과 미국 정치고문 윌리엄 시볼트가 각각 양국 정부를 대표하여 서명하고, 여기에 연합군 최고사령관 맥아더 원수가 '인증'하는 형식을 취했다. 또한 이 협정에는 양해사항으로 점령비용과 미국의 대일차관 및 신용은 일본의 대미채무이며, 미국 정부의 결정에 의해서만 감액될 수 있다는 내용이 명기되어 있다. 이것은 일본의 아와마루 사건에 대한 청구권 포기가 미국의 원조에 대한 감사의 뜻을

유족에 대한 위로금을 지급했다. 그러나 이것은 미국의 대일경제원조에 감사의 뜻을 표하는 의미에서 이루어진 것으로 평화조약 서명 전에 이러한 청구권 포기가 이루어진 것도 이례적인 것이다. 따라서 향후 비슷한 조치가 취해질 것이라고 볼 수는 없을 것이다. 한편 군표와 관련해서 일본에서는 점령군의 군표가 일본 국민들 사이에 유통되지 않았기 때문에, 이탈리아처럼 정부가 책임을 질지 말지 여부는 문제가 되지 않을 것이다(이탈리아평화조약 제76조 참조).

표하는 것으로 인식되고 있었으므로, 그것 때문에 미국의 대일 청구권 또는 채권이 소멸되는 것은 아니라는 것을 명기한 것이다.

제13장
전쟁 전의 채권과 채무

1. 금전 채무에 관한 일반원칙

이탈리아평화조약(제81조)에서는 전쟁 전에 이탈리아 정부 또는 국민과 연합국의 정부 또는 국민 사이에 체결된 계약에 따라 발생한 금전 채무를 지불할 의무는 전쟁 상태로 인해 영향을 받지 않는다고 되어 있으며, 대일평화조약에서도 같은 규정이 있다(제18조(a)). 즉 '전쟁 전에 일본과 연합국 사이에 존재했던 채무 및 계약(채권에 관한 것을 포함한다)', 그리고 전쟁 전에 취득된 권리에서 발생하는 금전 채무는 정부 간의 것이든 국민 간의 것이든 관계없이 계속해서 유효하며, 지급의무가 있다고 하고 있다. 또한 전쟁 전에 재산의 멸실 또는 손상, 신체의 상해 또는 사망과 관련해서 발생한 청구권에 대해서는 일본과 연합국의 정부가 서로 이를 제기하거나 재차 제기하여 그 적부를 심의할 수 있는 것으로 규정하고 있다. 이처럼 전쟁 전의 채무에 대해서는 전승국과 패전국을 불문하고 전쟁상태로 인한 영향을 받지 않는다는 상호주의 원칙이 일반적으로 승인되고 있다. 따라서 그러한 점에서는 일본이 연합국에 대해 소유하고 있는 금전채권도 일단 인정받고 있다. 그러나 이어지는 "이 항의 규정은 제14조에 따라 부여된 권리를 침해하는 것이 아니다"라고 되어 있는 것에 주목해야 한다. 제14조에 따라 부여된 권리는 조약의 발효 당시 연합국에 있는 일본의 재산권리 및 이익 중에 제외하도록 명시된 것 외에는 해당 국가가 청산 처분하는 권리이다. 따라서 일본 정부나 국민이 연합국에 대해 소유한 금전채권이 일단 인정받더라도 그 채권의 소재지가 연합국인 경우에는 제14조에 따라 연합국이 이를 청산 처분할 수 있는 것이다.

2. 일본의 대외채무

이처럼 일본이 연합국 국민에 대해 소유한 금전채권이 이행될지 휴지조각이 될지는 모두 상대방의 의사에 따라 결정되는 것이다. 그런 반면 일본의 전쟁 전의 대외채무는 의무이행과 관련해서 당연히 이와 같은 자유의사가 인정되지 않는다. 일본 정부의 전쟁 전의 대외채무와 전쟁 전의 기관의 대외채무로서 훗날 일본 정부가 인수한 것의 경우는 일본 정부가 지불책임을 확인하고 지불재개와 관련해서 채권자와 신속하게 협상을 개시하겠다는 의사를 표명해야만 한다고 규정되어 있다(제18조(b)). 또한 전쟁 전의 사적인 청구권 및 채무에 관한 협상은 본래 당사자 간에 처리되어야 할 일이지만, 이와 관련해서도 일본 정부는 당사자 간의 협상 및 지불이 잘 처리되도록 노력하겠다는 것을 밝히고 있다.

전쟁 전 일본의 대외채무 중에 중요한 것은 외환 공사채이다. 개전 당시의 미상환 원금은 정부와 민간을 합쳐 미국 채권 2억 8,300만 달러, 영국 채권 8,800만 파운드, 프랑스 채권 6억 1,100만 프랑이었다(대장성의 조사에 따름). 그러나 정부는 1943년 3월에 '외국채권 처리법'에 따라 일본인이나 당시의 우호국 국민이 보유한 외환채권을 일본채권으로 교체했기 때문에 1951년 6월 30일 현재 미상환 원금은 미국 채권 6,700만 달러, 영국 채권 6,100만 파운드, 프랑스 채권 5억 7,800만 프랑이 된다. 이것을 합산하여 달러로 환산하면 2억 5,800만 달러(928억 8,000만 엔)가 된다. 게다가 이밖에 미지불 이자가 총 1억 2,300만 달러(442억 8,000만 엔)가 있으므로, 미상환 원금과 이자의 총 합계 금액은 3억 6,100만 달러(1,371억 6,000만 엔)나 된다. 이 중에 현재 지불재개에 문제가 되고 있는 것은 바로 미지불 이자인 1억 2,300만 달러와 이미 상환기한이 임박한 원금 6,300만 달러(226억 8,000만 엔)로 일본의 현재 외환 보유액으로는 상당한 부담이 된다. 원리금 모두 신규 채권으로 교체하거나 이자만 지불하고 원금은 교체하는 등, 여러모로 부담을 경감하는 조치를 취할 필요가 있지만, 그러한 조치는 일본이 단독으로 결정할 수 없는 것으로 미국과 영국, 기타 외채소유자 및 그 관련 단체 등과의 교섭이 필요한 것이다.

이탈리아의 경우는 평화조약 서명으로부터 반년 후인 1947년 8월 14일에 '일종의 전시청구권 및 그와 관련된 사항에 관한 미합중국 및 이탈리아 정부 간의 양해에 관한 각서'에 따라 미국의 사단법인 '외채소유자보호위원회'는 정부의 중재 하에 다음과 같은 외채처리방안을 제시하고 외채소유자들에게 승낙할 것을 권고했다.

1) 구 채권의 원금에 미지불 이자(외채의 원리금 지급 정지를 실시한 1940년 6월 10일부터 1947년 1월 1일까지의 이자 분)를 더한 금액과 동등한 금액의 신 채권을 발행한다.
2) 신 채권은 30년 만기 감채기금부 직접무담보 채무로, 1947년 1월 1일에 발행하며 차관단 및 협회의 채무에 대해서는 정부가 원리금 지급을 보증한다.
3) 구 채권의 이율은 0.65% 내지 0.7%였지만, 신 채권의 이율은 (가)발행일로부터 최초 3년은 연 0.1%, (나) 다음 2년은 연 0.2%, (다) 나머지 25년은 연 0.3%로 한다.
4) 감채기금을 마련하여 원금과 경과이자 합계액 이하로 매입 상환 또는 같은 가격으로 추첨 상환을 실시한다.
5) 신 채권의 이자 및 감채기금의 달러 지급을 보장하기 위해 이탈리아 정부는 이탈리아은행 특별계정에 6개월분의 원리금 지급소요액의 6분의 1을 달러로 매달 적립한다.

6) 지급통화는 원금, 이자 모두 지급 당시 공사 채무 지급통화인 미국 동전 또는 지폐로 하며, 이탈리아의 각종 세금을 부과하지 않는다.

이상과 같은 제안에 따라 이탈리아의 미국 달러 채권과 관련해서 1949년 말에는 구 채권 9,320만 달러 중에 6,930만 달러가 신 채권으로 교체되었다. 이것은 구 채권의 74%에 해당하며, 그 후로도 교체 기한이 종료되지 않았다. 그러나 영국 파운드 채권과 관련해서는 미국 달러 채권과 같이 유리한 저리 교체가 인정되지 않아 만기도래 채권은 1948년에 현금으로 원금과 이자를 지급했다(그 금액은 122만 5,000파운드에 이르렀다).

이탈리아와 일본은 국제관계에서의 입장이나 외채 내용이 상당한 차이가 있으므로, 이러한 이탈리아의 외채처리방식이 그대로 일본에도 인정될 것으로 예상할 수는 없다. 일본의 외채는 영국 파운드 채권이 72%, 미국 달러 채권이 27.5%, 프랑스 프랑 채권이 0.5%의 비율로 구성되어 있다. 따라서 외채처리과정에서 영국 채권자의 발언이 상당히 강력한 힘을 지니고 있다는 것을 고려하지 않으면 안 된다. 이러한 점에서도 미국 달러 채권이 많았던 이탈리아와는 사정이 꽤 다르다고 할 수 있다. 또한 이탈리아가 미국 달러 채권에 대해 실시한 교체조치도 한편으로는 신규 외채모집이 방해를 받는 부정적인 영향이 있었을 뿐만 아니라, 앞에서 기술한 것처럼 매달 이탈리아 은행의 특별계정에 달러로 적립하는 것도 상당한 부담이 되고 있다는 것에 주의해야 한다.

또, 향후 일본이 외채처리를 실시할 경우에, 전쟁 중에 정부가 '외채처리법'에 따라 지방채 및 회사채를 국채로 교체한 조치가 인정받을 수 있을지가 문제의 소지가 될 수 있다. 만약 인정받을 수 없다면 정부가 국채로 교체한 채권을 지방채 또는 회사채로 복원해야만 하는데, 이 경우 구 채무자의 자본력이나 담보 등의 측면에서 매우 곤란한 문제가 발생할 것이다. 또한 동양척식과 대만전력처럼 외지에서 활동하고 있던 회사의 외채(총 1,536만 달러)의 경우에는 담보물이 이미 국내에 없으며 현재 그 이익을 얻고 있는 것도 타국이므로 채무의 계승문제를 두고 상당한 논의가 있을 것으로 예상된다.

3. 계약의 효력

앞에서 언급한 것처럼 대일평화조약에서는 전쟁 전의 계약에 근거한 금전채무가 전쟁 상태로 인해 침해받지 않는다고 규정하고 있지만(제18조(a)), 계약내용에 따라서는 계약이 해지된 것으로 간주되어야 할 것도 생긴다. 이 같은 계약의 효력에 대해서는 별도의 의정서로 규정하고 있다. 즉 의정서의 A(계약) 항목에 따르면, '적국인' 간의 계약 중에서 그 이행을 위해 '협상'이 필요한 것은 당사자 간의 어느 한쪽이 '적국인'이 된 시점부터 해약된 것으로 간주한다고 하고 있다. 즉 계약의 당사자가 국내법으로 상대방과 거래하는 것이 불법한 것으로 된 시점부터 그 거래는 '적국인'들 간의 거래가 되며, 그러한 거래 중에서 이행을 위한 협상이 필요한 것은 해약된 것으로 간주되는 것이다. 단지 이 규정에는 다음과 같은 예외조항이 첨부되어 있다. 첫 번째로 계약의 일부분을 분할할 수가 있으며, 그 일부분에 대해서는 이행을 위한 협상이 필요하지 않은 경우에는 그 계약의 부분이 해지되지 않은 것으로 하고 있다. 두 번째로 '적국인' 간의 계약에 따라 행해진 거래가 연합국 중 한 국가의 정부의 허가를 얻어서 행해진 경우에는 그 거래를 무효로 해서는 안 된다고 하고 있다. 세 번째로 보험계약과 재보험계약에 대해서는 별도로 정한 규정에 따라 취급하는 것으로 하고 있다.

이상은 계약의 효력에 관한 일반원칙이지만, 이러한 원칙에 따라 어떤 종류의 계약을 해지된 것으로 간주할 수는 있지만, 그 계약에 수반하는 금전채무를 지불할 의무는 전쟁상태로 인해 침해받지 않는 것으로 하고 있다. 그리고 계약의 당사자가 선급금 또는 보증금을 수령하고 그에 대한 반대급부를 실행하지 않았던 경우에는, 미 이행금액을 환불해야 한다.

4. 보험계약

보험계약(생명보험은 제외)과 관련해서는 당사자가 '적국인'이 되기 이전에 보험책임이 개시되었으며, 보험료가 납부된 경우에는 해약된 것으로 간주되지 않지만, 그 외의 보험계약은 무효로 간주된다(의정서, D1). 재보험(생명보험은 제외)과 관련해서는 당사자가 '적국인'이 된 시점에 계약이 종료된 것으로 간주하는 것이 원칙이지만, 단 여기에는 여러 가지 예외조항이 부수되어 있다.[1)]

---

1) 의정서의 보험계약 조항에 관한 외무성 번역은 이해하기 어렵다는 비판이 꽤 있어서 다음과 같이 다시 번역해 보았다. 또, '동양경제신보'(1951년 9월 22일)에 모리 게이지 씨의 번역도 게재되어 있으므로 아울러 참고하기를 바란다.

D. 당사자가 '적국인'이 된 날 이전에 종료되지 않은 보험 및 재보험 계약(생명보험은 제외)

1. 보험계약은 당사자가 '적국인'이 되었다는 사실만으로 해지되지 않았다고 간주되지는 않는다. 그러나 당사자가 '적국인'이 된 날 이전에 보험책임이 개시되었으며, 또 피보험자가 그날 이전에 계약에 따라 보험을 성립시키거나 효력을 유지하기 위해 보험료로 지불해야만 하는 여러 가지 종류의 금액을 지불했다는 것을 조건으로 한다.
2. 제1항을 근거로 지속적으로 효력이 있는 보험계약 이외의 보험계약은 존재하지 않는 것으로 간주되며, 또 그에 따라 지불된 어떤 종류의 금액도 반환되어야만 한다.
3. 다음에 명백히 규정하는 것을 제외하고는 재보험 특약 및 기타 계약은 당사자가 '적국인'이 된 날에 종료된 것으로 간주하며, 또한 이에 기반을 둔 모든 양여는 그날부터 취소되어야만 한다. 단, 해상재보험 특약을 근거로 하는 항해보험에 관한 양여는 보험책임이 양여된 조건에 따라 본래의 기간만료까지 지속해서 완전히 효력을 발휘하는 것으로 간주한다.
4. 임의재보험을 성립시키거나 효력을 유지하기 위해 보험료로 지불해야 하는 모든 종류의 금액이 통상적인 방법으로 지급되거나 상쇄된 경우에는 당사자가 그 국가

참고로 여기에서 주의해야 할 것은 이상과 같이 보험계약에 관한 어떠한 규정도 평화조약 제14조의 권리를 침해하거나 이에 영향을 미치지 않는다고 규정하고 있는 것이다. 즉, 이것은 가령 우리나라의 보험계약 중에 의정서의 규정에 따라 효력을 갖는 것으로 간주되는 것이 있다 하더라도 그와

의 동맹 또는 연합국 중의 한 국가에 의해 교전 해당 적국인이 된 날까지 지속해서 완전한 효력을 지니며, 또한 그날에 종료된 것으로 간주한다.

물론 항해보험에 관한 임의재보험은 보험책임이 양여된 조건에 따라 본래의 기간이 만료될 때까지 지속적으로 완전한 효력이 있었다고 간주한다.

또한, 앞에서 기술한 1을 근거로 지속해서 효력을 지니고 있는 보험계약에 관한 임의보험은 원보험의 기간만료까지 계속해서 완전한 효력을 지니고 있었던 것으로 간주한다.

5. 제4항에서 언급한 것 외의 임의 재보험계약 및 '손해율 초과'에 따르는 초과손해재보험 및 포괄재보험(임의계약 여부를 불문)의 모든 계약은 존재하지 않았던 것으로 간주하고, 또한 이에 따라 지급한 돈은 반환되어야 한다.
6. 재보험 특약 또는 다른 계약에 별도 규정이 없는 경우에 보험료는 일할계산을 기초로 정산되어야 한다.
7. 보험 또는 재보험 계약(재보험 특약에 따르는 양여를 포함)은 모든 당사자가 속한 국가 또는 행위에 따르는 손실 또는 청구권에는 영향을 미치지 않는 것으로 간주한다.
8. 보험이 전시 중에 원보험자로부터 다른 보험자에게 양도된 경우 또는 전액 재보험된 경우, 그 양도 또는 재보험은 자발적으로 성립했는지 또는 행정조치 혹은 입법조치에 따라 성립했는지를 불문하고 유효한 것으로 인정되며, 원보험자의 의무는 양도 또는 재보험된 날부터 소멸된 것으로 간주한다.
9. 동일한 당사자 간에 둘 이상의 재보험 특약 또는 다른 계약이 있는 경우에는 양당사자 간의 정산을 조정해야만 하며, 그 결과 발생하는 잔액을 확인하기 위해 모든 잔액(미지급 손해에 대한 합의준비금을 포함) 및 이 계약에 따라 한 당사자로부터 다른 당사자에게 지불해야만 하는 여러 가지 종류의 합계 금액, 또 앞에서 언급한 각종 규정에 따라 반환되어야만 하는 모든 종류의 금액을 그 계산에 포함해야 한다.
10. 당사자가 '적국인' 되었다는 이유로 보험료, 보험금 또는 계정잔액의 결제과정에서 발생하거나 또는 발생할 수 있는 지체금과 관련해서는 모든 당사자가 이자를 지불하지 않는 것으로 한다.
11. 이 의정서D의 어떠한 규정도 오늘 서명된 평화조약 제14조에 따라 부여된 권리를 어떠한 방법으로도 침해하거나, 또는 영향을 미치지 않는다.

관련하여 발생하는 채권은 연합국이 자유롭게 처분할 수 있다는 것을 의미한다.

5. 시효기간

시효기간은 전쟁이 계속되는 동안은 진행이 중단된 것으로 간주하며, 조약의 효력발생 일부터 다시 진행되기 시작하는 것으로 규정하고 있다(의정서 B1). 이 규정은 연합국과 일본 간에 상호주의를 근거로 하여 적용된다. 중단된 시효는 전쟁으로 인해 권리보전을 위한 절차가 불가능했던 모든 시효기간 및 모든 제한시간으로 규정되어 있으므로, 물권이나 채권 등의 실체적 권리의 시효뿐만 아니라, 제소기간 등도 포함된다. 또한 이자율 표 또는 배당금 영수증의 제시 및 유가증권의 원금지급을 위해 공시된 정해진 기간에도 이 규정이 적용되는 것으로 명시되어 있다.

이러한 소송, 기타 권리보전을 위한 절차가 이루어지지 않았기 때문에 이미 집행절차가 일본 국내에서 이루어졌으며, 그 결과로 인해 연합국 국민이 손해를 입은 경우에는 일본 정부가 그 손해에 대한 권리의 회복 또는 공평한 구제조치를 강구해야만 한다. 이 의무는 일본에만 부과되는 것이다.

6. 유통증권

적국 간에 전쟁 전에 작성된 유통증권(어음, 약속어음, 선화증권 등)은 소정의 기간 내에 인수 또는 지급을 위한 제시, 인수 또는 지급거절, 지급거절 통지 또는 거절증서 작성이 이루어지지 않더라도, 그것만을 이유로 무효라고 할 수는 없다(의정서 C1). 이러한 조치를 취해야만 하는 기간이 전쟁중에 경과된 경우에는 평화조약의 효력발생 일로부터 3개월 이상의 기간을 주고 조치를 취할 수 있도록 해야만 한다. 또한 몇몇 사람이 전쟁 전 또는 전쟁 중에 나중에 '적국인'이 된 사람과 맺은 약속의 결과로 유통증권에 따른 채무를 지게 된 경우, 후자는 전쟁의 발생과 관계없이 부채에 대해 전자에게 보상할 책임을 지속적으로 부담해야만 한다(의정서 C3).

제14장
분쟁의 해결

1. 분쟁 해결 방법

제22조는 평화조약의 해석 또는 이행과 관련해서 분쟁이 일어났을 때의 해결방법을 규정하고 있다. 첫 번째는 특별청구권재판소 회부 또는 기타 합의된 해결방법이다. 즉, 조약의 당사국(2개국 간이라도 그 이상이라도 괜찮다)이 특정 유형의 청구권에 관한 재판소를 설치하거나 또는 다른 방법에 따를 것을 합의했을 때는 우선적으로 그 방법을 따른다. '연합국재산보상법'(1951년, 법률 제264호)에서 규정한 '연합국재산보상심사위원회'는 연합국 재산에 대한 보상금액 관련 이의신청을 재심사하는 일본 정부의 기관이다(제20조). 하지만 보상법의 내용은 평화조약 제15조(a)에 따라 연합국의 승인을 받았으므로 연합국과 일본 사이에 "합의된 방법" 중의 하나라고 볼 수 있을 것이다. 두 번째는 국제사법재판소 회부이다. 이것은 첫 번째 방법으로 해결되지 않는 경우의 최후 수단으로 사용되는 방법이다. 따라서 당사국 한쪽의 요청만으로 절차가 시작된다.

2. 국제사법재판소

국제사법재판소는 국제연합의 주요 기관 중 하나로 네덜란드의 헤이그에 있다. 이 재판소는 1922년에 국제연맹의 자치기관으로 헤이그에 설치된 상설국제사법재판소의 후신으로 상설국제사법재판소가 국제연맹의 해산으로 인해 해체된 뒤에 그것을 이어받아 형식적으로는 새로운 재판소로 설립된 것이다. 이 재판소는 국제연합 총회와 안전보장이사회에서 국적을 불문하고 선출된 15명의 재판관으로 구성되어 있다.

한 국가 내에서 개인 간의 분쟁이 일어난 경우에는 분쟁 당사자의 한쪽은 언제든지 법원에 고소할 수 있으며, 상대방은 어쩔 수 없이 이에 응해야만 한다. 즉 국내법원은 모든 분쟁에 대해 강제관할권을 가진다. 그러나 국가 간 분쟁처리의 경우는 국제재판소가 관할권을 가지는 것은 분쟁당사국 쌍방이 개개의 사건을 합의하여 회부한 경우, 또는 관계국이 미리 특정 유형의 분쟁을 회부할 것을 약속해 두고 실제로 분쟁이 일어난 경우, 당사국의 한쪽이 회부한 경우에 한정된다. 보통 후자의 경우를 국제재판소가 강제관할권을 가진다고 하지만 그것은 정확하지 않다. 왜냐하면 이 경우는 국내법원의 경우와는 달리 분쟁당사자의 의사와 관계없이 외부로부터의 강제에 의해 관할권이 행사되는 것이 아니라 관계국의 회부 의무 수락의 결과로 행사되는 것이기 때문이다. 그러므로 이것은 의무적관할권이라고 해야 한다.

참고로 국내법원에서는 민사사건과 형사사건을 취급하지만, 국제재판소에서 취급하는 사건은 민사적 사건이다. 개인의 명예 또는 신체가 타인으로부터 침해된 경우에는 형사법원에 기소할 수 있지만, 국가의 주권이 침해된 경우에는 법률문제가 아닌 정치문제이므로 국제연합 안전보장이사회 또는 총회에 제소되는 것이다.

평화조약과 관련한 분쟁의 국제사법재판소 회부 의무 수락이 어떠한 형식으로 이루어지는지에 대해 설명하기 전에 회부 의무를 수락해야 할 나라는 어떤 나라인지 설명할 필요가 있다. 제22조[1]에 따르면 그것은 일본과 평화조약 서명국 중에 국제사법재판소 규정에 참가하지 않은 국가이다. 서명국 중에 국제사법재판소 규정 참가국은 동 규정의 규정에 따라 대일평화조약에 관한 분쟁도 처리할 수 있는 회부 의무를 이미 수락하고 있거나 언제든지 수락할 수 있기 때문에, 동 조에서는 이에 대해 언급하지 않고 있다.

국제사법재판소 규정은 국제사법재판소의 구성, 관할, 소송절차 등을 규정한 문서로 국제연합 헌장의 부속문서로서 그것과 일체를 이루고 있는 것이다. 국제연합 회원국은 당연히 재판소 규정의 참가국이다(국제연합 헌장 제93조 제1항). 하지만 국제연합 비회원국은 재판소 규정에만 참가할 수 있으며(제93조 제2항), 이러한 국가로는 현재 스위스와 리히텐슈타인이 있다. 재판소 규정 참가국은 규정 제36조 제2항에 규정된 '조약의 해석', 기타 네 종류에 관한 법률적 분쟁에 대한 회부 의무를 인정하는 선언을 하고 있다. 따라서 대일평화조약의 해석 또는 이행과 관련한 분쟁의 회부 의무도 이 안에 포함되어 있는 것이다. 규정 제36조 제2항의 이른바 '선택조항'을 수용하고 있는 국가라도 대일평화조약에 서명하지 않은 국가는 회부 의무가 없다. 덜레스 고문은 9월 5일의 연설에서 "미국은 하보 마이군도가 쿠릴열도에 포함되지 않는다는 견해이지만, 만약 이에 대한 분쟁이 있다면 국제사법재판소에 회부할 수 있다"고 했다. 우선 쿠릴열도의 범위에 관한 분쟁이 '법률적 분쟁'으로 국제사법재판소에 회부되기에 적합한지 여부가 문제가 되지만, 만일 '법률적 분쟁'이라 하더라도 소련이 대일평화조약에 서명하지 않는 이상, 일본이 이것을 국제사법재판소에 제소해도 소련은 수락할 의무가 없다. 평화조약에 서명한 연합국 48개국 중에 실론 및 인도차이나

1) 원문에는 제2조로 되어 있으나 대일평화조약에는 제22조에 분쟁해결에 관한 내용이 기술되어 있다.

3개국을 제외한 44개국은 국제연합 회원국이므로 국제사법재판소 규정 참가국이다. 따라서 '선택조항'을 수락한 경우에는 대일평화조약의 당사국이 됨으로써 당연히 대일평화조약과 관련한 분쟁을 회부할 의무를 지는 것이다.

국제사법재판소는 규정 참가국 외에도 국제연합 안전보장이사회가 정한 조건으로 개방되어 있다(규정 제35조). 하지만 그 조건을 정한 것은 1946년 10월 15일의 결의이다. 따라서 일본, 실론, 캄보디아, 라오스, 베트남은 이 결의에 따라 "대일평화조약의 해석 또는 이행과 관련하여 장래 발생할 수 있는 모든 분쟁에 대해 국제연합 헌장 및 규정의 조항을 따르며, 또 규정 및 법원 규칙(주, 규정에 따라 법원이 소송절차를 상세하게 정한 것)의 조건을 유보하고, 일반적으로 재판소의 관할을 수락하고 성실하게 재판소의 판결을 준수하며, 또 헌장 제94조(주, 판결의 준수 및 강제)에 따라 국제연합 회원국의 모든 의무를 수락한다"는 취지의 선언을 재판소 서기에게 기탁해 두어야만 한다(제22조 후단). 이 일반적 선언을 해두면 분쟁이 발생할 때마다 재판소의 관할을 수락하는 특정적 선언을 할 필요가 없이 즉시 제소할 수 있기 때문이다. 일본은 1951년 12월 1일에 이 선언을 기탁했다.

대일평화조약과 관련한 사건이 국제사법재판소에서 심리될 때는 재판관 중에 상대국 국적의 재판관이 있으면 일본은 자국 재판관을 참석시킬 수 있다(규정 제31조 제2항). 상대국 국적의 재판관이 없으면 일본도 상대국도 자국 재판관을 선정할 수 있다(제3항). 이 경우에는 정식 재판관 중의 1명 또는 2명은 당사국 재판관을 위해 자리를 양보한다(제4항).

판결은 다수결로 한다(규정 제55조).

이탈리아평화조약에서는 특정의 분쟁은 조정위원회에 회부되며(제83조), 조약의 해석 또는 이행과 관련 있는 앞에서 언급한 것이 아닌 분쟁은 먼저 우선적으로 로마 주재 4대강국(소련, 영국, 미국, 프랑스) 대사에게 회부하며, 그래도 해결이 불가능한 경우에는 당사국 각1명, 제3국 1명으로 구성되는 위원회에 회부하도록 되어 있다(제87조).

3. 조약문의 정본

조약이 하나의 언어로 작성된 경우에도 해석이 다를 수가 있는데, 조약이 여러 언어로 작성된 경우에는 해석이 달라질 가능성이 더 크다. 그래서 후자의 경우에는 어느 하나의 문서를 정본, 즉 권위 있는 문서로 지정할 수 있다. 대일평화조약은 영어, 프랑스어, 스페인어, 일본어로 작성되어 있지만, 일본어 문서 외에는 모두 정본이므로 영어, 프랑스어, 스페인어 문서 간에 차이가 있어도 조정할 방법이 없다. 초안 작성 과정을 고려하면 영문이 가장 중요한 것으로 보이지만, 그것은 사실상 그렇다는 것이지 법률적으로는 어떤 문서도 동등한 가치를 지니고 있는 것이다.

일본어 문서가 정본이 되지 않은 것은 패전국의 언어이기 때문일 것이다. 이탈리아를 비롯한 구 추축국 위성국가들과의 평화조약은 영어, 프랑스어, 러시아어 외에 해당 패전국의 언어로도 작성되었지만, 정본은 이탈리아 조약의 경우는 프랑스어, 영어, 러시아어 문서, 다른 조약에서는 러시아어, 영어 문서뿐이다(이탈리아 조약 제90조, 말문, 헝가리 조약 제42조, 말문, 루마니아 조약 제40조, 말문, 불가리아 조약 제38조, 말문, 핀란드 조약 제36조, 말문 참조).

일본어 문서는 정본은 아니지만, 각국 대표가 서명한 것이므로 단순한 번역본도 아니다. 그러므로 이것을 수정하는 것은 이제 불가능하지만, 원문 그대로 의미를 이해하기 어려운 부분이 있으므로 이 해설에서는 내용을 알기 쉽게 약간 손을 보았다(특히 328페이지~331페이지 참조).

제15장
평화조약의 서명국

1. 일본과 전쟁 상태인 국가

평화조약은 앞서 기술한 것처럼 전쟁상태를 종결하고 평화 상태로 되돌아 갈 것을 약속하는 국제문서이므로(제1장 참조), 대일평화조약의 서명국은 모두 일본과 전쟁상태인 국가이다. 일본과 전쟁상태인 국가는 일본이 적대행위를 감행했거나, 일본에 대해 선전포고를 한 국가이다.

일본과 전쟁상태인 국가로는 우선 1942년 1월 1일의 '연합국선언' 참가국을 들 수 있다. 이 선언에 서명하거나 또는 가입한 47개국은 모두 일본과 전쟁상태인 국가이다.

다음은 아르헨티나가 있다. 아르헨티나는 1945년 3월 27일에 대일 선전포고를 했지만 '연합국선언'에는 서명하지 않았다. 1945년 4월 25일부터 샌프란시스코에서 개최된 '국제기구에 관한 연합국 회의'에 초청받기 위해서는, 같은 해 3월 1일까지는 독일 또는 일본에게 선전포고를 하고 또 '연합국선언'에 서명하지 않으면 안 된다. 아르헨티나는 선언에 서명하지 않았으므로 처음에는 샌프란시스코 회의에 초청받지 않았으며, 개회 후에 라틴아메리카 각국의 요구로 초청되었으나 선언에는 결국 서명하지 않았다.

연합국의 한 지역이었으나 종전 후 강화 전에 독립한 국가도 일본과 전쟁

상태인 국가로 간주된다. 필리핀(1941년 7월 4일), 인도(1947년 8월 15일), 파키스탄(1947년 8월 15일), 버마(1948년 1월 4일), 실론(1948년 2월 4일), 인도네시아(1949년 12월 27일), 캄보디아(1950년 2월 3일), 라오스(1950년 2월 3일), 베트남(1950년 2월 3일)이 그 국가들이다. 하지만 필리핀과 인도는 '연합국선언'에 서명했기 때문에 두 국가를 제외한 7개국을 앞의 48개국에 추가하면 55개국이 된다.

이 외에도 일본에게 선전포고한 국가가 또 하나 있다. 그것은 이탈리아이다. 이탈리아는 1943년 9월 3일(8일 발표)에 무조건 항복하고, 10월 13일에 독일에게 선전포고하고 연합국과 공동교전관계가 되었지만, 일본에 대해서는 훨씬 늦은 1945년 7월 15일에 선전포고를 했다.

이탈리아는 일본과 전쟁상태라고는 하지만 원래는 추축국이었으며, 침략전쟁을 일으킨 것에 대한 책임을 분담하고 있기 때문에(이탈리아평화조약 서문 참조), 다른 교전국과 동일시할 수는 없다.

2. 평화조약의 서명국

교전국 전부가 평화조약에 서명할지, 그중 특히 이해관계가 깊은 일부 국가만 서명할지는 편의의 문제이다. 파리평화회의는 '동맹 및 연합국' 27개국(영국 자치령을 포함시키면 32개국) 모두가 참석하고, 그중에 26개국(영국 자치령을 포함시키면 31개국)이 평화조약에 서명했다. 이탈리아는 적어도 44개국과 전쟁상태 또는 단교상태에 있었지만, 그중에 21개국이 이탈리아평화조약 초안의 심의를 위한 파리평화회의에 참석하였으며, 20개국이 훗날 평화조약에 서명했다. 이 '동맹 및 연합국' 20개국은 "상당한 병력을 가지고 적극적으로 전쟁을 수행한 국가"(1945년 12월 26일, 모스크바 회담 성명서 참조)이다. 기타 교전국은 나중에 평화조약에 가입하거나 별도로 조약을 체결했다.[1)]

일본과 전쟁상태인 국가 중에서 대일강화와 관련해 특별한 이해관계를 갖고 있는 국가는 극동위원회를 구성하는 13개국, 즉 호주, 버마, 캐나다, 중국, 프랑스, 인도, 네덜란드, 뉴질랜드, 파키스탄, 필리핀, 소련, 영국, 미국이다. 미국초안에서는 이 13개국에 실론, 인도네시아를 추가한 15개국이 서명하는 것으로 되어 있었다. 이 방침은 뒤에 변경되어 일본과 전쟁상태인 국가는 중국과 같이 복잡한 문제가 있는 국가를 제외하고 실제로 전쟁을 수행했는지 여부를 불문하고 모두에게 서명할 수 있는 기회를 주기로 했다. 그것은 이번 평화조약이 이탈리아조약과 달리 소련의 불참을 전제로 한 것이기 때문에 가능한 많은 국가를 참여시킴으로써 단독강화라는 인상을 희석시키려는 의도가 있었기 때문일 것이다. 미국과 영국으로부터 '일본과의 평화조약 체결 및 서명을 위한 회의'에 초청된 것은 52개국이지만, 그중에 버마, 유고슬라비아, 인도가 회의에 참석하지 않았으며, 소련, 태국, 체코슬로바키아, 폴란드가 회의에는 참석했지만 조약에 서명하지 않았기 때문에, 결국 48개국이 전승국 자격으로 조약에 서명했다. 대일평화조약에서 말하는 '연합국'[2]은 일본과 전쟁상태인 국가 또는 그 영역의 일부였던 국가(예를 들어, 인도차이나 3개국)로, 평화조약에 서명하고 비준한 국가이다(제25조 전단).

---

1) 이탈리아평화조약에 가입한 국가는 파키스탄(1947년 9월 15일), 알바니아(1947년 10월 20일), 멕시코(1948년 4월 10일), 이라크(1949년 10월 22일), 별도로 조약을 체결한 국가는 온두라스(1947년 5월 12일), 파나마(1947년 5월 29일), 코스타리카(1948년 10월 26일), 아이티(1948년 12월 11일), 니카라과(1949년 7월 8일), 살바도르(1949년 9월 1일), 과테말라(1949년 9월 10일), 도미니카(1949년 9월 27일)이다.

2) 연합국(Allied Powers)은 원래 추축국에 선전포고를 하고 또 '연합국선언'에 서명한 국가를 지칭하는 말이다. Supreme Commander for the Allied Powers는 그런 의미에서 사용되고 있으며, 이 경우에는 소련 등도 포함되어 있다. 국제연합(United Nations)도 처음에는 '연합국선언'에 서명한 국가, 즉 Allied Powers와 같은 의미였지만, 훗날 평화기구(국제연합)의 명칭으로 사용되었으며, 나아가 국제연합 회원국의 의미로도 사용되게 되었다(1951년 1월 9일, 총사령부 각서 참조).

제16장 평화조약의 효력발생

1. 비준과 비준서의 기탁

개인 간의 계약이라면 서명(날인)과 동시에 효력이 발생하지만, 조약은 서명(조인)과 동시에 효력이 발생하는 것은 지극히 변칙적이며, 원칙적으로 비준절차를 거쳐야만 처음으로 발효된다.

비준은 전권위원이 서명한 조약의 내용을 본국 정부가 점검하고, 그 협약에 따른 권리와 의무를 받아들이겠다는 의사를 결정하는 행위이다. 옛날 통신기술이 아직 미흡했던 시절에는 전권위원이 미리 지시받은 대략적인 범위 내에서는 문자 그대로 전권을 가지고 있었다. 따라서 정부는 조약에 의해 최종적으로 구속되기 전에 그 내용을 점검하는 기회를 갖고 싶다고 생각하는 것이 당연한 것이었으며, 비준은 이러한 필요성에서 태어난 제도이다. 옛날과는 비교할 수 없을 정도로 통신기술이 발달한 오늘날에는 전권위원이 본 조약의 실질적 내용뿐만 아니라 표현, 형식에 이르기까지 일일이 본국 정부의 훈령을 받고 있으므로 앞에서 언급한 것과 같은 필요성은 거의 없어졌지만, 비준에는 또 한 가지 국내법상의 필요성이 있다. 조약체결, 즉 조약에 관한 협상, 조약문에 대한 서명, 조약의 비준이라는 일련의 행위는 행정행위이므로 원래는 정부의 권한으로 가능한 것이지만, 대부분의 국가에서는 헌법상 정부가 비준하기 전에 의회의 승인을 받도록 되어 있다. 일본에서는 조약을 체결하려면 "사전에, 상황에 따라서는 사후에, 국회의 승인을 거치는 것을 필요로 한다"(일본 헌법 제63조 제3호)라고 되어 있으며, 미국에서는 출석의원의 3분의 2의 찬성에 의한 상원의 권고와 동의가 필요한 것으로 되어 있다(미국 헌법 제2조 제2항). 이번 평화조약과 같이 회의 개최 전에 조약 문안이 확정되어 있으며, 회의는 그것에 서명하는 목적을 갖는 것에 지나지 않을 경우에도 두 번째 요구는 여전히 유효한 것이다.

비준은 국내법상의 행위로서 이를 외국에 통지하려면 비준이 있었음을 증명하는 문서를 작성해야 한다. 이 문서를 비준서라고 한다. 비준의 특성상 비준권자는 조약체결권자와 동일해야만 하며, 일본에서는 그것이 내각이다(헌법 제73조 제3호 참조). 따라서 비준서를 작성하는 것도 내각이다. 그러나 비준서에는 천황의 승인이 필요한 것으로 규정되어 있다(헌법 제7조 제8호).

2국 간 조약의 경우에 비준서는 체결국이 교환하는 것이 보통이지만(미국과 필리핀 간의 상호방위조약은 필리핀 정부에 기탁되는 것으로 되어 있으나 이것은 드문 예이다), 다자조약의 경우에는 그 조약을 체결한 국제회의의 개최지 정부에 기탁하는 것이 관례이다. 이번의 기탁처는 미국 정부이다(제24조). 일본은 1951년 11월 29일에 평화조약 및 안전보장조약을 비준하고, 11월 28일에 평화조약의 비준서를 기탁했다. 주요 연합국 측에서 비준서를 기탁한 국가는 현재(1952년 2월말)까지 영국(1952년 1월 3일)뿐이다.

2. 최초의 효력발생

양자 간 조약이라면 비준서 교환 시부터 또는 그때부터 일정기간이 경과된 후에 효력이 발생한다. 하지만 다자간 조약은 모든 서명국의 비준이 종료될 때까지 기다리고 있을 수만 없다. 조약에 서명을 하더라도 비준을 해야 할 의무가 없기 때문에, 언제까지나 방치해둬도 무방하며, 또 비준할 의사가 있어도 조약이 특히 비준기한을 정해두고 있지 않으면, 언제까지 비준해야만 한다는 구속도 받지 않는다. 대일평화조약에는 비준기한이 규정되어 있지 않으므로 어느 시점까지 비준해야만 하는 것은 아니다.

그래서 다자간 조약은 서명국 전부가 비준하지 않더라도 그 중의 일부가 비준하면 조약이 발효되는 것으로 하지 않으면 안 된다. 베르사유 조약(최종조항)에서는 독일과 주요 동맹국 및 연합군 중의 3개국이 비준하면 즉시 제1회 비준서 기탁 조서를 작성하고, 비준 한 국가에 대해서는 그날부터 조약이 발효되며, 그 후에 비준하는 국가에 대해서는 그 국가가 비준서를 기탁한 날부터 발효되는 것으로 되어 있었다.[1] 이탈리아평화조약(제90조)에서는 소련, 영국, 미국, 프랑스가 비준서를 기탁한 시각에 즉시 조약이 발효되며, 그 후에 비준서를 기탁한 국가에 대해서는 기탁한 날부터 발효되는 것으로 되어 있었다. 이 조약은 이탈리아도 비준해야 하는 것이었지만, 이탈리아의 비준은 조약의 효력발생과는 관계가 없었다. 이탈리아 정부는 이 규정을 이탈리아의 비준이 조약의 발효요건은 아니지만, 존립요건이라고 해석하고 있다. 이탈리아 정부의 이 견해를 부연해서 설명한다면 평화조약은 동맹국 및 연합국과 이탈리아 사이에 체결된 것이다(조약 전문 참조). 그러나 이탈리아가 비준하면 쌍방 간에 합의가 성립되지만, 만약 이탈리아가 비준하지 않는다면 합의는 성립되지 않으므로 명칭은 조약이더라도 실

---

1) 제1회 비준서 기탁조서는 1920년 1월 10일에 작성되었으며, 그때까지 비준한 동맹국은 영국, 캐나다, 호주, 남아프리카 공화국, 뉴질랜드, 인도, 프랑스, 이탈리아, 일본, 벨기에, 볼리비아, 브라질, 과테말라, 페루, 폴란드, 태국, 체코슬로바키아, 우루과이이다.(밑줄은 주요 동맹국).
그 후에 비준서를 기탁한 국가는 세르브크로아트스로베누(1920.2.10), 쿠바(1920.3.8), 그리스(1920.3.30), 포르투갈(1920.4.8), 아이티(1920.6.30), 라이베리아(1920.6.30), 루마니아(1920.9.14), 온두라스(1920. 11.3), 니카라과(1920.11.3), 파나마(1920.11.25)이다. 미국과 에콰도르, 헤자즈는 비준하지 않았다.

제는 일방적 명령이 된다는 것을 의미하는 것일 것이다. 물론 실제로는 4강대국이 비준서를 기탁하기 전에 이탈리아가 비준했으므로 문제는 없었다.[2)]

대일평화조약은 일본과 미국을 포함한 주요 연합국 6개국이 비준서를 기탁했을 경우에 그때까지 비준한 모든 국가에 대하여 효력이 발생하며, 그 후에 비준한 국가에 대해서는 비준서를 기탁한 날에 발효된다(제23조(a)). 이탈리아평화조약과 다른 점은, 첫째, 일본의 비준이 발효요건이 되어 있는 것으로, 여기에서는 베르사유 조약과 마찬가지로 패전국의 비준을 발효요건으로 하고 있다는 점이다. 둘째, 이탈리아 조약에서는 4강대국에 거부권

---

2) 이탈리아평화조약의 최종조약문은 1947년 1월 16일 주미 이탈리아 대사에게 통보되었지만, 이탈리아 정부는 조약 서명 전에 제90조의 해석에 관하여 본문에서 언급한 것과 같은 견해를 4강대국 정부에 통보했다. 당시 이탈리아 정부는 이탈리아 의회가 비준 승인을 거부하면 이탈리아가 조약의무를 사실상 이행할 수 없게 되며, 연합국 측은 경제제재와 같은 강제수단을 동원해야만 하고, 또 이탈리아와 연합국 사이에는 사실상 휴전상태가 지속되게 되어 이탈리아의 입장에서는 아무 것도 얻는 것이 없다는 점을 지적했다.
4강대국의 비준은 영국이 1947년 4월 30일, 프랑스가 6월 13일(의회의 동의를 얻은 날, 비준일은 불명), 미국이 6월 14일, 소련은 8월 29일이지만, 이탈리아는 소련보다 빠른 8월 31일에 비준했다. 앞서 언급한 이탈리아 정부의 견해가 4강대국 정부에 통보된 5개월 후에 평화조약의 비준이 이탈리아 헌법의회(이탈리아 공화국 헌법은 1947년 12월 27일에 공포)에 상정되었을 때, 이 문제와 관련해서 많이 논의가 이루어졌으나, 찬반양론 모두 이탈리아의 비준이 조약의 발효요건이 아니라는 점에서 의견이 일치되었다. 즉 반대론자는 이탈리아가 비준하지 않더라도 조약이 발효되는 것이므로, 어디까지나 이것을 연합국의 일방적인 행위라는 인상을 남기기 위해 비준하지 말 것을 주장하였으며, 찬성론자는 비준은 단순히 이탈리아가 연합국과 협력하겠다는 선의를 표현하는 것에 불과한 것이므로 기꺼이 비준을 함으로써 이익(국제연합 가입, 경제협력 등)을 최대한 빨리 획득하는 것이 좋다고 주장했다.
다음으로 비준시기와 관련해서도 헌법의회의 조약위원회에서 의견 대립이 있었지만, 결국 소련의 비준을 기다리지 말고 최대한 빨리 비준해야 한다는 주장이 이겨서(13 대 10), 1947년 7월 31일의 헌법의회에서 262 대 68, 기권 80으로 비준이 승인되었다. 비준 반대론자 중의 크로체 올란드와 같이 저명한 노정치가는 "이탈리아 국민에게 정의롭지 못한 것을 강요하는 이러한 문서를 이탈리아 정부가 승인하는 형식을 취하는 것은 절대로 피해야만 한다"고 주장했다.

이 있지만, 대일평화조약에서 거부권을 갖고 있는 것은 미국뿐이다. 일본은 미국, 중국, 영국, 소련의 4강대국에게 항복했지만(항복관계왕복문서 및 항복문서 참조), 미국은 대일본 전쟁에서 주도적인 역할을 했으며, 일본이 항복한 후에도 일본점령의 책임을 거의 단독으로 지고 있다. 따라서 미국에게만 이런 특별한 지위를 인정한 것이다. 주요 연합국은 호주, 캐나다, 실론, 프랑스, 인도네시아, 네덜란드, 뉴질랜드, 파키스탄, 필리핀, 영국, 미국의 11개국인데, 8월 13일의 조약문에서는 여기에 버마와 인도, 소련을 추가한 14개국이었다. 따라서 영국과 소련에게도 거부권을 인정하면 소련이 모략적으로 평화조약에 서명하고 비준을 하지 않은 채로 방치해 둘지도 모르므로, 대일평화조약에서는 전면강화인 이탈리아평화조약과 같은 방법을 취할 수 없었던 것이다. 지금 미국에게만 거부권이 있다고 했지만, 정확히 말하면 사실 미국도 거부권을 가지고 있지 않다. 왜냐하면 다음에 기술된 제23조(b)에 따라 미국이 비준하지 않더라도 조약이 발효되는 경우가 있기 때문이다. 참고로 미국초안(제8장 제4항)에서는 일본과 미국을 포함한 극동위원회 회원국의 과반수(7개국)가 비준서를 기탁한 날부터 발효되는 것으로 되어 있었다.

3. 양자 간 효력발생

평화조약에 반대하는 국가에서는 전권위원이 조약에 서명하더라도 의회의 승인을 얻을 수 없기 때문에 비준이 지연될 수도 있다. 대일평화조약의 서명국 중에는 전후에 독립한 국가가 다수 있으며, 그 국가의 정부는 기초가 아직 튼튼하지 않다. 게다가 그런 국가가 가장 문제가 있는 국가이기 때문에 정부 전권위원이 서명했다고 해서 안심할 수는 없다. 그런 일이 생기지 않도록 덜레스 고문이 관련 국가를 방문하여 의견조정을 위해 노력하고 있으며, 그 결과 미국초안보다 더 가혹한 영미초안이 완성된 것이다.

가장 문제가 있는 것은 필리핀과 인도네시아로, 미국이 배상중단을 위해 최대한 노력했음에도 불구하고, 새로운 용역배상규정(제14조(a)1)을 마련할 수밖에 없었던 경위를 봐도 이 국가들의 비준이 향후 이루어질 배상, 기타 관련 협상에 따라 영향을 받을 것은 불가피하다. 필리핀은 앞서 일본의 유네스코 가입에 단독으로 반대했다. 이번에도 또 일본의 아시아-극동위원회 준 회원국 지위 인정에 반대하고 있을 정도로 일본에 대한 악감정이 아직 조금도 누그러지지 않고 있다. 인도네시아의 대일 감정은 필리핀 정도로 나쁘지는 않지만, 이 나라는 샌프란시스코 회의에서 마지막 순간까지 조약 서명에 대한 태도를 분명히 하지 않았다. 이 두 나라 다음으로 대일강화에 대해 강경한 태도를 취하고 있는 것은 호주, 뉴질랜드이다. 이 두 나라는 필리핀처럼 일본을 강력하게 기피하고 있다.

이처럼 주요 연합국 측에 비준이 곤란하거나 혹은 곤란한 것은 아니더라도 지연시킬 원인이 되는 복잡한 사정이 있는 것을 감안하여 평화조약에서는 만일의 경우에도 일본과의 강화를 실현시킬 방법을 마련해두고 있다. 즉 일본이 비준서를 기탁하고 9개월이 지나도 주요 연합국의 과반수가 비준서를 기탁하지 않고, 그 결과 조약이 발효되지 않을 때는, 이미 비준서를 기탁한 국가는 일본과 그 국가 사이에서만 조약을 발효시킬 수 있다. 그러나 그러기 위해서는 일본의 비준서 기탁일로부터 3년 이내에 일본 정부와 미국 정부에게 그 취지를 통고하여야 한다(제23조).

제17장
비서명국과의 관계

1. 중국

중국을 샌프란시스코 회의에 초청하지 않았던 이유는 중국 대표 문제에 대해 미국과 영국 사이에 합의가 이루어지지 않아 런던 회의에서 중국을 회의에 초청하지 않기로 결정했기 때문이다. 물론 중국을 이번 평화조약에서 제외한 것이 중일 간에 언제까지나 전쟁상태를 지속시키는 것을 의미하는 것은 아니다. 조약의 최초발효 후 3년 이내에 중국에서 양국 간 평화조약 체결 신청이 있으면, 일본은 이에 응할 의무가 있다(제26조 참조). 이때 국민정부를 상대로 할지, 중공을 상대할지의 선택권이 일본에게 주어진 것이다. 요시다 총리는 1951년 10월 29일 참의원 2조약 특별위원회에서 이 선택은 연합국 사이에 의견이 일치했을 때 그것을 참고로 한다는 취지를 밝혔지만, 연합국 사이의 의견 일치가 어려울 것은 지금 기술한 대로이므로, 중국 문제는 당분간 해결되지 않을 것으로 보인다.

요시다 총리는 1951년 12월 24일(1952년 1월 16일 발표)에 덜레스 씨에게 보낸 서한에서 법률적으로 가능해지는 대로 중국 국민정부가 희망한다면 대일평화조약에 제시된 원칙에 따라 양국 정부 사이에 정상적인 관계를 재개하는 조약을 체결할 생각이 있다는 것과 중공과 양국 간 조약을 체결할 의도가 없다는 것을 밝혔다. 하지만, 총리는 1952년 1월 26일 참의원에서 대만정부와 체결하려고 하는 조약은 대일평화조약에서 말하는 평화조약이 아니라고 답변했다.

2. 조선

대일강화와 관련해서 중대한 이해관계를 지니고 있으면서 샌프란시스코 회의에 초청되지 않은 나라가 중국 외에 하나 더 있다. 그것은 조선이다. 그러나 조선은 샌프란시스코 회의에 옵서버를 파견했다.

패전국에게 이전에 병합되었다가 전쟁으로 인해 독립을 회복한 국가가 평화조약에 서명할 수 있는지 여부에 대해서는 선례가 반드시 일치하지는 않는다. 이탈리아평화조약에서도 에티오피아와 알바니아에 대한 대우가 다르다. 에티오피아는 1935년 이탈리아에 병합되었지만, 1941년 이탈리아 군을 몰아내고 연합국선언에 서명했으며 이탈리아가 항복할 때까지 싸웠으므로, 평화조약에도 '동맹국 및 연합군'의 일원으로 서명했다. 이에 반해, 알바니아는 1939년에 이탈리아에 병합되었는데, 이탈리아가 항복한 후에 독일군에게 점령되었고, 1944년에 해방되었지만 전쟁에 적극적으로 기여하지 않았고, 파리평화회의에는 옵서버만 파견했을 뿐, 나중에 조약에 가입했다. 제1차 세계대전 후에 폴란드가 독립을 회복하고, 세르부크로아트스로베뉴(뒷날의 유고슬라비아), 체코슬로바키아가 새로이 독립하고, 이 신흥국들은 베르사유 조약과 기타 평화조약에 서명했지만, 그것은 승전국으로 처리된 것이 아니라, 제1차 세계대전 시의 각종 평화조약이 평화해결에 관한 규정 외에 국제연맹에 대한 규정을 동시에 포함하고 있었기 때문에 이 신흥국들도 국제연맹의 회원국 자격으로 조약에 서명한 것이다.

조선은 일본이 항복하기까지 일본의 영역이었으므로, 일본과 전쟁상태에 있을 수가 없다. 따라서 평화조약에 서명하지 않는다. 덜레스 고문도

9월 5일의 연설에서 "한국은 일본과 전쟁한 적이 없었다는 이유만으로 평화조약에 서명하지 않을 것이라고 생각한다"라고 밝혔다. 양유찬 주미한국대사는 8월 20일에 미 국무부를 방문하고 기자에게 "한국 정부는 일본 정부와 단독평화조약을 체결할 의향이다"라고 밝혔지만(RP 1951년 8월 30일, 뉴욕 방송, 8월 31일 요미우리신문), 조선은 제26조의 요건을 갖추고 있지 않기 때문에 일본이 조선과 양국 간 평화조약을 체결할 의무는 없다. 조선과의 사이에 평화조약이 체결될 일은 없지만, 한일 간에는 여러 문제가 있으므로 그에 대해 신속하게 합의할 필요는 있다. 국적 및 처우문제와 선박귀속문제에 대해서는 1951년 가을부터 한일 당국 간에 협상 중이지만, 1952년 2월15일에 시작된 한일회담에서는 그 외에 우호조약, 재산 및 청구권(제4조(a)), 어업협정(제9조), 통상항해조약(제12조), 해저전선(제4조(b)) 등의 각종 문제가 의제로 다루어지고 있다.

3. 소련

중국, 조선과 같이 처음부터 제외되지는 않았지만, 평화조약에 서명하지 않을 것으로 예상되었으며, 예상대로 서명하지 않았던 것이 소련이다.

소련대표는 9월 5일, 미국과 영국의 안에 대한 수정안을 제안했다. 제안된 수정 및 추가 사항 중의 중요한 것은, 1950년 가을 이후 미국과 소련 간에 왕복된 각서 중에서 이미 언급된 것이다. 미국과 소련의 견해 차이는 조약작성절차, 영토귀속, 안전보장 등과 관련해서 존재하지만, 그 내용을 다음에서 설명한다.

(1) 조약작성절차

포츠담 협정(1945년 8월 2일, 영국 · 소련 · 미국)은 "평화해결을 위해 필요한 준비사업"을 위해 영국·소련·중국·프랑스·미국의 외교장관으로 구성된 외교장관 회의 설치를 규정했다. 그리고 구 추축위성국인 이탈리아·헝가리·루마니아·불가리아·핀란드와의 평화조약은 중국을 제외한 4개국의 외교장관 회의에서 작성되었다. 자세하게 설명하자면, 외교장관 회의에서 우선 조약초안을 작성하고, 이어서 군대를 가지고 추축위성국과 싸웠던 국가들을 초청한 파리평화회의에서 초안을 심의하고, 다시 외교장관 회의를 열어 평화회의의 권고를 고려한 조약문 안을 확정한 후에 관계국이 서명한 것이다. 포츠담 협정은 독일에 관한 평화해결의 준비에도 외교장관 회의가 이용되어야 한다고 규정하고 있기 때문에, 이탈리아 등과의 평화조약과 병행하여 독일·오스트리아와의 평화조약도 거론했지만, 전혀 진척 없이 그 후에도 몇 차례 외교장관 또는 외교장관대리 회의를 개최했지만 한걸음도 나아가지 못했다. 그래서 미국·영국·프랑스는 1949년 9월 3일 점령지역을 통합하여 서독연방을 수립하고, 이 연방정부에 점차적으로 자주권을 주고, 1951년 3월에는 외교관계 재개를 허용했지만, 연합국 대독일 고등위원회는 점령조례 및 고등판무관 제도를 종결시키기 위한 조약안을 현재 준비 중인 것으로 알고 있다(1951년 10월 27일, 독일 본 발, 로이터 통신).

1947년에 미국이 극동위원회 회원국에게 대일강화예비회의 개최를 제안한 것은 독일·오스트리아에 대한 외교장관 회의를 통한 절차가 성공하지 못한 것을 감안하여, 4대강국(영국·소련·중국·미국)에만 한정하지 않고, 극동위원회 회원국 전체 회의를 열어 거기서 3분의 2의 다수결로 조약초안을 작성하려는 의도였다. 이에 대해 소련이 외교장관 회의 제도가 대일평화조약의 준비에도 적용되어야 한다고 주장하고, 평화문제에 대한 의견이 맞지 않아서 대일강화문제가 오랫동안 해결되지 않은 상태였다는 것은 제1장에서 언급한 바와 같다. 이 점에 관한 미소 양국의 입장은 7개조 원칙(1951년 10월 26일 소련에게 교부) 및 미국 측 초안(1951년 3월 29일, 소련에 교부)에 이르기까지 변경되지 않았다. 미국은 포츠담 협정 당시, 소련은 일본에 대해 중립적인 지위에 있으며, 동 협정도 대일강화에 대해 언급하지 않은 것과 외교장관 회의는 "참가한 각국 정부의 합의에 따라 회부될 수 있는 다른 문제"를 심의할 수는 있지만, 미국은 대일평화조약의 회부에 대해 지금까지는 동의한 적이 없고 앞으로도 동의할 것이라고 생각하지 않는다는 것, 소련의 거부권 남용은 평화조약의 신속한 체결을 방해한다는 것을 이유로 삼았으며, 이에 대해 소련은 외교장관 회의의 주요 임무는 평화해결의 준비이며, 그것은 유럽에 한정되지 않는다는 것, 외교장관 회의의 개최는 강화를 지연시키는 것이 아니라 외교장관 회의를 개최하면 대일강화도 더 신속하게 성립되었을지도 모른다는 것을 이유로 삼아 서로 양보하지 않았다.

조약작성절차와 관련하여 연합국선언과의 관계성도 문제가 되었다. 연합국선언은 연합국 47개국이 단독휴전 또는 단독강화를 하지 않기로 약속한 것이지만, 소련이 소련과 중공을 제외하는 것은 이 선언에 위배된다고 주장하는 것에 대해, 미국은 이 선언이 추축국을 상대로 승리할 때까지 싸우는 것을 약속한 것으로, 그 목적은 이미 달성되었으며 일본이 항복한 지 몇 년이 지난 오늘날, 47개국 모두를 만족시키는 조건을 찾아내지 않는 한 어떠한 형태의 강화도 있을 수 없다는 의미가 아니라고 반박했다.

또한 소련은 중국의 유일한 대표기관으로서 중공을 참여시키는 것을 요구했지만, 미국은 자국이 승인하지 않은 중공의 참가에는 반대하고 있다.

소련이 샌프란시스코 회의에 참석한 것이 얼핏 보기에는 조약작성절차에 대한 기존의 주장을 포기한 것으로 보였지만, 영미초안 제23조에 대한 수정제안 중에 조약의 효력발생과 관련해서 소련과 중공의 거부권을 넣어두었으므로 실질적으로는 어떠한 주장의 변경도 없는 것이다.

(2) 영토귀속

먼저 대만과 팽호제도에 대해 소련은 중공에게 이것을 넘겨줘야 한다고 주장한 것에 반해, 미국은 카이로 선언에는 "중화민국으로 회복될 것"이라고 기술되어 있으며, 중화인민공화국은 중화민국이 아니라는 것, 일본은 대만 및 팽호제도에 대한 주권을 포기하면 그걸로 의무를 완수한 것이며, 넘겨줘야 할 상대방에 대한 연합국 간의 이견으로 인해 평화상태가 거부당해서는 안 된다는 것을 이유로 반박했다.

다음으로 류큐와 오가사와라의 신탁통치에 대해 소련은 어떠한 국제협정에도 이러한 것은 규정되어 있지 않다는 것과 또한 영토불확장 성명에 위배된다는 것을 이유로 반대한 반면, 미국은 4개의 큰 섬 이외의 섬의 처분은 평화조약에서 결정할 수 있다는 것과 신탁통치가 영토확장과 동일시되어서는 안 되며, 뿐만 아니라 류큐와 오가사와라에 대한 일본의 주권은 존속한다는 것을 이유로 응수했다.

또 소련은 쿠릴 및 사할린에 대한 소련의 주권을 승인할 것을 요구했다.

(3) 안전보장

소련은 일본의 군국주의 부활에 대한 보장과 일본의 자위에 필요한 정도의 군비제한 조항을 마련할 것을 주장했지만, 샌프란시스코 회의에서 육·해·공군 합쳐서 19만 5,000명을 한도로 제한할 것을 제안한 것은 제6장에서 언급한 바와 같다.

소련이 가장 강력하게 공격하고 있는 것은 말할 필요 없이 미일안전보장조약이다. 소련은 미군이 일본에 주둔하는 것은 포츠담 선언 제12항(앞에 기술한 각 목적이 달성되고 또 일본국민이 자유롭게 표명한 의사에 따라 평화적 경향을 지니는 책임 있는 정부가 수립된다면 연합국 점령군은 즉시 일본에서 철수해야만 한다)에 위배된다고 하여 조약발효로부터 90일이 지난 후에는 어떠한 외국도 일본 국내에 군대 또는 기지를 유지할 수 없다는 것을 규정해야만 한다고 주장한 반면, 미국은 점령군이 아닌 집단적 안전보장협정에 따라 주둔하는 것은 포츠담 선언에 위배되지 않는다고 반박했다.

또한 소련은 미일안보조약이 소련과 중공을 제외하고 있는 점으로 보아 이 두 국가를 겨냥한 것임에 분명하다고 비난하고 있었지만, 샌프란시스코 회의의 수정제안에서는 제3장에 "일본은 대일전쟁에 무력을 가지고 참가한 어느 나라를 대상으로 하는 어떠한 연합 또는 군사동맹에도 참가하지 않겠다는 것을 약속한다"라는 조항을 추가하도록 제안했다.

또한 소련이 이번 평화조약에 서명하지 않았기 때문에 소련은 포로를 송환할 의무(제6조(a))도 없으며, 영토문제에 대해 국제사법재판소에 응소할 의무(제23조, 제10장 (2) 참조)도 없다.

(4) 비서명국이 평화조약에 따른 이익을 받는 경우

이 평화조약은 "비서명국에 대해서는 어떠한 권리, 권원 또는 이익을 주지 않으며, 또한 일본의 어떠한 권리, 권원 또는 이익도 비서명국으로 인해 줄어들거나 또는 침해받지 않는다(제25조 중단과 하단)." 일본은 대만과 펑후제도, 쿠릴열도 및 사할린을 포기하지만, 그것은 바로 중국과 소련이 이 지역에 대한 주권을 획득하는 것을 의미하지는 않는다. 이 지역은 현재도 일본 정부의 행정관할 밖에 놓여있으므로 일본 정부가 권리, 권원 및 청구권 포기를 상징하는 행위를 특별히 할 필요는 없지만, 평화조약만으로는 현재 중국과 소련에 의한 점령상태를 변경시켜 이 지역을 영토로 삼으려고 하고 있지는 않은 것이다. 베르사유 조약(제119조)은 독일이 해외 속지에 대한 일체의 권리 및 권원을 주요동맹과 연합국(영국, 프랑스, 일본, 이탈리아, 미국)에게 포기한다고 규정했지만, 대만과 펑호제도, 쿠릴열도 및 사할린에 대해서는 권리 포기 상대방이 명시되어 있지 않기 때문에, 카이로선언 및 얄타협정이 최종적인 것이 아니라면, 엄격하게 말하면 이 지역은 국제법상 무주지가 되는 것이다.

비서명국에게는 어떠한 권리, 권원 및 이익도 주지 않는다는 원칙과 관련해서는 두 가지 예외가 규정되어 있다. 그것은 중국과 조선에 대한 것이다.

이 두 국가는 앞에서 언급 한 바와 같은 경위로 평화조약에서 일단 제외되었지만, 이 두 국가가 대일평화조약과 깊은 관계가 있는 것을 감안하여 조약에 따른 이익을 특별하게 받을 수 있도록 한 것이다(제21조).

우선 중국이 이익을 받는 것은 중국의 특수권익포기에 관한 제10조와 연합국(이 경우에는 중국본토)에 있는 일본 재산의 처분권에 관한 제14조(a)2(대만에 있는 일본재산과 관련해서는 제4조(a)를 적용)이다. 중국은 조선과 같이 영토에 관한 제2조의 이익은 받지 않는다. 이는 대만과 팽호제도가 이번 평화조약에 관한 한, 중국의 영토가 되지 않는 것을 의미한다.

다음으로 조선이 이익을 받는 것은 영토에 관한 제2조 및 분리지역에 있는 재산처리에 관한 제4조, 어업협정 체결에 관한 제9조, 과도기의 통상항해관계에 관한 제12조이다. 조선은 평화조약의 서명국이 아닌데도 불구하고, 일본의 독립승인과 한반도, 제주도, 거문도, 울릉도에 대한 모든 권리, 권원 및 이익의 포기라는 이익을 받는 셈이다. 중국이 제2조의 혜택을 받지 않는데, 조선이 제2조의 혜택을 받는 이유는, 중국의 경우에는 대만 및 팽호제도를 국민정부와 중공 중에 어느 쪽에 넘겨줘야 할 것인지 라는 문제가 얽혀있으며, 게다가 중공은 버마, 스리랑카, 인도, 인도네시아, 네덜란드, 파키스탄, 영국 등의 승인을 얻어 중국의 정통정부로서의 지위를 착착 굳히고 있는 데 반해, 국민정부는 지방정권으로 전락하였으며, 미국의 지지로 간신히 명맥을 유지하고 있는 상황이지만, 조선의 경우에는 북한정부를 승인하고 있는 것은 공산진영의 국가들뿐이므로, 소련 블록이 평화조약에 참가하지 않는 이상, 상대방을 선택해야 하는 성가신 문제가 일어나지 않기 때문이다. 미국초안(제8장 제2항)에는 중국 관련 이익수혜규정 밖에 없었지만, 영미초안에서 처음으로 조선 관련 이익수혜규정이 들어가게 되었으며, 그로 인해 조선도 서명하지 않는 것이 명백해졌다.

(5) 양자 간 평화조약

다자간조약에는 가입조항이 포함되는 것이 보통이다. 가입조항이라는 것은 조약 비서명국에 대하여 조약발효 후에 참가하는 것을 인정하는 조항이다. 이탈리아평화조약은 전승국 측에서 20개국이 서명했지만, 비서명국인 교전국은 나중에 가입할 수 있도록 되어 있다(제88조). 대일평화조약의 미국초안(제8장 제7항)에도 가입조항이 마련되어 있었다. 미국초안에서는 서명하는 것이 15개국으로 되어 있었으므로, 가입조항을 마련해 둘 필요가 있었던 것이다. 영미초안이 가입조항을 생략한 것은 중국처럼 특별한 사정이 있는 국가를 제외하고 모든 교전국을 샌프란시스코 회의에 초청했기 때문에, 그 초청에 응하지 않은 국가 또는 초청에는 응했지만 조약에 서명하지 않은 국가가 나중에라도 조약에 가입하지는 않을 것이라고 생각했기 때문이다.

가입조항을 마련하지 않은 대신에 대일평화조약 비서명국인 교전국으로 연합국선언의 당사국이거나 또는 이전에 주요 연합국 영역의 일부를 이루고 있던 나라는 평화조약 발효 후 3년 이내에 평화조약과 동일하거나 또는 실질적으로 동일한 내용의 양자 간 평화조약 체결을 요구할 수 있는 것으로 규정하고 있다(제26조 상단). 그러나 일본이 평화조약에 규정된 것보다 큰 이익을 비서명국에게 주는 평화해결(강화) 또는 전쟁청구권처리를 실시했을 경우에는 평화조약 서명국에게도 동일한 혜택을 주어야 한다(같은 조 하단). 미국초안(제8장 제3항)은 평화조약 서명국에게 주어지는 것보다 큰 이익을 비서명국에게 주어서는 안 된다고 규정하고 있었기 때문에, 다른 나라가 그 이상의 것을 요구할 우려는 없었지만, 이번에는 그러한 보장이 없어졌다.

양자 간 평화조약 체결을 제의할 수 있는 것은 버마, 체코, 중국, 인도, 폴란드, 소련, 유고슬라비아이다. 조선은 일본과 전쟁상태가 아니었으며, 이탈리아는 일본과 전쟁상태에 있었지만 연합국선언의 서명국이 아니었으므로 제26조의 적용을 받지 않는다.

(6) 전쟁상태를 종결하는 국가

전쟁상태를 종결하는 보통의 방법은 평화조약 체결이지만, 변칙적인 방법으로 전쟁상태 종결선언이 있으며, 그리고 전쟁상태 종결선언은 평화조약 대신으로 또는 평화조약 체결까지의 잠정적 조치로 이루어지는 것이지만, 평화조약과 같이 합의가 아닌 일방적 행위라는 것은 제2장에서 언급한 바와 같다. 대일평화조약의 효력발생과 동시에 일본과의 전쟁상태를 종결시키려는 의사가 있다고 통보해 온 나라가 2개국이 있다. 그것은 인도와 이탈리아이다.

오키나와 및 오가사와라의 신탁통치와 점령 하에서의 방위협정 체결에 반대하고, 대만의 중국 반환과 쿠릴열도 및 남사할린을 소련에 인도할 것을 요구하며 샌프란시스코 회의 참가를 거절한 인도(1951년 8월 27일, 대미각서, 8월 30일 백서 참조)는 9월 8일, 일본 정부에 대해 평화조약 발효 일에 일본–인도 간 전쟁상태를 종료하고, 가능한 한 빠른 시기에 양자 간 평화조약을 체결할 의사가 있다고 통보해 왔다(1951년 9월 8일, 재일인도사절단장 서한 참조).

이어서 9월 27일에 이탈리아도 평화조약의 효력발생 일에 전쟁상태를 종료하려는 의도가 있으며, 전쟁상태 존재 및 양국 당국이 취한 조치의 결과로 양국 간에 발생한 여러 문제를 해결하기 위한 협정을 체결할 의도가 있다고 통보해왔다(1951년 9월 27일, 재일이탈리아 외교사절단장 서한 참조).

인도의 경우에는 전쟁상태 종결선언이 양자 간 평화조약 체결을 전제로 한 것이지만, 이탈리아의 경우에는 양자 간 평화조약이 체결되지 않기 때문에, 전쟁상태 종결선언을 하는 동시에 전쟁전의 조약의 효력, 재산의 반환, 전쟁청구권 등의 제반 문제에 대한 협정을 체결할 필요가 있는 것이다.

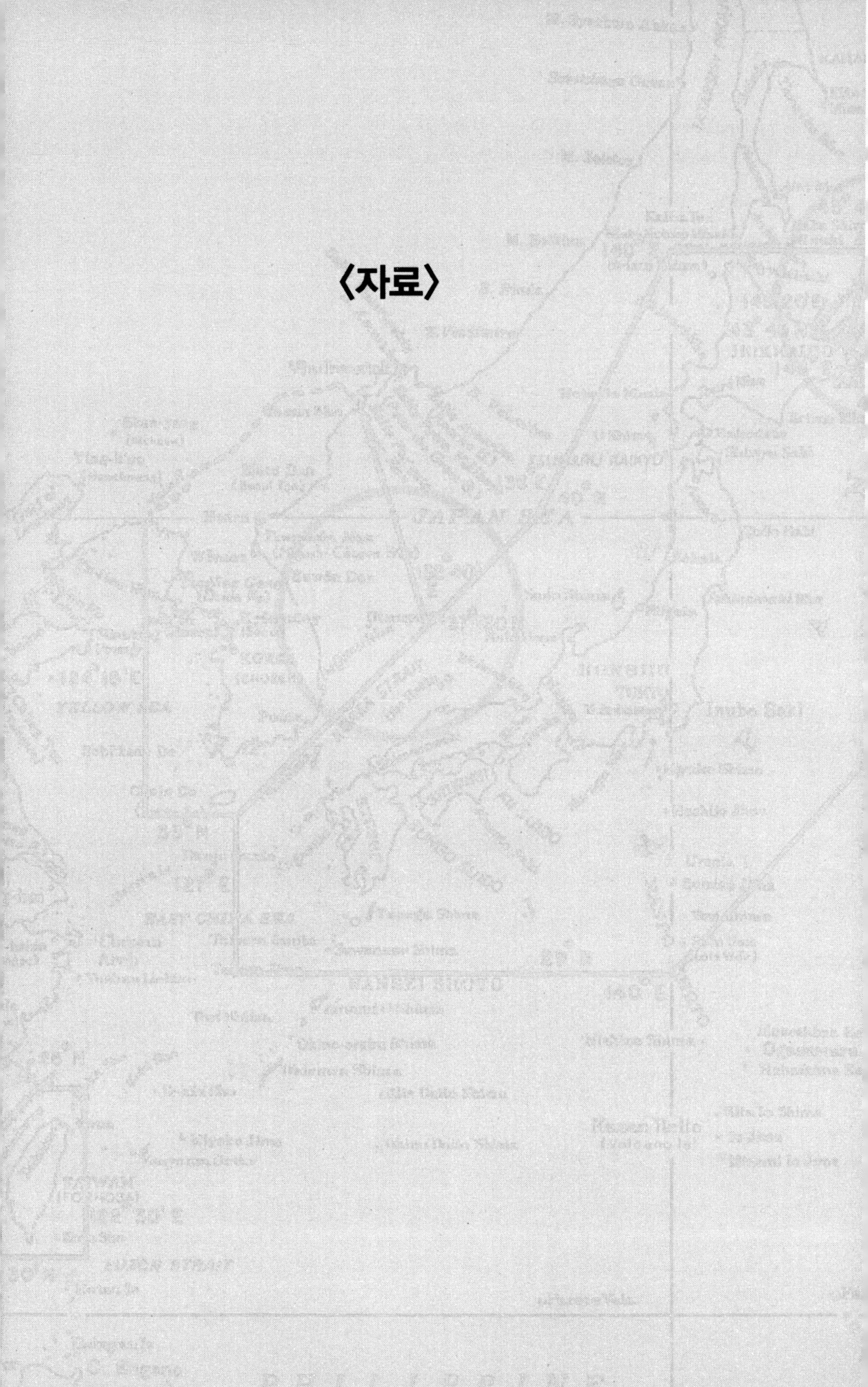

〈자료〉

연합국공동선언

(1942년 1월 1일 워싱턴에서 서명)

이 선언에 서명한 정부는

대서양헌장으로 알려진 1941년 8월 14일자 미국 대통령 및 그레이트브리튼 및 북부 아일랜드 연합왕국 총리의 공동선언에 포함된 목적과 원칙에 관한 공동강령서에 찬성하는 뜻을 표명하며

서명국 정부의 적국에 대한 완전한 승리가 생명, 자유, 독립과 종교적 자유를 옹호하기 위해, 그리고 자국의 국토와 다른 나라의 국토에서 인간의 권리와 정의를 유지하기 위해 필수적인 것이라는 것, 또 서명국 정부가 세계를 정복하려고 획책하고 있는 야만적이며 짐승 같은 군대에 대한 공동의 투쟁에 실제로 종사하고 있다는 것을 확신하고 다음과 같이 선언한다.

(1) 각 정부는 삼국조약의 체결국 및 그 조약의 가입국 중에서 그 정부가 이와 전쟁을 하고 있는 것과 관련하여 그 정부의 군사적 또는 경제적인 모든 자원을 사용할 것을 서약한다.

(2) 각 정부는 이 선언의 서명국 정부와 협력할 것과 적국과 단독 휴전 또는 강화를 하지 않을 것을 서약한다.

이 선언은 히틀러주의에 대한 승리를 위한 투쟁에서 물질적 원조와 공헌을 하고 또 해야만 하는 다른 국가들도 가입할 수 있다.

1942년 1월 1일 워싱턴에서 작성한다.

카이로선언

(1943년 11월 27일 카이로에서 서명)

루즈벨트 대통령, 장개석 총통, 처칠 수상은 각자의 군사 · 외교고문과 함께 북아프리카에서 회의를 마치고 다음의 일반적 성명을 발표한다.

각 군사사절은 일본에 대한 장래의 군사행동에 관한 의견일치를 보았다. 3대 연합국은 해로, 육로, 공로를 통해 야만적인 적국에 대하여 가차 없는 압력을 가할 결의를 표명했다. 이 압력은 이미 증대되고 있는 중이다. 3대 연합국은 일본의 침략을 제지하고 또 이를 벌하기 위해 지금의 전쟁을 하고 있는 중이다, 이 연합국은 자국을 위한 어떠한 이득도 원하는 것이 아니며, 또 영토 확장에 어떠한 뜻이 있는 것도 아니다. 이 연합국의 목적은 일본으로부터 1914년 제1차 세계대전 개시 이후에 일본이 탈취 또는 점령한 태평양의 일부 도서를 일본으로부터 박탈할 것과, 아울러 만주 · 대만 · 팽호제도 등 일본이 중국인으로부터 훔친 일체의 지역을 중화민국으로 회복하는 것이다. 일본은 또한 폭력과 탐욕으로 일본이 약취한 다른 일체 지역으로부터도 구축될 것이다. 앞에서 언급한 3대국은 조선 인민이 노예상태에 있는 것에 유의하여 적당한 시기에 조선이 자유롭게 독립하도록 할 것이라고 결의했다.

이러한 목적으로서 앞의 3대 연합국은 일본과 교전 중인 각 동맹국과 협조하여 일본의 무조건항복을 받기 위해 필요한 중대하며 장기적인 작전을 지속해서 수행해야만 한다.

얄타협정

(1945년 2월 11일 얄타에서 서명)

3대국, 즉 소련 · 미국 · 영국의 지도자는 독일이 항복하고 또한 유럽에서의 전쟁이 종결된 후, 2개월 또는 3개월이 경과한 후에 소련이 다음의 조건으로 연합국에 참가하며 일본에 대한 전쟁에 참가할 것을 협정했다.

1. 외몽고(몽고인민공화국)의 현재 상태는 유지되어야 한다.
2. 1904년의 일본의 배신적 공격으로 인해 침해된 러시아의 옛 권리는 다음과 같이 회복되어야 한다.
   (1) 사할린 남부 및 이에 인접한 일체의 도서는 소련에 반환되어야 한다.
   (2) 대련 항에 대한 소련의 우선적 이익은 보호되어야 하며, 이 항구는 국제화되어야 한다. 또한 소련의 해군기지로서 여순 항의 조차권은 회복되어야 한다.
   (3) 동청철도 및 대련의 출구를 제공하는 남만주철도는 중국과 소련이 합자회사를 설립하여 공동으로 운영해야한다. 단 소련의 우선적 이익을 보장하고 또한 중화민국은 만주에 있어서의 완전한 주권을 보유하는 것으로 한다.
3. 쿠릴열도는 소련에 인도되어야 한다.

외몽골 및 위에서 언급된 항구와 철도에 관한 협정은 장개석 총통의 동의가 필요한 것으로 한다. 대통령은 스탈린 원수의 통지를 기다려서 이 동의를 얻기 위한 조치를 취하는 것으로 한다.

3대국의 수반은 일본이 패배한 후에 소련의 이러한 요구가 확실하게 만족될 것이라고 합의했다.

소련은 중화민국을 일본의 멍에로부터 해방시킬 목적으로 자국의 군대를 지원하기 위해 중 · 소 우호동맹조약을 중화민국 정부와 체결할 뜻이 있음을 표명한다.

1945년 2월 11일
이오시프 스탈린
프랭클린 D. 루스벨트
윈스턴 S. 처칠

포츠담 선언

(1945년 7월 26일, 포츠담에서 발표)

1. 우리 미국 대통령, 중화민국 정부주석 및 영국총리는 수억 명의 우리 국민을 대표하여 협의한 결과, 일본에게 이번 전쟁을 종결시킬 기회를 주는 데에 의견이 일치되었다.
2. 미국 · 영국 · 중화민국의 거대한 육해공군은 서방으로부터 자국의 육군 및 공군을 수배로 증강시켜 일본에 대한 최후 타격을 가할 태세를 갖추었다. 이 군사력은 일본이 저항을 종결할 때까지 일본에 대한 전쟁을 수행하겠다는 연합국의 결의로써 지지받고 고무되어 있는 것이다.
3. 세계의 자유로운 인민이 궐기한 힘에 대한 독일의 무익하며 무의미한 저항의 결과는 일본 국민에 대한 선례를 지극히 명백하게 보여 주는 것이다. 현재 일본에 대항하기 위해 결집되고 있는 힘은, 저항하는 나치에게 적용하였을 경우에 전 독일 국민의 토지, 산업 및 생활양식을 필연적으로 황폐하게 만들었던 힘에 비해 예측하기 어려울 정도로 강대한 것이다. 우리들의 결의를 기반으로 한 우리의 군사력을 최고도로 사용한다는 것은 일본 군대의 불가피하며 또 완전한 파멸을 의미한다. 또 마찬가지로 필연적으로 일본 본토의 완전한 파괴를 의미하는 것이다.
4. 무분별한 타산으로 일본제국을 멸망의 구렁텅이로 몰아넣은 방자한 군국주의적 조언자들이 일본을 계속해서 통치하도록 할 것인지, 또는 이성적인 길을 일본이 걸을 것인지를 일본이 결심해야 할 시기가 도래하였다.
5. 우리들의 조건은 다음과 같다. 우리들은 그 조건에서 이탈하는 일이 없을 것이며, 또한 이것을 대신할 조건도 없다. 우리는 지연되는 것을

인정할 수도 없다.

6. 우리들은 무책임한 군국주의가 세계에서 구축될 때까지는 평화 · 안전 · 정의의 신질서가 생길 수 없다고 주장하므로, 일본 국민을 기만하고 그들로 하여금 세계정복의 망동을 일으키는 과오를 범하게 한 자의 권력과 세력은 영구히 제거되어야만 한다.
7. 이와 같은 신질서가 건설되고, 또 일본의 전쟁수행능력이 분쇄되었다는 확증이 있을 때까지 연합국이 지정하는 각 지점은, 우리들이 여기에서 지시하는 기본적인 목적 달성을 확보하기 위해 점령될 것이다.
8. 카이로선언의 조항은 이행될 것이며, 또 일본의 주권은 혼슈, 홋카이도, 규슈, 시코쿠와 우리가 결정하는 여러 작은 도서로 국한될 것이다.
9. 일본 군대는 완전하게 무장이 해제된 후에 각자의 가정으로 복귀하여 평화적이며 생산적인 생활을 영위할 기회를 얻게 될 것이다.
10. 우리는 일본인을 민족으로서 노예화하거나 국민으로서 멸망시키려는 의도를 갖고 있지는 않으나, 우리 포로를 학대한 자를 포함한 일체의 전쟁범죄인에 대해서는 엄중한 처벌을 내릴 것이다. 일본 정부는 일본국민 간의 민주주적인 경향을 부활 및 강화시키는 것에 대한 일체의 장애를 제거해야만 한다. 언론, 종교, 사상의 자유 및 기본적 인권의 존중은 확립되어야 한다.
11. 일본이 자국의 경제를 지탱하고, 공정한 실물배상 지급이 가능해지게 하도록 해주는 산업을 유지하는 것은 허용될 것이다. 다만 일본이 전쟁을 위한 재군비가 가능해지도록 하는 산업은 허용되지 않을 것이다. 위의 목적을 위한 원료의 입수(그 지배와는 구별한다)는 허용될 것이다. 일본이 장차 세계무역관계에 참가하는 것은 허용될 것이다.
12. 앞에서 기술된 각종 목적이 달성되고 또 일본국민의 자유로운 의사표명에 따라 평화를 지향하며, 또 책임 있는 정부가 수립되었을 때에는 연합국의 점령군은 즉시 일본으로부터 철수될 것이다.

13. 우리는 일본 정부가 즉시 일본 군대의 무조건 항복을 선언하고, 또 그 행동에 따른 일본 정부의 성의와 관련해서 적당하고 충분한 보장을 제공할 것을 일본 정부에 요구한다. 이 이외의 일본의 선택은 신속하고 완전한 괴멸이 있을 뿐이다.

항복문서

(1945년 9월 2일 도쿄 만에서 서명)

우리는 여기에 연합국 · 중화민국 및 영국의 정부수반이 1945년 7월 26일 포츠담에서 발표하고, 뒤에 소련이 참가한 선언의 조항을 일본 천황, 일본 정부, 일본제국 대본영의 명령에 따라, 또한 그 대리로 수락한다. 위의 4개국은 이하 연합국이라고 부른다.

우리는 여기에 일본제국 대본영 및 어느 위치에 있는지를 불문하고 모든 일본 군대 및 일본의 지배하에 있는 모든 군대의 연합국에 대한 무조건 항복을 포고한다.

우리는 여기에 어느 위치에 있는지를 불문하고 모든 일본 군대 및 일본 국민에 대하여 적대행위를 즉시 중지할 것, 모든 선박과 항공기 및 군용과 비 군용재산을 보존하고, 이것의 훼손을 방지할 것, 그리고 연합국 최고사령관 또는 그 지시에 따라 일본 정부의 각 기관에 부과되는 모든 요구에 응할 것을 명령한다.

우리는 여기에 일본제국 대본영이 어느 위치에 있는지를 불문하고 모든 일본 군대 및 일본의 지배하에 있는 모든 군대의 지휘관에 대하여 자신 및 그 지배하에 있는 모든 군대가 무조건으로 항복할 뜻의 명령을 즉시 발령할 것을 명령한다.

우리는 여기에 모든 관청, 육군 및 해군의 직원에 대하여 연합국최고사령관이 이 항복실시를 위하여 적당하다고 인정하여 자신이 발령하고 또는 그 위임에 따라 발령하는 모든 포고와 명령 및 지시를 준수하고 또한 이를 시행할 것을 명령하며, 아울러 이 직원이 연합국최고사령관에 의하여 또는 그 위임에 따라 특별히 임무를 해제당하지 않는 한, 각자의 지위에 머무르며, 또한 계속하여 각자의 비 전투적 임무를 수행할 것을 명령한다.

우리는 여기에 포츠담 선언의 조항을 성실히 이행할 것, 그리고 이 선언을 실시하기 위하여 연합국 최고사령관 또는 기타 특정의 연합국대표자가 요구할 수 있는 모든 명령을 발령하고 또한 이 같은 모든 조치를 취할 것을 천황 · 일본 정부 및 그 후계자를 위하여 약속한다.

우리는 여기에 일본제국 정부 및 일본제국 대본영에 대하여 현재 일본의 지배하에 있는 모든 연합국 포로 및 피 억류자를 즉시 해방할 것과, 아울러 그 보호 · 치료 · 보양 및 지시된 장소로 즉시 수송하기 위한 조치를 취할 것을 명령한다.

천황 및 일본 정부의 국가통치 권한은 이 항복조항을 실시하기 위하여 적당하다고 인정되는 조치를 취하는 연합국최고사령관의 제한 아래에 두기로 한다.

1945년 9월 2일 (일본시간) 오전 9시 4분, 일본 도쿄 만에서 서명함.

대일본제국 천황폐하 및 일본 정부의 명령에 따라, 또한 그 이름으로,

시게미쓰 마모루

일본제국 대본영의 명령에 따라, 또한 그 이름으로,

우메즈 요시지로

1945년 9월 2일 (일본시간) 오전 9시 8분, 일본 도쿄 만에서 미합중국 · 중화민국 · 영국 및 소비에트사회주의공화국연방을 대표해서, 또한 일본과 전쟁상태에 있는 다른 연합국의 이익을 대표하여 이를 수락한다.

연합국 최고사령관	더글라스 맥아더(Douglas MacArthur)
미합중국 대표	C · W · 니미츠(C. W. Nimitz)
중화민국 대표자	서영창(徐永昌)
영국 대표	부르스 프레이저(Bruce Fraser)
소련 대표자	카 제레비양꼬(Lieutenant-General K. Derevoyanko)
호주연방 대표자	T · U · 브래미(T.U. Blamey)

캐나다 대표자	고스그레이프(L. Coxgrave)
프랑스 대표자	르 · 그레르크(Le Clerc)
네덜란드 대표자	S · 헬프릿히(S. Helfrich)
뉴질랜드 대표자	S · M · 이싯트(S. M. Isitt)

일본의 무장해제와 비군사화에 관한 조약안

(1946년 6월 21일)

전문

영국, 중화민국, 소련과 미국 정부는 일본의 전면적 무장해제 및 비군사화를 실시하는 의도를 선언했다. 이 의도는 1945년 7월 26일의 포츠담 선언에서 표명되었다. 그것은 대체로 이미 실행되었다. 누구도 그 과정의 완료를 방해하거나 지연시켜서는 안 된다. 세계의 평화와 안전을 위해 필요한 일본의 전면적 무장 해제 및 비군사화의 시행을 확보하는 것이 여전히 필요하다. 이러한 안전보장만이 아시아 각국과 세계가 마음을 모아 평화적 관습으로 복귀하는 것을 가능하게 해줄 것이다. 이 목적을 달성하기 위해, 영국, 중화민국, 소련과 미국의 각 정부는 이 조약에 규정된 공동조치를 취할 것에 동의한다.

제1조

체결당사국은 다음 사항을 공동으로 확보하기 위해 조치를 취하는 것에 동의한다.

(가) 육군, 공군, 방공군과 해군을 포함한 일본의 모든 무장병력, 헌병대, 경비대, 특고과와 같은 모든 준 병력 및 이를 보조하는 모든 조직은 완전히 무장해제 되어, 복원 및 해체되고, 또 계속 그 상태를 지속해야만 한다.

(나) 일본의 대본영, 참모본부, 군령부와 모든 준군사조직의 참모부도 해체되고, 또한 계속 그 상태를 지속해야만 한다.

(다) 일본의 군사조직 또는 준군사조직은 어떠한 형태 또는 가장 하에서도 일본에 존재하는 것을 허용하지 않는다.

(라) 일본에서 군용장비의 제작, 생산 또는 수입은 방지되어야만 한다.

체결당사국은 특히 다음 물건의 제작, 생산 또는 수입을 방지해야만 한다.

(i) 모든 무기, 탄약, 폭발물, 군용장비, 군용저장품, 군수품 및 기타 모든 종류의 전쟁도구.

(ii) 어떤 용도로 제공되는 모든 핵분열물질. 단, 체결당사국이 승인한 조건하에는 예외로 한다.

(iii) 모든 종류의 수상 및 잠수해군함정 그리고 보조해군함정.

(iv) 모든 종류의 항공기, 항공용 장비 및 장치와 방공용 장비.

(마) 다음의 물건은 모두 군사적 목적으로 건설하고 이용 또는 운영하는 것을 방지해야만 한다.

(i) 모든 군사적 구축물, 설비 및 건축물. 이것들은 군용비행장, 수상비행기 기지와 해군기지, 육군 및 해군 물자저장소, 상설 및 가설 육상, 연안방비시설과 요새 및 기타방비지역을 포함하며, 이것에만 한정되지 않는다.

(ii) 앞의 (ii)에 열거된 각 항목의 생산을 하거나 또는 생산을 쉽게 하기 위해 계획되거나 또는 이를 위해 활용되는 모든 공장, 제조장, 공작장, 연구소, 실험실, 시험소, 기술상의 자료(데이터), 특허, 설계, 도면 및 발명.

(바) 이 조항에서 규정하는 비군사화 및 무장해제는 체결당사국이 정하는 조건에 따라 다음과 같은 예외가 인정되지만, 그 외의 예외는 인정되지 않는다.

(i) 일본의 보통경찰대를 편성 및 사용하는 것, 그리고 그 경찰대를 치안유지를 위해 필요한 종류 및 수량의 수입 소형무기로 무장시키는 것,

(ii) 앞의 (ii)와 (i)에 열거된 각 항목, 예를 들어 폭발물 또는 폭발물의 원료로 건축, 광업, 농업 목적 또는 기타 평화적 목적을 위해

필요한 것을 최소한도의 양으로 수입하는 것.

제2조

제1조에 규정된 무장해제 및 비군사화 규정을 완전하게 하기 위해 체결당사국은 연합국의 일본점령 종료와 동시에 실시될 4개국감시제도에 관한 규정을 마련하는 것에 동의한다. 이 감시제도는 체결당사국으로 구성된 4개국을 기초로 설립된 감독위원회를 통해 운영되어야 한다. 이 감독위원회는 제1조에 규정된 무장해제 및 비군사화 규정이 준수되고 있는지 여부를 판단하기 위해 필요하다고 생각되는 검사, 심문 및 조사를 그 직원 및 기관을 통해 일본영역의 모든 부분에서 시행하여야만 한다.

제3조

체결당사국은 연합국의 일본점령 기간 동안 제1조에 규정된 무장해제 및 비군사화규정의 엄격한 시행을 지지해야 한다. 또한 체결당사국은 제1조 및 제2조 규정에 대한 일본의 명백한 수락이 연합국의 일본영역 점령 종료의 필수조건이어야 한다는 점에 동의한다.

제4조

1. 제2조에 규정된 감독위원회는 동 조에 따라 승인된 검사, 심문 및 조사 결과를 지속적으로 연합국 및 국제연합 안전보장이사회에 통보하여야 한다. 감독위원회는 위원회의 과반수의 위원이 제1조 무장해제 및 비군사화 규정 위반이 발생 또는 발생하려고 한다고 믿어질 만한 이유가 있다고 인정될 때에는 언제든지 체결당사국에게 보고를 제출하여야 한다. 그 보고와 함께 감독위원회는 위원회의 과반수의 위원이 적절하다고 인정하는 체결당사국의 행동을 요구하는 권고를 제출하여야 한다. 그 보고 및 권고를 받은 경우, 체결당사국은 그 위반 또는 위반시도의 즉각 정지 또는 예방을 확보하기 위해 필요한 공군, 해군 또는 육군

에 의한 행동을 포함하여 신속한 행동을 합의에 의해 취하는 것으로 한다. 체결당사국은 그들이 취한 행동 또는 취하려고 하는 행동을 국제연합 안전보장이사회에 즉시 보고하여야 한다.

2. 체결당사국은 감독위원회의 검사, 심문과 조사에 대해, 또 각 체결당사국은 이 조약의 목적을 위해 이용 가능하도록 해야 하는 병력의 수 및 종류, 그 병력의 출동 준비 태세 및 일반적인 배치에 대해, 그리고 각 체결당사국이 제공해야만 하는 편익 및 원조의 성격에 관하여 가능한 한 상세하게 규정하는 특별4개국협정을 체결하기 위하여, 이 조약의 효력발생 일부터 6개월 이내에 협의하기로 합의한다. 이 특별4개국협정은 체결당사국에 의하여 각자의 헌법상 절차에 따라 비준되어야 한다.

제5조

이 조약은 체결당사국에 의하여 각자의 헌법상 절차에 따라 비준되어야 한다. 비준서는 ○○○국 정부에 기탁하여야 하며, 또한 ○○○국 정부는 기탁이 있을 때마다 이를 모든 체결당사국에 통고하여야 한다. 이 조약은 체결당사국 모두가 비준서를 기탁한 후에 즉시 효력을 발생하는 것으로 한다. 이 조약은 그 실시일로부터 25년간 지속적으로 효력을 갖는 것으로 한다. 체결당사국은 국제평화와 안전을 위한 이해관계가 이 조약을 수정하거나, 수정하지 않고 갱신할 필요가 있는지 여부, 또는 일본 국민이 민주적 및 평화적 기초 위에 그 생활을 재건하는 데 진전을 보이고, 이 조약에서 규정하고 있는 감독을 계속 시행하는 것이 더 이상 필요하지 않는 것으로 판단되는지 여부를 결정하는 것은 이 조약의 기간만료일 6개월 전에 협의하기로 합의한다.

태평양의 구 일본위임통치령에 관한 미국신탁통치협정

(1947년 4월 2일, 안전보장이사회에서 승인)

(1947년 7월 18일 발효)

전문

국제연합헌장 제75조는 향후 협정에 따라 국제신탁통치제도 하에 놓이게 되어있는 지역의 시정 및 감독을 위한 국제신탁통치제도를 마련하도록 규정하고 있다. 따라서 이 헌장의 제77조에 따라서 신탁통치제도는 현재 위임통치 하에 있는 지역에 적용될 수 있다. 1920년 12월 17일 국제연맹 이사회는 국제연맹 규약 제22조에 따라 행정이 실시되어야할 적도 이북의 구 독일령 각 도서국을 일본에게 위임하기로 확인했다. 그리고 일본은 제2차 세계대전의 결과로 이 각 도서국에 대해서 모든 권력을 행사하는 것을 중지했다. 따라서 여기에 국제연합 안전보장이사회는 헌장의 관련조항이 준수된 것으로 인정하고, 지금까지 일본의 위임통치 하에 있었던 태평양의 각 도서국에 관한 다음과 같은 신탁통치 조항을 승인하기로 결정했다.

제1조(신탁통치지역)

국제연맹 규약 제22조에 따라 지금까지 일본의 위임통치 하에 있었던 각 도서국으로 구성된 태평양제도 지역은 이제 전략지역으로 지정되며, 또 국제연합 헌장에 규정된 신탁통치제도하에 놓인다. 태평양제도 지역은 이하 이것을 신탁통치지역이라고 부른다.

제2조(시정권자)

미국은 신탁통치지역의 시정권자로 지정된다.

제3조(시정권자의 권능)

시정권자는 이 협정의 규정에 위배되지 않는 한, 이 지역 전체에 걸친 행정, 입법 및 사법 전권을 보유하고, 시정권자가 바람직하다고 생각하는 어떠한 변경에도 위반하지 않는다면, 지역의 상황과 요구에 적당하다고 스스로 인정하는 미국의 법률을 신탁통치지역에 적용할 수 있다.

제4조(시정권자의 의무)

시정권자는 신탁통치지역에서 신탁통치 의무를 이행함에 있어서 국제연합헌장과 이 협정의 규정에 따라 행동해야 하며, 또한 헌장 제76조에 규정된 국제신탁통치제도의 목적을 신탁통치지역의 인민에게 헌장 제83조 (2)에 규정된 바에 따라 적용해야 한다.

제5조(안전보장)

국제연합헌장 제76조(가) 및 제84조에 따라 자기의 의무를 이행함에 있어서, 시정권자는 신탁통치지역이 국제평화와 안전유지와 관련해서 국제연합헌장에 따라 그 역할을 수행하는 것을 보장해야 한다. 이를 위해 시정권자는 다음의 내용을 수행할 권리를 가진다.

(i) 신탁통치지역에 해군, 육군 및 공군의 근거지를 건설하고, 또한 요새를 건설할 것

(ii) 이 지역에 군대를 주둔시키고 또 이것을 사용할 것

(iii) 시정권자가 앞의 규정과 관련해서 안전보장이사회에 대한 의무를 이행하는 과정 그리고 신탁통치지역의 지역방위 및 법과 질서의 유지를 위해 신탁통치지역으로부터의 의용군, 편익 및 지원을 사용할 것

제6조(내정)

국제연합헌장 제76조(나)에 따라 자기의 의무를 이행함에 있어서, 시정권자는 다음의 내용을 수행해야 한다.

(i) 신탁통치지역에 적합한 정치제도의 발전을 조성하고, 또 신탁통치지역과 관계 인민의 특수사정 및 관계 인민의 자유로이 표명된 의사

에 적합한 자치 또는 독립을 위해 신탁통치지역 주민의 발전을 촉진할 것, 그리고 그 목적을 위해 신탁통치지역에서 주민의 행정업무 참여를 점진적으로 증가시키고, 지방정치에 대한 주민의 참여를 발전시킨다. 이 지역을 위한 법률제도를 제정함에 있어서 주민의 관습에 대해 적절한 승인을 부여하고, 또한 이러한 목적을 위한 기타 적절한 조치를 취할 것

(ii) 주민의 경제적 발전 및 자급자족을 촉진할 것, 그리고 이 목적을 위해 천연자원의 사용을 규제하고, 어업, 농업과 공업 발전을 장려하고, 토지 및 자원의 상실과 관련해서 주민을 보호하고, 운수 및 통신 수단을 개량할 것

(iii) 주민의 사회적 발달을 촉진할 것, 그리고 목적을 위해 차별 없이 주민의 모든 구성원의 권리와 기본적 자유를 보호하고, 주민의 건강을 보호하고, 무기 및 탄약, 아편 및 기타 위험약품과 알코올 및 기타 알코올음료의 거래를 관리하고, 사회적 학대로부터 주민을 보호하기 위해 필요한 기타 규칙을 제정할 것

(iv) 주민의 교육발전을 촉진할 것, 그리고 이 목적을 위해 일반적인 초등교육제도의 설정을 위한 조치를 취하고, 주민의 직업 및 문화적 발전을 지원하고, 자격을 갖춘 학생들에게 직업훈련을 포함한 고등교육을 받도록 권장할 것

제7조(언론, 출판 등의 자유)

국제연합헌장 제76조(다)에 따라 자기의 의무를 이행함에 있어서, 시정권자는 신탁통치지역 주민에게 양심의 자유를 보장하고, 또 공공질서 및 안전 관련 요구만을 제외하고 언론, 출판 및 집회의 자유, 예배와 종교, 교육의 자유, 그리고 이주 및 이동의 자유를 보장해야 한다.

제18조(국제연합 회원국 및 그 국민에 대한 대우)

1. 국제연합헌장 제83조(2)에 명시되어 있는 헌장 제76조(라)에 따른 의무를 이행함에 있어서, 시정권자는 안전에 관한 요구 및 주민의 발전을 촉진하는 의무를 제외하고, 각 국제연합 회원국 국민 및 회원국의 법률에 따라 조직된 회사 및 조합에 대해 시정권자를 제외한 다른 어떤 연합국의 국민, 회사 및 조합에 부여된 것보다 불리하지 않은 대우를 신탁통치지역에서 제공해야 한다.
2. 시정권자는 사법재판과 관련해서 국제연합 회원국 및 그 국민에게 평등한 대우를 보장해야 한다.
3. 이 조항의 어떤 규정도 신탁통치지역으로 비행해서 들어오거나 나가는 항공기에게 교통권을 부여하는 것으로 해석되어서는 안 된다. 이 권리는 시정권자와 항공기가 국적을 갖는 국가 간의 협정에 따라야 한다.
4. 시정권자는 국제연합 회원국 및 기타 국가가 다른 국가의 국민에게 부여하는 것보다 불리하지 않은 대우를 신탁통치지역의 주민을 위해 획득하는 것을 목적으로 하는 통상 및 기타 조약과 협정을 국제연합 회원국 및 기타 국가와 교섭하고 또 체결할 수 있다. 안전보장이사회는 신탁통치지역에서 국제연합 회원국이 취득한 권리의 대가로 신탁통치지역의 주민이 어떠한 권리를 취득해야 하는지를 심의하고 또 권고 하도록 국제연합의 다른 기관에 권고 또는 권유할 수 있다.

제9조(관세, 재정, 행정을 위한 연합 또는 연방)

시정권자는 신탁통치지역을 미국의 관할 하에 있는 다른 지역과의 관세, 재정 또는 행정을 위한 연합 또는 연방으로 구성하고 또한 이 지역과 신탁통치지역 간에 공동사무를 마련하는 조치가 국제신탁통치제도의 기본목적 및 이 협정의 조항에 모순되지 않은 경우에는 이를 행할 수 있는 권리를 갖는다.

제10조(국제협력)

이 협정 제3조 규정에 근거하여 행동하는 시정권자는 모든 지역자문위원회, 지역기구, 또는 기술기관, 그리고 다른 국가 간의 임의단체에 대한 가입도 수락할 수 있으며, 공적 · 사적 전문국제단체와 협력할 수 있으며, 또한 다른 형태의 국제협력에 종사할 수 있다.

제11조(주민의 시민권과 외교적 보호)

1. 시정권자는 신탁통치지역 주민을 위해 신탁통치지역의 시민권을 설정하기 위해 필요한 조치를 취하여야 한다.
2. 시정권자는 신탁통치지역 주민이 신탁통치지역 또는 시정권자 영토의 영토경계 밖에 있을 경우에는 이에 대한 외교 및 영사보호를 해주어야 한다.

제12조(법령의 제정)

시정권자는 이 협정의 규정을 신탁통치지역에서 실시하기 위해 필요한 법령을 제정해야 한다.

제13조(신탁통치이사회의 임무와 권능)

국제연합헌장 제87조 및 제88조 규정은 신탁통치지역에 적용된다. 다만, 시정권자는 안전상의 이유로 폐쇄하는 것을 스스로 수시로 특정한 지역에 대해 이 규정의 적용범위를 결정할 수 있다.

제14조(국제조약 및 권고의 적용)

시정권자는 신탁통치지역의 특수한 사정에 적당하며, 또 이 협정의 제6조에 규정된 기본목표를 달성하기 위해 도움에 되는 모든 국제조약의 규정 및 권고를 신탁통치지역에 적용시키기로 약속한다.

제15조(변경, 개정, 폐기)

이 협정의 조항은 시정권자의 동의 없이 변경되거나 개정되거나 또는 폐기되어서는 안 된다.

제16조(효력 발생)

이 협정은 국제연합 안전보장이사회에 의해 승인되었을 때, 그리고 정당한 헌법상의 절차를 거친 후에 미국 정부에 의하여 승인되었을 때 효력이 발생한다.

대일강화에 관한 트루먼 대통령 성명

(1950년 9월 14일)

일본 국민은 스스로 국제사회에 복귀할 수 있는 평화조약을 맺을 자격이 있다는 것이 미국 정부가 오랫동안 가져왔던 견해이다.

잘 알려진 것처럼 미국 정부는 1947년에 처음으로 대일평화조약을 토의하기 위한 극동위원회를 구성하는 각국 회의를 소집하기 위해 노력했다.

그러나 당시는 물론 그 이후로도 절차상의 어려움이 모든 진전을 가로막았다.

미국은 현재 이 방향으로 다시 노력을 기울여야 한다고 믿는다. 따라서 나는 국무성에게 향후의 절차와 관련해서, 극동위원회로 대표되는 각국 정부들, 즉 태평양 전쟁에 가장 적극적으로 관여한 각국 정부와 우선 비공식 논의를 개시할 수 있는 권한을 주었다.

이러한 비공식 논의의 성과를 평가할 수 있는 기회를 얻을 때까지는 어떠한 공식적인 행동도 취해질 것이라고 생각되지 않는다.

대일평화조약에 관한 이 정책은 전쟁 관계의 모든 사태를 종결로 이끌려는 미국의 일반적인 노력과 일치하고 있다.

우리는 오랫동안 오스트리아 평화조약을 위해 소련을 재촉해왔으며, 또한 우리는 독일과의 전쟁상태 종결 가능성도 조사하고 있는 중이다.

대일강화 7원칙

(1950년 11월 24일 국무성 발표)

일본과의 전쟁상태를 종식시키기 위해 적합한 것으로 미국 정부가 구상하고 있는 종류의 조약 형식에 대해 다음과 같이 간단한 일반 성명을 발표한다. 이 성명은 시사 및 시안에 불과하며, 향후 모든 초안의 자세한 내용이나 어휘와 관련해서 미국 정부를 구속하는 것이 아님을 강조한다. 이 개요에 대한 연구가 진행된 후, 이에 대한 정확한 마무리 작업을 실시하고, 또 보기에 불분명한 점을 명확하게 하기 위해 일련의 비공식 토의가 이루어지기를 기대한다.

미국은 전쟁상태를 종식시키고, 일본의 주권을 회복시키고, 또 일본을 자유국민의 사회에 대등한 구성원으로 복귀시키기 위한 일본과의 조약을 제안한다.

특정 사항과 관련해서 조약은 다음 원칙을 반영한다.

(1) 당사국: 일본과 전쟁하고 있는 국가 전부 또는 그 중의 일부로서, 제안되고 합의된 사항을 기초로 하여 강화하겠다는 의욕이 있는 국가

(2) 국제연합: 일본의 가입은 고려될 수 있다.

(3) 영역: 일본은 (가) 조선의 독립을 승인하고, (나) 미국을 시정권자로 하는 류큐 제도 및 오가사와라 군도의 국제연합 신탁통치에 동의하며, (다) 대만, 팽호제도, 남사할린 및 쿠릴열도의 지위에 관한 영국, 소련, 중국 및 미국의 장래의 결정을 수락한다. 조약발효 후 1년 이내에 결정이 되지 않는 경우에는 국제연합 총회가 결정한다. 중국의 특수권익은 포기된다.

(4) 안전보장: 조약은 국제연합이 효과적인 책임을 부담하는 것과 같은 만족할만한, 또는 이를 대신하는 안전보장 결의가 성립될 때까지 일본 지역의 국제평화와 안전유지를 위해 일본의 시설과 미국 및 혹은

타국의 군대 사이에 협력적인 책임이 계속될 것을 규정한다.

(5) 정치 및 통상을 위한 협정: 일본은 마약 및 어렵에 관한 다자간 조약에 가입하는 것에 동의한다. 전쟁 전의 양자 간 조약은 상호합의에 의해 부활할 수 있다. 새로운 통상조약이 체결될 때까지 일본은 통상적인 예외를 제외하고 최혜국 대우를 받는다.

(6) 청구권: 모든 당사국은 1945년 9월 2일 이전의 전쟁행위에서 발생한 청구권을 포기한다. 그러나 (가)연합국이 일반적으로 그 지역 내에 일본재산을 보유하는 경우 및 (나)일본이 연합국 재산을 반환하고, 또는 원상태로 반환할 수 없는 경우에는 손실가치를 협정된 비율로 보상하기 위해 엔을 제공하는 경우는 제외한다.

(7) 분쟁: 청구권에 관한 분쟁은 국제사법재판소 소장이 설치한 특별중립재판소에서 해결한다. 기타 분쟁은 외교적 해결 또는 국제사법재판소에 회부된다.

소련의 대미각서

1950년 11월 20일

금년 10월 26일, 덜레스(John Foster Dulles) 씨는, 야코프 마릭(Yakov Malik)[1] 씨와의 회담에서, 미국정부는 일본과의 전쟁상태를 종결시키는 데 어떠한 종류의 조약이 적당하다고 인정하는가에 대해 간단한 일반적 성명을 내용으로 하는 대일평화조약 문제에 관한 각서를 마릭 씨에게 건넸다. 이와 관련하여 소련 정부는 이 각서에 대해 약간의 설명을 요청하고자 한다.

(1)

1942년 1월 1일 워싱턴에서의 연합국선언의 서명국인 미국, 영국, 중국, 소련 및 다른 다수의 국가가 적국과 단독강화를 맺지 않는다고 서약한 것은 주지의 사실이다.

위 서약의 존재에 비추어 일본의 항복조항이 서명한 미국, 영국, 중국 및 소련, 그리고 일본에 대한 전쟁에서 적극적인 역할을 한 모든 국가의 참가를 필요로 하는 평화조약을 체결할 생각인가, 또는 일본과의 단독강화가 위 국가들 가운데 약간의 참여에 의해 체결될 가능성이 있는가에 대해, 설명을 듣는 것이 바람직하다.

(2)

미국, 영국 및 중국이 서명한 1943년 12월 1일의 카이로선언 및 이들 나라

[1] Yakov Malik(Яков Александрович Малик, 1906年12月6日 - 1980年2月11日). 우크라이나 출 소련 외교관. 제2차세계 대전중인 1942년부터 주일소련대사. 대전종결 후 1946년에는 주일 연합국군최고사령관총사령부(GHQ/SCAP) 정치고문. 1946년 8월에 외무차관, 1948년부터 1952년까지 국제연합대사를 역임.

가 서명하고 소련이 참가한 1945년 7월 26일의 포츠담선언에 의해, 대만 및 팽호제도의 중국으로의 반환 문제는 결정되었다. 마찬가지로, 미국, 영국 및 소련이 서명한 1945년 2월 11일의 얄타협정은, 사할린 남부 및 인접 제도의 반환 그리고 쿠릴열도(千島列島)의 소련으로의 인도 문제를 결정했다.

위 협정이 존재하는 이상, 대만, 팽호제도, 남사할린 및 쿠릴열도의 지위에 관한 문제를 미국, 영국, 중국 및 소련의 새로운 결정에 맡기고, 또 위 국가들이 1년 이내에 합의에 도달하지 못할 때는 국제연합 총회의 결정에 맡긴다는 각서의 제안은 어떻게 이해해야 하는가?

(3)

카이로선언도 포츠담선언도, 류큐제도 및 오가사와라 군도를 일본의 주권으로부터 제거해야 한다고는 언급하고 있지 않다. 그럼에도 위 국가들은 다른 한편으로 이들 선언에 서명할 때 "영토 확장에 대해 아무런 의도도 가지고 있지 않다"고 성명했다.

이와 관련해서, 류큐제도 및 오가사와라 군도를 미국을 시정권자(施政權者, 통치권자-옮긴이)로 하는 국제연합 신탁통치 하에 두어야 한다고 하는 각서의 제안 근거는 무엇인가 하는 문제가 발생한다.

(4)

평화조약 체결 후에 점령군이 일본에 머물 것인가에 대해 일본국민이 깊은 관심을 보이고 있는 것은 주지의 사실이다. 하물며, 포츠담선언(제12항)에 의해 점령군이 일본에서 철수가 정해진 이상, 더욱 그러하다.

이와 관련해서 소련 정부는, 다른 국가들과 이미 체결된 평화조약에서 결정한 것과 마찬가지로, 대일평화조약에도 일본 영역으로부터의 점령군의 철수에 대해 확정적인 기한을 반드시 정하지 않으면 안 되는 것으로 할 의도가 있는지 없는지를 알고 싶다.

(5)

극동위원회의 구성국들 간에 협정을 한 1947년 6월 19일의 결정은, 미국의 주창에 기반해서 채택한 것이지만, 일본이 육군, 해군 및 공군을 갖지 않는다고 규정하고 있다. 그런데 일본 구역에 있어서 안전보장에 관한 미국의 지위를 나타내는 각서에는, 일본 구역에서의 국제적 평화 및 안정의 유지를 위해 일본의 시설과, 미국 및 다른 군대와의 협력 책임에 대해 언급하고 있다.

각서에 일본 구역의 경우 국제적 평화 및 안전의 유지를 위한 위의 협력 책임이 각서에 명시되어 있는 이상, 소련 정부는 다음 두 가지의 문제에 관해 설명을 듣고 싶다.

첫째, 위의 협력 책임의 결과로서, 일본 군대 즉 일본의 육군, 해군 및 공군 그리고 각각의 참모본부를 창설하는 것이 필연적으로 가정되어 있는지 여부.

둘째, 위의 협력 책임은 대일평화조약 체결 후에도 미국의 육군, 해군 및 공군 기지를 일본 영역에 유지하는 것을 의미하는지의 여부.

(6)

일본 인민에게 일본의 평시 경제를 자유로이 발전시킬 가능성을 보장할 필요에 대해 각서에는 아무것도 서술되어 있지 않다.

소련 정부는, 일본의 평시경제의 발전에 대한 모든 제한을 철폐하고, 일본에 대해 원료 자원에 대한 접근을 허용하고, 그리고 일본이 평등한 권리를 가지고 세계무역에 참가하는 것에 관한 규정을 평화조약 안에 포함할 것을 의도하고 있는가에 대해, 설명을 듣고 싶다.

특히 수 년 간에 걸쳐 확실히 일본의 군국주의자들의 침략을 받았던 중국은, 대일평화조약 문제에 특별한 이해관계를 가지고 있는 것이 명백한 이상, 소련 정부는 이 문제에 관한 중화인민공화국정부의 견해를 확인하기 위해 무엇이 이루어지고 있는가를 알고 싶다.

또 이들 문제와 앞으로 생길 다른 문제, 특히 미국의 각서에 관한 다른 나라의 주장이 분명해진 후에 발생할 문제에 대해 설명을 들을 필요가 있다는 것은 말할 것도 없다.

1950년 11월 20일자 소련각서에 대한 미국의 회답

1950년 12월 27일

올해 11월 20일 마릭 씨는, 10월 26일 덜레스 씨가 마릭 씨에게 전한 대일평화조약의 원칙에 대한 미국의 시안(試案) 진술 중의 몇가지 점에 대해 해명을 희망하는 소련 정부의 각서를 덜레스 씨에게 제시했다. 11월 20일의 소련 정부의 각서를 신중하게 검토한 후, 미국정부는 소련 정부가 제기한 문제의 대부분이 10월 26일 마릭 씨에게 전달한 원칙의 진술에 의해 실제로 회답을 주었다고 하는 결론에 도달했다. 그러나 오해의 소지를 없애기 위해 소련 정부가 제기한 점에 대해 다음과 같이 논한다.

(1)

미국 정부는, 일본과 전쟁을 하고 있는 모든 국가가 강화(조약) 체결에 참가할 것을 희망한다. 그러나 미국은, 어느 한 국가라도 다른 국가들이 대일강화(조약)를 체결하는 것을 거부하는 영구적인 권리를 가지는 것을 용인하지 않는다. 소련이 언급한 1942년 1월 1일의 전시 중의 선언은[2], 일본, 다른 추축국 또는 이들 국가의 동맹국과 전쟁을 하고 있는 모든 국가가 승리할 때까지 계속 싸우는 것을 확보하기 위한 목적으로 한 것이다. 이 목적은 이루어졌다. 미국은, 소련이 종종 주장하는 한 나라(미국-옮긴이)가 강제하는 조항에 기초한 강화는 있을 수 없다고 하는 명제를 받아들이지 않는다. 패전 후 일본은, 합의된 항복 조항을 지금까지 5년 이상에 걸쳐

[2] 1942년 1월 1일 추축국에 대항하여 싸웠던 26개국 대표들이 워싱턴에서 연합국 선언(Declaration by the United Nations)에 서명했다. 이 선언은 대서양헌장에 구체화된 목적과 원칙에 따른 공동행동을 재확인하고 국제연합 창설을 위한 연합국의 공동노력을 천명했다. 루즈벨트 대통령이 제안한 국제연합(United Nations)이란 용어가 여기에서 처음 공식 사용되었다.

충실히 이행하여 강화의 자격을 가지고 있다. 미국은, 1942년 1월 1일의 선언에 서명하거나 또는 가입한 47개국을 제각기 충분히 만족시키는 조항이 발견되지 않는 한, 어떠한 대일강화도 절대로 있을 수 없다고 하는 것이, 소련의 견해인지를 알고 싶다.

(2)

1943년의 카이로 선언은 만주, 대만 및 팽호제도를 중화민국에 반환하는 의도를 성명했다. 미국 정부의 의견으로는, 이 선언은 얄타선언이나 포츠담 선언과 같은 전시 중의 다른 선언과 마찬가지로, 여러 가지 관련요소를 고려해야 하는 최종적 해결을 기다려서 비로소 확정되는 것이다. 미국은 소련 정부가 주장하는, 카이로에 대표를 보내지 않았던 다른 연합국의 견해를 완전히 무시해야 한다는 견해를 받아들일 수 없다. 또한 미국은 카이로에서 발표된 것과 같은 선언은, 다른 어떤 국제 협정에 우선하는 의무를 규정한 국제연합헌장에 비추어 필연적으로 고려되어야 한다고 믿는다.

(3)

미국정부는, 미국을 시정권자로 하여 류큐제도 및 오가사와라 군도를 국제연합 신탁통치제도 하에 둔다는 시사와 관련하여, 소련이 '영토확장'에을 언급한 것을 이해할 수 없다. 국제연합헌장 제77조는 제2차 세계대전의 결과로서 적국에서 분리되는 지역에도 신탁통치제도를 적용하는 것을 명백히 규정하고 있으며, 분명히 신탁통치제도가 영토 확장과 동일시되어야 하는 것은 아니다.

미국정부는 또 류큐제도 및 오가사와라제도에 대해서는 카이로 선언과 포츠담 협정에도 기술되어 있지 않기 때문에, 평화 해결(협정-옮긴이)에 있어서 이 섬들에 대한 고려는 자동적으로 제외된다는 소련의 제안을 이해하지 못한다. 소련 정부는 일본의 주권이, 열거된 4개의 큰 섬과 우리들이 결정하는 여러 작은 섬들에 국한된다고 포츠담선언에 규정된 사실을 무시한 것처럼 생각된다. 따라서 평화 해결(협정-옮긴이)이 이들 다른 섬들의 장래의 지위를 결정한다는 것은 포츠담협정을 엄밀히 따르는 것이다.

(4)

평화 해결((협정-옮긴이)의 체결과 동시에 일본의 군사점령은 종료된다는 것이 미국정부의 견해이다. 포츠담선언에 규정된 "평화, 안전 및 정의의 신질서"가 확립되지 않고, 무책임한 군국주의가 세계에서 구축되지 않고 있는 사실은, 동시에 일본이 미국 및 다른 국가들과 함께, 특히 국제연합헌장 제51조에 규정된 것과 같은 개별적 및 집단적 자위를 위한 결정에 참가하는 것을 타당하게 한다. 이러한 결정은 미국 및 다른 국가의 군대를 일본에 주둔시키는 규정을 포함할 수 있다. 미국은 일본을 위해, 스탈린 수상이 말한(1939년 3월10일) "집단적 안전보장 정책, 침략자에 대한 집단적 저항정책"을 일본에 대해 인정하지 않는 평화 해결(협정-옮긴이)을 제안하는 것은 아니다.

(5)

극동위원회의 결정은 특정한 규정의 내용이 평화 해결(협정) 속에 구현된 경우를 제외하고, 극동위원회의 정책결정은 점령 기간에만 법적으로 유효한 것으로 통상 인정되어 왔다. 그러나 소련 정부는 극동위원회의 정책결정에 언급하여 평화조약 체결 후의 일본의 안전보장에 관한 두 가지 문제를 제기했다.

이 두 가지 문제는 10월 26일 마릭 씨에게 전달한 원칙을 진술한 제4항 및 여기에서 성명한 해명으로 회답이 되어 있다.

(6)

미국은 대일평화조약이 일본의 평시 경제를 제한하는 것이 아니고, 일본의 원료 자원에의 접근 또는 세계 무역에의 참가를 부인하는 것도 아니라고 생각한다. 미국은 정식 강화 (조약) 체결을 기다리지 않고 일본에 경제생활에 필요한 식량 및 원료를 획득할 수 있도록 매우 큰 재정적 원조를 제공했다. 또 순조로운 평시경제 발전 및 일본 국민의 생활수준의 착실한 상승을 위해 일본에 원조할 목적을 가지고 일본이 세계의 많은 지역에 무역진흥 사무소를 설치하는 것을 장려해왔다.

(7)

이 회담은 미국이 외교절차를 통해서 하고 있는 것이며, 소련이 충분히 알고 있듯이, 미국정부는 이른바 '중화인민공화국정부'와 외교관계를 가지고 있지 않다.

일본에 관한 미국의 강화 제안에 대해 소련 정부가 제공한 세심한 관심은 대일 평화조약의 토의에 참가하려는 것뿐만 아니라, 평화를 실현하기 위해 일본과 전쟁을 하고 있는 다른 여러 나라들과 협력해서 행동하려는 소련의 희망과 의사를 의미하는 것이기를 미국은 간절히 희망한다.

미일협회에서의 덜레스 특사의 연설

1951년 2월 2일

나는 맥아더 원수와 협력해 수행하라는 대통령의 명을 받아, 강화에 대한 임무를 띠고 재차 일본을 방문한 것을 기쁘게 생각한다. 이미 일본의 지도자들과 회의를 하고 있는 이때, 우리 사절단의 사명 수행의 원동력이 되어 있는 원칙을 공개적으로 설명하는 기회를 얻은 것을 기쁘게 생각한다.

먼저 말씀드리고 싶은 것은, 우리들은 전쟁을 위해서가 아니라, 평화를 위한 건설을 실제로 행하고 있다는 신념을 가지고 있다는 것이다. 가까운 조선(한반도)에서 전쟁이 격렬해지고 있는 지금 평화를 말하는 것은 비현실적이라고 느끼는 사람도 많다. 평화로운 한국이 대대적으로 무장한 군대로부터 갑자기 공격을 받았고, 또 수십만의 북조선(북한-옮긴이)의 공산주의자 및 중국 공산주의자가, 제정시대 이래 러시아가 빈번히 탐내었던 전략지점을 획득하기 위해 살인으로 내몰리고 있는 것은 참으로 불행한 일이다. 무책임한 군국주의는 아직 세계로부터 구축되지 않았다. 이 명백히 드러난 사실은 우리 모두에게 중대한 경고이다. 그러나 이것은 공황을 초래하고 또 필연적으로 세계전쟁을 불러올 것이라고 하는 숙명적 추측을 불러일으키는 것과 같은 경고는 아니다.

나는 확언하지만, 미국은 세계전쟁을 피할 수 있다는 가정 아래 나아가고 있다. 그러나 평화는 원하기만 해서는 얻을 수 있는 것이 아니라고 생각한다. 이는 역사가 반복해서 가르치는 바이지만, 이 교훈은 끝내 체득되지 않을 것이라고 생각한다. 평화를 얻는 데에는 크기와 희생의 질에 있어서, 전쟁 승리에 필요로 하는 노력에 비할 활발하고 강한 인내심과, 목표를 벗어나지 않는 노력을 필요로 하는 것이 현실이다. 미국 및 다른 국가들은 지금 그러한 노력을 기울이고 있다. 나는 우리들이 늦지 않게 그러한 노력을 하고 있다고 생각한다. 그렇기 때문에, 나는 절망의 메시지가 아닌 희망의 메시지를 여러분에게 줄 수 있다. 물론 누구도, 다른 사람이 할지도 모를 일을 확실히 예견하는 것은 불가능하다. 그러나 어떻게 해서 안전의 가능성을 얻을지는 알 수 있다. 국내사회에서 각 개인에게 안전의 가능성을 얻도록 하는 것과 같은, 단순하면서도 검증이 끝난 행동 원칙을 각 국가가 국제적으로 지킨다면 안전의 가능성은 얻을 수 있을 것이다.

대다수의 사람들에게는 가정이 있고, 우리는 그곳에 살며, 우리의 소유물이나 귀중품 등을 보유하고 있다. 이러한 물품들을 안전하게 보관하는 책임은, 첫째 일가의 주인에게 있다. 그래서 일가의 주인에게는 그 가정의 모든 사람이 신용할 수 있는 사람일 것이 필요하다. 그렇지 않으면, 가재가 도난당할 위험이 있다. 도적이 마음대로 활개 치도록 놔둘 정도로 부주의하게 가정을 영위하고 있는 사람들에게 안전이라는 것은 없고, 또한 타인의 동정을 거의 기대할 수 없다. 조심성이 많은 일가의 주인은, 귀중품이 있는 방에는 문단속을 하고, 또 많은 경우 여기에 자물쇠를 설치한다. 그러한 가정의 주인은 잡도둑에게 도둑맞을 가능성이 있는 장소 근처에는 귀중품을 두지 않는다. 자물쇠가 설치된 문이나 캐비닛도 대담하고 겁이 없는 갱들에게는 결코 어떻게 할 수 없는 장애물이 아니지만, 그렇지 않은 도적들로부터는 이를 방지할 수 있다.

폭력을 사용해 우리 집에 침입하는 극악한 범인에 대해서는, 어떻게 든 방법을 강구해야 한다. 그들에 대해서는 집단적인 조치를 취하는 것이 유일하게 의지할 수 있는 방법이다. 각 가정에 무기를 가진 수위를 두는 것은 실행가능성이 없다. 그것은 비용이 너무 많이 든다. 그러나 일반적으로 공동 사회는 중심이 되는 하나의 법률 집행 기구를 만든다. 왜냐하면 이것으로 강도가 있는 경우에는 직접 그리고 확실하게 행동에 나서, 반드시 그 죄인을 잡아 처벌할 수 있기 때문이다. 이것으로 강도짓을 하려는 사람조차도 겁을 먹고 단념한다. 그 결과 질서가 잘 유지 되고 있는 사회에서는 강도가 자기 마음대로 하는 경우가 거의 없다. 해도 실패할 것이라고 생각하면 침입을 포기하게 된다.

전후의 국제적인 강도 행위는 대부분 국내에서 주의를 게을리 했기 때문에 발생한 것이다. 내부적 경계를 게을리 하면 안 되는 것은, 마치 일가의 주인이 책임을 져야하는 것과 같다. 국제적 갱의 비밀기관에게 국내에서 강도짓을 할 기회를 준 나라가 많다. 이것은 개인 가정의 경우와 마찬가지로, 소중한 귀중품을 국가적으로 안전한 금고 같은 곳에 넣고 열쇠를 채우지 않았기 때문이다. 결과적으로 공공연한 무력 공격에 의하지 않고, 한발의 포탄도 쏘지 않고, 다수 국가는 전 지역 또는 대부분의 지역에서 자유를 박탈당하고, 제국주의적 공산주의 밑에 예속 당하게 된 것이다. 또 정부 및 국민이 외국 갱의 앞잡이에게 전부가 아니라도 대부분의 권력을 빼앗겼을 때, 비로소 그 위험을 눈치 챈 사례도 있다. 이어서 누가 지배권을 쥘 것인가를 정하는 공공연한 다툼, 즉 내란이 일어난 것이다.

하지만 과격파 공산주의자들은 국교 단절 또는 공공연한 폭력 행위로 일어나는 결과를 피하고 싶은 의사를 보였다. 한반도에서조차도 가해자들은 단순히 내란에 참여했을 뿐이며, 중국공산군은 단순한 '의용병'으로 들어온 것에 지나지 않는다고 거짓 주장을 했다.

주권 회복을 기다리고 있는 일본으로서는 이러한 기본적인 국가 안전보장의 원칙으로부터, 그리고 또 이들 원칙을 무시함으로써 발생하는 결과로부터 분명히 뭔가 유익한 교훈을 얻을 수 있을 것이다.

일본의 정부와 인민들은 '간접'침략으로서 종종 언급되는 위험, 즉 무력에 의한 침략까지는 가지 않는 위험에 대해 먼저 스스로 조심할 책임이 있다.

일본은 자기의 국토를 범죄자의 앞잡이로부터 지킬 정도로 좋은 자유로운 상태로 만들어둘 의무가 있다. 이를 위해서는, 다른 것은 제쳐두고서라도, 우선 건전하고 힘있는 일본사회가 필요하다. 인구 8천 만의 국가적 세대(世帶)는 너무 방대하여 단순히 모든 공산주의의 앞잡이들을 잡으려는 것만으로는 지켜낼 수 없다. 감시할 필요는 있으나 경찰국가일 필요는 없다. 경찰국가를 만들면, 그것만으로는, 외국의 침략을 한층 용이하게 하는 국민의 원한을 사기 때문이다. 억압, 빈곤, 불공정이 널리 존재하는 사회에서는 공산주의의 침입과 성장을 방지하는 것이 불가능하다.

미국은 일본을 원조하여 좋은 사회를 만들도록 힘써왔다. 강화로 미국의 우호적인 태도가 끝나는 것은 아니지만, 양국관계의 형태를 바꾸어 일본이 우선 제1차적인 책임을 지게 될 것이다.

따라서 일본 정부와 국민은 국토에 있어서, 마치 일가의 주인이 폭력으로 밀어붙이지 않는 한 귀중품을 도둑맞지 않도록 단단히 열쇠와 자물쇠로 보호하는 것과 마찬가지로, 우선 스스로 항상 방위조치를 취할 책임이 있다. 이런 준비를 회피하는 자들은 전부 분담책임에 대한 태만의 죄를 저지르는 것이 되며, 전혀 동정을 받지 못하거니와 동정 받을 가치조차 없다. 5년 전 나는 우리나라 사람들에게 다음과 같이 이야기 했다.

> "만일 우리가 군비를 등한시하면 소련 지도자들은 우리들에 대해 위험한 오판을 할 우려가 있다. 즉 그들은 귀중품을 소유하는 사람들이 가능한 한 그것을 지키기 위해 실력을 갖추는 것은 당연하다고 생각하고, 현관을 잠그지 않는 사람은 집안에 아주 귀중한 물건을 아무것도 가지고 있지 않다고 여긴다."

신중한 일가의 주인이 폭력으로 물건을 훔칠 정도로 대담하지 않은 자들을 저지하는 방어막을 만들 의무가 있는 것과 똑같이, 스스로 자유를 유지하고자 하는 모든 국가는, 공공연히 폭력과 살인의 결과를 감수하기를 바라지 않는다면, 자국의 국경이 적군에게 돌파 당하지 않기 위해 충분한 장벽을 유지할 의무가 있다.

일본의 경우는 침략적 태세에 있는 공산주의 하의 대륙으로부터 바다로 격리되어 있는 섬나라이기 때문에 이 점에서는 문제가 간단해진다.

'간접'침략의 위험에서 직접침략 즉 외부로부터의 무력 공격의 위기로 눈을 돌리면, 거기에 대처하는 다른 형태의 방어 방법이 있어야만 한다. 왜냐하면 각국은 단독으로 '간접' 침략에 대처하는 것은 가능해도, 유력한 침략자에 의한 본격적인 무력공격에 단독으로 대처할 수 있는 국가는 많지 않기 때문이다. 각국은 각 가정의 주인과 같이 이에 대항하여 집단적 안전보장의 체결을 필요로 한다.

국제연합은 그런 목적으로 설립된 것이며, 국제연합이 정한 첫째 목적은 "평화에 대한 위협을 방지하기 위하여 효과적인 집단적 조치를 강구하"는 것이다. 안전보장이사회는 침략을 저지하기 위하여 국제군 창설의 임무를 부여받았다. 그러나 소련은 거부권을 이용하여 이를 방해했다.

최근의 국제연합 총회에서 가맹국들은 이 위험한 마비상태에 주목하여, 소련블록 5개국은 반대했으나, 각 가맹국이 국제연합부대로서의 임무를 수행하는 군대를 창설해야 한다고 권고했다.

이런 이유로 우리는 국제연합의 지시에 따르는 적당한 국제군의 실현을 점차 기대할 수 있게 되는 것이다. 그때까지 대규모 폭력에 의한 국제적 약탈행위를 제지하는 수단은 국제연합헌장에서 허용하고 있는 지역적 및 집단적 안전보장 협정에 국가적 권능을 위임하는 것이다.

오늘날 가장 유력한 제지력을 가진 것은 미국이다. 그러나 우리는 그 힘을 우리만의 방위를 위해 유지할 생각은 없다. 미국은 상호 서약 하에 국제연합헌장에 따라 우리나라의 힘과 다른 나라의 힘을 합쳐, 우리나라를 방어하는 그 제어력으로 다른 나라까지 방위할 용의가 있다. 만일 일본이 간접 침략에 대해 자신을 방어하고 싶은 마음이 있다면, 일본이 희망할 경우 직접 침략에 대한 집단적 보호에 함께 대응할 수 있다.

그러나 미국은 이 선택을 일본에 강제하려는 것은 아니며, 권유다. 미국은 다른 나라를 노예 취급하는 데에는 관심이 없다. 그것은 공의주의자들 사이에서 다른 사람과 일을 도모할 때 사용하는 상투적인 수단이다. 우리는 그저 용감한 자와 자유로운 자에게만 관심을 갖고 있다. 이 선택은 일본 스스로의 선택이어야 한다.

우리가 입안한 바와 같이, 일본과 다른 우리의 우방국들의 협력을 기초로 하는 안전보장 계획 하에서, 미국은 미일 양국의 단결의 증거로서 일본의 국내 및 그 주변에 미국 군대를 주둔시키는 것을 동정적으로 고려할 것이다.

이러한 결정은 일본의 입장을 1950년 6월 이전의 한국의 입장과는 전혀 다른 것으로 만들 것이다. 당시 미국은 한국에서 미군을 철수시켜버렸기 때문에 국제연합의 일원으로서의 책임밖에 없었다. 국제연합은 북한군이 한국을 공격하면 언제든지 침략의 근원을 공격할 수 있는 대병력에 도전하는 것이 된다는 점을 명확히 해두지 않았다. 침략자들은 공격에 대한 반격은 국지적이며, 그로 인해 침략자들은 온갖 이득을 누리고, 침략 방위자들은 온갖 불이익을 당할 것이라 전망했다. 이처럼 당시는 유력한 반격의 힘이 완전히 결여되어 있었다.

그러나 만약 내가 제언하는 필요조건이 일본에 존재한다면, 이제는 어떠한 침략국도, 맥아더 원수가 절묘하게 표현한 이른바 '특권적 보호 지역'에 의존할 수 없게 될 것이다. 그렇게 되면 무력으로 침략을 기도하는 나라가 있다고 해도 반드시 상상을 초월한 강력한 반격에 직면할 것이다. 미국은 다른 어떤 나라에 비교해도 몇 배나 되는 철강, 석유, 알루미늄, 전력 등을 생산하고 있다. 우리는 침략을 의도한 나라가 과연 군사력 이외의 다른 힘을 존중할지 어떨지를 알 수 없기 때문에, 이들 자원 중 많은 부분을 실제 군사력 증강에 사용하고 있다. 다른 자유 국가들도 같은 노력을 계속하고 있다.

그런 노력은 모두 가상 침략자에 대한 강력한 억지력을 만들어내고 있다. 이것은 단순한 억측이 아니다. 우리는 분명한 침략적 의도와 위대한 군사력을 가진 국가들이 공공연하게 무력에 의한 정복의 방법을 사용하지 않았다는 것을 알고 있다. 이는 결코 그들이 공공연하게 경멸하고 있는 도덕적 억제에 의한 것이 아니며, 또한 국지적인 저항력에 의해 방지된 때문도 아니다. 이것은 완전히 집단적 안전을 위해 보복적 반격력이 사용되는 것을 그들이 두려워하고 있기 때문이다.

우리가 입안하고 있는 안전보장계획은 일본이 군국주의 국가가 되는 것을 추구하는 것이 아니며, 또한 일본을 파멸로 이끈 육, 해군의 재건을 필요로 하는 것도 아니라는 것을 여러분이 알게 될 때가 오리라 생각한다. '새로운 일본'은 군국주의 재현에 대해 단호히 반대의 태도를 가지고 있는데, 이는 옳다. 일본의 안전보장계획은 국제연합의 이상을 실현하는 것이다. 국제연합의 이상은 "개별적 또는 집단적 자위에 관한 고유의 권리"를 행사하는 데 있어서 "공동의 이익을 위한 경우를 제외하고는 무력을 사용해서는 안 된다"는 점을 확보하는 데 있다. 그렇게 하면 안전과 평화가 가능하기 때문이다.

그러면 평화란 도대체 무엇일까? 평화는 단지 안전만을 추구하는 단조로운 작업이 아니다. 평화는 각 개인의, 각 국가의, 또 국제사회 전체의 생활을 풍요롭게 할 수 있으며, 또 하지 않으면 안 되는 적극적이고 창조적인 상태이다. 그러한 평화만이 스스로 영속성을 갖는 것이다.

일본에서는 물질적 생활수준을 어떻게 향상 시킬 것인가가 관심사가 되어 있는데, 당연하다. 이것은 어려운 문제다. 그것은 연구해 볼 필요가 있다. 우리가 검토한 바에 의하면, 일본 국민의 근면, 재능, 솜씨는 세계 다른 나라와의 교역 및 통상을 통해 경제적 수준을 끌어올릴 수 있음이 확실하다. 일본 자체가 비교적 자원이 부족하고, 인구가 조밀하다는 이유만으로 낙담할 이유는 조금도 없다.

나는, 200만 이상의 인구가 22평방 마일 안에 밀집해 있는 맨해튼이라는 섬에서 왔다. 그 섬은 항구를 제외하고는 아무런 천연자원도 없다. 그럼에도 이 섬은 세계에서 가장 번영한 지역 중 하나이다.

국민의 잠재적 경제력을 1인당 땅의 면적 같은 것으로 판단하는 것만큼 어리석은 일은 없다. 인구가 가장 희박한 지역은 보통 가장 가난한 지역이다.

물론 새로운 생산기술이나 시장이 하루아침에 만들어질리 없다. 어려운 시대를 거쳐야 한다. 또한 방위계획으로 인해 일시적으로 대부분의 원료의 핍박을 초래할 것이다. 또 인내와 약간의 희생, 그리고 아마 어느 정도의 외부 원조도 필요할 것이다. 그러나 일본은 미래 고객의 호의를 구하고, 동시에 과거에 전쟁기구를 만들어내기 위해 바친 힘의 일부분이라도 산업을 위한 노력에 바친다면 눈부신 경제적 앞날을 기대할 수 있을 것이다.

물론 인생은, 단순한 육체적 생활보다 훨씬 더 많은 내용을 가진 것이며, 인간은 결코 육체만 있는 것이 아니다. 인간에게는 마음이 있고 또 정신이 있다. 그리고 삶의 기쁨은 주로 비물질적인 것에 달려 있다. 비물질적 분야에서는 창조적 발전력에 한계가 없다. 일본 국민은 이미 몇 세기에 걸쳐 미와 문화를 감상하고, 동시에 이를 창조할 힘이 있음을 입증해 왔다. 일본 국민이 이 점에 있어 이미 얻은 특색 있는 지위는 장래에 큰 희망을 주는 것이다. 자유세계가 가진 풍요는 다양한 자극을 많이 받는지 적게 받는지에 따라 크게 좌우된다. 일본의 자유세계에의 참가는 그 풍요로움을 현저히 증가시키고, 우리 모두에게 이익을 줄 수 있다. 어떤 이는 다른 사람에게 줄 것을 많이 가지고 있다. 모든 사람에게는 다른 사람에게 줌으로써 도움이 될 많은 것을 가지고 있다. 일본국민은 특색 있는 자질을 갖고 있으며, 서유럽의 우리들은 그 성과를 함께 나누기를 바라고 있다.

자유세계와 공산주의 하의 속박의 세계와의 큰 차이는 속박의 세계는 일체의 다양성을 짓밟으며, 부끄러워해야 마땅하다. 길게 보면 인류의 안정과 진보를 파괴해버리는 균일성이라고 하는 옹색한 형식에 각 개인을 무리하게 쑤셔 넣어 버리는 점에 있다. 자유세계는 각 개인이 서로 다른 특징을 지니며 동시에 자신의 재능에 따라 평화롭게 발전할 수 있는 권리를 보호하고 있다. 자유세계의 다른 국가들이 자유 일본에 기대하는 것은 이것이다. 이렇게 해서 비로소 일본은 그에 상응한 대망을 실현할 수 있는 것이다.

일본인은 늘 대망을 품어온 국민이다. 이것은 분명 좋은 것이다. 국민은 개인의 경우와 마찬가지로 대망을 품을 권리가 있다. 아니, 권리라기보다는 의무다. 왜냐 하면, 대망을 품지 않은 사람들은 사회적으로 오히려 부담이 되기 때문이다. 대망은 성취의 수단으로서 기만이나 폭력을 사용할 때만 위험한 것이 된다. 일본 국민은 한때, 다른 국민의 정당한 대망을 희생시켜 폭력으로 일본의 대망을 실현하고자 했던 지도자에게 지배받았다. 이것이 잘못된 방법이나, 실패로 끝났다는 것이 대망을 갖는 것 자체가 잘못임을 의미하는 것은 아니다.

새로운 일본은 미국 건국자들이 말하는 '행위와 모범'으로 아시아에 영향력을 미치는 하나의 큰 기회를 제공받고 있다. 미국의 건국자들은 미국이 전 세계에 큰 해방적 영향력을 미칠 수 있다고 믿었다. 그것은 그들의 대망이며, 게다가 당시 미국은 경제적으로 가난하고 사실상 군비 등은 없었다는 의미에서 약소국이었지만, 그 대망은 달성되었다. 그럼에도 불구하고 미국 국민은 세계를 지도하고, 또 세계에 그 영향력을 미칠 수 있는 지위를 스스로 쌓아 올렸다. 그리고 미국이 모범을 보임으로서 독재정치는 후퇴하지 않을 수 없게 되었다.

아시아에서 오늘날 일본에게 주어진 기회는, 19세기 서양에서 미국에게 주어진 기회와 일맥상통한다. 당시 유럽과 남미의 대부분은 독재정치 아래에 있었고, 알렉산더 황제(짜르)의 러시아는 소위 신성동맹이란 것을 맺어 세계로 제국주의를 확대하려 하고 있었다. 신성동맹은 초기에는 다소 성공을 거두었지만, 정치적 자유 앞에서는 저항하지 못하고 궤멸했다. 독재정치의 물결은 점차 물러나 유럽 대륙과 남미 국민은 자유를 쟁취한 것이다.

위에서 기술한 역사는 반복될 수 있다. 현재 아시아의 대부분을 석권하고 있는 전제주의는, 그리고 자유인에게만 허용된 다양한 풍요로움을 만들기 위해 아시아의 다른 한 나라가 하고 있는 자유와 가까이에서 대조되는데, 도저히 오래 버틸 수 없는 볼셰비키 지도자들은, 모범이라는 것의 위력을 알고 있다. 그리고 자유가 항상 전제에 복종하는 자에게 미치는 자석 같은 영향력을 분리하려고 한다. 그것이야말로 그들이 철의 장막을 발명한 이유이다. 철의 장막은 불가피한 것을 지연시킬 수는 있어도 막을 수는 없다. 세상의 절반이 자유인 한 나머지 반이 언제까지나 노예에 머물러 있지는 않을 것이다. 자유 국민이 자유가 무엇을 의미하는지를 보여주고, 자유를 칭송하면 공산주의와 같은 전제체제의 몰락은 필연적이다.

이 사실은 일본 인민에게 아시아에서 새로운 역사적 역할을 할 기회를 주는 것이다. 이 역할은 인간으로서 발휘할 수 있는 최상의 자질을 요구한다. 친구 혹은 적으로서 일본인을 잘 아는 사람은 일본인이 이 자질을 발달시킬 수 있다는 것을 의심하는 자는 없다. 일본인의 용기와 희생정신이 발휘된 예는 많다. 그러나 불행하게도 일본인이 갖고 있는 이러한 자질은 종종 진정한 위대함의 본질을 잘못 생각한 것 같은 노력에 이용되어 왔다. 위대함이란 싫은 것을 다른 사람에게 강요해서 따르도록 하는 능력의 크기로 측정되는 것이 아니다. 위대함이란 오히려 모든 사람이 각자의 희망과 포부를 더욱 잘 실현할 수 있는 새로운 방법을 찾아내는 능력에 있다. 이 능력을 가진 자가 누구에게나 환영받는 도의적 지도력과 권위를 갖게 되는 것이다.

이상이 우리 사절단의 지도원칙이다. 그것을 실현하는 것은 쉬운 일이 아니다. 그것은 조약 속에 담을 말을 찾아내는 것만이 아니다. 그것만 이라면 쉬운 일이다. 그런 쉬운 방법으로 좋은 결과가 나오는 경우는 드물다. 오늘날에는 인류가 걸어야만 했던 비참한 길에 뿌려진 그저 구겨진 종잇조각에 지나지 않는 파기된 조약들에 의해 온갖 고결한 용어가 이미 모두 사용되고 있다.

그것이 약속을 부과하는 것이든, 아니면 억압적인 것이든, 이제는 조약 문구만으로는 그것이 자동적으로 이행되리라고는 믿을 수 없게 되었다. 평화해결(조약-옮긴이)로 장래를 결정하려고 해도, 그것이 도움이 될 리 없다.

기껏해야, 희망하는 좋은 장래의 도래를 전망할 수 있는 조건을 만들어 낼 뿐이다.

이러한 조건을 찾는 것이, 주요 관계 연합국과의 유사한 회의에 이어 지금 우리가 동경에서 하고 있는 시험적 회담의 목적이다. 그러나 궁극의 성과를 예언하기는 이르다. 아마 실망스런 결과나, 또 어떤 사람들에게 부정이라고 생각하는 것과 같은 결과가 나올 수도 있다. 과거에 기반해서 만들어진 현실과 얼마간의 타협을 하지 않고 미래에 대한 고상한 원칙을 실행에 옮기는 것은 절대 불가능하다. 그러나 현 단계에서도 이미 우리가 추구하는 대일 강화는, 일본에 대해 강화로 복원될 완전한 주권을 스스로의 노력으로 지킬 기회를, 직접 침략에 대한 집단적 안전보장에 참가할 기회를, 국민의 영리함과 근면으로 생활수준을 높일 기회를, 그리고 좋은 모범으로 높은 도의적 지위와 존경받는 지도적 지위에 도달할 기회를, 부여하고자 하는 것이라고 말할 수 있다.

이러한 기회야말로, 일본이 이제 신뢰할 수 있는 국가가 되었다는 승리자의 감정을 반영하는 강화를 통해, 우리가 만들고자 하는 것이다. 아직도 대일강화의 어떤 점에 대해서는 당연히 유보하는 경향이 있다. 그러나 일본 국민이 연합국 최고사령관의 공정한 정책에 따라 성실하게 항복조건을 이행해 왔기 때문에 항복 이후 오늘날까지 일본에 대한 신뢰가 높아져 온 것은 사실이다. 이러한 정의와 성실이라는 튼튼한 토대 위에서야말로 우리는 우리의 강화를—신뢰와 기회의 강화(peace of trust and opportunity)를, 만들려고 계획하고 있는 것이다.

어업에 관한 요시다 내각총리대신과 덜레스 대사[3] 간의 서한

1951년 3월 10일

친애하는 대사님.

어장에 대한 우리의 회담에 관련하여 저는 귀하에게 다음과 같이 말씀드리는 것을 매우 기쁘게 생각합니다.

일본 국민은 식량공급원으로 생선에 의존하는 부분이 매우 큽니다. 따라서 일본 국민은 어장의 보존과 발전에 자유세계를 구성하는 사회의 유용한 일원으로서의 건전함에 특별한 관심을 가지고 있습니다. 일본 정부는 공해에 있는 어장의 보존과 발전 문제는 어려운 문제이며, 또한 이들 어장은 보존과 발전을 위해 공동으로 행동하지 않는 한, 빠르게 고갈되어 버릴지 모른다는 점을 인정합니다. 어떤 나라들은 자국의 어민들이 쉽게 접근할 수 있는 공해 어장의 고갈을 방지하기 위해 국제협정이나 자발적인 자제 법령을 채택하고 있습니다. 또 이러한 보존어장을 다른 나라의 무통제적인 어업에 맡긴다면, 그 결과는 국제적 마찰과 어장 자체의 고갈로 끝날 것이라는 사실을 우리는 알고 있습니다.

따라서 일본 정부는 일본 및 다른 나라 국민이 접근 가능한 어장의 발전과 보존을 위해, 완전한 주권회복 후 가능한 신속히 다른 나라들과 공정한 협정을 맺을 목적으로 교섭할 용의가 있습니다.

그때까지, 일본 정부는 남획으로부터 보호하기 위해 국제적 또는 국내적 조치가 이미 취해진 모든 수역에 있는 현 보존어장에서, 또한 일본 국민 또는 일본 배가 1940년에 조업하지 않았던 어장에서는 자발적 조치로, 일본

---

3) 여기에서 말하는 덜레스(John Foster Dulles) 대사는 정식 미국의 주일대사가 아니고, 당시 국무부 고문으로 일본에 특사로 파견되었던 덜레스 씨를 전권대사라는 의미에서 대사라 칭한 것 같다, 이 때는 연합군의 점령이 계속되고 있는 상태로 주일미국대사는 없었다.

거주 국민 및 선박에 조업을 금지할 것입니다. 단 이것은 일본정부가 가지는 국제적 권리의 포기를 의미하는 것은 아닙니다. 이런 어장 중에는 동부태평양과 베링해 수역의 복어(鮭), 넙치(halibut), 청어 및 참치 어장이 포함될 것입니다.

일본 정부는, 위의 금지가 완전하게 준수되도록 하는 것을 임무로 하는 정부 및 업계 양자의 대표자로 구성되는 위원회를 만들 것입니다. 그리고 정당하게 임명된 관계 외국 정부의 대표자가 옵서버로 위원회에 참석하도록 초청하겠습니다.

위원회가 위반이라고 판단한 것은 엄중히 처벌됩니다. 이 처벌에는 어업면허의 취소도 포함됩니다.

위의 자발적인 조치는, 공해에서의 어업에 직간접으로 생계를 의존하고 있는 모든 사람들의 선의와 상호이익을 촉진하는 것을 목적으로 하는 공정한 방법으로, 이 문제 전체를 취급하고자 하는 일본정부의 확고부동한 희망의 증거가 될 것이라고 믿어 의심치 않습니다. 삼가 말씀드립니다(敬具)

1951년 2월 7일

총리대신 요시다 시게루

합중국대사

존 포스터 덜레스 귀하

친애하는 총리대신님

저는 공해 어장에 관한 1월 7일자 귀하의 서한을 수령했습니다. 저는 귀서한에서 언급한 일본 정부의 입장을 감사하게 받아들입니다.

일본정부가 보존어장의 보호를 위해 자발적으로 조치를 취할 용의가 있다는 것을 지금 밝힌 것은, 장래에 대한 좋은 징조입니다.

합중국 정부와 제가 믿고 있는 바에 의하면, 다른 관계정부도 평화조약으로 일본이 완전한 주권을 회복한 후 즉시, 양국 국민이 접근 가능한 어장의 발전과 보존을 위해 공정한 협정을 체결할 목적으로 교섭을 할 용의가 있을 것입니다. 저는 합중국 정부가, 저에게 보낸 귀하의 서한의 기조를 이루는 호의적인 정신으로, 이러한 협상에 임할 것이라고 믿습니다. 경구(敬具).

1951년 2월 8일 도쿄에서

존 포스터 덜레스

일본국 총리대신 요시다 시게루 귀하

덜레스 특사의 일본 출국 성명

1951년 2월 11일

우리 사절단은 약 일주일간에 걸쳐 장래의 평화해결(조약-옮긴이)에 관해 일본 지도자들과 열심히 협의를 한 뒤 지금 일본을 떠나려고 있습니다.

1. 우리는 이곳에서 지금까지 연합국들과 토의해 온 원칙을 가지고 대일평화조약 속에 구체화할 수 있는 것에 대해 논의했다. 연합국과의 예비 회의 때 분명해진 바와 같이, 우리는 간단한 조건으로 전쟁을 공식적으로 종료시키고, 일본에 완전한 주권을 회복시키고, 일본의 주권에 속하는 지리적 범위를 한정하고, 장래 일본이 국제연합에 가맹할 것을 예상하여 개별적 및 집단적 자위에 관한 일본의 고유 권리를 승인하며, 항구적인 통상 협정의 협의가 이루어질 때까지 잠정적인 통상 및 무역 관계를 수립하고, 또 여러 가지 청구권의 해결을 규정하는 평화조약을 예견한다. 일본은 조약 전문(前文)에서, 일본의 전후 법제와, 발전의 자극이 되어온 국내적 및 국제적 행위의 귀중한 원칙을 준수한다는 결의를 표명할 수 있을 것이다.

2. 우리는 일본의 장래 안전보장에 대해 토의했다. 2월 2일, 저는 미국정부의 허가를 받아서, 만약 일본이 희망하는 경우에는, 미국정부는 일본의 국내 및 그 부근에 미국 군대를 주둔시키는 것을 동정적으로 고려할 것이라고 공언했다.

일본 정부는 이 제안과 이곳에서 우리들의 많은 회담을 열성적으로 받아들였다. 우리에게 전해진 엄청난 의견의 개진에 따라 우리는 다음과 같이 확신한다. 평화조약이 효력을 발생했을 때에, 일본을 자위가 불가능한 완전히 비무장상태의 처지로 전락시키는 힘의 진공상태가 존재하지 않도록, 앞의 제안을 수락하지 않으면 안 된다는 것이 일본 국민의 압도적인 희망이라고 확신한다. 그래서 우리는 미일 간의 잠정적 안전보장 협정에 대해 토의했다.

이와 관련하여 우리는, 결정적 성격을 가지는 지역적 또는 집단적인 안전보장 협정으로서, 미국이 당사국이 되는 모든 협정은 1948년 6월 11일의 반덴버그(Arthur H. Vandenberg) 상원결의안에[4] 규정되어 있는 기본정책에 따라 체결국 모두가 "계속적이고 효과적인 자조(自助) 및 상호원조"를 하도록 규정해야 한다고 지적했다.

3. 우리는 일본의 앞날에 가로놓인 경제문제에 대해 토의했다. 우리는 일본이 평화조약으로 무거운 경제적 또는 재정적 부담을 지거나 통상에서 매우 무력한 상태에 놓이는 일이 없다고 가정하면, 일본 스스로의 노력에 의해, 또 국민의 재능과 근면에 의해 생활수준을 발전시켜 이를 만족하게 하고, 또 점차 향상시켜 갈 수 있다는 견해에 도달했다. 우리 미국은 일본경제가 자유세계를 구성하는 사회의 유용한 일원으로서의 건전성과 활동력을 찾아낼 수 있는 길을 발견하도록 하기 위해 일본과 앞으로도 지속적으로 협력해 나갈 용의가 있음을 밝혔다.

4. 우리는 미일 양 국민 간의 문화적 제휴의 발전에 대해 심의했다. 우리가 장래를 위해서 추구하고 있는 관계는, 단순히 계약상 또는 경제상의 관계에만 기초하는 것이 아니다. 미일 양 국민 간에는 개인적 교의(交誼)와 상호 존경의 마음이 없어서는 안 된다. 우리는 강화 후에 미일 양국민이

---

[4] 브뤼셀조약 및 집단적인 행동에 대한 미국의 지지태도는 1948년 6월 11일의 반덴버그결의안(Vandenberg Resolution)이 64표 대 4표의 압도적인 표차로 상원을 통과한 데서 단적으로 나타났다. 반덴버그결의안은 미국이 "연속적이고 효과적인 자조와 상호원조에 기초한, 그리고 미국의 안보에 영향을 끼치는 지역적인, 그리고 다른 집단안전보장체제"와 제휴할 것을 밝히고 있다. 이 결의안은 또한 미국이 "그 국가안보에 영향을 끼치는 무력공격이 일어난다면 국제연합헌장 제51조에 입각하여 개별적, 혹은 집단적인 자위권을 행사할 결의"를 분명히 해야 한다고 주장했다. 반덴버그결의안은 "초당외교정책(bipartisan foreign policy)"의 가장 좋은 예가 되고 있다. (http://mahan.wonkwang.ac.kr/nonmun/03/96305032.htm)

서로 상대방의 지식, 문학, 예술의 축적과 정신력이라는 창조적이고 지속적인 원천에 서로 의지할 수 있도록 함으로써 미일 양 국민을 풍요롭게 하는 협동체가 생기기를 기대한다.

우리는 이 모든 사항에 대해 만족할 만큼의 이해에 도달했다는 생각을 가지고 일본을 떠난다. 우리는 자신들의 문제와 열망하는 바를 우리에게 이해시키고자 성의를 갖고 우리를 도와 준 일본 정부, 정계지도자 및 많은 일본 국민에게 감사한다.

우리는 맥아더 원수 및 그의 막료들의 현명한 조언에 많은 도움을 받았고, 시볼드(William J. Sebald) 대사는 우리의 토의에 처음부터 끝까지 적극적인 역할을 했다. 우리는 또 연합국 외교사절과 협의하는 편의를 제공받았다.

우리가 이곳에서 수집한 정보로 우리는 이제 정확한 조약조항을 만들기 전에 해야 하는 연합국과의 토의를 한층 더 진전 시킬 수 있게 되었다. 우리는 우리의 강화에 대한 사명을 진일보시키기 위해 희망차게 전진할 것이다.

마닐라에서의 덜레스 씨의 연설 요지

1951년 2월 12일

미국 국무부 고문 덜레스는 엘피디오 퀴리노(Elpidio Quirino) 대통령과의 회담 후 얼마 되지 않아, 필리핀 태평양문제조사회의 오찬회에서 다음과 같은 요지의 연설을 했다.

강화의 여러 목적이 독일의 경우와 같이, 단순히 패배한 적국에 조약의 여러 조항을 수용하도록 강요하는 것만으로 달성될 것이라고 믿는 것은 잘못이다. 베르사이유 조약은 사실 그렇지 않다는 것을 가르쳐주고 있다.

나는 필리핀 국민이 특히 일본의 배상 문제에 대해 관심을 갖고 있는 것을 알고 있다. 이는 전쟁과 일본군의 점령으로 필리핀이 입은 황폐한 상태를 생각하면 절대 피할 수 없으며, 또 당연한 것이다. 이러한 피폐에 대해 읽어서 아는 것과, 그것을 직접 보는 것은 전혀 다르기 때문에, 피폐한 상태를 눈으로 직접 볼 수 있어서 잘 됐다고 생각한다. 그것이 필리핀인에게 오래도록 잊을 수 없는 인상을 남기고 있다는 것을 이해하게 되었다. 그렇지만, 배상 문제는 경제적으로 어느 정도로 적정하게 행해져야 하는가 하는 큰 문제가 있다. 평화조약을 기초하는데 있어서 패전국이 수십억 달러에 달하는 배상을 지불해야 한다는 것을 써 넣는 것은 쉽지만, 그것이 반드시 지불을 실행 가능하게 하는 것은 아니다. 지불받을 수 있을지 어떨지는 경제적 현실 여하에 달려있다. 어떤 경제적 조건에 의해서만 가능한 것이다. 미국은 배상을 받아낼 수 있는 수단방법을 어떻게 하면 찾아낼 수 있을까에 대해 막연하게 생각하고 있지만, 만약 어떤 건전한 생각이 있다면 이를 지지할 것이다.

또한 나는 일본의 안전보장문제 및 아시아 본토와 떨어져 남방에 퍼져있는 도서 국가의 안전보장문제와 자유세계에 대한 공산주의 위협에 대항하기 위한 민주주의 국가 간에 있어서 상호 신뢰가 필요하다는 것에 대해 논의했다.

태평양 안전보장동맹에 대해서는 약간의 신문보도가 있지만, 그럼에도 불구하고 미국은 그에 대해 아무런 자기 계획도 갖고 있지 않다. 이 문제는 곤란한 문제로, 반드시 협정에 관계가 있는 도서 국가가 주도권을 쥐어야 한다. 나는 워싱턴에 귀임한 후, 정부 당국과 이러한 협정을 체결할 가능성에 대해 연구할 생각이다.

퀴리노 대통령과 나는 이 문제에 대해 약간의 건설적 구상에 대해 협의했다.

미국은 아무런 제안을 가지고 있지 않았지만, 이 문제에 대한 어떤 제안도 동정적으로 청취할 용의가 있다.

오늘날의 자유세계는, 큰 위험에 처해있으며, 오늘날 직면한 위기보다 더한 자유에 대한 위기는 세계역사에 전례가 없었다. 이 위기는, 역사상 알려진 그 어떤 것보다도 현저하게 공산당 지도자들이 발달시킨 정치적 권력, 선전, 침입, 침투와 함께 똘똘 뭉친 대(大)러시아 제국의 군대와 결합하여 제기되고 있다. 33년 전의 공산주의자들은 정치적 권력을 가지고 있지 않았지만, 현재는 이미 약 8억 이상의 사람들에게 그들의 권력이 미치고 있다. 공산주의자들은 적군(赤軍)을 실제 침투시킴으로써 국민을 약화시키고, 또 공포에 떨게 하고 있다. 공산주의자들이 가장 얻고 싶어 하는 두 개 지역은 공업력을 가진 일본과 독일이다. 만에 하나라도 공산주의자들이 성공한다면, 러시아 중국 일본 및 독일이 결합하여 세계의 나머지 부분을 지배하고 동시에 그들의 정복계획의 완성을 가능하게 할 것이다. 미국은 공산주의의 '악마적' 위협으로부터 자유세계를 구하기 위해 세계에서 지도적 역할을 다하려고 노력하고 있다. 미국은 잘못을 범할지 모르지만, 이 잘못은 연합국에 대한 동료의식으로서의 감정이 결여되어 있기 때문이 아니다. 만일 민주주의 국가들이 신뢰를 잃고 분열하면 적은 한 나라씩 정복할 것이다.

나의 사명은 대일 평화조약에 관해 필리핀, 호주 및 뉴질랜드와 같은 관계국의 의견을 타진하는 것이다.

나는 이미 일본 지도자들의 의사를 타진하고, 그리고 미국은 조약에 대해 모종의 구상을 갖고 있지만, 아직 공식적인 텍스트는 작성되어 있지 않다. 내가 확신하는 바로는, 일본이 좋은 이웃나라가 되어 소련 및 중공에 대한 방벽이 될 가능성은 충분하다. 만일 평화조약으로 인해 일본 주둔의 미국 군대가 완전히 철수하는 결과가 되면, 일본은 위험에 처할 것이다. 그것은 '힘의 진공상태'를 만드는 것이며, 공산주의가 이 진공 속에 들어오는 것은 틀림없다. 이 문제에 대해 맥아더 원수와 일본의 지도자들과 토의하였다. 그리고 일본 측은 잠정적인 안전보장협정 하에 평화조약 체결 후에도 여전히 일본에 미국 군대를 남겨두는데 찬성을 표했다.

덜레스 특사의 극동 방문에 관한 라디오 방송

1951년 3월 1일

지난 1월, (트루먼) 대통령은 나에게 대일강화사절단장을 요청했다. 우리 사절단은 일본과 필리핀 호주 및 뉴질랜드를 방문하고 이번 주에 돌아왔다. 우리는 많은 문제를 염두에 두고 출발했지만, 희망과 확신을 주는 답변을 듣고 돌아왔다. 그것은 앞에 가로놓인 임무가 용이하다는 것을 의미하는 것은 아니다. 오히려 우리가 태평양에서 직면하는 문제들은 매우 어렵다. 그것은 과거의 대일전을 청산하는 것뿐만 아니라, 동방으로 부터의 공산주의 침략 위협에 대한 강력한 성벽을 구축하는 것이다. 그것은 우리 스스로의 안전에 사활적 중요성이 있는 것이다. 많은 사람들은 우리의 안전은 유럽을 의미하는 서양에만 관련돼 있으며, 동양은 무시할 수 있다고 생각하고 있는 것 같다. 물론 유럽은 중요하다. 그러나 만일 유럽이 침략을 당하면 미국이 위험에 처하는 것과 똑 같이, 동양이 침략을 받아도 미국과 유럽은 위험에 노출될 것이다. 우리는 스탈린이 오래 전에 동양을 통과하는 것이 "서양에 대한 승리의 길"이라는 것을 공산주의의 기본 전략으로 주장한 사실을 결코 잊어서는 안 된다. 지금도 공산주의 '성서'에서는 그것을 교육하고 있다.

제2차 세계전쟁은 스탈린이 예견하지 않았던 유럽에서의 힘의 진공상태와…… 그 진공 상태 안에 침투하는 예기치 않았던 기회를 만들어 낸 것이다. 그러나 무력에 호소하는 공산주의자는 결코 동방을 포기하지 않았다. 아시아는 소비에트 공산주의자들이 가장 집요하게, 가장 격렬하게 돌진했던 곳이다. 그들은 유럽에서는 전쟁의 위협을 주고 있지만, 중국 조선 인도차이나 및 티베트에서는 전쟁을 실행하고 있다. 오늘날 일본 조선 오키나와 대만 필리핀 호주 뉴질랜드 및 동남아시아는 미국과, 새로운 러시아 제국주의에 의해 이미 착취당하고 있는 동북아시아의 방대한 인적자원 및 천연자원 사이에 존재한다.

아직 공산주의가 정복하지 않은 자유로운 지역에서는, 일본이 요충을 차지하고 있다. 세계의 이 지역에서 일본의 공업력은 거대하고 비할 곳이 없다. 물론, 이 사실은 위험을 증대시킨다. 왜냐하면 소련이 일본의 공업력을 몹시 탐내고 있기 때문이다. 만일 일본이 공산주의의 침략에 굴복하게 되면, 동양에서 소련 일본 및 중국의 힘이 결합하게 되고, 그것은 위험한 만큼 무서운 것이 될 것이다. 그래서 극동위원회의 구성국은 과거의 적을 믿음직한 친구로 하고, 분리적이고 불일치한 요소를 결합해 조화적인 일체로 만드는 임무에 직면하고 있다. 그건 쉬운 일이 아니다. 하지만 우리 사절단은 이제 그것이 가능하다는 것을 확신하고 있다.

평화 해결(조약-옮긴이)은 이 중요 과정에 있어서 필요불가결 한 하나의 조치이다. 일본이 무조건 항복한지 5년 반이 지났다. 이 기간 동안 일본은 미국 군대의 점령을 받았고, 정권(권력-옮긴이)은 연합국 최고사령관인 맥아더 원수를 통해 광범위하게 행사됐다. 일본 국민은 신중하고 충실하게 항복 조항을 준수했다. 그들은 완전히 무장해제 되었다. 그들은 일본의 몰락을 야기한 군국주의적 지도자들을 배제하고, 또 결함 있는 경찰국가제도를 청산했다. 그들은 보통 선거를 수반하는 대의정치를 채택했다. 그들은 신문의 보도의 자유를……. 노동자는 조직화할 권리를 획득했으며, 그것을 행사하고 있다.

이 모든 것은 일본 국민에게 환영받았다. 지난해 7월 이후 미국 전투부대는 한국전쟁에 참가하기 위해 모두 일본에서 철수했고, 8개월 동안 연합국은 일본에서 아무런 강제수단을 가지고 있지 않았다. 그럼에도 불구하고, 강제하지 않더라도, 일본 국민은 최고 사령관의 권위를 전폭적으로 지지해왔다. 그것은 충분한 변혁이 이루어졌음을 의미한다. 또 일본국민은 항복조항에서 허용된 범위 내에서 일본국내에서 자발적으로 조선에서의 국제연합의 노력에 협력했다.

맥아더 원수는, 일본 국민이 자유국가 사회 내에서 평등한 지위에 복귀할 권리를 얻었다고 무조건 판단을 내렸으며, 우리 사절단은 이 결론을 전면적으로 보증한다.

우리들은 어떻게 일본을 이 새로운 상태로 이행시켜야 할 것인가. 해답은 간단하지 않다. 미국과 일본만이 관계 당사국이 아니기 때문이다. 우리는 동맹국을 가지고 있고, 어떤 국가는 우리보다 비교적 많은 피해를 입고 있다. 따라서 우리들은, 우리의 명예를 훼손하지 않으려면, 그 나라들의 견해를 무시할 수 없다. 또한 일본의 자유세계로의 참가가 의미있는 것이 되기 위해서는, 그것은 자유선택이어야 한다. 어떤 위협을 가하는 강제나 경제적인 뇌물로 유인을 하는 선택이 되어서는 안 된다.

우리가 일본의 지도자들과 회담했을 때, 우리는 이러한 긴요한 사항들을 항상 염두에 두고 있었다. 우리의 목적은 '평화'라는 말로 시작하여 조인으로 끝나는 한 장의 서류를 얻는 것이 아니다. 우리는, 실제로 전 자유세계를 확대, 강화하는 증서를 요구하고 있다. 우리가 최초 연합국들과 협의하고, 지금 일본 지도자들과 협의를 끝낸 대일 강화조건은 다음의 기본적 요소를 포함하고 있다.

1. 강화는 일본을 국제사회에 있어서 대등한 존재로 복귀시켜야 한다.

이는 일본이 다른 주권국가들에게는 허용되지 않는 성질의 주권에 대한 여러 제한에 굴복해서는 안 된다는 것을 의미한다. 만약 일본에 이러한 제한이 부과된다면, 그것은 언뜻 봐도, 그들을 영원히 2등 국민으로 만들려고 기도하는 것으로, 그들의 자긍심에 상처를 주는 것임을 쉽게 알 수 있을 것이다.

2. 강화는 일본에게 세계에서 이득을 취하여 자활할 수 있는 기회를 주어야 한다.

물론, 일본은 어려운 경제 문제에 직면하고 있으며, 점령 기간 중 미국은 총액 20억 달러의 원조를 제공했다. 우리가 회담한 소수의 일본인은, 미국이 계속해서 일본 경제를 도와야 한다고 생각하고 있었다. 우리는 그러한 견해를 포기시키려고 했다. 우리가 일본을 떠날 때 한 마지막 성명에서 우리는 다음과 같이 말했다.

> "우리는 일본이 평화조약으로 무거운 경제적 또는 재정적 부담을 지거나, 통상에서 매우 무력한 상태에 놓이는 일이 없다고 가정하면, 일본 스스로의 노력에 의해, 또 국민의 재능과 근면으로 국민의 생활수준을 발전시켜 이를 만족하게 하고, 또 점차 향상시켜 갈 수 있다는 견해에 도달했다."

그것은 물론, 미국이 보조를 무기한으로 계속할 수 없다는 것을 의미한다. 또한 그것은, 일본의 산업 활동을 인위적으로 저해하지 않음을 의미한다. 다른 국가들은 통상적으로 관세상의 여러 제한을 따르고, 일본이 공정한 무역 관행을 준수하는 것을 조건으로 하여, 일본과의 경쟁에 기꺼이 맞서야 한다. 일본은 국민이 생활과 노동을 가능하게 하기 위해 필요한 식량과 원료를 해외에서 구매할 자본력을 얻을 기회를 가져야 한다. 그렇지 않으면 공산주의가 대신하게 될 것이다.

우리는 일본인이 할 수 있는 일로, 세계의 다른 나라에게 유익하고 동시에 그러한 나라들이 동의할 수 있는 것이 있다고 믿는다. 이러한 조건 하에서, 우리는 일본 국민이 미국의 자선에 의존하도록 장려할 것이 아니라, 오히려 자존심 있는 독립을 추구하도록 장려해야 한다고 생각한다.

3. 강화는 일본과 서양 사이의 밀접한 문화 관계를 조장해야 한다.

일본은 주로 중국 및 인도에서 전래된 위대한 국민적 문화를 가지고 있다. 일본의 회화, 연극, 정원, 꽃꽂이, 요리 등은 서양 세계가 자기의 문화 내용을 풍요롭게 만들 수 있는 방법을 예시하는 미의 감상수단이라는 것을 보여주고 있다. 서양은 서양으로서 일본의 문화와 과학에 크게 기여할 수 있다.

우리 사절단은 문화적 및 지적 교류를 발전시킬 수단을 탐구하기 위해 특별한 노력을 기울였다. 우리는 이것이 서로에게 도움이 되며, 양해와 존경을 높이는 결과가 될 것이라고 믿는다.

자유세계의 큰 특질은 통일과 차이를 결합하는 데 있다. 이 점에서 자유세계는 비열한 순종의 사회를 요구하는 공산주의와 대조적이다. 우리는 강화에서 다양성 속에서 풍요로움을 발견함으로써 일본과 자유세계의 다른 나라 모두에게 이익이 되도록 하는 대일 관계를 추구한다.

4. 강화는 일본에 적당한 안전을 제공해야 한다.

현재로선 우리 중 어느 누구도 절대적 안전을 향유할 수 없다. 하지만 우리 사절단은 어떻게 일본에 큰 보호를 제공해야 하는지에 대해 일본 지도자들과 토의했다. 나는 대통령의 허가를 얻어서 지난 1월 의회의 여러 위원회와 회담을 한 후, 만일 일본이 원할 경우 미국은, 평화조약의 효력 발생으로 소비에트 공산주의가 침투할 것이 틀림없는 힘의 진공상태에 일본을 방치하는 일이 없도록 일본의 국내 및 그 주변에 미국 군대를 주둔시키는 것을 긍정적으로 고려할 것이라고 일본에서 공언했다.

그러나 이 점에 관련해 우리는 두 가지를 강조했다.

우선 첫째, 우리는, 위의 제안은 진정한 권유이며, 일본이 그것을 수락하든 거절하든 어느 쪽이든 가능하다고 분명히 밝혔다. 이것을 분명히 하는 것은 중요한 것이었다. 그 까닭은, 일본이 자발적으로 언질을 주는 행위는 일본 국민을 시험하기 위해서 필요했기 때문이다. 우리는 자유 선택을 요구한 것이지 강요된 선택을 요구한 것은 아니다. 왜냐하면 내가 일본인에게 말했듯이 "미국은 다른 사람을 노예 대우하는 데에는 관심이 없다. 그것은 공산주의자들 사이에서 사람과 일의 관계에서 이루어지는 상투적인 수단이다. 우리는 단지 용감한 자와 자유로운 자에게만 관심을 가지고 있다. 이 선택은 일본 스스로 하지 않으면 안되기" 때문이다.

우리가 양해한 두 번째 점은 항복조항 하에서는 일본은, 상원의 '반덴버

그 결의'가 "계속적이고 효과적인 자조 및 상호원조"로서 언급하고 있는 것을 약속할 수 없기 때문에, 현재 제공된 미국의 보호는 단지 잠정적인 기초 위에 서 있는 것뿐이라는 것이다. 이것은 미국의 기본정책이다. 따라서 우리는 안전보장에 관한 한 어떤 나라에게도 영구적 편승을 허용하지 않는다는 것을 강조했다.

일본 국민은 우리가 인정한 이 두 가지 점에 대해 훌륭한 반응을 보였다. 수상은 나의 제안에 대한 회답으로서 "일본 정부 및 압도적 대다수의 일본 국민은, 미국의 군대를 일본의 국내 및 그 부근에 주둔시키는 것으로 비무장 일본을 보호하기 위한 미국과의 안전보장 협정에 대한 귀 대사(덜레스)의 권유를 열렬히 환영한다."고 말했다. 우리는 총리가 일본 국민의 의사를 정확하게 해석한 것으로 확신했다. 왜냐하면, 우리는 여러 국회의원단의 대표자나, 노동, 산업 및 교육 방면의 대표자, 우리의 주의를 끈 많은 보도와 사설에서 같은 인상을 받았기 때문이다.

일본 스스로의 지속적인 자조 및 상호원조 없이 일본에 대한 결정적인 집단적 안전보장 조직은 있을 수 없다는 우리의 경고에 답하면서, 수상은 "우리는 스스로의 국토를 방어하고, 동시에 이 점에 관해 우리가 할 수 있는 일을 해야 할 책임을 완전히 자각하고 있다. 우리의 독립을 회복하고 자유로운 일원으로서 자유 국가 사회에 참가할 때 일본이 할 수 있는 공헌의 상황과 범위는 우리의 경제 및 산업의 회복 정도에 따라 결정될 것이다"고 말했다.

일본은 섬나라이기 때문에, 안전은 해군력 및 공군력에 매우 큰 영향을 받지만, 이 힘은 미국이 태평양에서 사용할 수 있는 것이다. 일본을 방위하는데 미국 또는 일본 중 어느 한쪽에서 이것을 한다고 해도, 만약 일본이 소련 또는 중공과 육지 경계를 갖고 있다면 필요할지도 모르는 다수의 지상부대는 필요로 하지 않는다.

현재 일본이 취할 수 있는 유일한 합법적이고 실행 가능한 안전보장조치는 국내의 안전에 관한 것이다. 국내에서 하지 않으면 안 되는 것은 많지만, 일본 수상이 지적한 것처럼, 결국에는 그 구역에서의 집단적 방위의 책임을 분담하는 문제에 직면할 것이다.

일본에 2주가량 머문 뒤 우리 사절단은 필리핀, 호주 및 뉴질랜드로 향했다.

우리는 필리핀에서 보상 문제에 대해 아주 많은 관심을 가지고 있다는 것을 알았다. 필리핀은 일본의 잔학한 침략과 점령으로 과거 중대한 손해를 입었다. 상당히 복구했다고 하지만, 곳곳에 황폐한 흔적이 있고, 대부분의 가정에서 한 명 또는 두 명 이상의 사람이 일본인에게 살해되었다. 거기에 비통함이 있으며, 적어도 물질적인 배상에 대한 요구가 있는 것은 지극히 당연하다. 요구액은 80억 달러에 이른다. 제1차세대전 종결 때의 프랑스인의 심정과 유사하다.

우리는 필리핀인의 감정에 전폭적인 동정심을 보였다. 우리는 배상 요구의 정당성을 부정하는 어떠한 논의도 하지 않았다. 그러나 우리는 배상은 단순히 정의의 문제가 아니라 경제 문제임을 지적해야만 했다.

사실 일본과 같은 지위에 있는 나라는 식량 및 원료로서의 필수품 수입에 대한 지불을 겨우 할 수 있을 뿐이다. 배상 지불을 요구하는 것은, 배상 어음을 미국이 지불하거나, 지급 불능이 될 때까지 도처에서 아사와 실업을 목격하게 되는 것 중 하나를 의미한다. 이것은 아마 일본이 공산주의에 정복되는 것을 확실히 하는 것이다. 따라서 필리핀의 진정한 이익이 되지 않을 것이다.

제1차 세계대전 후 미국은 독일에 대해 차관을 제공함으로써 한때 독일의 배상 어음을 실제로 지불했었다. 그러나 우리 사절단은, 일본의 경우에는 아마 미국이 그것을 되풀이할 용의가 없음을 밝혔다. 우리는 필리핀의 재건사업을 크게 돕고 있지만, 일본의 배상 어음을 지불할 생각은 없다.

이는 끔찍한 피해를 입은 우리의 용감한 전우에게 바쳐야 하는 견해로서 쉽게, 또는 흔쾌히 받아들일 수 있는 성질의 것은 아니었다. 그럼에도 불구하고, 참으로 은근한 분위기 속에서 필리핀인이 우리의 말을 들어 준 것에 대해 우리는 행정부와 입법부의 필리핀 지도자들에게 감사하는 바이다.

호주에서 우리는 멘지스(Robert Gordon Menzies) 총리, 스펜더 외상 및 호주 정부의 다른 각료들과 4일 간 방해받지 않고 계속 회의를 가졌다. 뉴질랜드 외상 도이지 씨 또한 우리의 토의에 참가했다.

토의된 주요 문제는, 어떻게 일본 침략의 재현을 방지할 것인가 였다. 호주 및 뉴질랜드 정부의 우려는 잘 이해할 수 있는 것이었다. 위 양국 국민은 일본의 전쟁 노력의 뜨거운 숨결을 느꼈으며, 우리 사절단은 북호주에서 일본의 폭격 흔적을 직접 보았다. 이 지역에서는 최근 직접 그 위험을 경험한 사람에게는, 일본이 실제로 재차 침략할 가능성이 있을 것으로 여겨졌으며, 소련이나 중공의 침략은 오히려 요원한 것으로 여겨졌다. 호주 및 뉴질랜드 국민은, 소련 및 중공과 충돌하여 재무장 할지도 모르는 일본을 상대로 해서 고독하게 있을 것 같은 미래를 예상하고 싶지는 않았던 것이다. 여론은 일본의 어떠한 미래 재군비에 대해서도 엄격한 제한을 규정하는 평화조약에 찬성의 뜻을 보였다.

이 태도는 필리핀의 배상에 대한 요소와 마찬가지로 잘 이해할 수 있는 것이었다. 여기에서도 그것은 제1차 세계대전 후의 프랑스인의 심정에 해당하는 것이었다. 그러나 베르사이유 조약의 경험에서 재군비를 초래하는 가장 확실한 방법은, 이를 금지하는 것임을 보여 주고 있다고 우리는 지적했다. 조약을 통한 그러한 성질의 제한은, 원칙적으로 전쟁에 의하지 않으면 강제가 불가능한 것이다. 또 그러한 제한은 일반 군비 축소 계획을 반영하는 것이 아니기 때문에 차별적이다. 오늘날에 있어서는, 그러한 제한은 한 국민의 위신과 발달을 해치고자 하는 도발적인 것처럼 생각된다.

그러한 제한은 국가주의적이며 군국주의적 지도자들에게 국민을 선동하고 국민을 분발시켜 불평등한 제한을 불식함으로써 주권평등을 시위할 기회를 주는 것이다. 히틀러가 독일에서 정권을 잡은 것은 그런 슬로건 때문이었다.

내가 호주 호주에서 한 연설에서, 평화를 추구하기 위해서, 독일로 하여금 두 번의 대전을 일으키게 한 그 방법에 의존하려는 것은 논증 가능한 어리석음이라고 말했다. 집단적 안전보장 정신, 공동의 이익을 위한 것 외에는 무력을 쓰지 않는다는 국제연합의 이념을 주입시키는 것이 더 좋은 방법이다. 그렇게 되면, 군비는 한국가가 결정해야 할 문제가 아니라 집단적으로 결정해야 할 문제가 된다.

그러나 호주 및 뉴질랜드에 대한 어떠한 방향에서의 무력공격도, 미국은 이를 자신의 평화 및 안전에 대해 위험을 미치는 것으로 간주할 것임을 분명히 하는 모종의 협정으로 태평양 지역에서의 그들의 외견상의 고립상태를 끝내고 싶다는, 두 국민의 염원에 부응하고자 하는 것은 도리에 맞는 것으로 생각되었다.

아무런 결정도 이루어지지 않았다. 그러나 우리는 호주 및 뉴질랜드가 그 일부를 형성하고 있는 지역의 통일과 위력을 촉진하는 제안은 앞으로도 계속 받아들일 것이다.

호주 수도에서의 3국 회담으로 우리는 성실과 솔직함이 넘치는 분위기 속에서 서태평양 문제의 모든 측면을 검토할 수 있었다. 스펜더 씨가 토의는 "최선을 다한 협의였다"고 했듯이, 우리는 어떠한 형태로든 좋은 결과가 나올 것으로 믿고 있다.

우리는 호주에서 뉴질랜드로 갔다. 그곳에서는 홀랜드(Sidney Holland) 총리 및 그의 각료와 회담을 하는 기쁘고 유익한 기회를 가졌다.

우리 사절단의 극동 방문 여행은, 본질적으로 작년 9월 국제연합총회 개회 중에 연합국과의 사이에 시작된 회담의 계속이었다. 우리는 이제 진정으로 극동에서 평화를 촉진하는 대일평화조약의 실제 정식 초안을 신속하게 마련하는 것이 가능한 시기에 도달했다.

현재의 어려움과 미묘한 상태에서 이것이 가능하다는 것은 무엇보다도 먼저 맥아더 원수가 점령을 수행한 덕분이다. 그의 시정 특색은 전승국이, 패배하여 책임을 져야 하는 국가에 대해서는 거의 제시된 적이 없는 정의와 자비의 결합이었다. 그는 승리를 능란하게 이용해서, 오늘 우리가 소련과 중공, 그리고 복수심에 불타는 일본이 결합함으로써 나타날 수 있는 압도적으로 강력한 적의에 직면하지 않도록 한 것이다.

점령 정책은 건설을 위한 하나의 단단한 초석을 우리에게 제공했다. 또 하나 중요한 공헌은 국제 연합을 위해 봉사하고 있는 사람들이 한반도에서 보여주고 있는 용기, 수완 및 인내이다. 만약 대한민국이 공산군에 의해 유린되어 있으면, 또 단지 말로만 항의나 흉내만 내는 비효과적인 성질의 방어가 이루어졌다면, 그것은 틀림없이 일본을 끌어들이고, 우리 각자의 가정에 밀려올 때까지 멈추지 않는 일련의 재앙의 단서가 되었을 것이다. 그렇지만 북한의 공산주의 침략자들은 격멸되었다. 그들 대신 다수의 중공군이 들어왔을 때, 그들은 수십만 명에 달할지도 모르는 사상자, 포로 및 상이자를 내고 저지당했다.

한반도에 있는 국제연합군은, 약 백만에 달하는 공산군이 지금 그들의 야심만만하고 독재적인 지배자들이 밀어 넣은 작열하는 용광로에서, 치열한 전투를 하고 있다. 그 작전은 진정한 의미에서 우리들 본국의 방위를 의미하는 것이며, 또한 그것은 태평양의 평화를 얻을 수 있는 기회를 주는 것이다. 이에 대해 우리는 맥아더 원수, 리지웨이(Matthew Bunker Ridgway) 중장 및 사령부에 대해서 뿐만 아니라 특히 희생적 정신으로 종종 생명을 버리면서까지 의무를 다하는 미국 및 다른 나라 군대의 병사들에 대해 영원히 감사하지 않으면 안된다.

마지막으로, 우리가 가진 또 하나의 초석은, 소련이 급속히 또는 절대로 세계전쟁에서 이길 수 없다는 것을 분명히 하도록 일대 세력을 만들어내려는 현재의 미국 국민의 노력이다.

나는 모든 국민들이 전시 또는 승리를 거두었을 때 하는 것처럼, 평시에 평화를 위한 희생을 치를 용의가 있을 때까지는 영속적 평화는 결코 없을 것이라는 점을 종종 이야기했지만, 현재 유사 이래 처음으로 그런 노력이 보인다. 미국은, 자유로운 국가가 생존을 위해 전시 외에는 일찍이 지불한 적이 없는 희생을 치르고 있다. 우리는 그러한 노력이 너무 늦지 않기를 바란다. 우리는 우리 사절단의 타국민과의 접촉을 기초로 타국민이 동참하도록 마음을 움직이고 있다. 또 그들은 현재의 위험과 혼란의 늪에서 자유세계를 구해내는 미국의 능력에 대한 새로운 확신을 기억하고 있다는 것을 알 수 있다.

전적으로 모든 사람이, 즉 일본에 있는 맥아더 원수, 한반도에 있는 우리 전투원 및 본국에 있는 미국 국민이, 태평양에 영속적 평화를 구축하기 위해 훌륭한 기초를 놓은 것이다. 최근에 돌아온 우리 사절단은 그 건축물에 발판을 만든 것이다. 벽돌을 쌓고 옻칠을 하는 것은, 지금 해야 한다. 그것을 훌륭히 하게 하면, 일본 및 관계 구역에서 안전과 복지와 관련한 새로운 느낌이 들 것이다. 동양을 통해 서양을 정복한다는 스탈린의 전략을 방지하는데 도움이 된다. 또한 그것은 사실 자유의 가치와 능력을 분명하게 예로 입증할 수 있다. 이러한 예로 인하여 공산주의 독재정권이 노예로 삼고 있는 세계에 대해 가진 현재의 장악력을 이완시키게 될 것이다.

해방은 결코 우리가 버려서는 안 될 목표다. 우리나라는 그 행위와 모범이 전 세계의 정치적 자유를 추구하기 위한 일대 원동력이 될 수 있다고 말한 사람들에 의해 세워졌다. 그들은 안을 향해서가 아니라 바깥을 향해서 주목했다. 링컨 대통령의 말처럼 그들의 독립선언은 "이 나라 국민에 대한 자유뿐만 아니라, 또 장차 영구적으로 세계에 대해 희망"을 안겨준 것이다. 그들의 시대에는 유럽 및 아메리카대륙(美半球)의 많은 지역이 러시아제국 및 신성동맹의 지지를 받은 독재정권에 장악되어 있었다. 그 장악력은 급격히 이완되었다. 그 과정에서 우리 국민은 유력하면서도 평화적인 역할을 했다. 그것을 다시 할 수 있다. 만일 자유세계의 사람들이 직접 남에게 미치는 감화력을 만들 정도로 자유를 잘 사용한다면, 다시 할 수 있는 것이다. 그것은 우리와 우리 친구가 태평양에서 평화를 건설할 때 염두에 두어야 할 목표이다. 그것은, 만일 우리가 결의를 해 두면, 우리가 도달할 수 있는 목표이다.

휘티어대학(Whittier College)에서의 덜레스 고문의 연설

1951년 3월 31일

나는 태평양에서의 평화에 대한 경과보고를 하는 기회를 부여받은 것을, 휘티어 대학에 감사한다. 이 문제는 미국 서부 해안에 살고 있는 미국인들이 특히 관심을 가질 것이라고 상상하지만, 사실은 태평양에서의 평화는 미국 국민 전체에게도 마찬가지로 중대한 문제이다. 왜냐하면 현재 우리가 직면하는 위험도, 나아가 우리가 해야 하는 노력도, 더 이상 어느 한 지역에만 국한하여 생각하는 것이 허용되지 않게 되었기 때문이다.

일본과 독일은 전후 공산세력이 노리는 두 개의 주요 목표다. 만일 소련의 지배자가 일본, 독일 중 어느 하나의 공업 잠재력 및 인적 자원을 손에 넣어 이를 악용이라도 하게 되면, 그것이야말로 세계평화에 있어서 일대 비극이다. 즉 만약 이러한 사태가 실현된다면, 세계의 힘의 균형이 크게 변화하고, 이에 힘을 얻어 이 신제국주의자들이 세계전쟁을 시작해도 괜찮아, 이길 수 있어 라는 계획을 세우게 될지 모른다. 일본 한 나라가 태평양의 자유 국가들에게 그토록 중대한 위협을 가할 수 있었다. 소련은 이를 잘 알고 있다. 만약 소련의 지배하에 소련, 중국 및 일본으로 구성되는 아시아 세력이 결합하게 되었을 경우, 얼마나 큰일을 할 수 있는가를 충분히 머릿속에 그리고 있는 것이다.

다행히 일본 국민은 새로운 침략의 최전선에 서게 될 그런 결합을 원하지 않는다. 새로운 침략은 결국 일본이 이미 입은 재해보다 훨씬 더 큰 재해를 의미하기 때문이다. 일본 국민은 모든 면에서 군국주의를 후회하는 심정이 되어 있으며, 국제연합의 원칙에 따라 집단적 안전보장을 통해 진심으로 평화를 추구하는 국가들과의 우호관계를 원하고 있다. 낡은 전쟁을 종식시킬 뿐만 아니라 새로운 전쟁을 저지하려고 애쓰고 있는 사람들에게 새로운 힘과 희망을 주는 대일 강화를 이룰 수 있는 기회는 여기에서 나오는 것이다.

위와 같은 성질의 강화를 달성하는 것이, 영예스럽게도 대통령이 내가 단장으로 있는 대일강화사절단에 위임한 사항이다. 트루먼 대통령을 비롯하여 애치슨 국무장관, 마샬 국방장관은 이 위대한 목표가 달성되도록 제각기 면밀한 자기 자신의 생각을 강화(講和)를 향한 노력에 쏟았다.

지난 1월 우리 사절단이 설치된 이후, 우리는 바빴다. 우리 전부 또는 일부는 일본 필리핀 호주 뉴질랜드 및 영국으로 갔고, 또 워싱턴에서 다른 나라 대사나 유익한 지식, 판단 및 특수 지식을 제공해 줄 수 있는 우리 정부의 행정부 및 입법부의 많은 인사들과 협의를 했다. 상원 외교위원회, 그 극동분과위원회 및 하원 외교위원회는 최대의 협력을 아끼지 않았다. 이 모든 결과로서, 우리는 강화조건을 작성할 가능성을 찾아냈지만, 이 조건은 미국 내에서 전폭적인 지지를 받아야 할 성질의 것일 뿐만 아니라, 미국의 동맹국들과도 해결할 수 없는 의견 차이를 불러 일으켜서는 안 되는 것이다. 나아가 지금은 상담 받을 권리를 획득했다고 생각되는 일본도 수락해야하는 것이어야 한다.

그래서 우리는 이번 주부터 태평양전쟁에 주로 관계를 가진 동맹국과, 장래 조약안에 채택될 가능성이 있는 실제의 텍스트 그 자체에 대해 토의를 시작했다. 이들 텍스트는 어디까지나 '초안'이며, 시안(試案)적이고 시사적인 것에 불과하다.

우리는 강화에 필요불가결한 사항에만 국한되는 간단한 문서를 계획하고 있다.

우리는 또한 평화조약에 전문(前文)을 넣을 생각이다. 이 전문에서 일본인은, 중요하기는 하지만, 그러나 어떤 이유로 절대적인 계약상의 약속이 되기에 적합하지 않은 문제에 대해서 자신의 의도를 진술할 기회가 주어진다.

예를 들면, 일본은 국제연합에 가맹을 신청하려는 의도를 보일지도 모른다. 일본의 이 의도의 진실성에 대해서는 아무런 의구심을 불러일으킬 여지는 없다. 그러나 일본이 가맹을 신청할 경우에 그것이 외부로부터의 강제에 의한 것이라는 구설수가 조금도 없고, 절대로 일본 자신의 희망에서 나온 것이라는 명백한 각인이 되어 있어야 한다고 우리는 생각한다. 마찬가지로 일본은, 점령하의 일본 법제에 이미 대부분 채택되고 또 국제연합의 세계인권선언의 주제로 되어 있는 인권 및 유사한 종류의 문제에 대해 새로운 이상을 추진할 의도를 표명하려고 할지도 모른다.

일본 국민은 공사(公私)의 무역 및 통상에서도 국제적으로 인정된 공정한 관행을 따르겠다는 의도를 선언하기를 바랄지 모른다. 이러한 점들에 관한 일본의 의도는 매우 중요하며, 미래의 미일관계의 근본에 관련되는 것이다. 그러나 이러한 여러 문제가, 기회만 있으면 일본이 가입할 수 있고, 혹은 자발적으로 가입을 희망하는 여러 국제 조약에 이미 명기되어 있는 경우는 제외하고, 그러한 의도는 평화조약상의 의무가 되기에 적합한 것은 아니다. 평화조약상의 의무는 체약국이 획득할 권리와 부과되어야 할 의무를 명확히 알 수 있도록 정확하게 만들어진 것이어야만 하기 때문이다.

조약 본문은, 장래 일본이 주권을 가져야 할 영토에 대해 규정할 것이다. 일반적으로 이야기하면, 일본의 주권은 이미 합의된 항복조항에 따라 한정될 것으로 예정되어 있다. 그것은 주권이 본국의 4개 섬 및 이에 근접한 작은 섬들에 이르는 것을 의미한다. 또한 일본은 조선 대만 팽호제도 및 남극 지역에 관한 모든 권리, 권원 및 청구권을 포기하게 될 것이다. 더욱이 이 조약에는 류큐 및 오가사와라군도에는 국제연합이 신탁 통치를 하고, 미국이 계속해서 시설의 책임을 지는 취지의 규정이 포함될지도 모른다.

남사할린 및 치시마(쿠릴열도-옮긴이)는, 얄타(협정)에서 소련에 할당되었으며, 현재 소련이 점유한 곳이다. 그러나 이에 관한 소련의 권리가 평화조약의 형태로 확인되는 것은, 소련이 이 조약에 참가할 것인가에 달려 있다는 것을 우리는 기록해 두고 싶다.

일본 자체의 안전보장 문제는 국제연합헌장에서 인정된 개별적 및 집단적 자위의 결정을 통해 해결되어야 한다고 우리는 생각한다. 따라서 실제로

이 점에 대해, 평화조약에서는, 평화조약의 효력발생과 동시에 일본이 국제연합헌장에서 이야기하는 독립국의 '고유의 권리'가 인정되는 것만으로 충분하다.

통상에 관한 협정에 대해서는, 연합국과 일본의 장래 항구적 (통상)관계는 어떠해야 하는가를 평화조약 그 자체에 규정해서는 안 된다고 우리는 생각하고 있다. 이러한 통상에 관한 협정은 자유로운 일본과 다른 우방국간의 향후의 교섭에 맡기는 것이 좋을 것이다. 그러나 조약의 효력발생 직후에 일어나는 혼란을 피하고, 동시에 차별대우를 최소한도로 억제하기 위해, 일본은, 예를 들면 3년 동안 연합국에 최혜국 대우를 제공하는데 동의할지도 모른다. 그러나 일본은 어떠한 사항에 있어서도 자국이 제공받은 것 이상으로 유리한 대우를 해 줄 것을 요구받지는 않을 것이다. 마찬가지로 민간항공권에 대해서도 일본은 3년 간, 동시에 민간항공수송협정이 체결될 때까지, 연합국에 대해 조약의 효력 발생 때 현존했던 조건보다 불리하지 않은 조건을 줄지도 모른다.

재산 및 청구권에 대해서는, 평화조약은 연합국에게 그 영토 내에 있는 일본재산을 원칙적으로 취득, 유치하고, 그리고 처분할 권리를 부여하게 될 것이다. 반면 일본은 일본에 있는 전전의 연합국 재산을 반환하고, 연합국 및 연합국 국민에게 속하는 전전의 청구권을 확인해야 한다.

앞에서 서술한 여러 문제는, 이 기회에 상당히 정확하게 논의할 수 있을 것으로 우리는 믿지만, 아직 향후의 검토와 진전을 기다려야만 하는 다른 문제도 있다. 일본은 이제 완전히 비무장화되어 실제적으로도 법률적으로도 군대를 유지할 수 없으므로 잠정적인 안전보장 조치를 필요로 한다. 그래서 나는, 대통령의 허가를 받아, 또 의회의 위원회와 논의한 후에, 일본에서 공식적으로 다음과 같이 언명했다. 즉, 만일 일본이 원할 경우, 미국은 미군을 일본의 국내 및 그 부근에 미국 군대를 주둔시키는 것을 긍정적으로 고려할 것이다. 이는 평화조약의 효력발생 후 일본이 힘의 진공상태로 방치되고, 이웃의 한반도에서 이미 나타난 것처럼, 쉽게 침략의 좋은 먹잇감이 되는 것을 방지하기 위한 것이라고 말했다.

나의 이 제안은 일본의 정부 및 국민 일반으로부터 열렬한 환영을 받았다. 그 결과, 이제는 이러한 종류의 협정의 구체화에 대해 검토를 할 시기에 이르렀다.

일본은 섬나라이므로 안전보장은 해 · 공군력에 크게 영향을 받지만, 그 해 · 공군력을 태평양에서 행사할 수 있는 입장에 있는 것은 미국이다. 일본이 군국주의국가들과 육지로 연결된 국경을 갖고 있다면 당연히 필요하다고 여겨지는 대규모 지상부대는, 현재 미국에서 보더라도, 궁극적으로 일본에서 보더라도, 일본 방어를 위해 필요하지 않다.

일본의 안전보장 문제와 연결되는 문제로서, 태평양의 안전보장이라는 한층 광범위한 문제가 있다. 일본은 향후 안전보장에 대해 당연히 모종의 기여를 해야 한다. 그러나 이를 침략의 위협이 될 만한 군국주의의 구실로 만들어서는 안 된다. 그래서 이 문제는 두 가지 측면을 가지고 있다.

안전보장에 대해서 충분히 믿을 만한 공헌을 할 실력을 가지고 있는 어떤 나라도 '편승'은 용납되지 않는다. 미국 상원은 이미 반덴버그 결의에 따라 집단적 안전보장 결정은 "계속적이고 효과적인 자조 및 상호원조"에 입각해야 한다는 기본 원칙을 미국을 위해 확립했다. 국제연합헌장 또한 모든 평화 애호국은 언제든지 국제적 평화 및 안전을 유지하기 위해 군대, 원조 및 편익을 제공할 준비를 해야 한다는 원칙을 확립하고 있다. 이것이 이 문제의 한 측면이다. 이 문제의 또 다른 측면은, 일본은 국제연합헌장의 목적 및 원칙에 합치하는 평화 및 안전보장의 원칙을 무시하고, 재군비를 해서는 안 된다는 것이다. 우리가 추구하고 있는 평화는 일본의 여러 이웃나라, 그리고 실제로 일본국민도 군국주의의 악몽에서 영구히 해방시키는 평화이다.

호주의 캔버라 방문 중에 우리 사절단은 이 문제를 놓고 호주 및 뉴질랜드 정부와 뜻깊은 토의를 했다. 양국 정부는 이 문제에 대한 양국 국민의 태도를 분명하게 잘 알 수 있도록 설명하였다. 우리는 지금 이러한 바람직한 결과를 얻을 방법을 찾기 위해 적극적으로 움직이고 있다.

우리들의 토의는 순조롭게 진행되고 있으며, 그 결과 일련의 협정이 만들어 질 것으로 우리는 믿고 있다. 이러한 협정은, 한편으로는 일본이 아시아 대륙으로부터 불길한 위협을 가하고 있는 신제국주의의 아군으로 내몰리는 것을 막기 위해 자기 자신이 절대적으로 필요한 노력을 다 할 수 있도록 하며, 동시에 다른 한편으로는 공격적 위협이 되는 일본의 무제한 재군비를 저지하는데 있어서 효과적인 보장이 될 것이다.

미국은 평화를 위해 강력한 영향력을 발휘하고, 동시에 태평양에 아직껏 없었던 확고한 평화를 만들어낼 힘을 갖고 있다. 더구나 이 힘은 갈수록 커지고 있다. 우리는 일본의 과거 행위나 현재의 공산주의의 위협에서 발생한 공포의 장막을 벗기는 방법을 알고 있다. 그러나 그 일은 한 손으로 하거나 단독으로 해야 할 일은 아니다. 다른 지역과 마찬가지로 태평양에 있어서도 안전보장은 협력 사업이다. 안보를 위해 협력을 바라는 자는 서로 침략을 저지하는 무한한 힘의 보호를 받을 수 있다. 이 힘은, 국제연합헌장의 표현을 빌리면, "공동의 이익을 위해서만 사용해야 한다"는 것이다.

태평양에서의 평화 및 안정을 위한 협정은 어느 정도는 대일평화조약의 범위 밖의 것이 되며, 모든 문제는 아직 충분히 검토되지 않은 것이다. 때문에 우리는 현재 제안되어 있는 협약 초안의 조항들이 현재 진행 중인 유망한 의견교환의 결과에 비추어 보완되어야 한다고 생각한다. 그리고 우리는 이 의견교환이 가장 중요하다고 생각하고 있다. 어느 누구도 미국이 이 문제를 가볍게 다루고 있다거나 환상으로 끝나버리는 듯한 해결을 받아들일 것이라고 생각해서는 안 된다.

배상에 대해서는 일본이 침략하여 다른 나라에 끼친 손해를 보전해야 한다는 주장이 원칙적으로 타당하다는 데 대해 미국은 아무런 의문도 가지고 있지 않다. 그러나 배상은 단순히 정의의 문제가 아니라, 비참한 결과를 초래하는 일 없이 경제적으로 얼마나 많은 것을 실행할 수 있는가 하는 문제이기도 하다.

우리는 이 문제를 자세히 검토했다. 지금까지 상당히 많은 공업용 기계가 이미 일본의 공장에서 철거되어 배상 청구권을 가진 여러 나라에 제공된 상태다. 또 연합국의 여러 나라에도 많은 액수의 일본 재산이 있고, 이것이 청구권의 만족에 충당되는 것에 대해서는 이미 언급한 대로이다. 그러나 미래의 일본이 자기 손에 남겨진 자본재에서 배상을 하거나 향후 몇 년에 걸쳐 경제활동에서 생기는 여력을 쪼개어 배상에 충당하는 것이 되면, 그것을 실행할 가능성을 찾는 것은 용이하지 않다.

일본이 직면한 가장 심각한 문제 중 하나는, 과거 소유했던 원료 공급지를 상실하면서 비교적 좁고 척박한 네 개의 섬에 8500만 명의 인구를 가진 일본이 과연 광범위한 사회불안을 막기에 충분한 생활 수준과 고용 수준을 유지할 수 있을까 하는 점이다. 이것은 또, 배상 청구권을 가진 나라에게도 한 결 같이 중대 관심사이다. 만약 일본에 이와 같은 광범위한 사회불안이 일어나면 그것이 다시 한 번 가공할 폭발성을 지닌 영토 확장론적 풍조를 초래할 것임은 틀림없을 것이다. 일본의 이웃에 있는 공산주의국가들은 웃으며 이를 이용하려 할 것이다.

미국은 점령 시작 이후 일본 국내의 사회 불안과 경제 불안을 방지하기 위해 구제비와 경제원조비로 약 20억 달러를 쏟아 부었다. 이는 미국이 이 문제와, 주요 점령국으로서의 책임을 얼마나 진지하게 생각하고 있는지를 실제로 가늠해 보여주는 것이다. 그러나 미국에는 점령 종결 후 무한정으로 이 같은 경제적 원조를 계속할 용의는 없다. 또 배상 청구권을 가진 나라가 일본으로부터 받아야할 것을 일본에 보충해 줌으로써 실제로 일본의 배상을 대신해서 지불하려는 생각도 하지 않는다. 사실, 미국은 전후의 미국의 대일 원조는 어느 정도 우선 취급을 받은 것이라고 생각한다.

만약 이미 일본으로부터 받았거나, 또 연합국 영토 내에서 인수받은 일본 재산 외에, 더 나아가 평화조약이 배상금 지불을 요구하면 우리가 추구하는 전반적이고 장기간에 걸쳐 나타나는 중요한 성과가 실현될지는 의심스럽다. 그러나 미국은 아직까지 이 문제에 대해 최종 결정을 내린 것은 아니다. 현재 일본의 침략으로 심각한 피해를 입은 여러 국가들과 앙금을 남기지 않을 정신으로 활발한 의견교환을 하고 있다.

일본을 경제적으로 무력화하는 문제에 대해서도 약간의 제안이 있었다. 예를 들어 일본의 공장시설, 특히 조선 능력의 일부 해체를 요구하는 제안이 있었다. 그러나 독일의 경험에서도 알 수 있듯이, 이러한 규정은 일본 국민에게 큰 고통을 초래하지 않고 실행할 수 있는 것은 아니다. 평화조약 성립 후 최초의 일본 정부에게 일본의 공업시설의 기능을 파괴하도록 요구하면, 마치 비인도적이라고 할 부담을 일본에 부과하는 것이 되며, 그 결과는 연합국 최대의 이익에 반하는 것이 될 것이 확실하다.

공해(公海) 어업에 대한 일본의 참여를 영구적으로 제한하는 것을 평화조약에 규정하려고 시도하는 제안이 특히 태평양 연안으로부터 나왔다. 이렇게 하면 강화조약과 그것으로 얻으려고 하는 성과의 획득이 무한정 연장되는 것은 의심의 여지가 없다.

미국과 일본 사이에 어업 이권에 관한 협정이 성립될 가능성은 매우 농후하다고 생각한다. 그러나 평화조약은 단순히 미 · 일 양국 간의 조약이 아니다. 바라건 데 53개 연합국 모두가 서명하는 조약이어야 한다. 이들 국가의 대부분은 각기 독자적인 어업문제를 갖고 있으며, 또한 그 해결책에 대해서도 여러 의견을 가지고 있다. 대일평화조약을 공해 어업에 관한 세계적인 조약으로 만들려고 시도해도, 그것은 결코 하루아침에 결말이 나는 것은 아니다.

이전에 내가 일본을 방문 했을 때, 어업문제에 대해 (일본) 수상은 나에게 "일본 정부는 강화로 독립된 주권 행동을 취하는 것이 가능해지는 대로,

어업협정에 대해 교섭을 개시할 용의가 있다. 그때까지 일본 정부는 일본 국민 및 일본 어선이 어족의 보호를 위해 노력하는 모든 어장과, 특히 미국 캐나다 알래스카 인근 어장에 출어하는 것을 금지한다"고 말했다.

일본인은 과거에 국제적으로 인정된 어업관행을 자주 무시했고, 그 때문에 타국의 악평을 초래했다. 하지만 현재의 일본인은, 이러한 행위를 피하는 것이 얼마나 중요한지에 대해 자각하고 있다. 나는 만약 우리의 대일 강화 노력이 우리의 예상대로 순조롭게 진행된다면, 이 귀찮은 문제도 의외로 빠르고 공정하게 해결할 수 있다고 믿는다.

이상 제가 말한 바에 따라 우리가 추구하는 대일 평화해결은 일본의 영토를 본토 네 개의 섬으로 삭감하는 것을 확인하는 것이긴 하지만, 또 다른 한편으로 일본을 주권국으로 하는 동시에 자유세계를 유지해 가는 일원으로 하는 것을 목적으로 한 것임을 알 수 있을 것이다. 일본도 머지않아 집단적 안전보장에 대해서, 그 힘에 맞게 — 공격적인 위협이 될 수 있는 군비를 만들어내는 일 없이— 기여하게 될 것이다. 또한, 경제적 견지에서는, 장래의 일본이, 점령 중에 미국으로부터 받아 온 원조 없이, 자립할 수 있는 국가가 되는 것이 기대된다.

그 반면, 일본은 국제적으로도 평등한 지위를 회복해서, 성가시고 차별적인 조건으로부터 해방될 것이다. 요컨대 우리가 추구하는 강화는 화해(reconciliation)의 강화이다.

그것은 대규모 무력 침략을 한 패전국에 대해 승자가 통상적으로 허락하는 그런 강화가 아니다. 과거 일본의 행위로 인해 고통을 받고 불신감을 가진 일부 국가들이 일본에 대해 계속 부담을 지우고, 제한을 가하고 싶어하는 것은 별로 놀랍지 않다. 이러한 부담 및 제한이 있는 것을 하나하나 언급하면 그럴듯한 이유가 있는 것도 있으나, 아마 그 하나하나 만으로는 결정적인 역사적 중요성은 없을 것이다.

그러나 이것을 전체적으로 생각했을 때, 이와 같은 부담과 제한을 가하는 것은, 평화 해결의 성격을 근본적으로 바꾸어 버린다.

대일평화조약의 주요 목적은 장래 일본국민을 다른 국민들의 좋은 이웃으로 공존하게 하는 데 있다. 이는 일본 국민을 응석받이로 해야 한다는 것이 결코 아니다. 승리자가 무력한 일본의 현재 상황에 편승하여 장래에 걸쳐 일본에 불평등한 조건을 부과해서는 안 된다는 의미이다. 이것은 평화 해결을 통해 패전국에게 국제사회에서의 위엄과 평등의 지위를 회복시켜야 한다는 뜻이다.

대일 강화는 신뢰의 강화(peace of trust)가 될 것이다. 일본의 과거가 신뢰할 만한 것이었기 때문이 아니라, 신뢰의 손을 내미는 행위는 상대에게 신뢰하도록 하는 노력을 불러일으키는 것이 보통이기 때문이다. 이 강화는 일본 국민에게 세계의 다른 자유로운 국가들 대부분이 현재 누리고 있는 국제관계와 연결 할 수 있는 기회를 주려는 의미에서, 일본에 기회를 주는 강화가 될 것이다.

이러한 종류의 강화를 제안하는데 있어서 미국은 중대한 책임을 느끼고 있다. 왜냐하면 결과가 보장되지 않기 때문이다. 그러나 우리는 동시에 어떤 종류의 강화가 영속성이 있는지에 대해 최선의 판단력을 작동시킬 의무가 있다. 정세가 우리의 의무를 피할 수 없게 하고 있기 때문이다.

태평양전쟁에서 우리는 각자의 힘에 따라 긴 세월 동안 생명과 재물을 쏟아 부은 용감한 동맹국을 가지고 있었다. 그러나 미국은 태평양에서의 승리에 필요한 수단의 대부분을 갖고 있었다. 미국은 점령 책임을 수행했다. 맥아더 원수가 최고사령관으로서 이룩한 성과들은 그 정신적 투자를 보여주는 것이고, 미국 국민이 체면이 손상되지 않도록 하려면 이에 무관심할 수 없다. 미국은 경제 원조의 손을 내밀고, 이로 인해 일본을 공산주의자에게 정복되었을지도 모를 정도의 전후의 참상을 막았다. 미국은 서태평양에서 현재와 장래에 걸쳐서 큰 군사력을 가진 자유세계의 일원이다. 동시에 미국은, 일본, 태평양에서 미국의 동맹국 및 미국 자신에 대한 위험을 제거하기 위해 현재 한반도에서의 국제연합의 노력에 중요한 기여를 하고 있다.

미국이 강화를 위한 주도권을 쥐어야 하며, 게다가 시간적 여유가 있는 동안에 그렇게 해야 한다, 또 이용할 수 있는 모든 예지와 비전을 가지고 그 이니셔티브를 구현할 것을 요구하고 있는 몇 가지 사정이 있다. 만약 시기의 선정 또는 내용에 대해 잘못된 판단을 내리면, 모든 인류에게 헤아릴 수 없는 불행을 초래할 것이다.

미국은 책임을 독점하고 있다고도 생각하지 않으며, 또 필요한 경험이나 예지, 계발(啓發)을 독점하고 있다고도 생각하지 않는다. 우리는 "나 혼자 하겠다"며 욕심도 내지 않고, 강제행동을 할 생각도 전혀 없다. 우리는 지금까지 타국에 대해 끊임없이 의견을 요구해 왔고, 향후도 요구할 생각이다. 실제로 우리가 하고 있는 제안은 한나라의 생각으로 만들어낸 것이 아니라 총의로 작성된 것이다. 이 제안은 다수 국가의 생각을 반영하고 있다. 특히 영국과 호주는 조약 초안의 용어에 대해 두 개의 중요한 출처가 되었으며, 그것을 우리는 수락하였다.

그러나 궁극적으로 이야기하면, 우리는 지금까지 평화해결(조약-옮긴이)을 목표로, 고압적 태도를 배제하고 겸허한 마음으로 모든 고려를 거듭해 왔다. 그렇기 때문에 이 평화해결은 미국에 대해 불필요하고 견딜 수 없을 정도의 무거운 군사적, 경제적 부담을 부과하는 것이다. 또 평화해결이 우리가 이번 전쟁에서 쟁취한 지속적 평화를 다시 위협하는 것이라고 생각한다면, 우리 국민과 타국민에 대해 공평하기 위해서, 우리는 도저히 그런 평화 해결(조약-옮긴이)의 공동 발기인으로 이름을 올릴 수 없다.

다행히도 지금까지의 관계국들과의 의견교환은 단 하나의 예외를 제외하고 모두 화기애애한 상태에서 진행되었으며, 근본적인 의견 대립은 없었다. 단지, 소련 정부는 분명히 하나의 예외일 것이다. 소련 정부 대표는 석 달 동안 우리와 함께 대일 강화의 모든 면에 대해 솔직하게 토론했다. 그런데 소련 지도자들은 대일 평화조약의 완성이 임박한 지금에 와서 갑자기

뭔가 공포에 질린 듯 했으며, 소련 정부는 우리와의 논의를 재개하지 않겠다고 공식 선언했다.

대일강화가 아직 멀리 있을 무렵에는 소련 지도자들은 강화를 사랑하는 것 같은 언동을 보여 주었다. 하지만 강화가 눈앞에 닥치자 그들은 그것이 전염병이라도 되는 것처럼 경원시 했다.

우리는 소련 지도자들이 평화조약에 참여하는 것을 여전히 희망한다. 이 평화조약은 소련에 아무런 부담도 주지 않는다, 또한 소련이 참가하면 전 세계에 걸친 긴장의 완화에 첫 걸음을 내딛는 것도 된다. 우리는 소련이 표명하는 어떠한 의견도 전면적으로 고려할 용의가 있다. 우리는 소련이 대일강화에 참가하도록 지속적으로 끈기 있게 계속 독촉할 생각이다. 그러나 다행히 대일강화에 소련의 참가가 필수불가결한 것은 아니다. 소련은 대일 강화에 대해 거부권을 행사할 법적 권한을 가지고 있지 않다. 또한 일본에 내밀어야 할 도의적 청구서를 가지고 있는 것도 아니다. 왜냐하면 불과 엿새 동안 명목적인 교전 관계에 있었을 뿐인 소련이 만주, 여순, 대련, 남사할린, 쿠릴열도 등 방대한 수확을 얻은 이상, 이미 본전은 천배나 되어 돌아왔기 때문이다. 독일이나 오스트리아와 달리, 일본은 점령지대별로 분할되어 있지 않다.

이제 일본과 관련하여, 제2차 세계대전의 연합국 가운데 어느 나라가 강화를 추구하는 진정한 의사를 가지고 있는지를 보여줄 기회가 존재하고 있다. 지금이야말로 세계인들에게 희망을 갖게 하고, 활력을 주는 전형이 될 공정한 강화를 그들이 만들어내어야 하는 기회가 도래했다. 이것이야말로 절호의 기회다. 그리고 우리는 주어진 이 절호의 기회의 도전에 멋지게 답할 것을 결의하고 있는 것이다.

물개의 해상 포획에 관한 미일 간의 각서

1951년 4월 3일자 미국 각서

일본은 합중국(미국-옮긴이), 연합왕국(영국-옮긴이) 및 러시아(소련-옮긴이)와 함께 베링 해, 캄차크 해, 오츠크 해와 일본해(동해-옮긴이)를 포함한 북위 30도 이북의 북태평양 해역에서 물개의 해상 포획을 금지 한 1911년의 '물개조약'[5]의 당사국이었던 것을 상기하기 바란다. 또 1911년의 조약은 1941년 10월 일본 정부에 의해 폐기된 것을 상기하기 바란다. 1911년의 조약을 일본이 폐기한 것은 조약 전체를 종료시키는 효과를 가지고 있었으므로, 미국과 캐나다는 1942년 북동태평양에서 물개를 관리하는 행정협정을 맺었다. 이 협정은 1947년에 갱신되었다.

미국은 물개의 해상 포획을 금지하는 국제협정을 만드는 데 이해관계를 가지고 있기 때문에, 일본과의 강화 후, 관계국 간에 이러한 조약을 다시 체결하기 위해 현재 적극적으로 고려하고 있다.

이 건에 관한 조약 협의 때까지 미국 정부는, 일본이 국민들에게 물개의 해상포획을 금지하도록 하는 것이 바람직하다고 믿고 있다. 더불어 이러한 약속, 그리고 필요한 경우에는 물개 조약의 재협의에 들어간다는 약속은 1951년 2월 7일의 요시다 총리대신 및 덜레스 대사가 교환한 서한의 범위 내에 포함되는 것으로 간주해야 한다고 믿고 있다.

총리대신 서한의 제4항은 다음과 같이 언급하고 있다.

---

5) 정식 명칭은 물개보호조약(Convention for the protection of fur seals)이다. 모피의 질이 좋고 가격이 비싸 북태평양의 물개는 구미인들의 포획 대상이 되었으며, 19세기 말에는 자원이 급격히 감소했다. 이를 우려한 미국은 자원 보존 및 보호를 목적으로 관련국인 일본, 영국(당시 캐나다는 영국령), 러시아에 조약 체결을 요청한 결과 1911년 이 4개국이 조약을 체결했다.

> "그동안 일본 정부는 남획으로부터의 보호를 위해, 이미 국제적 또는 국내적으로 조치가 취해진 모든 수역에 있는 현 보존어장, 그리고 일본 국민 또는 일본 어선이 1940년에 조업하지 않았던 어장에서는 자발적 조치로서 일본의 거주 국민 및 선박에 어업의 조업을 금지한다. 단 이것은 일본 정부가 가지는 국제적 권리의 포기를 의미하는 것은 아니다."

전항에 규정 된 첫째 조건은 미국과 캐나다 사이의 행정약정이 북동태평양에만 관계가 있는 것이지만, 미국 정부가 국내법으로 북태평양 수역에서의 물개의 해상 포획을 금지하고 있는 점을 기초로 하여 충족시킬 수 있다고 믿는다. 이 점에 관해서 1944년 2월 26일 공법 제237호 제2절은 다음과 같이 규정하고 있다.

> "다음에 규정하는 경우를 제외하고 미국 시민 또는 국민, 미국 법률 또는 조약에 따라 의무를 가진 자, 또는 합중국의 선박이나 이러한 선박에 속하거나 승선하는 사람이 북태평양 수역의 수상 또는 수중에서 물개의 해상 포획 또는 해달(海獺)의 포획에 종사하는 것을 불법으로 한다."

두 번째 조건에 관해서 일본 정부는 1940년에는 '물개 조약'의 당사국이며, 따라서 당시 일본 국민은 법률상 북태평양에서의 물개 해상 포획에 종사 할 수 없었다.

위의 고려에 비추어 미국 정부는 2월 7일의 요시다 총리가 덜레스 대사에게 보낸 서한이 물개의 해상 포획에 미치는 것으로 볼 수 있다는 일본 정부의 의견인지를 알기를 희망한다.

1951년 4월 7일자 일본의 각서

1. 일본정부는, 2월 7일의 요시다 총리대신과 덜레스 대사 간의 왕복 서한이 물개의 해상 포획에 미치는 데 대해 이의가 없다. 즉 일본 정부는 국제적 권리를 침해하지 않고 평화조약 실시 후 신조약이 체결 될 때까지 일본인에 의한 물개의 해상 포획을 자발적으로 금지하고, 신조약의 체결을 위한 교섭에 참가할 용의가 있다.

일본에서는 현재 1912년의 해달, 물개 포획단속법에 기초해서 일본의 영해 및 공해에서 해상 포획의 허가를 하지 않는다. 일본은 신조약이 체결될 때까지 현재의 방침을 변경할 의도가 없다.

2. 이 기회에 일본 정부는 신조약의 체결을 위한 관계국 간의 교섭이 가능한 신속하게 개시되기를 희망한다. 또, 평화조약 실시 후 신조약 실시까지 1911년의 조약에서와 같이 공정한 배분액이 일본에 주어지도록 미국 정부가 배려하기를 희망한다.

대일평화조약미국초안

1951년 4월 5일 UP통신 워싱턴 타전에 의함

전문(前文)

연합국과 일본은 앞으로 양자의 관계가, 주권을 가진 대등한 국가로서, 공통의 행복을 증진하고, 국제적 평화 및 안전을 유지하기 위해 반드시 우호적인 연대하에 협력하는 국가의 관계여야 한다고 결의한다.

일본은 국제연합에 가입을 신청하는 의도를 선언하고, 또한 어떠한 상황하에서도 유엔헌장의 원칙을 준수하고, 국제연합의 세계인권선언의 목적을 실현하기 위해 노력하고, 유엔헌장 제55조 및 제56조가 규정하고, 동시에 전후의 일본 법제에 의해 이미 시작된 안정 및 행복의 상태를 국제적으로 창조하고, 동시에 공사(公私)의 무역 및 통상에서 국제적으로 승인된 공정한 관행을 준수할 의도를 선언한다.

연합국은 이러한 점들에 관한 일본의 의도를 환영하고, 또 그 실현을 용이하게 하도록 노력한다.

연합국은 일본과 장래의 관계를 안정되고 평화적인 기초 위에 두기 위하여 이 조약을 체결한다.

제1장 평화

연합국과 일본 사이의 전쟁 상태는 종결한다.

제2장 주권

연합국은 일본 및 그 영수(領水)에서 일본 국민의 완전한 주권을 승인한다.

제3장 영역

일본은 조선(한국-옮긴이), 대만 및 팽호제도에 대한 모든 권리, 권원 및 청구권을 포기하고, 또 위임통치제도에 관련해서, 또는 남극지역에서 일본 국민의 활동에 유래하는 모든 권리, 권원 및 청구권을 포기한다.

일본은 종래 일본의 위임 통치하에 있었던 태평양의 여러 섬들에 신탁통치제도를 실시하는 것에 관한 1947년 4월 2일의 국제연합 안전보장이사회의 조치를 수락한다. 미국은 북위29도 이남의 류큐제도, 니시노 섬(西之島)을 포함하는 오가사와라 군도, 가잔(火山)열도(硫黃列島), 오키노도리 섬과 미나미토리 섬을 미국을 시정권자로 하는 신탁통치제도 하에 두는 것을 국제연합에 제안할 수 있다.

일본은 그러한 어떤 제안에도 동의한다. 그와 같은 제안이 이루어지고 그에 근거하여 그것이 가결될 때까지 미국은 영해를 포함한 위 섬들의 영역 및 주민에 대해 모든 행정, 입법 및 사법, 그리고 어느 하나의 권능을 행사할 권리를 가진다.

일본은 사할린 섬 남부 및 이에 근접하는 모든 섬을 소련 연방에 반환하고, 동시에 치시마열도(쿠릴열도)를 소련연방에 인도한다.

제4장 안전보장

일본은, 국제연합헌장 제2조에 언급된 의무, 특히 다음의 의무를 수락한다. 국제적 평화 및 안전과 정의를 위협하지 않도록 평화적 수단으로 자국의 국제분쟁을 해결할 의무.

자국의 국제관계에 있어서 어떠한 국가의 영토 보전 혹은 정치적 독립에 대해, 또는 국제 연합의 목적과 양립할 수 없는 어떠한 방법으로도 무력의 위협이나 행사를 자제할 의무.

국제연합이 헌장에 따라 취하는 어떠한 행동에 대해서도 국제연합에 모든 원조를 제공하고, 동시에 국제연합이 방지 행동 또는 강제 행동을 취하는 어떤 나라에도 원조를 제공하는 것을 자제할 의무.

연합국은 일본과의 관계에 있어서 국제연합헌장 제2조의 원칙에서 도출되는 것을 상호 약속한다.

연합국은 일본이 주권 국가로서, 국제연합 헌장이 개별적 또는 집단적 자위에 관한 고유의 권리로 규정하고 있는 것을 보유하고 있으며, 동시에 일본이 하나 또는 둘 이상의 연합국이 참가하고 있는 집단적 안전보장 협정을 자발적으로 체결 할 수 있음을 승인한다. 이러한 협정은 오직 무력 공격에 대한 안전보장을 목적으로 하는 것이어야 한다.

(상기의 시사는 안전보장에 관해 그것만으로는 안전하지 않다는 것이 승인되고, 따라서, 또 태평양에서 안전을 유지하는 것을 목적으로 하고, 동시에 공격적인 위협이 되거나 국제연합의 목적과 원칙에 따라 평화와 안전을 촉진하는 것 이외에 도움이 될 수 있는 준비를 발전시키지 않고, 이후 일본이 자국의 안전에 공헌할 수 있도록 하는 것을 목적으로 현재 진행하고 있는 의견교환의 결과에 비추어 보충되어야 하는 것이다.)

제5장 정치와 경제 조항

일본은 공정한 무역 관행의 촉진, 마약의 남용 방지 및 어류 외 야생 생물의 보존을 목적으로 하는 현행의 다자 간 조약 및 협정에 계속 당사국으로 남고, 또 당사국이 아닌 경우에는 이에 가입하려고 노력한다.

일본은 공해 어업의 규제, 보존 및 발전에 관한 새로운 양자 간 또는 다자 간 협정의 작성을 위해 그것을 원하는 상대국과 신속하게 교섭을 개시하는 데 동의한다.

각 연합국은 이 협약이 자국과 일본 사이에서 효력을 발생한 후 1년 이내에, 전전(戰前)의 일본과의 양자 간 조약 중 어느 것을 계속 유효한 것으로 할 것인지, 또는 개정을 희망하는지를 일본에 통보한다. 이 같은 조약은 이 조약과 합치하지 않는 규정을 제외하고 계속 유효하거나 개정되며, 합치하지 않는 규정은 삭제된다. 이렇게 하여 통보되지 않은 조약은 모두 폐기된 것으로 간주된다.

일본은 중국에서의 모든 특수 권익을 포기한다.

일본에서 구금되어 있는 자에게 연합국 군사재판소가 부과한 전쟁 범죄 선고에 대해 은전(恩典), 감형, 가석방 및 특별사면을 할 권능은 일본과 각 경우에 선고를 내린 정부와 공동으로 하지 않으면 행사할 수 없다.

극동국제군사재판소(동경재판- 옮긴이)에서 형을 선고 받은 자의 경우, 위의 권능은 일본과 이 재판소에 파견된 정부의 과반수가 공동으로 하지 않으면 행사할 수 없다.

일본은 각 연합국과 양자 간의 통상 및 무역 관계를 안정되고 우호적인 기초 위에 두기 위하여 조약 또는 협정을 신속하게 체결할 용의가 있음을 선언한다.

그때까지 일본 정부는 이 조약의 최초 효력 발생으로부터 3년 간 화물의 수입 또는 수출에 대해, 또는 이와 관련하여 부과되는 관세, 부과금 및 다른 모든 규칙에 관하여 각 연합국에 최혜국대우를 제공한다. 또 일본에 있어서 연합국의 선박, 국민, 회사 및 연합국의 재산, 이익 및 상업 활동에 관하여 내국민 대우 또는 최혜국 대우 가운데 가장 유리한 것을 제공한다. 내국민 대우가 일본 연안 및 내륙 항행을 포함한 것으로 간주되어서는 안 된다.

위 사항 중 어느 것에 관해서도, 일본 정부는 어느 국가가 통상(通常)적으로 통상협정에 포함되는 예외를 제외하고는, 그 점에 대해 일본에 제공할 용의가 있는 대우보다 유리한 대우를 그 나라에 적용하는 것을 유보할 수 있다.

이 조항의 제1항의 규정에도 불구하고 일본 정부는 대외적 재정 상태 및 국제 수지 상태 또는 빼놓을 수 없는 안전상의 이익을 옹호하는 조치를 적용하고, 또한 통상협정에 통상적으로 포함되는 예외를 유보할 권리를 가진다.

민간항공협정이 체결 될 때까지, 일본은 3년간 각 연합국에 대해 이 조약의 효력 발생 시에 연합국이 행사하고 있는 권리와 특권보다 불리하지 않은 민간 항공수송상의 권리와 특권을 제공하지 않으면 안 된다.

이 조약에 따라 일본의 지배에서 제외되는 지역과 일본을 연결하는 일본의 해저 전선은 균등하게 분할되어야 한다. 즉, 일본이 일본의 단자 및 이에 연결되는 전선의 반을 보유하고, 분리된 지역이 전선의 나머지 부분 및 이에 연결되는 단국(端局, terminal station) 시설을 보유한다.

제6장 청구권 및 재산

연합국은, 일본이 점령목적 촉진 상 1945년 9월 2일 이후 제공되었던 구제 및 경제 원조에 대한 채무를 변제하고, 동시에 전쟁 피해에 대해 연합국에 적당한 배상을 하기 위해, 일본에 생활 가능한 경제를 유지시킬 수 있도록 보유 금(金, 地金), 재산 또는 용역으로 지불할 능력이 부족한 것을 승인한다.

무엇보다, 일본은 각 연합국 대하여, 일본 및 일본 국민의 모든 재산, 권리 및 이익에서, 일본이 포기한 지역 내 또는 연합국의 신탁 통치하에 있는 지역 내에 1941년 12월 7일과 1945년 9월 2일 사이에 있었던 것의 소유권을 취득하고 이를 유치 및 처분할 권리를 제공한다. 단 다음의 것은 제외한다.

1. 연합국의 어느 한나라의 영역에 거주하는 것을 허락받은 일본국민의 재산으로 1945년 9월 2일 이전에 특별 조치를 받지 않은 재산.
2. 외교 또는 영사용 유체재산. 단 그 보존에 수반되는 모든 비용을 공제한다.
3. 비정치적, 종교적, 자선적, 문화적 또는 교육적 기관의 재산.
4. 일본에 있는 재산. 단 그 재산에 관한 소유권 또는 이익, 또는 그 재산에 관해서 주장되고 있는 채권에 관한 서류 또는 증거가 일본 이외의 장소에 있는 것에 관계가 없다.

5. 일본의 생산품 임을 확실히 보여주는 상표.

어느 연합국이 다른 연합국의 영역으로부터 일본 또는 일본 국민의 어떠한 형태의 공업적 성질을 갖는 재산, 권리 또는 이익을 취득한 경우, 그것은 그 연합국의 계산에 넣는다.

연합국의 배상청구권 및 그 직접 군사 점령비 청구권은, 위에서 기술한 바에 따라 각각의 관할 하에 있는 일본 자산과, 점령 기간 중 일본 본토로부터 수취한 자산에 의해 충족된 것으로 간주된다.

(주, 배상에 관한 위의 언급은, 현재 진행되고 있는 의견교환을 유보하고 이루어진 것이다.)

일본은 이 조약의 최초 발효로부터 6개월 이내에 각 연합국 및 그 국민의 일본에 있는 유형 및 무형의 재산, 그리고 종류의 여하를 불문하고 모든 권리 및 이익을, 소유자가 강박 또는 사기에 의하지 않고 그것을 자유롭게 처분한 경우를 제외하고, 요구에 따라 반환한다.

일본에 있는 연합국 국민의 재산이 전쟁에 의해 상실 또는 손상을 입은 경우, 보상은 일본의 외환 시세 규정을 따르는 것을 조건으로 하여 엔화로 일본 국내 법제에 따라 이루어진다.

일본은 종결 된 전쟁상태 중에 취해진 행동에 관한 일본 및 일본 국민의 연합국에 대한 모든 청구권을 포기한다. 또 이 조약의 효력 발생 전에 일본 영역에서의 어떤 연합국의 군대 또는 관헌의 존재, 작전 행동 또는 행동으로 발생한 모든 청구권을 포기한다.

제7장 분쟁의 해결

이 조약의 해석 또는 실시에 관한 연합국과 일본 사이의 분쟁에서 외교절차에 의해 해결되지 않는 것은 분쟁 당사국의 청구에 의해 국제사법재판소에, 결정을 구하기 위해, 회부된다.

일본 및 아직 국제사법재판소 규정의 참가국이 되지 않은 연합국은 각자가 이 조약을 비준할 때, 그리고 1946년 10월 15일의 국제연합 안전보장이사회의 결의에 따라, 이 조항에서 언급한 성질의 모든 분쟁에 관해 특별한 합의를 하지 않고 일반적으로 재판소의 관할을 수락하는 일반적 선언을 재판소 서기에게 기탁한다.

第8장 최종조항

이 조약 적용에서 연합국은, 일본과 전쟁을 하고 있는 나라 또는 교전상태에 있는 나라로서 이 조약의 체결국이 된 나라이다.

제11조(중국에 관한 제5장 제4항)의 규정을 제외하고 이 조약은, 어느 나라에도, 그 나라가 이 조약에 서명하고, 이를 비준하고 또 여기에 가입하지 않는 한, 그리고 그렇게 할 때까지는 어떤 권리, 권원 또는 이익도 제공하지 않는다. 또 위의 예외를 제외하고 일본의 어떠한 권리, 권원 및 이익도, 이 조약에 서명하고 이를 비준 또는 여기에 가입하지 않은 나라를 위해서, 이 조약의 어떤 규정에 의해서도, 감소되거나 침해받지 않는다.

일본은 이 조약에 의해 조약 체결국에 주어질 것으로 예상되는 이익보다 큰 이익을 줄 것이라고 생각되는 평화 해결 또는 전쟁 청구권의 해결을, 어떠한 국가와도 하지 않는다.

이 조약은 연합국과 일본에 의해 비준되어야 하며, 동시에 일본의 비준서와 주요 점령국으로서의 미국을 포함한 극동위원회 구성국의 과반수의 비준서가 미국 정부에 기탁될 때, 일본과 다른 비준국과의 사이에서 효력을 발생한다.

일본이 비준한 후 9개월 이내에 이러한 효력 발생이 없을 때에는, 모든 연합국은 자유로이 일본 및 미국 정부에 대한 통고로 자국과 일본 사이에서 조약의 효력을 발생시킬 수 있다.

미국 정부는 이 조약에 따라 기탁된 모든 비준서 및 접수 된 모든 통고에 대해 모든 서명국 및 가입국에 통보한다.

이 조약의 서명국이 아닌 국가로서 일본과 전쟁을 하고 있거나 교전 상태에 있는 국가는 이 조약이 일본과 어느 비준국 사이에서 효력이 발생한 후 3년 이내에 언제든지 이 조약에 가입 할 수 있다.

가입은 미국 정부에 가입서를 기탁함으로써 유효하게 되며, 미국 정부는 기탁이 있을 때마다 그 취지를 모든 서명국 및 가입국에 통고한다.

아와마루 청구권[6]의 처리를 위한 일본 정부와 미국 정부 사이의 협정

1949년 4월 14일 동경에서 서명

일본 정부 및 미국 정부는, 이전의 적대 행동 중 일본 정부가 당시 일본 지배하에 있던 태평양지역에 있는 연합국민의 구제품을 수송하는 선박을 제공해야 하고, 더불어 미국정부는 이러한 임무에 종사하는 선박의 항행에 대해 연합군의 공격을 면하게 하는 것을 보장해야 한다는데 합의했다. 또 일본의 화객선(貨客船) 아와마루(阿波丸)는 위의 임무를 마치고 귀항 도중 격침되었고, 미국 정부는 위 선박의 침몰에 대한 책임을 인정하는 한편 적대행동이 끝난 후 손해 배상 문제를 고려하는 것을 일본 정부에 대해 보증했다. 또 일본 정부와 미국 정부는 이 청구권이 공정하고 쌍방에게 만족스런 해결에 도달하기 위해 노력했다. 더글러스 맥아더 원수는 의견 일치를 용이하게 하기 위해 일본 정부와 미국 정부 사이의 중개자로서 알선의 수고를 했다. 아래의 서명자는 각자 자국 정부로부터 이를 위한 정당한 위임을 받아 연합국 최고 사령관의 알선에 따라 다음과 같이 협정했다.

---

6) 아와마루(阿波丸)사건은, 태평양전쟁 중인 1945년 4월1일에 싱가포르를 출발하여 일본으로 향하던 대형 선박 아와마루가 미국 잠수함 퀸피시(Queenfish)에 격침, 2000명 이상이 사망한 사건이다. 아와마루는 미일 간의 협정으로 안전항행을 보장받고 있었다. 일본정부는 격침직후부터 전시국제법위반으로 항의하였다. 미국 정부도 책임을 인정하고 배상문제는 전쟁이 끝나고 협의하기로 하였다. 전쟁이 끝나고 일본은 대체 선박의 제공과 6150만 달러의 배상금을 요구하고, 미국 정부는 이에 응하기로 하였으나, 당시 GHQ 사령관 맥아더의 반대로 교섭이 진행되지 못했다. 미국은 당시 미국이 일본에 제공한 유상식량원조 차관액을 18억 달러에서 4억 9천만 달러로 삭감하는 대신에 일본은 배상청구권을 포기하기로 하였다. 1949년 일본은 미국의 파격적인 제안을 받아들여 배상청구권을 포기하고 일본정부는 미국정부 대신 사망자 1인당 7만 엔, 선주에게는 1,784만 엔을 지급했다.

제1조

일본 정부는 더글러스 맥아더 원수 하에 일본 점령이 개시된 이후 진전된 공정한 사태를 고려하고, 동시에 항복 후의 기간에 미국정부로부터 받은 물자 및 역무에 의한 직접 및 간접 원조가 많았으므로, 일본정부 자신 및 일체의 관계 일본국민은 아와마루의 격침으로 발생한 미국정부 또는 미국민에 대한 어떠한 종류의 청구권도 모두 포기한다.

제2조

제1조의 규정은 제1조에서 언급된 종류의 모든 청구권을 완전하고 최종적으로 종결하는 것으로서, 이들 청구권은 누가 이해관계자가 되더라도 향후 소멸하는 것으로 한다.

제3조

일본정부는 이 사건의 특수성을 고려하여 이 재난으로 사망한 자의 가족 및 선박 소유자에 대해 위로금 지급으로 적당한 대우를 제공하기 위해 노력하는 것으로 한다.

제4조

미국 정부는, 아와마루의 격침에 대해 심심한 유감의 뜻을 표하는 한편, 이 재난으로 사망한 사람의 가족에 대해 동정을 표한다.

제5조

이 협정은 서명일로부터 효력을 발생한다.

1949년 4월 14일 동경에서 일본어 및 영어로 정본 2통을 작성했다.

일본 정부를 위해 외무대신 요시다 시게루
미국정부를 위해 일본관계 미국정치고문 윌리엄 제이 시볼드

여기에 인증하다.

연합국 최고사령관
미국육군 원수 더글러스 맥아더

양해사항

오늘 서명한 아와마루 청구권의 처리를 위한 협정의 서명자는 각자 자국의 정부를 위해 다음의 사항을 확인했다.

점령비 및 일본 항복 때부터 미국정부에 의해 일본에 공여된 차관 및 신용은 일본이 미국정부에 지고 있는 유효한 채무이며, 이들 채무는 미국정부의 결정에 의해서만 감액할 수 있는 것이라는 점을 양해했다.

1949년 4월 14일 동경에서 일본어 및 영어로 정본 2통을 작성했다.

일본 정부를 위해 외무대신 요시다 시게루
미국정부를 위해 일본관계 미국정부고문 윌리엄 제이 시볼드

여기에 인증한다.

연합국최고사령관
미국육군 원수 더글러스 맥아더

덜레스 씨의 신문기자회견

1951년 4월 19일

문(問): 대일평화조약을 체결하는 목표 시기가 있는가.

답(答): 대일평화조약의 조건에 대해 이번 여름까지 원칙적인 의견 일치를 보지 못할 경우 나는 실망할 것이라고 내가 이전에 말한 것을 이야기할 수 있을 뿐이다.

문: 영국 정부가 평화조약의 새로운 초안을 제출했다고 보도되고 있다. 그것이 틀림없다면, 그것은 조약 교섭에 어떠한 관계를 가지게 되는가.

답: 그 초안이 일주일이나 열흘 전쯤 워싱턴에서 미국에 전달된 것은 틀림없다. 그 초안은 영국 외무성이 상당기간 연구하고 있었던 의견을 구체화한 것이다. 나는 초안을 아직 신중하게 연구하지는 않았지만, 그것은 수년에 걸친 외무성 전문가의 생각을 보여주는 것으로 생각된다. 다수의 의견이 함께 담겨져 있다. 미국은 그것을 신중하게 고려할 것이다. 내 가 받은 인상으로는 정상적인 발전이 이루어진다면, 그것은 목표의 시기를 눈에 띄게 할 정도로 늦추는 것은 아니다. 그렇기는커녕, 의견은 대부분 현재 서류상에 나타나 있으므로 목표 시기를 앞당길지도 모른다.

문: 영국 국민이 일본의 완전한 주권과 조화를 이루지 못하는 어떤 제한을 제안할지에 대해 귀하는 우리에게 이야기할 수 있는가.

답: 나는, 비밀리에 우리에게 전달된 이 문서를 지금 발표할 자유는 없는 것 같이 생각되지만, 이 문서를 검토해 봐도, 또 내가 말한 점에서 추론을 해봐도, 양립할 수 없는 불일치가 있는 것 같이 보이지는 않는다. 진정으로 대일 평화조약의 성립과 친선을 원하는 마음이 있다고 하면 그 불일치는 극복할 수 없는 것이 아니다.

문: 귀하는 이번 방문 중에 일본인과 영토 문제에 대해 논한 것이 있는가.

답: 전혀 없다. 나는 어제 수상과 회견하고, 또 오늘 오후에는 주요 정당 대표들과 회합을 하게 되어 있다.

문: 나는 귀하가 이전에 방문했을 때 하토야마(鳩山) 씨와 회견한 것을 믿는다. 그를 다시 만나려 하는가,

답: 현재의 예정으로는, 나는 주요 정당 대표자 이외의 누구와도 만날 시간을 가지려고 하지 않는다.

문: 나는 평화조약 교섭에 국민정부(타이완-옮긴이)가 참가하는 것에 대해 귀하가 분명히 하도록 의뢰를 받았다. 영국의 반대가 있음에도 불구하고 그 문제는 어떻게 해결될 것 같은가.

답: 오늘까지 봤을 때, 미국은 외교적 수준에서 교섭을 계속해 왔기 때문에 외교 관계가 있는 여러 정부를 상대했다. 중국의 경우 미국은 국민정부만을 승인하고 있다. 몇몇 관계국은 영국과 같이 중공 정부와 관계를 갖고 있다. 이 불일치가 어떻게 해결되어야 할지에 대한 방법은 아직 결정되지 않았지만, 나는 그것이 극복하기 어려운 장애는 아니라고 확신한다. 그러나 그것이 어떻게 해결될지에 대해 지금 말 할 수는 없다.

문: 미국은 일본에 보유한 기지에 대해 대가를 지불할 생각인가.

답: 미국 측에서는 기지를 보유하려는 생각은 없다. 내가 이전에 여기 왔을 때 말한 것처럼, 미국은 일본이 힘의 진공 상태가 되지 않는 것을 목적으로 일본 및 그 부근에 군대를 유지하는 것을 바라고 있다. 그것은 치외법권을 가진 기지 보유의 문제가 아니다. 협정은 아마도 영국이나 북대서양 조약 회원국과의 협정과 같은 것이 될 것이다. 그 협정에서는 최대한의 무력이 확보되도록 개별적인 노력이 결합되어 있다. 그것은 기지 획득의 문제와는 관련이 없다.

문: 귀하는 호주와 뉴질랜드에도 가려고 생각하는가?

답: 아니, 나는 23일 밤에는 직접 미국으로 출발할 예정이다.

문: 귀하는 영국에 가고 싶다고 생각하는가.

답: 현재 그럴 계획은 없다. 그러나 만일 교섭중의 어느 단계에서 내가 가는 일이 있다고 해도 부자연스럽지는 않을 것이다.

문: 귀하는 미일 군사협정은 북대서양조약과 유사한 것일 것이다고 했다. 그 때 귀하는 일본의 육군부대를 사용할 생각인가.

답: 그 문제에 대해서는 아직 토의하지 않았다. 그 첫 번째 이유는 항복조항 및 극동위원회의 지령에 따라 일본은 군대를 가질 수 없기 때문이다. 두 번째의 이유는 일본 헌법이 군대 보유를 금지하고 있기 때문이다. 그러나 여러분은 내가 2월 일본을 떠날 때, 요시다 수상과 내가 쌍방에서 코뮤니케를 발표했던 것을 상기할 것이다. 나는 그 코뮤니케에서 미국은 계속적인 자조와 상호 원조에 대해서 언급하고 있는 반덴버그결의 조항에 근거하는 외에는 영구적인 기초를 가진 보호의 이익을 제공하지 않는다는 취지를 말했다. 상호주의에 입각하지 않는 안전 보장에, 어느 나라도 편승을 허용하지 않는 것이 미국의 정책이다. 요시다 수상은 일본이 완전히 자유 국가사회의 일원이 된 후에, 일본이 자국의 안전에 대해서 과연 어느 정도 기여할지의 문제는 그때의 일본의 경제력에 비추어 결정될 것이라고 말했다. 문제는 더 이상 진전되지 않고 있다.

문: 예정되어 있는 호주, 뉴질랜드와의 안전보장 조약에 관해서는, 예를 들어 필리핀, 인도차이나, 말레이와 같은 다른 나라를 가입시킬 계획이 있는가.

답: 대통령의 성명에서 지적하고 있듯이, 삼국 간 협정이 고려되고 있을 뿐만 아니고, 또 일본과의 양자 간 협정도 생각하고 있다. 또 미국이 필리핀에서 작전행동을 실시할 권리와, 편익을 공여받는 필리핀의 현재의 양해사항도 있다. 일련의 협정이 실현될 경우, 이들 협정은 미국을 호주, 뉴질랜드 및 필리핀의 안전보장의 공통분모로 발전시키게 될 것이라는 것이 현재의 정세이다.

문: 필리핀의 배상요구를 해결하기 위한 어떤 최종적인 제안이 나왔는가.

답: 미국의 초안 본문이 회부되었을 때에는, 그 점에 대해 최종적 양해는

없었다. 본문의 규정에 의하면, 배상청구권은 연합국 내에 있는 자산을 가지고 만족시키는 것으로 간주하고 있다. 초안에 붙은 주에는 이 문제에 대한 교섭은 관련국들 사이에 계속될 것이라 점, 그리고 최종적인 결정은 없었다는 취지가 언급되었다. 현재의 상황은 아직 그런 정도이다. 나는 일본으로 출발하기 직전에 이 문제에 대해 필리핀 외상과 회담했다. 그렇지만, 일본의 배상지불 능력에는 경제적 한계가 있다는 점에 대해서는 양해의 범위가 점점 넓어지고 있다. 그렇다고는 해도, 필리핀이 배상청구권을 포기했다는 징후는 아직 없다.

문: 만약 만족할만한 태평양 안전보장 협정이 체결되지 않으면 대일 평화조약은 연기될 것인가.

답: 아니, 이 두 가지는 서로 동반하는 것이며, 또 동시에 효력을 발생할 것으로 예상된다. 아마도 평화조약과 호주 및 뉴질랜드와의 안전보장 조약은 동시에 상원에 제출되고, 비준도 동시에 이루어질 것이다.

문: 태평양의 안전보장 협정은 공산군에 대한 방어를 위해서인가, 그렇지 않으면 일본 군국주의의 재연을 상상한 공포에 의한 것인지에 대해 귀하는 설명할 수 있는가.

답: 미국으로서는 이 협정은 주로 공산주의자들이 지배하는 대륙지역으로부터의 위험에 관계되는 것이다. 일본이 우리가 예견하지 못한 재난으로 공산주자의 지배하에 들어가지 않는 한, 일본이 위험물이며 또 위험물이 될 우려가 있다고 미국은 생각하지 않는다. 우리는 진심으로 민주국가로서 또 자유세계의 일원으로서의 일본의 지위가 위험에 처할 것이라고 진심으로 생각하고 있다. 그것이 미국의 견해이다. 그러나 최근의 전쟁에서 침략의 최전선에 있었으며, 또 다윈 만을 공격받은[7] 호주와

[7] 1942년 2월 19일 일본은 242기의 항공기로 2회에 걸쳐 다윈 만을 공격했다. 연합군이 사용하기 위해 다윈 만에 건설 중인 두 곳의 비행장을 공격하기 위해서였다고 하며, 그 이후 다윈 시민의 반 이상이 떠났다고 한다. 호주 역사상 가장 큰 피해로

같은 나라에서 지금도 일본에 대한 공포가 남아 있는 것은 당연하다. 내가 호주를 방문했을 때, 나는 그런 공포의 존재를 알았다. 그러나 그것은 과거에 대한 반동이다. 나는 장래의 위험은 일본에서 오는 것이 아니라, 공산주의자의 지역에서 오는 것이라고 생각한다.

문: 귀하는 조약초안을 일본정부에 전달했는가.

답: 당연하다. 나는 초안의 중요 부분은 일본의 신문에 보도된 것으로 알고 있으나, 출처는 모른다.

문: 귀하는, 미국 상원이 평화조약과 태평양안전보장협정을 동시에 비준할 것이라고 했다. 그것은 대일안전보장조약은 그 뒤에 온다는 뜻인가.

답: 그것들은 동시에 상원에 상정될 것이다. 첫째, 평화조약, 둘째, 일본과의 양자 간 안전보장조약, 셋째, 호주 및 뉴질랜드와의 3국 간 조약의 세 가지 문서가 당연히 동시에 상원에 상정될 것이다.

문: 귀하는 일본이 군사협정을 토의할 입장이 아니라고 했다. 그러면 동시에 비준하기 위해서는 일본과의 양자 간 조약을 작성할 시간이 없을 것이다.

답: 없다. 나는 미국과 일본 사이의 초기의 안전보장조약은 일본의 자국의 안전에 대한 기여에 대해서는 다루지 않을 것이라고 했다. 나는 미국이 자조나 상호원조의 원칙이 아니면 장기적인 결정에 동의할 수 없다는 이유로 이번 초기의 조약은 임시적인 것이 될 수밖에 없다고 지적했다. 수순은 전부 다음 같이 될 것이다. 즉 첫째는 잠정적으로 원조가 미국에서만 올 것이라는 양자 간 조약이다. 그러므로 그것은 단지 임시적인 것에 지나지 않을 것이다. 두 번째는 일본이 자위를 위해 강구해야 할 구제수단에 관한 토의로서 이것이 반덴버그결의에 기반한 영구적인 협정의 기초가 되는 것은 당연할 것이다.

기록되고 있으며, 다윈 공습(The Bombing of Darwin) 또는 다윈전투(The Battle of Darwin)로 알려져 있다.

문: 임시 조약에 대한 협상은 어디까지 진행했는가.

답: 그것은, 아직 시험적인 것이다. 호주 및 뉴질랜드에 대한 평화조약 교섭과 거의 같다.

문: 귀하의 소련 대표와의 회담에서 귀하는 소련의 주요 반대사항이 무엇이라고 생각했는가.

답: 내가 추측할 수 있는 한에서 소련이 희망하는 점은 일본이 완전히 힘의 진공상태가 되도록 일본이 영구적으로 완전히 무장 해제되고, 동시에 어떠한 타국과의 안전보장 조약에도 참가하는 것을 허용해서는 안 된다는 것이다. 왜 소련은 일본이 스스로의 이익을 위해서 자위를 할 수 없는 것을 바라는지에 대해서는 여러분의 추측에 맡긴다.

문: 귀하는, 미국이 태평양안전보장협정에서 공통분모가 될 것이라고 했다. 미국은 일본에 대한 어떠한 공격에 대해서도 보장을 해줄 것으로 생각하는 사실에 비추어 볼 때, 호주와 뉴질랜드는 일본의 안전을 보장하기 위해 미국을 도울 것을 약속할 것으로 추측할 수 있는가.

답: 일본에 대한 보장이 서로 관련되는 것은 없다. 그 점에 대해서 나의 생각을 확실히 하는 것은 쉽지 않을지도 모른다. 그러나 양국 간의 조약에서, 일본의 사실상의 보호를 위해 국내에 미국 군대를 주둔시키는 것이 잠정적으로 규정될 것이다. 미군이 여기 있는 한, 일본에 대한 공격은 미군에 대한 공격을 초래 할 것이다. 미국은 일본의 자국에 대한 기여가 어떤 것인지 분명해질 때까지는 일본의 안전을 항구적으로 보장할 용의는 없다. 보호는 법률상의 보장이 아니라 사실상의 보장이다. 미국은 반덴버그결의안의 조항에 근거한 것이 아니면, 그것을 떠맡는 것을 바라지 않는다.

문: 삼국간의 협정은 상호원조를 규정하는 것인가.

답: 대통령의 성명에 의하면, 삼국 중 어느 한나라가 공격받았을 경우 각국은 그 헌법 절차에 따라 공통의 위험에 대처하는 행동을 취할 것이다.

미국에 대해 공격이 가해진 경우, 다른 국가는 필요한 조치를 취하게 될 것이다.

문: 귀하는 사실상의 보장협정이라고 했는데……

답: 나는 여러분이 '보장'이라는 용어를 사용하지 말았으면 좋겠다고 생각한다. 보장과는 아무 관련이 없다. 그 협정은 독일에서의 그것과 같다. 독일에는 미국 군대가 주둔하고 있다. 만약 소련 군대가 독일을 침략한다면 그들은 미국 군대를 공격하는 것이 될 것이다.

문: 만약 미국군대가 그곳에 있는 동안 일본이 외부로부터 어떤 무력 공격을 받았다고 하면, 호주와 뉴질랜드는 미군을 원조하기 위해서 오는가.

답: 일본에 있는 미군에 대한 공격, 또는 필리핀에서의 그와 같은 문제에 대해서는, 최종 협정에서 그것이 명확하게 된다고 가정하면, 태평양에서 미국을 공격한 것으로 간주 될 것이다. 그러나 이것은 대통령에 의해 표명된 정세에 대한 나의 해석에 불과하다.

일본국제연합협회에서의 덜레스 대사 강연

1951년 4월 23일

미국은 동맹국과 협력하고, 일본과도 협의하여 신속한 강화, 공정한 강화, 집단의 힘으로 보장된 강화의 실현에 노력하고 있다.

이 신속, 공정, 집단보장의 3원칙은 미국의 일치단결된 초당파적 지지를 얻고 있다. 만약 그렇지 않다면 우리 사절단은 오늘 여기에서 이렇게 하지 못할 것이다. 최고사령관의 교체는, 일본에 관한 한, 미국의 정책에 아무런 변화를 가져오지 않는다. 이는 참으로 희소식이다. 왜냐 하면 개인의 흥망성쇠에 의해 지배되는 정책은 무너지기 쉽기 때문이다. 개인을 초월하는 정책이야 말로 신뢰할 만한 정책이다. 전 세계는 이제 미국의 대일정책이 이런 신뢰성이라는 특색과 영속성을 갖고 있음을 알게 되었을 것이다.

미국이 신속한 강화를 추구하고 있다는 것은, 미국 정부가 얼마나 적극적으로 이를 추진해 왔는가로 입증되고 있다. 우리 사절단은, 1951년 1월 10일 대통령에 의해 임명되었다. 우리는 1월 22일 일본을 향해 출발해, 2주 가까이 일본에서 바쁘게 활동을 한 후, 필리핀 호주 및 뉴질랜드를 방문했다. 우리들은 그때, 대일강화와 관련을 가진 호주 뉴질랜드 미국의 삼국안전보장협정의 기초를 닦았다. 또 나의 대리인 애리슨 씨는 영국을 방문했다. 또한 제안된 대일평화조약 전문을 하나의 사무안으로 만드는 임무를 완수한 우리는 주요 관련 15개국 정부에 이 초안을 회부했다. 그 중 14개국에 대해서는 직접 설명을 했다.

이러한 모든 문제에 대해서, 우리는 미 의회와 긴밀한 사무적 연락을 유지해 왔다.

우리는 또 일본과 교전국인 미주의 20개국 외무장관이 워싱턴에 모인 기회를 이용해 미국이 추구하는 대일 강화의 원칙들을 설명했다.

맥아더 원수가 최고사령관의 지위에서 물러나고 몇 시간 후에, 우리는 종래의 대일정책에 대한 초당파적 지지가 계속된다는 사실을 확인한 다음, 새 최고사령관 리지웨이 중장에게 지금까지의 경과를 충분히 설명하기 위해 다시 일본에 오게 되었다. 우리는 리지웨이 중장에게 이미 설명을 했으며, 그는 전쟁터에서 뿐만 아니라 연합국의 여러 회의에서 입증된 그의 위대한 능력을 이제 강화 달성을 위해 쏟고 있다.

일본에 온 이번 기회를 이용해 우리는 일본의 수상 및 다른 정치지도자들에게 지금까지의 진전 상황, 극복이 가능했던 여러 난관과 미해결의 문제들에 대해 설명했다.

과거 3개월의 기록은 조기강화를 추구하려는 미국의 의도에 한 점의 의심도 허용하지 않는다. 이점에 대해서 여러분은 우리들의 말을 믿을 필요는 없다. 여러분은 우리가 하고 있는 것을 보면 알 수 있다.

우리가 추구하는 강화는 과거 적국들 간의 화해를 촉진하는 공정한 강화이다. 지난 2월, 내가 동경에서 강연을 했을 때, 우리는 신뢰와 기회를 주는 강화에 대해 말했다. 우리들이 시험적으로 작성한 조약의 조항에 대해서는 3월 31일 로스앤젤레스에서 한 연설에서 설명했다. 여러분은 이미 잘 아실 거라 생각해 재차 여기서 설명을 하지 않지만, 세목에 대한 제안은 내가 이전에 예고한 내용과 완전히 일치하고 있다는 것을 여러분은 인정한 것으로 확신한다. 우리가 꾀하고 있는 평화조약은 실제로 일본을 국제사회의 자유롭고 평등한 일원으로 회복시킬 것이다.

패전국의 무력한 입장을 이용하여 다른 주권국가에는 적용되지 않는 제한을 패전국에 부과하려는 유혹은 항상 존재하는 것이다. 그러나 미국은 이에 반대하는 입장이다. 우리는 전쟁의 상처를 치유하고, 이를 언제까지나 상처로 남지 않도록 하는 강화야말로 승리자뿐만 아니라 패자도 포함한 모든 관계국의 복지에 가장 크게 공헌하는 것이라고 확신하고 있다.

우리들의 이러한 강화 구상을 크게 고무한 맥아더 원수는 "이 구상은 인류에게 새로운 이상을 가져다주고 국제관계에 새로운 도덕적 수준을 끌어

낼 것"이라고 했다. 이러한 상황에 도달하는 것은 가치 있는 일이다. 그 가치는 추상적이지만, 그 때문에 현실성이 떨어지는 것은 아니다.

우리가 추구하고 있는 것은 집단적인 힘을 억지 수단으로 하여 보장되는 평화이다. 나는 이전의 2월 2일 같은 장소에서 연설했을 때, 국제연합의 개념을 언급하며 "평화의 위협을 방지하기 위해 효과적인 집단적 조치가 강구되지 않으면 안 된다"고 했다. 안전보장 이사회에서의 거부권이 인정되어 있기 때문에 국제연합은 안전보장을 위한 효과적인 군대를 만들 수 없었다. 그러나 국제연합의 원칙은 국제연합헌장에서 강조하고 있는 지역적 집단안전보장 협정에 의해 적용되고 있다. 이렇게 해서 침략을 저지하기 위한 집단적인 힘이 결집되고 있다.

오늘날, 침략을 저지하는 물리력의 대부분은 미국에 있다. 그러나 이전에도 여기에서 말했듯이, 미국 및 타국이 상호원조협정을 맺음으로서 그 나라와 힘을 합치고, 이것으로 미국을 보호하는 침략 억지력이 동시에 타국을 보호하도록 할 용의가 있다. 일본도 원한다면 이 보호를 받을 수 있다.

우리가 동경에 온 후, 다수의 사람으로부터 우리가 추구하고 있는 신속, 공정, 안전이 보장된 강화가 실현되는 것을 방해하고 있는 장해가 어떤 것인가라는 질문을 받았다. 물론 장해는 있다. 위대한 업적이 성취되는 과정에는 언제나 장해가 따르는 법이다. 그러나 아마 공포라는 장해를 제외하면, 극복할 수 없는 장해는 존재하지 않는다. 공포는 정신을 마비시키고, 부식시키는 감정이다. 공포는 인간이 명확하게 생각하는 힘을 파괴하고, 인간의 행동을 둔화시킨다. 공포는 적극적인 것이 아니라 오히려 소극적인 힘이다. 우리가 추구하고 있는 강화의 길을 열어가기 위해 가장 중요한 일은 현재 우리를 괴롭히고 있는 공포감을 쫓아 버리는 것이다.

미국이 일본이나 다른 태평양 지역에 집단안전보장체제의 확립을 제안하고 있다는 것은 큰 의미가 없는 일이라고 염려하는 사람도 있는 것 같다. 그 이유는 미국이 가지고 있는 힘은 북대서양조약 가맹국을 보호하기 위해서만 사용되고, 아시아는 버림받을 것이라고 한다. 그러나 이 생각은 전혀 근거 없는 것이다. 내가 이렇게 한다고 그것을 믿으라는 것은 아니다. 나는 논쟁의 여지가 없는 다음과 같은 사실에 대해 여러분들이 생각해 주었으면 한다.

1. 미국의 해외에 있는 군의 대부분은 아시아에 있다.
2. 극동 공군은 숫자와 시설에서도 확충되었으며, 또 며칠 전에 일본의 방비를 강화하기 위해 미국 육군의 새로운 1개 사단이 일본에 도착했으며, 또 다른 한 개 사단이 현재 일본을 향하고 있다.
3. 미국은 일본과의 양자협정으로 강화 후에도 계속 일본에 보호막을 남겨 둘 용의가 있지만, 누군가가 이 보호막을 깰 것 같으면, 미국은 공개적으로 떠맡고 있는 그 중대한 임무를 반드시 완수한다.
4. 미국은, 오키나와에 군대를 주둔시키고 있고, 앞으로도 유지하려고 한다. 또 오키나와에서는 새로운 건설 공사를 착착 진행하고 있다.
5. 미국은 필리핀 정부와의 협정에 따라 필리핀에서 군사행동의 권리와 시설을 갖고 있다. 그리고 트루먼 대통령은 지난주에 필리핀에 대한 무력공격은 미국의 평화와 안전을 위험에 빠뜨리는 것으로 간주하고 그에 따른 행동을 취할 것이라고 다시 확언했다.
6. 대통령이 지난주에 다시 발표했듯이, 미국은 대일평화 재확립에 관련하여 호주 및 뉴질랜드와 협정을 맺고, 태평양지역 국가들에 무력 공격이 가해진 경우에 당연히 발생할 수밖에 없는 공통의 위험에 대처하기 위해 공동의 행동을 취하는 것을 규정하려고 하고 있다.
7. 미국 군사력의 주력, 특히 전략 공군은 물론 미국 내에 머무르고 있다. 그러나 전략 공군은 미국 내에 있어도 다른 나라를 위해서도 전력(全力)을 다할 수 있다. 동양이든 서양이든 지역을 불문하고, 내가 말한 것처럼, 안전보장협정이 되어 있는 지역에 무력 공격이 가해졌을 때에는, 이 거대한 보복 공격력이 발동되는 것이다. 이것은 잘 알려져 있으

며, 이 지식은 평화를 지키는 강력한 힘이다. 가상 침략자들은 자신의 나라가 무서운 참화를 입을 위험을 감수하지 않고는 침략을 도모할 수 없다는 사실을 잘 알고 있다. 이 사실에서 미국, 기타 국가를 위해 하나의 안전보장이 생겨나고 있는데, 일본 국민도 여기에 의지할 수 있다.

8. 애치슨 국무장관은 4월 19일, 워싱턴에서 앞으로의 일본의 안보에 대해 미일 양국 간에 고려되고 있는 제협정에 대해서 "일본의 안전은 미일 양국에 사활적 중요성을 지니는 문제다"고 말했다.

이상의 사실에 비추어 생각하면, 일본에 제안된 집단안전보장은 환각에 지나지 않는다는 등 거짓 주장을 하는 것은 어리석다.

다음으로 제2의 공포의 원인, 즉 소련 및 소비에트 공산당(볼셰비키 당)이 일본을 그대로 방치해두지 않을 것이라는 공포에 대해 살펴보자.

내가 2월에 여기서 말했을 때에 지적한 것처럼, 국제적인 위험에는 두 가지 면이 있다. 직접침략과 간접침략의 위험이다.

내가 간접침략의 위협은 환각에 지나지 않는다고 했다면, 그것은 거짓말이다. 이 위험은 끊임없이 존재하며, 곳곳에 퍼져있다. 세계의 모든 자유국가에는 일부는 표면에 드러나 있고, 그 외 일부는 항상 지하에 숨어 있는 볼셰비키 조직이 있다. 그 나라를 정치적으로 지배하고, 그 나라를 국제공산주의 세력의 의사대로 움직이는 국가군에 추가할 목적으로 활동하고 있다. 그들의 공공연한 목표는 세계 프롤레타리아 계급의 지도자로서의 소비에트 공산당이 지배하는 단일한 세계국가의 실현이다. 이들 볼셰비키 조직은 그 활동에 있어 그들이 세계 프롤레타리아의 참모본부라고 부르는 모스크바 정치국의 지령을 받고 있다.

이것은 도처에 도사리고 있는 위험이다. 그러나 이 위험은 그 성질만 밝혀내면 대응할 수 있는 것이다. 이것은 이미 여러 번 반복하여 증명된 것이다.

공산주의가 국가 내부에서 승리를 거두는 것은, 기만과 협박으로 공산주의 개종자를 획득해서, 먼저 이 개종자를 사용해 합법적 정부를 전복하고, 나아가 혁명으로 지배권을 탈취하는 방법이다. 이 방법들은 기만에는 진실로, 비밀에는 공개로 대응한다면, 더 나아가, 적어도 공산주의의 신병을 만들어 내는 수많은 불평불만이 존재하지 않을 정도로 사회가 건전한 상태에 있다면, 완전히 실패할 수밖에 없는 것이다. 일반적으로 이런 상태에 당면하면 볼셰비키 공산주의 전술은 행해질 수 없다.

공산주의 정복의 결과가 얼마나 해악으로 가득 차 있는가는 지금 여실히 증명되고 있으며, 그러한 정복을 원조하는 것은 가장 큰 죄악이다. 공산주의에 의한 정복의 결과가 어떠한 것인지는 중국이나 북조선에서 잘 보여주고 있다. 이 지역들에서는, 공산당의 지배자들은 모든 볼셰비키 공산주의자들이 그러하듯이, 모스크바의 정치국에 충성을 맹세하고, 빈곤의 수렁에 있고 전쟁에 지친 북조선과 중국의 민중은 짜르 시대부터 러시아가 전략적 목표로 삼아온 조선 전체의 지배권 획득을 위한 침략 전쟁의 불가마에 장작처럼 내몰리고 있다. 국제엽한군 총사령부는, 1950년 6월 25일부터 1951년 4월 17일까지 한반도에서의 북조선 및 중공군 사상자 총수는 82만 7천 186명에 달했다고 공식적으로 추정하고 있다. 이러한 무서운 희생에는 가슴이 아프며, 제정신이라면 어떠한 국민이라도 공산주의 전제자의 희생에 동조해서 자국 청년들의 생명이, 광신적 볼셰비키의 세계정복의 미몽을 추진하기 위해서, 허비되는 일이 없도록 필요한 조치를 강구할 것이다.

이 위험은 빈말이 아니다. 세계의 모든 국가들이 이 위험에 직면하고 있지만, 이는 대항할 수 있는 위험이다. 따라서 이 위험을 인식하는 사람들은 모두 대항 수단을 강구할 것이다. 왜냐하면, 이것을 방임할 경우에는 무서운 결과가 초래되기 때문이다.

세계전쟁이 될 위험은 물론 약간 있지만, 나 개인으로서는 과연 러시아의 지배자들이 현재 세계전쟁을 원하고 있는지 의문이다. 나의 관측이 잘못되었을지도 모른다. 누구도 크렘린의 깊은 곳에서 무엇이 일어나고 있는지 알 수 없다. 그러나 지금까지의 경험에 의하면, 소련의 지배자들이 세계 전쟁의 공포감을 확산시키려고 하는 것은, 주로 비공산주의 국가들의 공산당이 그 지위를 강화하여 내부로부터 그 나라를 탈취할 수 있도록 돕기 위해 한 것은 분명하다.

나는 1948년에 프랑스 수상이 "프랑스에 소련의 붉은 군대가 침입해 온다"는 소문에 프랑스 공산당은 수적으로 현저하게 증강되었다고 이야기해 준 것을 기억하고 있다. 공산주의자들은 고의로 이러한 소문을 유포하고 붉은 군대가 침입해 왔을 때의 숙정을 면하기 위해서는 지금부터 공산당원이 되어 두는 것이라고 권유하고, 거기에서 생기는 공포감을 이용하려 했던 것이다.

이것은 보통의 수법으로, 러시아의 군사력이 미치는 나라에서는 모두 이 수법이 사용되었다고 해서 결코 놀랍지 않다.

나는 또 2년 전, 북대서양 안전보장조약이 체결되었을 때에 소련이 큰 소동을 벌인 것을 상기한다. 당시, 소련 지도자들은 이 안전보장 협정은 실제로는 공격적 위협을 구성하는 것이며, 영국과 프랑스는 소련과의 동맹조약을 어기고 여기에 말려들었다고 큰소리로 선전했다. 그리고 공산주의자들은 이 조약은 전쟁의 원인이 될지도 모른다고 암시했다.

이 때문에 소심한 일부 사람들은 공포에 질려 붉은 군대가 서유럽에 진격하는 악몽에 시달렸다. 더욱 침착하고 경험이 풍부한 사람들은, 붉은 군대는 결코 조약위반 등의 법률적 구실로 진격하는 일은 없을 것이라고 했다. 그들은 위협에 굴복해 영구적으로 약해지고, 또 늘 공포를 안고 생활하기보다는 군사력을 강화하는 것이 낫다고 생각했다. 그래서 대서양 국가들은 예정대로 준비를 진행해 안전보장조약 체결을 실현시켰고, 적군은 진격을 개시하지 않았다.

거대한 군비를 가진 야심적인 독재자들이 있는 한, 전쟁의 위험은 항상 존재한다. 역사가 시작된 이래 이런 위험은 존재했다. 그러나 지금까지의 징후로 판단하면, 현재의 세계정복계획은 주로 공산당의 계획이며, 이 계획은 주로 간접침략의 방법에 의해 추진되고 있다. 공산당이 직접침략이나 무력공격의 공포를 확산시켜 자유 국민을 정복가능 할 정도로 국내에서 혼란 상태가 될 때까지 겁을 주려하고 있음이 분명하다.

집단적안전보장을 대신하는 다른 안전보장 방책을 찾으려는 사람은 큰 착각에 빠져있다.

어떤 사람은, 그들이 말하는 '전면' 강화[8]를 통해 안전을 찾으려 한다. 나는 이것은 자유국가와 소련이 함께 강화를 제안하기까지 그들은 강화를 바라지 않는다는 것을 의미한다고 해석하고 있다.

물론, 우리가 일본에 대해 요구하고 있는 성질의 강화에 소련이 참가하는 것은 매우 바람직하다. 그리고 미국은 오늘까지 그 실현을 위해 열심히 노력해왔고, 앞으로도 노력을 계속할 것이다. 우리는 다른 주요 관련 연합국들에 대해서와 마찬가지로 소련의 대표와도 주의 깊게 연락을 유지하는데 노력해 왔다.

수개월 동안 소련 정부는 야코프 마릭(Yakov Malik) 씨를 통해 우리들과 토의를 계속해 왔다. 지난 1월의 방일에 앞서, 나는 마릭 씨에게 미리 사절단의 성격은 타진을 하기 위한 것으로 최종 결정은 이루어지지 않는다는 취지를 설명하고, 귀국 후 다시 그와 사태에 대해 논의할 것이라고 말했다. 약속에 따라, 귀국하자마자 우리는 밝은 장래의 전망에 대해 마릭 씨에게 보고하고, 그 후의 절차에 대해 의견을 교환하기 위해 회견을 하려고 시도했다. 그런데 이에 대해 마릭 씨는 기자단에게, 분명 훈령에 근거한 것이겠지만, "대일평화조약에 대해 협상을 재개하지 않는다"고 발표했다. 게다가

8) 적국과의 강화를 단독으로 하지 않고 모든 교전국이 동시에 평화조약을 체결하는 것을 말한다. 제2차 세계대전 후 연합국과의 강화문제를 둘러싸고 일본에서는 소련을 포함한 모든 적국과 전면강화를 해야 한다는 주장이 있었으나, 실현되지 못했다.

마릭 씨는 "나는, 대일강화에 대해 덜레스 씨와는 어떠한 토의도 하지 않겠다"고 언명했다. 우리는 이런 중요한 문제에 대해서는 신문보도를 신뢰하고 싶지 않았다. 그래서 우리는, 마릭 씨에게 직접 연락을 하여 신문보도를 액면그대로 받아 들여도 좋은가를 확인했다. 이에 대해 마릭 씨는 소련 정부가 대일평화조약에 관해 토의를 재개하는 것을 바라지 않는다는 것을 확인했다.

그래도 우리는 이를 최종 거부로 받아들이지 않는다. 우리는 워싱턴의 소련 대사관에 미국의 강화조약 초안을 제시하고, 소련이 초안을 검토하고 빨리 정부의 견해를 표명해주면 좋겠다고 소련 정부에 통보했다. 그 후 우리는 거듭 소련 정부에 미국은 앞으로의 절차를 협의할 것을 기대하고 있다고 통고했다.

그런데 우리의 이와 같은 움직임에 대해서는 지금까지 아무런 반응도 없다. 소련은 대일강화에서 손을 뗄 생각일지도 모른다. 그렇다면, 그 이유를 찾는 것은 어렵지 않을 것이다. 소련 정부는 평화에 대해 목소리를 높여 외치지만 실제로 평화가 가까이 오면 그들은 이것이 전염병이라도 되는 듯 회피한다. 소련이 그렇게 하는 것은 그들이 평화의 도래와 함께 되살아나는 안심감의 출현을 막고, 볼셰비키 공산당이 간접침략을 추진하는데 이용할 수 있는 공포심을 살려 놓기를 바라기 때문이다. 만약 소련이 이런 태도를 고집한다면, 이른바 '전면'강화를 주장하는 것은 실제로 완전히 무(無)강화를 주창하는 것이 된다.

다음으로 집단적 안전보장보다 '중립'이 보다 안전하다고 느끼고 있는 사람이 있다. 말할 것도 없이, 우리가 영원히 침략이 추방된 세계에 살고 있다면, 중립은 정상이다. 그러나 여전히 침략자가 끊이지 않는 세계에서는, 중립은 아무런 방위가 되지 않고 오히려 침략을 장려할 뿐이다.

이 점에 대해 가장 명확하게 또 웅변으로 말하고 있는 것은 스탈린 자신이다. 스탈린은 1939년 3월 10일, 그가 말하는 비침략적 국가, 주로 영국,

프랑스, 미국을 다음과 같은 이유로 강하게 비난했다. 즉, 이들 나라는 "집단적 안전보장 정책, 침략자에 대한 집단적 저항정책을 거부하고, 게다가 불간섭 즉 '중립'적 태도를 취하고 있다. 이 정책은, '각국으로 하여금 각자 마음대로, 그리고 가능한 범위에서 침략자로부터 자신을 지키게 하려는 것이 아닐까'라고 정의될 것이다. …… 하지만, 실제 문제로서 불간섭 정책은 침략의 묵인을 의미한다"고.

우리는, 이 말을 잊지 않을 만큼의 분별을 가져야한 한다. '중립'이나 '불가침'조약, '우호' 조약 등으로 안전보장을 추구하는 것이 얼마나 가공적인가를 보여주는 실례는 역사에 넘칠 정도로 많다.

지금 여기에서 중국 국민정부(타이완-옮긴이)의 경우를 상기해 보자.

스탈린은 1945년 2월의 얄타협정의 일부로서 중국 국민정부와 우호 동맹조약을 체결하는 데 동의하고, 6개월 후에 소련은 실제로 조약을 체결했다. 중국 국민정부는 얄타 협정에 따라 소련에게 만주, 여순 및 대련에 대한 사실상의 지배권을 주는 데 동의했지만, 그 대가로 얄타협정에 규정된 대로 소련은 중국 국민정부와의 사이에 우호동맹조약을 체결하고, 20년간 "중국에 정신적 지지 및 군수물자, 다른 물적 자원의 원조를 제공하고, 게다가 이러한 지지 및 원조는 전적으로 중국 중앙정권으로서의 국민정부에만 제공한다"고 엄숙히 약속했다. 그로부터 며칠 후 일본과의 정전협정이 체결되자[9] 소련군은 만주, 여순, 대련, 북한, 남사할린, 치시마, 하보마이제도에 진주했다. 소련은 이렇게 불과 6일 간의 형식적 참전으로 실질적인 이득을 얻었다. 소련은 만주에서 일본의 공업시설을 획득했을 뿐만 아니라 방대한 양의 일본의 병기 및 탄약을 손에 넣었다. 소련이 국민정부에게만 군수품을 제공한다는 그들이 맺은 지 얼마 되지 않은 명백한 협정이 있음에도 불구하

9) 원문의 내용을 그대로 옮겼으나, 아마 혼란이 있다. 소련은 장개석의 국민정부와 1945년 8월 14일에 중소우호동맹조약(中華民國蘇維埃社會主義共和國聯邦友好同盟條約)을 체결했다(24일 발효). 여기에서 "일본과의 정전협정 체결"의 의미를 알 수 없음.

고, 소련은 일본으로부터 노획한 병기 및 탄약을 그 후 중공군에 건넸다. 1949년 10월에는, 소련 정부는 또 다시 1945년의 20년간의 조약을 명백히 유린하고, 국민정부에 대한 승인을 철회하고 모택동의 적색정권을 전 중국의 정부로서 승인하였다.

이상의 교훈은 명백하다. 스탈린도 언급한 것처럼, 신뢰할 수 있는 유일한 안전보장정책은 침략자에 대해 집단적으로 저항하는 정책뿐이며, 중립정책은 실제로 '침략을 용인하는' 것을 의미한다.

나는 공포심을 가라앉히고 싶다는 희망을 가지고 여러 가지 공포에 대해 말했다. 공포 그 자체는 보통 공포의 근원보다도 훨씬 위험한 것이다. 왜냐하면, 공포는 위험을 극복하려는 능력을 파괴하기 때문이다.

이미 우리가 알고 있듯이, 우리가 직면하는 현실의 위험, 즉 간접침략의 위험은 처리할 수 있는 성질의 것이다. 직접침략의 위험은 과거 수천 년간 세계에 끊임없이 존재한 성질의 것이다. 오늘날 이런 종류의 위험을 극복할 기회는, 인류 역사에 전례가 없을 정도로 크다. 오늘날 비로소 잇따라 희생자가 나오지 않도록 보장하는 충분한 집단 조치의 가능성이 존재한다. 따라서 우리는 용기와 확신을 가지고 장래를 직시하고, 샌프란시스코에 모여 항상 우리가 지표로 해야 하는 국제 연합헌장을 기초했을 때 모든 나라가 예견한 성질의 평화를 추구하고, 행동할 수 있었다.

국제연합헌장은 침략에 대해 군비를 갖추지 않고 무저항이어야 한다는 평화주의사상을 배제하고 있는 것을 여러분은 상기할 것이다. 반대로, 국제연합헌장은 각 가맹국에 대해 국제적 평화와 안전의 유지를 위해 언제라도 군대를 제공할 준비를 할 의무를 부과하고 있다. 국제연합헌장은 개별적 및 집단적 자위권이 존재하며, 동시에 이것이 소위 '고유의 권리'임을 인정하고 있다. 국제연합헌장은 "평화에 대한 위협의 방지 및 제거를 위해 효과적인 집단적 조치"를 취할 필요성을 인정하고 있는 것이다. 또, 국제연합헌장은 평화 유지의 수단으로서의 지역적 협정을 규정하고 있다.

이러한 원칙에 따라 미국 대통령은 지난주 태평양 지역의 평화체제를 강화하기 위한 계획을 설명했다. 그 강화는, 다음과 같은 것을 제1단계로 하는 일련의 조치에 의해 이루어진다.

(1) 평화조약 체결 후의 미일 안전보장협정

(2) 오키나와에 (미국)군대의 유지

(3) 미국은 필리핀에 대한 무력공격은 미국의 평화와 안전을 위협하는 것으로 간주한다는 것을 승인.

(4) 호주, 뉴질랜드 양국정부와의 사이에 3국 중 어느 한나라가 태평양에서 무력공격을 받을 경우 3국 모두 공통의 위험에 대처하는 행동을 취할 것을 규정하는 협정의 체결.

이러한 조치는 대통령이 지적했듯이 '1단계 조치'이며, 애치슨 국무장관은 대통령이 성명을 발표한 다음날 지적한 바와 같이, 또 더 나아가 이러한 조치는 태평양 지역의 국가들이 전개하기를 희망할지도 모를 보다 광범위한 협정에 아무런 방해가 되지 않는다. 또 미국은 이러한 광범위한 협정을 동정적 관심으로 환영할 것이다.

이상의 일련의 조치는, 이것을 전체적으로 생각하면, 국제연합헌장에서 인정된 지역적 및 집단적 안전보장에 관한 권리를 행사하는 데 중요한 조치라는 것을 의미한다. 또한 이 권리는 모든 국제연합 가맹국이 평화, 안전 및 정의에 공헌하기 위해 국제연합헌장이 인정하는 것이다. 국제연합헌장은 무력 공격에 저항하기 위해 군대를 가질 필요성을 인정함과 동시에 다른 원칙, 즉 "공동의 이익을 위한 것 외에는 무력을 사용하지 않는다"는 원칙을 확립하고 있는 점도 상기해야 한다. 이 위대한 원칙은, 만약 그것이 집단적 안전보장 협정 속에 실제로 표시된다면, 안전보장을 위해 창설되는 군대는 불안을 조성하는데 기여하지 않는다는 희망을 자동적으로 낳게 된다. 이 원칙이 실행에 옮겨짐에 따라 각국이 순수하게 국가적 야망을 채우기 위해 자국 군대를 사용하는 경향은 차츰 줄 것이고, 또 사용이 점점 어려워 질 것이다. 이 원칙은, 일본도 그 이웃나라들도 다 같이 원치 않는 군국주의를 억누르는 효과를 가지고 있다.

또 국제연합헌장 제55조를 상기해 보자. 55조는 안정 및 복지가 각국 간의 평화적 우호관계를 위해 필요하다는 것을 인정하고, 또 한층 더 높은 생활수준, 완전 고용 및 경제적 사회적 진보, 발전을 촉진하도록 각국에 요청하고 있다.

나는 일본의 지도자들 및 국민이 경제문제를 염려하고 있는 것을 알지만, 우려는 당연한 것이다. 미국은, 국제연합헌장이 지속적 평화에 반드시 필요하다고 인정하고 있는 조건들을 반드시 일본에 실현시키지 않도록 하는, 경제적 부담이나 무자격 상태를 일본에 강요하는 데에 반대하고 있다. 이것은 일본의 경제적 지위의 어려움을 이유로 하는 것이다.

만일 일본이 공사(公私)의 무역 및 통상에서 국제적으로 인정된 공정한 관행을 잘 지키고, 그리고 일본국민의 근면, 소질 및 손재주가 다른 나라와의 사이에 서로 바람직한 통상관계를 발전시키는 데 사용되면, 일본의 경제수준의 향상 가능성은 확실할 것이다.

이와 관련하여 공통의 안전보장 조직의 보호를 받고 있는 지역에서는, 무역 및 통상이 번영하기 쉽다는 것을 상기하는 것은 헛된 것이 아니다. 만일 미일 간에, 미국 대통령이 제안한 바와 같이, 평화조약 체결 후 안전보장협정이 체결된다면, 이 협정 자체가 미일 양국 간의 신뢰를 증진시키고, 그 신뢰는 양국의 실업계와 금융계가 서로의 이익이 되도록 협력하는 것을 도울 것이다.

또 국제연합헌장이 만인의 인권 및 기본적 자유의 존중과 준수, 그리고 문화적 및 교육적 협력을 요청하고 있는 것을 생각해보자.

일본에서는 점령 중에 부인참정권, 토지개혁, 노동조합 결성, 군국주의와 경찰 테러의 청산, 언론 자유, 그리고 넓고 진정한 대의정치로 국민에게 주권을 주는 등의 방법을 통해서 개인의 자유와 기회는 이미 현저히 확대되었다. 일본은 오늘날 국제연합 세계인권 선언에 나타나 있는 고매한 이상에 그 행위를 합치시키려 하고 있는 국가들의 선두에 서 있는 나라 중 하나다.

여러분은 문화적 및 교육적 협력에 열심이다. 게다가, 이 점에 있어서 여러분은 세계에 제공해야 할 많은 것을 가지고 있다. 왜냐하면 일본 국민은 수세기에 걸쳐서 아름다움과 문화를 감상하고, 또 창조할 능력이 있음을 입증해 왔기 때문이다. 자유세계는 또 자유세계로서는 교육 및 문화 분야에서 일본과의 협력을 환영하고 있다. 그리고 우리 사절단은 문화적, 교육적 협력을 촉진하는 방법을 발견하는 것을 전문적 임무로 하는 한 명의 사절단원을 가지고 있다는 점에서 강화사절에 관한 역사에서 아마 그 예가 없을 것이다.

우리들은 지금, 무한하고 또 빛나는 기회가 앞에 기다리고 있는 출발의 문턱에 서 있다. 문은 아직 열리지 않았다. 그러나 우리들은 손에 열쇠를 쥐고 있다. 우리는 자신의 손을 공포와 의혹으로 마비시키는 일이 없도록 해야 하지 않겠는가. 그리고 문을 열고 평화의 길로 나아가기 위해 감히 그 열쇠를 사용하지 않겠는가.

대일강화에 관한 소련의 대미각서

1951년 5월 7일

소련 정부는, 올해 3월 29일 미국 정부로부터 대일평화조약 초안을 받았다. 이에 관해 소련 정부는 다음과 같은 의견을 밝힐 필요가 있다고 생각한다.

대일전이 끝난지 벌써 5년여가 지났지만 대일평화해결문제는 여전히 미해결의 상태이다. 이러한 상황이 만들어진 것은 우선 제일 먼저 미국정부가 여러 가지 핑계를 대면서 평화조약의 체결뿐 아니라 평화조약의 준비도 지연시키는 태도를 취했기 때문이다. 이에 대해 소련 정부는 각각의 국제협정에 정해져 있는 대로, 다른 나라 정부와 공동으로 대일 평화조약을 준비하고 싶다는 취지를 몇 번 제안했는데, 그때마다 미국 정부는 이를 거부했다. 그 결과, 외국 군대의 일본 점령은 허용하기 어려울 정도로 지연되고 있다.

1. 첫째, 소련 정부는 먼저 대일평화조약의 잘못된 준비에 대해 의견을 말한다.

미국 정부는 대일평화조약의 미국 초안에 첨부된 각서에서, 이 초안은 미국 정부 대표와 소련을 포함한 다른 각국 정부 대표 간의 의견 교환 끝에 만들어진 것이라고 기술하고 있는데, 이것이 잘못된 것임에 주의해야 한다. 왜냐하면, 소련 정부는 이미 올해 3월 초 대일 평화조약의 준비에 대해서는 미국 대표와 단독으로 교섭하는 것을 거부한다는 취지의 성명을 냈기 때문이다. 그렇게 한 데에는, 소련 정부는 대일 평화조약 준비가 어느 한 나라 정부만의 문제가 아니고, 또 어느 한 나라가 다른 관련국 정부의 의견을 확인한 후에 실행해야 하는 것도 아니고, 각각의 국제협정에 정해져 있는 대로 관계국 전부의 공동문제로서 취급되어야 한다는 전제에 기초하고 있다. 하지만 미국정부는 이 권리를 독점하려고 대일강화준비를 단독으로 진행하는 것을 멈추지 않고 있다. 이것은 다른 관계국도 참가하여 소련, 중국 및 영국과 함께 져야할 대일강화준비에 대한 의무를 위반한 것이다. 1945년 8월 2일의 포츠담 협정에 따라 미국 소련 중국 영국 및 프랑스의 5개국 외상회의가 만들어졌다. 게다가 포츠담 협정에는 우선 "평화 해결에 필요한 준비공작"을 위해 외상회의가 설치되고, 각각 평화조약을 기초하는 경우 "회의는 관계 적국에 부과된 항복조항에 서명한 국가를 대표하는 회원국으로 구성된다"고 명확하게 정해져 있다. 이 규정에 따라 이탈리아, 루마니아, 헝가리, 불가리아 및 핀란드와의 평화조약이 준비되고, 체결되었다. 위의 포츠담협정에 비추어 당연히 대일평화조약의 기초에는 알다시피 일본의 항복문서에 서명한 미국, 소련, 중국 및 영국이 담당하게 된다. 그러나 1947년, 소련 정부는 대일평화조약 준비에 착수하기 위해 중국, 미국, 소련 및 영국의 대표로 구성되는 외상회의 특별회기를 개최하도록 제안했다. 대일평화조약의 기초(起草)를 준비하는 데에는 대일전에 군대를 파견하여 참가한 모든 국가를 참여시키는 것으로 예정되어 있었다. 그러나 대일평화조약의 체결을 촉진하기 위한 소련 정부의 이 제안은, 같은 목적을 위해 자주 반복된 다른 노력과 마찬가지로, 적극적인 성과를 얻는데 이르지 못했다. 이는 미국정부가 대일평화조약의 준비를 위해 외상회의를 열 필요도, 또 이 조약의 심의를 위해 강화회의를 열 필요도 없다고 무시하고 있기 때문이다.

소련 정부는 대일평화조약의 준비에서 중화인민공화국을 제외하는 것은 허용할 수 없다는 뜻을 특별히 지적해 둘 필요가 있다고 생각한다. 중국이 오랫동안 군국주의 일본으로부터 잔인한 침략을 받고, 일본제국주의와 긴 격렬한 전쟁을 벌였고, 일본의 침략에 가장 큰 희생을 치렀다는 것은 주지의 사실이다. 따라서 중국 인민의 유일한 합법적 대표기관인 중화인민공화국정부가 대일평화조약 준비와 극동에서의 지속적 평화 확립에 특히 관심을 갖고 있는 것은 당연하다. 대일 평화조약의 준비 작업에 중화인민공화국을 참가시키지 않고는 극동에서의 진정한 평화 해결이 불가능하다는 것은 지극히 명백하다.

여기에서 알 수 있듯이, 미국 정부는 대일평화조약 준비에서 소련, 중화인민공화국 및 그 외의 여러 국가들을 제외하고, 이 문제를 제멋대로 손안에 쥐려고 하고 있다. 그것은 미국 정부에게 바람직한 조약 조항을 명령으로 하여 일방적으로 일본에 강요하기 위해서이며, 이 목적을 위해서 미국 점령 당국에 예속되어 있는 일본의 현 정부를 이용하고 있는 것이다.

2. 소련 정부의 두 번째 의견은, 대일 평화조약의 미국 초안이 내용적으로 현재의 여러 국제협정에 부합하지 않는 조항을 다수 포함하고 있는 사실에 관한 것이다.

1943년의 카이로 선언, 1945년의 포츠담 선언, 1945년의 얄타협정 등의 유명한 국제 문서에 의해 미국 영국 중국 및 소련 정부는 장래 체결될 대일 평화조약에 관해 일정한 의무를 지고 있다.

이들 문서는 일본 영토의 경계를 한정함과 동시에 "일본 국민이 자유롭게 표명한 의지에 따라 평화적 경향을 가진 책임 있는 정부"가 일본에 수립되어야하며, 이러한 정부가 수립된 후에 점령군은 일본에서 철수해야한다고 지적하고 있다.

이들 문서 및 그 후의 국제협정은, 일본에서 "일본 국민들 사이에서 민주주의 경향의 부활 강화에 대한 일체의 장해"는 제거되어야 하며, 일본의 평화 경제의 발전에 대해 폭넓은 기회가 자유로이 주어져야 한다고 언급하고 있다. 동시에 이 문서들은 군국주의자들의 권력과 위세를 제거하고 일본의 비군사화를 실현시킬 필요가 있다고 언급하고 있다.

대일평화조약의 미국 초안은 이상의 문서로부터 당연히 생기는 각국의 의무를 크든 작든 무시하고 있는 것이다.

우선 영토 문제에 대해 말할 필요가 있다. 예를 들면, 1943년의 카이로 선언에는 대만 및 팽호제도는 중국에 반환돼야 한다고 분명히 규정되어 있다. 그렇지만 미국 초안에서는, 단지 일본은 대만 및 팽호제도에 대한 모든 권리를 포기한다고 되어 있을 뿐, 대만 및 팽호제도의 중국 인도에 대해서는 여전히 침묵을 지키고 있다. 이를 보면 미국 초안은 이들 섬을 중국에 반환한다는 카이로협정에 위반하고, 실제로 중국에서 분리된 대만 및 팽호제도의 현상을 그대로 두고 변경을 가하지 않고 있다고 결론지을 수가 있다.

나아가 미국 초안에 따르면 류큐제도, 오가사와라군도, 니시노시마, 카잔(火山)열도, 오키노도리시마 섬 및 미나미토리 섬을 일본의 주권에서 제외하고, 국제연합에 의한 신탁통치를 구실로 하여 이것을 미국의 시정(施政)하에 두는 것으로 규정하고 있다. 그러나 위 섬들을 일본에서 빼앗는 것은 국제협정에도, 안전보장이사회가 대표하는 국제연합의 결정에서도 전혀 정해지지 않았기 때문에 이러한 탈취를 정당화할 수 없다.

대일평화조약 미국 초안의 군사문제에서 위 국제협정의 문제를 벗어난 내용을 담고 있는 것은 더욱 중대한 사안이다. 미국 초안에는 일본 군국주의의 부활에 대한 보장이 없을뿐더러, 일본 군대의 규모에 대해서 일반적으로 아무런 제한을 가하지고 않고 있다는 것을 지적하는 하는 것으로 충분할 것이다.

주지하는 바와 같이, 제2차 세계대전 중 일본과 동시에 주요 침략국의 하나인 이탈리아와의 평화조약에는, 이탈리아의 육해공군 병력에 대해 분명한 제한을 설정하고 있다. 그런데 미국 초안은 일본 군대에 아무런 제한을 두지 않았다. 이와 같이 일본은 이탈리아에 비해 특권적 지위에 놓여있지만, 여기에는 아무런 근거가 없다. 이점에서 일본이 소위 '자위'군의 규모에 관한 문제를 스스로 결정할 것은 분명하다. 이것은 일본에게 군국주의의 부활을 허가하는 것이나 마찬가지라고 소련정부는 생각한다. 이러한 상태가 일본의 비군사화를 규정한 (알려진) 국제협정과 맞지 않는 것은 당연하다.

다음의 사실도 간과해서는 안 된다. 미국 초안은 점령군이 일본에서 철수할 시기를 정하지 않고, 또 평화조약체결 후에도 일본에 미점령군과 미국의 군사기지를 남길 의도를 분명히 가지고 있다. 따라서 미국이 준비하고 있는 대일'평화해결' 후에도 일본에 대한 미국의 군사점령은 끝나지 않고, 미국은 여전히 사실상 일본의 지배자가 되는 것이다.

알다시피, 이탈리아 평화조약에는 강화조약체결 후 3개월 이내에 점령군이 이탈리아에서 철수하도록 규정되고 있다. 그렇기 때문에 일본은 이탈리아에 비해 훨씬 나쁜 상황에 처해 있지만, 한편으로 미국은 대일 평화조약 서명 후에도 무기한으로 일본 점령을 계속하는 무제한의 권리를 얻는다. 이 모든 것이 1945년의 포츠담 선언과는 절대로 양립하지 않는 것임은 당연하다.

덧붙여, 현재 이미 미국 정부는 미군에 의한 일본 점령을 일본의 항복문서에 서명한 국가들이 동의하지 않은 목적을 위해 이용하고 있다는 점이다. 일본 영토에 주둔하고 있는 미국 점령군은 한반도(조선)에 대한 무력간섭을 위해, 일본의 영토, 물자, 인적자원을 이용하고 있다. 이것은 일본의 비군사화 및 민주적 재건 조치를 위해서만 일본을 점령하는 권리를 미군에 준 국제 협정과 맞지 않는 것이다.

마지막으로 미국 초안은 일본의 평화경제의 자유로운 발전에 대한 제한을 제거할 필요를 무시하고 있다. 평화경제의 발전과 타국과의 정상적인 무역이 없으면, 일본의 경제적 발전과 일본 국민의 복지향상의 강고한 기초를 확립할 수 없는 것을 알 수 있다.

소련 정부는, 이 외에도 조약초안에 관해 언급할 것이 있지만, 그것에 대해서는 관계 국가들 회의에서 요지를 언급하려고 한다.

3. 소련 정부는 대일 강화의 조기 체결을 시종 변함없이 줄곧 주장해왔다. 평화조약은 제2차 세계대전 중에 열강 간에 체결된 국제협정을 기초로 만들어져야 하며, 초안은 미국 중화인민공화국 소련 및 영국이 작성하고, 또 극동위원회 가맹국을 전부 참가시켜야 한다고 생각한다.

이에 따라 소련 정부는 다음과 같이 제안한다.

1. 1951년 6월 내지 7월에 대일 평화조약의 준비를 개시하기 위해, 미국, 영국, 소련, 중국의 대표자로 구성되는 외상회의를 개최한다. 또 평화조약 초안이 강화회의에서 검토될 수 있도록 하기 위해 대일전에 군대를 파견하여 참가한 모든 나라의 대표자를 대일 평화조약 초안 작성의 준비 작업에 참가시키는 것을 고려한다.

2. 대일평화조약의 기초(起草)는 카이로선언, 포츠담선언 및 얄타협정을 기초로 하며, 다음의 근본 목적을 방침으로 한다.

1) 일본은 평화를 애호하는 민주적, 독립국가가 되지 않으면 안 된다.
2) 일본의 주민은 민주적 권리를 보장받아야 하며, 이탈리아 평화조약에 규정되어 있듯이 정치단체, 군대조직, 군대유사조직에 관계없이 국민의 민주적 권리를 빼앗을 목적을 가진 조직의 존재를 허용해서는 안 된다.
3) 일본군국주의의 부활을 저지하기 위해 조약에서 일본군대의 규모는 제한되어야 하며, 이탈리아 평화조약에 규정되어 있듯이, 자위를 위한 필요를 넘지 않는 정도의 것으로 한다.
4) 일본의 평화경제의 발전에 대해서는 어떠한 제한도 가해서는 안 된다.
5) 일본의 무역에 관한 일체의 제한은 철폐된다.

3. 일본은, 군국주의 일본과의 전쟁에 군대를 파견하여 참가한 국가들 가운데 어느 한 국가에 대항하는 어떠한 동맹에도 참가하지 않도록 조약에 규정을 만든다.

4. 대일평화조약 체결 후 1년 이내에 모든 점령군은 일본 영토에서 철수하지 않으면 안 되고, 어떠한 외국도 군대나 군사기지를 일본에 가져서는 안 된다는 것을 조약에 명확히 규정한다.

5. 대일평화조약 서명국은 일본의 국제연합 가맹을 지지하도록 협정한다.

5월 7일자 소련 각서에 대한 미국의 회답

1951년 5월 19일

미국 정부는 1951년 3월 29일 미국 정부가 제출한 대일평화조약 초안에 관한 1951년 5월 7일자 소련정부의 각서에 대해 신중하게 고려했다. 이 각서는 절차에 관해 큰 의견 차이가 뿌리 깊게 존속하고 있다는 것을 보여준다. 그러나 내용에 관해서는 소련 정부는 (1) 대만 및 팽호제도, (2) 류큐제도 및 오가사와라군도, (3) 일본의 장래 안전보장에 관해 제안된 조치에 대해서만 이의를 제기하고 있는데 지나지 않는다. 더구나 이점에 대해서조차 차이는 부분적이며 전체적이지 않다. 소련정부의 상세한 검토는 조약 초안이 균형을 취하고 공정하게 작성되도록 고려하는데 의식적으로 기여한 것이 아니라 해도, 기여한 것이 틀림없다고 생각된다.

소련 정부의 각서 제1항은 절차에 관한 것이다.

소련 정부는 1945년 8월 2일의 포츠담협정에 의하면 "대일평화조약의 작성은 이 목적을 위해 외상회의를 구성하고 있는 미국 소련 중국 및 영국에 위임되어 있다"고 주장하고 있다.

소련 정부의 이 견해는 여러 번 표명된 것으로 또 미국정부에 의해 여러 번 거부된 것이다.

1945년 8월 2일의 포츠담협정은, 그것에 의해 설립된 외상회의는 '긴급 중요 임무'로서 "이탈리아 루마니아 불가리아 헝가리 및 필리핀과의 평화조약"을 작성하고, 또 "유럽전쟁의 종결당시 미해결이었던 영토문제의 해결"을 제안해야 한다고 규정하고 있다. 그 후 외상회의는 대독일 평화해결의 준비를 위해 이용되지 않으면 안 된다고 규정되어 있다. 마지막으로 "다른 제 문제는 구성국 정부 간의 합의에 의해 수시로 이 회의에 부탁할 수 있을 것"이라고 규정되어 있다. 이렇게 하여, 소련 영국 및 미국 정부 간의 포츠담협정은 대일평화조약에 관해 언급하지 않았던 것이다. 이것은 당연한 것이었다. 왜냐하면, 당시 일본과의 전쟁이 한창이었으며, 소련은 당시 그 전쟁에는 중립이었기 때문이다.

외상회의는, 물론, 특정한 유럽 문제 "외의 다른 문제"를 논의할 수 있으나, 그것은 "구성국 정부 간의 합의에 의해"서만 가능한 것이다.

미국은 대일평화조약의 작성 문제를 외상회의에 부탁하는 것에 동의한 적이 없고, 또 동의하지 않는다. 그 이유는 특히 외상회의에서의 거부권의 조직적 남용은 외상회의를 통한 조기 평화조약의 신속한 체결을 방해하는 것이다. 그뿐 아니라, 외상회의의 절차에 의하면, 소련보다도 태평양전쟁의 부담을 더 크게 진 연합국들의 역할을 제2차적인 것으로 만들어 버린다는 것이다.

소련 정부는 평화조약 작성 절차는 대일평화조약에 있어서 중국의 이익을 충분히 고려해야 한다고 주장하고 있다. 현재 진행되고 있는 절차는 그렇게 하고 있다. 분명히 미국은 이미 유죄로 선고된 침략자로부터 지시를 받으려하지는 않지만, 그러나 중국의 진정한 이익은 현재의 조약 초안에 충분히 반영되어 있다. 예를 들면, 제2조(UP통신 제5장 제4항)에서 "일본은 중국에서의 모든 특수권익을 포기하"며, 제19조(UP통신 제8장 제2항)는 이 포기를 자동적으로 유효한 것으로 한다. 소련정부는 각서 제2항 및 제3항에서 실질적인 문제를 상세하게 기술하고 있으나, 대만 및 팽호제도에 관한 것 외에는 중국을 위한 아무런 변경이나 추가를 시사하지 않고 있는 점은 주목할 필요가 있다. 대만 및 팽호제도에 관해서는, 일본이 자기의 권원을 청산하는 것 이상으로 무언가를 할 것을 제안하고 있다. 소련 정부가 미국의 초안 가운데 중국에 관한 실질적인 규정을 대체적으로 승인하고 있다는 것은 미국이 중국의 이익을 신중하게 고려하였으며, 여기에 기초하여 조약 초안을 준비한 증거이다.

소련 정부 각서 제3항은 조약 초안의 내용을 다루고 있다.

(1) 영토문제에 대해서 조약 초안이 항복조항을 충실히 반영하고 있지

않다는 취지를 언급하고, 그 이유로서 초안이 "대만 및 팽호제도는 중국에 반환되지 않으면 안 된다"고 규정하지 않은 점을 들고 있다.

항복조항의 영토에 관한 조항은 "카이로선언의 조항은 이행되어야 하며, 또 일본의 주권은 혼슈(本州), 홋카이도(北海道), 큐슈(九州) 및 시코쿠(四國), 그리고 우리들이 결정하는 작은 섬들에 국한되어야 한다"고 규정하고 있으며, 조약 초안은 실제로 일본의 주권을 위 규정대로 제한하고 있다.

미국 정부는 소련정부의 각서가 정확하게 카이로선언을 인용하고 있지 않은 것을 인정한다. 즉 소련 각서에서는 만주라는 단어는 제거되었으며, '중화민국'이라는 단어 대신에 '중국'이라는 단어가 사용되었다.

소련 정부가 만주에 이익지대를 획득했다는 공공연한 사실에 비추어, 미국정부는 소련정부가 만주반환에 대해 언급을 피하고 있는 의미에 대해 무리해서라도 질문을 하고 싶은 심정에 내몰린 것이다.

나아가, 소비에트정부가 현재 '중화인민공화국'으로 언급하고 있는 것은, '중화민국'과 동일하지 않다고 자주 소비에트정부가 지적하고 있는 사실에 비추어, 미국정부는 소비에트정부에 대해, 소비에트정부가 과연 지금 만주, 대만 및 팽호제도가 '중화민국'에 반환되어야 하는 것을 희망하는지 어떤지를 질문한다.

조약 초안은, 일본의 주권은 항복 조항에 따라 대만 및 팽호제도에 대한 주권을 제외하도록 '제한되어야'하며, 동시에 만약 일본(의 주권)이 위와 같이 제외될 경우에는, 일본은 요구받을 수 있는 모든 것을 이행한 것이 되며, 따라서 일본국민은 대만 및 팽호제도를 그 후 어떻게 처리할 것인가에 대해 연합국의 의견 차이 때문에 평화상태를 방해받는 일이 있어서는 안 된다는 가정에 기초해 작성되어 있다.

소비에트정부는 류큐제도(琉球諸島), 오가사와라군도(小笠原群島) 및 다른 제도(諸島)를 미국을 시정권자(施政權者)로 하는 국제연합의 신탁통치하에 둘 수 있다는 규정을 비난한다.

확실히 항복조항은, 또 그 속에 포함된 카이로 선언에 대한 언급에 의해서도, 소련의 각서에 기재된 현재 소련이 점령하고 있는 남사할린(南樺太) 혹은 치시마열도(千島列島, 쿠릴열도) 또는 류큐제도(琉球諸島), 오가사와라군도(小笠原群島) 혹은 다른 제도의 이름을 거론하지 않고 있다. 그러나 항복조항이, 위에서 언급한대로, 일본의 주권은 네 개의 큰 섬 및 결정되게 될 작은 섬들에 국한되어야 한다고 규정하고 있는 이상, 연합국이 대일평화조약에서 네 개의 큰 섬에서부터 시작하여 다른 일본의 도서에 대해 논하는 것은 항복조항에 합치하는 것이다.

(2) 비군사화에 관해서 소련 정부는, 이 초안은 일본군군주의의 부활을 방지하도록 보장되어 있지 않으며, 또 일본 군대의 규모를 제한하고 있지 않은 것을 비난한다. 이것은 "일본의 비군사화에 관한 주지의 국제협정"과 조화할 수 없는 것이라고 한다.

소련 정부는 이른바 '주지의 협정'이 어떠한 것인가를 확인하려 하지 않는다. 실제로 점령기간에 관한 양해 외에는 아무것도 없다.

소련 정부의 각서에서 언급하고 있는 협정 가운데 카이로선언이나 얄타협정도 다 같이 위의 문제를 언급하지 않고 있다. 포츠담선언의 항복 조항은 "일본의 전쟁수행 능력이 괴멸되었다는 것이 확인될 때까지는 연합국이 지정하는 일본국 영역내의 모든 지점은 점령되어야 하며", 또 "일본 군대는 완전히 무장이 해제된 후, 각자의 가정에 복귀하고, 평화적이며 생산적인 생활을 영위할 기회를 얻도록 해야한다"고 규정하고 있다.

미국 정부는 "일본의 전쟁수행 능력이 괴멸된 것을" 확신하고 있다. 소련이, 일본 점령은 "허용하기 어려울 정도로 연장되고 있다"고 말하고 있는 이상, 언뜻 보면 미국도 같은 확신을 하고 있다. 나아가 미국은, 미국에 관한 한, 그 관리 하에 있는 일본군을 실제로 완전히 무장해제하고, 그리고 과거 군대에 있었던 일본국민이 현재 평화롭고 생산적인 생활을 보내는 것을 보증했다. 교전국 중 소련 정부만이 이 규정을 준수하지 않고 항복조항을 어겨 약 20만의 일본 병사들이 가정에 돌아가 평화로운 생활에 복귀하는 것을 방해하고 있다. 일본국민은 이들 다수의 일본 병사들이 항복 조항에서 약속받은 것처럼 평화적 일상으로 복귀하기를 애타게 기다리고 있다.

장래 일본으로부터 받아야 할 공격적인 군사 위협을 피하는 것에 대해서는, 6일 간의 소련의 교전상태에 비해 4년 가까이 일본의 침략전쟁의 중압을 견딘 미국에게는 매우 큰 관심의 초점이다. 미국 정부로서는 바람직한 결과에 도달하는 가장 효과적인 수단은 일본 구역의 장래의 안전보장을 집단적 국제문제로 하는 것이라고 믿고 있다. 그것은 실제 문제로서, 일본이 스스로의 안전보장을 위해 취할 수 있는 조치는 순수하게 일국의 기획으로 보다는 오히려 협력적인 기획으로 전개하는 것을 보증하는 것이다.

미국 대통령은 1951년 4월 18일의 성명에서 미국 정부는 지금이야말로 대통령의 이른바 "평화확립을 위해 당연히 우선 제일 먼저 취할 조치"를 태평양 지역에서 취할 용의가 있으며, 또 이러한 조치의 하나로서 평화조약 체결 후의 안전보장문제에 관해 일본과 협의를 할 용의가 있다고 말했다. 미국정부는 이 협의에서 장래 공격적인 위협이 될 수 있는 군비를 일본이 보유하지 못하도록 한다는 원칙이 받아들여질 것이라고 생각하고 있다.

미국 정부는 평화조약에 의해 루마니아 불가리아 및 헝가리에 부과되었음에도 이미 매우 심하게 침해받고 있는 것 같은, 조약에 의한 군비 제한에 과연 의존할 수 있을지 어떨지, 이를 신뢰할 기분은 아니다.

(3) 점령 종료에 관해서는, 소련정부는 이 초안이 일본으로부터의 점령군 철수의 시기를 확립하고 있지 않다고 주장하고 있지만, 그것과는 정반대로, 조약 초안에 의하면 점령은 평화조약의 발효와 동시에 종료할 것이다. 만약 조약 발효 후에 어느 연합국군이 일본에 주둔한다고 해도, 그것은 점령군으로서가 아니라 일본이 자발적으로 체결하게 되는 집단안전보장협정에 따라 주둔하는 것이 된다. 이러한 협정은 조금도 공격적인 위협을 수반하는 것은 아니다.

소련 정부는 일본의 영토 및 자연적 인적자원이 분명히 한반도(조선)에 있어서의 무력침략을 격퇴하려는 국제연합의 노력을 의미하는 이른바 '조선에 있어서의 무력간섭'에 지금도 사용되고 있는 사실에 대해 언급하고 있다.

일본이 조선에 있어서의 국제연합의 행동에 대해 실제로 제공하고 있는 원조는 극동위원회의 결정에 의해 확정된 비군사화의 제한된 범위 안에 있는 것이며, 비교전국의 성격을 가지고 동시에 국제연합의 헌장 및 권고에 합치하는 것이다.

헌장 제2조 제5항 및 제6항에 따르면, '국제연합가맹국이 아닌 국가'라도 국제적 평화 및 안전을 유지하는 데 필요로 하는 한, "국제연합에 모든 원조를 제공할" 것을 요구받고 있다, 그리고 1951년 2월 1일에 채택된 총회결의 A/1771호는 모든 국가 및 관헌에 대해 한반도(조선)에서의 국제연합의 행위에 일체의 원조를 계속해서 제공하도록 요청하고 있다.

(4) 일본의 평시경제에 관해서는, 소련정부는 조약 초안이 "일본의 평시경제의 자유로운 발달에 관한 제한을 철폐할 필요가 있다는 것을 무시하고 있다"고 주장한다. 사실 조약 초안은 평시경제의 발달에 어떠한 제한도 가하지 않으며, 또 번잡스러운 현물배상의 부담을 가하지 않고 일본의 완전한 주권을 회복시킴으로써, 소련 정부가 희망한다고 분명히 밝히고 있는 결과를, 완전히 달성할 것이다.

소련각서 제3항은 대일평화조약을 신속하게 체결하기 위해 약간의 제안을 소련정부 특유의 언어로 언급하고 있다.

(1) 소련 정부는 절차에 관해, 대일평화조약 체결의 준비 개시를 위해 미국 영국 중국 소련의 대표자로 구성되는 외상회의를 1951년 6월 또는 7월에 개최하기를 제안하고 있다. 미국 정부는 이미 언급한 여러 가지 이유, 그리고 이 절차는 실제로 '대일평화조약의 신속한 체결'을 달성하는 것이 아님이 여러 경험에서 분명하기 때문에, 이 절차에 관한 제안에는 동의할 수 없다.

(2) 소련 정부는 대일평화조약을 기초하는 데 있어서, 관계국들은 약간의 기본목적에 지배받지 않을 수 없다고 제안하고 있으나, 실제로 이러한 기본 목적들은 하나의 조건을 붙여서 현재의 조약초안 속에 반영되어 있다. 즉

① "일본은 평화를 애호한다. 민주적 독립국이 되지 않으면 안된다." 일본은 이미 평화 애호국이며, 민주주의국가이며, 조약에 의해 독립이 주어지게 되는 것이다.

② "민주적인 권리는 보장되지 않으면 안 된다." 또 "국민의 민주적인 권리를 박탈할 목적을 가진 조직의 존재는 허용되어서는 안 된다." 이들 문제에 대해서는 일본국 헌법, 그리고 일본은 국제연합의 세계 인권선언의 제 목적을 실현하고 있으며, 동시에 국제연합 헌장 제44조 및 제56조에 규정되어 있을 뿐만 아니라 이미 전후의 일본 법제에 의해 만들어지기 시작한 안정과 복지의 조건을 국내에 창조하기 위해 노력할 것이라고 하는, 이 조약 초안이 규정하는 선언에 주의를 기울이고 있다.

③ "일본 군국주의의 부활을 저지하는 보증으로서 일본의 군대가 자위의 요구를 넘어서지 않도록 일본군대의 규모에 대해 조약에 제한을 규정하지 않으면 안 된다."
소련 정부의 제안은, 일본은 방위를 위해서는 오직 스스로의 군대에 의존하지 않으면 안 되며, 따라서 차제에 이점에 있어서 일본의 요구를 영구적인 것으로 하여 결정적으로 규정하는 것이 가능하다는 가정에 입각하고 있는 것으로 생각된다. 그러나 국제연합헌장은 개별적 자위뿐만 아니라 집단적 자위에 관한 고유의 권리를 인정하고 있다. 스탈린 대원수는 1939년 3월 10일의 기념할 만한 연설에서 "침략에 대한 충분한 방위는 집단적 안전보장, 즉 침략자에 대한 집단적 저항 정책을 필요로 한다"고 지적하고, "침략자에 대한 각국의 자력방위" 정책은 '침략의 묵인'을 의미한다고 말했다.

일본은 자위를 위해 필요한 군대를 가지지 않으면 안 된다고 하는 소련정부의 이 제안은, 일본에 다른 군대가 존재해서는 안 된다는 소련의 한발 더 나간 제안(4)와 겹쳐서 '일본의 자력 방위' 주의에 반하는 것이다. 그 결과 스탈린 대원수가 말한 바와 같은 '침략의 묵인'과 같은 것으로 생각된다.

그뿐 아니라 소련정부가 현재 제안하고 있듯이 '자위의 요구'를 위해 필요한 '일본군대의 규모'를 제한하는 것은 곤란할 뿐 아니라 위험할 것이다. 현재의 불안정한 정세 하에서 자위를 위해 충분한 일본의 육, 해, 공 3군은, 또 다른 정세 하에서는 공격을 위해 충분한 것이 될지도 모르는 것이다.

조약 초안의 제7조에 규정된 집단적 안전보장 정책을 적용함으로써, 조약이 '각국의 자력 방위' 정책을 반영할 경우에 필요로 하는 것 보다 훨씬 적은 군비로 유효한 안전보장을 일본에 제공하는 것이 미국 정부의 희망이다.

④ "일본의 평화경제에 대해 어떠한 제한도 가해서는 안 된다." 이 조약 초안은 이러한 제한을 전혀 포함하고 있지 않다.

⑤ "일본의 무역에 관한 일체의 제한은 철폐된다." 이 초안은 일본이 다른 국가들과 통상을 하는 권리에 대해 아무런 제한도 가하고 있지 않다.

(3) 소련 정부는 "일본은 군국주의 일본과의 전쟁에 군대를 파견하여 참가한 어느 한 국가에 대항하는 어떠한 동맹에도 참가하지 않는다" 것을 조약에 규정할 것을 제안하고 있다. 일본은 어느 국가와도, 그것이 대일전 참가국이든 아니든 관계없이, 동맹을 체결해서는 안 된다는 것이 미국정부의 견해이다. 이는 조약 초안의 제6조에 규정되어 있으며, 이 조항으로 일본은 국제연합헌장 제2조에 따라 어떠한 나라의 영토보전 또는 정치적 독립에 대해서도 무력의 위협이나 사용을 자제해야 한다는 데에 동의할 것이다.

(4) 소련정부는 "대일평화조약 체결 후, 1년 이내에 모든 점령군은 일본영

토로부터 철수하지 않으면 안 되고, 어떠한 외국군대나 군사 기지를 일본에 가져서는 안 된다"고 평화조약에 규정해야 한다는 것을 제안하고 있다. 조약 초안에 의하면 점령은 조약의 효력 발생과 동시에 종료하는 것으로 생각되고 있다. 점령은 그 후 1년 이상은 연장 되지 않을 것이다. 일본에 다른 나라의 군대가 주둔하는 것에 대해, 미국정부는 국제연합헌장이 "……집단적 자위에 관한 고유의 권리"라고 하고 있는 것을 일본에게 거부하도록 하는 것을 원하지 않을 것이다.

(5) 소련정부는 "대일평화조약 서명국은 일본의 국제연합 가맹을 지지한다"고 제안하고 있다. 이번의 평화조약 초안은, 일본이 곧바로 국제연합가맹을 신청할 것을 기대하고 있으며, 또 미국 정부는, 위와 같이 일본에 가맹자격이 있다는 소련정부의 승인을 환영한다.

대일강화 작업은 이미 진행되고 있을 뿐만 아니라 현재 상당히 진전을 보이고 있으나, 미국 정부는 소련 정부가 앞으로 계속해서 이 작업에 협력하도록 열심히 권고하는 바이다. 미국정부는, 소련 정부가 주장하듯이, 일본과 '단독' 강화조약의 체결을 추구하고 있지 않다. 오히려 미국은 모든 관계국가들의 참가를 요구하고 있다.

소련 정부는 평화조약의 조항을 공식적으로 표시하는 초기단계에서 미국 정부가 주도권을 쥐었기 때문에 불만을 표하고 있다. 그러나 승리했을 때 대일본관계에 있어서 미국의 독자적인 지위를 타국과 함께 인정하고, 또 일본에 "평화, 안전 및 공정한 신질서"를 가지도록 하는 것을 목적으로 한 점령에 있어서 연합국 최고사령관을 임명하고, 또한 이에 대해 지령을 발하는 단독 책임을 다른 나라와 똑 같이 미국에 부여한 나라로서는 이 불만을 호소하지 않는 것이 좋을 것으로 생각한다. 미국은 이 책임을 부여받음으로서 점령에 많은 자산과 노력을 투자했을 뿐만 아니라 장래 좋은 이웃나라로서 다른 나라와 공존해야 하는 일본을 위해 희망과 포부를 가지도록 한 것이다. 만약, 미국 정부가 일본 점령을 공정하고 영속성있는 평화로 전환하는 주도권을 적절한 시기에 발휘하지 않으면 미국정부는 특히 소련 정부가 미국 정부에 위임한 점령 책임을 수행하는데 실패할 것이다. 이미 중요 관계국 정부의 견해에 대해서는 작년 9월에 개시된 토의에서 철저하게 논의되었을 뿐만 아니라, 그 후에도 항상 계속적으로 추구되고 있다. 3월 29일 소련 정부에 제출된 초안은, 보낸 각서에서 지적하고 있듯이, 다른 나라 정부가 표한 협력의 결과 얻은 견해를 미국 정부가 이미 상당히 반영하고 있다. 고려를 한 견해 중에 소련 정부의 견해가 있다.

소련 정부는, "미국 정부 대표자와 소련 정부 대표자 사이에 의견 교환"이 이루어진 것은 "진실이 아니다"고 하고 있으나, 1950년 10월 6일, 1950년 11월 20일 및 1951년 1월 13일 소련외상 대리 쥬 마릭 씨와 존 포스터 덜레스 씨 사이에 대일평화조약에 관해 직접토의가 이루어 진 것은 부정할 수 없는 사실이다.

그것만이 아니다. 1950년 11월 20일 마릭 씨는 조약의 기조를 이루는 원칙을 논하는 각서를 소련 정부를 대표하여 덜레스 씨에게 제출하였으며, 또 1950년 11월 26일에 덜레스 씨는 마릭 씨에게 회답 각서를 전달하였다. 이처럼 미국 정부는 소련 정부가 '각서교환'을 한 것은 "진실이 아니다"고 하고 있는 것이 무엇을 의미하는지 이해할 수 없다.

1951년 3월 29일의 미국 정부 각서에 대한 회답으로서, 또 오늘까지 구두 및 문서로 제출된 견해를 더욱 진전시키기 위해, 소련 정부를 대표하여 제출된 여러 각서들은, 대일강화를 신속하게 성립시키고 싶다는 소련 측의 진정한 희망이 있다고 한다면, 3월 초안에 구체화된 강화조건과 소련 사이에 존재하는 불일치가, 의견이 일치된 강화의 성립을 방해할 정도의 것은 아니라는 것을 보여준다. 그렇기 때문에 소련 정부가 스스로 추구하고 있다고 하는 '빠른 체결'을 실제로 초래하는 것은 아니라는 것을, 지금 미국정부가 매우 솔직하게 인정하는 절차를 밟도록 변경을 요구하기 보다는, 미국 정부는 오히려 어디까지나 현재 진행되고 있는 적절한 체결절차에 소련정부가 따를 것을 희망한다.

미국정부는 공정한 조약을 빠르게 체결되도록 준비를 진행할 수 있을 것 같은 상황에서, 소련과 신속하고 집중적인 외교적 토의를 재개할 용의가 있다.

덜레스 대사의 런던 연설

1951년 6월 7일

나는 대일 평화해결의 문제를 귀국 수상, 외상 및 다른 사람들과 함께 협의할 기회를 나에게 준 대통령으로부터의 사명을 띠고 이곳에 온 것을 행복하게 생각한다.

전후 문제로서 이 만큼 중요성을 띤 것은 많지 않다. 독일과 일본은 소련 공산주의자들의 2대 목표일 것으로 생각된다. 독일과 일본이 없으면, 소련 블록은 장기간의 세계전쟁을 수행하는 데 필요한 것이 절망적일 정도로 열악하다. 그렇기 때문에 그러한 전쟁은 없을 것이라고 생각하는 충분한 이유가 있다. 그러나 만약 소련의 지배자들이 일본이나 독일 어느 한 나라의 공업 잠재력 및 인적자원을 이용할 수 있다면, 이들 새로운 제국주의자들이 충분히 성공할 수 있다는 전망으로 세계전쟁을 시작할 수 있다고 생각할지도 모를 정도로, 세계의 세력 균형에 변화를 초래할 것이다. 그들은 일본이 단독으로도 태평양에서 자유세계에 중대한 위협을 줄 수 있었다는 것을 알고 있다. 그래서 그들은 그들의 지배하에 소련 중국 및 일본으로 구성되는 아시아 세력의 결합으로 훌륭하고 커다란 것을 할 수 있는 가능성이 생겨날 것을 상상하고 있다.

그러나 다행스럽게도 일본 국민은 그 결합을 원하지 않는다. 나는 최근 1년 동안 3번 일본을 방문했으나, 일본 국민은 현재 모든 면에서 군국주의와 침략을 배척하려는 마음가짐을 가지고 있다고 자신있게 긍정할 수 있다. 일본 국민은 진심으로 집단적 안전보장으로 평화를 원하는 자유 국민과의 우호관계를 바라고 있다. 따라서 과거의 전쟁을 끝낼 뿐만 아니라 새로운 전쟁을 방지하는 평화기구를 강화하는 대일 강화를 이룰 기회가 있는 것이다.

그 결과, 우리는 사활적인 중요성을 가진 그것을 달성하기 위한 노력을 아껴서는 안 된다. 다행히도 우리는 지금 평화조약을 체결해야 한다는 극동위원회에 대표자를 보내고 있는 정부들의 일반적인 동의를 얻은 후에 착수한 것이다. 점령은 지금 만 6년이 가까워지려 하고 있으며, 수확체감이 시작될 시점에 도달해 있다. 만약 점령을 마음대로 연장한다면, 일본에서 신뢰할 대의정치의 발아를 무력화할 가능성이 있다. 그것은 일본국민의 초기의 호의와 친선을 불쾌한 적의로 바꿀 가능성이 있다. 그것은 소련이야 말로 잔학한 감금자—사실 소련은 그러하지만—가 아니고 오히려 해방자라는 착각을 낳을 가능성까지 있다.

우리들은 일본이 다시 스스로 국무를 처리할 수 있도록 조기 평화해결을 해야 한다. 거기에는 모든 사람들이 동의하고 있다. 우리는 그것을 어떻게 달성할 것인가.

다행히도 일본의 경우는 독일의 경우보다 용이하다. 독일에서는 소련이 중요한 역할을 하고 있다. 소련은 나치 독일의 괴멸에 크게 기여했으며, 독일 동부를 점령하고, 대독 강화는 소련이 거부권을 가진 외상회의의 책임 문제라는 동의를 포츠담에서 획득했다. 일본의 경우, 강화는 외상회의의 문제는 아니다. 소련은 일본 본토 4개 섬의 어느 곳도 점령하지 않고 있으며, 또 소련은 도덕적으로 이행을 청구할 수 있는 권리를 가지고 있지 않다. 만주 여순 대련 사할린 및 치시마열도에서의 거대한 획득은 6일간의 명목적인 교전상태에 대한 보상으로는 천배의 가치가 있다.

우리들은 소련이 대일강화에 참가하면 좋다고 생각하고 있으며, 또 이를 실현하기 위해 인내하고 오랫동안 고민해 왔다. 그러나 소련의 참가는 필요불가결한 것은 아니다. 일본의 경우에는 연합국 사이에, 진정으로 평화를 원하는 것이 방해받을 리가 없다는 것을 알고 준비를 진행할 수 있었다.

미국은 직년 9월 대일평화조약의 조항을 작성하기 위한 조치를 취하기 시작했다. 소련은 최근 미국이 주도권을 쥔 것을 비난했다. 거기에 대해 우리는, 그러한 비난이, 전쟁 승리에 즈음하여 일본에 대한 견줄 수 없는 지위를 미국에게 인정하고, 점령을 수행하는 주된 책임을 미국에 부여하는

데 다른 연합국과 행동을 같이한 나라로부터 나온 것은 유감이라고 회답했다. 미국은 주된 점령국으로서 일본을 새롭고 부끄럽지 않은 길로 출발시키기 위해 모든 연합국을 대신해서 커다란 노력을 기울여왔다. 게다가 만약 우리가 적절한 시점에 점령을 일본에 대한 우리의 희망을 현실화할 수 있는 강화로 전환하지 않으면, 모든 연합국이 우리들에게 부여한 책임 수행이 완전히 실패한 것이 되어 버릴 것이다.

그러나 미국은 단독행동을 취하지 않았다. 우리는 다른 주요관계국 정부와의 공동계획을 추구했다.

처음부터 영미 양국정부 간에는 밀접한 교섭이 있었다. 워싱턴에서 우리는 귀국 대사와 정기적으로 회의를 개최하고 있다. 또 지난 겨울 동경에서는 우리가 일본 지도자들과 회담을 시작하기에 앞서 동경에 있는 귀국 사절단장을 통해서 우리는 충분한 의견 교환을 했다. 호주 및 뉴질랜드에서는 우리 사절단이 귀국정부 대표자와 끊임없이 접촉을 유지했으며, 또 지난달에는 귀국 정부가 우리와 협의하기 위해 워싱턴에 일단의 관리를 파견했다. 지금 다시 우리 사절단이 이곳을 방문했다.

지금까지의 모든 경과로 우리는, 이제야 주요점에 관해 압도적인 판단의 일치를 보여주는 평화조약의 전망이 있다는 것을 알게 되었다. 소련이나 중국마저도 비난할 부분을 그다지 찾지 못했다. 미국이 제출한 조약 시안에 대한 그들의 비평 속에 그들은 제안된 조약 조항의 내용에 대해 많은 의견 일치를 표명했다. 그들의 주된 반대는 절차에 관한 것이다. 그들은, 소련이 1947년 모스크바에서 완전한 정식조약으로 실제로 동의하고, 4년이 지난 후에 오스트리아 평화조약을 거부한 것과 꼭 같이, 대일 강화의 완성을 거부할 수 있는 외상회의의 절차를 요구하고 있다.

우리들이 추구하는 대일강화의 내용에서, 일본 국민은 항복조항에서 말하는 "원료의 입수와 세계무역에의 참가"를 수반하는 "평화적이며 생산적인 생활을 영위할 기회"를 제공받을 것이다. 일본에 다시 강력한 기회를 주는 위의 기본적인 결정은, 1945년 포츠담에서 처음으로 채택되었으며, 그것은 어떤 필연적인 결과를 수반하는 것이다. 귀 국민이 패배한 적국이 부흥하는 데에 일단 동의한 이상, 막상 새로운 힘이 나타났다고 해도, 우호적 협력보다는 오히려 복수의 마음으로 이용되기 쉬운 불평등과 굴욕을 주어서는 안 된다는 것이다.

강요된 평화조약은 적국민을 항구적으로 신뢰하는 데에는 부족함이 있다는 판단을 반영한 것인지도 모른다. 만약 그러한 판단을 하는 경우에는, 강화는 그 국민을 인정사정없이 약소 무력화 하도록 계획된 카르타고(Carthage)인에 대한 강화와 같은 것이어야 한다. 그러나 일단 구적국에 힘을 주기로 결정된 이상, 귀국민은 약간의 다른 것, 특히 세계 공동사회에 있어서 평등과 위신의 지위 또한 주지 않으면 안 되는 것이다.

나는 1919년 베르사유조약의 기초를 도운 미국 대표단에 근무했었다. 그 조약은 서로 모순되고 조화되지 않는 원리들을 혼합한 것이었기 때문에 실패했다. 그것은 어느 정도 윌슨의 희망적 공상의 반영이었다. 그것은 클레망소(Georges Clemenceau)의 독일에 대한 억누르기 어려운 공포와 증오를 어느 정도 반영한 것이었다. 그 결과 독일이 다시 강해지는 것을 가능하게 할 정도로 충분히 자유주의적인 것이었으며, 또 독일인에게 굴욕이며 불평등이라고 생각되는 것을 말살하기 위해 나치스가 발흥하여 정권을 잡는 것을 가능하게 했을 정도로, 충분히 비자유주의적인 타협의 조약이 되었다.

나는 미영 양국민이 몇 년에 걸쳐 가혹하고 억압적인 강화를 지지해 갈수 있을지에 대해 매우 의심하고 있다. 어쨌든 일본의 항복 조항과 그 후 계속된 점령은, 이미 우리를 구속하여 다른 또 하나의 진로를 향하게 하고 있다. 따라서 우리 정부가 일본에 대해 요구하는 강화는 신뢰를 주고, 동시에 기회를 제공하는 화해의 강화이다.

그러한 성질의 강화가 성공할지는 누구도 보증할 수 없다. 그러나 만약 우리가 지금 다른 어떠한 성질의 강화를 추구한다면, 우리는 반드시 실패한다는 것은 보증할 수 있다.

만약 일본이 과거의 기록에만 기초해서 판단해야 하는 존재라면, 일본은 신뢰하기에 부족한 존재라고 쉽게 결론 내릴 수 있다. 나는 귀국민이 싱가포르나 버마(현 미얀마)에서의 많은 귀국 장병의 잔학한 운명을 잊어서는 안 된다는 것을 알고 있다. 나는 우리도 진주만이나 (필리핀의) 바탄이나 죽음의 행진을 잊지 않고 있다는 것을 귀국민에게 확언할 수 있다. 그러나 우리는, 인간의 성정에는 갱생의 힘이 있으며, 또 신뢰하는 행위는 보통 믿을 만한 가치있는 노력을 불러일으킨다는 것을 잊어서는 안 된다.

미국은 일본 민족이 신뢰하기에 충분한 존재라는 것을 알고 있다. 우리나라의 서부연안지방 및 하와이제도에는 우리의 자유사회에 대해 충성스럽고 유용한 봉사를 하는데 누구에게도 뒤지지 않는 많은 일본인이 있다. 또 최근 전쟁에서 미국의 (일본인) 2세 부대는 희생적인 헌신과 특별한 영예를 가지고 미국 국기 밑에서 싸웠다. 오늘날 그 정신은 일본에 뿌리를 내리고 있다. 강화는 그 정신에 호소하고, 그것을 고무하는 것이 아니면 안 된다. 그것은 장래에 대한 우리들의 희망이며, 특히 우리들이 만들어 가기를 기대하고 있는 환경에서는 훌륭한 희망이다.

위험 요소의 하나는, 물론 강화 결과 일본이 침략적 세력이 침투할 힘의 공백 상태에 놓이거나, 그렇지 않으면 일본이 표면적으로는 방어를 위한 것이라 하면서 우리에게 다시 위험이 될지도 모를 정도로까지 재군비를 할지도 모르는 것이다. 미국 및 실제로 연합국은 일반적으로 위와 같은 두 가지의 어느 하나라도 일어나지 않도록 결의하고 있으며, 더구나 일본인이 완전히 동의하고 있는 것은 기쁜 일이다. 그들은 안전보장을 바라고 있다. 그러나 그들은 군국주의가 없는 안전보장을 원하고 있다. 그래서 일본 정부는 평화조약의 효력발생과 함께 일본이 힘의 진공상태가 되지 않고, 미국 군대를 무기한으로 일본과 그 부근에 주둔시킬 목적으로 안전보장 협정을 체결하도록 미국에 호소했다. 미국은 이 제안을 수락할 뜻을 비쳤다.

위 협정하에서 미국은 아마 일본의 안전보장에 대한 기여로서 거대한 해군과 공군을 준비할 것이며, 한편 일본은 곧 거대한 육군을 준비할 가능성이 있다. 그렇기 때문에 일본은 혼자 힘으로 공격적인 위협이 될 수 있는 국내 군대는 아마 가지지 않을 것이다. 따라서 전승국과 패전국의 관계는 복수전(復讐戰)을 믿기 어려운 것으로 할 정도로 밀접하고 통합적인 것이 될 것이다.

우리가 일본과의 사이에 계획하고 있는 집단적 안전보장을 위한 상호실시 협정은, 조약상의 제한에 비하면 매우 바람직한 것이라고, 우리는 확신한다. 조약상의 제한은 문언 상으로는 훌륭하지만, 그러한 제한에 기대는 희망은 일반적으로는 공상적이다. 최근에는 불가리아, 루마니아 및 헝가리와의 평화조약이 그 한 예이다. 채 5년도 안되어 조약상의 제한은 심히 훼손되었다.

일본의 경우 우리는, 일본과 일본 주변국의 쌍방에 대한 안전보장의 실질을 추구하며, 형식을 추구하지는 않는다.

조약의 영토조항은, 일본의 영토는 줄어들어 네 개의 큰 섬과 근접한 작은 섬들로 될 것이라는 포츠담 항복조항을 반영할 것이다. 이것으로 필연적으로 일본은 침략전쟁의 수행을 가능하게 한 원료 자원의 지배를 빼앗긴 것이 된다. 따라서 일본이 공산주의에 정복당한 아시아본토의 지배를 받지 않는 한 장래 위협이 될 리 없다는 것을 의미할 것이다.

조약의 경제 및 통상 조항은, 강화 성립의 결과 일본이 원료의 입수와 세계무역에의 참가를 통해, 경제발전의 기회를 제공해야 한다는 항복조항을 반영할 것이다. 이 결정은 6년 전에 이루어졌으며, 우리가 체면을 손상하지 않으려면 지금에 와서 그것을 기피할 수는 없다. 사실, 어떠한 면에서도 그렇게 하려는 마음은 전혀 없다. 물론 원료 입수에 관한 한, 공급 부족인 전략물자에 대해서는 우리 모두에게 영향을 미치는 통제에 따르지 않으면 안 된다. 또 세계무역 참가에 관해서는, 우리는 일본이 앞으로 국제적으로 인정된 공정한 통상관행에 따른다고 선언한 의도를 환영한다.

우리가 생각하고 있는 강화는 일본에 계속적인 배상 책임을 지우지는 않을 것이다. 그것은 원칙으로서는 아무리 공정해도 인구밀도가 높고, 또 천연자원이 부족한 섬나라 일본의 경제력에 지나친 것이기 때문이다.

이상이 개괄적으로 우리가 현지에서 생각하고 있는 평화조약의 실질적 조항이다. 그리고 우리는 이상의 문제들에 대해, 기본원칙에 관해 누군가의 어떠한 희생을 필요로 하는 것과 같은 타협을 하지 않고 상당한 정도의 의견일치를 달성할 수 있는 것을 알았다. 우리는 스스로 그와 같은 성질의 희생을 치른다고 예상하지도 않고 있으며, 또 다른 사람에게 그것을 기대하지도 않는다.

우리 두 나라 국민은 정의, 공정 및 관용에 관해 어떤 기본개념을 공통적으로 가지고 있다. 우리가 함께 일할 수 있는 이유이다. 우리들 사이에는 약간의 의견 차이가 있을지 모르며, 또 있는 것이 보통이다. 그러나 우리의 의견 차이는 우리가 소련의 지도자들과의 사이에 가지고 있는 의견 차이와는 다르다. 그들은 무신론자로서 또 유물론자로서 정의, 공정 또는 관용의 기준이 존재하는 것을 부정한다. 그들은 개인 및 위정자가 따라야만 하는 어떤 도덕률의 존재도 부정한다. 그렇기 때문에 우리 두 나라 국민 사이에서는 공통의 전제가 존재하는데, 이에 반해 그들과의 사이에서 우리는 공통의 전제를 찾을 수 없다. 우리의 의견 차이는 우리가 무엇을 할 것인가, 또는 무엇이 사실인가라고 하는데 대한 오해에서 생겨나는 것이다. 이러한 오해가 일단 해소되면, 우리는 상위 권력 또는 일시적 편의주의의 위압이 아니라, 이성과 양심의 자유로운 작용을 반영하는 합의를 찾을 수 있다.

귀국 정부와 미국 정부와 다른 나라 정부는 대일강화에 관해 계속해서 협력하고 있다. 그리고 과거 9개월간에 걸친 자유로운 심의의 결과 우리는 오해를 해소해 가고 있으며, 무엇이 진실인지를 알아가고 있다. 따라서 우리는 자유세계 내에서는 합의에 근접해 가고 있다. 만약 우리가 대일평화조약으로 그 합의를 완성하고 공개적으로 내보일 수 있다면, 그것은 태평양에 있어서 평화를 촉진할 뿐만 아니라 또 세계 평화에 큰 영향을 미칠 것이다. 볼셰비키는 이제, 특히 일본에서 평화조약에 대한 신경전을 전개하고 있다. 만약 우리가 일본과 강화를 하면 그것은 끔찍한 결과를 불러올 원인이 될 것이라고 그들은 떠들고 있다. 그것은 완전히 무의미한 것이다.

제1차 세계대전은 자유세계가 압도적인 권세를 가지고 있었음에도 불구하고 절망적일 정도로 분열되어 있다는 것을 침략적인 전제군주가 알았을 때 발생했다. 제2차 세계대전도 같은 사정에서 발생했다. 우리가 협력하는 능력을 보이고, 또 우리는 위협이나 협박을 받아 분열될 리가 없다는 것을 보여주는 한, 제3차 세계대전은 없을 것이다. 만약 우리가 그것을 보여주지 못하면 우리는 제3차 세계대전을 불러올 것이다.

평화를 확보하는 최선의 길은 우리가 협력하는 것이다. 우리가 협력하면 할수록 우리의 협력의 의의는 깊어지고, 평화의 가능성은 커질 것이다. 우리는 근본적으로는 공통의 신념에 의해 격려받고 또 공통의 운명관으로 결합되어 있는 것을 알고 있다. 때로는 피상적인 의견 차이에 몰두함으로써 그러한 진실성이 불명료하게 되어버리는 경우가 있다. 오늘날 그렇게 하면 위험하다. 우리는 의견 차이를 해소하고 통일된 모습을 보여주어야 한다. 우리는 과거 위기에 처했을 때 그렇게 했다. 그리고 다시 그것을 해야 할 때이다.

대일강화에 관한 소련의 대미각서

1951년 6월 10일

소련 정부는 금년 5월 19일 미국 정부로부터 각서를 받았다. 이것은 금년 5월 7일의 '대일평화조약 미국 초안에 관한 소련 정부 각서'에 대한 회답이다.

미국 정부는 1951년 3월 29일의 미국 정부 각서에 대한 소련 정부의 의견을 검토한 결과, 소련 정부의 견해와 3월의 미국 초안에 포함된 강화조건 사이에 있는 불일치는, 평화조약에 관해 의견일치에 도달하는데 방해가 될 정도로 큰 것은 아니라고 간주한다는 취지의 성명을 발표했으나, 소련 정부는 이 성명을 양해한다.

그러나 위 성명과 함께 5월 19일의 미국 각서에 언급하고 있는 의견은, 5월 7일의 '대일평화조약 미국 초안에 관한 소련 정부 각서'를 부정확하게 의미를 왜곡하여 해석하고 있으므로, 소련 정부는 사태를 완전히 그리고 분명히 하기 위해 다음과 같이 성명할 필요가 있다고 생각한다.

1. 대일평화조약 초안의 기본 조항에 대해

1) 소련에게 있어서도, 또 극동에 있어서의 영속적인 평화의 보장에 관심을 가진 다른 국가들에게 있어서도, 가장 중요한 문제는 일본이 다시 침략국가가 되지 않도록 하고, 일본 군국주의의 부활을 방지하는 문제이다.

널리 알려진 바와 같이, 약 10년 전에 군국주의 일본은 블라디보스토크를 공격했다. 중국에 침입한 일본 제국주의는 15년간에 걸쳐 중국 인민을 희생물로 하여 그들에게 커다란 고난을 맛보게 했다. 또, 일본 제국주의자들은 미국을 공격하고, 이어서 인도를 포함한 다수의 아시아 국가들을 공격했다. 그렇게 해서 끊임없이 극동 전체로 전화를 확대해 갔던 것이다.

대일평화조약 초안에는 일본이 침략국가로 부활하는 것을 막을 보장이 있는가. 미국 초안을 잘 검토해 보면, 이 초안에는 이점에 관한 보장이 전혀 없다는 것을 알 수 있다.

그렇기 때문에 '대일평화조약 미국 초안에 관한 소련 정부 각서'에서는 "미국 초안에는 일본군국주의의 부활에 대한 보장이 없을 뿐 아니라" 예를 들면, 일본에 대해 이탈리아보다 특권적인 지위를 부여할 이유가 전혀 없음에도 불구하고, 이탈리아 평화조약에서 했던 것 같은 "일본의 군사력 규모에 관한 어떠한 제한도 일반적으로 제안하고 있지 않다"고 언급되어 있다.

미국 정부는 소련 정부의 이 주장에 대해 반박할 수 없을 뿐만 아니라, 5월 19일 각서의 이 문제에 관한 성명에서는 분명히 모순에 빠져있다. 한편, 이 각서에서 미국정부는 일본의 비군사화에 대해 각 국가 간에는 점령기간에 관한 결정 외에는 실제로 어떠한 협정도 없다고 주장하고 있다. 다른 한편 미국 정부는 당시 이 각서에서 일본 항복에 관한 4개국의 포츠담선언에 대해 언급하고 있으며, 더구나 이 선언에는 일본 점령의 기본 목적으로서 "일본의 전쟁수행능력이 분쇄된 확증"을 얻는 것이 임무로 되어 있다. 이 조항은 분명히 점령기간뿐 아니라 그 후의 시기에도 관계되는 것이다.

또 극동위원회의 결정들도 현존하고 있다. 이 위원회는 이미 1947년 6월 19일 '항복 후의 대일기본정책'이라는 문서에 언급된 중요한 결정을 채택하고 있다. 극동위원회의 이 기본 문서는 호주 캐나다 중국 프랑스 인도 네덜란드 뉴질랜드 필리핀 소련 영국 및 미국의 각 대표가 참가하여 채택한 것으로, 이 문서에는 다음의 임무가 첫머리에 언급되어 있다. 즉 전면적인 무장해제, 일본으로부터 전쟁능력을 박탈할 것을 목적으로 하는 경제 개혁, 군국주의 세력의 제거, 전쟁 범죄인에 대한 엄중한 처벌을 포함하는 것이다. 엄중한 관리 기간의 설정을 필요로 하는 많은 조치로 일본의 물질적 및 정신적 비군사화의 임무를 완료하는 것이다.

물론 이 결정은 점령기간에만 관계되는 것은 아니다. 이상 인용한 사실에서 분명하듯이, 일본의 비군사화에 관해서는 각국 간에 점령기간에 관한 결정 외에는 실제로 어떠한 협정도 없다고 하는 미국 정부의 주장은 완전히 사실에 반하는 것이다.

이상 인용한 사실을 보면, 다음의 사실을 부정할 수 없다. 즉 미국 초안에 일본의 군비에 관한 어떠한 제한도 포함되어 있지 않기 때문에, 일본군국주의의 부활에 대한 보장 및 일본이 침략을 재연할 가능성에 대한 보장이 이 초안에는 없다. 일본의 침략적 공격에 의해 손해를 입고, 극동에 있어서 영속적인 평화의 보장에 관심을 가진 국가는 누구라도 이러한 사태를 용인할 수 없다는 것은 명백하다. 이것과 함께 미국 정부는 이미 점령당국의 손을 빌려 일본군국주의를 부활시키는 정책을 현재 실시 중에 있다. 이것은 다음의 사실에서 분명하다. 미국 점령 당국은 일본의 군사기지를 일소하는 아무런 조치를 강구하지 않을 뿐만 아니라 반대로 침략목적에 이용하기 위해 군사기지를 현저하게 확대하고, 근대화하여 이용하려 하고 있다. 일본에서는 이미 육해공군의 재건에 착수하고 있다. 또 일본의 구 조병창 및 군사상 중요한 기업들의 활동이 재개, 확대되고 있다. 일본의 전쟁 범죄인은 석방되고 있다. 군국주의적인 단체들은 재건되고 있으며, 점차 전쟁 선전이 장려되고 있다. 군국주의부활 지지자들의 역할과 세력이 정부기관 내에서 증대되고 있다. 그뿐 아니라 미국정부는 5월 19일의 각서에서 대체로 승인하고 있듯이, 국제연합의 깃발아래 불법으로 행하고 있는 한반도(조선)에서의 군사간섭을 위해 이미 일본의 산업자원 및 인적자원을 이용하기 시작하고 있다.

평화조약의 미국 초안 및 미국 점령당국의 대일정책이 증명하고 있듯이, 미국정부는 일본 군국주의의 부활을 허용하지 않는다는 국제협정에 기초한 의무를 무시하고 있다. 사실, 대일평화조약 미국 초안은 5월 19일의 미국의 각서와 마찬가지로 일본의 침략 재연을 방지한다는 평화로운 목적을 추구하는 것이 아니라, 일본군국주의 부활이라는 침략적 목적을 추구하고 있는 것이다.

대일평화조약 미국 초안에는 군국주의 일본의 침략으로 손해를 입은 국가들의 장래 안전에 대해서는 아무런 보장이 없다. 하물며 이것이야말로 평화조약의 주요한 임무의 하나라는 것은 만인에게 분명하다. 그런데 그렇게 하지 않고, 미국 초안에는 일본에 대해 "안전보장에 기여할" 가능성을 부여한다고 특별히 규정하고 있으며, 그것이 마치 국제연합 가맹국을 위한 국제연합헌장에 규정되어 있는 '개별적 또는 집단적 자위권'과 합치하는 듯이 언급되어 있다.

앞의 5월 19일의 미국 각서에서는 미국 정부가 평화조약체결 후 일본과 안전보장 협정을 맺을 의도가 있다고 언급하고 있다. 바꿔 말하면, 미일군사협정의 체결이 예정되어 있는 것이다. 이것에서 알 수 있듯이, 일본 군국주의의 부활을 방지하고, 동시에 일본의 침략을 받은 국가들의 장래의 안전을 보장한다는 임무는 미국정부에 의해 대일군사협정체결로 바뀌어 있다. 이것은 일본의 군국주의가 부활하도록 더욱 부채질하는 것이다. 미일군사협정이 중화인민공화국 및 소련과 같은 국가들을 제외하는 것은 분명하기 때문에 원래부터 이 미일군사협정은 바로 이들 국가를 상대로 하는 것으로 분명히 침략적인 것이라는 데에는 의심의 여지가 없다.

이상에서 밝혀진 바와 같이, 국제연합헌장을 운운하고, "개별적 또는 집단적 자위권"을 운운하여도 이 경우, 이것은 분명히 근거가 없는 것이며, 또 완전히 허위이다.

또 미국의 각서는 스탈린이 1939년 3월 10일에 행한 침략과의 투쟁 및 평화애호 국가들의 집단적 안전보장 문제에 관한 성명에 대해 언급하고 있다. 그러나 이 경우 이것은 완전히 시의적절하지 않은 것이며, 또 위선적이라는 것은 말할 필요가 없이 분명하다.

5월 19일의 미국 각서가 보여주듯이, 대일평화조약 미국 초안이 평화애호 민족들을 그토록 괴롭힌 일본제국주의에 대해 그 부활을 막는 보장을 하고 있지 않을 뿐 아니라, 반대로 과거 일본 국가를 재앙의 심연으로 이끈 침략의 길로 일본을 몰아넣는 것이다. 따라서 극동에 있어서 영속적 평화를 보장하는 임무에도, 일본 자신의 국가적 이해에도, 완전히 모순되는 것이다.

2) 일본 점령종결과 외국 군대의 일본 영토에서의 철수에 대해.

소련 정부는 5월 7일 각서에서 "대일평화조약 체결 후 1년 이내에 전 점령군은 일본 영토에서 철수하고, 어떠한 외국 군대도 일본에 군대 또는 군사기지를 가지지 않는다"고 조약에 명기할 것을 제안했다.

널리 알려져 있듯이, 이탈리아 평화조약에서도 또 유럽 국가들과의 다른 평화조약에서도 점령은 가능하면 빨리 종결되어야 하며, 어떠한 경우에 그것은 평화조약이 효력을 발생한 후 90일을 초과해서는 안 된다고 명확히 지적하고 있다. 그런데 대일평화조약 미국 초안에는 점령군의 일본 영토에서의 철수에 관한 기한에 아무런 것도 확정되어 있지 않다. 5월 19일의 미국 각서에서는 "점령은 조약이 효력을 발생했을 때 종결한다"고 막연하게 밝히고 있으며, 점령군 철수의 기한에 대해서는 아무것도 정해져있지 않는데, 이것은 단지 오해를 불러일으키는데 지나지 않는다. 하물며 5월 19일의 각서를 보면 당연한 듯이, 미국은 평화조약체결 후에도 실제로는 군대를 철수시킬 의사를 가지고 있지 않다. 그러한 주장처럼, 군대를 "점령군으로서의 자격이 아니고", 일본에 남겨둘 생각이기 때문에 점점 오해를 하게 만든다.

미국 정부는 점령군의 일본 영토에서의 철수 기한을 확정하는 것을 거부함으로써 국제협정에 기초한 가장 중요한 의무의 하나를 파기하고 있다. 즉 평화조약 체결 후 일본에 외국 군대가 존재하는 것은 어떠한 조건에 의하더라도 점령군의 일본 철수를 규정한 1945년 7월 26일의 포츠담선언에 반하는 것이다. 또 그것은 평화조약 체결 후 미국 정부가 계속해서 오랫동안 일본의 현실적 지배자가 되려 하고 있는 것을 의미한다고 하겠다. 이러한 사정에서 미국 정부는 점령기간 중에 스스로 확보한 특권의 유지를 기대할 수 있으며, 미국에 대한 일본의 정치적, 경제적 종속을 더욱 연장하는 것을 상상할 수 있다. 일본에 있는 군사기지의 유지뿐만 아니라 나아가 그것의 확대를 기대 할 수 있는 것이다. 이러한 모든 것이 일본과의 평화해결 및 극동에 있어서의 평화의 강화라는 목적을 뒤집는 것이라는 점은 분명하다.

그렇기 때문에 대일 평화조약에서는 점령군의 일본 영토로부터의 철수에 대한 명확한 기한을 정하고, 이 조약이 어떠한 외국도 일본에 군대 또는 군사기지를 가져서는 안 된다고 규정하는 것은 필요불가결한 요건이다.

3) 대일평화조약의 서명에 관계를 가지는 국가들의 정부를 상대로 하는 동맹에 일본의 참가를 허용할 수 없는 것에 대하여.

소련 정부는 대일평화조약의 서명에 관계를 가진 어떠한 국가에도 대항할 동맹에 일본은 참가 하지 않는 의무를 져야한다고 제안했다. 이에 대해 미국 정부는 그 각서에서 이에 동의하지 않았는데, 그 이유는 지금까지 서술한 것에서 명백하다. 일본은 국제연합헌장 제2조에 따라 어떠한 국가의 영토보전 또는 정치적 독립에 대해서도 침략을 하거나 무력을 행사하는 것을 자제하지 않으면 안 된다고 미국 정부는 말하고 있으나, 그 의도하는 바는 매우 명백하다. 경험이 보여주는 바에 의하면, 미국 정부는 다수의 국제연합 가맹국 (주요한 것으로는 북대서양동맹 가맹국 및 라틴아메리카 공화국)이 미국에 정치적, 경제적으로 종속되어 있는 것을 이용하여 국제연합을 극동에서 침략전쟁을 시작하기 위한 도구로 바꾸고 있다. 미국 정부 각서 및 대일평화조약 미국 초안 제6장에서 국제연합헌장 제2조를 운운하고 있지만, 그것은 명백히 일본을 같은 목적에 이용할 것을 목표로 한 것이다.

또한 미일군사협정이 체결될 가능성이 있는 것을 감안하여, 위와 같은 동맹에 일본을 참가시켜서는 안 된다고 하는 소비에트 정부의 제안이 중요하며, 동시에 상황적으로 의의를 가지는 것은 쉽게 이해될 것이다.

4) 일본의 평화경제 및 외국 무역에 대한 제한을 철폐하는 것에 대해.

미국 점령 당국에 의해 일본의 평화경제에 다양한 종류의 제한이 가해졌으며, 미국 상사를 위한 특권이 확립된 결과, 일본의 평화경제는 미국에 예속되기에 이르렀다는 사실을 5월 19일의 미국 각서는 불문에 부치고 있다. 일본은 주변국들과 정상적인 무역을 하는 것이 불가능하고, 이 때문에 일본의 국민경제를 발전시킬 전망이 점점 불투명하게 되었다.

소련 정부는 외부로부터 강제된 이러한 제한을 현실적으로 없애지 않는 한, 평화경제를 발전시켜 일본국민의 생활을 개선하는 조건을 만드는 것은 불가능하다고 생각한다.

5) 일본 국민에 대한 민주적 권리의 보장에 대해.

5월 19일자 미국 정부 각서로 판단하면, 일본의 민주화에 관해 필요한 것은 전부 달성된 것으로 되어 있다. 그러나 이것은 절대로 진실이 아니다. 실제로는 일본에서는 점령당국의 원조를 받아서 민주적 출판기관에 대한 경찰의 복수(仇讐), 노동조합과 그 외 민주주의적 단체에 대한탄압, 정치적 견해에 대한 박해가 완전히 부활하고 있으며, '위험사상' 단속법이 있었던 부끄러운 전전 일본의 파시즘제도로의 복귀가 보인다.

이 모든 것은 소련 정부의 각서에 언급되어 있는 일본 민주화에 관한 제안을 수락할 필요성이 있다는 점을 확인하고 있다.

6) 영토문제에 관한 카이로선언, 포츠담선언, 얄타협정의 이행에 대하여.

영토문제에 관해서 소련 정부는 단 하나만을 제안한다. 즉 미국도 서명하고 있는 위 국제협정들의 성실한 이행을 보장하는 것이다.

잘 알다시피, 카이로선언은 대만 및 팽호제도를 중화민국에 반환해야 한다고 기술하고 있다. 중화민국은 중화인민공화국으로 되었으며, 중화인민공화국만이 중국인민의 의지를 대표하고 있으므로 대만 및 팽호제도를 중화인민공화국에 인도해야하는 것은 참으로 명백하다. 그렇게 하지 않으면 카이로협정은 실행되지 않을 것이며, 그에 대한 전적인 책임은 미국정부가 져야한다.

류큐, 오가사와라, 니시노시마(西之島), 가잔열도(火山列島), 오키노토리시마(沖ノ鳥島) 및 미나미토리시마(南鳥島)에 대해 5월 10일의 미국 각서는, 5월 7일의 소련 정부 각서에서 언급된 것에 대해 소련 정부에게 새로 확인을 요구하는 것은 아무것도 없다.

7) 소련에 대한 중상적인 공격에 대해.

5월 19일의 미국 정부 각서에는 다음과 같이 서술되어 있다.

> "소련이 만주의 이권 지대를 획득했다는 주지의 사실에 비추어, 미국 정부는 소련 정부가 만주 반환에 대해 언급하는 것을 회피하려고 노력하고 있는 것은 어떤 의미인가에 대해 긴급히 질의를 하고 싶다."

소련 정부는 이 기회에 다음과 같은 성명을 할 필요가 있다고 생각한다. 소련은 만주 및 중화인민공화국의 다른 지방에 어떠한 이익지대도 가지고 있지 않다. 그렇기 때문에 위와 같은 미국 정부의 비난은 중국 인민에 대한 모욕이며, 또 소련에 대한 악의를 가진 중상으로 간주한다.

소련군이 일본의 관동군은 분쇄하고 만주를 해방했으며, 이를 중국 인민의 합법적인 권력에 반환한 것을 미국 정부도 분명히 알고 있을 것이다. 얄타협정 및 1945년 8월 1일[10)]의 중소협정에 의해 소련에 주어진 여순의 해군기지와 중동철도에 관한 권리를 소련 정부는 중화인민공화국을 위해 무상으로 자발적으로 포기했다. 1950년 2월 14일 모스크바에서 체결된 관계국 협정은 적절한 시기에 발표되었다. 따라서 미국정부도 확실히 알고 있는

10) 8월 14일의 잘못으로 판단된다.

것이다.

소련은 이 협정에 근거하여 1952년에 여순의 해군기지를 반환하고 동시에 그곳에서 군대를 철수할 것이다.

소련 정부의 생각으로는 미국정부가 만주에 관한 대소련 중상을 그만두고, 대만 및 팽호제도로부터 자국의 군대를 철수하고, 그들이 불법으로 점령한 이 영토를 합법적인 소유자—중화인민공화국에 반환하는데 신경을 쓴다면, 그편이 훨씬 좋을 것이다.

5월 19일의 미국 정부 각서에는 또 다음과 같이 기술되어 있다. 소련 정부는 항복조항을 위반하여 약 20만 명의 일본 병사가 가정에 돌아가 평화적인 생활에 복귀하는 것을 방해하고 있다는 것이다.

미국 정부 자신이 이 성명을 전혀 신용하고 있지 않은 것은 의심의 여지가 없다. 소련 정부는 다음의 사항을 환기시킬 필요가 있다고 생각한다. 즉 1950년 4월 22일 소련으로부터 일본인포로 송환이 종료했다는 공식성명이 발표되었으며, 이것은 이 문제에 관한 그 후의 성명과 마찬가지로 각국에 통보되었다. 위 성명에 의하면, 미송환자는 전쟁범죄에 대해 유죄로 인정되었거나 심리중인 1487명의 일본인 포로와 질병 치료 후 송환될 9명의 일본인 포로 및 중국인민에 대해 중대한 범죄를 저질러 중화인민공화국에 인도되어야 할 971명의 일본인 포로뿐이다.

따라서 소련 정부가 약 20만 명의 일본군 병사의 본국 송환을 가로막고 있다는 미국 각서의 성명은 하찮은 중상으로서 중상하는 자 스스로에게 상처를 입힐 뿐이다.

소련이 대일전에 참가한 것은 6일간뿐으로, 이 전쟁에서 소련의 군사적 역할은 하잘 것 없는 것이라고 하는 미국 각서의 지적에 대해 소련 정부는 다음과 같이 성명할 필요가 있다고 생각한다.

첫째, 소련은 얄타협정에서 정해진 시기에 조금도 늦지 않게 정확하게 대일전에 참전했다. 둘째, 소련군은 6일간이 아니고 1개월간 일본군과 유혈전을 펼쳤다. 왜냐 하면 천황의 항복 선언에 반해 관동군이 오랫동안 저항을 계속했기 때문이다. 셋째, 소련군은 20여 개 사단의 일본군을 격파하여 약 60만 명의 일본 장병을 포로로 잡았다. 넷째, 일본은 소련군이 관동군에 최초의 결정적인 대타격을 가한 후 비로서 항복했다. 다섯째, 소련의 대일 참전 전에 즉 1941~1945년까지 소련은 만주 국경에 40개 사단을 유지하여 관동군의 발목을 잡고 있었으며, 이로써 중국 및 미국의 일본 군국주의자들에 대한 전쟁 수행을 용이하게 했다.

물론 미국 정부는 이러한 사실을 알고 있다. 이러한 사실에도 불구하고 미국정부가 여전히 일본군국주의자 분쇄에서 행한 소련의 커다란 역할을 스스로 경시하는 이유는, 단지 미국정부가 아무런 확실한 논증을 가지고 있지 않고, 따라서 이러한 중상적인 억지를 부리고 있는 것이다.

2. 단독 평화조약을 대신하여 전면 평화조약을 준비하는 것에 대하여

소련 정부는 위에서 언급한 조약초안에 관한 비판 외에 관계국 전체의 회의가 열릴 경우에 이 초안의 본질에 대해 지적할 예정이다.

소련 정부는 조약의 준비 절차에 관하여 포츠담협정을 이행할 것을 주장한다.

1) 미국 정부는 5월 19일의 각서에서 포츠담협정을 인용한 소련 정부의 의견에 대한 회답을 거부했다. 포츠담협정은 주로 '평화해결의 준비'를 위해 미국 소련 중국 영국 프랑스의 5개국으로 구성되는 외상회의가 만들어지고, 평화조약을 기초(起草)하는 "회의는 관계적국에 부여된 항복 조항에 서명한 국가를 대표하는 자로 구성된다"고 분명히 하고 있다.

게다가 위에 인용한 포츠담협정은 다음과 같은 반박의 여지가 없는 결론을 내리는 이유가 된다. 첫째, 5개국 외상회의가 설치되려 할 때, 그 주요 임무는 평화해결의 준비를 하는 것이며, 더구나 평화해결이 유럽에 한정되어 있지 않은 것이 명백히 언급되어 있다. 둘째, 외상회의에서는, 평화해결의 준비를 할 때에는 "항복조항에 서명한 국가를 대표하는" 자가 참가하도록 했다. 따라서 대일평화조약의 준비는 일본의 항복문서에 서명한 미국, 소련, 영국, 중국의 4개국에 위임한 것이 된다.

따라서 대일평화조약의 준비에 관한 포츠담협정을 이행하려면 미국 소련 영국 중국의 대표로 구성되는 외상회의를 소집해야 하며, 미국정부가 여기에 반대하는 것은 근거가 없다.

외상회의를 열면, 대일평화조약의 준비가 지연된다는 이유로 이에 반대하는 데에는 문제를 해결할 힘이 없음을 분명히 하는 것이다. 이러한 반대는 최근 수년에 걸쳐 이루어졌는데, 문제 해결을 늦추었을 뿐이다. 더구나 다른 5개국, 이탈리아 불가리아 루마니아 헝가리 핀란드와의 평화조약—그것은 외상회의에서 준비된 것이지만—에 관해 했던 때처럼 이 정도의 기간이 있으면 조약 준비를 마칠 수 있으며, 동시에 조약서명이 이루어 졌을지도 모른다.

외상회의 절차는, 약간의 연합국의 지위를 떨어뜨려서 '부차적인 역할'밖에 하지 못한다는 성명 또한 근거 없는 것이다. 여러 가지 점에서 볼 때 미국 정부가 강요하는 절차에 따를 경우에는, 모든 연합국이 조약 준비에서 제외된다는 점을 지적하는 것으로 충분하다. 그 이유는 미국정부는 이 문제를 전부 자기 수중에 넣었기 때문이다.

2) 소련 정부는 5월 7일의 각서에서 대일평화조약의 준비에서 중국을 제외하는 것이 불가함을 강조했다. 중국 인민은 중국 영토에 침입한 군국주의 일본과 몇 년간에 걸쳐 어려운 전쟁을 치러야 했으며, 전쟁에서 특히 많은 희생을 치렀다. 그렇기 때문에 중화인민공화국정부는 중국 인민을 대표하는 유일한 합법정부로서 극동에 있어서 지속적인 평화 확립에 기여할 조약

의 준비에서 제외해서는 안 된다. 금년 5월 20일의 중화인민공화국 정부의 성명은 합법적 권력과 조약 준비에 관한 특별한 관심을 확인하는 것이며, 다른 나라는 이를 고려하지 않을 수 없다. 그런데 미국의 조약 초안과 5월 19일의 미국 각서는 다음을 증명하고 있다. 즉 미국정부는 대만 및 팽호제도를 중국에 반환하는 것을 결정한 카이로선언의 이행을 거부하며, 명백히 자국 영토에 대한 중국의 국가적 권리를 짓밟고 중국을 대일평화조약의 준비에서 제외할 방침을 취하고 있는 것이다.

미국 정부는 이미 정해진 평화조약의 준비절차를 거부함으로써 중화인민공화국, 소련 및 다른 관계국가들을 조약 준비에서 제외하려고 노력하고 있다. 더구나 이들 국가들의 합법적인 권리 및 이권을 무시하고, 자국에게 유리한 조약 조항을 일본에게 강요하려고 생각하고 있다. 왜냐하면, 미국 점령 당국에 의존하는 일본 정부가 미국과의 이러한 공모에 부응하려고 하고 있기 때문이다.

이 모든 것은 다음의 사항을 분명히 말하고 있다. 즉 미국 정부는, 일본이 자국과 전쟁상태에 있는 모든 국가와 평화조약을 체결하기를 바라지 않고 있다. 미국은 전면 평화조약을 대신하여 미국과 그 위성국 정부들의 단독 평화조약을 일본에 강요하려고 생각하고 있다.

미국 정부가 대일 전면 평화조약을 희망하지 않고 단독 평화조약을 위해 노력하고 있는 것은 우연이라고는 생각되지 않는다. 미국은 단독 평화조약을 체결함으로써 비로소 앞으로 수년간에 걸쳐 일본을 종속시켜 놓을 수가 있는 것이다. 더구나 조약 초안에는 미일군사협정의 체결에 대해 규정하고 있기 때문에, 단독 평화조약의 목적은 극동에 있어서 미국의 침략계획을 실현하기 위해, 일본을 유순한 도구로 변화시키려 하는 것임이 분명해 지고 있다.

만약, 미국 정부가 대일평화조약의 준비에서 소련과 중화인민공화국을 제외할 의도를 포기하지 않고, 일본에 대해 단독 평화조약을 강요한다면,

이것은 첫째, 연합국은 단독 강화를 하지 않는 것을 의무로 하는 1942년 1월 1일의 연합국선언을[11] 포함한 스스로의 국제적 약속을 미국이 무례하게 위반하는 길에 들어섰다는 것을 의미하며, 둘째, 미국의 현재 정책은 극동에서 평화를 회복시키고 강화하는 것이 아니고, 태평양에 새로운 침략그룹을 만들게 되는 것을 의미한다. 이러한 정책의 결과에 대한 책임은 온전히 미국 정부가 지게 된다.

3) 미소 양국 대표자 사이에 대일평화조약 초안에 관하여 교섭이 있었다는 미국 정부의 반복된 성명에 대해 소련 정부는 또 다시 다음과 같이 강조하지 않을 수 없다. 즉 평화조약 초안 작성에 관해서는 어떠한 교섭도 없었으며, 또 있었을 리가 없다. 왜냐하면, 소련 정부는 이 문제에 대해서는 어떠한 형태의 단독 교섭에도 반대해왔으며, 또 반대하고 있기 때문이다.

물론 덜레스의 개인적인 요구에 응해서 야코프 마릭(Yakov Malik)과 덜레스의 직접회담이 이루어졌다. 또 덜레스가 대일강화에 대해 자기의 의견을 표한 적이 있으며, 또 마릭이 덜레스의 의견을 간파하기 위해 질문을 한 적이 있다. 그러나 이러한 개인적인 회견을 대일평화조약의 작성에 관한 미소 교섭으로 보는 것은 완전한 잘못이다.

3. 소련 정부는 5월 7일의 자국의 제안을 완전히 확인함과 동시에 대일평화조약에 관해 다음과 같은 기본 원칙을 주장한다

(1) 대일평화조약은 단독적이 아니라 전면적이지 않으면 안 된다. 이를 위해서는 대일전에 참가한 어느 한 나라도 조약의 준비와 서명에서 제외 되어서는 안 된다.

---

11) 원문에는 1492년 1월 1일로 되어 있어서 이를 바로잡았다.

(2) 대일평화조약은 카이로선언, 포츠담선언, 얄타협정을 기초로 하여 작성되어야 한다.

(3) 현재의 대일평화조약의 모든 초안을 검토하기 위해 1951년 7월 또는 8월에 대일전에 군대를 파견하여 참가한 모든 국가의 대표자로 구성되는 강화회의가 열려야 한다.

덜레스 · 모리슨 회담에 관한 미영 공동 회의

1951년 6월 15일

영국 외상 허버트 모리슨과 미국 대통령 특사 존 포스터 덜레스는 대일평화조약에 관한 회담을 종료할 때 회담은 조약초안이나 모든 미해결 주요문제 등 상호 간 완전한 의견일치를 보았다고 발표했다. 이러한 잠정적 의견일치는 쌍방에게 최종 승인을 받아야 할 문제이다.

이렇게 중요하면서도 복잡한 문제에 관한 미영회담에서 그와 같은 의견일치를 보았다고 하는 사실은 양국의 목적이 근본적으로 일치한다는 사실을 재차 강조하는 것이다.

런던에서 열린 회담은 파리에서 덜레스가 최근 프랑스 정부와의 사이에서 체결한 협의와 동일하게, 영연방제국을 포함해, 대일전과 밀접한 관계가 있는 여러 정부와의 장기간 협의과정의 일부였다. 이들 정부는 현재 조약초안에 어떠한 언질도 주지 않았지만 초안의 골격은 이들 국가 대부분이 안고 있는 견해와 합치하는 것으로 이해하고 있다.

위 초안은 최종적으로 승인되었을 때, 우선 대일전 주요 관계국과의 사이에서 재 토의되어 그 후 가능한 빠른 시일 안에 의견을 제출하도록 요청을 해, 일본과 전쟁을 하고 있는 다른 나라에도 회부될 것이다. 그 후, 최종 조약문 작성을 진행할 것을 요청하고 있다.

양국 정부는 교섭 초기에 협의를 진행하던 소련 정부가 평화조약에 서명하는 것을 재차 희망하고 있다. 하지만 양국 정부는, 조약은 일본과 전쟁을 하고 있는 국가 간 협의에 폭넓게 기초하여 준비해야 한다고 생각한다. 양국 정부는, 조약은 미국, 영국, 소련 및 중국 4국의 외교장관 회담에서 준비되어야 한다는 소련 정부의 변함없는 주장을 승인할 수는 없다.

덜레스는 런던회담 중에 수상, 외교장관, 재무장관, 통상장관 및 국무상과 회견했다. 영국 정부의 모든 각료는 회담 중에 외무성, 상무성 및 연방

관계성 관리를 수행하고 있었다. 미국 측에서는 존 아리슨, 스탠턴 밥콕 육군대좌 및 리빙스톤 서터스 웨이트, 로버트 피어리 및 스탠리 디 메카 등은 덜레스 특사의 수행원이었다.

6월 10일자 소련 각서에 대한 미국 회답

1951년 7월 9일

국무성은 재워싱턴 소비에트 사회주의 공화국 연방 대사관에 드디어 체결될 대일평화조약 개정초안을 송달했지만, 이 기회를 이용해 1951년 3월 29일 이전 초안에 관한 1951년 6월 10일자 소련 정부 각서에 대해 논하려는 것이다.

이 각서의 제1부는, 조약 초안의 실질적 조항을 논하고 있지만 그것은 초안 어떠한 문구에도 이의를 제기하는 것은 없다. 본질적으로 소련의 각서는 조약 초안에 담긴 것에 반대하는 것이 아니라, 이 조약이 개별적 혹은 집단적 자위의 권리, 즉 국제연합헌장에 의해 '고유의 것'이라고 인정하고 있는 권리에 대해, 일본에 제한을 가하지 않는 것에 반대하고 있는 것이다.

소련 정부는 일본이 선택할 타국과의 장래 집단적 안전보장체결을 맺을 권리를 일본이 부정하는 평화조약을 성립시키고 싶은 것이다. 이 견해는 미국 정부가 수락할 수 없다.

소련 각서의 제2부는, 절차에 관해 논하고 있다. 소련 각서는, 재차 '포츠담협정의 엄수를 고집하고 있다'고 하지만 그것은 소련 정부의 견해에 따르면, '대일평화조약의 준비는 외교장관 회담을 구성하는 4개국, 즉 미 · 소 · 영 · 중의 책임으로 귀속한다'는 것을 의미한다.

이 결과는, 이 조약의 준비는 이 외상회담 거부권에 의해 묶인 절차에 의하며, 또한 대일전에 있어서 소련보다 훨씬 무거운 부담을 지게 된 프랑스 및 많은 태평양 및 아시아제국은 이 준비 작업에서 제외될 것이다.

소련 정부 각서는 5월 19일의 미국각서 제1부에 담겨 있는 포츠담 협정 해결에 대해 어떠한 타당한 회답을 하지 않았지만, 이 각서에 의해 영국과 소련 및 미국 간 포츠담 협정은 아마 1945년 8월 1일, 일본이 항복하기 전, 소련이 아직 태평양전쟁에 대해 중립을 지키고 있을 때에 만들어졌다고 하는 이유 때문에, 대일강화에 대해 어떠한 언급도 하지 않고 있으며, 또한 어떤 관계도 없음이 반박의 여지가 없을 정도로 입증되고 있다.

1951년 6월 10일 소련각서의 결론이 되고 있는 제3부에서, 소련 정부는 준비 및 서명 어떤 것에 대해서도 '대일평화조약은, 단독이 아닌 다각적이어야 한다'고 서술한다. 1951년 7월 3일자 초안은 이들 원칙 그 자체가 실제 적용될 결과를 반영하고 있다. 그 준비에는 많은 관계국이 참가했다. 이들 국가가 외교상의 절차를 통해 참가했기 때문에 이들 국가의 참가는 어떠한 방법으로 참가한 경우에도 떨어지지 않는 현실적이 것이다.

조약의 조항은 대일전쟁에 참가한 모든 국가의 합법적인 이익을 승인하고 또한 평등하게 보호함과 동시에, 이 조항은 평화의 형식뿐만 아니라, 평화정신도 구현하고 있다.

소련 정부는 희망하고 있는 것처럼 조약문이 다각적인 문서로 작성되었음을 인정할 것이다. 소련 각서는, 조약초안의 작성은 외상회담에서 수정해야 한다고 우선 요구한 후, 이 각서 최종 항에서 초안이 완성되었을 때에는 이 초안을 심의하기 위해 대일전에서 적극적으로 활약했던 교전국, 모든 국가와의 회담을 개최해야 한다고 제안하고 있다.

미국 정부는, 1951년 7월 3일자 초안을 기초로 한 평화조약을 체결하기 위해, 9월 초 전체회담이 개최될 것이라 예상하고 있다. 미국 정부는, 소련 정부가 위 회의에 출석해 그 결과 만들어지는 조약에 참가하는 것을 환영할 것이다.

일본과의 평화조약 초안

1951년 7월 13일

전문

연합국 및 일본은 양자의 관계를, 이후, 주권을 갖는 평등한 국가로 공통의 복지를 증진시키며 국제평화 및 안전을 유지하기 위해 우호적인 연계하에 협력하는 국가 간의 관계로 함을 결의하고, 이에 의해 양자 간 전쟁상태의 존재 결과로 여전히 미해결인 문제를 해결하기 위한 평화조약이며 일본이 국제연합에 가맹을 신청해 어떠한 경우에도 국제연합헌장의 원칙을 준수할 것, 국제연합헌장 제55조 및 제56조에 정해진, 또한 이미 항복 후의 일본 법칙에 따라 시작된 안정 및 복지 조건을 일본 국내에 만들기 위해 노력함과 함께 공사무역 및 통상에 있어 국제적으로 승인된 공정한 관행을 준수할 것이라는 의사 달성을 가능케 하는 조약의 체결을 희망하는 것이며,

연합국은, 앞에서 언급한 일본의 의사를 환영하며,

연합국 및 일본은, 이에 따라 이 평화조약을 체결함을 합의하며 이에 따라 아래와 같은 전권위원을 임명했다. 이들 전권위원은, 전권위임장을 보여주고, 그것이 양호타당함을 인정한 후 다음 규정을 협정했다.

제1장 평화

제1조

일본과 각 연합국 간 전쟁상태는 여기서 이 조약이 제23조 규정에 따라 일본과 관계 연합국과의 사이에 효력을 발생하는 날부터 종결한다.

제2장 영역

제2조

(a) 일본은 조선의 독립을 승인하고 제주도, 거문도 및 울릉도를 포함한

조선에 대해 모든 권리, 권한 및 청구권을 포기한다.

(b) 일본은 대만 및 팽호도에 대한 모든 권한 및 청구권을 포기한다.

(c) 일본은 쿠릴열도 및 일본이 1905년 9월 5일 포츠머스조약의 결과로 주권을 획득한 사할린 일부 및 이에 근접한 제도(諸島)에 관한 모든 권리, 권한 및 청구권을 포기한다.

(d) 일본은 국제연맹 위임통치 제도에 관련한 모든 권리, 권한 및 청구권을 포기하고 또한 일찍이 일본의 위임통치하에 있었던 태평양 제도(諸島)에 신탁통치제도를 실시한 1947년 4월 2일의 국제연합 안전보장이사회의 조치를 수락한다.

(e) 일본은 일본국민의 활동 유래 여부에 관계없이 남극지역의 모든 부분에 관한 권리, 권한 및 이익에 관해서도 이에 관한 모든 청구권을 포기한다.

(f) 일본은 니시도리섬 및 시사군도(西沙群島)에 대한 모든 권리, 권한 및 청구권을 포기한다.

제3조

일본은 북위 29도 이남의 류큐열도, 소후암(孀婦岩) 남쪽의 남방제도(오가사와라군도, 니시노시마 및 가잔열도를 포함) 및 오키노도리시마 및 미나미도리시마에 대해 합중국을 유일한 시정권자로 하는 신탁통치제도 하에 둔다는 합중국의 제안에 동의한다. 이와 같은 제안이 이루어지고 동시에 가결될 때까지 합중국은 영해 내 수역을 포함한 이들 제도의 영역과 주민에 대해 행정 · 입법 및 사법상 모든 권력을 행사할 권리를 갖는다.

제4조

(a) 일본 및 일본국민의 재산 및 청구권(채권 포함)에서 제2조 및 제3조에 포함된 지역과 이 지역을 현재 통치하고 있는 당국과 그 곳의 주민(법

인 포함)에 대한 처리 및 일본과 일본 국민에 대해 앞에서 서술한 당국과 주민의 청구권(채권 포함) 처리는 일본과 당국 간의 특별약정 주제로 한다. 제2조와 제3조에 포함한 지역에서 연합국 혹은 그 국민의 재산이 아직 반환되지 않았다면 현재 시점에서 반환하지 않으면 안 된다. (국민이라는 단어는 이 조약 안에 사용될 때에는 언제든 법인을 포함)

(b) 일본과 그 조약에 따라 일본의 지배에서 제외된 지역을 연결하는 일본 소유 해저전선은 이등분되며 일본은 일본의 종점시설과 이와 연결된 전선의 절반을 보유하며 분리된 영역은 남은 전선과 그 종점시설을 보유한다.

제3장 안전

제5조

(a) 일본은 국제연합헌장 제2조에 포함된 의무, 특히 다음 의무를 수락한다.

(i) 국제평화 및 안전과 정의를 위협하지 않는 방법으로 국제분쟁을 평화적 수단으로 해결할 것

(ii) 국제관계에서 어떠한 국가의 영토보전 혹은 정치적 독립에 대해서도 국제연합의 목적과 병립하지 않은 어떠한 방법에 의해서도 무력으로 위협하거나 무력을 행사하는 것을 삼갈 것

(iii) 국제연합이 헌장에 따라 취하는 행동에 대해 국제연합에 모든 원조를 제공하며 국제연합이 방지행동 혹은 강제행동을 취하는 국가에 대해서도 원조 공여를 삼갈 것

(b) 연합국은 일본과의 관계에서 국제연합헌장 제2조 원칙에 따름을 확인한다.

(c) 연합국 측은 일본이 주재국으로서 국제연합헌장 제51조에 포함된 개

별적 혹은 집단적 자위 보유의 권리를 가지는 사실과 일본이 집단적 안전보장 약정을 자발적으로 체결할 수 있음을 승인한다.

제6조

(a) 연합국의 모든 점령군은 이 조약 효력 발생 후, 가능한 신속하게 동시에 어떠한 경우에도 이후 90일 이내에 일본에서 후퇴하지 않으면 안 된다. 단, 이 규정은 1개국 혹은 2개국 이상의 연합국과 일본과의 사이에서 체결된 혹은 앞으로 체결될 2개국 간 혹은 다수국가 간의 협정에 근거해 그 결과로 일본 영역에 외국 군대를 주둔시키거나 지속적으로 주둔하는 것을 저해하는 것은 아니다.

(b) 점령군의 사용에 제공되어 이 조약의 효력 발생 시에 점령군이 보유하고 있는 모든 일본재산 중에 아직 보상금이 지불되지 않은 것은 상호 합의하에 별도의 약정이 이루어지지 않는 한 동일하게 90일 이내에 반환하지 않으면 안 된다.

제4장 정치 및 경제조항

제7조

(a) 각 연합군은 일본과의 전쟁 전 2국 간 조약의 어느 쪽을 지속적으로 유지할 것인가 혹은 부활시킬 것인가에 대해 자국과 일본 사이에 이 평화조약의 효력이 발생한 후 1년 이내에 일본에게 통보한다. 이렇게 통보된 조약은 이 조약의 적합성을 확보하기 위해 필요한 개정만을 수용하기로 하며 지속적인 효력을 갖거나 부활된다. 또한 통보 후 3개월 이내에 효력을 회복하며 국제연합 사무국에 등록하지 않으면 안 된다. 일본에 이렇게 통보되지 않은 모든 조약은 폐기된다.

(b) 이 조약 (a)에 근거해 이루어진 통보에서 통보국이 국제관계에서 책임을 갖는 지역에 대해서는 조약을 적용하지 않으며 혹은 부활시키지 않을 수 있다. 이러한 제외사항은 제외 적용을 금지하는 요지의

통보가 일본에 제공되는 날로부터 3개월 후까지로 한다.

제8조

(a) 일본은 연합국에 현재 체결된 혹은 금후 체결할 1939년 9월 1일에 개시된 전쟁 상태를 종료하기 위한 모든 조약과 평화 회복을 위해 이와 관련된 다른 약정의 완전한 효력을 승인한다. 또한 일본은 구 국제연맹 및 상설 국제사법재판소를 종지시키기 위해 작성된 약정을 수락한다.

(b) 일본은 1919년 9월 1일의 생제르맹 앙 레의 모든 조약 및 1936년 7월 20일 몽트뢰 해협조약의 서명국임에 근거해 1923년 7월 24일 로잔 조약의 제16조에 근거한 모든 권리 및 이익을 포기한다.

(c) 일본은 1930년 1월 20일의 독일과 채권국 간의 협정 및 1930년 5월 17일의 신탁협정을 포함한 그 부속문서, 국제결재은행에 관한 1930년 1월 20일 조약 및 국제결재은행의 정관에 근거해 얻은 모든 권리, 권한과 이익을 포기하며 여기에서 파생한 모든 의무를 면제한다. 일본은 이 조약 효력 발생 후 6개월 이내에 파리 외무성에 이 조항에 포함된 권리, 권한 및 이익 포기를 통보하지 않으면 안 된다.

제9조

일본은 공해에서 어렵 규칙 혹은 제한, 어업의 보존 및 발전을 규정한 2개국 간 혹은 다수 국가 간 협정을 체결하기 위해 희망하는 연합국과의 교섭을 신속하게 개시하기로 한다.

제10조

일본은 1910년 9월 7일에 베이징에서 서명된 최종 의종서 및 이것을 보충하는 모든 부속문서, 서간 및 문서에서 발생하는 모든 특전과 특권을 포함한 중국에 있어 모든 특수 권리 및 권익을 포기하며 앞에서 기술한 의정서, 부속문서, 서간 및 문서의 일본에 관한 포기에 동의한다.

제11조

일본은 일본 국내 및 일본 국외의 극동군사 재판법정 및 기타 연합국 전쟁범죄 법정의 판결을 수락하며 일본에 구금된 일본국민에게 이들 법정이 과한 형을 집행하지 않으면 안 된다. 여기에 구금된 자에 관해 특사, 감형 및 가출옥을 허가할 수 있는 권한은 각 사건에 대해 형을 과한 1개국 혹은 2개국 이상의 정부의 결정에 근거하며 동시에 일본의 권고에 근거하는 경우 이외에는 행사할 수 없다. 극동국제 군사법정이 형을 선고한 자에 대해서는 이 권한은 법정에 대표자를 내보낸 정부의 과반수 결정에 따르며 동시에 일본의 권고에 근거하는 경우 외에는 행사할 수 없다.

제12조

(a) 일본은 각 연합국과 무역, 해운 및 다른 통상상 관계를 안정시키고 동시에 우호적 기초 위에 놓기 위해 조약 혹은 협정을 체결하기 위한 교섭을 신속하게 개시할 용의가 있음을 선언한다.

(b) 당해 조약 혹은 협정이 체결되기까지 일본은 이 조약의 효력 발생 후 4년간, 다음 사항을 실시하기로 한다.

(Ⅰ) 각 연합국, 그 국민, 상품 및 선박에 다음을 제공할 것

(ⅰ) 화물의 수입 및 수출에 대한 관세, 과금, 제한 및 기타 규칙에 관한 최혜국 대우

(ⅱ) 해운, 항해 및 수입품에 관한 내국민 대우 및 자연인, 법인 및 이들의 이익에 관한 내국민 대우. 이 대우는 세금의 부과 및 징수, 재판소에의 출소, 계약의 체결 및 이행, 재산권, 일본의 법률에 근거해 조직된 법인에의 참가 및 일반에게 모든 종류의 사업 활동 및 직업 활동의 수행에 관한 모든 사항을 포함한다.

(Ⅱ) 일본의 국영 무역기업의 국외에서의 구입 및 판매가 상업적 고려

에만 근거함을 확보할 것

(c) 본래 모든 사항에 대해서도 일본은 관계 연합국이 당해 사항에 관해 각각 내국민 대우 혹은 최혜국 대우를 제공할 권한에 대해서만 그 연합국에게 내국민 대우 혹은 최혜국 대우를 제공할 의무를 갖기로 한다. 앞에서 규정한 상호주의는 연합국 비본토지역의 상품, 선박, 법인 및 그곳에 주소를 갖는 자의 경우 및 연방정부를 갖는 연합국과 주의 법인, 그곳에 주소를 갖는 자의 경우에는 그 지역이나 국가 혹은 주에서 일본에게 제공되는 대우에 비추어 결정된다.

(d) 이 조항의 적용상, 차별적 조치, 즉 이 조치가 그것을 적용하는 당사국의 통상조약에 보통 규정된 예외로 둘 것인가 혹은 그 당사국의 대외적 재정상태 혹은 국제수지(해운 혹은 항해에 관한 것을 제외)를 수호할 필요에 둘 것인가, 혹은 중대한 안전상 이익을 유지할 필요에 근거하며 동시에 그 조치가 사태에 상응하며 불합리한 방법으로 적용되지 않는 것은 각각 내국민 대우 혹은 최혜국 대우로 허가하는 것을 인정하지 않는다.

(e) 이 조항의 (d)에 근거해 일본의 의무는 이 조약의 제14조에 근거한 연합국 권리의 행사에 의해 영향 받지 않는다. 또한 (d)규정은 이 조약의 제15조에 의해 일본이 받아들일 약속을 제한하는 것으로 이해하면 안 된다.

제13조

(a) 일본은 1개국 혹은 2개국 이상의 연합국 요청이 있을 때에는 신속하게 당해 연합국과 국제 민간 항공운송에 관해 2개국 간 혹은 다수국 간의 협정 체결을 위한 교섭을 개시하기로 한다.

(b) 연합국 1개국 혹은 2개국 이상의 앞에서 서술한 협정이 체결되기까지 일본은 4년간 항공교통의 권리 및 특권에 관해서는 이 조약 효력의

발생 시에 그 연합국이 행사하는 것보다 불하지 않은 대우를 그 연합국에 제공하며 동시에 항공업무의 운영 및 발달에 관한 완전한 기회균등을 제공하기로 한다.

(c) 일본은 국제 민간 항공조약 제93조에 따라 동 조약의 당사국이 될 때까지 항공기 국제항공에 적용해야 할 이 조약 규정을 실시하며 동시에 동 조약의 부속문서로서 채택되고 있는 기준, 관행 및 수속을 동 조약의 조항에 따라 실시하기로 한다.

제5장 청구권 및 재산

제14조

(a) 일본은 전쟁 중에 발생한 손해 및 고통에 대해 원칙으로서는 배상을 지불해야 하지만 일본이 존립 가능한 경제를 유지해야 하므로 연합국에 대해 적당한 배상을 실시하거나 동시에 그 부담할 기타 채무를 변제할 능력이 결여되어 있음이 인정된다.

본래

1 일본은 일본 군대에 의해 현재 영역이 점령되며 동시에 일본에 의해 손해를 입은 연합국이 희망할 경우에는 공여된 제조, 침선인양 및 기타 역할을 통해 일본인의 숙련된 근로를 당해 연합국에 제공함에 의해 입힌 손해를 수복할 비용을 이들 국가에 보상하는데 기여하며 이를 위해 당해 연합국과 신속하게 교섭을 개시하기로 한다. 이 약정은 기타 연합국에 추가부담을 과하는 것을 피해야 한다. 원재료부터 제조가 요구되는 경우, 원재료는 외국 환율상의 부담을 일본에 과하지 않기 위해 해당 연합국이 공급해야 한다.

2

(Ⅰ) 각 연합국은 이 조약 효력 발생 시에 그 관할하에 있는 다음 사항의 모든 재산, 권리 및 이익을 압류, 유치, 청산해 혹은 기타 방법으로 처분할 권리를 갖는다.

(a) 일본 및 일본 국민
(b) 일본 혹은 일국 국민을 위해 혹은 이를 대변해 행동하는 자 및
(c) 일본 혹은 일본 국민이 소유, 혹은 지배한 단체

단, 다음을 제외한다.

(ⅰ) 일본이 점령한 영역을 제외한 연합국 일국의 영역에 해당 정부의 허가를 얻어 전쟁 중에 거주한 일본국민의 재산. 단, 재산이 소재한 영역 정부가 그 영역에 거주한 기타 일본 국민의 재산에 일반적으로 적용하지 않은 조치의 적용을 전쟁 중에 받은 재산을 제외한다.

(ⅱ) 일본 정부가 소유 동시에 외교적 혹은 영사적 목적으로 사용된 모든 부동산, 가구 및 비품, 일본의 외교직원 혹은 영사직원이 소유한 모든 개인의 가구 및 용구, 투자적 성질을 갖지 않는 기타 사유재산으로 외교 기능이나 영사기능의 수행에 통상 필요로 하는 것.

(ⅲ) 종교 단체 혹은 사적 자선단체에 속하며 오로지 종교나 자선 목적으로 사용한 재산

(ⅳ) 관계국과 일본 간 무역 및 금융기관의 재개 후에 이 조약의 효력 발생에 앞서 발생한 재산권. 단, 해당 연합국의 법률에 반하는 거래에서 생겨난 권리를 제외한다.

(ⅴ) 일본 혹은 일본 국민의 채무, 일본에 소재한 유체 재산에 관한 권리, 권한 혹은 이익, 일본 법률에 근거해 조직된 기업에 관한 이익 혹은 이들에 관한 증서. 단, 예외는 일본 통화로 표시된 일본 및 일본 국민의 채무만을 적용한다.

(Ⅱ) 앞에서 서술한 (ⅰ)에서 (ⅴ)까지에 포함된 재산은 그 보존 및 관리를 위해 필요한 합리적 비용을 빼고 반환된다. 이들 재산이 청산될 경우에는 대신 매상금이 반환된다.

(Ⅲ) 앞에서 포함된 일본 재산을 압류, 유치, 청산하거나 혹은 다른 방법으로 처분할 권리는 해당 연합국 법률에 따라 행사되며 일본인 소유자는 이들 법률에 의해 주어진 권리만을 갖는다.

(Ⅳ) 연합국은 일본의 상표 및 문학적, 미술적 저작권을 각국의 일반적 상황이 허락하는 한 일본에게 유리하게 취급하는 것에 동의한다.

(b) 이 조약에 별도의 규정이 있는 경우를 제외하고 연합국은 모든 배상 청구권, 전쟁 수행 중에 일본 및 일본국민이 취한 행동에서 발생한 연합국과 연합국민의 다른 청구권과 점령의 직접 군사비에 관해 연합국의 청구권을 포기한다.

제15조

(a) 이 조약 효력 발생 후 9개월 이내에 이루어진 신청에 근거해, 일본은 신청일로부터 6개월 이내에 각 연합국과 그 국민의 재산, 즉 유체 재산 및 무체 재산, 종류를 불문하고 모든 권리와 권익이며 1941년 12월 7일과 1945년 9월 2일간에 일본 내에 있었던 것을 반환한다. 단, 소유자가 강박 및 사기에 의하지 않고 자유롭게 처분한 경우에는 제외한다. 이 재산은 전쟁이 때문에 과해진 모든 부담 및 과금 없이 동시에 그 반환을 위해 과금 없이 반환해야 한다. 이 재산은 소정 기간 내에 소유자가 반환을 신청하지 않을 때에는 일본 정부가 그 규정에 의해 처분할 수 있다. 이 재산이 1941년 12월 7일에 일본에 소재한 것이며 동시에 현재 반환할 수 없는 것, 혹은 손상이나 손해를 입은 경우에는 1951년 ○○○○○에 일본 국회가 규정한 법률 제 ○○○호에 따라 배상한다.

(b) 전쟁 중에 침해된 공업 소유권에 대해서는 일본이 1949년 9월 1일 시행한 정령 제309호, 1950년 1월 28일 시행한 정령 제12호 및 1952년

2월 1일에 시행한 정령 제9호(모두 개정된 현행의 것)에 의해 지금까지 부여된 것보다 불리하지 않은 이익을 지속적으로 연합국과 그 국민에게 부여한다. 단, 앞에서 기술한 국민이 이들 정령에서 정해진 기한까지 그 이익을 신청할 것을 조건으로 한다.

(c)

(i) 일본은 연합국 및 그 국민이 공개한 혹은 공개하지 않은 저작물에 관해 1941년 12월 6일에 일본에 존재한 문학적 혹은 미술적 저작권이 그 이후 유효하게 지속적인 효력을 갖는 것을 승인한다. 동시에 당일 일본이 당사국이었던 조약 및 협정 적용에 의해 이들 조약 혹은 협정이 전쟁 발생 시와 그 이후 일본과 관계 연합국의 국내법에 의해 폐기 혹은 정지되었는가를 불문하고 당일 이후 일본에서 발생, 전쟁이 없었다면 발생하였을 권리를 승인한다.

(ii) 권리자에 의한 신청을 필요로 하지 않으며 어떠한 수수료의 지불 혹은 다른 수속의 이행도 필요하지 않으며 1941년 12월 7일부터 이 조약의 효력 발생까지의 기간은 이들 권리의 통상 기간에서 빼고 계산해야 한다. 앞에서 서술한 기간은 문학적 저작물이 일본에서 번역권을 취득하기 위해 일본어로 번역되어야 할 기간에서 제외하는 경우에는 6개월의 기간을 추가해 계산해야 한다.

제16조

일본의 포로였던 동안 부당한 고난을 입은 연합국 군대 구성원에 보상을 하는 표시로 일본은 전쟁 중 중립이었거나 연합국과 전쟁했던 나라에 있는 일본의 자산 및 일본 국민의 자산, 이에 상당하는 것을 적십자 국제위원회에 인도하기로 하며 적십자 국제위원회는 이들 자산을 청산해 그 결과 발생한 자산을 적십자 국제위원회가 균형 있게 포로였던 자 및 그 가족을 위해 배분해야 한다. 이 조약의 제14조 (a)2(Ⅰ)의 (ⅱ)에서 (ⅴ)까지 포함된 종류의 자산은 인도에서 제외한다. 또한 이 조항의 인도 규정은 일본의 금융기관이 현재 소유한 19770주의 국제결재은행의 주식에는 적용하지 않는 것으로 한다.

제17조

(a) 어떠한 연합국의 요청이 있을 때 일본 정부는 해당 연합국 국민의 소유권에 관계가 있는 사건에 관한 일본 포로 심검소의 결정이나 명령을 국제법에 준거해 재심사해 수정하며 이루어진 결정 및 발생한 명령을 포함해 이들 사건 기록을 구성하는 모든 문서의 복사본을 제공해야 한다. 이 재심사 혹은 수정 결과, 반환해야 한다면 명백해지면 제15조 규정이 해당재산에 적용된다.

(b) 일본 정부는 어떠한 연합국의 국민이 원고 혹은 피고로 사건에 관해 충분히 진술할 수 없었던 소송 수속에 있어 1941년 12월 7일부터 이 조약의 효력 발생까지 일본 재판소에 의해 내려진 판결을 재심사를 위해 조약 효력 발생 후 1년 이내 언제든 적당한 일본 기관에 제출하는데 필요한 조치를 취해야만 한다. 일본 정부는 해당 국민이 앞에서 서술한 판결로 인해 손해를 입은 경우, 그 사람을 판결전의 지위로 회복시킬 것인가 혹은 각각의 상황하에 공정하며 균형적인 구제를 부여하지 않으면 안 된다.

제18조

(a) 전쟁 상태의 개재(介在)는 전쟁 상태 전에 존재한 의무 및 계약(채권에 관한 것 포함), 취득한 권리에서 발생한 금전상 채무이며 일본 정부 혹은 국민이 연합국 일국의 정부 혹은 국민에 대해 책임져야 할 부분을 지불할 의무에 영향을 미치지 않는 것을 인정한다. 전쟁 상태의 개재는 전쟁상태 전에 발생한 재산의 손실 혹은 손해, 신체상의

손해나 사망에 관한 청구권이며 연합국 일개국의 정부가 일본 정부에 대해 혹은 일본 정부가 연합국 정부에 대해 제소나 재제소하는 데 가부를 심의할 의무에 영향을 미치는 것으로 간주한다. 이 조항 규정은 제14조에 의해 주어진 권리를 해하는 것은 아니다.

(b) 일본은 일본의 전쟁 전의 대외채무에 관한 책임과 일본의 책임임을 이후 선언된 단체의 채무에 관한 책임을 확인하고 이들 채무의 지불 재개에 관해 채권자와 신속하게 교섭을 개시할 의도를 표명한다. 일본은 사적인 전쟁 전 청구권과 의무에 관한 교섭을 용이하게 하며 이와 함께 금액을 지불을 용이하게 한다.

第19条

(a) 일본은 전쟁에서 발생한 그리고 전쟁상태가 존재했기 때문에 취해진 행동에서 발생한 연합국과 그 국민에 대해 일본과 일본 국민의 모든 청구권을 포기하고 이 조약의 효력 발생 전에 일본 영역에 있어서 연합국이 군대와 당국의 존재, 작전 혹은 행동에서 생겨난 모든 청구권을 포기한다.

(b) 전술한 포기에는 1939년 9월 1일부터 이 조약 효력 발생까지 일본 선박에 관해 연합국이 취한 조치에서 발생한 청구권 및 연합국 수중에 있는 일본 포로와 억류민에 대해 발생한 청구권과 채권을 포함한다.

(c) 상호포기를 조건으로 일본 정부는 독일과 독일 국민에 대해 모든 청구권(채권 포함)을 정부 간 청구권과 전쟁 중에 입은 손실과 손해에 관한 청구권을 포함해 일본 정부 및 일본 국민을 위해 포기한다. 단, (a)1939년 9월 1일 전에 체결한 계약과 취득한 권리에 관한 청구권과 함께 (b)1945년 9월 2일 후에 일본과 독일 사이의 무역과 금융상 관계에서 발생한 청구권을 제외한다.

제20조

일본은 1945년의 베를린회의 의사결정서에 근거해 독일 재산을 처분할 자격을 갖는 각국이 결정한 일본에 있는 독일 재산의 처분을 확실하게 하기 위해 모든 필요한 조치를 취하며 이들 재산의 최종적 처분에 이를 때까지 그 보존과 관리에 대해 책임을 지기로 한다.

제21조

이 조약의 제25조 규정에도 불구하고 중국은 제10조와 제14조(a)2의 이익을 받을 자격을 갖으며 조선은 이 조약의 제2조, 제9조, 제12조 이익을 받을 자격을 갖는다.

제6장 분쟁의 해결

제22조

이 조약의 어떤 당사국이 다른 합의 방법으로 해결되지 않은 조약의 해석 혹은 실시에 관한 분쟁이 발생했다고 인정하는 경우에는 분쟁은 분쟁 당사국의 요청으로 국제사법재판소의 결정에 따르지 않으면 안 된다. 일본과 아직 국제사법재판소 규정의 당사국이 아닌 연합국은 각각이 이 조약을 비준했을 때 1946년 10월 15일 국제연합안전보장이사회 결의에 따라 이 조에 포함한 성질을 갖는 모든 분쟁에 대해 재판소 관할권을 특별한 합의 없이 수락하는 일반적 선언서를 재판소에 기탁하는 것으로 한다.

제7장 최종조항

제23조

(a) 이 조약은 일본을 포함해 서명하는 국가에 따라 비준되지 않으면 안 된다. 이 조약은 비준권이 일본에 의해 동시에 주요한 점령군으로서의 미국 합중국을 포함하는 다음 국가, 즉 오스트레일리아, 버마, 캐나다, 스리랑카, 프랑스, 인도, 인도네시아, 네덜란드, 뉴질랜드, 파키스탄,

필리핀, 그레이트브리튼 및 북구 아일랜드 연합왕국, 소비에트 사회주의 공화국 연방 및 미국 합중국의 과반수에 의해 기탁되었을 때, 비준한 모든 국가에 대해 효력을 발생한다. 이 조약은 이후 이것을 비준하는 각국에 관해서는 그 비준서가 기탁된 날에 효력을 발생한다.

(b) 조약이 일본 비준서의 기탁일 이후 약 9개월 이내에 효력을 발생하지 않았을 때에는 이것을 비준한 국가는 일본 정부 및 미합중국에 대해 일본 비준서의 기탁일 후 3년 이내에 실시한다는 통고에 의해, 자국과 일본 간 이 조약의 효력을 발생시킬 수 있다.

제24조

모든 비준서는 미합중국정부에 기탁되지 않으면 안 된다. 미합중국 정부는 이러한 기탁 및 이 조약의 제23조(b)에 근거해 이루어지는 통고를 모든 서명국에 통고한다.

제25조

이 조약의 적용상, 연합국이란 일본에 대해 전쟁상태에 있는 국가에서 이 조약에 서명하고 비준한 것을 말한다. 제21조 규정을 보류하고 이 조약은 여기에 정의된 합중국의 일국이 아닌 어떤 국가에 대해서도 어떠한 권리, 권한 및 이익을 부여하는 것은 아니다. 또한 일본의 권리, 권한 혹은 이익은 이 조약의 어떠한 규정에 따라서도 전술한 대로 정의된 연합국의 일국이 아닌 국가를 위해 손실되는 것으로 간주하지 않는다.

제26조

일본은 1942년 1월 1일 연합국선서에 서명하거나 혹은 가입해 일본에 대해 전쟁상태에 있으며 이 조약의 서명국이 아닌 국가와 이 조약이 규정하는 것과 동일하거나 실질적으로 동일조건에서 2개 국가 간 평화조약을 체결할 준비를 해야만 한다. 단, 일본의 의무는 이 조약 실시 후 3년으로 만료한다. 일본이 어떤 국가와 이 조약에서 규정된 것보다 큰 이익을 그 나라에 부여하는 평화처리 혹은 전쟁 청구권 처리를 수행했을 때에는 이와 동일한 이익이 이 조약 당사국에도 미쳐야만 한다.

제27조

이 조약은 미합중국 정부의 기록에 기탁된다. 미합중국 정부는 이 인증등본을 각 서명국에 교부, 이 조약의 제23조(a)에 기반한 조약의 효력 발생일을 각 서명국에 통보한다.

이상의 증거로 아래의 전권위원은 이 조약에 서명했다.

1951년 ○○월 ○○일 ○○○○○에서 동일하게 영어, 프랑스어, 러시아어 및 스페인어, 일본어로 본서를 작성했다.

선 언

금일 서명된 평화조약과 관련해 일본 정부는 다음과 같이 선언한다.

1. 평화조약에 별도의 정함이 없는 한, 일본은 1939년 9월 1일에 일본이 당사국이었던 모든 현존의 다수국 간 국제문서가 완전히 유효함을 승인하고 평화조약 효력 발생 시에 이들 문서에 기반해 모든 권리 및 의무를 회복한다. 단, 어떤 문서에 대한 참가에 대해 일본이 1939년 9월 1일 이후 가맹국이 아니었던 국제기관 가맹국임이 요건이 된 경우에는 이 조항의 규정은 일본 해당기관에 대한 재가맹을 기다려 효력을 발생하는 것으로 한다.
2. 일본 정부는 평화조약의 효력 발생 후 6개월 이내에 다음 국제문서에

정식으로 가입할 의향이다.

(1) 1912년 1월 23일, 1925년 2월 11일, 1925년 2월 19일, 1931년 7월 13일, 1931년 11월 27일 및 1936년 6월 26일 마약에 관한 규정, 조약 및 의정서를 개정한 1946년 12월 11일에 레이크 석세스에서 서명을 위해 개방된 의정서

(2) 1946년 12월 11일에 레이크 석세스에서 서명된 의정서에 의해 개정된 마약의 제조제한 및 분배관리에 관한 1931년 7월 13일 조약의 범위 외 약품을 국제통제하에 두는 1948년 11월 19일에 파리에서 서명을 위해 개방된 의정서

(3) 1927년 9월 26일에 주네브에서 서명된 외국 중재재판의 집행에 관한 국제조약

(4) 1928년 12월 14일에 주네브에서 서명된 경제통계에 관한 국제조약 및 의정서와 경제통계에 관한 1928년의 국제조약을 개정한 1948년 12월 9일에 파리에서 서명된 의정서

(5) 1923년 11월 3일에 주네브에서 서명된 관세수속 간이화에 관한 국제조약 및 서명의정서

(6) 1934년 6월 2일에 런던에서 서명된 상품의 원산지 허위표시 방지에 관한 협정

(7) 1929년 10월 12일에 바르샤바에서 서명된 국제항공 운송에 관한 규정의 통일을 위한 조약 및 추가의정서

(8) 1948년 6월 19일에 런던에서 서명을 위해 개방된 해상에 있어서의 인명 안전에 관한 조약

(9) 전쟁 희생자 보호에 관한 1949년 12월 주네브 제조약

3. 일본 정부는 또한 평화조약 효력 발생 후 6개월 이내에 (A)1944년 12월 7일에 시카고에서 서명을 위해 개방된 국제민간항공조약에의 참가 승

인을 신청하고 그 조약의 당사국이 된 후 가능한 신속하게 동일하게 1944년 12월 7일에 시카고에서 서명을 위해 개방된 국제항공업무통과 협정을 수락함과 함께 (B)1947년 10월 11일에 워싱턴에서 서명된 세계 기상기관조약에의 참가신청 승인을 신청할 의향이다.

선 언

금일 서명된 평화조약과 관련해 일본 정부는 다음과 같이 선언한다.

일본은 어떤 연합 및 동맹국에 의해 일본 영역에 있는 각국의 전사자 무덤, 묘지 및 기념비를 식별해 일람표로 만들어 유지하며 정리할 권한이 주어진 위원회, 대표단 혹은 기관을 승인하고 이와 같은 기관 사업을 용이하게 한다. 또한 무덤, 묘지 및 기념비에 관해 해당 연합 및 동맹국에 의해 권한이 주어진 위원회, 대표단 혹은 다른 기관도 필요로 하는 협정을 체결하기 위해 교섭을 실시한다.

의정서

아래 이름은 이를 위해 정당한 권한이 주어진, 일본과의 평화 회복과 동시에 계약, 시효의 기간 및 유통증권의 문제 및 보험계약 문제를 규율하기 위한 다음 규정에 합의했다.

계약, 시효 기간 및 유통증권

A 계약

1. 계약이었던 이 부석문서 E에 정해진 적(敵)과 당사자 간 이행을 위해

교섭을 필요로 하는 것은 계약 당사자가 적이 되었을 때부터 해약하는 것으로 간주한다. 단, 다음 제2항 및 제3항에 포함된 예외 사항에 관해서는 이뿐만이 아니다. 본래 이 해약은 금일 서명된 평화조약 제18조 규정을 해하는 것이 아니며 계약의 당사자에 대해서는 전도금 혹은 선불금으로 수령 받으며 그 당사자가 반대급부를 수행하지 않았던 금액을 반환할 의무를 면제하는 것은 아니다.

2. 전술한 제1항 규정에도 불구하고 계약의 일부에서 분할할 수 있으며 부속문서에 정해진 적(敵)이 된 당사자 간 이행을 위해 교섭을 필요로 하지 않는 것은 해약에서 제외되며 동시에 금일 서명된 평화조약 제14조에 포함된 권리를 해하지 않고 지속적으로 유효하다. 계약 규정이 이렇게 분할할 수 없는 경우에는 그 계약은 전체적으로 해약되는 것으로 간주된다. 다음은 이 의정서 서명국이었던 평화조약 연합국이며 해당계약에 대해 혹은 해당 당사자에 대해 관할권을 갖는 자에 의해 제정된 국내 법률, 명령 혹은 규칙의 적용을 받으며 해당 계약의 조항에 따르는 것을 조건으로 한다.
3. A는 적(敵)과의 계약에 따라 적법에 이루어진 거래가 이 의정서의 서명국이었던 평화조약에서 말하는 연합국 정부인 관계정부의 허가를 받아 이루어졌을 때에는 이것을 무효로 하지 않는다.
4. 전술한 의정서에도 불구하고 보험계약 및 재보험계약은 이 의정서 D 규정에 따라 취급한다.

B 시효 기간

1. 사람 혹은 재산에 영향을 주는 관계이며 전쟁 상태로 인해 자기 권리를 보전하기 위해 필요한 소송행위를 하며 필요한 수속을 이행할 수 없었던 이 의정서의 서명국 국민에 관련해 모든 시효 기간과 소송행위 혹은 보존 조치를 할 권리의 모든 제한 기간은 이 기간이 전쟁 발생

전 혹은 이후 상관없이 일본 영역에 있어서 일본에 부여된 서명국 영역에서 전쟁 계속 중에는 그 진행을 정지하는 것으로 간주된다. 이 기간은 금일 서명된 평화조약 효력 발생일로부터 재차 진행을 시작한다. 이 조약 규정은 이표(利票) 혹은 배당금 수령증서 제시에 관해 혹은 상환을 위한 추첨으로 당첨하며 다른 이유로 상환되는 유가증권의 지불을 받기 위한 제시에 대해 정해진 기간에 적용한다.

2. 전쟁 중에 어떠한 행위도 하지 않았는지 혹은 어떠한 수속도 이행하지 않았기 때문에 집행수속이 일본 영역에서 이루어지고 이 의정서 서명국이었던 평화조약에서 말하는 연합국 일국의 국민에게 손해를 끼친 경우, 일본 정부는 손해를 입은 권리를 회복시키지 않으면 안 된다. 이 회복이 불가능하거나 불균형적인 경우, 일본 정부는 관계 서명국 국민에게 각각의 상황 하에서 공정하며 균형적인 구제를 부여하기 위해 필요한 조치를 취해야 한다.

C 유통 증권

1. 적(敵)과의 사이에서는 전쟁 전에 작성된 유통 증권은 소요 기간 내에 인수 혹은 지불을 위한 증권의 제시, 발행인 혹은 배서인에의 인수 거절, 혹은 지불 거절 통고나 거절 증서 작성을 하지 않았던 사실만을 이유로 해서 전쟁 중에 어떤 수속을 완료하지 않았던 것을 이유로 무효화하지 않는다.
2. 유통증권이 인수 혹은 지불을 위해 제시되고 인수 거절이나 지불 거절 통고가 발행인이나 배서인에게 주어지며 거절 증서가 작성되어야 하는 기간이 전쟁 중에 경과해서 증권을 제시 혹은 거절 증서를 작성해 인수 거절이나 지불 거절 통고를 해야만 하는 당사자가 전쟁 중에 그것을 수행하지 않았던 경우에는 금일 서명된 평화조약의 효력 발생일로부터 3개월을 경과하지 않은 기간에 제시하며 인수 거절이나 지불

거절 통고를 하며 거절 증서를 작성할 수 있도록 해야 한다.

3. 몇 명이 전쟁 전이나 전쟁 중에 이후 적이 된 자로부터 부여된 약속의 결과로 유통 증권에 근거한 채무를 입었을 경우, 후자는 전쟁 발생에 관계없이 이 채무에 대해 전자에게 보상할 책임을 지속적으로 가져야 한다.

D 당사자가 적이 된 날 이전에 종료하지 않았던 보험 및 재보험 계약 (생명보험 제외)

1. 보험계약은 당사자가 적이 된 사실로 인해 해약되지 않는다. 단, 당사자가 적이 된 날 이전에 보험책임이 개시되어 피보험자가 당해일 전에 계약에 따라 보험을 성립, 효력을 유지하기 위한 보험료로 지불해야만 하는 모든 금액을 지불한 것을 조건으로 한다.
2. 전(前)항에 근거해 지속적으로 효력을 갖는 것 이외의 보험계약은 존재한 것으로 간주하지 않으며 이에 근거해 지불된 금액은 반환해야 한다.
3. 이하 명문으로 규정하는 것을 제외하고 특약 재보험 및 기타 재보험 계약은 당사자가 적이 된 날에 종료한 것으로 간주하며 이것에 근거해 모든 이양은 해당일로부터 취소된 것으로 본다. 단, 특약 해상 재보험에 근거해 개시된 항해보험에 관한 이양은 보험책임이 이양된 조건에 따라 그 본래의 기간 만료까지 지속적으로 효력을 갖는 것으로 본다.
4. 수의 재 보험계약은 보험책임이 개시되어 재보험을 성립, 효력을 유지하기 위한 보험료로 지불해야만 하는 모든 금액이 통례적 방법으로 지불되어 상쇄된 경우에는 당사자가 적이 된 해당 일까지 지속적으로 완전하게 효력을 갖으며 해당 일에 종료한 것으로 본다.

   본래 항해보험에 관한 다음 수의재보험은 보험책임이 이양된 조건에 따라 그 본래의 기간만료까지 지속적으로 완전하게 효력을 갖는 것으로 본다.

나아가 전술한 1에 근거해 지속적인 효력을 갖는 보험계약에 관한 수의재보험은 원 보험의 기간 만료까지 지속, 완전하게 효력을 지닌다.

5. 앞의 항에서 취급한 이외의 수의재보험계약 및 '손해 초과율'에 근거한 손해초과 재보험 및 우박피해 재보험(수의계약인지 아닌지 불문)의 모든 계약은 존재하지 않은 것으로 간주하며 이에 근거해 지불된 금액은 반환해야 한다.
6. 특약재보험 혹은 기타 재보험계약에 별도의 규정이 없는 경우, 보험료는 당시 해당이율에 따라 조절해야 한다.
7. 보험계약 혹은 재보험계약(특약재보험에 근거한 이양을 포함)은 어느 쪽 당사자가 속한 국가나 연합국, 동맹국에 의한 교전행위에 근거한 손해나 청구권에는 미치지 않은 것으로 간주한다.
8. 보험이 전시 중에 원 보험으로부터 다른 보험자에게 양도된 경우, 혹은 전액 재보험된 경우에는 그 양도나 재보험은 자발적으로 성립했는지 혹은 행정, 입법 조치에 의해 성립했는가를 불문하고 유효로 인정하며 원 보험자의 의무는 양도나 재보험일로부터 소멸한 것으로 간주한다.
9. 동일한 양 당사자 간 2개 이상의 특허 재보험이나 다른 재보험 계약이 있었던 경우, 양 당사자 간의 금액산정을 조정하며 그 결과 발생한 잔고를 확정하기 위해 모든 잔액(미지불 손해에 대해 합의한 준비금 포함) 및 모든 계약에 근거해 한 당사자로부터 다른 당사자에게 지불해야만 하는 모든 금액이나 전술한 제 규정에 의해 반환해야 할 모든 금액을 그 금액 산정 안에 산입해야 한다.

당사자가 적이 되었기 때문에 보험료, 청구권 혹은 계산 잔고 정산상 발생하거나 발생할 가능성 있는 지체에 대해서는 어떤 당사자도 이자 지불을 필요로 하지 않는다.

이 의정서 D의 어떤 규정도 금일 서명된 평화조약 제14조에 의해 주어진 권리를 해하거나 이것에 영향을 주지 않는다.

E 특별 규정

이 의정서의 적용상 자연인이나 법인은 이들 사이의 거래가 해당계약이 따르는 법률, 명령이나 규칙에 근거해 위법이 된 날로부터 적으로 간주한다.

최종조항

이 의정서는 일본이나 금일 서명된 일본과 평화조약의 서명국에 의한 서명을 위해 개방되며 이 의정서가 취급하는 문제에 대해 일본과 이 의정서 서명국인 기타 국가 간 관계를 일본 및 각국 쌍방이 평화조약에 의해 구속되는 날로부터 규율하는 것으로 한다.

대일평화조약 영미초안에 관한 덜레스 초안

1951년 7월 13일

우리는 이제 대일평화조약초안을 완성했다. 이 초안은 일본과 전쟁 상태에 있는 50여 개의 제국에게 있어 일반적으로 수용될 것으로 본다. 어떠한 국가도 백 퍼센트 만족할 수는 없겠지만 거의 대부분의 나라가 95퍼센트 정도 만족할 것이다.

이 초안에는 몇 개의 독자적인 특징이 있다. 그중 한 가지는 수속이다. 우리는 전체 회의 대신에 외교적 토의 형식을 활용했다. 그것은 관련국 일부 중에는 서로 대화하지 않는 국가들이 있어서 한곳에 모여 회의를 개최하는 것은 아마 불가능하기 때문이다. 이것은 수많은 개별 토의와 자발적 방문을 의미했다. 나는 스스로 태평양 주요 관계국 중 7개국을 방문했으며 보좌역 아리슨 씨와 2개국을 더 방문했다. 우리들이 한 절차는 아마 전체 회의보다는 진행이 늦은 것이었지 모르지만 각국에게 자신의 견해를 표명하는데 좋은 기회였다.

두 번째 독자적인 사실은 제안된 초안이 일본을 기타 자유국가와 달리 하거나 주권을 제약하지 않으며 어떠한 영국적 제한이나 무자격 상태도 일본에게 강요하지 않는다. 이 조약은 실제 일본을 주권을 가진 대등자로 회복시키는 것으로 이 조약은 화해의 조약이다.

대규모의 격렬한 전쟁의 승리자가 이와 같은 원칙을 적용한 적은 근대에 들어서는 없었다. 승리자는 평화라는 이름하에 새로운 전쟁을 키우는 원인이 되는 차별적 대우와 굴욕을 과했다. 이 조약은 그와 같은 큰 실수를 피하는 것이다.

또 다른 독자적인 특징은 소위 일본의 재군비문제 취급이다. 통상 승리자는 적국의 재군비에 조약상 제한을 붙인다. 이들 제한이 실행되는 일은 적으며 그 제한이 차별적이므로 피하려한 결과를 역으로 초래하는 일이 종종 있다.

우리는 국제연합의 원칙을 근본정신으로 하는 새로운 근대적 방법을 계획하고 있다. 그 원칙이란 집단적 기초 위에 안전보장을 요구하는 것이다. 이것의 한 가지 부산물은 각국 군대가 서로 연결되어 있으며 그 결과 어떠한 국가의 군대도 단독으로 침략의 위협이 되지 않는다. 이것이 일본에 관한 것이다.

집단적 안전보장 조약하에 미군과 장래 일본군 및 기타 국가의 군대가 하나로 결합했으며 따라서 임의로 일본이 복수 전쟁을 일으키려 해도 구체적으로 불가능할 것이다. 이것이 이 문제를 처리하는 근대적이며 총명한 방법이다.

이 초안은 미국뿐 아니라, 영국도 또한 그 제안자가 되었다. 그건 타당한 일이다. 주요 관계국 15개국 중, 7개국이 영국 연방제국이다.

프랑스 정부 또한 동의했다. 따라서 우리는 3대 민주주의 국가 간 단결의 증거를 갖고 있다. 또한 우리는 아시아 신흥 독립제국도 우리가 만들어 내며 이들 국가의 의견을 대폭 받아들인 평화조약과 동일하다. 예를 들면 인도 및 파키스탄 양국은 이 초안 진전에 열렬한 관심을 갖고 있다.

국제적 단결과 관련해 미국 내에도 미증유라고 해야 할 정도의 단결이 보인다. 대통령의 대표자로서 또한 그 전면적 지지를 얻어 나는 국무성 및 국방성의 완전한 협력을 얻었다. 우리는 의회의 각 관계 위원회와 밀접한 교섭을 통해 민주당, 공화당도 극동정책의 많은 면에서 명확한 의견의 차이가 있음에도 불구하고 이 조약의 원칙을 앞에 두고 일치단결한 것이다.

나는 최근 9월 샌프란시스코에서 개최 예정이었던 강화회의는 지금까지 열렸던 어떠한 회의보다 샌프란시스코에서 만들어진 국제연합의 이상을 반영했다고 믿는다.

해양어업에 관한 정부 성명

1951년 7월 13일

오해를 없애기 위해 정부는 미합중국 대통령의 특별 대표자 존 포스터 덜레스 씨 앞으로 내각총리대신의 1951년 2월 7일자 서간에 담긴 어장보존에 관한 일본의 자발적 선언은 세계의 어장 보존 약정을 포함할 의도임을 확인한다. 정부는 전술한 서간에 근거해 일본에의 완전한 주권 회복 이후 가능한 신속하게 타국과 일본, 기타 국민이 접근할 수 있는 어장의 발전과 보존을 위해 공정한 약정을 작성할 목적으로 교섭을 실시할 용의가 있다. 정부는 그때까지 남획으로부터 보호하기 위해 국제적, 국내적 처치에 의해 조치가 이미 준비된 모든 수역의 현 보존 어장에서 일본 국민과 일본 등록 선박이 1940년에 조업하지 않았던 어장에서는 자발적 조치로 일본이 갖고 있는 국제적 권리의 포기를 의미하지 않으며 일본의 거주 국민과 일본 등록 선박에 어업 조업을 금지할 것을 재차 확인한다.

1951년 7월 13일자 일본과의 평화조약 초안과 동년 7월 20일자 수정초안의 내용 비교

(괄호 안은 수정초안)

전문(前文) 제3행

------평화조약이며, 일본이----

(---평화조약을 체결함을 희망하며 일본은----)

동 제7행

준수할 의사의 달성을 가능케 하기 위한 체결을 희망하며

(준수할 의사를 선언하며)

동 제9행

----체결에 합의하고----

(-----체결을 결정하고---)

제3조 제1행

일본은 북위 29도 이남의 류큐열도, 소후암의-----

(일본은 북위 29도 이남의 남서제도(류큐제도 및 대동제도를 포함), 소우암의----)

제4조(a)제1행 – 제2행

(a) 일본과 그 국민의 재산 및 청구권(채권 포함)에서 제2조와 제3조에 포함된 지역이 있는 것 혹은 이 지역을----

((a) 일본과 그 국민의 재산에서 제2조와 제3조에 포함된 지역에 있는 것 혹은 그 청구권(채권 포함)에서 이 지역을)

동 제2행

-------처리 및 일본, ----

(—처리 및 전술한 당국 및 주민의 재산 중 일본에 있는 것과 일본 및—)

동 제4행 - 제5행

------이미 반환되어 있지 않는 한, 현 상황에서 반환해야 한다.----

(—이미 반환되어 있지 않는 한, 관치하고 있는 당국에 의해 현 상황에서 반환해야 한다.----)

제7조(a) 제4행

-----통고일 이후 3개월에 효력을 회복해, 동시에-----

(---통고일 이후 3개월에 지속적으로 효력을 가지며 혹은 부활된 것으로 간주되며 동시에----)

제8조(b) 제2행

-----및 1923년 7월 24일 로잔 조약의 제16조

(----- 및 1923년 7월 24일에 로잔에서 서명된 터키와의 평화조약 제16조)

제12조(b)(I)(ii) 제1행

(ii) 해운, 항해 및 수입품에 관한----

((ii) 해운, 항해 및 수입화물에 관한----)

제13조(b) 제1행

(b) 연합국 중 하나 혹은 두 나라 이상의----

((b) 하나 혹은 두 나라 이상의----)

제16조 제2행

-----------일본 국민의 자산 혹은 이들---------

(-----------일본 국민의 자산 혹은 일본의 선택에 의해 이들---------)

제18조 (b) 제2행 - 제3행

-------교섭을 개시할 의도를 표명한다. 일본은 사적인 --------지불을 용이하게 한다.

(------교섭을 개시하고, 사적인----지불을 용이하게 할 의도를 표명한다.)

제24조 제1행

---------이 기탁----------

(---------각 기탁----------)

선언 제2행(　　항)

---------연합 및 동맹국---------

(---------연합국---------)

선언 제4행(25항)

----------해당 연합 및 동맹국과 혹은 해당 연합 및 동맹국----------

(---------해당 연합국과 혹은 해당 연합국--------)

1951년 7월 20일자 평화조약 초안과 동년 8월 13일자 평화조약의 수정안 비교

일본과의 평화조약(의 초안)

전문(前文)

제1조

(현재 제1조를 (a)로 하고 다음 (b)항을 첨가한다)

(b) 연합국은 일본과 그 영수(領水)에 대한 일본국민의 완전한 주권을 승인한다.

제2조(f)

신난군도 [니시도리시마]

제4조(a)

이 조의 (b)항 규정을 유보하고 일본 및 그 국민의 재산에서 ----

제2조 [및 제3조]에 포함된 (2군데 정정)

제4조(b)

(현재의 (b)를 (c)로, 그 전에 새롭게 다음 (b)를 첨가한다)

(b) 일본은 제2조와 제3조에 포함된 지역에 있는 합중국 군사당국에 의해 혹은 그 지령에 따라 이루어진 일본과 그 국민의 재산처리의 효력을 승인한다.

제6조

(현재의 (b)를 (c)로, 그 전에 새롭게 다음 (b)를 첨가한다)

(b) 일본 군대의 고향에의 귀환에 관한 내용인 1945년 7월 26일의 포츠담선언 제9조의 규정은 아직 완료되지 않은 한 실행된 것으로 본다.

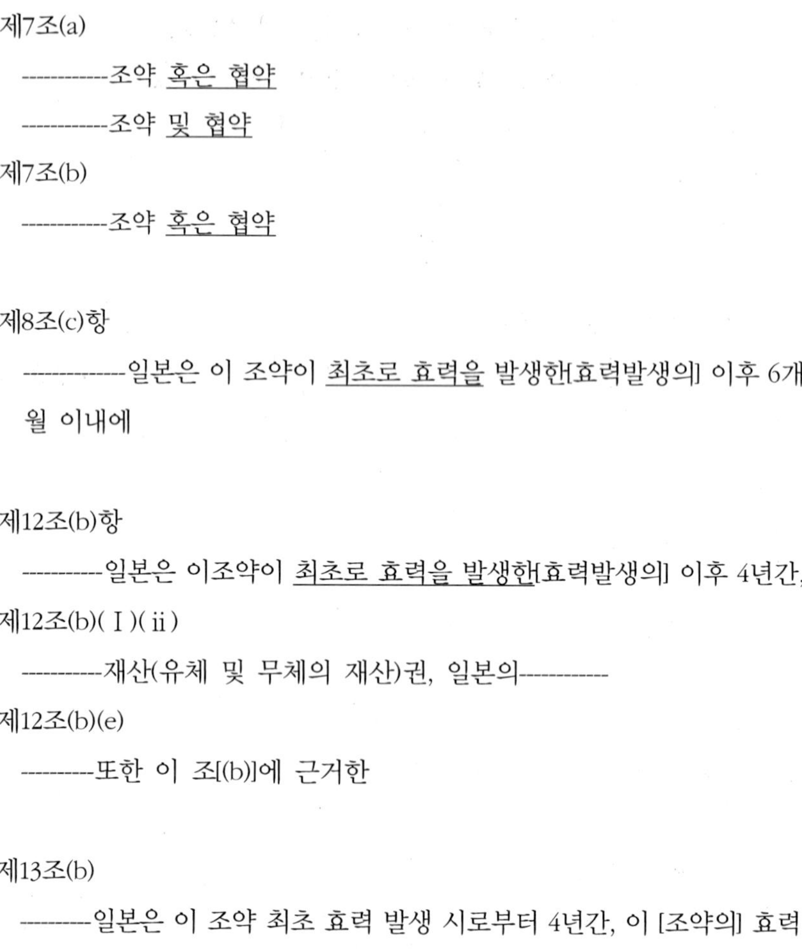

제7조(a)

-----------조약 혹은 협약

-----------조약 및 협약

제7조(b)

-----------조약 혹은 협약

제8조(c)항

-------------일본은 이 조약이 최초로 효력을 발생한[효력발생의] 이후 6개월 이내에

제12조(b)항

----------일본은 이조약이 최초로 효력을 발생한[효력발생의] 이후 4년간,

제12조(b)(Ⅰ)(ⅱ)

-----------재산(유체 및 무체의 재산)권, 일본의-----------

제12조(b)(e)

---------또한 이 조[(b)]에 근거한

제13조(b)

---------일본은 이 조약 최초 효력 발생 시로부터 4년간, 이 [조약의] 효력 발생일[시]에

제14조(a)

일본은 전쟁 중에 발생한 손해 및 고통에 대해, [주의상]연합국에 배상을 지불해야 함이 승인된다. 그러나 또한 존립 가능한 경제를 유지해야 한다면, 일본이 이 손해 및 고통에 대해 완전한 [연합국에 대해 적당한]배상을 실시하고 동시에 다른 채무를 이행하기 위해서는 [능력이

결여되어 있는 것이]일본의 자원은 현재 충분하지 않음이 승인된다. [본래]이에 따라

제14조(a)

----------희망할 때에는, 생산, [제조]침선인양 및 작업에 있어서 일본인의 역무[숙련 및 근로]를 해당연합국 이용에-----------

제14조(a)2(I)

다음 (Ⅱ) 규정을 보류하고, 각 연합국은 다음에 제시하는------조약의 최초 효력 발생------갖는다. 이 조항에 포함된 재산, 권리 및 이익은 현재 봉쇄되어 귀속을 변화 또는 연합국 적산관리 당국의 소유 혹은 관리 하에 있으며 동시에 이 자산이 이 당국의 관리 하에 들어갔을 때에 후기의 (a), (b)또는 (c)에 포함된 사람 또는 단체에 속해 또는 이들에 대신해 보유 혹은 관리되는 것을 포함한다.

(a)

(b)

(c)

제14조(a)2

다음은 전술한 (I)에 정한 권리에서 제외한다. [단, 다음을 제외한다]

(i) 일본이--------거주한 일본의 자연인의 재산. 단, 전쟁 중에 제한을 당해 동시에 이 조약 최초의 효력 발생 일에 이 제한이 해제되지 않은 재산을 제외한다. [재산이----한 재산을 제외한다]

제14조(a)2(I)(ⅳ)

관계국과 일본 간 1945년 9월 2일 이후의 무역 및 금융관계 재개의 결과로 그 관할 하에 들어간 재산, 권리 및 이익. 단, 해당 연합국의 법률에 반하는 거래에서 발생한 것을 제외한다.

[이 조항 전문 교체]

제14조(a)2

[(Ⅱ)] (Ⅲ)

[(Ⅲ)] (Ⅳ) 전술한 (Ⅰ)에 규정된 일본재산을---

[(Ⅳ)] (Ⅴ) [일본의] 소유자는, -----

제15조(a)

이 조약이 일본과 해당 연합국 간 효력을 발생한 후[의 효력발생 이후]

제15조(a)

---------소유자 혹은 그 대리자 혹은 소유자 정부가 소정 기간 내에--------

제15조(a)

——또는 전쟁 결과 손상 혹은 손해를 입은 경우에는 일본 내각이 1951년 7월 13일에 결정한 연합국 재산 보상 법안이 정하는 조건보다 불리하지 않은 조건으로

[1951년 에 일본 국회가 제정한 법률 호에 따라] 보상된다.

제15조(c)(ⅱ)

------1951년 12월 7일부터 일본과 해당 연합국 간 이 조약이 효력을 발생할 때까지의 기간은--------

제16조

--------포로였던 자 및 그 가족을 위해 적당한 국내기관에 대해 분배해야 한다. 이 조약의 제14조(a)2(Ⅱ)의 (ⅱ)부터 (ⅴ)까지 제시한 종류의 자산은 조약 효력 발생 시에 일본에 거주하지 않은 일본인의 자산과 함께 인도에서 제외한다.

제17조(b)

------1951년 12월 7일부터 일본과 해당 연합국 간 이 조약이 효력이 발생

할 때까지의 기간에--------

--------전술한 국민이 전술한 효력 발생 후 1년 내에

제18조(b)

----------교섭을 개시하고 다른 전쟁 전의 --------

----------교섭을 촉진하고--------

제19조(b)

----------채권이 포함된다. 단, 1945년 9월 20일 이후에 연합국이 제정한 법률에서 특히 인정된 일본인의 청구권을 포함하지 않는다.

제19조(c)

--------발생한 청구권을 제외한다. 이 포기는 이 조약의 제16조 및 제20조에 따라 취해진 행동을 해하는 것은 아니다.

제19조(d)

(d) 일본은 점령 기간 중에 점령 당국의 지령에 따라 혹은 그 결과로 이루어진 또는 당시 일본 법률에 의해 허가된 모든 작위 혹은 부작위의 효력을 승인하고 연합국민을 이 작위 혹은 부작위에서 발생한 민사 혹은 형사 책임을 묻는 어떠한 소송 행위도 하지 않는 것으로 한다.

제20조

--------조선은 이 조약의 제2조, 제4조, 제9조 및 제12조

제22조

이 조약의 당사국이 특별 청구권 재판소 혹은 다른 합의된 방법으로

제24조

---------동 정부는 각 기탁, 제23조(a)에 근거한 조약의 효력 발생일 및 이 조약의 23조 (b)에----------

제25조

--------전쟁을 한 국가 혹은 이전에 제23조에 이름을 올린 국가의 영역 일부를 이룬 것을 말한다. 단, 각 경우에 해당국이 조약에 서명 동시에 이것을 비준한 것을 조건으로 한다. [이 조약에 서명한 것을 말한다]

제26조

일본은 (일본에 대해 전쟁 상태에 있으며 동시에) 1912년 1월 1일에 연합국 선언에 서명하고 혹은 가입한 국가 혹은 이전에 제23조에 이름을 올린 국가의 영역 일부를 이룬 국가로 이 조약이 서명국이 아닌 것과 [이 부분 전문 변경]

제26조

이 조약의 최초 효력 발생 이후 3년-----------

1951년 월 일 샌프란시스코에서

선 언

1

---------동시에 평화 조약 최초의 효력 발생 시에

2

일본 정부는 실행할 수 있는 가능한 짧은 기간에 동시에 평화 조약 효력

발생 후 1년 이내에-------

2 (6)

1911년 6월 2일에 워싱턴에서 1925년 11월 6일에 헤이그에서 1934년 6월 2일에 런던에서 수정된 화물의 원산지 허위 표시 방지에 관한 1891년 4월 14일 마드리드협정

3

-----------평화 조약의 최초 효력 발생 후-----------

-----------워싱턴에서 서명을 위해 개방된---------

선 언

(전사자의 묘지에 관한 선언 제3항으로 다음과 같이 삽입한다)

일본은 연합국이 연합국 영역에 있으며 보존하기를 희망하는 일본인 전사자의 무덤 혹은 묘지를 유지하기 위한 약정을 목적으로 하며 일본 정부와 협의를 시작해야 한다고 믿는다.

평화조약 초안에 과한 덜레스 씨 라디오 방송 연설

1951년 8월 15일

지난 월요일은 11개월에 걸친 대일 평화조약에 관한 교섭을 시작한 날이었다.

최종 본문이 영미 양국에 의해 40개국 이상의 연합제국에 회부되어 위 제국은 9월 4일 샌프란시스코에서 대통령에 의해 개회된 서명회의에 출석하도록 초청을 받았다.

소련은 샌프란시스코에 대표단을 파견할 예정인 뜻을 이번에 통고해 왔다. 우리들은 이것이 무엇을 의미하는지 아직 명료하게 알지 못한다. 우리들은 그 의미가 봉헌 의식을 제외하고 현재 완전해 질 때까지 신중하며 건전하게 쌓아올린 대일평화조약의 파괴를 시도하는 파괴 소방대를 파견하려는 것은 아님을 희망한다.

만일에 그와 같은 책략이 시도된다고 해도 우리들은 그 책략이 실패하리라 확신한다. 적어도 책임 있는 국가라면 좀 더 좋은 기구를 신속하게 그것을 대신할 수 있다는 의견에 근거해 기성의 것을 이제 와서 파괴하려는 시도에 참가하는 일은 없을 것이다. 이때 이미 교섭이 이루어진 조건에 근거해 강화를 연대해야 한다. 그렇지 않다면 일본은 소련이 점령국이기 때문에 무익한 조약 수속을 과할 수 있었던 독일이나 오스트리아와 동시에 불행한 운명에 빠질 것이다.

샌프란시스코회의에의 초청은 이 초안의 [조항에 근거해] 평화조약을 체결하기 위한 초청이다. 우리들과 다른 자는 그 초청에 찬동을 표하리라 생각한다. 대일 평화조약의 이 최종 본문은 과거 볼 수 없었던 협력의 산물이다. 그러한 협력은 작년 9월 관계 주요 연합국이 뉴욕의 국제연합 총회에 출석 중이었던 때 시작되었다. 국제연합 대표자들이 귀국한 후, 각 수도에서 외교관 회의가 이루어졌다. 미국 대통령이 임명한 사절단은 런던 및 파리, 태평양, 아시아의 6개국 수도를 포함해 이들 수도 중에 10곳을 방문했다. 영국 연방은 오스트리아, 캐나다, 스리랑카, 영국, 인도, 뉴질랜드, 파키스탄 및 남아프리카를 규합한 회의를 3회 실시했다.

최초 1회 토의는 적용되어야 할 기본 원칙에 관한 것이었다. 이어서 1월에는 미국은 의견일치를 본 원칙을 조약 문언에 옮기기로 한 최초의 초안 작성에 착수했다. 우리들은 이니시아티브(발의, 제창)를 취했지만 그 이유는 연합국 모두가 공동일치해 일본에 강화를 위한 준비를 시키기 위한 점령을 지휘할 특별한 의무를 우리에게 주었기 때문이다.

우리가 작성한 초안은 지난 3월 회부되었다. 영국은 그 후 즉시 영국 연방회의 결과를 참고로 자국초안을 작성했다.

미국의 3월 초안은 약 20개국에서 열심히 검토를 했다. 이들 국가 중에는 극동위원회 서유럽 참가국—프랑스, 네델란드, 오스트리아, 뉴질랜드, 캐나다 및 영국뿐 아니라 특히 버마, 스리랑카, 중국, 인도, 인도네시아, 파키스탄 및 필리핀이 포함된다. 이 초안은 그들 국가의 제안에 의해 대폭 수정되었다. 그 후, 지난 6월에 미영 양국은 그때까지 전개된 여러 가지 의견을 좀더 충분히 반영하도록 초안을 공동으로 작성했다. 이 초안은 연합제국에 회부되어 변경할 수 있도록 지난 월요일까지 미결인 채로 두었다. 최근 7, 8개월 기간 중에 30군데 이상 변경이 이루어졌는데 각각의 국가에서는 약간의 의의가 있는 것이었다.

이 기간 중에 항상 소련은 비협조적이었는데 적극적으로 행동했다. 자신은 야코프 말리크와 수차례 회담을 실시하고 있으며 우리 정부는 10통의 각서와 초안을 교환했다.

조약에 대해 건설적인 관심을 갖는 국가는 모두 최종 본문의 중요부분의 기안자임을 주장할 수 있다. 또한 이들 국가는 각각 통일이라는 광범위한 기초를 제시하기 위해 어떤 특별이익은 자발적으로 경시한다고 하는 동일하게 영광스런 역할이 주어지도록 요구할 수 있다.

맥아더 원수가 연합국 최고 사령관으로 크게 고무시킨 기본원칙에서 일탈한 적은 없었다. 조약은 비차별적 조약이다. 그 이유는 일본을 국제사회에서 권위와 평등을 갖는 국가로 회복시키기 때문이다. 이어서 작성된 초안에 의해 나타난 것처럼 이들 기본 원칙을 파괴하지 않고 특수 사정을 만족시키는 일이 점점 가능해지고 있음이 사실이다.

나는 이들 교섭 과정을 강조한다. 그 이유는 많은 국가에서의 공산주의자의 선전이 조약은 미영 2개국의 제멋대로의 명령이라고 비방하고 있기 때문이다. 이것은 사실과 많이 다르다. 소련이 거부권을 갖는 이상, 4개국만으로 조약초안을 작성하는 외상회의에서 조약을 작성할 수 있도록 소련은 끈질기게 시도했다. 공산주의자의 선전은 평화조약에 대해 신경전을 벌였으며 그 신경전에 대해서는 무력으로 대항할 지도 모른다고 내비치기도 했다. 이런 일이 소련 측에서 이루어지는 동안 다른 연합제국은 이 조약을 유사 이래 가장 광범위한 기초를 갖는 평화조약으로 만들 정도로 다수 국가가 참가해 실제 11개월에 걸친 평화회의를 수행했던 것이다.

우리는 서로 존경하는 자유인답게 냉정하며 겸손하게 협의했기 때문에 공산주의자들은 우리가 전혀 협의하지 않았다고 거짓말을 한다. 그들에게는 거칠고 무례한 단어들이 공연하게 쏟아지지 않으면 회의가 회의답지 않다고 생각한다.

최종 본문은 미영 양국의 명령에 의한 것이라고 시사하는 자는 최종 본문을 초기 초안과 비교하도록 도전할지도 모른다. 미국의 3월 초안은 22개조였다. 이들 모든 조항의 하나하나가 빠짐없이 타국의 희망에 응할 수 있도록 내용에 수정을 가한 것이다. 22개조는 증가해 27개조와 2개의 부가적 선언이 되었다.

미국은 이미 6년간 점령이었으며 또한 현재도 그렇기 때문에 원하는 대로 행동할 수 있을 것이다. 그러나 우리는 그렇게 우리의 권력을 이용하지 않았다. 최종조약은 미국의 조약이 아니다. 그건 어떤 일국만의 조약이 아니다. 어떤 국가도 백 퍼센트 만족하지 않는다. 그리고 그건 이 최종 본문의 제안자인 미영 양국에 해당하는 것이다. 그러나 현재 있는 불만은 현재의 정세에 따른 것이다. 현재의 정세에서 모든 연합국 요구의 전부를 끄집어내는 것은 불가능하다. 따라서 양립하지 않는 요구에 대해서는 타협해야 한다. 이들 현실의 사태는 마술의 재주처럼 신속하게 이루어진 수속에 의해 소멸시킬 수는 없다.

평화조약에 대해서는 평범한 일이지만 가장 곤란한 문제는 배상문제였다. 일본의 침략은 수많은 희생, 손실 및 고통을 발생시켰다. 만약 조약이 일본에 대한 정당한 모든 요구를 유효하게 한다면 일본은 천만 달러 이상의 채무를 강요받는다. 그 중압하에 일본은 절망적인 빈곤 상태에 빠질 것이다. 일본 국민이 타인의 사욕을 채우기 위한 먹잇감이 되는 것은 쉬운 일이고 또한 전체주의적인 선동 정치가들이 가깝게 이미 침략을 하고 있는 자의 조력을 얻어 재차 침략행위를 일으킴으로써 구제를 약속할 것임은 의심할 여지가 없다. 또한 이와 같은 상태에서는 멋진 액수는 아니지만 환상적인 돈의 가능한 많은 배당을 얻으려고 각 채권자가 다툰 결과, 태평양 및 동남아시아에 있는 연합제국 간 불화와 고통을 만연시킬 것이다. 이들 재앙의 불씨가 될 모든 요인을 자유롭게 활동시킬 수 있는 평화조약은 많은 사망자가 우리들에게 부여한 기회를 허무하게 하는 것이다.

한편, 우리들은 조약은 전쟁 중에 일본이 부여한 손해 및 고통에 대한 배상의 원칙을 무시할 수 없음을 깨달았다.

그러나 일본은 달러 혹은 다른 외국통화로는 지불할 수 없다. 항복 이후 일본은 최저한도의 수준 생존을 위해 수입해야 했던 식량 및 원료의 대금 지불을 위해 필요한 돈이 20억 달러 부족하다. 미국은 점령상 책임으로 그 20억 달러를 보충했다. 그러나 미국은 일본이 미국에 의존하지 않도록 경제적으로 할 수 있기를 기대할 권리가 있다. 그래서 우리는 직접적이든 간접적이든 일본의 배상을 지불해 줄 마음은 없다.

하지만 일본에는 일본이 전쟁 중에 취한 행동에 의해 피해를 입은 자를 도와주기 위해 움직일 수 있는 약간의 자산이 있는 것은 사실이다. 일본은 공업적인 훈련을 받은 사람들과 공업설비를 갖고 있지만 그 쌍방이 일부 유휴상태에 있다. 만약 황폐한 고통을 받은 제국이 대부분 풍부하게 갖고 있는 원료를 일본에 보내길 원한다면 일본인은 그들 원료를 가공할 수 있으며 또한 그들 역무가 무상으로 주어진다면 그에 의해 상당한 배상을 제공할 수 있을 것이다. 결정에는 소비재뿐만 아니라 기계나 자본재를 포함할 수 있다. 자본재는 개발이 늦어진 제국이 장래 국외의 공업력에 의존하는 정도가 더욱 감소하도록 자국 공업의 발달을 촉진할 수 있도록 할 것이다.

이 과정은 일본에 외국 환율상의 부담이나 혹은 일본의 신용을 해하거나 혹은 그 국민에게 생활수준 향상의 기회를 거부하거나 하는 성질의 부담을 주는 것은 아니다.

특히 필리핀, 인도네시아 및 버마에 관련해 어떤 배상교섭은 침략을 받은 국민의 주장에 대해 정신적인 만족을 주는 조약을 만들었다. 또한 그 조건은 아마 막대한 경제적 이익을 발생시키는 것은 아니지만 일본으로부터 상당한 높은 금액의 배상을 받는 것을 가능하게 한다.

이 점에 관한 교섭, 특히 필리핀과의 교섭은 미국이 필리핀을 그 힘을 도와주는 괴뢰국가라는 공산주의자의 허풍이 거짓임을 의미한다. 독립 이후 공화국이 평화 조약의 3월 초안의 비판에 대해 발언했을 때 그 비판을 막기 위해 압박 수단에 호소하려는 생각은 미국에 전혀 없었다.

또한 필리핀 국민의 독립정신에 반하는 것은 성공하지 않을 것이다. 그들의 비판에 주의를 요하는 것이 우리가 한 일이다. 그 결과, 보다 좋은 조약이 되었다고 우린 생각한다.

이상 내가 개설한 방식으로 대일강화의 방식은 인내심 강하게 또한 세심한 주의하에 만들어졌다. 샌프란시스코회의가 개최된 새벽에는 역사의 한 장이 끝난 것이다.

2, 3개 국가는 결과를 부정할지도 모른다. 약간의 국가는 정식 서명에 조용히 동의할 길을 선택할 지도 모른다. 약간의 국가는 새롭고 관대한 특색을 갖는 이 조약과 유사한 2국 간 조약을 인허하는 조약 제26조를 이용하기를 희망할지도 모른다. 그러나 승리에 주요한 공헌을 한 국가를 포함해 다수 연합국이 조약에 서명할 것이므로 강화 사실에 관해서도 또한 강화 조건에 관해서도 어떠한 방면의 사람들도 위험해지는 일은 없을 것이다.

따라서 우리는 이 평화조약이 절차로 보든 그 내용으로 보든 주권의 평등을 존중하는 절차와 정의의 지배를 시인하는 자의 가장 좋은 전통방식을 표시하는 것이라는 판단을 후세인들이 내리리라 확신할 수 있다.

평화조약 최종안에 관한 덜레스 씨의 기자회견

1951년 8월 15일

(UP) 존 포스터 덜레스 씨는 샌프란시스코 평화회의 출석국은 워싱턴 및 런던에서 공표된 대일조약의 정문(正文)을 변경함이 허용되지 않음을 밝혔다.

이 대통령의 특별 대표자는 신문기자회견에서 샌프란시스코에 초청된 50개국에 대해 그가 절대적인 최종안이라고 말한, 수요일에 신문에 발표된 정문에 서명하는 것이 회의의 목적임을 이해하도록 통고했다고 말했다. 덜레스는 금일까지 34개국이 샌프란시스코에의 미영 초청을 정식으로 수락했다고 보고했다.

조약 토의에 있어서 덜레스는 미국도 영국도 모두 정문상 최근 이루어진 변경의 어떤 것도 중요한 성격을 갖고 있다고 생각지 않는다고 말했다. 그러나 그는 그들 변경의 한 개 한 개가 혹은 둘 이상의 국가에 대해 의의가 있으리라 부언했다.

그는 배상에 관한 조항의 수정이 필리핀, 인도네시아 및 버마에 대해 어느 정도 좋은 호감을 줄지도 모른다는 의견을 말했다.

덜레스는 위의 3개국 모두가 완전히 만족하지 않겠지만 실제 문제는 배상 때문에 연구된 그 방식은 배상 청구권이 일본으로부터 어떠한 배상을 확보할 수 있는 유일 가능한 방법임을 점차 자각하고 있으리라 말했다.

덜레스는 조약 초안의 배상에 관한 조항의 수정은 필리핀, 인도네시아 및 버마가 원안을 처음 보았을 때에는 미국과는 다른 것처럼 해석했기 때문에 필요했던 주목할 만한 변경이라고 말했다.

덜레스는 신 초안이 일본은 현재 [금전 배상을 할 능력이 없다]는 사실에 유의한 것을 지적했다. 그는 [현재]라는 단어를 채용하는데 있어 이중 목적이 있음을 말했다.

1. 일본은 이 조약에 있어 과거에 있었던 막대한 식민지 자원을 빼앗기고 동시에 그 본토의 4개 섬에 후퇴하도록 권고 받은 것을 강조한 것.
2. 일본이 후일 배상청구에 응할 능력이 증가할 지도 모르는 희망을 가질 것. 덜레스는 이 경우, 의도한 바는 몇 명이나 일본의 장래 능력을 정확하게 예상할 수 없음을 인정하는 것이라고 말했다.

덜레스는 일본 포로의 송환에 관한 1945년 7월 26일 포츠담선언의 조항을 이행하도록 모든 국가에 요청하는 1항을 조약 안에 넣기로 했는데, 그 이유는 소련이 과연 이 약정을 준수할 것인가에 관해 약간의 의문이 있기 때문이라고 말했다. 그는 국제연합이 그 문제의 조사를 인수받았기 때문에 이 문제는 조약 안에서 논해야 한다고 생각하는 뜻을 지적했다.

덜레스는 미국이 인도네시아 3국을 샌프란시스코에 초청하는데 동의할 가능성은 많다고 말했다. 그는 재외 자산에 관한 조항의 변경에 대한 약간의 중남미 제국, 주로 페루, 칠레 및 멕시코의 요구에 응하기 위해 최종 조약 초안은 경제에 관한 조항에서 수정되었다고 말했다.

덜레스는 중남미 제국은 전쟁 중 그 영역 내에 있는 일본인의 재산을 접수하는데 타국의 절차와 약간 다른 절차를 적용했다고 지적했다.

그는 구 조약 초안에서는 중남미 제국의 조치의 합법성과 관련해 약간의 의문이 제기될 것이므로 분쟁을 배제하기 위해 문언을 변경했다고 말했다. 그는 만일 일본과 배상 청구국이 배상 역무에 관해 만족할 만한 협정에 도달하지 못하는 경우, 문제의 보다 광범위한 국면의 해석을 통해 국제사법재판소에 정당한 요청을 할 수 있음을 믿는다고 말했다.

그러나 그는 배상 방식이 과연 적용가능할지 어떨지는 일본과 배상 청구국과의 성의여부에 따른다고 결론적으로 강조했다.

2개국 간 안전보장조약을 위해 필리핀 · 미국 간 이루어졌다고 전해진 교섭에 관한 질문에 대답해 덜레스는 이 문제에 관한 협의가 마닐라에서 이루어지고 있다고 말했다.

대일평화조약 미영초안 및 샌프란시스코 회의에 관한 저우언라이(周恩來) 성명

1951년 8월 15일

1951년 7월 12일, 미국 정부 및 영국 정부는 워싱턴 및 런던에서 동시에 대일평화조약 초안을 공표했다. 이어서 미국 정부는 동년 7월 20일, 대일 단독 평화조약 서명의 준비로 샌프란시스코에 회의소집 통지를 발했다. 이와 관련해 중화인민공화국 중앙인민정부는 나에게 다음 성명을 발표할 권한을 부여할 필요를 인정한다.

중화인민공화국 중앙인민정부는 미영 양 정부에 의해 제안된 대일평화조약초안은 제국제협정에 위반하는 초안이며 따라서 기본적으로 수락할 수 없으며 또한 미국 정부의 강제하에 샌프란시스코에서 9월 4일부터 개최될 곳의 회의는 뻔뻔하게 중화인민공화국을 제외한 이상, 이 회의는 모든 국제 약속을 거부하는 것이며 따라서 기본적으로 승인할 수 없는 회의라고 생각한다.

대일평화조약 영미초안은 그것이 준비된 절차를 봐도 또한 그 내용을 봐도 1942년 1월 1일의 연합국 선언, 카이로선언, 얄타협정, 포츠담선언 및 협정과 1947년 6월 19일 극동위원회에서 채택된 항복 이후의 대일기본정책 등의 영미정부가 서명한 중요한 국제협정에는 대단히 위반한 것이다.

연합국 선언은 단독강화를 실시해서는 안 된다고 규정하고 있다. 포츠담 협정은 [평화해석의 준비작업]은 해당적국에 과해진 항복조항에 서명한 제국에 의해 이루어져야 한다고 규정하고 있다. 그와는 별도로 중화인민공화국 중앙인민정부는 대일전에 군대를 파견해 참가한 모든 국가는 대일평화조약 작성 준비에 참가해야만 한다는 소련 정부의 제안에 대해 완전한 동의를 표명했다.

그런데 미국은 장기에 걸친 포츠담협정에 포함된 원칙을 실시함을 거절하고 동시에 이와 같이 대일평화조약에 대한 준비 작업을 지연시킨 후, 미국은 현재 제안된 대일평화조약 초안 준비에 관한 작업을 독점해 일본과 싸운 국가의 대부분, 특히 대일전에서 2대국이었던 중국 및 소련을 평화조약 준비 작업에서 제외시킨 것이다. 미국 정부의 강제하에 대일단독 평화조약을 체결하려고 중화인민공화국을 제외시키는 회의 소집이 예정되었던 것이다. 미국 정부의 이번 조치는 영국 정부의 지지를 받고 있지만 모든 국제협정에 위반하며 일본과 전쟁 상태에 있던 모든 국가와 일본 간에 전면적이며 진정한 평화조약이 체결됨을 방해할 의도를 가진 것은 명백하다. 미국 정부는 또한 미국 정부만이 유리한, 미국 및 일본의 국민을 포함한 다수 국가의 국민에게는 불리한 단독 평화조약을 수락하기를 일본과 전쟁한 일부 국가뿐 아니라, 또한 일본에도 무리하게 강요하려고 한다. 이 조약은 실제 새로운 전쟁을 준비하는 조약이며 진정한 의미의 평화조약이 아니다.

중화인민공화국 중앙인민정부의 전술한 관찰이 대일평화조약 미영초안의 기본적 내용에 근거하는 것은 반박의 여지가 없는 것이다.

첫 번째로 대일평화조약 미영초안은 미국 정부 및 그 위성제국이 대일단독 평화조약이 요구하는 노력의 산물이기 때문에 이 초안은 대일평화조약이 주요 목표에 관해 소련 및 중국 양 정부가 실시한 일련의 성명 안에 표명된 의견을 전혀 무시할 뿐만 아니라, 그 위에 불합리하게 또한 공연히 중화인민공화국 인민중앙정부를 일본과 전쟁 중인 연합국의 대오에서 제외하고 있다. 제1차 세계대전 후 일본의 제국주의는 1931년 중국에 대한 무력침략을 비롯해 1937년에는 전 중국에 대한 침략전쟁을 시작했는데 일본의 제국주의는 1941년까지는 태평양에서 전쟁을 시작하지 않았다. 중국인민은 일본의 제국주의에 저항해 이를 타파하는 전쟁에서 가장 장기에 걸쳐 악전고투를 계속하는 동안 가장 심한 손해를 받음과 동시에 또한 가장 큰 공헌을 했다. 이와 같이 중국인민 및 중국인민에 의해 수립된 중화인민공화국 중앙인민정부는 대일 평화조약 문제에 관해서는 발언자이며 참가자의 권리를 합법적으로 가장 많이 갖고 있다.

그런데도 대일평화조약 미영초안은 전쟁중 일본에 있었던 연합국 및 그 국민의 재산, 권리 혹은 이익 처리에 관한 조항은 1941년 12월 7일부터 1945년 9월 2일까지 기간에 적용될 뿐인 뜻을 규정하고 있으며 중국인민이 단독으로 대일전을 수행했던 1941년 12월 7일부터 이전 기간을 완전히 무시하고 있는 것이다. 중화인민 공화국을 제외하고 중국인민에 대해 적대적 태도를 취하는 미영 양 정부의 이러한 불법적이며 교만한 조치는 중국인민이 결코 용납하지 않으며 단호히 반대하는 바이다.

두 번째 대일평화조약 미영초안의 영역에 관한 조항은 그 점령 기간을 연장해 침략 범위를 확대하려는 미국 정부의 희망과 완전히 부합함을 목적으로 한다.

이 조약 초안은 일방에서는 미국 정부가 먼저 국제연맹에 의해 일본의 위임통치하에 놓인 태평양제도에 대해 신탁통치권을 보유하며 이에 첨가해 류큐열도, 오가사와라군도, 가잔열도, 니시노도리, 오키노시마섬, 미나미도리섬에 관해 신탁 통치권을 획득하기를 보증하고 있으며 이와 같이 해서 미국 정부는 실제적으로 이들 제 도서를 지속적으로 점령할 권리를 보유하는데 이들 제 도서의 일본과의 분리에 관해서는 과거의 어떠한 국제협정에도 아직 규정되지 않았다. 또한 카이로선언, 얄타협정 및 포츠담선언에 근거한 합의에 위반하며 이 조약 초안은 단지 일본이 대만과 팽호제도 및 쿠릴열도, 사할린 남부 및 그 부근의 모든 제도에 대한 일체의 권리를 포기하도록 규정하고 있을 뿐, 중화인민 공화국에 대만 및 팽호제도를 반환하는 것과 소련에게 쿠릴열도를 인도하고 사할린 남부 및 그 부근의 모든 도서를 반환하는 것에 관한 합의에 관해서는 단지 한마디도 없다.

이러한 후자의 사항을 언급하지 않은 목적은 미국의 점령 연장을 시인시키기 위해 소련에 대해 긴박한 관계를 만들려는 의도이다. 전자의 사항을 언급하지 않은 목적은 미국 정부가 중국의 영토인 대만의 미국 점령을 연장시키기 위한 것이다. 그러나 중국인민은 이와 같은 점령을 결코 허용할 수 없으며 또한 대만 및 팽호제도를 해방할 신성한 의무를 결코 포기하는 것은 아니다.

그뿐만 아니라, 이 초안은 일본이 니시도리시마 및 남사군도에 대한 모든 권리를 포기할 것을 규정하고 있는데 재차 고의로 이러한 제도에 관한 주권 회복문제는 언급하지 않았다. 사실상, 남사군도, 중사군도 및 동사군도 전부와 동일하게 남사군도 및 니시도리시마는 종래 언제나 중국의 영토였다. 이들 제도는 일본의 제국주의가 일으킨 침략전쟁 동안, 일시 일본에 점령당했는데 일본의 항복 후, 이들 제도는 당시 중국정부에 의해 전부 접수된 것이다. 중화인민공화국 중앙인민정부는 여기서 다음과 같이 선언한다. 중화인민공화국 니시도리시마 및 남사군도에 관해 침해할 수 없는 주권은 미영초안에 이 수제에 간한 규정이 있든 없든 또한 이들 규정이 어떤 문장으로 나타나든 어떤 영향도 받지 않을 것이라고.

세 번째 주지한 바와 같이, 대일평화조약의 주요 목적은 일본을 평화를 애호하는, 민주적인 독립국으로 만드는 것이며 또한 일본의 군국주의 부활을 방지하고 그에 의해 일본이 결코 다시 아시아 및 세계의 평화 및 안전을 위협하는 침략적 국가가 되지 않도록 보증하지 않으면 안 된다. 그러나 대일평화조약 미영초안은 이와 관련해 어떠한 보장을 부여할 뿐만 아니라, 반대로 포츠담선언 및 극동위원회 항복 후의 대일기본정책에 포함된 문제에 과한 규정을 무시하고 있다. 이 조약 초안의 안전보장 조항 및 정치조항은 일본의 군대에 관해 어떤 제한을 갖고 있지 않으며 잔존하고 또한 부활하고 있는 군국주의적 단체에 관해서도 어떠한 옹호를 규정하지 않는다. 사실 미국의 점령 당국은 일본에서 과거 수년간 채용된 모든 조치에 의해, 일본의 민주화를 저지하고 일본에서 군국주의를 부활시키는데 전력을 다해왔다.

점령 당국은 일본의 전쟁수행능력을 파괴하려는 것이 아니라, 극동위원회의 정책에 반해 일본의 군사기지를 확대하고 일본의 비밀군대를 훈련해 일본의 군국주의적 단체를 부활시키고 일본의 전쟁범죄인을 석방해 다수 추방분자를 해제하고 있다. 특히 조선에 대한 간섭전쟁에서 미국 점령 당국은 이미 일본의 인적자원을 사용하기 시작했고 미국의 군사적 침략을 지지하기 위해 일본의 군수공업을 부활, 발전시켜 왔다. 미국이 일본 점령을 연장시키고 그 점령군을 후퇴시키지 않고 또한 일본을 동양에서의 미국 침략의 전초지로 하려고 일본을 지배하는 것을 용이하게 하기 위해, 이 조약 초안은 연합국 점령군이 일본과의 약정에 의해 연장된 기간 내 일본에 주류할 수 있도록 규정하고 있다. 미국 정부의 이 계획은 미국의 모든 국제협정에 근거한 의무와 명백히 위반되는데 미국의 일본 점령의 정치적 주재가 된 요시다 내각으로부터 지지를 받고 있다. 미국 정부와 요시다 내각과는 상호 공모해 일본의 재군비를 조장하고 일본 국민을 노예화, 일찍이 일본을 궤멸 직전까지 끌고 간 침략의 길로 다시 한 번 내몰고 있다. 그것은 또한 미국의 침략 계획에 따라 동시에 미국 정부를 위해 불 속의 밤을 줍는 것을 강요받았던 속국이며 또한 식민지인 지위에까지 일본을 떨어뜨리려고 하는 것이다. 이것은 일본 국민이 평화, 민주주의, 독립 및 행복에 이르는 또 하나의 길에 따라 전진하는 것을 방해하는 공동모의이다. 전술한 조약 초안의 규정에 따라 미일 군사협정은 미영 대일평화조약 초안과 동일하게 중국 및 소련을 적대시하고 과거 일본의 침략을 저지한, 이들 아시아 제국 및 제 국민의 안전을 위협하는 것이다. 따라서 미영 양국 정부가 대일 단독 평화조약 체결을 열망하고 있는 것은 결코 일본에서 군국주의의 부활을 방지하고 일본의 민주주의를 조장하며 아시아 및 세계 평화, 안전을 지키는 것이 아니라, 일본을 재무장시켜 미국과 그 위성 제국을 위한 새로운 세계적 침략 전쟁을 준비하기 위한 것임이 명백하다.

중화인민 공화국 중앙인민정부는 이에 관해 단호히 반대하지 않으면 안

된다고 생각한다.

네 번째 미국 정부는 새로운 세계적 침략전쟁 준비를 촉진하는 목적이며 일본 경제에 대한 지배를 더욱 강화하는 것이 필연이다. 중화인민공화국 중앙인민정부는 일본의 평화경제 발전 및 일본과 타국 간 정상적인 무역관계에 제한을 부과하거나 이것을 독점하는 일이 없도록 종종 성명을 냈다. 그러나 대일평화조약 미영 초안은 중국 및 소련을 적대시하고 또한 아시아 제국을 위협하는 단독평화조약이므로 이 초안의 경제조항 또한 중국 및 소련, 이 조약 초안을 수락할 수 없는 많은 기타 국가를 배척하고 있다.

덧붙여 미국 정부는 미국 회사를 통해 일본의 평화 경제에 과한 각종 제한을 이용해 이들 경제조항을 더욱 좋게 미국의 독점적 요구에 부합시키는 것이다. 이와 같이 만일 이 대일 단독 평화조약이 체결되면 일본 경제의 식민지적 지위, 즉 미국경제에의 일본 의존성은 더욱 심해질 것이다. 일본의 군수공업이 그 생산을 미국의 세계 전쟁 계획에 조화시키게 될 뿐만 아니라, 공업 일반조차도 미국의 아시아에 있어서의 경제침략에 기여하겠지만 이에 반해 평화경제를 발전시켜 국민의 생활을 향상시키기 위한 일본과 중국 및 기타 이웃 국가 간 정상적인 무역관계는 더욱 무법적이며 불합리한 제한 때문에 손해를 받는 것이다. 이것은 일본 국민 및 기타 아시아 제 국민에게 있어 재앙이 될 것이다. 중화인민공화국 중앙인민정부는 이에 관해 단호한 반대를 필요로 함을 인정한다.

다섯 번째 배상문제에 관해 중화인민공화국 중앙정부는 미국 정부가 대일평화조약 미영초안 중에서 고의로 만들어진 혼란 상태를 해결할 필요가 있다고 생각한다. 초안은 일본이 원칙적으로 전쟁 중 일으킨 손해와 고통에 대해서도 배상을 지불해야 함을 인정하면서 또 한편으론 이 초안은 만일 일본이 건전한 경제를 유지해야만 한다면 일본에는 배상을 함과 동시에 다른 의무를 이행할 능력이 결여되었다고 주장하고 있다. 표면상, 미국 정부는 일본 경제의 건전성에 대해 가장 관심을 갖는 것처럼 보이는데 그러나 실제 각종 특권과 제한을 이용함으로써 미국 정부는 6년간 일본점령 및 관리 중에 몰래 일본으로부터 배상을 받았으며 지금도 몰래 취하고 있으며 또한 일본 경제를 파괴해 왔으며 지금도 파괴중이다. 미국 정부는 일본의 침략을 입은 다른 제국이 일본에 대해 배상을 청구하는 것을 허락하지 않는다. 미국의 점령자본이 더욱 착취를 할 수 있도록 일본의 배상을 수행함과 함께 다른 의무를 이행할 능력을 보존하는 것은 바로 미국이 절대 공표하기를 원하지 않는 비밀 의도이다.

만일 일본이 말하는 것처럼 배상을 함과 함께 다른 의무를 이행할 능력이 결여되어 있다면 그것은 점령 당국에 의해 과도하게 약탈되어 손해를 입은 결과이다. 미국 정부가 제 국제협정에 근거한 의무를 수호하고 평화조약 서명 후 조기에 그 점령군을 후퇴시키고 즉시 군사기지 건설을 정지하고 일본의 재군비 및 이론의 군수산업 부활 계획을 포기하고 미국 상사의 일본 경제에 있어서의 특권을 취소하고 일본의 평화경제 및 정당한 외국무역상 주어진 제한을 포기한다면 그때야말로 일본의 경제는 진실로 건전한 상태에 도달할 것이다. 중화인민공화국 중앙인민정부는 일본이 건전하게 그 평화경제를 발전시켜 중국과 일본 간 정상적인 무역관계를 회복시켜 발전시킬 수 있으며 동시에 진실한 개선이 이루어질 가능성이 발생하기를 희망하는 바이다. 한편, 일본에 점령되어 큰 손해를 입고 스스로는 재건이 곤란한 여러 나라는 배상을 청구할 권리를 보류해야 한다.

이상 기술한 사실에서 대일 평화조약 미영 초안은 완전하게 제 국제협정에 위반하는 것이며 일본과 전쟁하고 있는 연합국의 이익을 해치며 중국 및 소련에게 적의를 갖고 아시아 여러 국민에게 위협을 가해 세계 평화 및 안전을 파괴하고 일본 국민의 이익에도 유해한 것임이 충분히 증명된다. 이 대일 평화조약 초안 중에 미국 정부 및 그 위성 제국이 함께 추구하고 있는 유일한 중심 목표는 아시아에서 침략전쟁을 계속하고 동시에 확대하며 그와 함께 새로운 세계 전쟁의 준비를 강화하기 위해 일본을 재무장하는 일이다. 따라서 이 평화조약 초안은 일본의 침략희생이 된 중국 국민 및 기타 아시아 여러 국민에게 있어 절대적으로 수락할 수 없는 것이다.

대일 단독평화조약의 수락 시기를 앞당기려고 미국 정부는 샌프란시스코회의 소집을 위한 통지 중에 대일전을 수행한 주요 국가인 중화인민공화국을 제외하고 있다. 이와 같이 해서 미국 정부는 1942년 1월 1일의 연합국 선언 안에 있는, 어떤 가맹국도 단독 강화를 실시하지 않음을 서약하는 뜻의 규정에 완전히 위반하고 있다.

미국 정부가 중화인민공화국을 제외한 이상 강제적으로 샌프란시스코회의를 소집하는 목적은 일본과 전쟁하고 있는 연합국 간 분열을 조장하고 극동에 새로운 침략 블록을 조직하는 것에 있음은 지극히 명료하다.

미국, 오스트리아, 뉴질랜드 간 소위 [3국 안전보장 조약] 및 현재 극비리에 협의 중인 미일 군사협정 쌍방 모두 이 회의 중 혹은 회의 종료 이후에 체결되기로 되어 있는데, 이것은 전 태평양 및 아시아에 사는 모든 국민의 평화 및 안전을 위협하는 것이다. 중화인민공화국을 참가시키지 않는 샌프란시스코회의에서 공동의 대일 평화조약을 체결하는 것은 불가능하다. 설령 미국 및 그 위성제국이 대일 단독 평화조약체결 준비를 진행하려고 해도 중국인민은 결코 이 회의를 승인할 수 없다.

중화인민공화국 중앙인민정부는 연합국 선언, 카이로선언, 얄타협정, 포츠담선언 및 협정과 극동위원회에서 채택된 항복 후의 대일기본정책과 같은 주요 국제적 문서에 근거해 대일전을 실시한 주요 국가가 실시하는 공동 준비를 통해 또한 대일전을 수행한 모든 국가가 참가한 후에 단독이 아닌 공동으로 조약을 강제적이며 독점적이 아니라 공평하며 합리적인 조약을 전쟁에 준비하기 위함이 아니라, 진정한 평화를 위한 조약을 가능한 단기간 내에 일본과 체결해야 한다고 항상 주장해 왔다. 이 목적의 실현을 촉진하기 위해 중화인민공화국 중앙인민정부는 나에게 1950년 12월 4일에 대일평화조약 문제에 관한 성명을 발표할 권한을 부여하고 1951년 5월 22일에 중국주재 소련대사 에느베로스친 씨에게 대일 평화조약의 준비에 관한 소련 정부의 구체적 제안에 완전히 동의하는 뜻을 표명하는 각서를 보내는 권한을 주었다. 중앙인민정부는 전술 성명과 각서 안에 표명된 대일 평화조약에 관한 모든 구체적 제안은 계속 유효하다고 생각한다.

여기에 중화인민공화국 중앙인민정보는 다시 선언한다. 만일 대일 평화조약의 준비, 기초, 서명에 중화인민공화국의 참가가 없으면 이와 같은 조약의 내용 및 결과의 여부와 상관없이 중앙인민정부는 이것은 모두 불법이며 따라서 무효라고 생각한다.

아시아 평화를 회복하고 극동문제를 해결하는데 진정한 도움을 주기 위해 중화인민공화국 중앙인민정부는 소련 정부의 제안에 근거해 공동의 대일 평화조약 문제를 토의하기 위해 대일전에 그 군대를 파견해 참가한 모든 국가의 대표를 열석시킨 평화회의를 소집해야 함을 단호히 주장한다. 동시에 연합국선언, 카이로선언, 포츠담선언 및 협정과 극동위원회에서 채택된 항복 후의 대일기본정책에 근거해 중화인민공화국 중앙인민정부는 대일전에 참가한 모든 국가와 공동의 대일평화조약 문제에 관해 의견을 교환할 용의가 있다.

소련에 대한 미국 각서

1951년 8월 15일

미국 정부는 1951년 7월 20일 미국 정부의 초청에 답해 소련 정부가 1951년 9월 4일에 열린 샌프란시스코회의에 대표단을 보내 대일평화조약 문제에 관한 제안을 실시할 것이라고 통지한 소련 각서를 수령했다.

미국 정부는 소련 정부가 초청을 수락한 것을 환영한다. 그러나 미국 정부는 장래 오해를 없애기 위해 미국은 초청이 다음을 선언한 것과 관련해 주의를 요하는 것이다. 즉, 미국 및 영국 정부는 이미 완성된 [평화조약의 최종조약문 회부]를 원하며 그리고 또한 [이 조약문의 모든 조항에 근거해 대일 평화조약의 체결 및 서명을 위한 회의]에 초청이 이루어진 것임을.

샌프란시스코회의는 평화조약 조항에 관해 교섭을 재개하기 위한 회의가 아니다. 체결된 조약의 조항은 1950년 9월 중순부터 실제 11개월에 걸친 평화회의가 계속되어 많은 국가 간 착실히 교섭이 이루어진 결과 도달한 것이며 그 최종결론이 1951년 8월 13일 조약안에 구현화되어 있다.

소련은 미국 정부 간 대일평화조약의 조항에 관해 구두에 의한 의견 교환을 통해 또한 10회에 걸친 초안 혹은 각서 교환을 통해 이 교섭과정에 참가했다. 이와 같이 소련은 1951년 8월 13일 최종 조약문 안에 지금 나타난 여러 가지 개정을 실시하기 위해 다른 연합국과 평등한 기회를 가진 것이다.

8월 13일의 조약 초안은 미증유의 협력의 일부이다. 이 조약은 절차를 통해 또한 내용을 통해서도 주권 평등을 존중하는 절차와 정의의 지배를 시인하는 자의 가장 좋은 전통방식을 나타내고 있다.

미국은 샌프란시스코회의에서 이 조약의 성질을 충분히 설명할 기회가 주어진 것을 기뻐하며 또한 대표자를 보낸 어떤 국가도 설명을 하고 성명을 낼 기회를 가질 것이다. 이 회의에 소련이 참가하기를 우리는 환영한다.

제11 임시국회에서 요시다 내각 총리대신 연설 요지

1951년 8월 15일

금일 여기에 강화문제에 관련해 보고하는 것을 흔쾌히 생각합니다.

작년 가을 9월 15일, 미국 정부가 대일강화 비준을 공식적으로 성명한 이래 약 1년입니다. 미국 정부의 호의와 덜레스 특사의 노력의 결과, 드디어 9월 4일 샌프란시스코에서 대일 평화회의의 평화조약 서명조인식이 집행되었습니다.

대일강화에 관련해 시종 지도적 지위에 섰던 미국 정부는 작년 가을 성명 이후 대일 평화 기초 원칙을 관계 여러 정부에 통지해 의견을 요구했습니다. 그것은 11월 하순에 공표되어 소위 대일평화 7원칙으로 세상에 알려졌습니다. 이것은 감시적인 또한 패자에 대한 평화조약 관념에 근거하지 않으며 또한 장래에 대한 제한 등을 포함하지 않는 전쟁의 선후 처리에 필요한 최소한의 규정에 머무름과 함께 전체적으로 평등우호의 협력관계를 확립하는 성격의 평화조약을 만들려는 사상을 갖는 일관된 것입니다.

미국 정부는 [7원칙]에 대한 관계 여러 정부의 의견을 참작해 이것을 조약 후의 형태로 만들도록 외교 교섭을 지속해 왔습니다. 그동안 덜레스 특사는 2회 일본에 내방, 일본 정부 및 조야 각계 대표에 대해 의견을 개진할 기회가 주어졌습니다. 정확하게 말하면 평화문제에 관해 일본은 교섭 상대방이 아닙니다. 일본은 이 교섭의 주인공이라고 해야 할 미국 정부의 호의에 의해 의견을 개진할 기회가 주어진 것입니다. 이렇게 입장이 허락하는 한, 자유롭게 우리에게 의견 내지 요청을 개진할 기회를 주고 또한 허심탄회하게 이것을 청취하고 우리 희망을 받아들이려는 노력을 시종 해왔습니다.

그 결과, 미국 정부와 일본 정부 간 평화조약 구상 및 평화조약 성립 후에 일본의 안전보장 구상에 관해 상호 이해와 의견 일치가 광범위하게 이루어진 것을 당시 특사 및 정부의 성명 혹은 나의 국회보고에서 명백하게 말한 바 대로입니다.

덜레스 특사단의 귀국 후에도 미국 정부의 조약안 작성이 진행됨에 따라 발생하는 모든 문제에 관해서도 수시로 일본 정부와 의견 교환이 이루어지고 이렇게 작성된 조약안은 금년 3월 하순에 관계 여러 정부에 통지되어 27일, 일본 정부도 교부를 받았습니다. 여기에 이르러 처음으로 대일강화 문제가 평화조약 초안의 형식에 이르게 되었습니다. 이 조약안은 덜레스 특사로부터 직접 청취한 구상에 가까운 것이며 정부는 즉시 초안 연구에 착수해 우리 소견을 지체 없이 개진할 자유가 주어졌습니다.

4월 연합국 최고사령관의 경질과 관련해 4월 16일 덜레스 특사는 다시 일본을 방문해서 미국 정부의 대일 평화 추진 근본 방침과 조금도 변화가 없음을 명백히 함과 함께 평화조약에 관해 일본 정부로서 회답해야 할 여러 문제 연구에 관한 연구가 재촉된 것입니다. 당시 덜레스 특사는 먼저 영국 정부로부터도 조약안이 제시된 사실, 경우에 따라서는 영국에 건너가 협의할 의사가 있음을 내비추었습니다.

미영회담은 6월 4일~14일, 런던에서 이루어졌습니다. 회담에 참가한 앨리슨 공사는 파키스탄, 인도, 필리핀을 경유해 6월 24일 도착했습니다. 앨리슨 공사는 런던에서 완성된 미영합동 안의 대강을 설명하고 합동 안은 미국 안에 영국 안을 가미한 것이다. 조금 길어졌지만 기술적으로는 정확해 졌다고 말하고 영국 정부가 전체적으로 경제문제에 깊은 관심을 갖고 있는 취지를 말하고 중국 대표단에 관해서는 미영 양국 안을 조정하기 위해 많은 고심을 했음을 말했습니다. 따라서 대일조약안 성립에 이른 미영 양 정부의 수뇌자가 한 노력과 고심을 우리는 이해하고 있습니다.

또한 영국 정부가 어업문제에 대해 깊은 고심이 있음이 명백해 졌기 때문에 금년 2월 덜레스 씨에게 보낸 나의 서간과 동일한 성명을 일본 정부가 다시 제출함으로써 평화조약에는 특별한 제한을 두지 않기로 결정되었으며 일본 정부는 7월 13일 각의에 자문한 뒤, 정부 성명을 내기에 이른 것입니다.

7월 13일 미영 합동안은 공표되었습니다. 그 전에 정부는 조약안을 수령하고 이에 대한 정부의 견해를 그쪽에 알렸습니다.

샌프란시스코회의의 정식 소집장은 7월 20일에 도착했습니다. 소집장에는 조약 초안이 첨부되었습니다. 위의 안은 7월 13일 발표한 초안에 18개소 정도 형식적인 수정을 가한 것입니다. 소집장에 의하면, 이 조약안에 대한 각국 정부의 의견을 참작해 8월 13일 무렵 최종안을 일본 정부에 송부했습니다. 그러나 관계 국가로부터 제출된 의견 조정에 시일을 필요로 했기 때문에 다소 늦어질지도 모릅니다만 어젯밤 정부는 최종안을 수령했습니다. 최종안은 오늘 아침 7시에 공표되었습니다.

이 최종안은 7월 20일 초안에 대해 약 80개소에 이르는 수정 혹은 추가를 가했습니다. 그러나 이들 수정 혹은 추가한 대부분은 형식적이며 조약 본질에 저촉되는 것은 없습니다.

주요한 것을 지적하면,

제1조에 연합국은 일본의 완전한 주권을 인정하는 주지의 1항이 삽입되었습니다. 원래 이것은 미국안에 있었던 조항으로 당연하지만 의문의 여지를 없애기 위해 삽입된 것이라고 생각합니다.

제6조에 일본 군대의 귀환에 관한 포츠담선언 제9항 규정은 아직 완전히 실행되지 않은 경우에는 이것을 실행해야 하는 취지의 1항이 삽입되었습니다. 미귀환자에 관한 일본 국민의 열성적인 희망과 정부의 요청에 응해 이 수정이 이루어진 것은 우리가 가장 기뻐하는 부분입니다.

배상 등에 관한 제14조에 약간의 수정이 이루어졌습니다. 이것은 실질적인 변경을 의미하는 것은 아니라고 생각합니다.

다음은 제15조 수정입니다.

7월 20일 조약 초안 제15조에서는 일본이 제정한 법률을 인용하게 되었습니다. 원래 보상 법안은 조약의 부속문서로 규정하는 형식이었지만 중도부터 조약안을 가능한 간결케 하기 위해 조약에서 빼내어 일본에서 법률을 정하는 편법을 취하기로 되었습니다.

그러나 조약안이 확정되지 않았고 따라서 제15조도 확정하기 전에 일본에서 법률을 제정할 수도 없으므로 법안 내용을 협의해 7월 13일 각의에서 이것을 결정했습니다. 본 건은 연합국민의 재산에 관한 사항으로 관계 연합국의 의향도 참작할 필요가 있으며 이러한 절차로 최종안에는 7월 13일의 각의 결정을 인용하게 되었습니다.

마지막으로 전사자 분묘에 관한 선언에 우리 쪽 요청에 응해 연합국 측도 일본인 분묘를 존중하는 뜻으로 일본에 협의할 것을 믿는다는 취지의 1항이 더해졌습니다. 이 수정은 문제의 인도적인 성질을 살펴보면 정말 합당한 것입니다.

이 조약 초안은 화해의 정신을 기조로 하며 매우 간단합니다. 덜레스 특사가 말하는 대로 장래 일본을 다른 독립국과 다른 지위에 놓거나 일본의 주권을 구속하는 영속적 제한을 하지 않는 진정한 의미의 화해 조약입니다. 전쟁의 승자가 이러한 원칙을 적용한 것은 역사상 없었던 일입니다. 일본의 전쟁 책임이나 무조건 항복 사실을 언급하지 않고 감시적 규정도 없습니다. 일본의 비준은 조약 효력 발생의 조건이 되었습니다. 일본은 평등한 지위로 취급받습니다. 일본이 장래 행동을 구속하지 않습니다. 일본에 신뢰를 두고 있습니다.

물론 화해와 신뢰가 조약 전반의 근저를 이루는 정신이지만 평화 조약은 일본이 패전국인 사실을 해소하는 것은 아닙니다. 영토 조항이나 경제 조항은 어떤 경우에는 무거운 짐이며 고통이라고 느끼는 바가 있지만 초안에 담긴 내용은 일반적으로 과거 평화조약과 비교해 공정하며 관대하다고 단언할 수 있습니다.

조약문은 지극히 간결합니다. 관계 국가 간 교섭 결과가 담겨져 있으므로 최초의 미국 안과 비교하면 다소 길어졌지만 전문과 불과 27조의 본문으로 이루어져 기타 의정서가 한 개, 선언이 두 개 있습니다.

조약은 일본과 전쟁 관계에 있는 연합국이 모두 서명하는 형식을 취하며 서명하지 않는 연합국이 있다면 장래 동일한 내용의 2개국 간 평화조약을 맺는다는 생각입니다. 의정서는 전쟁이 어떤 종류의 사법 관계에 미치는 영향을 조절하는 기준을 정한 것으로 이것을 희망하는 연합국과 일본 간 서명하기로 되어 있습니다. 선언의 한 가지는 전쟁 전 일본이 참가했던 제반 국제 조약의 효력을 승인하고 평화조약의 실시 후 일본이 어떤 종류의 국제조약에 가입하거나 또는 국제기관에 가맹할 의사를 밝히는 것입니다. 다른 한 가지는 일본에 있는 연합국 전사자의 분묘에 관한 것입니다. 두 가지 모두 일본 정부의 자발적 선언입니다. 조약의 규정으로 해결하는 것을 피하고 일본 정부의 자발적 조치라는 방식으로 해결하려는 것입니다.

이때 종래 국민적인 관심의 대상이라고 할 만한 남방제도의 귀속문제에 관해 한 말씀 하겠습니다. 조약 초안의 제2장은 영토 처분에 관한 규정입니다. 여기에 우선 우리는 일본의 주권이 네 개의 주요한 섬 및 연합국이 결정하는 모든 소도에 제한된다고 규정한 항복조건을 일본이 무조건 승낙하는 것을 명기해야 합니다. 따라서 일본에게 있어 이들 조건의 변경을 요구할 여지는 없지만 일본은 제2조에 포함된 사할린, 쿠릴, 대만 등의 영역에 대해서는 모든 권리, 권한 및 청구권을 포기하는 것에 반해 남서 제도 그 외 남방제도 처리를 규정하는 제3조는 특히 이처럼 규정하지 않았습니다.

이 제3조는 신탁통치 제도하에 두기 위한 국제연합에 대한 합중국의 어떤 제안에도 동의해야 한다고 되어 있을 뿐입니다.

융통성 있는 제3조 규정은 국제 평화와 안전상 이익을 위해 미국이 실시하는 전략적 관리를 조건으로 본토의 교통, 주민의 국적상 지위 기타 사항에 대해 이들 제도 주민의 희망에 맞게 실제적인 조치가 제출되기를 희망할 여지는 남아있습니다.

평화조약 조인 직후, 일미 간 체결될 안전보장조약에 대해서는 금년 2월 덜레스 특사와의 회담에서 쌍방 간 구상에 관해 의사 합치가 이루어진 과정은 종종 설명한 대로입니다.

재차 말씀드리면 일본은 군비가 없기 때문에 자위권은 있어도 자위권을 행사할 유효한 수단이 없다, 세계에는 현재 무책임한 군국주의가 끊이지 않는다, 이런 정세하에 평화 조약이 성립하고 점령군이 후퇴한 후에 일본에 진공상태가 생길 위험이 있다, 이런 위험에 대비하기 위해 일본은 외부로부터의 공격에 대한 방위 수단으로 일본에 합중국 군대의 주둔을 희망한다, 이러한 일본의 희망에 따라 합중국은 평화와 안전을 위해 일본과 일본의 근변에 군대를 두려는 구상입니다.

이 구상은 최근 드디어 조약안으로 정리되었지만 아직 완성까지 이르지 않았습니다. 안전보장 조약의 실시에 대해서는 여러 가지 기술적인 세목에 관해 영해를 얻을 필요가 있지만 금년 봄에 일단 의견교환을 한 이후, 평화조약 초안 작성이 다망하기 때문에 이쪽은 그대로이며 여전히 정리되지 않았습니다.

종전 이후 6년의 세월은 짧지 않지만 세계대전의 기억, 전쟁에 의한 증오, 원수 불신 등의 국제 간 악감정은 용이하게 없어지는 것은 아닙니다.

이 악감정은 실제 심각하고 복잡한 국제관계가 되어 세계 평화의 확립을 방해하는 것입니다.

미국 정부 및 국민의 대일호감정은 각별하며 많은 국가, 특히 전시 중 우리보다 침략 혹은 위협을 받은 제국의 대일감정이 여전히 석연치 않은 것은 당연합니다. 이러한 국제 정세하에 대일강화를 진행하는 것이 용이하지 않은 것은 명확합니다. 이것은 독일, 오스트리아 그 외 동구 강화조약을 보아도 명백합니다. 구 적국인 일본에 가혹한 강화조건을 강요하려는 것이라면 각별히 공정하게 관대, 화해와 신뢰에 기초를 두는 현 평화조약안에 대해 관계국 간 뜻을 정리하는 것이 얼마나 용이하지 않은 지는 정말 명백합니다. 이러한 곤란함을 감히 기꺼히 받아들여 현 조약까지 정리해, 동시에 일본 측 의향과 희망을 관용적으로 받아들이려는 덜레스 특사의 고심,

미국 정부의 호의는 우리 국민이 오래 기억해야 합니다. 또한 미국 정부에 동조하는 영국과 프랑스 그 외 연합제국에 대해서도 다년의 국교 우정의 표시이며 우리 국민이 기억해야 한다고 생각합니다.

반대로 미국 정부의 이러한 호의 및 연합국의 동조를 얻기에 이른 이유는 필경 우리 일본 국민이 기존 6년간 인내, 각고, 패전 일본 재건의 국민적 성의와 노력이 사실 미국을 비롯해 여러 외국 정부가 인정하기 때문이라고 생각합니다. 일찍이 일본을 패전으로 이끌었던 군국주의, 초국가주의를 불식하고 자유 민주주의 확립에 매진하며 재정 경제의 자립조절에 노력해온 국민적 노력이 사실로 착착 나타난 성과가 인정된 결과라고 확신합니다. 그러나 여기에 이른 국민의 성의, 노력은 말할 필요도 없겠지만 우리 국민을 실망에서 소생시켜 전도에 희망을 안겨주고 국가 재건에 노력할 용기를 고무 지도한 것은 맥아더 원수입니다. 또한 일본 재건 부흥의 사실로 국제단체 복귀를 촉구하고 강화 조약의 결실 촉진에 절실히 노력한 것은 맥아더 원수 및 리지웨이 대장, 전후 양 총사령관입니다. 나는 국민 제군을 대표해 여기서 양 총 사령관에게 깊은 사의를 표하고 싶습니다.

나는 평화조약에 의해 국제단체 복귀가 가까워졌음을 기뻐하며 각오를 새롭게 하고 평화, 민주 일본의 재건과 함께 세계 평화 번영에 더욱 공헌할 국민의 성의를 굳게 함을 느끼고 있습니다.

일본의 정치적 독립은 일단 달성되려고 하지만 금후 경제적 독립에 관해서는 한층 고려와 노력이 필요합니다. 나는 우선 일미 경제협력을 더욱 구체적으로 추진함과 함께 세계 각국과 가능한 우호적 관계를 수립해 유무상의 소통 방법으로 일본의 경제를 유지하고 세계 번영에 기여하려고 생각합니다. 정부는 이들 문제에 관해 금후 수시로 구체적 방침을 명백히 하려고 합니다.

그러나 국제 간에는 현재 나와 일본의 과거 실적을 더듬어 평화에 대한 일본의 재 위협을 걱정하거나 장래 경제 경쟁 우려가 있음을 인정하지 않을 수 없습니다. 그러나 이미 일본은 해외 영토 및 그 자원을 상실하고 명치유신 이래 축적한 국부를 전쟁으로 인해 상실한 상황이며 근래 군비 상태에 비추어 세계 평화의 재 위협의 조건은 모두 상실한 현재에 유의하며 또한 국민이 깊이 자유, 평화, 번영을 희구하는 현 상황을 이해한다면 정치적으로도 군사적으로도 혹은 경제적으로 일본에 두려움을 갖는 것은 완전히 무용함을 이해하리라 생각합니다.

샌프란시스코회의에서 조인되는 조약은 금후 비준에서 국회의 승인을 요구하게 됩니다. 그때 나는 국회의 압도적 지지가 있음을 기대합니다.

공평하며 관대한 평화조약으로 우리 일본을 국제단체로 복귀시키려는 제 연합국의 호의에 응하기 위해 또한 이 평화조약이 일본 국민의 최대 다수에 의해 수락되기를 내외 천명하도록 강력한 전권단을 파견하기를 바라는 바입니다. 의원제군의 찬동을 희망합니다.

대일평화조약에 관한 대미 인도 정부 각서

1951년 8월 23일

1. 인도 정부는 동 정부가 1951년 7월 30일자 서간에서 대일평화조약에 관해 제시한 주장에 대한 미국 정부의 회답을 감사히 수령하는 영광을 갖는다. 동 정부는 그 견해에 대해 미국 정부가 준 고려를 충심으로 감사함과 함께 이 회답이 미국 정부 및 국민에 대해 솔직하고 성실한 우호 정신으로 표현되기를 미국 정부가 확신하기를 바란다.

2. 조약 문제에 관해 위의 양국 정부 간 이루어진 교섭 중 시종일관 인도 정부는 다음 2가지 기본 목적을 강조했다. 즉,

(Ⅰ) 조약 조항은 자유국가 사회 간 영예, 평등 및 만족을 향유할 수 있는 지위를 일본에 허용할 것.

(Ⅱ) 조약 조항은 극동에서 안정적 평화의 유지에 특히 관심을 갖는 모든 국가가 조만간 조약에 서명할 수 있도록 작성되어야 할 것.

인도 정부는 극히 진중한 고려를 한 후, 이 조약은 중요한 여러 가지 점에서 이 두 개의 기준에 만족하지 않는다는 결론에 도달했다.

3. 조건(Ⅰ)

(1) 그 주민이 일본 자신의 국민 사이에 역사적 동족 관계를 가지며 동시에 일본이 침략으로 타국에서 획득한 것이 아닌 지역에 대한 주권을 완전히 회복하는 것을 일본이 희망하리라 예상하는 것은 당연하다. 류큐제도 및 오가사와라 군도는 완전히 이 서술에 해당하는 것이다. 그럼에도 불구하고 조약에 의해 제의된 곳에서는 미국 정부가 이들 제도에 대한 신탁통치권을 요구하고 동시에 이것을 획득할 때까지는 이들 제도는 여전히 미국의 입법상 및 행정상 지배를 받아야 한다

고 여겨진다. 이와 같은 약정은 대부분 일본인에게 불만의 원천이 되며 따라서 극동에서 장래 분쟁과 만일의 투쟁의 흔적을 남길 것이라 확신하는 것은 인도 정부에게 명백하다.

(2) 인도 정부는 일본이 주권국으로 조약 제5조에 규정된 방위를 위한 약정을 할 권리를 가진다는 사실을 인정한다. 만일 일본이 이 권리를 행사함에 우호국과 방위 협정을 체결하도록 결정해도 몇 명이 합리적으로 이에 반대할 수는 없을 것이다. 그러나 이 권리는 일본이 진실로 주권국이 되었을 때 일본 정부에 의해 행사되어야만 한다. 현재의 점령군이 그와 같은 방위협정의 일부로 계속 일본에 주둔할 수 있음을 제안하는 조약 중의 1조항은, 위 협정은 일본이 주권국으로서의 자유를 완전하게 향유한 뒤에 행하는 결정을 표시하는 것이 아니라는 인상을 반드시 만들 것이다. 이것이 일본 국민뿐 아니라, 아시아 여러 국민의 대부분에 대해 주는 영향이 극히 불행한 것이 될 것임을 틀림없다.

4. 조건(Ⅱ)

이미 전술한 것처럼, 인도 정부는 이 조약이 대만은 중국에 반환되어야 한다고 규정하는 것을 가장 중시한다. 그와 같은 반환 시기와 방법은 단독 교섭의 의제가 될 지도 모른다. 그러나 최근 대일전에 참가한 모든 국가의 정부와 일본의 관계를 규제하려고 기도한 문서 안에 과거 여러 국제 협정을 무시하고 대만의 장래를 미결정인 채로 두는 것은 인도 정부에게는 공정하지 않고 또한 편의를 위한 것도 아니다. 변경해야 할 점은 변경한 후에 동일한 논의가 쿠릴열도 및 남사할린에도 해당하는 것이다.

5. 전술한 이유에 의해, 인도 정부는 유감이지만 이 조약에는 참가할 수 없다고 결정했다. 극동에 넓게 지속적인 평화가 일반적으로 존재하는 것은

동 정부가 충심으로 희망하는 바이며 따라서 이 목적을 위해 동 정부는 그 대외정책의 기조를 이루는 원칙과 모순되지 않게 스스로에게 자유로운 방법으로 미국 정부, 기타 정부와 협력을 계속할 것이다. 우선 제 일보로 이것이 실행될 수 있는 대로 인도 정부와 일본 간 전쟁 상태를 종지하고 일본과의 완전한 외교관계를 확립하는 것이 인도 정부의 의도하는 바이다.

6. 이미 통고된 바에 의하면, 대일평화조약안을 심의하기 위해 샌프란시스코에 소집될 회의는 그곳에서 참가국 정부는 조약에 대해 자유롭게 그 견해를 말할 수 있다고 하지만 교섭의 여지를 주는 것은 아니다. 인도 정부는 이 회답의 내용을 이루는 조약에 관한 그 견해의 성명은 회의에 대한 자신의 입장을 명백히 하는데 충분해야만 한다고 생각한다. 만일 미국 정부에 어떤 이의가 없다면 이 회답을 8월 27일에 개회중인 자국 의회에 통고하고 싶다. 일단 이 문서가 발표되었기 때문에 평화회의에 통고될 것이다. 또한 인도 정부는 회의 주최자로서 행동하는 미국 정부에 의해 이 회답이 그 참가국에게 회부되기를 흔쾌히 생각한다. 전술한 이유에 의해 인도 정부는 조약에 서명할 수 없기 때문에 회의에 대표자를 파견할 필요는 없다고 생각한다.

대일평화조약에 관한 대인도 미국 정부 각서

1951년 8월 25일

미국 정부는 대일평화조약에 관해 1951년 7월 30일자로 인도 정부 앞으로 미국 정부로부터 주어진 설명에 대한 회답으로 1951년 8월 23일자 인도 정부 각서를 양해할 영광을 갖는다. 미국 정부는 인도 정부가 지적한 바와 같이, 1951년 8월 23일자 동 정부 각서의 원동력이 된 솔직하며 우호적인 정신으로 회답을 한다.

1. 미국 정부는 인도 정부와 일본 간 전쟁 상태를 종지하고 동시에 일본과의 외교 관계를 확립하려는 인도 정부의 명확히 표명된 의도를 환영한다. 미국 정부의 압도적 희망은 아시아의 평화이다. 승리를 가져오기 위해서는 통일 행동을 필요로 하며 또한 점령에는 통일 행동을 필요로 함과 동일하게 평화가 통일 행동에 근거하고 있다면 한층 안정적이라 미국 정부는 믿는다. 그러나 미국 국민은 만일 태평양에서 승리를 위해 해 온 노력과 희생에 의해 인도 정부가 군국주의적이며 동시에 침략적인 위협이 아닌 일본과 강화할 수 있다면 그와 같은 노력과 희생은 헛되지 않으리라 생각한다.

2. 미국 정부는 인도 정부가 드디어 성립해야 할 평화조약은 인도 정부가 단독강화를 선택할 정도로 불완전한 점을 갖는다고 생각하는 것을 유감으로 생각한다. 여러 국가가 각각에 있어 불완전한 점이라고 여기는 사항을 승낙하기를 긍정하지 않는다면 평화에 대한 통일 행동은 결코 있을 수 없다.

3. 인도 정부는 불완전한 점을 명시하는 데 있어 평화조약은 일본에게 '자유국가 사회 간 영예, 평등 및 만족을 향유할 수 있는 지위'를 부여하지

않는 것이라고 제언하고 있다. 이 제언은 미국 정부를 심히 놀라게 했다. 일본을 그와 같은 지위로 회복시키는 것이 원래 미국의 목표로 선언된 것이었다. 성립해야 할 조약이 미증유의 것이라고 할 정도로 그 목적을 달성한 것은 미국 정부의 소신이며 이것은 일본 및 기타 많은 국가의 정부 및 국민에 의해 동일하게 생각된 부분이다.

예를 들면, 일본 수상은 샌프란시스코회의 소집 때 존 포스터 덜레스 씨 앞으로 보낸 1951년 7월 13일자 서간에서 "나는 우리가 의견을 청취하고 우리 견해와 희망을 제출하기에 충분한 기회가 주어질 뿐만 아니라 이들 견해나 희망이 조약 초안 안에 많이 담기게 된 것을 감사하는 바입니다. 있는 그대로의 조약은 미국의 공정함과 관대함과 이상주의를 적지 않게 반영하고 있습니다."라고 말한다.

미국 정부는 인도 정부가 일본 정부 및 국민의 의견을 충분히 양해하며 고려되었는지 의심하는 바이다.

4. 인도 정부는 나아가 조약은 극동의 안정적 평화 유지에 특별한 관심을 갖는 모든 국가가 조만간 조약에 서명할 수 있도록 작성되어야 한다고 말하고 있다.

조약은 현재 다수국에 의한 서명 규정을 마련해 동시에 이번에는 서명국은 아니지만 1942년 1월 1일의 연합국 선언의 참가국인 모든 국가와 동일한 조약을 체결할 의무를 일본에 과하고 있다. 이 조약문의 제안자인 미영 양 정부 및 위 조약문 작성에 협력한 다른 많은 연합국은 조약이 모든 연합국에 참가시킬 수 있는 성질의 것임을 보증하기 위해 다대한 진력을 했다.

5. 인도 정부는 조약은 '그 주민이 일본 국민 간 역사적 동족 관계를 가지며 또한 일본이 침략에 의해 다른 국가에서 획득한 것이 아닌 지역에 대한' 일본의 주권을 완전히 회복해야 한다고 제언하고 있다.

이 원칙이 일본의 주권은 그 본토인 4도와 항복 선언 참가국이 결정할 수 있는 모든 소도로 제한함을 절대적으로 명시한 포츠담 항복조항에서 벗어나는 것은 피하기 어려울 것이다. 인도 정부는 인도가 위 조항의 이행을 위해, 설치된 극동위원회 일원으로서의 임무를 과한 5년 반 동안 위 조항을 문제시한 것은 한 번도 없었다. 인도 정부는 이번에 제출한 원칙은 일본이 쿠릴열도 및 류큐열도에 대해 완전한 주권을 보유함을 필요로 한다. 게다가 인도 정부는 조약이 소련에 대한 완전한 주권의 양도를 명시하지 않았다는 이유로 쿠릴열도에 관한 조약 조항을 비난하며 또한 조약은 주권을 일본에게 남기고 있지만 미국을 시정권자로 하는 국제연합 신탁통치를 허락하고 있다는 이유로 류큐에 관한 조항을 비난하고 있다.

미국 정부는 인도 정부가 아직 조건이 확정되지 않는 류큐 및 오가사와라 군도에 관한 장래 약정이 금후 '대부분의 일본 국민에게 불만의 원인이 된다'고 어떻게 확신할 수 있는지 이해할 수 없다. 또한 미국 정부는 인도 정부가 왜 쿠릴열도와 류큐 군도 사이에 다른 견해를 보이는지 이해할 수 없다.

6. 인도 정부는 조약의 효력 발생일과 자발적인 집단적 안전보장 약정의 효력 발생일 사이에 일본이 방위할 수 없는 국가가 되는 것을 방지할 권리를 조약이 일본에게 부여한다는 이유로 인해 반대하고 있다. 인도 정부는 그와 같은 안전보장 약정이 실제 자발적인 것임을 입증할 유일한 길은 정평 있는 침략자들에게 심하게 접근해 전면적 무방위 상태에 있는 시기에 일어나기 쉬운 중대한 위험에 일본을 내던지는 것이라고 제언하고 있다. 이것이 일본 국민이 희망하는 바라고 믿거나 또는 평화조약이 일본에 그 중대한 위험을 과하는 것이 일본의 복지를 증진하는 것이라고 믿어야 할 이유는 없다.

미국 정부는 일본이 요구하는 안전보장 협정이 실제 일본 국민의 의사에 답하는 것인지 어떤지 확인하기 위해 충분히 노력했다. 미국이 일본의 방위를 원조하는 것은 그것을 일본 국민이 희망하는 것이 아니라면 전혀 실행불가능하며 또한 전혀 환영할 수 없는 것이다. 일본 정부 및 국회의 정당 간부 성명 및 다방면에서 여론의 현상은 모두 일본인은 평화조약의 효력 발생과 동시에 일본이 무방위 국가가 되기를 바라지 않는다고 논증하고 있다. 모든 국제 연합가맹국인 32개국에 이르는 연합국은 미국이 참가국이 된 집단적 안전보장 협정을 자유로운 입장에서 이미 만들었거나 만들고 있다. 그와 같이 많은 자유 국민의 원동력이 된 감정이 일본에서 또한 나타나지 않는다면 그것은 정말 놀라운 일이다.

7. 인도 정부는 대만의 장래는 '미결정'인 채로 두어서는 안 된다고 말하고 있다. 인도 정부는 조약은 대만의 중국에의 반환을 규정해야 하지만, '그와 같은 반환 시기와 방법은 단독 교섭의 의제가 될 수 있다'는 뜻을 제언하고 있다. 장래 처분이 반환 시기와 방법에 관한 장래 교섭의 여하에 관련된다면 그와 같은 처분은 '미결정'이라고 미국은 생각한다.

인도 정부는 대만의 장래에 관해서는 현재 연합국 간 얼마간 최종적 합의를 볼 수 없음을 충분히 알 필요가 있다. 그와 같은 합의가 성립할 때까지 대일평화조약의 체결을 연기해야 함을 주장하는 것은 사실상 인도 정부가 긴급히 필요한 일이라고 동의한 일본이 '자유국가 사회 간 영예, 평등 및 만족을 향유할 수 있는 지위'로 복귀하는 것을 무기한 연기하는 것이다. 그뿐 아니라, 미국 정부는 인도 정부가 대만의 장래에 관해 결정적인 처분이 이루어질 때까지 일본과의 전쟁 상태 종지를 연기할 의사는 명백하게 스스로 갖지 않음을 인정한다.

8. 미국 정부는 체결을 예상하는 평화조약이 모든 점에서 완전하다고 주장하는 것은 아니다. 그것은 인간 공동일치의 노력에는 불가피함을 동반하는 조절을 필요로 한다. 근본적으로 중요한 것은 이 조약이 평화 조약이며

또한 그 안에 한 번 더 전쟁이 일어날 원인을 포함하지 않는 조건으로 기초된 것이다. 지연하는 것은 현재 조치에 희생이 동반되어도 그것을 모두 작은 것으로 만들 정도의 큰 대가를 지불할 것이다. 지연은 일본 정부를 연합국의 군사적 지배에 복종시키는 항복 조항을 영구적인 것으로 하는 것이다. 점령이 합법적이며 유효한 목적에 도움이 된 후에도 그와 같은 복종이 계속될 때 그 결과는 부정한 형태의 식민주의나 제국주의와 구별되지 않는 것이 된다. 미국은 식민주의나 제국주의를 만들려는 생각은 없다. 그것이 즉 미국이 가능한 신속하게 가능한 좋은 강화를 달성하려고 열심히 노력하고 있는 이유이다. 그것이 즉, 미국이 우리의 우방뿐만 아니라, 우리의 구 적국의 부흥에 대해 대단히 관대하게 기여하고 있는 이유이다.

미국 정부는 인도 정부가 평화를 위한 일치단결된 노력으로 참가할 의사가 없음을 유감으로 생각한다. 하지만 미국 정부는 인도 정부가 그러한 대외 정책의 기초를 이루는 모든 원칙과 모순되지 않는 한 극동에 지속적 평화가 일반적으로 존재하도록 미국 정부 및 여러 국가의 정부가 협력을 계속할 것을 확약하는 것을 환영한다. 미국 정부는 인도 정부가 언급하는 이들 제 원칙이 평화를 위해 실행 가능하며 또한 유효하도록 협력하기를 희망한다.

미합중국과 필리핀 공화국 간 상호방위조약

1951년 8월 30일 워싱턴에서 서명

이 조약의 체결국은,

국제연합헌장의 목적 및 원칙에 대한 신념, 그리고 모든 국민 및 모든 정부와 평화롭게 생활하려는 욕구를 재확인하고 동시에 태평양 지역에서 평화기구를 강화하기를 원하며,

이번 전쟁 중에 제국주의자의 침략에 대해 나란히 싸웠기 때문에 양 국민을 동정과 상호 이상이라는 공통된 유대로 결합시킨 역사적 관계를 상호 자랑스럽게 여기며,

나타날 수 있는 어떠한 침략자도 체결국의 어느 쪽이 태평양 지역에서 고립한다는 환상을 갖지 않도록 양국의 단결의식을 외부로부터의 무력공격에 대해 스스로 방위하려는 양국의 공통된 결의를 공공연히 그리고 정식으로 선언하기를 원하며

나아가 태평양 지역에서 한층 광범위한 지역적 안전 보장 조직의 출현을 볼 때까지 평화 및 안전을 유지하기 위한 집단적 방위를 목적으로 하는 각자의 현재 노력을 강화하기를 원하며 이 문서 중에 어떠한 규정도 미국과 필리핀 간 현존하는 어떤 협정 혹은 양해도 어떤 의미에 있어서도 변경하거나 축소하리라 생각되거나 해석되어서는 안 된다는데 의견이 일치했으므로 이에 따라 다음과 같이 선언, 약속한다.

제1조

체결국은 국제연합헌장에서 기술하는 바와 같이 말려들 여지가 있는 어떠한 국제분쟁도 국제적 평화, 안전 및 정의가 위험해지지 않도록 평화적 수단에 의해 해결하는 것과 그 국제관계에서 국제연합의 목적에 위반하는 어떠한 방법에 의해서도 무력으로 위협하거나 무력을 사용하는 것을 삼가

는 것을 약속한다.

제2조

이 조약의 목적을 한층 효과적으로 달성하기 위해 체결국은 자조 및 상호 원조에 의해 단독 및 공동으로 무력공격에 저항하는 개별적, 집단적 능력을 유지, 발달시킨다.

제3조

체결국은 이 조약의 이행에 관해 수시로 체결국 일방의 영토보전, 정치적 독립 혹은 안전이 외부로부터 무력공격에 의해 위협을 받고 있다고 체결국의 일방이 인정할 때에는 언제든 각자의 외무대신 혹은 대리자를 통해 협의한다.

제4조

각 체결국은 체결국 한쪽에 대한 태평양 지역에서의 무력공격은 자국의 평화 및 안전에 있어 위험하다고 인정해 헌법상 절차에 따라 공통의 위험에 대처하기 위해 행동할 것을 선언한다.

어떠한 무력공격도 또한 그 결과 취해진 모든 조치도 즉시 국제연합 안전보상이사회에 보고되지 않으면 안 된다. 이와 같은 조치는 안전보장이사회가 국제적 평화 및 안전을 회복하고 유지하기 위해 필요한 조치를 이미 취했을 때에는 종지해야 한다.

제5조

제4조의 적용상, 체결국 한쪽에 대한 무력 공격이란 체결국 한쪽의 본토 지역 혹은 태평양 관할하에 있는 도서 지역, 혹은 태평양에 있는 군대, 공공 선박 혹은 항공기에 대한 무력 공격을 포함한다.

제6조

이 조약은 국제연합 헌장에 근거한 체결국의 권리 및 의무 혹은 국제평화 및 안전 유지에 관한 국제연합의 책임에 대해 어떤 영향도 미치지 않고, 또한 어떤 영향을 미치는 것이라 해석되어서도 안 된다.

제7조

이 조약은 각자의 헌법상 절차에 따라 체결국에 의해 비준되어야 한다. 비준서는 가능한 신속하게 필리핀 정부에 기탁되어야 한다. 이 조약은 서명국의 비준서가 기탁된 즉시 효력을 발생시킨다.

제8조

이 조약은 무기한 효력을 가진다. 어느 일방의 체결국도 다른 체결국에 대해 예고하고 1년 후에 이 조약을 종지할 수 있다.

제9조

영문에 의한 이 조약은 필리핀 정부의 기록에 기탁된다. 동 정부는 그 인증등본을 미국 정부에 송달한다.

오스트리아, 뉴질랜드 및 미합중국 간 안전보장조약

1951년 9월 1일 샌프란시스코에서 서명

이 조약의 체결국은

국제연합헌장의 목적 및 원칙에 대한 신념 및 모든 국민, 모든 정부와 평화롭게 생활할 수 있는 욕구를 재확인하고 태평양지역에서의 평화기구를 강화하기 바란다.

합중국은 이미 그 군대가 필리핀 국내에 주둔하기 위해 준거해야 할 약정을 갖고 있으며 류큐에 있어서 군대가 행정상의 책임을 지니며 또한 대일평화조약의 효력 발생과 동시에 일본구역에 있어서 평화 및 안전 유지에 대해 원조하기 위해 일본 국내와 그 부근에 군대를 주둔시킬 수 있음에 주목해,

오스트리아 및 뉴질랜드는 전 영국 연맹의 구성원으로서 태평양지역뿐만 아니라 그 외에서도 군사적 의무를 가짐을 인정하고 나타날 가능성이 있는 어떠한 침략자도 체결국의 일방이 태평양 지역에서 고립된다는 환상을 기질 수 없도록 체결국의 단결의식을 공공연히 그리고 정식으로 선언하기를 원하며 또한, 나아가 태평양 지역에서 한층 광범위한 지역적 안전보장 조직을 출현을 볼 때까지 평화 및 안전을 유지하기 위한 집단적 방위를 목적으로 하는 각자의 노력을 조절하기를 바라며 따라서 다음과 같이 선언, 약속한다.

제1조

체결국은 국제연합헌장에서 기술하는 바와 같이 말려들 여지가 있는 어떠한 국제분쟁도 국제적 평화, 안전 및 정의가 위험해지지 않도록 평화적 수단에 의해 해결하는 것과 그 국제관계에서 국제연합의 목적에 위반하는 어떠한 방법에 의해서도 무력으로 위협하거나 무력을 사용하는 것을 삼가는 것을 약속한다.

제2조

이 조약의 목적을 한층 효과적으로 달성하기 위해 체결국은 계속적이며 효과적인 자조 및 상호 원조에 의해 단독 및 공동으로 무력공격에 저항하는 개별적, 집단적 능력을 유지, 발달시킨다.

제3조

체결국은 체결국 일방의 영토보전, 정치적 독립 혹은 안전이 태평양에 있어서 위협받고 있다고 체결국의 일방이 인정할 때에는 언제든 협의한다.

제4조

각 체결국은 체결국 일방에 대한 태평양 지역에서의 무력공격은 자국의 평화 및 안전에 있어 위험하다고 인정해 헌법상 절차에 따라 공통의 위험에 대처하기 위해 행동할 것을 선언한다.

어떠한 무력공격도 또한 그 결과 취해진 모든 조치도 즉시 국제연합 안전보상이사회에 보고되지 않으면 안 된다. 이와 같은 조치는 안전보장이사회가 국제적 평화 및 안전을 회복하고 유지하기 위해 필요한 조치를 취한 경우에는 종지해야 한다.

제5조

제4조의 적용상, 체결국 일방에 대한 무력 공격이란, 체결국 일방의 본토 지역 혹은 태평양에 있는 국가의 관할하에 있는 도서 지역, 혹은 태평양 국가의 군대, 공공 선박 혹은 항공기에 대한 무력 공격을 포함한다.

제6조

이 조약은 국제연합 헌장에 근거한 체결국의 권리 및 의무 혹은 국제평화 및 안전 유지에 관한 국제연합의 책임에 대해 어떤 영향도 미치지 않고,

또한 어떤 영향을 미치는 것이라 해석되어서도 안 된다.

제7조

체결국은 이 조약의 이행에 관한 사항을 심의하기 위해, 각자의 외무대신 혹은 그 대리자로 구성되는 이사회를 여기에 설치한다. 이 이사회는 언제든 회합할 수 있도록 조직되어야 한다.

제8조

태평양 지역에서 더욱 광범위한 지역적 안전보장 조직이 출현하거나 동시에 국제적 평화 및 안전을 유지할 한층 효과적인 수단을 국제연합이 출현시키기까지 제7조에 의해 설치된 이사회는 태평양 지역에 있는 여러 나라, 여러 지역적 기관, 여러 국가 연합체 또는 기타 권력자로 이 조약의 목적을 촉진, 이 지역의 안전에 기여할 수 있는 자 사이에 협의상 관계를 유지할 권한이 주어진다.

제9조

이 조약은 체결국에 의해 각자의 헌법상 절차에 따라 체결국에 의해 비준되어야 한다. 비준서는 가능한 신속하게 오스트리아 정부에 기탁, 동 정부는 다른 각 서명국에 이 기탁을 통고한다. 이 조약은 서명국의 비준서가 기탁된 즉시 효력을 발생시킨다.

제10조

이 조약은 무기한 효력을 가진다. 어느 일방의 체결국도 오스트리아 정부에 예고하고 난 1년 후에 제7조에 의해 설치된 이사회의 구성원이 아닐 수 있다. 오스트리아 정부는 다른 각 체결국 정부에 이 예고서 기탁을 통지한다.

제11조

영문에 의한 이 조약은 오스트리아 정부의 기록에 기탁된다. 동 정부는 그 인증등본을 다른 각 체결국 정부에 송달한다.

이상의 증거로서 아래 기술하는 전권위원은 이 조약에 서명했다.

샌프란시스코회의에서의 트루먼 대통령 연설

1951년 9월 4일

나는 대일평화조약 서명을 위한 이 회의에 제군을 맞이하는 것을 기쁘게 생각한다. 미국 국민은 이 회의의 호스트 역할이 주어진 것을 명예로 생각한다.

이 회의에 대표를 보낸 제국은 6년 전 가혹하며 많은 희생을 만들었던 전쟁에 내몰리고 있었다. 그럼에도 불구하고 이들 제국 및 기타 제국은 여기에서 바로 이 홀 안에 모여 확고하며 지속적인 평화에의 기본적인 첫걸음으로서 국제연합을 창설한 것이다.

금일 우리는 평화에의 길을 한 걸음 더 전진하기 위해 다시 여기에 회합했다. 이때 우리의 목적은 1945년에 교전하고 있던 국가와 평화조약을 체결하는 데 있다. 우리는 우리의 구 적국을 평화국가 사회로 다시금 진입시키기 위해 회합하고 있다.

우리가 여기 모여 서명하려고 하는 조약은 복수 정신으로 작성된 것이 아니다. 이 조약은 우리가 전쟁을 수행하는 데 있어 가졌던 정신을 반영하고 있다. 우리가 그 실현을 위해 싸운 곳의 제 원칙은 일본의 진주만공격 직후, 고 프랭클린 루즈벨트 대통령에 의해 명료하게 선언되었다. 1941년 12월 9일, 미국 국민에 대한 라디오 방송에서 그는 다음과 같이 말했다.

"지금 우리는 무력에 호소해야 하지만 우리가 무력을 행사하는데 있어 우린 이 무력을 당면한 악에 대해서뿐만 아니라 궁극적 선을 지향해야 함을 결의하고 있다. 우리는 지금 이 전쟁의 한 가운데 있는데 그것은 정복을 위한 것이 아니라, 보복을 위한 것도 아니며 미국 및 미국에 의해 상징되는 모든 것이 존재하는 세계를 우리의 자손을 위해 안전하게 하기 위해서이다."

그것이 우리가 금일 여기 평화조약에 서명하기 위해 회합한 목적이다.

우리는 모든 국민의 자손이 평화롭게 함께 생활할 수 있는 세계를 건설하려고 노력하고 있다. 우리는 고 루즈벨트 대통령이 말한 부분의 궁극적 선에 도달하려는 것이라고 생각한다.

불행히도 금일 세계는 새로운 침략의 위협에 직면하고 있다. 여기에 대표자를 보낸 국가의 대부분은 국제연합을 지지해 국제법의 침범을 방지하기 위해 현재 격렬한 전쟁에 종사하고 있다. (개인 간 암살자가 있는 것처럼 국가 간에도 암살자가 있다.) 그러나 우리는 우리의 목표가 강화임을 잊지 않았다. 우리는 우리가 강화를 위해 취할 수 있는 모든 조치가 현재의 항쟁을 위해 취할 수 없는 채로 방치해 두는 일은 없을 것이다. 1945년 당시 전쟁의 존재가 국제연합을 위한 우리의 노력을 저지하는 것을 우리가 허락하지 않는 것과 같이, 현재 우리는 그런 일이 일어나는 것을 허락하지 않는다.

우리의 모든 국가의 국민은 다른 모든 것보다 단 한 가지를 절실히 바라고 있다. 그리고 이것을 획득하는 것을 결의하고 있다. 우리 제 국민이 바라는 것은 평화 세계이며--------모든 사람, 모든 국민을 위해 정의와 자유가 있는 세계이다. 우리 제 국민은 우리가 이 목표에 도달하기 위해 모든 가능한 수단을 취하기를 우리는 요구하고 있다.

대일평화조약에 언제든 서명할 수 있는 우리는 평화를 믿는다. 우리는 자유와 국제정의에 근거한 평화를 믿는다. 우리는 자유롭고 독립적인 국민은 외국 지배하에 놓인 국민보다도 한층 많은 에너지와 인내력을 갖고 있으며 그리고 평화 확보에 이바지하기 위해 보다 많은 것을 이룰 수 있음을 알고 있다. 만일 일본이 지금 독립적 지위를 회복하고 상호 우정과 책임감과 유대에 의해 다른 자유 제국과 연결된다면 평화를 위한 위대한 노력은 모두 강력한 것이 될 것임을 우린 믿는 바이다.

1945년에 전투가 종료한 이래, 일본은 피점령국이 되었다. 이 점령에 관해 전쟁 중인 연합국이 목적으로 한 바는 장래 일본의 침략을 방지함과 함께 일본을 국제사회에 복귀할 용의가 있는 평화적이며 민주주의적인 국가로 수립하는 것이었다.

미국은 주요 점령국으로서 이들 목적을 수행하기 위한 특별한 책임이 주어졌다. 우리는 미국이 이 목적을 달성한 것이라고 판단한다.

나는 이 기회에 연합국 점령이 수행된 방식에 관해 우리 국민 및 내가 느끼는 자랑스러움을 표명하고 싶다. 이 성공은 더글러스 맥아더 원수 및 그 후임자인 리지웨이 대장의 뛰어난 지도하에 노력해 준 수천 명의 노력의 선물이다.

나는 또한 이 점령 기간 중에 일본 국민에 의해 이루어진 감명적인 노력에 대해 경의를 표하고 싶다. 일본 국민은 항복 조건을 완전히 지켰다. 또한 그들은 점령 목적의 실현에 대해 완전히 협력했다.

그 결과, 일본의 역사상, 진보를 달성한 시대로서는 현저히 미증유의 시대가 출현했다. 오늘날의 일본은 6년 전의 일본과는 전혀 다른 국가가 되었다.

구 군국주의는 사라졌다. 이건 점령 포고만으로 이루어진 것이 아니라 일본 국민 자신의 압도적 다수의 의사에 의해 이루어진 것이다.

구 일본 정부가 이용한 비밀경찰 및 경찰국가의 방식은 폐기되었다.

새로운 일본 헌법은 모든 국민을 위한 권리장전을 규정하고 진실로 국민을 대표하는 정부를 수립했다. 이제 일본 국민은 보통 선거권을 가지며 그리고 그들의 정치에 적극적으로 참여하고 있다. 최근 지방선거에서는 유권자의 90퍼센트 이상이 투표했다. (나는 미국에서도 동일한 퍼센트를 얻는 것이 바람직하다고 생각한다.)

일본의 부인도 현재 선거권을 가지며 정치에 참가하고 그리고 처음으로 완전한 민주적 제 권리를 향유하게 되었다.

자유롭고 독립적인 노동조합이 설립되었고 또한 농업협동조합도 크게 발전했다. 과거 일본 경제를 얽어매고 있었던 독점기업은 거의 대부분 해체되었다.

농지개혁도 눈부신 진보를 이루었다. 5백만 헥트 이상의 토지가 구 지주로부터 사들여 경작 농민들에게 매도되었다. 1945년 당시에는 전 경작지의 50퍼센트 미만이 경작 농민들의 소유가 되어 있었는데 이와 비교해 지금은 그 비율이 약 90퍼센트가 되었으며 이것이야말로 자유를 의미하는 것이다. 이러한 사실은 위대한 성과이며 지금 아시아를 위해 큰 의의가 있는 것이다.

이들 제 개혁 및 기타 제 개혁을 통해 일본 국민은 안정된 경제와 민주주의적 사회를 발전시켜 왔다. 그들의 전도는 아직 멀지만 그들은 평화 건설의 방법과 국민의 복지에 헌신하며 신 일본건설의 길을 훌륭하게 걷고 있다.

이들 성과가 있었기 때문에 지금 일본 국민에게 완전한 주권을 회복시킬 수 있는 것이다. 이것은 의무를 벗어난 것을 의미하는 것이 아니다. 미국 국민은 진주만 공격이나 바타안을 잊지 않았으며 여기에 대표자를 보낸 다른 제국의 대부분도 쉽게 떨쳐 버릴 수 없는 기억을 갖고 있다. 새로운 일본은 세계가 일본에 대해 완전히 우호적이며 신뢰하고 있는 것만은 아님을 알고 있다. 일본은 다른 제 국민의 우의와 신뢰를 얻기 위해 금후 수년간 노력을 계속해야 할 것이다.

그러나 평화적 장래의 기초는 여기에 놓여졌다. 지금이야말로 일본과 세계의 다른 부분 사이에 있어서 정상 관계의 회복을 더욱 촉진시킬 때이다.

이 회의는 이 목적의 실현을 위해 이루어진 1년에 걸친 노력의 산물이다.

1년 전의 이달, 나의 요청에 근거해 존 포스터 덜레스 씨는 대일평화조약에 관해 다른 제국 정부와 협의를 개시했다. 덜레스 씨는 스테이츠맨십(정치가 정신)이라는 최고 전통을 지침으로 이 임무를 충실히 훌륭하게 이루어 냈다.

물론 관계 제국 간 이 조약에 포함된 다수의 문제에 관해 의견이 상이가 있었다. 지금 우리 앞에 있는 조약문은 이들 상이점을 조절하기 위해 많은 국가 간 이루어진 장시간에 걸친 인내심이 발휘된 교섭의 산물이다.

나는 공평하게 말해 이 조약은 훌륭하다고 생각한다. 이 조약은 전 참가국의 주요한 희망과 궁극의 이해를 고려하고 있다. 그리고 그것은 승자 및 패자 쌍방에게 공평한 것이다.

그러나 이뿐이 아니다. 이것은 실행가능한 조약이다. 이 조약은 다시 한 번 전쟁이 일어날 수 있는 원인을 포함하고 있지 않다. 이 조약은 과거를 보지 않고 미래에 착목한 화해의 조약이다.

이 조약은 일본을 주권을 가진 독립국으로 재건하는 것이다. 일본과 다른 제국 간 통상재개를 규정하고 일본의 원료입수에 대해 어떤 제한도 과하지 않는다.

이 조약은 일본은, 일본의 침략에 의해 손해를 입은 제국에 대해 배상을 지불해야 한다는 원칙을 인정하고 있지만 일본 국민에게 장래 몇 년 후에 그들의 경제를 궤멸시키는 절망적인 배상의 무거운 짐을 주지는 않는다.

이들 모든 점에 있어서 이 조약은 일본 국민이 최근 수년간에 이룬 평화적 진보를 고려해 그리고 장래 진보하기 위한 제 조건을 확립하기를 지향하고 있다. 그러나 우리 모두가 인정해야 하는 것이 한 가지 있다. 그것은 일본 국민과 태평양 여러 지역에서 그 인접 국민이 침략의 위협에 대해 안전을 보장받지 못하는 한 진보는 있을 수 없다는 사실이다.

현재 태평양 지역은 공연한 침략과 이후의 무력 공격의 위협으로부터 중대한 영향을 받고 있다. 따라서 우리가 일본과 강화를 이루는 데 있어 중대 관심사의 한 가지는 침략에서 일본의 안전을 보장하는 것이며 또한 일본은 일본으로서 타국의 안전을 위협하는 행동을 하지 않도록 규정해야 하는 것이다. 이 목적을 달성하기 위해, 일본을 국제연합의 원칙하에 국제연합 가맹국의 상호 의무 보호 안에 두는 것이 중요하다.

이 조약에는 국제연합에 가맹하고 싶다는 일본의 의향이 표명되고 있다. 이 조약에 서명하는 다른 제국은 일본의 국제연합가맹을 위해 노력하는 것이라고 기대할 수 있지만 그러나 일본의 국제연합가맹은 늦어질지도 모른다.

따라서 이 조약에서는 일본 국민은 국제연합가맹국의 기본적 의무—즉,

침략을 삼가는 것, 분쟁을 평화적으로 해결하는 것, 그리고 평화유지를 위한 국제연합의 노력을 지지하는 것을 즉시 수락할 의무를 갖는 것이다. 동시에 이 조약에 서명하는 다른 제국은, 일본이 국제연합헌장의 보호를 받을 자격이 있음을 특별히 승인하게 된다.

어떤 의미에서는 이들 조항이 이 조약의 핵심을 이루는 것이다. 이들 조항하에 일본은 침략을 불법으로 또한 정의에 근거한 세계 질서를 지지하는 것을 맹세한 제 국가 사회의 일원이 되는 것이다.

이와 같은 대일평화조약과 국제연합헌장의 결합은 태평양에서 안전보장을 목표로 장족의 진보를 이루었음을 의미한다. 그러나 필요한 것은 여기에 그치지 않는다.

현재 세계정세에서는 국제연합헌장의 평화원칙을 침략에 대한 공동방위의 지역적 약정에 의해 옹호하는 것이 필요하다. 만약 참된 안전보장이 태평양에서 달성되어야 한다면 이 지역에 있는 자유국가들은 공동방위를 위해 힘을 합칠 방법을 이끌어 내야 한다.

미국은 이 사실을 인정하고 있다. 미국 국민은 태평양에서의 과거 침략에 의해 손해를 입었으며 우리나라가 이 지역의 평화를 위해 역할을 다해야 한다고 결의했다. 최근 우리는 다른 태평양 제국 간 중요한 상호안전 보장 협정에 참가했다.

지난주 수요일, 필리핀 및 미국은 상호방위조약에 서명했다. 이 조약에 근거해 각국은 태평양지역에서 상대국에 대한 무력공격은 자국의 평화 및 안전을 위협하는 것임을 서로 인정하고 공동 위험과 싸우기 위해 행동을 취해야 함을 선언했다.

지난주 토요일, 오스트리아, 뉴질랜드 및 미국은 이와 동일한 안전보장조약에 서명했다.

이들 조약은 태평양에서의 평화를 견고히 하기 위한 첫걸음이다.

태평양에서의 평화를 유지하기 위해 적당한 안전보장 약정에 가능한 빨리 일본을 포함하는 것은 절대적으로 필요하다. 이것은 일본을 보호하기 위해서도 또한 다른 국가를 보호하기 위해서도 필요하다.

따라서 이 평화조약은 일본이 주권국으로서 국제연합헌장에 근거해 자위권 및 다른 제국 간 방위약정에 참가할 권리를 가져야 함을 인정했다.

태평양에서의 방위를 위한 지역적 약정을 발전시키는 것은 창설될 일본의 방위군은 태평양의 다른 국가의 방위군과 연합하는 것을 의미한다. 일본의 안전보장은 오로지 일본군에게만 의존하는 것이 아니라, 다른 제국과 상관관계를 갖는 제 안전보장 약정에도 의존하는 것이다. 일본의 기여는 단독으로는 공격적 위협이 될 일은 없을 것이다. 그러나 일본군은 다른 제국의 군대와 함께 할 경우, 일본을 포함한 태평양제국의 독립에의 위협에 대해 상호적 안전보장을 제공하게 될 것이다.

현재는 물론 일본은 전혀 군비를 갖고 있지 않다. 공연한 침략이 일본의 근변에서 일어난다고 가정해 일본 정부는 일본 당명의 안전보장을 위해 2국 간 조약을 맺고 싶다고 미국에 요청했다. 이와 같은 조약에 근거해, 미국은 국제적 평화와 공격에 대한 일본의 방위에 기여하기 위해 당분간 일본에 군대를 유지할 것이다.

안전보장 약정은 위험상태에 있는 세계에 있어서는 필요불가결하다. 세계의 다른 지역과 동일하게 태평양에서도 인간이 공포에 의한 무력상태에 빠지지 않도록 인간을 수호할 방패가 없는 한 사회적 경제적 진보는 있을 수 없다.

그러나 우리의 큰 목표, 주요한 목적은 보다 크고 보다 강력한 방패를 만드는 것뿐만이 아니다. 우리가 하려는 것은 인류의 진보라는 커다란 건설적 임무를 가능한 신속하게 진보시키는 일이다.

우리 미국 국민은 태평양지역 및 아시아에 있는 많은 새로운 자유롭고 독립적인 국가를 존중하고 지지하는 것이다.

우리는 그들이 동서양의 독립국가 사회에 평등한 동료로 성장해 번영하기를 바라마지 않는다. 우리는 그들과 협력하고 그들의 농업 및 공업의 발전을 원조하기를 바란다.

우리는 이들 국가가 위엄과 자유 안에서 그 국민생활의 향상을 달성하기를 희망한다. 왜냐하면 이것이야말로 세계평화로의 길이기 때문이다.

이들 국가는 풍부한 역사적, 문화적 전통을 갖고 있다. 오늘날 이들 국가의 국민은 큰 경제적, 사회적 변화를 경험하고 있다. 그들은 진보와 독립을 추구하는 새로운 열정에 넘치고 있다. 이미 우리는 말라리아의 박멸, 학교 건설, 교사 양성, 식량 증진, 신공업의 창시 등 약간의 진보가 이루어지고 있음을 보았다. 만약 이들 제국이 침략의 공포에서 벗어나 평화로운 공동사회에서 그들의 국가적 운명을 추구할 수 있다면 그 전도는 양양한 것이다.

이 평화조약에 기반을 두어 우리는 일본이 이 평화로운 공동사회에 참가할 수 있으며 또한 참가하리라 믿는다.

우리는 신생 일본이 그 풍부한 문화, 즉 평화를 위한 헌신에 의해 국제사회에 가져올 수 있는 공헌을 기대하고 기다리는 것이다. 우리는 일본의 공헌이 다년에 걸쳐 증대하기를 기대하는 것이다. 왜냐하면 이 평화조약의 서명은 강화 과정의 일부분에 지나지 않기 때문이다. 침략과 전쟁이 국가의 관계를 절단했을 때에는 일국과 타국을 연결하는 수많은 유대는 끊어진다. 강화를 하는 것은 대륙 간 해저전선의 많은 고장을 수리하는 것과 같다. 각각의 절단 개소는 이것을 한 개씩 인내심 있게 연결하지 않으면 안 되는데 이와 같이 해서 처음으로 통신의 완전한 교류는 회복되는 것이다.

이와 같이 서서히 인내심 있게 한 걸음 한 걸음 해저전선을 수리하고 강화하도록 국가 간 연락과 이해를 강화하는 것 외에 지속적 평화를 가져올 방법은 없다. 이 샌프란시스코 회의에서 우리는 지속적 평화를 추구하기 위해 필요불가결한 한 가지 조치를 취할 기회를 갖는 것이다. 여기서 우리의 특정한 임무는 일본과 평화조약을 체결하는 것이다. 이것은 태평양에서 일반적 평화와 눈부신 진보를 진전시키는 일이다.

취해야 할 필요가 있는 조치는 그 외에도 있다. 이들 중 가장 중요한 것은 조선에서의 평화 및 안전의 회복이다. 일본이 국제사회에서 복귀해야만 할 곳에 복귀해 조선의 국민들이 안전과 자유와 통일을 성취한다면 현재 평화를 위협하고 있는 다른 태평양 제 문제 해결로의 길도 발견할 수 있을 것이다.

미국은 적당한 시기에 또한 적당한 의장에서 어떻게 하면 이것을 달성할 수 있는가를 타국 정부와 검토하고 싶다는 희망을 종종 밝혀 왔다.

만일 모든 방면의 사람들에게 평화에 대해 거짓이 없는 욕구가 있다면 다음 조치를 검토할 수 있는 확립된 훌륭한 방법은 얼마든지 있다.

그러나 이것은 이 회의에서 취급할 수 있는 사항이 아니다. 우리는 단 한 가지 조치—그러나 가장 중요한 조치를 취하기 위해 여기에서 회합한 것이다.

현재 우리 앞에 있는 이 조약에 의해, 강화의 논의 이상의 것이 이루어지고 있다. 강화를 위한 행동이 취해지고 있다. 따라서 이 회의는 누가 강화를 요구하고 누가 강화를 저지하는가, 누가 전쟁 종결을 희망하는가, 또한 누가 전쟁을 계속하기를 바라는가를 명백히 할 것이다. 우리는 이 조약이 현재 세계를 강력하게 조이고 있는 긴장을 완화하기를 진심으로 희망하는 모든 국가에 의해 지지받고 있음을 믿는다.

나는 더 큰 조화와 이해를 갖도록 우리를 진보시키는 이 조치를 우리가 일치단결해 취하기를 바란다.

우리는 지금 평화조약의 서명 테이블에 가까이 가는 데 있어, 이후 우리 사이에 승리자도 패자도 없으며 단지 평화로운 공동사회에서의 대등자가 존재할 뿐, 원망과 미움을 버려야 할 것이다.

샌프란시스코 회의 의사 규칙

제1절 위탁 조항

제1조

회의는 미합중국 정부가 제출한 초청장 조항에 따라 개최되며 동시에 그 조항에 따라 이루어지는 초청장의 복사본은 부속문서로 첨부되어 있다.

제2절 임시의장

제2조

미합중국의 대표단 단장은 회의의 임시의장이 되며 회의가 상임의장을 선출할 때까지 사회를 맡는다.

제3절 상임의장

제3조

회의의 상임의장은 회의에 대표자를 보내는 나라의 전권단 단독다수결로 선출한다. 상임의장단은 회의의 모든 회합에서 사회를 맡을 권한 및 회의 토의 사이에 제기되는 의사진행에 관한 모든 문제를 해결할 권한을 갖는다.

제4절 부의장

제4조

회의는 전권대표단 구성원 중에서 부의장 1인을 선출한다. 부의장은 의장의 요청에 의해 복무하고 의장의 권능을 갖는 것으로 한다. 의장도 부의장도 회의의 회기 혹은 회기의 일부분에서 사회를 맡을 수 없을 때에는 마지막에 사회를 본 의장 혹은 부의장은 회의 동의를 얻어 전권대표 1인을 의장의 권능을 갖는 임시사회자로 복무할 수 있도록 초청할 수 있다.

제5절 선거

제5조

모든 선거는 비밀투표로 이루어진다. 지명은 하지 않는다.

제6절 사무국장

제6조

회의 사무국장은 미합중국 정부가 임명한다. 사무국장은 회의 사무국과 협의해 이것을 감독하고 회의 임무 수행에 필요한 편익을 회의에 제공한다. 사무국장은 회의 조직 및 기능에 관한 사항에 대해 대표단 간 혹은 그들의 각 구성원 간 중개자 및 대표와 합중국 연방, 주(州)와 지방정부 간 중개자로 한다.

제7절

제7조

회의에서 대표자는 미합중국 정부에 의해 회의에 참가하도록 초청된 연합국 정부가 각각 파견한 전권대표단에 한정된다. 일본대표는 회의의 모든 공개 회합에 투표권 없이 출석할 권리가 주어지며 또한 조약의 서명식에 앞서 사회자에 의해 적당한 발언 기회가 주어지게 된다.

제8조

일본과 평화조약을 함께 서명하는 것은 연합국(조약에 정의된 바에 의함) 사이에서는 서명국이 종래 승인을 하지 않았던 국가 혹은 정부의 승인을 의미하지 않는다.

제9조

회의 참가자는 다음에 한한다.

(1) 회의에 초청된 정부에 의해 파견된 대표 및 그 대리는 회의 모든 회기

에 출석할 권리, 의사규정 및 회의규정에 따라 회의에서 발언할 권리, 이 의사규정에 명기된 제한에 따를 투표권을 갖는다.

(2) 회의에 초청된 정부에 의해 파견된 대표단 외 대표자는 기술고문 및 직원을 포함해 회의가 별도의 결정을 하지 않는 한, 회의의 모든 공개회기에 출석할 특권을 갖지만 자국의 전권대표 요청이 있는 경우를 제외하고 회의에서 투표 혹은 발언할 권리를 갖지 않는다.

(3) 사무국 구성원은 사무국의 임무를 수행하기 위해 필요할 때에는 회의의 모든 회기에 출석할 특권을 갖는다.

제8절 회의 용어

제10조

초청 정부는 영어, 프랑스어, 러시아어 및 스페인어 동시통역을 제공하기로 한다. 본래 대표는 다른 국어로 발언할 수 있다. 단 그것을 전술한 국어의 한가지로 번역한 것을 사전에 제출해야 한다.

제11조

조약 본문은 영어, 프랑스어, 러시아어, 스페인어 및 일본어로 회의에서 배부된다.

제12조

총회 속기록은 초청국 국어인 영어로 발행한다. 그 외, 사무국은 영어 이외의 조약 용어 한 가지로 이루어진 구두 성명을 제 대표단에 대해 배부한다. 단, 발언자가 그 본문을 사무국에 제공하는 경우에 한한다.

제9절 자리 순서 등

제13조

회의의 자리 순서, 투표 그 외 선순위 문제는 파견국의 영어 명칭의 알파

벳순으로 결정한다.

제10절 이임장

제14조

사무국장은 다음을 심사해서 회의에 보고한다.

(a) 회의에 참가하는 것을 초청된 정부를 대표하는 자의 위임장 및

(b) 조약의 8월 13일 본문의 전문(前文)에 포함된 전권위임장

제11절 회의의 회합

제15조

통상 의장은 정식표결 대신에 회합의 총체적 의향을 확인하기로 한다. 표결을 실시할 때에는 전권 대표단의 과반수에 의한 출석이 정족수를 구성하고 결정은 회합에 출석해 투표하는 전권대표단의 과반수에 의해 실시한다. 각 전권대표단은 한 개의 투표권만을 갖는다.

제16조

회의 회기는 다수결에 의해 별도의 지시가 없는 한 공개하기로 한다.

제17조

이 회의의 위탁사항이 특수한 것이며 또한 한정된 감안해 의사 규칙을 채택한 후의 의사는 다음 사항에 한하는 것으로 한다.

(1) 임원의 선거

(2) 이임장에 관한 보고

(3) 조약문을 공동으로 제안한 2개국 정부를 위한 성명

(4) 참가대표단에 의한 성명

(5) 각국어에 의한 조약문의 합치에 관한 사무국장의 제언

(6) 일본과 평화조약의 서명식

제18조

주최 두 정부의 대표로서의 성명(각각 1시간을 넘지 않도록 한다) 직후에 기타 대표단은 1951년 8월 13일의 일본과의 평화조약문에 대해 어떠한 경우에도 1시간 이내로 성명을 낼 수 있다. 어떤 대표단이 이 성명을 낸 경우에는 그 대표단은 아직 성명을 내지 않은 모든 기타 대표단이 성명을 낼 기회가 주어질 때까지 동일한 문제에 대해 재차 발언할 수 없다. 본래 어떤 대표단에 의한 성명을 다른 대표단에 대한 질문을 할 경우에는 질문을 받은 대표단은 그 성명이 종료한 직후, 5분을 넘지 않는 회답을 행할 수 있다. 대표단은 언제든지 문서에 의한 관련된 성명을 제출하고 배포할 수 있다. 이 성명은 사회자의 승인을 얻어 공식적인 기록으로 편입할 수 있다.

성명을 희망하는 모든 대표단의 성명이 끝난 후에, 회의는 계속해서 만일 있다면 어떠한 성명의 발표를 또한 어떠한 조건으로 허락할 것인가를 결정한다.

대표단은 발언의 희망을 사무국장에게 통지한 순서로 발언이 요구되고 또한 기간 내에 통지하지 않았던 경우에는 추첨으로 선출된 국명부터 시작해 이하 제13조에 근거한 선순위에 따라 사회자에 의해 발언이 요구된다.

제19조

어떤 대표 혹은 대표자도 사전에 사회자의 승인 없이 회의에서 발언할 수 없다. 사회자는 발언자에게 질서를 지켜달라는 권한을 갖으며 발언자가 따르지 않는 경우 그 승인을 취소하고 새로운 발언자를 지명해야 한다.

제20조

어떤 사항을 토의하고 있는 경우라도 대표 혹은 대표자는 위반되었다고 여겨지는 의사규칙에 대해 주의를 환기함에 의해 의사진행에 관한 동의를 제출할 수 있다. 의사진행에 관한 동의는 사회자에 의해 이들 의사규칙에 따라 즉시 결정되어야 한다. 사회자 결정에 대한 이의는 토의 없이 즉시 표결이 부쳐져야 한다. 사회자의 결정은 회합에 출석, 동시에 투표하는 전권 대표단의 다수에 의해 부결되지 않는 한 유효하다.

제21조

어떤 사항을 토의하고 있는 경우라도 대표 혹은 대표자는 회합의 중지, 휴회 혹은 토의 중단에 관한 동의를 제출할 수 있다. 이 동의는 토의를 하지 않고 즉시 표결에 붙여야 한다. 사회자는 제20조 및 제21조에 근거해 제기된 사항에 관해 이루어진 성명의 길이를 제한할 수 있다.

제22조

제19조 규정을 유보하고 다음 동의는 회합에서 모든 기타 제안 혹은 동의에 앞서 채결되어야 한다.

(1) 회합을 중지할 동의

(2) 회합을 휴회할 동의

(3) 토의를 중단할 동의

제13절 회의 속기록 및 서류

제23조

사무국장은 회의 총회 속기록을 작성케 해야 한다. 정확 혹은 번역을 위해 속기록을 수정하기를 희망하는 발언자는 속기록의 배부 후 36시간 이내에 그 의견을 문서로 사무국에 제출하는 것으로 한다.

제24조

사무국장은 참가정부에게 배부하기 위해 총회 속기록을 포함한 의사기록을 작성케 해야 한다.

제14절

제25조

이들 규칙은 투표하는 전권 대표단의 다수에 의해 채택된다면 동일한 방법으로 수정되지 않는 한, 유효한 것으로 한다.

미국 전권의 연설

1951년 9월 5일

우리는 신성한 의식을 개최하기 위해 여기서 회합한 것이다. 우리는 여기서 강화할 것이다. '행복해지리, 평화로운 자' 그러나 이 강화로부터 가장 많은 축복을 받는 자는 여기에 모인 우리들이 아니다. 이 강화의 기초를 만든 자는 자신들의 희생이 얼마나 컸었는지 보며 살아남은 자가 어떻게 강화의 길을 찾아내어 그 길을 걸어야만 하는 것을 믿고 자신들의 생명을 버린 많은 사람들이었다.

우리는 우리가 짊어진 거대한 의무를 조금이라도 이행하기 위해 여기에 모인 것이다. 그 일은 간단한 것이 아니다. 보통 승리는 전쟁이 초래하는 감정에 의해 움직이는 자가 갖는 것으로서는 지당한 힘 이상의 큰 힘을 주는 것이다. 그것이 전쟁이 영구적으로 끊이지 않는 세상의 습성이 된 주요한 이유이다.

우리들 앞에 있는 이 평화조약은 전쟁－승리－평화－전쟁이라는 악순환을 파괴하기 위한 한 가지 조치이다. 제국은 여기서 정의의 강화를 하려는 것이며 복수의 강화를 하려는 것이 아니다.

6년간의 연합국 점령에 의해 가져온 성과가 있다면 진실한 강화의 가능이다. 이 점령은 평온하며 일정한 목적을 갖는 것이었다. 일본의, 공격적 전력은 파괴되었다. 일본을 무력정복의 위험에 빠뜨린 자의 권위와 세력은 제거되었다. 전쟁범죄인에 대해서는 엄중한 처벌이 가해지고 한편으론 무죄인 자는 석방되었다. 언론, 종교, 사상의 자유와 기본적 인권 존중을 볼 수 있게 되었다. 평화적 경향을 갖게 되었고 책임 있는 정부가 국민의 의사로 수립되었는데 우리는 그 정부를 여기에서 흔쾌히 환영한다.

포츠담 항복조항에 선언된 연합국의 점령 목적은 일본 국민의 충실한 협력이 있었기 때문에 성취되었다. 이제 일본의 점령을 종지하고 일본을 다시 주권을 가진 대등자로 만드는 강화를 할 때이다.

지금 이 종류의 강화를 이루고 이것을 화해의 강화로 만드는 것은 가능하다. 왜냐하면 오늘의 일본은 어제의 일본과는 다르기 때문이다.

과거는 잊혀선 안 되며 또한 용서받지도 못한다. 통한과 불신이 많은 사람들의 감정 안에 남아 있다. 그것은 인간다운 것이다. 비교적 괴로워하지 않았던 사람들이 고통이 한층 컸던 사람들의 도의상 재판관으로 서야만 할 어떤 정당한 이유는 없다. 그러나 때로는 그것이 일본에게 있어 유효하게 이용되어 전쟁의 상처를 어느 정도 치유했다. 새로운 희망은 서서히 낡은 공포라 바뀌었다. 아마 역사상 전례가 없는 자제적 세력에 의해 지금 연합국은 분노의 흔적을 남기지 않는 조약을 일본에 제출하고 있다.

이것은 패배한 적에 대한 관대한 행동일 뿐 아니라, 총명하고 이기적 행위이다. 왜냐하면 감정에 의해 삐뚤어진 조약은 적을 향해 던져져도 종종 그 던진 본인이 있는 곳으로 다시 되돌아오는 부메랑이 되기 때문이다.

우리는 이 조약이 가능해진 것은 태평양에서 연합국에게 승리를 안겨준 한 사람의 덕분임을 깊이 감사하는 바이다. 그 승리 뒤, 그는 연합국 최고 사령관으로서 일본에서의 임무로 5년 반을 헌신했다. 연합국 최고 사령관으로서 그는 도량이 클 뿐만 아니라, 위력을 나타냈는데 그 위력을 동반하지 않으면 도량이 큰 것을 약점으로 들 수 있다. 그는 우리가 이루는 강화를 촉진할 자극이 된 정신적 지도권을 점령에 부여했다. 현대 그리고 후세인들은 맥아더 원수에게 많은 빚을 지게 되었다.

평화조약을 작성할 때, 미국은 동기를 찾아왔다. 그건 명백한 우리들의 의무이다. 현재 태평양 전쟁에서 미국이 맡은 역할에 대해 비방하는 것을 좋아하는 자가 있다. 승리를 얻었을 때에는 단 한 명도 비방하는 자는 없었다. 그때 미국은 전연합국을 위해 연합국 최고 사령관을 임명하고 앞으로의 강화를 위해 일본을 준비시킬 점령을 지휘할 배타적 권한을 일치된 연합국의 행동으로 부여했다. 그와 같은 행동을 연합국이 취한 결과, 미국은 언제 일본인이 강화 준비를 할 수 있는가에 대한 독자적 판단을 내릴 수 있는 지위에 놓인 것이다. 그와 같은 연합국 행동은 미국의 점령 책임을 미리 신이 정한 정상적인 종결로 가져갈 시기를 얻은 조치를 취할 권리를 확실히 미국에 준 것이며 또한 실제 그와 같은 의무를 미국에 부과한 것이다.

우린 이미 4년 전에 처음으로 이 문제에 손을 댔다. 1947년 미국은 대일평화조약을 위한 계획을 심의하기 위해 극동위원회에 대표단을 보낸 여러 정부의 예비회의를 제안했다. 이 제안은 소련이 거부권을 갖는 곳의 외상회의에서만 이 조약을 심의할 수 있다는 소련의 주장에 의해 저지되었다. 그 후 소련은 계속해서 그 주장을 고집하고 양보하지 않았다.

작년 미국은 방해될 가능성이 많은 곳의 회의 방식을 포기하고 그리고 일국만으로는 방해할 수 없는 곳의 외교교섭을 통해 강화를 요구하기로 결심했다. 이것은 연합국 대부분이 성의있는 협력으로 이루어졌고 완성한 초안이 되어 나타났다.

교섭은 약 1년 전 주요 관계 연합국이 뉴욕에서 국제연합총회에 출석하기 위해 모였을 때 개시되었다. 주요 관계 각국의 대표단은 당시 종종 협의를 했다.

그리고 많은 수도에서 회담이 이루어지고 문서에 의한 많은 의견 교환이 이루어졌다. 미국 대통령 특사단은 세계를 일주하고 특히 관계가 깊은 10개국의 수도를 방문했다. 그 사이에 영국은 영연방 내부에서 그 문제에 관해 검토하고 있었다. 이에 관해서는 영국 대표가 더 상세하게 설명할 것이다. 제1회 토의에서는 지금이 강화를 할 때인가 어떤가, 만일 그렇다면 어떤 기본원칙이 적용될 것인가의 문제를 취급했다. 이와 관련해 미국은 조약작성을 좌우해야 한다고 생각한 것에서 7가지 원칙을 작성했다.

우리는 조기 강화의 긴요함에 대해 완전한 의견 일치와 기본원칙에 관한 일반적인 의견일치를 보았다. 그래서 금년 1월, 미국은 의견일치를 본 원칙을 조약문 문언에 실은 곳의 최초 초안을 만들기를 기획했다. 이 초안은 작년 3월 회부되어 20개월 이상 열심히 연구되었다. 이들 국가 중에는 극동위원회 구성국뿐 아니라, 일찍이 관심을 표명하고 있었던 여러 국가들도 포함되어 있었다. 미주 제국도 통보되었는데 그것은 그들에게 당연히 주어져야 할 권리였다. 멕시코는 브라질이 유럽전쟁에 적극적으로 참가한 것과 동일하게 적극적으로 태평양전쟁에 참가했다. 미주의 모든 국가가 정치상 · 경제상 그리고 도덕상 중요한 공헌을 했다.

그동안 영국은 영연방회의 결과를 참고로 스스로 초안을 만들었다. 그리고 6월이 되어 미국과 영국은 동일한 목적을 위해 상호 협력하고 그때까지 나온 각종 의견의 차이를 조화시키면서 충분히 그것을 반영하는 초안을 공동으로 기초했다. 이 초안은 7월 전반기 중에 연합 제국에 회부되고 수정을 위해 8월 중순까지 미결정인 채로 남겨졌다.

이 기간을 통해 소련은 불만을 표시하면서도 활발한 행동을 취했다. 우리는 야곱 마리크와 종종 회담을 하고 양국 정부는 10통의 각서와 초안을 교환했다.

이 조약 작성에 건설적으로 관여한 어떤 국가도 이 조약문의 중요 부분의 기초자임을 주장할 수 있다. 또한 이들 각각의 나라는 일치공동이라는 광범위한 기초가 발견될 수 있도록 어떤 특수한 이익을 자발적으로 뒷전으로 돌리는 것과 같은 칭찬할 만한 영예를 받기를 주장할 수 있다. 연합국은 실제 이 조약을 유사 이래 가장 광범위한 기초를 갖고 있는 평화조약이라고 할 정도로 수많은 국가가 참가했다. 11개월간의 평화회의를 수행했다.

진화발달이 이루어져 온 과정 연구에 흥미를 갖는 자라면 누구든지 3월 미국 초안과 이 조약문을 비교해 보는 게 좋다. 그 비교를 용이하게 하기 위해, 대조란이 있는 문서가, 여기서 배포를 위해 작성되었다. 그것은 우리들의 회의 방식이 어떻게 이루어졌는지 나타내고 있다.

최초 의견이 일치한 것처럼 이 조약은 여전히 비징벌적, 비차별적 조약이며 일본을 국제사회에서 위신과 평등과 기회를 향유할 수 있는 지위로 회복시키는 것이다. 그러나 기본개념에 반하지 않고 특수 사정의 요구를 만족시키는 것이 점점 가능해지는 것이 알려졌다.

나는 조약문의 주요 조항 심의를 시작한다. 전문(前文)은 이 조약의 중요 부분이다. 그것은 일본국민에게 전 세계가 환영한다는 의욕과 열망을 기록할 기회를 주는 것이다.

일본은 이 조약 안에 국제연합에 가맹을 신청하고 헌장의 제 원칙을 엄수해 일본의 헌법 및 법제 중에 담긴 인권 및 자유의 새로운 이상에 귀의하고 공사무역 및 통상에 국제적으로 승인받은 공정한 관행에 따를 의도를 선언하고 있다.

우리가 신뢰하듯이 이들에 관해 일본의 의도가 진지하며 또한 일본이 단호한 결의를 갖고 이것을 추구한다면 이 의도는 일본 국민과 연합국민 간의 친선을 적지 않게 회복하게 될 것이다. 설령 그렇다 해도 왜 이 조약이 이 점에서 일본인이 법적 강제 하에 두려고 하지 않는가하는 의문이 생길지도 모르지만, 그와 같은 일을 기도하지 않는 훌륭한 근거가 있다. 일본이 국제연맹에 가맹을 신청할 때, 연합국이 강제하기 때문이 아니라, 일본이 국제연합의 일원이 되기를 희망하기 때문이었다. 동포의 인권 및 기본적 자유를 존중하듯이 8천만의 국민에게 외부에서 강제하는 것은 불가능하다. 공정한 무역 관행은 그것이 아직 국제조약에 규정되지 않았을 때에는 정식 의무를 다하는 것은 불가능하다. 일반적으로 조약상 의무는 참가국이 무엇이 그 권리이며 무엇이 그 의무인지를 명확히 알 수 있도록 정확하게 규정되는 것에 한해야 한다.

해당하는 조약이 존재하는 경우, 일본은 조약에 부속된 선언에서 말하듯이 자발적으로 그들 조약에 참가할 것이다.

제1장은 전쟁상태를 종결시키고 그 결과 일본국민의 완전한 주권을 인정하고 있다. 인정된 주권은 '일본국민의 주권'임을 유의한다.

일본의 주권이 미치는 영토란 무엇일까. 제2장은 그것을 다루고 있다.

일본은 포츠담항복 조항의 영토조항, 즉 일본에 관한 한, 6년 전에 현실에서 실시된 조항을 정식으로 승낙하고 있다.

포츠담 항복조항은 일본과 전체적으로 연합국이 그에 관해 또한 그에 의해 구속받는 강화조항을 정한 유일한 것이다. 약간의 연합국 정부 간에는 사적 양해가 있었는데 만일 그들 양해에 의해 일본이 구속받지 않았고 또한 다른 연합국도 구속받지 않았다. 따라서 조약은 일본의 주권을 혼슈, 홋카이도, 규슈, 시코쿠 및 제 소도에 국한되어야 할 것을 규정한 항복조항 제8조를 구체화하고 있다. 제2장 제2조에 포함된 포기는 완전하고 세밀한 점까지 그 항복조항과 합치하고 있다.

제2조(2)에 기재된 '쿠릴열도'라는 지명은 하보마이군도를 포함하는지 어떤 지에 대한 의문이 생겼다. 포함하지 않는다는 것이 미국의 의견이다. 그러나 만약 이 점에 관해 분쟁이 일어난다면 제22조에 근거해 국제사법재판소에 그것을 위임할 수 있을 것이다.

약간의 연합국은, 제2조는 포츠담 항복조항에 따라 일본의 주권 및 범위를 한정할 뿐만 아니라, 구 일본영토 각각의 최종적 처분을 정확하게 규정할 것을 제의했다. 명백하게 그쪽이 매듭짓기 좋을 것이다. 그러나 그것은 지금 일치한 회답을 얻을 수 없는 문제를 불러일으킬 것이다. 우리는 일본과 포츠담 항복조항에 근거한 강화를 해야 하는가, 혹은 일본이 명백하게 포기를 각오하고 있으며 동시에 포기를 요구받고 있는 것을 어떻게 처분할지에 대해 연합국이 분쟁하고 있는 동안 일본에 강화를 거부해야 하는가, 그 어느 쪽이었다. 명백하게 현명한 길은 일본에 관한 한 이조약보다 다른 국제적 해결 수단을 채용해 의문을 푸는 것을 앞으로의 과제로 남기고 앞으로 나아가려고 한다.

제3조는 류큐열도 및 일본의 남방, 남동쪽 다른 제도를 다루고 있다. 이들 섬은 항복 후, 미국의 단독 시정하에 놓여 있다.

연합국 중 몇 국가는 미국의 주권을 인정하기 위해 이들 섬에 대한 주권을 포기하도록 이 조약이 일본에 요구해야 한다고 권장하고 다른 제국은 이들 섬은 일본에 완전히 반환되어야 한다고 제의했다.

연합국의 의견이 이와 같이 엇갈리므로 미국은 최선의 방식은 이들 섬을 미국을 시정권자로 하는 국제연합 신탁통치 제도하에 두는 것이 가능하다면, 일본에 남겨진 주권을 보유하는 것을 허락하는 것이라고 느꼈다.

각위는 국제연합헌장은 신탁통치제도를 '제2차 세계대전의 결과로 적국에서 분리되는 지역'(제77조)에 미칠 것을 규정하고 있음을 상기할 것이다. 의심할 여지없이 장래 신탁통치협정은 '신탁통치지역이 국제적 평화 및 안전 유지에 그 역할을 맡도록 보장하는 것이 시정권자의무이다'라고 규정하고 있는, 헌장 제84조를 수행할 가능성을 시정권자에게 주는 것과 함께 한편으로 일본과의 관계에서 주민의 장래 민사상 지위를 결정할 것이다.

포츠담 항복조항에 따라 일본의 영토를 한정하는 강화는 현재 8천만 이상을 증대하고 있는 인구가 일본 본토에 생존할 수 있는가라는 의문을 당연 제기할 수 있다. 이 의문에 대한 정확한 해답의 실마리는 일본인이 자유롭게 이주할 수 있는 광대한 식민지 제국을 일본이 갖고 있을 때, 이주하는 자가 적었다는 사실이다. 온화한 기후를 갖고 풍요로우며 인구가 적은 대만은 55년간 총계 약 3천만의 일본 인구를 끌어들였다. 1905년 이래 일본의 통치하에 있었던 조선은 총계 약 65만의 일본 인구를 끌어들였다. 남사할린은 35만, 쿠릴열도는 약 1만 1천의 일본인이 있었다. 일본의 식민지는 일본에 식량 및 원료의 입수를 보증하는 데 도움이 되었지만 인구의 판로는 아니었다. 일본인은 다른 국민과 같이 일본 내지에 사는 것을 좋아한다. 이민에 관한 한, 조약 영토조항은 일본국민의 98퍼센트가 스스로가 자신에게 과한 제한 이상으로 큰 제한을 두는 것이 아니다.

물론 증대하고 있는 인구는 일본 및 타 지역에서 여러 문제를 일으키고 있다. 일본인은 자신이 원하는 식량 및 원료를 구상적으로 구입할 수 있도록 타 국민이 요구하고 있는 역할을 수행할 능력을 기를 필요가 있을 것이다.

이를 위해서는 타 국민의 경제적 수요를 예상할 수 있듯이 일본 국민이 근면하게 능률 있게 동시에 독창적 상상력을 갖고 일하는 것을 기뻐하는 것이 필요하다. 각 연합국도 또한 책임을 갖고 있다. 항복조항은 일본인에 대해 '원료입수'와 '세계 무역관계에의 참가'를 약속했다. 기쁘게 언제든지 일하며 동시에 타 국민이 원하는 것을 창조하는 국민에 대해서는 그러한 수단을 부여해야 한다. 이와 같은 사정 하에서 일본의 현재 영토적 지위는 조금도 위기를 느끼게 할 정도의 이유는 되지 않는다.

제3장은 승리에 의해 자동으로 해결되지 않으며 또한 결코 자동으로 해결되지 않는 문제라는 안전보장을 다루고 있다. 제5조에 의해, 일본은, 국제연합 헌장에 규정된 원칙에 따라 평화적으로 생존하기를 약속하고 있다. 우리는 일본이 신속하게 국제연합의 일원이 되기를 희망한다. 만일 이것이 확실하다면 제5조는 불필요해질 것이다. 그러나 과거 거부권은 국제연합 가맹 자격이 있는 제국의 가맹을 저지하기 위해 행사되었다. 따라서 헌장 제2조(6)에 규정되어 있는 것처럼, 일본은 국제분쟁을 평화적 수단에 의해 해결하고 국제관계에서 무력으로 위협하는 것, 또는 무력을 행사하는 것을 삼가고 동시에 국제연합이 헌장에 따라 취할 행동에 대해 모든 원조를 국제연합에 부여하는 것을 조약 안에 담는 것은 신중한 조치이다.

이들 규정은, 조약은 일본에 평화적 해결 의무를 지우고 동시에 어떤 타 국민에 대해서도 단독 혹은 제휴해서 무력으로 행동하기를 명료하게 금지해야 한다고 어떤 국가가 표명한 희망과 완전히 합치하는 것이다.

그러나 이 조약은 국제연합 헌장처럼 무력행사 금지는 자위권을 일본에서 박탈하는 것이 아님을 완전히 명료히 하기 위해 제5조(c)는, 일본은 주권국으로 국제연합 헌장 제51조에서 '개별적 혹은 집단적 자위에 대한 고유 권리'라고 하는 것을 갖기를 인정하고 있다.

조약 제6조는 조약의 효력 발생 후, 90일 이내에 점령을 종결하기를 요구하고 있다. 그러나 일본은 국제연합 헌장 제51조에 규정하고 있듯이, 집단적 안전보장 약정을 체결할 수 있다.

그리고 이 약정은 조약 효력 발생 시에 일본에 있는 연합국 군대에 의해, 부분적으로 이행될 수 있을지 모른다. 따라서 이와 같은 상황하에 있어서 이 군대는 집단적 안전보장 군대로서 근무할 수 있는 동안에 실제 일본에서 후퇴당하지 않아도 좋음을 명백히 하는 것이 유익하다고 생각한다. 이것은 성가시고 위험한 요구이다. 왜냐하면 방대한 무력을 가진 정평 있는 침략자들을 가까이 두고 잠시 동안 일본을 완전히 무방비 상태로 방임해 두게 되기 때문이다. 그 위험을 피하기 위해, 제6조는, 만약 일본이 희망한다면 현재 일본 영토에 주둔 중인 점령군이 일본 방위를 위해 계속 주둔할 수 있다고 규정하고 있다.

이들 잔류군대는 물론 점령군으로서 갖고 있었던 점과 크게 다른 특점과 권능을 가질 것이다. 이들 군대는 일본이 자발적으로 그들에게 주려고 하는 지위만을 일본에서 가질 것이다.

우리가 검토한 안전보장 규정은 만일 평화조약이 일본에 주권을 거짓 없이 반환해야 한다면 필요하다. 평화조약은 일본에 '집단적 자위에 관한 고유의 권리'를 거부하고 '개별적 자위'라는 형식만의 권리를 주어야 한다고 제의되었다.

그와 같은 성질의 강화는 이와 같은 성질의 세계에서는 기만이다. 방위할 수 없는 주권을 부여하는 것은 빈 칼집을 주는 것과 같다. 방위될 수 없는 주권은 주권이 아니다. 방위되지 않으며 동시에 방위될 수 없는 일본은 주위 국가의 위협에 내던져져 실제 독립적 존재를 지속할 수 없을 것이다.

목하 일본이 고려하고 있는 미국과의 집단적 안전보장 약장은 자유로운 행위가 아니라는, 혹은 일본인이 진실로 원하는 것이 아니라는 이야기가 나오고 있다.

그런 변명은 여기서 누구도 신용하지 않는다. 여기에 모인 대표단의 거의 3분의 2는, 미국을 포함한 집단적 안전보장 약정에 자발적으로 가입했거나 혹은 앞으로 가입하려고 하는 제국의 대표단이다. 이들 대표단은 일본국민은 자국 국민들과 동일하게 대부분 자유애호의 국민과 같으며 침략을 방지할 수 있는 집단적 안전보장을 원하고 있다고 생각하고 있으며 그 생각은 옳다.

지난 2월 내가 일본에 체재할 때, 처음 이 문제를 일본인과 토의했다. 그때 나는, 일본은 만일 원한다면 직접 침략에 대한 집단적 보호에 타국과 함께 맡을 수 있다고 공공연하게 말했다. 그러나 이 문제에 대한 우리 정부의 입장을 완전하게 밝히기 위해, 나는 다음과 같이 말했다. "그것은 미국이 일본에게 과하려는 선택이 아니다. 그것은 권유이다. 미국은 타인을 노예 취급하는데 흥미가 없다. —우리는 용감한 국민과 자유로운 국민에게만 관심이 있다. 선택은 일본인 자신의 선택이어야 한다."

이 방에 있는 자는 누구든 일본은 미국과의 집단적 안전보장을 강제받기 위해 어쩔 수 없이 요구하고 있는 사실이 정말이라고 믿지 않으며 또한 나도 그렇게 생각한다. 그것은 명백하게 어리석은 일이다.

미국 대통령이 우리들에 대해 그 개회사에서 지적한 것처럼, 태평양 지역에서 안전보장은 결합에 의해 각자가 스스로 공격적 위협일 수 있는 것을 제거하고 각국에 안전을 보장할 수 있는 집단적 기초 위에 전개되고 있는 것이다. 그것은 문제해결에 착수하는 한 가지 방법이다. 다른 방법은 집단적 안전보장을 금하고 '각국이 원하는 대로 혹은 그 근처에서 침략자에 대해 자기방어를 시킨다'는 방침에 따르는 것이다. 이후의 방법은 1939년 3월 10일 스탈린 원수가 자당에 대한 연설에서 말한 것처럼, '침략을 묵인하는 것'을 의미한다.

일본에 대해 집단적 안전보장에 첨부할 권리를 거부하는 것을 목적으로, 동시에 일본은 고립되어야 한다고 주장하는 국가는 심중에 침략을 묵인하는 자이다. 이 조약에 서명하는 국가는 그와 같은 의도에 기여하려고 하는 자가 아니다.

나는 안전보장에 관한 조약 원리를 설명했는데, 그 이유는 그것이 도전받은 원리이기 때문이다. 그러나 난 내가 이 문제를 장황하게 말한 것을 보고 군사적 사항이 우리가 무엇보다 먼저 생각하는 주요한 사항이라는 인상을 전권단이 갖지 않기를 바란다.

무력침략을 받을 우려가 없다는 것은 소극적 자산이다. 우리가 헌신하려로 하는 것은 국가생활 및 개인생활의 적극적 면에 대해서이다.

점령 중 시종일관 노력한 것은 인류의 발달에 합당한 분위를 만드는 것이었다. 그 목적을 위해 미국은 놀랄만한 정신적 투자를 했다. 트루먼 대통령은 우리에 대해 개회사에서 일본에서는 사회혁명, 군국주의 소멸, 보통선거 확립, 광범위한 농지개혁 및 노동조합의 급속한 발달이 이루어지고 있다고 강조했다. 또한 우린 일본국민이 국책수단으로 전쟁을 영구적으로 금지할 헌법을 선택한 것은 점령 하에서 있었던 사실을 부끄러워하지 않는다. 오늘날 우린 일본에 그 주권과 독립의 보호를 허할 수 있는 조약에 관해 생각해야 하는데 그것은 우리가 그 실현방지를 위해 노력하며 다시 군국주의화한 일본을 지향하기 때문이 아니라, 차가운 공포 분위기 속에서는 사회적 · 경제적 진보가 달성될 수 없기 때문이다.

일본 항복의 현저한 인도주의적 특색은 일본인 포로를 그 가정에 복귀시킨다는 연합국의 약속이었다. 그런데 작년 9월 국제연합총회에 제출된 증거서류에 의하면, 5년 전에 소련에 항복한 일본인 포로의 다수는 아직 송환되지 않은 사실이 명백했다. 국제연합은 그 관심을 표명하고 이 문제를 조사할 위원회를 설치했다. 일본에 대한 연합국의 약속은 그것이 이행될 때까지 존속하는 것임을 명확히 하기 위해 포츠담 항복조항 제9조가 평화조약에 도입되었다(제6조(b)). 우리는 그것이 이행되고 비참한 고뇌가 없어지기를 절실히 희망하는 바이다.

제4장은 무역 및 통상을 취급하고 있다. 본문은 어느 정도 전문적인데 이것은 다음과 같은 문장으로 요약된다. 즉, 일본은 어떠한 영구적 차별

및 무자격을 과할 수 없다. 일본경제는 제한되지 않으며 또한 어떤 국가와도 무역을 할 수 있는 권리에 어떤 제한도 없다.

무역, 해운 및 기타 통상상 관계에 관한 것(제12조), 원양어업에 관한 것(제13조), 일본과 연합국과의 영구적 관계는 일본과 희망하는 연합국 간 협의되어야 한다. 이와 같은 평화조약이 체결될 때까지 4년의 잠정기간 중, 각 연합국은 상호주의 원칙하에서만 관세에 관한 최혜국 대우를 받을 권리가 부여될 것이다.

이들은 관대한 조약 사항이다. 그러나 이들 조항에 포함된 희망을 달성하는 것은 '국제적으로 용인된 공정한 관행에 따른다'는 전문(前文)에 선언된 스스로의 의도에 따른 행동을 일본이 취할지, 또는 연합국이 각각의 국내 입법에 의해, 각각 자국 내 요구에 유의하면서 일본에 대해 타당한 무역 가능성을 부여할지에 달려 있다. 이들 사항에 대해서는 평화조약이라는 것은 건전한 통상관계에 대한 방향을 지시하고 그 방향으로 나아갈 기회를 만들 수 있는 것에 불과하다.

배상은 보통 가장 논쟁의 대상이 되는 강화 국면이다. 이번 강화도 예외는 아니다.

한편, 막대한 동시에 정당한 요구가 있다. 일본의 침략은 거대한 희생과 손실, 고통을 일으켰다. 여기에 대표로 온 제 정부는 총액 몇 십억 달러에 이르는 요구를 갖고 있으며 또한 중국은 그 두 배 정도를 정당하게 요구할 수 있는 것 같다. 1억 달러라 해도 전액의 적은 평가가 될 것이다. 또 한편으론 이들 요구에 응하기 위해 국토는 4도로 축소되어 국민 생존에 필요한 식량이나 일에 필요한 원료를 만들 수 없는 일본이 있다. 항복 이래, 일본은 최저수준의 생존을 위해 수입해야 했던 식량 및 원료대금을 지불하기 위해 필요한 금액보다 20억 달러 부족하다. 미국은 그 20억 달러 부족을 보전했다. 우리는 그것을 우리 점령 책임의 한 가지로 인수했다. 그러나 미국은 일본이 우리에 대한 의존을 멈추게 하기 위해 경제적으로 자립하기를 일본에 기대할 자격을 갖고 있으며 따라서 미국은 직접적이든 간접적이든 일본의 장래 배상을 지불할 마음은 없다.

이러한 상황하에서는 만약 조약이 일본에 대한 금전 배상 요구를 확인하고 또는 그것을 차례대로 효력 있는 것으로 한다면 일본의 통상상 채권은 소실되고 일본 국민의 자극은 없어지며 그리고 그들은 그들을 간단하게 착취의 먹이로 만드는 육체적이며 정신적인 비참한 상태로 침륜할 것이다. 전체주의적 선동 정치가들은 이미 우리가 조선에 관해 알고 있는 것처럼, 침략자가 될 경향이 있는 이웃 사람의 도움을 빌려 새로운 침략에 의한 해방을 약속하려고 반드시 일어날 것이다. 낡은 위협이 한층 악화된 형태로 나타날 것이다.

그와 같은 조약은 침략자들 간 단결을 촉진하는 한편 많은 연합국 간 불일치를 촉진할 것이다. 훌륭한 액수지만 환상적인 돈이 생기는 만큼 큰 배당을 얻기 위해 심각한 경쟁이 벌어질 것이다. 이미 수개국은 배상에 대한 그들의 특수한 요구가 타국의 희생에서 지지되어야 한다고 제언하고 미국을 육박하고 있다.

한편 비침략국 간 분열을 촉진하고 또 한편으론 침략국 측으로 새로운 가입자를 늘릴 수 있는 조약은 승리의 기회를 경솔하게 만드는 조약이 될 것이다. 그와 같은 조약의 당사국은 그들이 겨우 극복한 위기보다 크고 새로운 위기에 몸을 내던질게 될 것이다.

이들과 상반되는 사유는 충분히 토의된 결과, 정의의 요구에 정신적 만족을 주고 동시에 태평양 지역에서 정치적·경제적 건전성과 포용되는 최대 한도의 물질적 만족을 부여할 해결이 드디어 발견되었다.

이 조약은, 일본은 전쟁 중 일본에 의해 일어난 손해 및 고통에 대해 연합국에게 배상을 지불해야 함을 명료하고 애매모호하지 않게 인정하고 있다. 조약은 이 원칙 실시를 위해, 일본이 여분으로 갖고 있으며 전시 중 일본의 행동으로 가장 피해를 받은 국가에 대한 보상에 이바지하기 위해 활용할 수 있는 약간의 재산을 제공할 것을 규정하고 있다.

일본은 현재 완전하게 고용되지 않은 인구가 있으며 동시에 현재 완전하게 사용되지 않은 공업능력을 갖고 있다. 이들 유휴상태의 양 국면은 원료의 부족에 기인한다. 그러나 이들 물자는 일본의 무력침략에 의해 유린되었던 국가들이 대량 소유하고 있다. 만약 이들 전쟁 피해국이 대부분이 풍부하게 갖고 있는 원료를 일본에 보낸다면 일본인은 채권국을 위해 그것을 가공하고 이러한 역할에 의해 그것이 무상으로 이루어진다면 상당한 배상을 제공할 수 있을 것이다. 이와 같은 약정은 단순히 소비재뿐만 아니라, 미개발국에게 자국 산업의 발전을 촉진시키고 금후 외국 공업력에 대한 그 국가들의 의존을 한층 감소시킬 수 있는 기계류 및 자본재를 포함해도 좋을 것이다.

이것은 간단히 요약하면 제14조(a)1에 표시된 방식이다. 이것은 장기에 걸친 의견의 교환 특히 필리핀 및 인도네시아와 같은 국가들의 의견 교환의 결과 만들어졌다. 이들 국가는 일본군에 점령되어 매우 큰 피해를 입었기 때문에 연합국 전체 및 일본은 현실적 모든 배상 수단을 찾을 수 있는 명백한 의무를 갖고 있다.

나는 솔직히 말하면, 조약은 최초 기안된 것보다 한층 훌륭하고 공평한 조약이다. 이 결과는 배상의 모든 가능성을 남김없이 조사해야 한다고 소수 국가 정부의 정당한 주장에서 생겨난 것이다. 그 조사가 이루어지고 그 결과, 자유롭고 평등한 국민의 자유로운 교섭 가치가 새롭게 논증되었다. 그들의 교섭은 모든 관계자에게 이익을 줄 수 있는 경제적 구조 중에서 공정이라는 이상에 도움이 되는 조약 방식을 여기서 만들어낸 것이다.

이 장래의 배상 원천 외에, 조약은 연합국이 그 관할하에 있는 일본 재산을 취득하는 것을 인정하고 있다.

제16조에 의하면, 중립국 및 구 적국에 있는 일본 자산은 종종 제네브 조약 침범의 결과로 받은 부당한 고통에 대한 배상을 하기 위해, 균형의

견지에서 이전 포로였던 자 및 그 가족의 이익을 위해 국제 적십자에 인도해야 한다. 미국은 소수의 연합국의 문의에 대답해, 미국 자신의 포로는 우리들이 압수한 일본 재산의 매각금에서 약간의 배상을 받은 이상, 균형의 원칙은 그것과 비교할 만한 배상을 받지 않은 것에 우선 첫 번째로 배분하기를 요구할 것이라고 우리의 뜻을 알렸다.

일본 국내에 있는 연합국 재산은 반환되어야 한다. 전쟁 피해 때문에, 이것이 이루어지지 않을 경우에는 현안이 된 일본 국내법에 따라 봉쇄원을 가지고 보상이 이루어질 것이다.

제21조는 조선에 대한 특별규정을 설치했다. 대한민국은 일본과 전쟁한 적이 없다고 하는 이유 때문에 평화조약에 서명하지 않을 것이다. 대한민국은 비참하게도 이번 전쟁이 일어나기 훨씬 이전에 독립을 잃어버리고 일본 항복 후 처음으로 독립을 회복했다. 개개의 한국인으로 결연히 입론과 싸운 사람은 많이 있지만 그러나 그들은 개인이었으며 인정된 정부가 아니었다.

그러나 조선은 연합국의 고려를 요구할 특별한 권리를 갖고 있다. 더구나 연합국이 자유롭고 독립된 조선이라는 목표를 달성하는 것이 가능하다고 아직 확실히 모르기 때문에 더욱 그렇다. 조선은 불행하게도 절반 정도만 자유롭고 절반 정도만 독립했다. 게다가 그 부분적인 자유와 독립조차도 북쪽으로부터의 무력침략에 의해 무참하게 파괴되었고 위협받았다.

연합국의 대부분은 자유와 독립에 관해 그 조약을 과하고 또한 국제연합의 가맹국으로 조선을 희생자로 하는 침략을 억압하려고 노력해왔다. 이 조약에 의해, 연합국은 조선의 독립에 관해 일본의 정식승인과 조선에 있는 수많은 일본 재산의 대한민국에의 귀속에 관한 일본의 승낙을 조선을 위해 획득할 것이다. 또한 조선은 전후 무역, 해운, 어업 및 다른 통상상 약정에 관해 연합국과 대등한 지위에 놓여 있다. 이와 같이 조약은 많은 점에서 조선을 연합국으로 취급하고 있다.

이 회의에 중국이 결석한 것은 매우 유감스럽다. 일본과 중국 간 적대행위는 원래 1931년에 시작되어 공공연한 전쟁 행위는 1937년에 시작되었다. 중국은 가장 길고 또한 가장 심각하게 일본의 침략에 고통스러웠다. 중일전쟁이 이 기회에 정식으로 종결될 수 없는 것은 매우 유감이다. 불행히도 중국에서의 내전과 연합국 정부의 태도는 중국 국민을 강화조건에 구속할 권리 및 권력을 갖춘 단일한 중국 국민의 대표에 대해 국제상 어떤 일반적 합의도 존재하지 않는 상태를 발생시켰다. 어떤 자는, 한쪽 정부가 이 시험에 합격했다고 생각한다. 어떤 자는 어떤 정부도 합격했다고 믿지 않는다. 중국에 관해 현재 취해지고 있는 어떤 조치도 과반수의 지지를 얻어낼 수 없다. 이렇게 연합국은 곤란한 선택에 직면했다.

연합국은 중국에서 그와 같은 정당성과 권위를 갖는 정부가 존재하는 것에 관해 합의할 수 있을 때까지 대일강화를 연기할 수도 있을 것이다. 그러나 중국에서 내전이 있으며 동시에 중국에 관해 국제적인 의견이 일치하지 않는다는 이유로 일본을 곤란케 하는 것은 잘못된 것이며 잔혹하며 어리석은 짓이다.

또 한 가지 방법으로 각 연합국은 그 선택한 중국 정부가 대일평화조약의 연서자가 아닌 경우, 그것에 서명하기를 거절할 수 없는 것도 아니다. 그것은 일본을 다수 연합국과 전쟁 상태에 방치해 두는 결과, 일본은 그 획득한 강화의 작은 부분을 얻을 뿐이라는 것을 우리는 확인했다. 실제 중요불가결한 당사국인 일본이 그와 같은 결과가 되는 계획에 기분 좋게 협력해야 할 것이라고 믿어야할 어떤 이유도 없다. 이 문제에 관해, 강제하는 것은 일본에 반감을 갖게 하고 최대 결합을 필요로 하는 중대한 세계적 위협이 있음에도 불구하고 연합국의 분열을 활발하게 하고 동시에 그 상태를 악화시킬 것이다.

선택해야 할 남겨진 길은, 연합국이 일반적이며 출석한 중국 대표 연서 없이 강화를 체결하기에 착수해 중국 및 일본에 단, 중국의 권리 및 이익의 완전한 보호를 보장할 조건을 갖고 그들 자신의 강화를 이루는데 맡길 것이다.

그것이 이 조약에 의해 반영된 선택이다. 제26조에 의해 중국은 이 조약과 동일한 조건으로 일본과 평화조약을 체결할 권리가 주어졌으며 이 조약에 서명할 전승 연합국은 조약이 동등하게 중국에 보장하지 않는 것은 그들 스스로 획득하지 않는다. 또한 제21조에 의해, 중국은 서명의 필요 없이, 중화민국이 제안한 방식에 따라 중국에 있어서 일본의 특수 권익의전면적 포기(제10조)를 일본으로부터 획득하는 것이다. 또한 중국은 자동적으로 서명의 필요 없이, 그 관할 하에 있는 일본 자산의 압류를 유효하게 하는 제14조(a)2의 이익을 받는다. 조약은 이번 전쟁에서 전승 연합국의 일국으로서 중국의 권리를 완전하게 보존한다.

제7장은 대부분 의정서 문제인 조항을 포함하고 있다. 이들 조항 중 비준을 취급한 제23조에 의해, 점령에 적극적으로 관계해 온 조약 서명국은 9개월 간, 조약의 효력 발생에 관해 특별한 지위가 주어진다. 그러나 9개월 후에는 연합국과 일본과의 사이에 조약의 효력을 발생시키는 것에 관해, 모든 연합국에게 동등한 자격이 있다.

대강의 개관이지만 이것이 우리가 서명하기를 기다리고 있는 조약의 주요점이다.

그것은 의심할 여지없이 불완전한 점을 갖고 있다. 완전하게 만족을 줄 수 없다. 그러나 그것은 훌륭한 조약이다. 그리고 새로운 전쟁의 원인을 포함하지 않는다. 그것은 진실로 평화적이다.

우리는 최근 1년간의 교섭의 소산을 서명에 의해 지금 여기서 완성해야 할 것이 아니라, 새로운 참가국을 포함한 새로운 절차에 호소해야 하는 제안을 들어야 할지도 모른다.

그렇게 한다면 우리는 더욱 큰 통일과 완전함을 얻을 수 있다고 주장하는 자가 있을지도 모른다. 처음에는 그것은 당연하며 사람의 마음을 끌어당길지 모른다. 그것은 부분적으로 불만을 느끼고 있는 자에게 큰 만족을 줄 기호를 제공하는 것처럼 생각될지도 모른다.

소수의 연합국에는 다른 모든 것을 그대로 두고 단지 그들 국가의 이익이 되도록 조약을 변경할 수도 있다고 주장하는 조직된 그룹이 있다. 만일 이들 제안이 모이면 그 모아진 효과는 어떤 합의된 강화도 파괴하는 것은 명료하다.

다행히도 대부분의 연합국에는 보다 진실한 통찰력을 갖고 있는 사람들도 있다. 그들은, 이 조약이 매우 훌륭한 조약임을 알고 있다. 또한 좋은 말은 이론적으로 찾아낼 지도 모른다. 그러나 그것을 찾는 것은 지금 우리들이 손이 미치는 곳에 있는 것을 놓치는 것이다. 완전한 것을 추구하는 것은 좋지만 상실할 시기가 온다. 현재 그와 같은 때이다. 지금이야말로 만약 재교섭이 있다면 우리가 아마 찾아낼 수 있는 단결이다. 이 조약은 자제심 및 선의의 남다른 발로에서 출발해 복잡 미묘한 외교 절차에 의해 고심해서 만들어진 것이다. 그러나 이와 같은 좋은 성질이 언제까지 존재하고 의견의 차이가 항상 조정되리라 생각하는 것은 현명하지 않다.

현재 정도의 만족은 우리가 장래 만일에 다시 얻을 수 있는 것보다 크다. 늦어지는 것은 상호 방해가 되어 공통된 선의의 노력에 본래 포함된 가능성을 허무하게 만드는, 잠식적 힘과 양립하지 않는 노력을 필연적으로 작용시킬 것이다.

일본의 장래라는 점에서 본다면, 늦어지는 것은 현재의 조치에 부수한 모든 희생은 하찮은 것이 될 정도의 보상을 지불하게 될 것이다. 승리의 큰 목표는 달성되지 않을 것이다.

전쟁이라는 가열된 불과 같은 깨끗함에서 새로운 일본이 융성하는 것이 우리들의 공통된 희망이었다. 그것은 어리석은 바람은 아니었다. 일본은 만일 평화의 세계적 연방이 있어야 한다면 모든 국가와 국민이 가져야 되는 미덕을 특수하게 그러나 동일하게 확실히 만들어 낼 수 있는 위대한 문화와 전통을 갖고 있다.

그러나 이 잠재력이 현실화되기 위해서는 일본은 그 강력한 성장, 사회적 진보, 공평한 재판, 또한 인간적 위험에 관한 자각, 자존심 및 타인에 대한 존경을 만드는데 기여한 분위기 속에서 자유로운 정치제도를 필요로 한다.

특히 일본은 선량한 이웃 국가로서 타국과 평화롭게 생활해 갈 의사를 필요로 한다.

이들은 모두 만일 우리가 지금 강화를 한다면 가능하다. 만일 일본이 오랫동안 밀어온 희망이 지금 헛되게 된다면 그것은 불가능해지거나 그렇지 않으면 아예 없어질 것이다.

일본에는 새롭게 생겨난 자유의 제도가 있다. 그러나 그것들은 만일 군사적 지배가 무기한 계속된다면 시들어 버릴 것이다.

위엄이라는 것은 외국의 지배가 아무리 부드럽다고 해도 그에 복종하고 있는 자가 이것을 연장할 수는 없다.

자존심은 세계에서 스스로의 권리를 갖지 못하고 시혜에 의존해 생활하고 인내해온 대가로 이익을 얻는 자는 느낄 수 없는 것이다. 정의를 존중해도 그것은 이 강화를 거부하는 중대한 부정의에 굴한 자를 고무하는 일은 좀처럼 없는 일이다.

우의란 우의를 거부당하고 있는 국민의 마음이 아니다.

미국은 항복 이래, 모든 연합국을 대신해 점령을 지휘해 왔는데, 연합국 각각에 대해 엄숙하게 다음과 같이 말한다. 즉, 제군이 지금 일본이 교섭해 온 것처럼 부끄럽지 않은 조건의 평화와 자유를 부여하는 것이라면 정세는 급속하게 악화될 것이라고.

항복 조항은 그 모든 합법적 목적에 도움이 되어 왔다. 항복 조항에 근거하면, '천황 및 일본 정부의 국가 통치의 권한은 연합국 최고사령관의 제한하에 둔다.' 6년간 존재해 온 그 복종을 영구화해 앞으로 몇 년간 지속시키는 것은 점령을 악용해 제국주의 및 식민주의의 수단으로 만드는 것이다. 미국은 그것을 조금도 원하지 않으며 또한 우리는 제군도 대부분 원하지 않는다는 것을 알고 있다.

일본 정부의 연합국 지배에 대한 복종을 종지해야 할 때이다. 점령을 멈추고 금후 일본에서 완전한 주권을 행사하는 것은 일본 국민임을 인정할 때이다. 일본을 국제사회의 대등하며 체면 있는 일원으로 환영할 때이다.

이상, 현안 조약에 의해 이루어진 것이다.

어떤 국가도 이 조약에 서명해야 할 의무는 없다. 이 회의는 법적 강제를 행사하는 회의는 아니다. 강제한다면 중대한 사태에 의한 정신적 강제가 있을 뿐이다. 제국은 일치공동해서 강화를 해야 한다.

영국 전권의 연설

1951년 9월 5일

나는 우연히 여기서 영국대표로서 이 조약 초안을 덜레스 미국 전권과 함께 제군에게 제출하게 되었다.

초안 제출에 앞서, 나는 일본과 영국 양 국민의 관계사를 상기한다. 돌이켜 보면, 메이지왕의 치세로 일본은 우호제국의 원조에 의해 급속한 진보를 이루었는데, 그 당시 영일 양 국민 간, 정치적인 유대와 직접적인 우정이 생겨났다. 그리고 일본의 지도권은 일본의 국제협력과 헌법적 개혁을 선도했던 관리로부터 분리되었다. 일본에서는 군사적 침략 정책이 시대를 풍미하고 일본과 영국 양국은 소원해졌다. 그 후 비극적 사건이 차례차례 일어났는데 이번 주가 그 마지막 막이 되었다. 영국 미 영연방이 국민은 이 조약에 의해 상징되듯이, 일본과의 보다 행복한 관계로의 복귀하기를 환영한다.

지금 우리가 검토하려는 조약문서는 강화한다고 하는 숭고한 목적을 갖고 있다. 그 목적하는 바는 일본에 주권적 독립과 평등한 지위와 존엄과 자존심을 회복시키고 또한 평화우호와 민주주의의 방향으로 발전할 기회를 일본에 주는 조건이며 일본과 공정하고 지속적인 평화조약을 맺는 것이다.

조약문서는 다수국의 정부 간 장기에 걸친 협의 후에 기초되었으며 제안자인 미국 정부 및 영국 정부의 2개국 정부의 권위로 제군 앞에 제출되었다.

오늘 이들 문서를 제군에게 추천하고 제군의 승인을 요구하는 것은 나의 영광이며 특권이다.

조약 내용에 들어가기 전에 나는 영국 정부를 대표해서, 샌프란시스코회의의 주인 역을 담당한 미국 정부에 사의를 표하고 싶다. 오늘 여기에 모인 우리들 모두 미국이 일본 격멸을 위해 현저한 역할을 부과한 것과 미국이 점령 부담의 대부분을 받아들인 것을 알고 있다. 일본은 한번 패배한 뒤에는 세계의 자유국가 사이에 다시 그 지위를 회복할 공정한 기회를 반드시 주어야 한다고 미국이 고려와 노력을 했으며 경제적 원조를 부여했다는 사실만으로 평화해결의 입안에 있어서 미국에게 특별한 발언권을 갖게 한 것이다.

그뿐 아니라, 오늘 우리 눈앞에 있는 조약은 미국 정부 및 트루먼 대통령 특사 존 포스터 덜레스 씨가 행한 교섭과 조정의 결과이다.

나 자신은 덜레스 씨가 어떤 숙련과 인내를 갖고 일에 착수했는지 런던에서의 개인 경험으로 잘 알고 있다.

우리가 심의해야 하는 주요한 문서는 제안된 대일평화조약 정문(正文)이다. 거기에는 다른 3개의 문서—전사자의 묘지에 관한 선언, 국제조약에 관한 선언, 계약에 관한 의정서—가 부속되어 있다. 최초 3개의 문서는 미국과 영국, 양 정부에 의해 공동으로 제안된 것이다. 헌법상의 이유로 미국 정부는 의정서 제안자가 될 수 없으며 영국 정부는 단독으로 그것을 제군에게 제출한다. 본래 의정서 초안에서는 다른 문서와 동일한 협의방법이 취해지고 있다. 의정서는 다른 문서와 동일하게 2개국 정부의 공동의견을 표명하고 있으며 결코 일국 정부의 견해만을 제시한 것은 아니다.

우리가 이 조약을 제안하는 이유는 많이 있다. 아시아에서의 우리의 전통적 이해(利害), 아시아에서의 우리의 경험, 우리의 책임이었던 제국의 피해, 대일전에서 우리 군대가 보인 용감한 최후의 승리에 대한 역할—이들 모두는 앞으로 다가올 강화의 모든 조건을 전쟁이 끝났을 때부터 우리가 생각했던 것을 의미한다. 우리는 전쟁에서 우리의 역할을 부과했다. 우리는 강화를 위해 기여해야 할 역할을 갖고 있다.

그러나 이 조약은 미국과 영국만의 세공품이 아니다.

오히려 매우 다른 것이다. 우선 첫 번째로 조약에 대한 우리의 기여 그 자체가 영국 연방 전체와의 부단한 협의를 통해 영향을 받아 결정되었다. 이 점에 대해서는 이후 설명을 덧붙이고 싶다. 다음, 일본과 전쟁한 다른 다수국이 조약에 대해 의견을 표명하고 이들 의견은 우리의 눈앞에 있는 문서에 채용되었다. 이 조약은 실제 여러 다른 의견이 제안된 집성문서이며 이 조약은 거의 모든 관계국(제안국을 포함)이 전체 화합을 위해 자국에게는 중요한 점을 희생했다.

일본의 전쟁돌입 후, 계속된 불행 속에서 영국의 극동지역 인민은 많은 손해를 입었다. 그들의 경제 상태 및 생활수준은 중대한 손해를 입었다. 그들을 지키기 위해 우리는 영국 연방 및 식민지와 함께 수많은 사상자를 냈다. 영국 연방 특히 태평양 및 아시아의 영국 연방 구성국의 자원 및 인적 자원은 일본의 최종적 패배에 현저하며 과감한 공헌을 했다.

따라서 일본 점령군의 대부분은 미군으로 구성되었지만 오스트리아 장군을 사령관으로 한 영국 연방을 대표해 일개 사단이 항복 직후, 점령근무를 위해 일본에 파견된 것은 정말 타당한 조치였다.

1945년 12월 모스크바회의에서 일본 점령을 규율할 광범위한 정책을 수립하기 위한 극동위원회 설치가 결정되었다. 파병하거나 혹은 그 영토를 일본군에 의해 점령당한 영국 연방 구성국이 모두 극동위원회에 대표를 파견하는 것은 적당하다고 생각한다. 이와 같이 영국 연방 구성국은 전쟁 중의 연합국과의 긴밀한 협력관계를 미루며 적대행위 종료 후 6년간에 걸쳐 이것을 지속해 왔다.

1947년 중엽까지는 일본의 점령 체제 실시는 포츠담 선언이 정한 임무와 극동위원회가 결정한 정책의 달성을 목표로 훌륭하게 진행되어 온 것 같다. 그러므로 일본 문제에 관해 끊임없이 긴밀한 연락을 취해 온 미국 정부 및 영국 연방 구성국 정부가 거의 동시에 대일강화를 성립시키기 위해 어떤 수단을 취해야 할지 고려하기 시작한 것도 놀랍지 않다. 1947년 7월 11일, 미국 정부는 극동위원회에 당시 대표자를 보낸 11개국이 예비 강화회의 소집에 동의하기를 제안했다. 그동안 오스트리아 정부는 동일한 문제를 검토하기 위해 다른 영국 연방 구성국 정부를 소집해 동년 8월 캔버라에서 회의를 열었다.

1947년 위의 회의에서 영국 연방 구성국은 대일평화조약을 가능한 신속하게 체결해야 한다는 점에서 의견일치를 보았다. 영국 연방 구성국은 강화회의에서 4대국(大國)의 거부권을 인정하지 않지만 대일전에 참가한 주요 관계국은 평화조약 초안에 대해 평등한 발언권을 가져야 한다는 미국 정부의 제안에 동의했다.

불행히도 미국 제안에 대해서는 소련 및 중국 정부가 조기 평화조약 원칙에 대해서가 아니라,—이 점에 관해서는 주요 관계국 전부가 동일한 의견이었다고 공명정대하게 말할 수 있다고 생각하는데—취해야 할 절차에 대해 반대했기 때문에 진보를 볼 수 없었다. 소련 정부는 1947년 7월 및 11월 미국 및 중국에게 보낸 각서에서 대일평화조약의 준비는 외상회의에 위탁해야 한다는 견해를 표명했다. 이 견해는 이미 내가 말한 것처럼, 우리가 받아들이기 어려운 것이었다.

따라서 1947년 말에는 대일평화조약은 늦어질 수밖에 없다고 생각했다. 그러나 영국 연방 구성국 정부는 일본이 자국의 문제처리에 관해 완전한 책임을 갖는 것이 빠르면 빠를수록 아시아와 태평양의 정상 상태로의 복귀도 쉬워지고 더욱 촉진될 것이라 생각했다. 1950년 1월 콜롬보에서의 영국 연방 외상회의에서 각국 외상은 조약 체결이 예정 시기보다 늦어져 교섭을 촉진하기 위한 모든 노력을 해야 한다고 생각했다. 이를 위한 제 일보로 영국 연방 관리가 만든 작업반이 이 문제 연구를 위해 설치되었다. 이어서 1950년 9월, 미국 정부는 극동위원회 참가각국과 비공식토의를 개시하려고 제안하고, 1951년 1월 런던에서 열린 영국 연방 수상회의의 공식성명이 발표되었는데 위의 공식성명은 대일평화조약의 조기 체결이 긴급 필요함을 재차 강조했다.

강화가 몇 번이나 연기된 것은 우리를 실망시켰는데 그동안 이루어진 준비 작업은 매우 중요한 것이었다. 우리는 직면한 곤란한 문제를 적절하게 검토할 수 있었다. 우리는 평화조약에 이해관계를 갖는 제국이 평화조약이 취급하는 문제의 대부분에 대해 동일한 생각을 갖고 있지 않음을 알고 난

후, 이 곤란한 문제에 직면했다. 우리는 시종일관 조약은 빨리—가능한 빨리 체결되어야 한다는 생각을 고수하고 있었다. 일본이 한번 자유로워져 주권을 되찾았을 때에 평화 생활을 영위하며 자유롭고 민주주의적인 생활양식을 채용하는 방향으로 일본을 인도한 점에서 점령이 성공했음을 높이 평가한다. 그러나 우리는 일본이 스스로 이 민주주의적 생활의 책임을 수행할 시기가 이미 도래했다고 믿는다.

우리는 강화체결이 긴급하다고 생각했기 때문에 조약 준비를 위해 취해진 절차에 진심으로 찬성했다. 우리는 외교 교섭의 길이야말로 일본과 전쟁을 치른 국가들의 견해를 이해하기 위해 최상의 가장 빠른 방법이라고 생각했다. 이미 설명한 것처럼, 조약준비는 영국, 미국, 소련 및 중국의 외상회의에 의해 수행해야 한다는 견해는 수용할 수 없었다. 이와 같은 절차로 조약을 준비해야 한다는 논의는 포츠담협정의 오해에 근거한 것이다. 그것은 제쳐두고 우리는 거부권에 의해 무기한 지장이 생기기를 원하지 않는다. 그래서 마지막으로 이 절차는 대일전에 의해 오랫동안 숨 막힐 것 같은 고통스런 경험을 맛본 다수국에 의해, 공평한 조약이 될 것이라고 통감하기에 이르렀다. 우리는 채용된 절차가 일본과 전쟁을 치른 국가들 간 협의한다는 광범위한 기초를 부여한 것이므로 이것을 환영했으며 또한 이 절차 덕분에 오스트리아에 대해 해결하려는 우리의 모든 노력을 좌절시킨 무기한 연기라는 사태가 대일평화조약으로 인해 생기지 않을 것이므로 환영했다.

다음으로 우리 영국 연방 국민은 일본 침략의 기억이 아직 우리들 머릿속에 생생했던 초기부터 대일평화해결은 관대해야 한다고 믿었는데 이것은 틀린 것은 아니었다고 말하고 싶다. 우리는 이에 관해 덜레스 씨가 말한 것에 동감하며 일본은 세계 자유국가와 동등하게 명예로운 지위를 회복하는데 가능한 좋은 기회를 부여해야 한다고 믿었다.

이렇다고 해서 영국 연방 국민이 일본의 침략에 부수한 잔학행위나 폭력행위를 잊어버린 것은 아니다. 말레이나 홍콩 사람들은 일본인에 의한 점령을 직접 경험했는데 그 경험 즉, 일본인의 타락이나 야만성을 잊지 않았다. 그러나 우리 모두는—인도가 이 점에 대해 우리와 동일한 의견이었는데—평화해결에서는 증오나 복수의 감정을 초월하는 것이 우리의 도덕적 의무임과 과거를 괴로워하지 말고 미래에 눈을 돌리는 것이 우리의 의무라는 것에 의견을 같이 했다.

한마디 더, 인도에 대해—그 대표자가 오늘 샌프란시스코회의에 우리와 동석하고 있지 않음은 매우 유감인데—말하고 싶다. 인도는 파키스탄과 동일하게 일본을 패배시키는데 눈부실 정도로 놀라운 역할을 했다. 인도는 영국 연방의 협의에 우리와 함께 참가했으며 관대한 조기 강화 원칙에 대해서는 시종일관 우리와 의견이 같았으며 또한 실제 인도는 이 정책을 가장 강하게 주창한 국가 중 하나였다. 그러므로 인도 정부가 조약 조항의 어떤 것에 중대한 관심을 갖기 때문에 조약에 참가할 수 없다고 느낀 것은 우리에게 매우 유감스런 일이다. 인도 정부가 갖고 있는 이러한 우려는 곧 내가 상세하게 말하려고 하는 이유 때문에 근거 없는 것이라고 난 믿는다.

오늘 이 회의에 출석하지 않은 다른 대국(大國)은 중국이다. 1937년 이래 중국 국민은 일본의 침략에 저항하는데 용감하며 단호한 행동을 취해왔다. 일본의 학대를 오랫동안 경험해 왔다는 이유로 인해, 중국만큼 평화조약 참가 권리를 훌륭하게 준비한 국가는 없다. 그러나 불행히도 일본과 전쟁을 치른 정부들 간에 중국의 어떤 정부가 전 중국 국민에게 항구적 약속에 따를 의무를 부여할 합법적이며 실행적인 권위를 갖는가에 대한 의견이 일치하지 않음이 현 상황이다. 이렇게 평화해결에 중국을 참가시키는 것은 다른 국가들 간 이 문제에 관해 의견일치를 얻을 때까지 기다릴 수밖에 없다. 이와 같이 강화가 늦어지는 것은 긴급한 평화조약의 필요성에 우리의 의견이 대체적으로 일치했다는 사실과 양립하지 않는다.

그러므로 우리는 중국 대표의 서명이 없어도 이 다수국 간 평화조약을 체결할 수밖에 없음을 유감이지만 결심하기에 이르렀다. 동시에 이 조약은 중국을 대표한 서명 혹은 비준은 없음에도 불구하고 중국에 큰 이익을 반드시 발생시킬 것을 목적으로 한 조항에 의해 중국 국민의 이익을 보호하고 있다. 이와 같이 이 조약은 그것이 효력을 발생할 때, 중국에서의 일본의 모든 특수 권익은 자동으로 폐기되는 것과 중국은 중국에 있는 일본 재산을 자기 명의로 처분할 권리를 취득하는 것을 규정하고 있다.

이 규정에 의해, 이 조약의 서명국인 각국 정부가 중국에 관해 한 여러 가지 주장이 변경되는 것은 아니다. 영국 정부는 주지한 대로 중화인민 공화국 정부를 중국의 합법정부로 승인하고 있으며 현재 이 견해를 유지하고 있다.

중국에 대한 일본의 장래 태도는 일본 스스로 이 조약에 정해진 주권적이며 독립적인 지위를 행사해 결정하는 것은 당연하다. 이 조약은 이러한 중요한 원칙을 훼손하지 않도록 작성되었다.

이 해결책은 각국 정부가 장기에 걸쳐 열정적인 협의를 지속한 결과이다. 영국 정부는 이것을 현재 일반적으로 고려되는 곤란한 상황하에서 얻을 수 있는 유일 가능한 해결책으로 시인한다.

이 조약은 또한 일본이 대만 및 팽호제도에 대한 그 주권을 포기할 것을 규정하고 있다. 이 조약 자체는 이들 도서의 미래를 결정하지 않는다. 대만의 장래에 관해서는 카이로 선언에서 규정하고 있는데, 카이로 선언은 또한 불가침과 영토적 야심 부정이라는 기본원칙과 함께 조선에 관한 조항을 포함하고 있다. 중국이 그 실제 행동에서 이들 조항이나 원칙을 승인할 의사를 표시하기 전까지는 대만 문제의 최종적 해결에 도달하기는 곤란할 것이다. 머지않아 국제연합 헌장의 목적 및 원칙에 따라 해결책을 찾아야 한다. 그러나 그때까지 대일강화를 연기하는 것은 잘못된 일이다. 그래서 우리는 대만에 대한 일본의 주권포기만을 이 조약에 규정하고 있는데, 대일평화조약에서 대만문제를 취급할 적당한 방법이라는 결론에 도달했다.

제군은 내가 여기서 이 조약의 모든 영토 조항에 관해 상술하는 것은 기대하지 않을 것이다. 이들 조항은 포츠담 선언의 조항에 따른 것이다. 포츠담 선언은, 일본의 주권은 4대도(大島) 라고 선언한 서명국이 이후 결정할 수 있는 다른 도서에 국한될 것이라 규정하고 있다. 류큐제도 및 오가사와라 군도에 관해서는, 이 조약은 이들 도서를 일본의 주권 외에 두고 있지 않다. 북위 29도 이남의 류큐제도에 대해서는 미국의 시정이 계속될 것, 즉 일본 본토와 가장 가까운 도서는 일본의 주권하에 남길 뿐만 아니라, 일본의 시정하에 두기를 규정하고 있다. 이것은 일본 본토에 근접하고 현재 소련이 점령하고 있는 다른 주요 그룹인 쿠릴열도에 대한 일본 주권의 완전 포기를 규정한 조항과 지극히 명료한 대조를 이루고 있다. 우리는 쿠릴열도에 대한 일본의 주권 포기에는 동의했지만 29도보다 남쪽의 류큐제도와 오가사와라 군도에 관한 조항을 비난하는 사람들은 이 대비를 마음에 담아두어야 한다고 생각한다.

이 조약은 일본의 재군비에 관해 어떠한 제한도 두지 않는다. 지금까지 모든 조약에 설치된 이러한 종류의 제한은 경험에 의하면, 어느새 사문화(死文化)되는 것을 나타낸다. 사실 이러한 제한은 희망했던 결과를 달성하지 못할 뿐 아니라, 가장 위험한 형태로 국가주의의 싹을 배양하는 온상을 제공했다.

게다가 일본이 그 원료를 수입에 의존하고 있는 것은 평화를 위협할 정도까지 일본이 재군비를 실행하는 것은 실제 불가능하다.

그와 반대로, 현재의 문제는 일본의 무장해제가 아니라, 일본의 방위이다. 현재 일본은 어떠한 종류의 무기고 갖고 있지 않다. 따라서 만일의 침략이 일본에 생긴 경우, 일본이 침략에 저항하는 것은 불가능하다. 이 조약에서 일본은 국제연합 헌장 제2조에 규정되어 있는 의무를 수락하고 있다. 동시에 연합국은 일본이 헌장 제51조에서 말하는 개별적 혹은 집단적 자위에 관한 고유 권리를 갖고 있음을 인정하고 있다.

현재 일본의 안전은 일본이 미국과의 사이에 방위조약을 자발적으로 체결함에 의해 보장되어야 한다는 제안이 이루어지고 있다. 이 방위조약에 의해, 일본의 영토 방위를 위해 이른 국내 및 그 주변에 군대를 유지하게 된다. 이 조약은 일본이 다시 근접 제국에게 위험한 존재가 될 정도로 일본이 군대를 재건하려는 미국의 의도를 조금도 나타내고 있지 않음은 말할 필요도 없다. 영국 정부는 이와 같은 의도는 전혀 존재하지 않는다는 사실과 미국과 영국 양국 간이 약정의 목적은 일본 스스로 침략의 희생이 되는 일이 없도록 보증하는 것이라고 확신하고 있다. 사태가 현재와 다르다면, 우리는 일본에 대한 침략 가능성을 배제하지 않겠지만 작년 실제 북조선이 범한 침략과 침략자들에 대해 주어진 정신적, 물질적 원조에 의해 우리는 일본의 방위를 여하튼 실제적 중요성을 갖는 문제로 고려해야만 한다.

이 조약 초안의 규정은 주요 연합국 간 전시 중 협정 목적에 따라, 일본이 일찍이 아시아와 태평양에서 갖고 있었던 특수 지위를 일본으로부터 박탈하고 있다. 또한 이 문서의 뒤쪽 규정은 일본이 제1차 세계대전에서 주요 연합국의 일원으로 획득한 유럽과 아프리카의 정치적 영향력이 있는 지위를 일본으로부터 박탈하기 위해 실시된 전시 중 약정들의 기본 목적으로부터 논리적으로 만들어진 규정이다.

그러나 최근 11개월간에 걸친 교섭 중, 우리는 일본이 일찍이 일본 제국과 그 세계적 지위에 의해 획득한 권력과 세력을 갖지 않고 자유국가 사회로 복귀한다면 일본 무역을 자유롭게 하는 것이 절대로 필요하다는 사실을 결코 간과하는 일은 없었다. 우리는 일본이 건전한 경제를 유지하고 증대한 인구에 대해 그에 상응하는 생활수준을 부여해야 한다고 생각했다. 그 결과, 영국은 평화조약에 일본의 산업이나 상업에 대한 제도를 포함해야 하는 것은 아니라는 사실에 대해 태평양전쟁에 참가한 모든 국가와 완전한 의견 일치를 보았다. 우리의 산업이 전쟁 전 직면해야 했던 심각하고 파괴적인 일본의 경쟁을 상기해, 우리는 평화조약을 이용해 우리 자신의 지위를 지킬 것을 바라고 있다고 하는데 이것은 사실이 아니며 이와 같은 제한은 없었다. 일본의 경쟁 부활에 의해 우리 경제에 초래될 위험에 대해, 영국 내에서 큰 관심을 불러온 것은 사실이다. 이러한 우려는 광범위하고 진지하게 여겨졌는데 우리는 이 조약 안에 경제적 제한을 두는 것은 타당하지 않을 것이라고 인정했다.

이 조약 초안의 전문(前文)과 통상 조약 및 조약에 부속된 제1의 선언과 함께 자유국가로서의 일본에게 국가들 간 통상관계를 대등한 기초 위에 규제할 수 있는 지위를 다시 획득케 한 것이다. 이 사실은 일본이 국제적으로 승인된 공정한 무역관행에 따라 세계무역을 규율하는데 도움이 되는 수많은 중요한 국제문서 및 협약에 참가한다는 의도를 표명한 결과, 더욱 용이하게 실현되리라 믿는다.

조약초안의 배상 조항은 또한 생존가능이라는 원칙을 실효성 있는 것으로 한다. 6년에 걸친 점령 기간 중 일본은 미국에게 경제적 부담이며 식량이나 원료 등 일본에게 필수 수입품의 대가로 미국 정부는 이 기간 중에 20억 달러 이상을 지출했다. 그러므로 조약 초안은 한편으론 일본이 시작한 침략 전쟁에 의해 입힌 손해와 고통에 대해, 균형적 견지에서 정당한 배상을 지불해야 한다는 원칙을 서술함과 함께, 또 한편으론 만약 일본이 계속해서 건전한 평화 애호국으로 발전해 나간다면 일본에는 충분한 배상을 수행할 능력이 없음을 인정하고 있다.

이와 같이 결정하는 것은 각국 정부에게 있어 곤란한 일이었다. 앞에서 말한 것처럼, 아시아에서 영국 영토는 많은 타국의 영토와 동일하게 손해를 입었고 그 손해의 대부분은 아직 회복되지 않았다. 무언가 손에 들어올 것이라고 기대하고 일본에 배상지불을 요구하는 편이 용이했을지도 모른다. 하지만 우리는 이러한 조치는 근시안적 정책이며 우리 자신과 일본 사이에 지속적인 반목의 기초를 만들었을 것이라는 결론에 도달했다.

그러나 우리는 일본이 현실적인 산정에 근거해, 그 지불을 견딜 수 있다고 믿어지는 범위 내 배상을 치러야 한다는데 의견이 일치했다. 우선 첫 번째로 일본은 요구가 있는 경우에는 영토를 유린당한 연합국에 대해서도 일본의 점령에 의해 발생한 손해를 수복하기 위해 원조를 공급해야 한다. 이 조약 초안은 일본 국내에 있는 연합국 국민의 재산 및 모든 재산권의 연합국 국민으로의 회복을 규정하고 있다. 만일 이것이 이미 파괴되거나 반환할 수 없는 경우에는 일본 정부는 보상을 약속한다. 마지막으로 이 조약 초안은 각 연합국에 대해 그 영토 내에 있는 모든 일본 재산을 압수할 권리를 부여하며(단, 이 관습적 제외 사례 적용은 받는다) 일본의 포로가 된 자가 받은 고통에 대해서는 중립국 및 구 적국에 있는 일본 재산의 매상금에서 보상한다는 일본의 의사를 표명하고 있다.

정부에 관한 주요 결정을 구체화한 조항과는 별도로 조약 당사국의 무역 및 금융상 관계를 확고한 기초 위에 두는 것을 목적으로 하는 많은 조항이 있다. 나는 그 사례로서 일본의 대외채무, 연합국의 공업 소유권 및 저작권, 그리고 전쟁 발발 당시 소송 중이었던 연합국 국민과 일본 국민 간 소송에 관한 조항을 들 수 있다.

전쟁이라는 것은 국제무역 및 통상을 완전하게 중단하는 것이다. 우리로서는 평화 해결에 의해 국제무역 및 통상관계의 회복을 규제할 일반적 규제를 설정하려는 의도가 바람직하다고 생각한다. 영국이 평화조약 문서의 한 가지로 회부된 의정서를 제안한 것은 실로 이러한 이유에 의한다. 최초의 3절은 이탈리아 평화조약 부속 제16의 선례에 따른 것이며 또한 이와 동일한 방침에 따라 일본 및 일본과 전쟁을 치른 국가에서 이 평화조약에 서명하기를 결정할 수 있는 자와의 계약, 시효 기간 및 유통증권에 관한 규제를 규정하고 있다. 의정서의 D항 및 E항은 전쟁에 의해 영향을 받은 보험계약에 관한 미해결의 모든 문제 해결에 대해 일본 및 연합국의 보험회사가 취해야 할 수단을 규정하고 있다. 우리는 이 의정서가 장기에 걸쳐 다대한 경비를 소요하는 소송의 필요성을 제거함으로써 국제통상의 원활한 수행상 매우 중요한 채무지불에 응하려는 확신과 의욕이라는 기초를 회복하기를 희망한다.

영국에는 일본문제에 관심을 갖고 일본 국민에게 동정을 표하는 특수한 전통이 있다. 이 전통은 불행히도 과거 20년간의 사건에 의해 깨졌지만 그럼에도 불구하고 우리는 이 엄숙한 기회야말로—이 기회야말로 여기에 모인 연합국이 편견의 압박을 제거하고 이성과 친애의 발전 위에 그 신뢰를 쌓으려는 자각과 결의가 나타나고 있다—일본에 대한 우리의 종전의 관심과 동정의 유대를 우리가 재차 되찾을 기회를 부여하기를 믿는다.

우리 중 어떠한 자도 이 조약의 효력 발생과 함께 일본이 재차 주권적 독립을 행사하는데 이를 때, 일본이 직면해 해결해야 할 문제를 과소평가해서는 안 된다. 게다가 일본은 유력한 이점을 갖고 있다. 즉 일본에는 우수한 자질을 갖는 국민이 있으며 그들은 이제 자유롭게 건설적인 일에 헌신하고 있다. 일본을 다년간 악정하에 두고 일본 고래의 여러 제도를 능숙하게 운영해 그 야심을 만족시키려 했던 군벌은 없어졌다. 일본은 일본 국민의 성격에 합치한 군주제도를 보존하는데 성공했다. 일본은 수년에 걸친 패전과 점령 이후, 민주적 형체에의 적합으로 강화된 존재가 되어 나타났다. 점령당국의 지도하에, 일본은 자유세계의 자유롭고 진보적인 사상을 다시 접할 수 있게 되었다.

평화해결에 의해 진실로 민주적인 일본이 출현하는 것이 우리의 희망이다. 우리는 이 희망이 실현되리라는 보증이 어디에도 없다는 것을 알고 있다. 이 평화조약은 필연적으로 신뢰의 행위이지만 그러나 결코 오류는 없다는 것을 우리가 믿는 행위이다. 어떤 일이 일어나도 그때까지는 연합국은 소기의 목적을 달성하기 위해 전력을 다할 것이다. 우리들 눈앞에 있는 이 조약에 의해, 연합국은 일본에 대해 패배한 적국에 과해진 평화해결 중에서 가장 관대한 평화해결이 주어진 것이다.

그리고 그 목적은 일본이 세계의 자유롭고 평화로운 국가들 간 우리가 정당하다고 생각한 지위로 복귀하기를 돕는 데 있다. 일본의 행복을 기원한다.

소련 전권의 연설

1951년 9월 5일

소비에트 전권단은 우선 대일평화조약 문제의 중요성을 강조할 필요가 있다고 생각한다. 이 문제가 얼마나 중요한 가는 그 영토를 침범한 일본의 침략자에 대해 그 민중이 장기간 고군분투해야 했던 중화인민공화국은 물론 이 회의에 대표자를 보낸 다수의 국가가 일본 침략의 대상이었다는 사실에서 생각할 수 있다.

1931년 일본군은 만주를 침략했다. 만주를 6년에 걸쳐 점령하고 그 사이 만주를 아시아 대륙 위에 광활한 침략 군사기지를 만든 후에 군국주의 일본은 1937년 화중(華中 : 중국 중부)에 침입해 중국의 사명을 제지할 수 있는 중요한 중추부를 점령했다. 중화인민은 일본 침략자와 싸우기 위해 인명과 물질에서 막대한 손실을 입었다.

그 독립을 옹호하기 위해, 일본의 침략에 대해 이와 같은 항쟁을 계속하고 주로 이 침략의 정면에 서서 싸운 중국 인민은 일본 군국주의자들과의 투쟁이라는 대의명분을 위해 측정하기 어려운 공헌을 했으며 자유를 애호하는 국민의 최후 승리를 촉진했다.

주지하는 바와 같이, 13년 전 군국주의 일본은 우라지오스토크 지구의 하산 호반에서 소련 연방에 침입했다. 일본의 군국주의자들은 당연한 반격을 받았지만 소련 연방에 대한 그들의 침략 계획을 버리지 않았다. 1939년 일본의 침략군은 다른 장소, 몽고인민 공화국의 하루힌골에서 다시 공격을 시작했고 소련 영토로 밀려들었다.

이때 그들은 다시 소련군으로부터 상당한 반격을 받았지만 그래도 일본의 군국주의자들은 주지하는 바와 같이 소련에 대한 침략 기도를 버리지 않고 소련령 극동을 점령하려는 그들의 의도를 공공연하게 표명한 것이다.

아시아와 극동에서 다른 많은 국가들도 일본의 침략에 의해 피해를 받았으며 인도, 버마, 인도네시아, 필리핀이 그 안에 포함되어 있다.

마지막으로, 미국 국민도 또한 일본의 침략이 어떠한 것이었는지를 알고 있다.

왜냐하면 일본이 태평양에 있는 미국 군사기지인 진주만을 공격했던 일은 아직 미국국민의 기억에 새롭기 때문이다. 미국에 대한 공격으로 일본의 침략 범위는 확대되었다. 이 공격 이후에 일본 군국주의자들은 아시아 및 극동에 있어서 다른 많은 국가들도 침략했다. 전쟁참화가 확대되어 전 아시아에 영향을 미쳤다. 아시아 및 극동 국가들은 약 15년 동안 계속적으로 일본 군국주의자들의 공격을 받았다. 일본 침략자들로부터 공격을 받았던 모든 국가의 독립을 지키고 극동에서 영속적인 평화를 수립하기 위한 제 조건을 만들기 위해서는 열강이 힘을 합해서 노력할 필요가 있었다. 아시아 및 극동의 많은 국가들은 일본 군국주의자들과 싸워서 그들의 민족적 독립을 지키긴 했지만 또 한편으로 그 사이에 굉장히 큰 손해를 입었던 것도 사실이다.

이상의 일은 모두 지금이야말로 일본 침략자의 패배의 결과로 생긴 여러 조건을 이용하여, 극동에서 평화를 수립해야 하는 때임을 나타내주는 것이다. 이 사실에 고무되어서 소련은 이미 반복적으로 이 과제의 해결책이 될 수 있는 실제적 조치를 할 것을 제안해 왔다. 최근 몇 개월 동안 소련은 대일평화조약 체결 촉진을 계속 제안해 왔다. 말할 필요도 없는 것이지만, 소련연방의 대일본 강화는 민주적 제 국민의 이익에 부합하는 것이 아니면 안 되고, 탐욕적인 제국주의자들의 사회만 도움이 되는 것이어서는 안 된다고는 하는 사실에 바탕 해서 일을 추진해왔으며 또한 지금도 추진하고 있는 것이다. 강화는 평화애호제국 및 무엇보다 일본의 침략 대상이 되었던 국가들의 합법적 요구를 현실적으로 만족시키는 것이 되지 않으면 안 된다. 일본이 다시 침략국가로서 부활하는 것을 허용하는 것이어서는 절대 안 된다.

따라서 우리들은 일본 군국주의가 재차 대두할 여지를 주어서는 안 되며 또한 아시아 및 극동의 모든 국가들을 위한 평화와 안전을 지킬 수 있는 성격의 것으로 대일평화조약 및 대일평화 해결을 심의하고 모색하지 않으면 안 된다.

이것에 관한 것은 일본의 침략을 받았던 국가들뿐만이 아니라 일본 국민을 타 국가 및 타국 민에 대한 침략전쟁으로 끌고 들어간 일본 군국주의자들이 범한 죄를 보상하고 있는 일본 국민 스스로의 이해와 관계되는 일이다. 일본 국민의 국가적 이익을 위해 일본과 타국 그 속에서도 인접 국가들 사이에 평화적 관계를 수립하는 일이 필요하다.

소련 대표단이 대일평화조약 문제의 중요성을 지적하는 일이 필요하다고 생각한 이유는, 이 회의에 참여하고 있는 모든 국가들이 장래 일본 군국주의자들에 의해서 일본이 재차 침략의 길을 쫓는 사태가 발생하는 일이 없도록 그 소망을 표시하지 않기 때문이다. 그뿐만이 아니라, 이 회의에 제출된 대일평화조약의 미국과 영국 초안은 말하자면 이 초안의 기초자들은 일본 군국주의 재생의 길을 열어주고, 또한 일본이 재차 침략과 군사적 모험의 길로 몰아가고자 하는 길을 강하게 희망하고 있는 것을 나타내고 있다.

이 일은 우선 첫째로 미국에 대해서 말할 수 있으며 미국의 대일정책은 미국 정부가 일본에 대해서 독자적인 계획을 가지고 있지만, 이것은 참된 대일 평화해결의 이익, 즉 극동에 있어서의 평화의 유지 강화라고 하는 이익과는 어떠한 공통점도 가지지 못하는 계획이라는 점을 표시하는 충분한 증거를 나타내고 있다.

대일평화조약 문제를 심의하는 경우에 우선 문제가 되는 것은 이 조약의 기초로서 도움이 되었던 원칙이 무엇인지, 어떻게 하면 일본이 재차 침략국가가 되는 것을 방지할 수 있을 것인지, 어떻게 하면 이미 일본에서 대두되고 있으며 심지어 활성화되고 있는 복수의 계획을 공공연히 선언하고 있는 군국주의자들의 손에 일본 문명이 재차 떨어지는 것을 피할 수 있는 것인지하는 일이다.

이 과제는 만약 회의 참여국이 일본에 관한 주지의 여러 국제협정에 표명되어 있으며, 또한 그것이 이행되게 되면 일본 군국주의 부활은 방지된다고 하는 원칙에 근거해서 일을 진행시키게 되면 훌륭하게 해결될 일이다. 이것은 우선 제일 관계를 가지고 있는 것은 1943년 카이로 선언, 1945년 포츠담 선언, 그리고 얄타협정과 같은 협정이어서 이들 협정에 근거해서 미국, 영국, 중국 및 소련은 대일본 전쟁의 종료에 관해서이거나 또한 대일평화해결을 실현시켜 일본을 평화애호의 민주국가로 하는 일에 있어서도 명확한 의무를 진 것이다.

이 일은 또한 연합국이 일본을 포함한 적국과 단독강화를 체결하지 못하도록 협정한 1942년 1월 1일 연합국선언 및 대일전종료 후 채택되었던 항복 후의 대일본기본정책에 관한 소련, 영국, 미국, 중국, 프랑스, 네덜란드, 캐나다, 호주, 뉴질랜드, 인도 및 필리핀으로 구성된 극동위원회의 제 결정과 같은 여러 협정과도 관계하고 있는 것이다.

일반에게 알려진 바와 같이, 1945년 포츠담선언과 그 선언에 따라서 채택된 항복 후의 대일기본정책에 관한 극동 위원회의 제 결정이라고 하는 것은, 일본 군국주의의 근절과 일본에서의 군국주의 재생을 허용하는 제 조건의 방지를 규정하고 있다. 1947년 6월 19일의 극동위원회의 결정 '항복 후의 대일기본정책'에 의해서 예를 들면 일본은 그 군대에 관한 엄격한 제한을 가하고 있다.

포츠담선언은 '일본국민을 기만하고 이것으로 세계정복의 거사를 행하는 과오를 범한 자'의 권력 및 세력을 제거할 필요를 지적하고 있다. 또한 이 선언은 일본이 재무장해서 정복의 길을 나아가지 못하도록 하는 조치를 취할 필요를 나타내고 있다.

일본에 관한 여러 국가협정은 일본 군국주의의 배제와 일본의 심대한 침략 피해를 받은 인접 제국을 포함한 타 국가들 및 국민과 정상관계를 유지할 수 있는 평화 애호국으로 일본을 개조할 것을 규정하고 있다. 일본의 침략을 받는 일 없이 일본과 타 국가 간의 평화적 관계를 맺으려고 희망하는 사람들은 이 목적을 지지하지 않을 수 없는 것이다.

이렇듯이 일본을 비무장화 하고자 하는 일은 대일평화조약이 해결하지 않으면 안 되는 주요 과제 중 하나이다. 이 일은 우선 첫째로 대일평화조약 속에 육, 해, 공군력을 제한하는 규정을 넣지 않으면 안 되는 것을 의미한다. 일본 군국주의자들이 타국에 대한 침략준비를 위해 방대한 육 해 공군을 만들어 내었던 일은 누구든지 알고 있다. 일본의 진주만 공격 직전에는 일본군 병력이 320만에 달했다. 1945년 8월 일본이 항복할 때에는 일본군 병력은 약 600만이 되어 있었다. 일본 군국주의자들에 의해서 점령된 만주 지역에 주둔하고 있었던 일본군의 정예였던 관동군은 약 100만에 달하고 있었다.

이처럼 지나치게 팽창한 일본군대의 모든 것은 노동계급에 대한 약탈이여 그 희생위에 유지되어 왔었던 것은 두말할 필요도 없다. 일본 군국주의자들은 그 침략의 동료였던 히틀러 독일의 예에서 배워서 모든 민족이랑 국민을 노예화하는 것을 목적으로 하고 있었으며, 일본 국민의 생명을 빼앗는 일에도 크게 신경 쓰지 않고 전쟁준비에 몰두하였으며, 많은 돈을 착취하고자 일본의 농민과 노동자들에게 더욱 더 세금 중압을 가했던 것이다.

대일평화조약을 준비하고 체결하는 한편, 일본 군국주의자들 재생 방지에 대한 보장, 일본의 재침략 가능성을 제거하는 보장에 관한 과제들이 해결되지 않으면 안 되는 것이다.

평화조약 체결 후는 모든 점령군이 일본으로부터 철수해야 하며, 일본 영토를 외국 군사기지 유지를 위해 사용해서는 안 된다고 하는 것은 말할 필요도 없다. 이런 취지에 관한 명확한 표시가 평화조약에 없다고 하는 점은 일본의 주권을 재확립하고자 하는 대일평화 해결에 목적에 반하며, 또한 극동에 있어서의 평화유지 이익에도 모순이 된다.

앞에서 말한 여러 국제 협정은 일본을 민주국가로 하는 것을 규정하고 있다. 포츠담선언에는 “일본 정부는 일본 국민과의 사이에 있어서 민주적 경향의 부활 강화에 대한 일체의 장벽을 제거해야 마땅하다”라고 단도직입적으로 말하고 있다. 또한 동 선언에는 “언론, 종교 및 사상의 자유, 나아가서 기본적 인권의 존중은 확립되어야만 한다”라고 기술되어 있다. 극동위원회의 결정 ‘항복 후에 있어서의 대일 기본정책’에는 “일본국민은 개인의 자유에 대한 욕구 및 기본적 인권의 존중, 특히 신교, 집회 및 결사, 언론 내지 출판의 자유가 존중되고 발달될 수 있도록 장려하지 않으면 안 된다. 일본 국민은 민주주의와 대의제에 의한 조직을 만들 수 있도록 장려되지 않으면 안 된다”라고 기술되어 있다.

이와 같은 일이 연합국이 일본과의 전쟁 중에 정한 제2의 중요과제인 일본의 민주화라고 하는 과제인 것이다. 이 과제를 정한 목적은 지극히 명료하다. 군국주의 일본을 지배하고 있었던 것은 반동적 도당이었다. 정치적 및 사회적 생활 모든 것이 이 반동적인 일파와 이것을 지지하고 있었던 일본의 대재벌인 미츠비시, 미츠이 및 그 외 재벌들에 좌지우지되어 왔었던 것이다. 따라서 일본의 비무장화의 과제가 필연적인 것이 되는 것이다. 일본 군국주의의 재생 방지는 일본의 정치적 및 사회적 생활의 민주화를 추진하고자 하는 일에, 일본 정부가 반동적 군국주의자들의 전횡을 허용하지 않는 민주주의적 질서를 일본에게 확립시키는 과제와 밀접하게 관계를 가지는 것이다.

이 일은 대일평화조약 속에 일본 국민들 사이에 있어서의 민주주의적 경향의 부활강화의 필요에 관한 일, 즉 일본의 민주화에 관해서 포츠담선언 그 외의 열강과의 제 결정 중에 표명된 원칙의 이행을 규정하는 조항을 넣지 않으면 안 된다는 것을 의미한다.

대일평화조약의 준비와 관련해서 매우 중요한 것은 일본경제의 발달에 관한 문제들이다. 주지하는 바와 같이, 과거에 있어서의 일본 경제는 군국주의자들 일당의 목적에 봉사하는 것이었다. 일본의 공업 및 농업이 군사수요를 충족할 수 있도록 경제의 발달 자체가 지도를 받았던 것이다. 전전 및 전시 중에 있어서 일본 경제의 하나의 특징은 그 군사화였다. 그것은 일본 국민의 생활상에 빠져서는 안 되는 수요를 충족시키는 데에는 유해한 것이었다, 공업 및 농업의 기초자원은 무기라던가 전략물자의 생산에 사용되어 민간수요에 부응하는 일에는 사용되지 못했다.

이 일은 일본 군대에 대한 제한과 일본경제의 대한 군국주의화의 방지를 규정하는 조항이 대일평화조약 속에 빠져서는 안 된다는 것을 의미한다. 동시에, 평화조약은 일본의 평화경제의 발전을 방해해서는 안 된다. 이 원칙은 미국, 영국, 중국 및 소련에 의해서 서명된 포츠담 선언 속에 이미 규정되어 있는 일이다.

소비에트 정부는 이 포츠담 선언의 원칙에 기초해서 1948년 9월 일본 군수공업의 재건이나 창설을 금지함과 동시에 이 금지에 관한 적당한 관리를 확립할 뿐만 아니라, 또한 일본 국민의 수요를 충족하기 위한 평화산업의 재건 및 발전 그리고 일본의 평화경제에 요구에 따른 일본과 타국 간의 통상 발전에 제한을 가하지 않는 취지의 제안을 극동위원회에 대해서 제출했다.

소비에트 정부는 전에 미국 정부가 회부시킨 대일평화조약 초안에 관한 1951년 5월 7일에 각서 속에서도 조금 전에 말한 원칙에 기소해서 일본의 평화경제의 발전에 어떠한 제한도 가해서는 안 되는 것과 또한 일본의 타국과의 통상에 관한 일체의 제한을 제거해야 한다고 주장했다. 일본의 평화경제의 무제한의 발전과 일본의 외국무역의 발전을 허용하는 일은 극동에 있어서의 평화유지와 일본과 타국, 특히 그 인접국가와의 선린관계의 확립이라고 하는 이익에 부합할 뿐만 아니라 또한 일본 국민의 이익에도 일치한다고 하는 사실은 자세하게 말할 필요도 없다. 일본경제의 이와 같은 발전이야말로 일본국민에게 그 복지 개선의 기회를 처음으로 열게 해주는 일일 것이다.

대일평화조약에 이와 같은 조항을 삽입하고자 하는 일에 반대하는 일은 일본경제를 무너뜨리고 일본경제를 외국의 독점기업의 이익에 의존시키고자 하는 사람들만이 가지는 생각일 것이다. 평화조항에 이와 같은 조항을 삽입하는 일에 반대하는 일은 장래에 있어서의 일본경제의 발전을 일본 국민의 평화적 요구를 만족시키고 일본의 타국과의 정상적 경제 관계의 강화라고 하는 방향으로가 아니라, 일본을 군국주의화하고 그 경제를 어느 특정 국가를 포함하는 극동에 있어서의 새로운 전쟁에 대한 계획에 적응시키고자 하는 방향으로 이끄는 일에 매진하는 자만이 생각할 수 있는 일이다.

일본의 평화경제가 건전해진다면, 일본의 점령에 의해서 손해를 입은 많은 국가들의 정당한 배상청구를 만족시켜야 하고 또한 일본 침략자들에 의해서 생겨난 손해에 대한 보상제공을 하는 일을 용이하게 할 것이다. 미영 초안에 규정되어 있듯이 일본 국민의 노력을 직접 이용함으로서 이 손해를 배상하기보다는 앞에서 말한 편이 훨씬 더 일본에 있어서 쉬운 일일 것이다. 무엇이 이러한 제안을 초안 중에 집어넣게 했는가를 분석하는 일은 곤란하지는 않다. 그것은 일본의 노동자 및 농민의 저임금 노동력을 이용하고자 하는 욕구에 의해서 발동된 것이며, 이 노예적인 배상 지불 방식이 일본의 생산력이 대부분을 다른 쪽으로 점령된다고 하는 사실을 충분히 고려하지 않았던 것이다. 그것은 스스로 입은 손해에 대해서 일본으로부터의 배상을 정당하게 청구하고 있지만 과잉노동력을 가지고 있는 국가들에 대해서 유리한 것이 아니고 일본인의 저임금 노동력을 식량으로 해서 이익을 보고자 욕망하는 몇몇 큰 국가들에게 유리한 것이다.

대일평화조약이 일본과의 평화해결에 관계가 있는 많은 영토문제를 해결하지 않으면 안 되는 일은 당연하다. 이 점에 관해서도 또한 미국, 영국, 중국 및 소련은 명확한 의무를 지고 있는 점은 주지하는 바이다. 이들 의무는 카이로선언, 포츠담선언 및 얄타협정에 규정되어 있다.

이들 협정은 중국으로부터 분리된 영토에 대한 중국 즉 현재의 중화인민공화국의 절대로 논의에 여지가 없는 권리를 인정하고 있는 것이다. 대만, 팽호제도, 서사군도 및 다른 중국 영토와 같은 중국의 구 영토 대해서 분리되었던 것은 중화인민공화국으로 반환되지 않으면 안 되는 일은 논의의 여지가 없는 사실인 것이다.

사할린 남부 및 이에 근접하는 모든 섬 및 현재의 소련 주권하에 있는 쿠릴열도에 대한 소련의 영토권도 또한 이와 마찬가지로 논의의 여지가 없는 일인 것이다.

이와 같이하여 대일평화조약 준비와 관련한 영토문제를 해결함과 동시에 만약 우리들이 일본이 무력을 가지고 점령한 영토에 대해서 각 국가가 다툴 수가 없는 권리에 기초해서 논의를 진행시켜야만 되는 일이라면 조약은 이 점에 관해서는 명확성을 결여해서는 안 된다.

이상은 기존의 국제협정에 근거해서 대일평화조약의 기초가 되어야 할 주요 원칙이며, 그 이행은 극동에 있어서의 영속적인 평화 확립을 의미할 것이다.

대일평화조약 미영초안이 어느 정도까지 일본에 대한 연합국의 관계 제 협정 중에 기술된 원칙과 일치할지, 따라서 또한 그것이 어떤 정도까지 극동에 있어서의 평화유지의 이익에 일치할지라고 하는 문제점이 생겨난다.

이 점에 관해서 우선 제일 먼저 해야 할 매우 적당한 질문은, 이 초안 중에는 일본의 침략국가로서의 재생을 방지하는 어떠한 보장이 있는가 없는가 하는 것일 것이다. 유감이지만 이 초안에는 이 점의 보장이 전혀 없다. 이 초안이 일본 군국주의의 부활을 방지하는 어떠한 보장을 포함하고 있지 않은 일은, 일본 군대의 군인 수에 관한 제한을 어떠한 형태로 규정하고 있지 않은 사실로부터도 알 수 있다. 또한 이와 함께 제2차 세계대전 후 타국과의 사이에 맺은 평화조약, 예를 들자면 이탈리아와의 평화조약이 이들 국가의 병력 수에 대한 명확한 제한조약을 포함하고 있는 일은 잘 알고 있는 사실이다. 그런데 이 점에 관해서 일본은 그와 같은 취급을 받는 어떠한 이유가 없음에도 불구하고 다른 국가들에 비해서 특권적인 지위를 부여받고 있는 것이다.

이처럼 미영초안은 극동의 평화를 확립할 수 있고 또한 일본의 재침략 방지를 보장할 수 있는 참된 대일평화조약의 기초가 될 수 있는 원칙과는 매우 모순되어 있는 것이다.

이 초안은 또한 이미 일찍이 1947년경부터 앞서 말한 '항복 후의 대일기본정책'에 관한 문서에 나타나는 극동위원회의 결정에 반하는 것이다. 즉, 동 기본정책은 "전면적 무장해제, 공격적 전력을 일본으로부터 뺏는 것을 목적으로 하는 경제개혁, 군국주의세력 제거, 전쟁범죄자에 대한 엄중한 처벌을 포함하고 또한 엄중한 관리기관을 필요로 하는 조치에 의해서, 일본군의 물질적 및 정신적 비군사화의 임무를 수행하는 일"이라고 규정하고 있다. 이 결정은 극동위원회를 구성하는 모든 국가 즉 오스트레일리아, 캐나다, 중국, 프랑스, 인도, 네덜란드, 뉴질랜드, 필리핀, 소련, 영국 및 미국에 의해서 채택되었다.

대일평화조약 미영초안의 기초자들은 "극동위원회의 이 결정은 그들이 말하기로는 대일평화조약 체결전의 시기에 있어서만 유효한 것이라는 취지를 말함으로서 이 사실을 중요성을 극력 경시하고자 하고 있다. 그러나 이러한 시도가 매우 부적당한 것임을 나타내는 일은 곤란한 일이 아니다. 이 결정이 '일본의 공격적 전력을 빼앗는다'라고 하는 수단을 단도직입적으로 규정하고 있다는 것을 지적하면 충분한 것이다. 극동위원회의 결정은 전후의 전시기를 똑같이 포함하고 있는 것은 이 사실로부터도 보아도 매우 명료한 것이다.

대일평화조약 미영초안은, 모든 종류의 군국주의적 조직의 재건 일본에 있어서 육해공군 기지의 건설 및 확장 육해공군의 재건 및 구 일본 병기창의 확장과 근대화라고 하는 형태로 현재 일본 점령군 당국이 행하고 있는 조치에 따라서 규정되어 있다. 지금의 일본공업은 무기 및 전략물자를 생산하도록 더욱 더 전환되고 있는 중이다. 일본의 물적 및 인적 자원은 불법적으로 유엔기 밑에서 행해지고 있는 한반도에 있어서의 미국의 무력간섭을 위해 미국의 의해서 광범위하게 사용되어지고 있는 것이다.

지금 우리들이 심의 중인 대일평화조약 미영초안 뿐만 아니라 미국 정부가 일본에 있어서 행한 이들 모든 조치는 미국 정부가 침략국가로서의 일본의 재생을 방지하기 위해 타 여러 국가와 함께 진 의무를 무시하고 있다는 점을 나타내고 있다. 미국 정부는 일본 군국주의의 재건이라고 하는 도박을 하고 있는 곳으로서 극동에 있어서의 진정한 평화의 확립에 진심으로 관심을 갖고 있는 제국가는 이러한 사고에 대해서는 단연코 반대하지 않으면 안 된다.

이와 같이 미영초안은 일본군국주의의 부활을 방지하는 보장, 군국주의 일본의 침략을 입은 여러 국가의 안전을 지키고자 하는 보장을 주는 일이 대일평화조약을 준비와 관련된 주요한 임무 중에 하나가 되지 않으면 안 됨에도 불구하고, 이들 보장을 대해서는 어떠한 내용도 포함하고 있지 않다.

미영초안은 미국의 보호하에 만들어진 군사블록에 일본을 참가시키는 일을 규정하고 있지만 이 군사블록의 목적에는 극동에 있어서의 평화유지 이익과는 상통하는 점이 전혀 없다. 일본이 타국과의 군사협정을 체결하는 것을 규정하는 조항은 평화조약 초안에 포함시킴으로 해서 어떠한 목적이 추구될 것인가 하는 점은 주지의 사실이다. 미국 정부는 평화조약 그 자체에 의해서 미일 군사협정 체결 문제를 미리 결정하고 또한 평화조약이 체결되었을 때의 일본을 미국에 군사기지화로 하는 일을 기획하고 있는 것이다.

미국 정부는 일본과의 군사협정 체결 과제로서 일본 군국주의 재생을 방지하고 일본 침략에 의해서 손해를 입은 국가들에 장래안전을 확보하는 과제를 대체하고자하고 있다. 이 협정의 체결은 일본을 군국주의 재건으로 더욱 나아가게 하고 일본 국민의 국가적 권리를 무시하며 인접 국가에 대한 새로운 군사적 모험을 시작하고자 준비하고 있는 일본 군국주의자들 일당의 활동을 더욱 고무시키는 일임을 이것을 통해 명료하다.

평화조약 미영초안은 일본에 대해서 일본에 인접하는 여러 국가 그리고 무엇보다도 먼저 소련과 중화인민공화국에 대응하는 것을 목적으로 한 군사적 집단의 감행하는 의무를 부과하고 있는 것이다. 이 일은 평화조약 미영초안에 의해서 규정되어 있는 군사협정 중에 중화인민공화국이랑 소련과 같은 국가의 참가가 현재 제외 중에 있는 사실로부터 알 수 있는 것이다.

미국을 맹주로 하는 군사집단으로부터 참가에 관한 의무에 의해서 현재 일본을 묶어두고자 의도하는 이 요구의 진정한 성격은 일본에 대한 인접국의 위협이 전혀 존재하지 않는 이상 '개별적 및 집단적 자위'에 관한 일본의 권리라고 하는 허위의 문구에 의해 숨겨져 있는 것이다. 이러한 사정에 있어서는 일본이 말하자면 자위 목적을 위해 어떠한 군사블록에 참여하지 않으면 안 된다고 규정되어 있는 것은 근거가 없는 일이다. 앞서 말한 감행은, 일본의 자위라고 하는 이익이 이것을 촉진 중에 있는 것임을 이유로 하여 일본은 다른 국가관의 군사협정이나 군사동맹에 가맹할 필요가 있다고 규정하는 일은, 아는 바와 같이 일본이 수세기에 걸쳐서 어떠한 방면으로부터도 외부의 공격을 입은 사례가 없다는 사실에서 더욱 더 나타나는 일인 것이다.

미영초안의 기초자들이 일본을 그들의 침략적인 군사블록에 가담시키는 일에 연결되어있는 진정한 목적에 대해서 국민여론을 호도하고자 이와 같은 언급을 하고 있음은 명백하다. 그것은 이들 목적에는 극동에 있어서의 평화옹호 및 유지에 상통되는 것이 아무것도 없기 때문이다.

미영초안에 규정된 군사블록으로 일본을 몰아가는 일은 참된 극동에 있어서의 평화 옹호 및 유지에 관심을 갖고 있는 국가들의 불안을 일으키지 않을 수 없는 것이다.

이 일과 관련하여 점령군의 일본영토로부터의 철수문제와 일본 영토 내에 타국의 군사기지를 설정하는 일을 방지하는 문제를 상세히 설명할 필요가 있다.

주지하는 바와 같이 이탈리아 평화조약을 포함해서 제2차 세계대전 후 체결된 평화조약 속에는, 점령은 될 수 있으면 빠르게 또한 어떤 경우에도 평화조약을 실시하는 날로부터 늦어도 90일 이내에 종결해야만 한다고 특별히 규정되어 있다. 미영초안(제6쪽)에는 정식으로 그와 같은 규정이 포함되어 있다. 하지만 이 조문에는 일본영토 내에 "하나 또는 둘 이상의 연합국을 일반으로 하여 일본을 상대방으로 하여 쌍방 간에 체결된, 또는 체결될 양국 간 내지 다수국 간의 협정에 기초하는, 또는 그 결과로서" 군대를 잔류시킬 가능성을 말하고 있다.

이 유보는, 점령군은 90일 이내에 철수해야만 한다고 하는 규정을 한편의 공허한 문서화로 시키고 이것을 초안의 진정한 의미에 대해서 소박한 민중을 잘못된 길로 이끌 목적으로 사용되어 있다고 하는 점은 명백하다. 하지만 이미 일본에게 제 협정이 강제화 되고 있었고 그들 협정에 의해서 일본은 미국의 극동에 있어서의 침략계획에 따라서 그 영토를 미국의 육해공군기지 건설을 위해 제공하는 것을 미리 약속하고 있는 일이다.

미국 정부와 현 일본 정부가 대일평화조약 체결 후에 있어서 현재 일본영토에 미 점령군을 유지시키고 일본을 미국군사기지 보유하는 일에 관해서 장기간 교섭하고 있다고 하는 사실을 아무도 모르지 않고 있다. 이 교섭에 과정에 있어서 일본 정부가 일본의 정치적 및 경제적 생활을 실제로 지배하고 있는 미국으로부터 심대한 압력을 받고 있다고 하는 사실을 누가 모르겠는가?

평화조약 미영초안의 영토문제에 관한 부분에 대해서, 소련대표단은 일본 군국주의자들에 의해서 분리되어 있었던 대만, 팽호제도, 서사군도 및 타 도서와 마찬가지로 중국영토 구성 부분 반환에 대한 중국의 논의의 여지가 없는 권리를 이 조약 초안이 아주 막대하게 침해하고 있는 것을 설명할 필요가 있다고 생각한다. 초안은 이들 지역에 대한 권리를 일본이 포기하는 일을 언급만하고 있을 뿐으로 이들 지역에 그 이상의 운명에 관해 설명하는 일을 고의적으로 주저하고 있다. 하지만 실제로는 대만 및 앞서 말한 여러 섬은 미국에 의해서 주장되어 토의 중에 평화조약 초안 속에서 이 침략 행동을 합법화하고자 의도하고 있는 것이다. 또 한편으로 이들 지역의 운명은 절대로 명백하게 하지 않으면 안 된다. 그들은 그 토지의 주인인 중국 국민의 손에 반환되지 않으면 안 되는 것이다.

또한 마찬가지로 이미 소련의 주권하에 있는 쿠릴열도는 원래부터 남사할린 및 그들의 인접하는 여러 섬에 관한 소련의 주권을 막대하게 침해하고자 하고 있고, 초안은 일본의 이들 지역에 대한 권리, 권원 및 청구권을 포기 언급하는데 그쳐서 이들 지역의 역사적 종속관계 및 소련영토의 이 부분에 대한 소련의 주권을 승인해야만 하는 일본의 당연한 의무에 대해서는 전혀 언급하고 있지 않고 있다. 우리들은 적당한 시기에 카이로선언 및 포츠담선언 그리고 얄타협정에 선언한 미국과 영국이 영토문제에 대해서 이와 같은 제안을 제시함으로서 이들 국제협정에 의해서 약속된 의무를 무섭게도 침범하는 길을 걷고 있다는 사실에 대해서 말하지 않을 수 없다.

미영초안은 오키나와제도는, 오가사와라군도, 가잔열도, 오키노도리시마, 미나미도리시마 및 다이토제도를 일본의 주권으로부터 제외하고 이들을 국제연합이 신탁통치제도에 포함한다고 하는 구실 하에 미국의 시정권 아래에 옮기는 것을 규정하고 있다. 그러나 지금 말한 모든 섬을 그와 같이 일본으로 분리하는 일은 앞서 말한 여러 국제 협정은 물론 국제협정에 의하거나 또는 전략적 중요성을 지닌 지역에 대한 신탁통치에 관해서 동독의 결정을 내린 안전보장이사회의 결정에 의해서도 규정되어 있지 않은 것은 주지의 일이다. 이것은 미영초안에 포함되어 있는 요구가 자의적이며 위법한 일임을 의미하는 것이다.

미영초안 속에 일본의 민주화에 관한 규정이 있는지 없는지 찾는 일은 의미 없는 일이다. 이점에 관해서도 또한 이 초안은 대일평화조약에 의해서 규정되지 않으면 안 되는 필요조건을 만족시키고 있지 못하다. 더구나 포츠담선언이 일본의 민주화에 필요한 것을 분명히 말하고 있음에도 불구하고 있음에도 그렇다. 우리들이 이미 지적한 바와 같이, 극동위원회의 모든 결정은 일본의 민중이 '민주주의적이고도 대의제에 의한 조직'을 만들고 기본적 인권을 존중하도록 격려하는 일이 필요하다고 말하고 있다. 이 점에 있어서 일본의 현재 상황은 어떠한 상황인가에 대해서는 그것이 점령의 전기간을 통해서 일본의 노동조합, 일본의 민주주의적 단체 및 우수한 민주주의 지도자, 일본의 신문의 진보주의적 기관에 대한 억압이 미 점령군 당국의 승인을 받아서 또한 그 직접의 장려를 받아서 실행되어 왔다고 하는 사실에서 알 수 있다.

이 초안은 또한 같은 모양으로 여러 군국주의자 조직이나 파시스트 조직 및 그와 유사한 조직으로 그들 중에 많은 것들이 이미 공공연히 활동하고 있음으로써 그 부활의 위험이 한층 더 현실적인 것으로 되고 있는 것을 일본이 허용해서는 안 되는 것에 대해서 어떠한 서술도 하고 있지 않다. 더군다나 극동위원회의 결정이 "군국주의와 침략의 정신에 의해서 고무된 조직은 모두 준엄하게 억압되어지지 않으면 안 된다"라고 하는 일은 명료하게 기술하고 있음에도 불구하고 그런 것이다. 이와 같은 모든 일은, 도대체 평화조약 미영초안의 기초자들이 무엇을 희망하고 있는 것인가? 도대체 그들이 일본에게 어떠한 길을 걸으라고 강제하고 있는가에 대해서 진지하게 우리들은 생각하지 않으면 안 되는 것이다. 대일평화조약 미영초안을 주의깊게 분석 한 후에 완전한 명백하게 된 일은, 이 초안이 단순히 일본이 침략을 반복하는 위험을 현실화하는 일본군국주의 부활을 의미할 뿐만 아니라 이미 일본을 국가적 파괴로 이끈 군국주의자들과 반동주의자들에게 국가의 방향을 좌우하는 방향타를 재차 주고자하는 일인 것이다.

마지막으로 미영초안의 경제문제에 관한 조항은 중대한 관심을 받아 마땅하다. 경제문제에 관해서는 일본에 있어서 어느 몇몇 국가 특히 전후 및 일본 점령 기간 중에 미국에 의해서 획득된 경제적 특전의 보전에 주요한 주의가 실현되고 있는 것이다.

초안은 일본경제에 있어서의 지배적 지위의 외국 독점기업에 의한 유지를 규정하는 상세한 조항을 포함하고 있다. 이것은 일본의 산업, 해운, 외국무역에 관한 것이기도 하며, 또한 외국 상사 내지 법인은 일본에 대한 각종 권리 및 청구권을 보장에 관한 것이다. 동시에 조약 초안은 일본에 대해서 그 평화산업 외국무역의 자유로운 발전, 그 항해 및 상선건조의 발전을 보장하는 것을 어떠한 것도 포함하고 있지 않다. 더군다나 이것은 우연적인 일이 아니다. 일본의 산업을 꽉 묶어두고 일본의 시장에 외국제품을 범람시키고자 도대체 누가 관심을 기울이고 있는 것인가에 대해서는 누구나 알 수 있는 일인 점은 명백하다.

일본에게 타국과의 평등한 조건으로 원료 자원을 수입하고자 시키는 일은 포츠담선언에 의해서 명백히 규정되어 있음에도 불구하고 이 초안 속에서는 조금도 그러한 일에 대해서 언급하고 있지 않다고 보이는 것은 명백하다. 초안은 이러한 규정을 포함하고 있지 않기 때문이다. 그것이 빠져있는 일은 세 개의 중요한 원료 자원의 모든 것을 획득하고자 기획하고 있는 미국과 영국에 의해서 불이익이 되기 때문이다.

이처럼 회의에서 제안된 대일평화조약 미영초안은 결코 대일평화해결이라고 하는 목적에 도움이 되거나 또는 장래에 있어서의 일본 침략에 대해서 방지하는 어떠한 보장을 약속해주는 일은 조금도 없다.

평화조약 미영초안은 말로서만이 아니라 행동에 있어서 영속적 평화의 확립과 새로운 전쟁에 공포를 제거하기 위해 싸우고자 하는 국가들을 만족시킬 수 없고 또한 만족시킬 수 없는 것이다. 이러한 초안은 그 인민이 일본 침략의 결과에 가장 고통을 받고 극동에 있어서의 근린 제국의 평화적 존재에 대해서 부단한 위협인 일본 군국주의의 부활을 허용할 수 없는 아시아 및 극동의 제 국가들을 특히 만족시킬 수 없는 것이다. 평화조약 미영초안이 많은 국가, 특히 중화인민공화국, 인도, 미얀마 그밖의 국가들에 의해 반대에 봉착하고 있는 점은 이러한 이유에서이다.

중화인민정부는 8월 15일 성명 속에서 평화조약 미영초안을 올바르게 평가하고는 "실제 이 조약은 새로운 전쟁 준비를 위한 것이며 참된 평화조약이 아니다"라고 말하고 있으며, 또한 "그것은 아시아의 인민에 대한 위협이며, 전 세계의 평화 및 안전을 침해하고 또한 일본 국민의 이익을 저해하는 것이다"라고 말하고 있다.

인도 정부가 평화조약 미영초안을 비난하고서, "조약 안의 규정되어 있는 해결은 일본 국민에게 있어서의 불만의 근거가 되는 일 이외 어떠한 의미도 없으며, 또한 극동에 있어서의 미래의 불화와 생길 수 있는 분쟁과의 이유가 된다고 하는 사실에서 보면 인도는 이 조약에 참가할 수 없다"라고 말하고 있는 것 또한 주지의 사실이다.

이상에서 보자면, 평화조약 미영초안에 관해서 다음과 같이 결론을 낼 수가 있다.

1. 초안은 일본 군국주의의 재건 즉 일본의 침략국가로의 변질을 방지하는 어떠한 보장을 포함하고 있지 않다. 초안은 군국주의자 일본의 침략을 받은 모든 국가의 안전을 확보하기 위한 어떠한 보장도 포함하고 있지 않다. 초안은 일본 군국주의 재건을 위한 조건을 만들어 내고 있고 새로운 일본의 침략위기를 조성하고 있다.
2. 초안은 외국점령국의 철수에 대해서 실제로는 규정하고 있지 않다. 그것뿐만이 아니라, 평화조약 서명 후에 있어서 일본 영토 위에 외국군대가 주둔하는 일과 일본 국내에서 군사기지를 유지하는 일을 보증하고 있다. 초안은 일본의 자위라고 하는 이름을 빌려서 일본이 미국과의 침략적인 군사동맹에 참가하는 것을 규정하고 있다.
3. 초안은 단순히 군국주의 일본에 대한 전쟁에 참가한 모든 국가 중에서 어느 것을 목표로서 행해진 어떠한 제휴에도 참가해서도 안 된다고 하는 일본이 마

땅히 져야 할 의무를 규정하고 있지 않을 뿐만이 아니라 반대로 미국의 보호를 받아서 만들어진 극동에 있어서의 침략적 블록에 일본이 참가하는 길을 열어두고 있다.

4. 초안은 일본의 민주화에 대해서 즉 일본에 있어서의 전전의 파시스트 체제에 부활에 대해서 직접적인 위협이 되는 민주주의의 권리를 일본 국민에게 보증하는 일에 대해서 어떠한 규정도 포함하고 있지 않다.
5. 초안은 중국의 구성부분 즉 일본 침략의 결과로서 중국으로부터 분리된 대만, 팽호제도, 서사군도 및 타 지역에 대한 중국인민의 정당한 권리를 침해하고 있지만 이것을 악랄하게 피하고 있다.
6. 초안은 소련으로의 사할린 반환과 쿠릴열도의 양도에 관한 얄타 협정에 근거해서 미국과 영국이 약속한 의무와 모순된다.
7. 경제에 관한 많은 조항은 외국 특히 제일 먼저 미국의 독점 기업을 위해서 이들 기업이 점령기간 중에 획득한 권익을 확보하기 위해 입안된 것이다. 일본경제는 이들 외국 독점기업에 종속된 상태에 놓여있는 것이다.
8. 초안은 일본의 점령된 모든 국가가 입은 손해에 대해서 일본이 행해야만 하는 배상에 관해 그들 국가가 가진 정당한 청구를 실제로는 무시하고 있다. 동시에 직접 일본인의 노력에 의해서 손해를 배상하는 일을 규정함으로서 이 초안은 일본에게 노예와 같은 배상 형식을 부과시키고 있다.
9. 평화조약의 미영초안은 평화조약이 아니며, 극동에 있어서의 새로운 전쟁 준비를 위한 조약이다.

대일평화조약 미영초안이 일본의 군국주의 재건을 방지하는 어떠한 보장을 포함하고 있지 않을 뿐만 아니라 반대로 침략국가로서의 일본의 부활을 위한 조건을 만들고 있다고 하는 사실을 어떻게 설명을 할까, 이것을 이해하는 일은 어려운 일이 아니다. 이 일은 일본에 관한 미영초안의 기초자들의 계획이 일본 군국주의의 재건을 막고 일본 침략의 피해를 입은 국가들을 위한 평화 및 안전을 확보한다고 하는 일과 어떠한 공통점도 가지고 있지 않다고 하는 사실에 의해서 설명할 수 있기 때문이다. 그러나 일본 침략에 대해 가장 피해를 입었고 따라서 그것을 반복해서 허용하지 않는 일에 가장 관심을 기울이고 있는 국가들이 대일평화조약 준비에 참가하는 것을 방해받고 있다. 더군다나 대일평화조약 준비 수속이 5대국 즉 소련, 미국, 중국, 영국, 프랑스 외상회의를 창설한 포츠담협정과, 동맹국 및 연합국가와 전쟁하고 있었던 국가와는 어떠한 단독 평화조약을 체결해서는 안 된다고 하는 것을 보증한 1942년 1월 1일의 유명한 연합국 선언에 의해서 규정되어 있는 사실임에도 불구하고 그렇다. 포츠담선언에 있어서 외상회의는 우선 '평화해결에 관한 준비작업'을 실현시키기 위해 창설되었다고 하는 일 또한 적절한 평화조약을 기초하면서 "이 회의는 관계 적국에 부과한 항복조항에 서명한 국가를 대표하는 구성원으로부터 구성 된다"는 말에서 분명히 기술되어 있다.

이처럼 대일평화조약의 준비 수속에 대한 문제에 관해서 불분명한 것은 아무것도 없다. 국제협정에 따라서 약속된 의무를 말로서만이 아니라 행동상으로 준수하는 사람은 이러한 협정에 규정된 대일평화조약의 준비 수속에 엄격하게 따르지 않으면 안 된다. 미일 양 정부가 평화조약의 준비를 그 수중에 가지고 이들 양 정부는 준비한 대일 단독 평화조약의 체결을 지금은 타국에 강요하고 있는 중이라는 사실을 정당하다고 변호할 이유는 아무것도 없다.

이탈리아, 불가리아, 헝가리, 루마니아, 핀란드 등과의 평화조약의 준비를 하고 있을 때 준수한 것은, 이 수속에 있었던 일을 상기하는 것은 지금 매우 적절하다. 누구나 알 수 있듯이 경험은 또한 소련과 중화인민공화국과의 정당한 요구를 확인하고 있어서 두 정부는 외상회의가 평화조약 준비의 임무를 수행하는 일에 있어서 준수해야만 하는 대일평화조약 준비 수속을 엄격히 따라야 할 필요가 있는 일에 대해서 상기와 같이 견해를 대략 피력한 것이다.

대일평화조약 준비에 있어서는 다른 여러 국가와의 평화조약이 체결된 경우와 마찬가지로 일본과 전쟁상태에 있었던 다른 모든 국가가 참가하지 않으면 안 되는 것이다. 소련 정부는 이 점에 대해서 중국 정부 쪽으로 1947년

12월 30일에 공문 및 영국 정부 앞으로의 1948년 1월 4일의 공문을 가지고 이미 적절한 제한을 한 바가 있다.

대일평화조약의 주도권을 무리하게 빼앗은 미국 정부는 그 약속한 의무에 위반해서 외상회의에 의한 평화조약의 준비를 결단코 반대하고 있다. 이러한 입장을 옹호하기 위하여 외상회의 수속은 평화조약의 준비를 저지하는 것이라고 하는 논의가 표출되었던 것이다. 그러나 이러한 주장이 어떠한 근거를 가지지 못한다고 하는 것은 명백한 것이며 그것은 더듬어 올라가 보면 이미 4년 전에 앞서 말한 5개국과의 평화조약 체결이 가능했었기 때문에, 다른 경우에 있어서도 그와 같은 일이 외상회의에 의해서 수행되어 왔다고 하는 사실에 의해서 증명되고 있는 것이다.

공동으로 평화조약 초안을 제출한 미국과 영국 양 정부는 별도의 길을 택해서 불법적으로 처음부터 소련과 중화인민공화국이 평화조약 준비에 참가하는 것을 방해했던 것이지만, 이 양국의 참가 없이는 대일평화조약 해결에 성공은 있을 수가 없는 것이다. 소비에트 정부는 이 사실에 대해서 평화조약 초안에 관한 1951년 5월 7일의 각서 및 6월 10일의 공문으로 이미 미국 정부의 주의를 촉구한 바가 있다. 그 영토에 침입한 군국주의 일본과의 장기에 걸친 가혹한 전쟁을 여지없이 치르지 않을 수 없었던 중국인민은 그 전투 중에 중대한 손해를 입었다. 그 때문에 중국인민에게 의사를 표명해야만 하는 유일한 정당한 대표자로서의 중화인민공화국 정부는 대일평화조약의 준비로부터 제외되어서는 안 되는 일이다. 이 일에 있어서 소비에트 정부는 중화인민공화국 정부로부터의 적절한 성명, 특히 1951년 5월 21일 및 8월 15일 성명 속에 표명되어 있는 견해에 완전히 동의하며, 대일평화조약 준비 및 논의에 중화인민공화국이 전적으로 참가해야만 한다고 주장했던 것이다. 대일평화해결에 특히 이해관계를 가지고 있는 중화인민공화국, 인도 및 미얀마의 참가 없이는 미국 및 영국에 따라서 평화조약에 서명할 의사가 있는 여러 나라는 이와 같은 부정하고 불법적인 행위를 가져오는 결과에 대해서는 스스로 중대한 책임을 져야할 것이다.

샌프란시스코에 있어서 이 회의가 직면해야 하는 정세는 어떠한 것인가?

미영 양국 정부가 이 회의에 임해서 나타내주었던 사실은 중국이 대일평화조약의 준비 및 논의에 참가했던 일이 없으며 또한 참가하고 있지도 않다고 하는 일이다. 이와 같은 상황 밑에서 극동에 있어서의 진정한 평화해결은 달성되지 못한다고 하는 것은 명백한 일이다. 그 정의에 대한 감정과 제 민족 간 평화에의 열망을 공개적으로 자유롭게 표명할 수 있는 제 국민이 이와 같은 사태에 대해서 묵인 할 수 있는 일이 가능할 것인가?

미얀마뿐만 아니라 인도도 또한 미영초안을 수락하기 힘든 것이라고 성명을 하고 샌프란시스코 회의에 참가하는 것을 거절했다. 이것은 아시아의 주요 국가들은 중국뿐만 아니라 인도가 미영 양국에 의해서 이번 회의의 참가국에 강요하는 대일평화조약 초안의 준비 및 논의로부터 제외되고 있는 것임을 의미한다. 이와 같은 행동이 이 초안의 기초자들을 신용하기 어렵게 하고 있으며, 또한 이와 같은 정책은 파멸의 정책임을 의미하는 일이 아닐까 판단된다.

소련은 처음에 샌프란시스코회의에 참가하는 것을 거부하지 않았었다. 그 이유는 미영초안에 대한 사실적 입장을 공개적으로 발언하는 일이 필요했었고 실제에 있어서 극동에 있어서의 평화해결의 이익이 되며 세계평화를 강화하는데도 도움이 되는 대일평화조약을 희망해서 미영초안에 반대하는 것이 필요했기 때문이다.

대일평화조약 미영초안은 대일평화조약에 필요한 요건을 충족하고 있지 못하기 때문에 소련대표단은 미영 양국 정부에 의해서 제시된 평화조약 초안 속에서 다음과 같은 항목들을 수정해야만 한다고 이 회의에 제안하며 고려할 것을 희망한다.

1. 제2조에 대해서

a. (b) 및 (f)항 대신에 다음 항을 포함해야 함. 즉 "일본은 만주, 대만 및 이와 근접하는 모든 도서, 팽호제도, 동사군도, 서사군도, 중사군도(파라셀제도, 암호휘토라이토 군도, 막스필드 암초) 및 니시노도리시마(서조도)를 포함하는 남사군도에 대한 중화인민공화국의 완전한 주권을 인정하고 또한 여기에서 거론한 모든 지역에 대한 모든 권리, 근원 및 청구권을 포기한다."

b. (c)항을 다음과 같이 수정해야 함. 즉 "일본은 사할린 남부 및 그 부분에 근접하는 모든 섬 및 쿠릴열도에 대한 소비에트 사회주의공화국연방의 완전한 주권을 인정하고 이와 함께 이들 지역에 대한 모든 권리, 근원 및 청구권을 포기한다."

2. 제3조에 대해서

제3조를 다음과 수정해야 함. 즉 "일본의 주권은 혼슈, 큐슈, 시코쿠, 홋카이도 및 오키나와제도, 오가사와라군도, 니시노시마, 가잔열도, 오키노도리시마, 미나미도리시마, 쓰시마 및 제2조에 거론한 모든 지역 및 모든 섬을 빼고, 1941년 12월 7일 이전에 일본의 일부를 구성했었던 다른 모든 섬에 미친다."

3. 제6조에 대해서

(a)항을 다음과 같이 수정해야 함. 즉 "동맹 및 연합국의 모든 군대는 될 수 있으면 빠른 시간 내에 어떠한 경우에도 이 조약의 효력발생일로부터 늦어도 90일 이내에 일본으로부터 철수하지 않으면 안 된다. 또한 그 후는 어떠한 동맹 및 연합국 또는 다른 어떠한 외국도 일본의 영토위에 그 군대나 또는 군사기지를 보유해서는 안 된다."

4. 제14조에 대해서

(a)항 및 동 항의 1을 다음 문장으로 교환할 것. 즉 "일본은 동맹 또는 연합국에 대한 군사행동에 의해서 그리고 어떤 동맹 및 연합국의 영토점령에 의해서 생겨난 손해를 보상할 것을 약속한다. 일본에 의해서 지불해야만 하는 배상액과 그 근거는 관계 각국의 회의에 의해서 심의하지 않으면 안 된다. 이 회의에는 일본의 점령하에 있었던 제 국적 중화인민공화국, 인도네시아, 필리핀, 미얀마는 필히 참가해야만 하며 일본도 이 회의에 초청되어야 한다."

5. 제23조에 대해서

(a) 및 (b)항 대신에 다음 항을 삽입할 것. 즉 "이 조약은 일본을 포함해서 여기에 서명하는 국가에 의해서 기준 되지 않으면 안 된다. 이 조약은 기준서가 일본에 의해서 그리고 미국, 소비에트 연방, 중화인민공화국 및 영국 그리고 북부 아일랜드 연합 왕국을 포함해서 다음 제국 즉 오스트레일리아, 미얀마, 캐나다, 세일론, 프랑스, 인도, 인도네시아, 네덜란드, 몽골, 뉴질랜드, 파키스탄, 필리핀, 영국 및 북부 아일랜드연합왕국, 소비에트 사회주의 공화국 연방, 중화인민공화국 및 미국의 과반수에 의해 기탁되었을 때, 그 때 기준하고 있는 모든 국가에 대해서 효력을 발생한다. 이 조약은 그 이후 이것을 기준한 각국에 대해서는 이 비준서를 기탁한 날에 효력을 발생한다.

6. 제4장 중 신 조문

"일본은 일본국민 사이의 민주주의적 경향의 부활과 강화에 대한 모든 장애를 제거하고 또한 인종, 성, 언어 및 종교에 대해서 차별하지 않고 인권의 향유 및 표현의 자유, 보도와 출판의 자유, 종교와 예배의 자유, 정치적 의견 및 집회의 자유를 포함하는 기본적 자유의 향유를 일본 관할권 하에 있는 모든 사람에게 보증하기 위한 필요한 모든 수단을 취할 것을 약속한다."

7. 제4장 중 신 조문

"일본은 정치적 군사적 및 반군사적인 어느 것을 막론하고 그 목적이 국민으로부터 민주주의적 권리를 빼앗으려고 하는 파시스트 조직이나 군국주의적 조직을 일본 영토 내에 부활시키지 않을 것을 약속한다."

8. 제8장 중 신 조문

"일본은 군대를 파견해서 대일전에 참가한 어떤 국가를 대상으로 하는 어떠한 연합 또는 군사동맹에도 가입하지 않을 것을 약속한다."

9. 제3장 중 신 조문

"일본의 육, 해, 공군의 군비는 오로지 자위의 임무에 응할 것에 엄격히 제한되지 않으면 안 된다. 앞서 말한 바에 따라서 일본은 국경경비대와 헌병을 포함해서 다음 범위를 넘지 않는 군비를 가질 것으로만 인정된다."

a. 고사포부대를 포함해서 총 수 15만 명의 병사를 포함하는 육군.
b. 총 인원 2만 5천 명의 병사 및 총 톤수 7만 5천 톤을 가지는 해군.
c. 해군 항공부대를 포함해서 전투기와 정찰기 200대, 예비기를 포함해서 수송기, 해군 함정 구조기, 연습용 및 연락용 비행기 150대와 총 인원 2만 명의 병력을 가지는 공군. 일본은 기체 내부에 폭탄 적재 장치를 가지는 폭격기 같이 설계된 어떠한 항공기도 소유하거나 획득해서는 안 된다.
d. 일본군대가 가지는 중형 및 대형 전차의 총 수는 200대를 넘어서는 안 된다.
e. 군대의 병력은 육, 해, 공 어떠한 경우에 있어서 전투원, 보급 정비원 및 사무원을 포함한다.

10. 제3장 중 신 조문

"일본은 일본 군대의 규모를 정하고 있는 이 조약 어떤 조항에 의해서 유지되는 것을 허용 받은 군대의 필요조건을 넘을 정도로 국민의 군사훈련을 어떠한 형식이든 금한다."

11. 제3장 중 신 조문

"일본은 다음의 여러 무기를 소유하거나 제조 또는 실험해서는 안 된다."

(Ⅰ) 모든 원자력 무기 및 세균무기 그리고 화학무기를 포함하는 대량 살인수단

(Ⅱ) 모든 자동 발진 시 또는 유도 식의 투사물 또는 이들 발사에 관련하는 장치(단지 이 조약에 의해서 보유를 허용하는 해군 함정의 의뢰 및 동 발사관으로 통상의 해군장비를 구성하는 것이 아닌 것)

(Ⅲ) 사정거리 30km를 넘는 모든 대포

(Ⅳ) 접촉에 의하지 않는 감응장치에 의해서 폭발하는 기뢰 또는 어뢰

(Ⅴ) 모든 인간 조종 어뢰

12. 제4장 중 신 조문

"일본의 평화산업의 발전 또는 제 외국과의 통상발전 또는 일본의 평화경제의 요구에 응해야 하는 원료의 수입에 대해서는 일본에 대해서 제한을 가해서는 안 된다. 똑같은 모양으로 일본의 상업해운이나 상선의 근조에 대해서도 일본에 대해서 제한을 가해서는 안 된다."

13. 제3장 중 신 조문

1. 소야해협, 네무로해협 일본 측 해안 및 쓰시마해협과 츠가루해협은 비무장화하지 않으면 안 된다. 다음 모든 해협은 항상 모든 국가의

상선의 항행에 대해서 개방시키지 않으면 안 된다.

2. 이 조항 1항에 거론한 모든 해협은 일본해에 인접하는 모든 국가에 속하는 군함에 한해서 그 항해를 위해 개방시키지 않으면 안 된다.

㈜ 동사군도는 동사도 '막스필드 추'라고 하는 것은 '막후레스필도 추'라고 하는 것이 정확하다. 또한 중사군도가 아니라 서사군도와 파르셀 군도와 같은 것으로서 '아무휘토와이토 군도'는 그 일부이다. 남사군도는 일본에서 말하는 신 남사군도를 가리키는 것으로 생각된다.

필리핀 전권의 연설

1951년 9월 7일

6년 전 승리의 환희에 취하고 희망에 부풀었던 시기에 50개 국가가 이 샌프란시스코에 모여서 세계평화의 설계도를 만들었다. 국제연합이 이 탄생의 시기에 적절한 조건을 갖추었던 것은 당연한 일이었다. 즉 치열한 노력과 강한 이상주의의 꽃을 그 몸에 피운 것이 바로 국제연합이었다.

이 회의는 전쟁에서 연합국 최후의 승리는 단결에 의해서만 실현된다고 하는 냉엄한 교훈을 배운 이후에 열린 회의이다. 이러한 인식 위에서야말로 국제연합은 단결에 의해서 또한 평화를 만들어낼 수 있다고 하는 희망으로 만들어졌지만 이러한 희망이 생긴 것은 매우 당연하다고 생각된다.

그러나 우리들의 경험은 우리들의 기대논리에 따르지 않았다. 얼마 되지 않아 우리들은 분열한 세계에 있어서 권력쟁탈이 일어나고 있는 현상을 허용하지 못하는 고상한 계획을 승리의 흥분 속에서 만들어내지 않으면 안 된다는 것을 깨달았다. 과거 6년의 경험에 대해서 이러한 냉정한 평가를 하지만 그것이 세계평화의 샌프란시스코 설계도를 반드시 무효로 하는 것은 아니다. 실제로 여기에서 만들어진 최초의 평화 계획의 본질적인 안목의 하나를 세부에 결처서 완성하기 위해서는 오늘 우리가 이 국제연합의 탄생의 땅으로 돌아왔다고 하는 사실에는 일종의 논리적 필연성이 있다.

1945년에는 우리들이 평화문제를 반쯤은 추상적인 말로서 논의했고 그리고 그 결과 우리들의 해결책은 사태를 너무 단순화시켰다고 하는 약간의 결함으로 인해 입었던 나쁜 상황은 어쩌면 피할 수 없는 면이 있었다.

오늘 우리는 이 위대한 노력에 진정한 출발점으로 돌아오려고 하고 있다. 즉 평화의 추상적인 원리가 아니라 평화에 대해서 구체적이고도 명확한 제문제의 하나에 대해서 심의하고자 하는 것이다.

우리들은 이번 전쟁에 있어서의 주요 적국의 하나와 평화조약을 체결하기 위해서 여기 와 있다. 이 일은 어떠한 경우에도 어떠한 시기에도 곤란한 일일 것이다. 하지만 역사의 이 순간에 대일평화조약을 체결하기 위해서는 특히 해결 곤란한 성질의 제 문제가 많이 산적하고 있는 것은 현실이다.

이러한 이유가 있음으로 해서 대일평화조약과 관련해서 지금까지 여기에서 표명된 어떤 종류의 비교적 낙관적인 평화의 희망을 필리핀이 가볍게 품는다고 하는 것은 아니다. 우리들은 세계에서 종종 말하듯이 희생의 분담, 공통의 이상 그리고 공통의 목적이라고 하는 기초 위에서 모든 것이 일어난다고 믿었던 1945년의 샌프란시스코에서의 활기찬 정신은 만약 그것을 희망한다고 해서 쉽게 해결할 수 있는 것은 아니다. 약간 암울한 말이지만 오늘 우리는 강화에 대해서 애매한 일반법칙 또는 화해에 대한 지나친 희망, 그 어느 것에도 휘둘리지 않고 철저한 현실주의 속에서 일본과 강화를 맺는 문제해결에 착수할 필요성에 놓여있다. 우리들은 조약에 의해서 일본과의 전쟁상태를 종결할 수 있다. 그러나 조약에 차가운 실체가 자동적으로 강화를 가져오는 것이 아니며, 또한 일본과 인접국 간의 평화적 관계라고 하는 현실을 만들어내는 것도 아니다. 조항에 엄숙한 조항이 아니라 좋은 관계와 작업만이 그것을 초래할 수 있는 것이다.

저는 여기에서 일본과 가장 가까운 인접국의 하나이며, 일본 때문에 불합리하게도 커다란 파괴와 고통을 받았던 나라를 대표해서 말하는 것이다. 1천 8백만 인구 중에 우리 필리핀은 백만 이상의 인구를 상실했다. 생명의 손실을 입었던 만큼 우리 필리핀 국민은 매우 깊고도 현재 완전히 치유되지 못한 정신적 고통에 현재도 신음하고 있다. 4년간에 걸쳐 잔인한 점령과 침략자들에 대한 끊임없는 저항이 계속된 결과, 우리 국민 경제는 아주 세부적인 곳까지 파괴되어 버렸다. 필리핀이 그 토지와 인구에 비해서 아시아에서 가장 큰 참화를 받았던 국가라는 평가에 지금까지 그 어느 누구도 이의를 제기한 사람은 없다.

우리 국가가 입은 손해를 새삼스럽게 열거하는 것은 본인이 의도하는 바가 아니다. 지금에 이르러 옛 상처를 다시 끄집어 내보아도 아무런 도움이 되지 않는다. 또한 필리핀 국민이 절체절명의 시기에 침략에 제 일선에서서 아시아에 있어서 자유의 방어에 공헌하도록 요구되어진 이래, 새삼 후회를 하는 바도 아니다. 오늘 지금 필리핀 국민이 한반도에 있어서의 국제연합의 행동에 비록 조그마하지만 참가하고 있는 사실에서 보아도 그들이 일본제국주의에 대한 전쟁에 참가했던 것을 자랑으로 여기며 또한 그러한 용의가 있다는 것을 의심하는 사람은 아마도 한 사람도 없을 것이다.

옛 상처를 새삼 거론하는 것이 우리들이 바라는 바가 아니다. 그러나 우리들 중에 그 상처의 고통을 느끼고 이것을 생각해내는 사람은 이 상흔을 보기만 하는 사람에 대해서 "우리들은 누구로부터도 동정을 구하려고 하는 것은 아니다. 우리들이 요구하는 것은 정의뿐이다"라고 말하는 것을 허용하는 것도 좋지 않겠는가?

추상적인 말로서 정의에 대해서 말하는 것은 쉽다. 하지만 손해를 입고 더군다나 영원히 일본의 이웃국가로서 지내야만 하는 우리들로서는 정의는 추상적인 것이 아니다. 그것이 우리들에게 있어서는 생명과 죽음에 마찬가지로 현실적인 것이다. 그것은 우리들의 국가적 존속의 본질에 관계되는 일이다.

우리가 요구하는 정의는 관대한 강화라던가 가혹한 강화라던가 또는 복수의 강화나 화해의 강화가 아니다. 이들도 의미가 있는 개념이지만 우리들에게 더욱더 중요한 것은 공정한 관계라는 사실과 상호 간의 권리를 서로 존중한다는 현실이다.

우리들은 일본에 대한 필리핀 국민에 대한 태도가 전혀 감정이 좌우되는 것이 아니라고 허세를 부리는 것은 아니다. 그와 같은 것을 주장한다면 우리들은 인간적이라고 말할 수가 없을 것이다. 그러나 필리핀 정부는 일본과의 관계에 대해서 객관적인 태도를 유지하고자 처음부터 절대적인 노력을 기울여 왔다고 단언할 수 있다.

따라서 필리핀 대통령에 대해서 처음부터 확립되어진 우리들의 전후의 대일정책은 다음 세 가지 기본목적을 지향하는 것이었다. 첫째, 위장 적이 아닌 정치적 및 경제적 개혁에 의해서 일본이 다시는 그밖에 제 국가들에 대해 위협이 되지 않도록 보증하는 일이다. 둘째, 필리핀과 그밖의 국가들에 대해서 일본이 일으킨 손해에 대해서 빠르고도 공정한 배상을 획득하는 일이다. 셋째, 타당한 시기에 적당한 조건하에서 민주적이고도 비 군국주의적인 일본을 우호적인 이웃국가로서 받아들이고 나아가 태평양 지역 및 전 세계적 평화를 유지하고 진보를 촉진하기 위해 일본의 협력을 확보하는 일이다.

우리들은 이 세 가지 목적을 가진 정책을 솔직히 세계가 판단하도록 위임했고 가장 공명정대하다고 보아서 우리들이 수행한 이 이상의 것을 기대를 했는가에 대한 여부에 대해서 숙고하는 일이다.

이 정책을 염두에 두고 필리핀 정부는 현재 형태의 대일평화조약은 몇몇 점에 있어서 필리핀 정부가 정당하고도 필요하다고 생각하는 것에 이르지 못한다고 설명할 수밖에 없었다. 만약 평화조약의 유일한 목적이 전쟁상태를 종결하고 패전국을 주권국가 사회에 재차 받아들이는 일이라면 이 조약은 완전히 그 목적에 부합하는 것일 것이다. 하지만 일본과 같이 막대한 인구를 가지고 있고 역사와 전통을 가지며 공업 및 군사적 잠재력을 지니면서도 전략적 중요성을 지닌 국가와의 평화조약 체결은 가장 중요성을 가진 하나의 정치적 행위이다.

그 때문에 필리핀은 일본이 수락할 수 있으며 일본의 주권과 양립하는 방법으로서, 일본의 정치제도와 교육조직의 발전에 대해 원조를 계속하는 것을 목적으로 하는 약간의 결정이 이루어진다면 좋다고 생각한다. 일본 국민 사이의 민주주의 제 제도의 성장은 눈부실 정도라고 우리는 들어왔다. 이러한 설명의 의미는, 사실 위대한 무인정치가인 맥아더 원수이기 때문에 우리들은 이것에 대해서 이의를 제기하지는 않겠다. 하지만 일본이 수세기에 걸쳐서 침략적, 봉건적, 군국주의적 경찰국가에서 불과 6년이라고 하는 단기간에 완전하고도 영구적으로 실천적이며 철저한 민주주의 국가로 변신했다고 믿는 일은 아무리 쉽게 믿는 사람이라고 해도 대단히 무리한 일이다. 우리와 같은 인간적인 면모에서는 그와 같은 기습적인 변질이 일어난다고 하는 일은 도무지 받아들이기는 어렵다.

이와 같은 변천은 실제 한 국가에 있어서는 기적적으로가 아니라 많은 교육의 실시라고 하는 과정을 거쳐서만 달성될 수 있다고 본다. 진정한 일본 민주화의 기초는 인권의 존중과 인권의 존엄 및 가치에 대해서 신념을 일본 아동이 배울 수 있도록 하는 교육제도에 있다. 그러나 이들 민주주의에 관한 모든 원칙은 용이하게 실현될 수 있는 것이 아니다. 따라서 우리들의 희망은 권력주의적 형태로 시작되어 버렸던 일본의 성인 인구가 아니라 비교적 훈련하기 쉬운 일본의 청년들이 민주주의적 생활 방법을 진지하게 신봉하고 충실히 지킬 수 있도록 우리들이 노력하지 않으면 안 되는 상황으로 본다.

이미 언급한 결정은 이 조약에는 규정되어 있지 않지만 우리들은 일본이 자유세계화의 사이에서 한층 더 넓혀진 접촉을 이용해서 그 민주주의적 제도의 건전한 성장을 확보하도록 희망하는 바이다.

이 조약은 일본의 재군비에 대해서 어떠한 명확한 제안을 규정하고 있지는 않은 점에서 이런 종류의 조약으로서는 아마도 유일한 것일 것이다. 그리고 일본처럼 긴 군사적 전통을 가지고 있고 더군다나 현행 헌법안에서 군대를 보유하는 권리를 포기한 국가가 지금에 이르러 자국의 안전과 방위를 위한 수단을 강요받고 있다고 하는 것은 아마도 현대사의 아이러니이다. 일본 헌법의 공포에서부터 이 조약의 서명까지의 5년간의 아시아의 세력관계의 큰 변화가 일어났고 일본은 지금은 공산주의자들에 침략 위협에 대응해서 스스로 무장할 필요가 있게 되었다.

만약 국제정세 상황이 현재와 같은 것이 아니라면 일본이 자국 군대를 조직하는 무제한의 권리를 포기하는 것은 대단히 견디기 힘들다고 생각한다. 이 조약이 필리핀도 참가국의 하나로 된 집단적 안전보장 결정에 일본이 참가하는 것을 예상하고 있었고 또한 필리핀 대통령이 일본도 결국에는 그와 같은 체제로 통합되지 않으면 안 된다고 하는 의견을 발표했으므로, 우리들은 그렇지 않으면 필리핀 국민 사이에 느낄 수밖에 없는 불안은 진정되었다고 확신한다. 그 때문에 우리들은 이러한 생각에 기초하여 또 미국과 필리핀 사이에 최근 체결된 상호방위조약을 기대치로 하여 이 조약의 안전보장 조항을 수락할 수 있다. 미국과의 상호방위조약은 무력에 의한 공격에 대해서 그것이 새로운 방면으로부터 일어나거나 일본의 침략 부활로부터 일어난다고 해도 그것에 대해서 공동 행동을 취하도록 규정하고 있다.

필리핀 정부는 이 조약의 제14조 (a)1의 배상조항에 만족하고 있지 않다. 우리들은 이 조약이 반 징벌적인 조약으로서 독특한 것이라고 하는 주장은 주로 배상에 관한 동정적 주장을 근거로 하여 이루어지고 있다는 것을 잘 알고 있다. 하지만 그럼에도 불구하고 만약 이것이 징벌적 조약이 아니라고 하는 것이 사실이라면 왜 일본은 제2조 및 제3조에 의해서 풍요한 대만을 포함하는 전 해외영토를 포기했는가를 질문하지 않으면 안 되겠다. 대만은 일본이 반환한다면 그것은 궁극적으로 중대한 배상에 의한 경제적 영향을 상세하고도 남음이 있다. 나아가 제14조 (a)2는 연합국이 일본의 해외 재산을 '전리품'으로서 압수하는 것을 인정하고 있다. 이 조약에서 인정되고 있는 이러한 영토의 할양과 해외재산의 몰수에 관해서 중요한 사실은 수익국은 대부분이 대국이라고 하는 사실이다. 반편 실제로 일본에 의해 손해를 입었고 점령되었던 소국이 그 손실을 보상받는 유일한 방식인 배상의 지불은 이 조약에 의해서 가혹하게 제한이 가해진 것이다.

따라서 요약하자면 소국의 청구에 대해서는 실로 관용적인 조약이지만 대국의 청구에 관해서는 명백하게도 징벌적인 처벌이라고도 말할 수 있다.

필리핀 정부는 당연하게 받아야할 배상액을 일본이 지불하도록 하는 일이 복수적인 행위라고 하는 주장을 승인할 수는 없다. 고의로 가해진 손해는 보상되어야만 한다고 하는 원칙을 개인의 관계에서 포기할 수 없는 것과 마찬가지로 국가 간의 관계에 있어서도 포기할 수 없는 것이다. 우리들은 일본으로부터 징벌적인 보상을 무리하게 받아내려고 고집하는 것은 아니다. 우리들은 일본이 현실적으로 가한 손해배상 지불조차도 고집하고 있지 않다. 우리들은 "만약 일본이 존립 가능한 경제를 유지해야만 한다면 일본이 이와 같은 모든 손해 및 고통에 대해서 완전한 배상을 행하고 또한 동시에 다른 채무를 이행하도록 하기에는 현재 충분하지 않다"라고 하는 점을 승인한다. 나아가 우리들은 배상을 위한 어떠한 결정도 "다른 연합국에 추가적인 부담을 가하는 것을 피하지 않으면 안 된다. 또한 원재료로부터의 제조가 필요한 경우에는 외국 환율상의 부담을 일본에게 지우지 않기 위해서 원재료는 해당 연합국이 공급하지 않으면 안 된다"라고 하는 원칙을 수락한다.

그러나 우리들은 14조 (a)에 보장된 배상권을 제한해서, 배상의 지불을 청구국이 공급한 원료의 가공과 침몰선의 인양 또는 그밖의 연합국을 위한 작업에 있어서, 일본국민의 역무에 한정한다고 하는 어떠한 해석도 용인할 수는 없다. 배상권리를 이와 같이 제한하는 일은 "일본의 자원은 완전한 배상을 행하기에는 현재 충분하지 않다"라고 하는 성명, 즉 현재의 일본 자원은 부분적인 배상만 허용하지만 장래에는 완전하거나 가능한 범위 내에서 완전하게 가까울 정도의 배상지불을 허용하는 정도까지 증대시킬 가능성이 있다는 것을 명백하게 의미하고 있다는 주장을, 완전히 무의미한 것으로 해버린다.

우리들은 언어문제에 대해서 아주 무의미한 작은 구별을 하는 것은 아니다. 규정된 수량의 배상을 지불하는 현실적이고도 잠재적인 능력이 일본에게 있는가 없는가 하는 문제는 서로 다른 주장이 있을 수가 있다. 그러나 일본경제가 놀라운 속도이고, 일본의 현재 국부는 전전의 수중을 넘어선다고 하는 추정을 정당하게 할 정도의 속도로 개선되고 있다고 하는 일은 거의 논의에 여지가 없다.

일본의 국민소득은 점령 개시 이래 끊임없이 증가해왔다. 1941년 일본의 국민소득은 1달러 360엔의 현재 환율로 10억 5천만 달러였다. 1947년에는 약 28억 5천만 달러, 1948년에는 두 배 이상이 되어서 60억 달러에 달했다. 1949년에는 80억 달러까지 증대하였고, 1950년에는 약 105억 달러라고 추정되었다. 인구는 8천 3백만이기 때문에 1950년에 있어서 일본의 1인당 국민소득은 약 125달러이므로 필리핀이나 그밖의 아시아의 어떤 국가의 국민소득보다도 높다.

일본 공업의 전전 수준으로까지의 회복은 1949년 12월에 달성되었다. 오늘날 공업 활동의 수준은 1932~36년 평균의 32%를 상회하고 있으며 이것은 일본이 1953년까지는 도달할 수 없는 것으로 예상된 수준이다. 일본 공업의 급속한 부흥은 주로 일본 공업노동자의 고도의 기술적 능률과 일본에 있어서만이 아니라 예전에는 일본으로부터 중요 소비재의 대부분을 공급 받았던 국가에 있어서도 전후물자가 부족했기 때문에 기인하는 일본 제품에 의한 막대한 수요 때문이다. 한국전쟁은 일본에 있어서 공업 활동의 속도에 더욱 박차를 가하게 되었다. 한국전쟁 때문에 미국이 일본에서 구매한 액수는 1년에 약 10억 달러에 달했다고 추정한다.

과연 점령 직후의 4년간 일본 재정은 불건전하고 그 때문에 이 10억 달러의 ECA원조만이 아니라 1952년까지 미국 자립을 목표로 해서 연 1억 5천만 달러의 원재료 보조를 4년간에 걸쳐서 지원했다. 그러나 이 원조는 1946년 이후 점령군이 행한 연 10억 달러로 추정되는 현지조달과 합해서 일본 예산이 1930년 이후 처음으로 균형을 회복한 1949~50년 회계연도 이후 일본을 거의 자립시킨 것이었다. 일본의 급속한 경제 회복은 국가재정의 흑자에도 반영되고 있다. 과거에는 항상 적자였음에도 불구하고 1951~52년의 현 회계연도에는 5,970억 엔의 세출에 대해서 6,550억 엔 세입이 추정되며 680억 엔 즉 흑자 1억 8,800만 달러의 과잉을 나타내고 있다. 이러한 통계자료 원천에서 생각해 볼 수 있는 총액은 일본의 최대 담세능력과 정부의 최소 요구와의 차액이다.

일본 국민소득의 증가로 인해 일본은 그 국민소득 중 자본형성을 위해 적립하는 비율을 점점 증대할 수 있게끔 되었다. 1948년 일본 정부는 연합국 최고사령관의 승인을 받아서 경제자립계획을 수립했지만 이것은 1953년에는 전전 일본에서의 국민생활의 최고 수준이었던 1930~34년 평균의 90%에 이르는 생활수준을 일본 국민에게 줄 수 있게끔 되었다. 이 계획에 의하면 일본은 4조 1,640억 엔의 국민소득과 그 국민소득의 28%에 해당하는 1조 1,700억 엔의 자본형성을 할 수 있게끔 되었다. 이것은 고도로 발달한 국가에서의 자본형성의 평균수준보다도 훨씬 더 높은 것이다. 일본은 전전에 이미 고도로 발달한 여러 국가 중에 포함될 수 있는 국가로서 아시아에서는 유일한 국가였다.

1950년에 일본 무역은 1억 2천7백3십1만 3천 달러에 달하는 무역흑자를 나타내었다. 이 수출초과의 일정 부분의 이유로서는 일본공업의 부흥한 일과 한국전쟁으로부터 비롯한 수출무역의 증대에 주로 기인하는 것이었다. 일본의 무역수지는 1949년까지 적자였다. 그러나 작년 일본은 그 외국 환율의 포지션에 있어서 현저한 개선을 나타내었다.

이상 일본 경제 상태를 나타내는데 적당한 숫자를 약간 들어보았지만 이들은 일본의 현재적이면서도 잠재적인 배상 지불능력과 관계한다. 이 외에도 우리들이 모르는 숫자가 있을지도 모르고 만약 있다면 우리들은 그것에 대해서 들어보고 싶다고 생각한다. 또한 동시에 우리들은 통계를 해석하는 방법이 하나만이 아니라고 하는 것을 인정한다. 그러나 우리들이 여기에서 명확히 하고자 하는 점은 이 문제는 신중하고도 공평한 조사를 해야 할 값어치가 있다고 하는 것이다. 이 조사의 결과를 최종적인 것으로 존중해야 한다고 우리들은 미리 서약하는 바이다. 일본에 의한 배상지불은 어떠한 시기라도 첫째 생존 가능한 경제가 유지될 것, 둘째 일본이 져야 할 다른 채무가 이행될 것, 셋째 다른 연합국이 추가부담을 가하는 일은 피하지 않으면 안 될 것, 넷째 외국 환율상의 부담을 일본에게 가하는 일은 피하지 않으면 안 된다고 하는 조건 등의 원칙을 우리들이 승인한 이상 이 문제를 조사하는 일이야말로 공정한 것이다.

우리들은 이 특정한 위의 네 조건을 수락한 이상 필리핀과 같은 배상청구국은 조약 14조 (a)1에 규정된 이외의 형식에 의한 배상지불을 요청하기 위해 일본과 교섭할 때에는 적어도 보다 자유로운 행동을 취할 자격을 부여받아야 한다고 생각한다. 여러 가지 사실이 명확히 되기 전에 문제를 전부 파헤치고 배상지불을 받아야하는 우리들의 권리를 생산이나 침몰선 인양 그리고 타 작업에 있어서 역무에 한정하는 것은 미리 동의하도록 우리에게 요구하는 일이 과연 합리적일 수 있는 것인가?

나아가 전전의 탁월했던 일본 공업이 아시아의 다른 나라의 경제를 지배했던 일을 상기한다면 경제적으로 일본에게 종속되는 것이 아닌가 하는 우리들의 공포는 간단하게 생각할 문제가 아니다. 말하자면 배상을 역무라고 하는 방식에 제한하는 일은 그야말로 배상 청구국을 일본 공업기계를 위한 단순한 원료공급국으로서 재차 종속상태로 돌아가게 하는 결과를 가져올 수도 있기 때문이다.

우리들은 특히 미국 정부가 '금지적 배상'이라고 하는 문제에 깊은 관심을 기울이고 있는 그 마음은 알고 있으며, 그와 같은 배상을 청구하는 일은 우리들의 목적이 아니라고 말하고 싶다. 또한 우리들은 이 문제에 관한 필리핀 정부의 의견에 미국 정부의 배려가 이루어지고 수정조약문 속에 어느 정도까지 이것이 반영되고 있는 점에 감사하는 바이다. 하지만 그럼에도 불구하고 만약 14조 (a)1이 일본과 필리핀 양국 간의 교섭에 핵심 주제인 배상방식에 관한 융통성이 없는 제한을 의미한다고 해석된다면 필리핀 정부는 다음과 같은 유보적인 사항을 선언하지 않을 수가 없다.

"필리핀 공화국 정부는 일본 정부로부터 지불받아야 할 배상의 종류 및 방식 그리고 지불과 인도 방법에 대해서 일본 정부와 교섭하고 또한 상호 간에 협정하는 필리핀정부의 권리는 이 조약의 어떠한 반대 조약에도 불구하고 여기에 유보한다."

우리들은 대일평화조약을 오랫동안 기다려왔다. 3년간에 걸쳐서 필리핀은 워싱턴의 극동위원회 내외에서 그와 같은 조약의 급속한 체결을 반복적으로 주장해왔다. 미국 정부는 미국 정부대로 점령부담에서 가능한 빨리 해방되는 것을 희망하였고 그 목적을 위해 극동위원회의 전 구성원이 참가하는 회의를 개최하고자 수차례 노력했다. 그러나 소련은 강화회의를 중국, 영국, 미국 및 자국(명백하게 대일전에 일주일만 참가했던 것을 근거로 하여)의 4개국에 하나일 것을 희망했고 소련은 인도네시아나 필리핀처럼 4년간에 걸쳐서 침략자에 저항하고 그 결과 중대한 피해를 입었던 국가들을 회의에서 제외하고자 했다. 그리고 미국과 소련과의 의견이 융합하기 어려웠기 때문에 대일평화조약의 조건을 토의해야할 회의를 소집할 가능성이 거의 없어보였다.

미리 교섭된 조약이야말로 단지 유일한 해결책을 약속하는 것이 되어버렸다. 오늘 우리들 앞에 있는 것이 바로 그것이다.

이러한 외교사 사상 전례가 없는 방법으로 절충된 조약이 기준 대상이 되는 일은 피할 수 없는 일이 되었다. 왜냐하면 어떤 문제에 대해서든 조약 우선 평화조약도 당사국 모두를 평등하게 만족시키는 것은 아마도 불가능이라고 하는 사실에 더해서 이 조약의 경우에는 그 기초에 현실적으로 참가했다고 하는 만족함이 부족하기 때문이다.

일본의 장래에 비교해도 훨씬 논쟁점이 적었던 1946년의 파리평화회의를 기억하고 있는 사람으로서 그 정력을 소모하는 외교상의 거래가 여기에서 반복되는 것을 희망하고 있는 사람은 아무도 없을 것이다. 그것 때문에 우리들은 이 조약의 완성을 점점 더 높이 평가함과 동시에 국무장관 딘 에치슨 씨의 리더십과 인내를 존경하는 바이며, 또한 이 조약의 주요 기초자인 존 포스터 덜레스 씨의 식견에 경의를 표하는 바이다. 우리들이 덜레스 씨와 의견을 달리한다고 하면 그것은 교섭 당국자이자 정치가로서의 덜레스의 위대한 수완을 가지고서도 극복할 수 없기 때문이며 강고하도고 불가피한 국가적 이익에 요구가 관계하는 문제이기 때문인 것으로 이해한다. 우리들은 자신의 임무를 끈기 있게 주장하는 점에서 덜레스 씨가 존경을 받아 마땅하다고 생각하지만 이와 마찬가지로 우리들은 자신이 명령받은 임무를 끝까지 수행한 덜레스 씨의 불굴의 정신에 대해서도 경의를 표한다.

우리들은 이 조약은 필리핀 정부에 있어서도 전면적으로 수락할 수 있는 것이 아님을 반복적으로 언급했다. 하지만 우리는 종래의 교섭 방법에 의해서 일반적으로 수락 가능한 조약을 확보하는 일이 곤란함은 이미 증명된 것임을 생각해서, 이 협정을 방해하고자 하는 것이 아니라면 아시아의 평화와 안전의 직접 관계하는 어떤 중요한 정치 해결의 성과를 저해하고자 하는 것은 아니다.

일본 수상은 우리들에 대해서 일본 국민은 필리핀에서 일본 육군이 입힌 손해를 보상하는 것을 희망한다고 보증했지만, 이 조약을 제안한 양국 정부의 지지와 일본 정부의 협력에 대해서 특히 제가 조금 전에 인용한 유보조항의 선에 비추어서 모든 합리적인 이행수단을 행하는 일에서부터 이 조약의 결함을 감소시키고 또한 그 조약의 형평성과 정의라고 하는 요구에 한층 더 가까이 다가설 수 있는 가능성이 있다고 하는 것이 우리들의 희망이다.

이 조약은 필리핀이 최대의 관심을 갖고 있는 목적, 즉 아시아 및 극동에서의 정세의 안정에 공헌하는 것이 아니면 안 된다. 그것은 이 조약에 의해서 활동적이고 근면한 8천5백만의 국민이 자랑할 수 있는 역사를 가졌으며 또한 아시아 및 세계에서의 대국의 하나이었던 국가가 자유롭고 독립적인 국가사회로 복귀하는 것이 되기 때문이다. 우리 필리핀 사람은 최근의 참화 기억에 의해서 이 사건에 약간의 불안을 느끼지 않을 수는 없지만 아시아의

한 시민으로서 일말의 만족감을 가슴에 지니고 있으며 이 일은 이러한 것을 기대하고 있다고 고백하지 않을 수 없다.

일본은 의도적이든 무의식적이든 관계없이 정복과 침략이라고 하는 일본 자신의 파국적인 모험에 의해서 일어난 혁명적인 전쟁 이후에 아시아의 성스러운 모임에 돌아왔다. 아시아는 자유 즉 '식민주의적 지배와 착취로부터의 자유'를 목표로 해서 움직이고 있는 중이다. 그리고 또한 아시아는 전체주의적 침략의 위협에 대응하기 위해 하나의 집단적 안전보장체제로 향해서 움직이고 있다. 일본은 예전에 자국의 입장에서 이런 쌍방의 목적을 내포한 꿈을 가지고 있었다. 즉 일본의 제국주의적 지배와 통제하에 통일되고, 일본의 공업기계가 필요로 하는 것을 충족하며, 더구나 어떠한 의미에서는 군사력의 강대한 비호 속에서 안전을 보장받는다고 하는 아시아라고 하는 꿈이다. 이 꿈은 자유를 찾는 아시아 모든 국민의 의사와 어떠한 종류의 독재적 전제정치에도 반항하는 목적을 가지고 단결한 자유세계의 힘에 의해서 분쇄되었다.

만약 일본이 이 조약에 기초해서 부여받은 기회를 이용해서 아시아를 위해 자유의 길을 간다고 하면 즉 일본이 인접국가의 희생에 의해 자국의 확대를 도모하는 일체의 기도를 완전히 포기하고, 아시아 및 세계에 있어서 하지 않으면 안 되는 중요한 임무를 분담한다고 하면 그때야말로 이 조약에 대해 바라는 희망, 우리들은 약간 의문을 제기하는 바이기도 하지만 그 희망은 충분히 실현될 것이다.

결론적으로 저는 일본국민을 향해서 필리핀 국민을 대표해서 다음과 같은 말을 드리고 싶다.

일본국민은 우리들에게 매우 아플 정도의 손해를 끼쳤다. 어떠한 말로서도 안 되고 일본국민이 가진 모든 황금재화를 가지고서도 그것을 보상할 수는 없다. 하지만 운명은 우리들이 이웃국가로서 함께 살아가지 않으면 안 된다고 하는 것이므로 우리들은 여전히 이웃국가로서 평화적으로 함께 살아가야만 한다. 아시아에는 사해동포(四海同胞)라고 하는 격언이 있다. 그러나 형제애라고 하는 것은 마음을 가지기 나름이다. 여기에서 그것을 꽃피우는 데에는 우선 마음이 맑고 순수하지 않으면 안 된다. 우리들은 증오의 싹을 우리들 속에서 영원히 없앨 수 있기를 열망하는 바이지만, 그 전에 우리들은 용서와 형제애의 손을 내밀기 전에 우리들은 일본국민이 진정으로 뉘우치고 다시 태어나기를 명백하게 해줄 것을 기대하는 바이다.

인도네시아 전권의 연설

1951년 9월 7일

인도네시아 정부는 샌프란시스코에 대표단을 보낼 것을 결정했지만 그것은 대일평화조약의 기본적 제 원칙을 신중히 검토하고 난 뒤였다. 이 결정은 우리들이 조약의 모든 조항에 동의했기 때문에서가 아니라 우리는 이 회의가 세계 전반에 걸쳐 특히 태평양 지역의 평화를 가져오려고 하는 노력을 생각했기 때문에 결정했던 것이다. 태평양의 남서연안에 위치한 인도네시아는 평화해결을 위해서 지구의 이 부분에서 현재 일어나고 있는 일에 대해서 사활적 이해관계를 가지고 있다.

우리는 우리 국가의 독립을 선언한 1945년 8월 17일 이래 트루먼 대통령이 이 회의의 개회식 연설에서 멋지게 표명했던 것처럼 인류의 위대한 건설적 임무를 되도록 빠르게 진행시킬 목적으로, 새로운 세계보다 살기 좋은 세계를 만들고자하는 인류의 일반적 노력에 기여하고자 하는 포부, 우리들의 이상 및 잠재력에 대해서 보다 더 잘 이해할 수 있도록 끊임없이 세계에 호소해 왔다.

인도네시아 국민은 '펀잡' 즉 전능한 신에 대한 신앙, 국민적 자각, 민주주의, 인도주의 및 사회적 정의라는 5원칙에 기반하는 생활과 노동에 대한 관념을 중시하기 때문에, 평화를 촉진하고자 하는 어떠한 노력도 모두 환영하는 마음이다.

인도네시아 공화국은 국제연합에 가입을 신청해서 그 기구에 가맹을 용인 받았다. 우리나라가 가맹한 것은 국제연합 헌장의 모든 원칙이 '펀잡'과 일치하고 있기 때문이다. 또한 우리가 국제연합의 일에 참가한 단기간에, 인도네시아는 최선을 다해서 인류의 진보를 위한 국제연합의 건설적 사업에 참가해 왔다고 나는 감히 말씀드리고자 한다.

나아가 우리들이 어떻게 해서 일본과 평화상태를 만들어낼 것인가 하는 문제에 직면해서, 인도네시아는 최선의 성의를 다해서 힘을 보태고 싶어하는 열망에 차있다. 일본의 주권회복이 될 수 있는 한 명확하게 조약 속에서 규정되어야만 한다고 우리정부는 제언하고 싶다. 인도네시아는 국제사회에 있어서 일본이 그 지위를 회복하는 것을 환영한다.

우리 정부는 이 회의에 대표단을 보낼 것을 긴 시간 고민하지 않고 결정할 수는 없었다. 현재 있는 상태의 조약으로서는 인도네시아의 입장에서 본다면 많은 유보조항을 만들어 내게끔 했다. 그것은 우리들의 마음을 만족시키는 것이 아니었기 때문이며 이것이 우리정부가 일부 조항에 우리들이 만족할 수 있도록 명확하게 처리되기까지 주의 깊게 기다리는 자세를 취해왔던 이유이다.

나는 인도네시아의 안정이 없이는 태평양의 평온을 생각 할 수 없으므로 인도네시아가 태평양에 있어서 중요한 지위를 차지하고 있음을 강조하고 싶다. 따라서 지구상의 이 부분 인도네시아에 있어서 경제적 및 정치적 안정을 촉진하고 포장하는 것이야말로 인도네시아 정부의 항구적인 주요 목적인 것이다.

우리정부는 경제적 안정 즉 경제의 회복이 정치적 안정의 열쇠임을 주장한다. 따라서 우리정부가 대일평화조약에 관한 배상의 문제를 가장 중시하는 것도 이 때문이다.

우리정부는 배상이라고 하는 무거운 짐을 일본 국민의 어깨에 짊어지게 함으로서 일본국민에게 곤란한 부담을 줄 의도는 없지만, 인도네시아 정부를 대표해서 저는 우리들의 현재 직면한 많은 곤란한 상황, 물자 부족, 또한 제2차 세계대전 후에 우리들의 부흥 지연 등에 대한 책임은 우리나라는 점령하고 있었던 일본인과 일본인의 행동 때문이라고 하는 것은 기억해 두고자 한다.

인도네시아가 일본에 점령되어 있었던 동안에 입었던 손해는 이중의 부담이었다. 첫째, 약 4백만에 이르는 인명의 상실이 있었고 둘째, 수십억 달러에 달하는 물적 손해가 있었다. 여기에서 그 숫자를 말하는 일은 회의의 목적에 무관하기 때문에 생략한다. 그러나 우리정부는 구체적 사실과 숫자를 수중에 가지고 있으며 이것을 적당한 시기에 적당한 장소에서 제출하고자 한다. 우리정부는 일본이 현재로서는, 제가 이 '현재로서는'이라고 하는 말을 강조하고 싶은데, 우리들의 배상요구에 대해서 현금으로 지불할 수 있는 입장이 아니라는 것을 충분히 인정한다. 그러나 동시에 우리정부는 조만간 멀지 않은 장래에 일본이 그 생존능력을 회복하고 정당하게 그 책임을 다할 수 있을 것으로 믿는 바이다.

의장께서도 아시다시피, 배상의 관한 이 조약 규정은 우리정부로서는 만족할 수 없는 것이다. 만약 배상조항에 수정안을 제출하는 일이 가능하다고 하다면, 우리정부는 예를 들자면 제14조에 다음과 같은 수정을 하고 싶다.

"제14조

1. 일본은 전쟁 중에 일본에 의해서 발생한 손해와 고통에 대해서 배상을 지불할 의무를 승인한다.
2. 연합국은 일본이 입힌 이 손해와 고통에 대해서 배상을 지불해야 한다고 하는 원칙을 고수한다.
3. 그러나 연합국은 특정한 조건에 있어서는 일본경제의 자립 능력과 이 평화조약으로부터 생겨나는 다른 여러 의무를 고려해서, 전쟁배상청구에 관해서는 일본에 대해서 협조적 태도를 취할 용의가 있다.
4. 앞서 말한 조건이라고 하는 것은 다음과 같다.

일본은 그 현재의 영력이 일본군대에 의해서 점령되고 전쟁의 결과 손해를 입었던 연합국 중에서 당연히 자격이 있는 것에 대해서는 그 입었던 손해를 수복할 비용을 그들 여러 나라에게 보상할 목적으로 원조를 행한다. 말하자면 다음과 같은 방법에 의해서 원조를 행한다.

(A) 해당 연합국의 이익을 위해 제조, 침몰선의 인양 및 해당 연합국에 제공될 다른 역무의 형태로 일본인의 기술과 근면성을 이용할 수 있도록 할 것.
(B) (A)에 규정된 물자의 제조를 위해서 연합국에 의해 공급된 원재료의 교부를 통해 생겨나는 모든 비용을 지불할 것.
(C) 연합국이 희망하는 경우에는 그 재건을 위해 필요한 기계 및 공장과 같은 물건을 제공할 것.
(D) 연합국이 희망하는 경우에는 필요로 하는 기술자를 제공할 것.
(E) 피훈련자가 일본에서 일할 수 있는 기회를 부여할 것.
(F) 전시 중에 연합국 국민들이 입은 고통에 관해서는 그 고통을 공감하기 위한 기금을 제공할 것.

여기서 말한 여러 논점은 일본과 해당 연합국과의 개별협정에 의해서 정한다. 일본은 이러한 협정을 맺을 목적으로 해당 연합국과 신속히 교섭을 개시한다. 이러한 결정은 연합국 측이 추가부담을 가할 것을 피하지 않으면 안 된다. 그리고 원재료로부터 제조가 요구되는 경우에는 원재료는 해당 연합국에 의해서 공급되지 않으면 안 된다."

일본에 외환환율상의 부담을 부과하지 않도록 제14조 (b)는 다음과 같이 수정되지 않으면 안 될 것이다.

"이 조약에서 별도로 정하는 경우를 제외하고는 그리고 제14조 (a)에서 기술했던 만족할만한 결정을 체결하는 것을 조건으로 하여, 연합국은 전시수행 중에 일본 및 일본국민이 취한 행동에서 발생한 연합국 및 연합국 국민의 모든 배상청구권과 다른 청구권 및 점령의 직접 군사비에 관한 연합국의 청구권을 포기한다."

같은 모양으로 우리정부는 조약의 다른 조항, 특히 제9조에 대해서 수정을 제한한 바 있다. 우리정부의 견해에 의하면 제9조는 공해에서의 어업 및 어장에 관한 결정이 체결될 때까지는 우리정부의 특별한 허가가 없는 경우에는 일본 및 일본 국민은 인도네시아의 제도 및 그 주변의 바다에서 어업행위를 하는 것을 금해야만 한다는 규정을 넣지 않으면 안 된다. 나아가 또한 우리정부는 제12조에 대해서 수정을 생각했다. 제12조는 정부 간 및 민간 간의 무역 그리고 통상에 있어서 국제적으로도 승인된 공정한 관행에 따라야만 한다는 이미 전문에서 말한 규정을 포함하지 않으면 안 된다.

나는 우리정부가 이 회의에서 조약의 정문에 대한 수정을 검토할 수 없는 것을 유감으로 여긴다는 사실을 숨기고 싶지 않다. 왜냐하면 우리정부의 견해로서는 이 조약은 우리들의 희망과 조화되는 것이 아니고 또한 우리들이 가장 중요하다고 생각하는 많은 조항에 관한 것들이 우리들의 주장과 합치되기에는 불충분한 조항을 나타내고 있기 때문이다. 따라서 우리정부는 평화조약을 체결한 이후에 일본이 인도네시아에 전쟁손해에 대해서 배상지불을 하는 일에 대해 준거해야만 하는 조건이 평화조약에 규정되어 있는 것보다도 보다 상세하게 기술된 협정 및 어업행위와 어장에 관한 협정을 일본과 맺을 것을 보장받고 싶다고 희망한다. 이 목적을 위해 의장의 허가를 얻어서 우리들은 일본 수석대표에 대해서 세 가지 질문을 하고 싶다. 내가 마음속으로 가지고 있는 질문에 대한 회답은 우리정부의 조약서명에 관한 그 입장을 결정할 때 크게 영향을 미칠 것이다. 질문은 다음과 같은 내용이다.

1. 일본 정부는 인도네시아가 제2차 세계대전 전쟁 중에 입은 손해에 대해서 대일평화조약 제14조에 규정되어 있는 조항에 따라서 인도네시아에 충분한 배상을 지불할 용의가 있는가?
2. 일본 정부는 평화조약 서명 후에 가능한 빠르게 체결 되어야만 하는 인도네시아와 일본과의 사이에 양국 간 조약 중에서 이들 배상이 상세하게 기록되고 그 액수가 결정되는 일에 동의 하는가?
3. 일본 정부는 인도네시아 국민에 대한 어업자원 공급을 보호하기 위해 인도네시아 여러 섬들 간 및 그 주변의 바다에 있어서 어업 활동의 규제 또는 제한 및 어장의 확보를 규정하는 협정을 체결하기 위해 조만간 인도네시아와 교섭할 용의가 있는가?

우리 대표단은 일본대표단이 이들 여러 논점에 대해서 인도네시아와 일본과의 정상적인 관계를 확립하기 위한 주요한 장애를 제거할 수 있도록 하는 견해진술이 있을 수 있다고 믿는다.

왜냐하면 평화는 개인 간 및 국가 간의 이해를 기준으로 하여 수립되어야만 하고 또한 우리 대표단은 일본국민이 걸어왔던 슬픈 과오에 의해 가장 고생한 국민과 일본국민 자신과의 쌍방의 이익이 되는 평화의 기초로서 도움이 되는 문서가 이 회의에서 생겨날 것을 희망하기 때문이다. 우리들은 우리들의 곤란한 시기의 도전에 직면할 책임을 일본국민과 함께 나눌 각오가 있다.

나는 이 기회에 조금 더 추가 의견을 말하고 싶다. 제2차 세계대전 전쟁 후 이 전쟁에 참가한 모든 국가 간에 있어서 정치적 균형에 중대한 변화가 생겼다. 그리고 이들 변화는 인도네시아 및 타아시아 국민의 해방을 가져왔을 뿐만 아니라 심대한 경제적 영향을 미치기도 했다.

지구상의 이 지역에 잘 조화된 정치적 균형이 확립되는 것은 참으로 요원하다. 그러한 상태를 실현하기에는 미래 예상을 잘하는 정치가적 정신과 인내가 아마도 필요하다고 생각된다.

오늘 아시아 세계에 있어서의 큰 변화, 원동력으로서의 사회적 여러 세력에 의해 변동되고 자극되는 변화가 생겨나고 있는 중이며, 더구나 그 한도는 미지수이다.

태평양 주변의 모든 국민 및 모든 정부의 지도권을 위임받은 사람들은 때로는 인간의 능력을 넘어서지만 수행하지 않으면 안 되는 중요 임무를 부여받은 책임을 가지고 있다. 이들 사람들이 착수하지 않으면 안 되는 문제는 단지 매일 변화할 뿐만 아니라 공통의 해결을 위해 노력하는 모든 관계 제 정부의 일치된 부단한 노력을 필요로 하는 성질의 것이다.

나는 아시아 및 태평양에 있어서의 국경문제에 대해서 상세하게 말할 생각은 없다. 왜냐하면 국경을 확정하는 조치는 지금도 진행 중이며 따라서 그것이 이 회의에 있어서 만족할 만한 해결을 가져올 수 있다고는 생각되지 않기 때문이다.

우리정부로서는 중화인민공화국이 이 회의에 출석하고 있지 않은 것은 매우 유감이다. 왜냐하면 인도네시아와 마찬가지로 중국은 전쟁의 결과로 큰 피해를 입었기 때문이다.

결론적으로 나는 우리정부가 평화조약에 서명하는 것을 나에게 훈령한다면, 우리들은 일본이 세계의 다른 평화애호국과 함께 민주주의 모든 세력을 강화시켜 세계평화의 정세 확립에 참가할 것을 바란다고 하는 희망을 표명하고 싶다.

인도네시아는 그때야말로 일본을 국제연합의 일원으로서 환영할 것이다. 그리고 우리들은 6년 전 샌프란시스코의 이 자리에서 만든 국제연합의 헌장 중에 포함되어 있는 정의, 자유 및 인권의 존중이라고 하는 숭고한 원칙에 기초해서 평화를 확보하고 유지하고자 하는 우리들의 노력에 우리들과 함께 새로 태어나는 일본이 함께 할 것을 희망하는 바이다.

호주 전권의 연설

1951년 9월 7일

우리들은 일본과 강화하기 위해 여기에 왔다. 구 적국에 의해 큰 피해를 입은 여러 국가로서는 과거를 완전히 말살하는 것은 용의하지 않으며 실제 그것은 불가능하다. 호주는 뉴기니아, 말레이지아, 미얀마, 인도네시아, 태평양 상의 제 도서 및 태평양 해저에 지금도 죽어서 잠들고 있는 수많은 청년을 자랑과 슬픔을 가지고 회상하면서 죽은 자들에 대한 감사를 담아서 추억하며 더군다나 그들의 이름으로 우리들은 구 적국에 대해 공정하고도 지속적인 평화상태에 들어갈 것을 희망해서 샌프란시스코에 왔다. 이 과거의 고통은 서서히 사라지고 있는 중이다. 아니면 우리들은 그렇게 되지 않으면 안 된다고 희망하고 있지만 만약 일본 국민이 여기에 제안된 조약에 의해서 일본 국민에게 제시되는 우정의 정신에 충분히 따뜻한 마음을 가지고 응대하지 않으면 안 될 것이며, 실제로 그렇게 될 것이다. 왜냐하면 이 조약은 대단히 자비롭고 관대한 것이기 때문이다. 이러한 조약은 근대 사회에는 별로 볼 수 없는 것이다. 이 관대한 조항은 일본을 자유국가 사회의 일원으로 복귀시키는 일, 그리고 그 속에서 충분하고도 유익한 행동을 취할 큰 기회를 일본에게 부여하는 일을 목적으로 하는 일이었기 때문이다.

이것은 평화조약일 뿐만 아니라 평화를 위한 조약이다. 왜냐하면 만약 우리들이 전쟁의 모든 황폐함 속에서 일어나 우리들 국민이 우정과 선의에 충만한 가운데 각각 살아갈 수 있는 평화의 안정된 집을 견고한 토대 위에 만드는 일에 실패한다면 말할 수 없는 사망자들, 살아남은 불구자들 그리고 돌아오지 못하는 사랑하는 사람들을 슬퍼하는 사람들의 큰 슬픔과 포로가 되었던 많은 사람들이 잃어버린 세월들 및 또 그 사람들을 기다렸던 사람들의 고뇌는 과연 무엇을 위해 존재했던 것일까 회의하지 않을 수 없다.

호주는 점령기간 중에 일본국민의 생활방법에 큰 변화가 일어났던 것을 의심하지 않는다. 우리들은 우리들이 참으로 소중히 하고 있는 자유의 씨앗을 수천만 일본국민 속에 뿌리가 내렸다고 의심하지 않는다. 우리들은 마음으로부터 동정적인 관심을 가지고 민주주의의 성장과 그 모든 제도의 강화를 지켜봐 왔다. 우리들은 이 성장이 폭거와 군국주의적 침략이라고 하는 전염성 독소에 저항하는 일이 가능할 정도로 강인함과 활력을 가지고 계속되어 갈 것을 열망해 마지않는다.

이들 폭거와 군국주의적 침략이라고 하는 것은 이 성장이 충분한 강인성과 활력을 결여하고 있을 경우에는 용의하게 파기되어 질 수 있다. 우리들은 겨우 수년간의 단기간의 세월 속에서 민주주의의 방향에 위대한 진보가 일어나고 있는 것을 기쁨을 가지고 인정하는 바이다. 우리들은 이 진보가 계속 되어져 가는 것을 참으로 희망한다. 그러나 우리들은 자유의 꽃이 지금에는 일본에 있어서 만개하고 있고 군국주의가 완전히 근절되며 거대한 독점기업의 악폐가 타파되며 그리고 또한 경찰국가의 뿌리가 완전히 뽑혀져버려졌다고는 아직 확신하고 있지 못하다.

우리들 판단으로는 다년에 걸친 만주, 중국, 동남아시아 및 태평양상의 일본의 무력침략에 대한 책임을 오로지 일본군부의 지도자들에게 책임지우는 것은 아무래도 너무 안이한 생각이기 때문이다. 또한 어떠한 국가의 국민이라도 스스로 지도자들의 행위에 대해서 스스로의 책임을 분담하지 않으면 안 되기 때문이다.

이 조약은 일본국민의 손에 스스로 자신들의 운명을 책임 지우게 될 것이다. 일본국민이 해야만 하는 일은 조약이 일본국민에게 부과하는 강화에 어울리는 내용이 되도록 하는 일이다. 왜냐하면 일본 국민은 일본이 재차 군국주의의 거짓 매력에 굴복하지 않는 일을 보장해야만 하기 때문이다. 또한 일본국민은 그들의 과거의 패배에서 배반자의 일은 실제로 가혹한 것이지만 한편 마음으로부터 평화를 바라는 사람들에게는 선의, 동정 및 우정이 넘쳐나는 것을 배우지 않으면 안 된다.

한편 이 조약에 대해 호주뿐만 아니라 또한 여기에 대표자를 보낸 많은 타 국가들이 취하고 있는 태도와 소비에트 러시아의 태도를 비교하는 일은 가치가 없는 일은 아니다. 오스트리아 국민은 오랫동안 일본 군국주의에 대해 싸웠다. 소비에트 러시아는 유럽에서는 장시간 용감하게 싸웠지만 일본에 대해서는 며칠 밖에 참전하고 있지 않다. 우리들은 견딜 수 없을 정도의 손해를 입었지만 그들은 별로 피해를 입지 않았다. 우리들은 일본 군국주의 부활에 대해서 크게 염려하지 않으면 안 되는 일이 있다. 그들 염려는 만약 실제로 얼마간 존재한다고 해도 비교적 작은 것이다. 더구나 우리들은 이 조약의 조항 중에는 불만스러운 조항이 있으며 또한 포함되어 있지 않은 조항이 있음에도 불구하고, 관대한 평화조약을 승인할 용의가 있는데도 그들 러시아는 이 조약을 비난하고 있다. 말할 필요도 없는 일이지만 그들 비난의 이유는 전혀 표면에 나타나고 있지 않으면서 한층 깊은 곳에 감추어져 있지만 종전 이후 예전에 동맹국의 입장에서 보면 충분히 감추어져서는 안 되는 것이다.

왜냐하면 소비에트 러시아가 우선 희망하는 것은 소비에트의 침입에 저항하는 방어수단이 없는 일본이라고 하는 것은 불을 보는 것보다 더 명료하기 때문이다. 만약 소비에트 러시아가 일본을 위협해서 그리고 거대한 공업능력과 일본국민의 우수한 근면성을 지배하는 일이 생긴다면 소련, 동양에 있어서만이 아니라 전 세계에 걸쳐서 얼마나 큰 세력이 될 것인가 염려스럽다. 그렇다면 소련은 일본이 자위에 대해서 완전히 무방비가 되고 소련 앞에 무력한 존재가 되는 것을 필사적으로 희망하고 것은 거의 의심에 여지가 없다.

소련은 이 조약이 일본 군국주의의 부활을 억압하는 보장을 포함하고 있지 않다고 하는 일에 대해 일견 깊은 우려를 표명하고 있다. 그것은 또한 호주가 적지 않게 염려해왔던 일이기도 하다. 소련은 우리국가처럼 일본의 군국주의에 의해서 피해를 입었던 제 국가들을 보호하는 안전보장조항이 이 조약에 결여되어 있는 일에 염려를 나타내고 있다. 하지만 소련의 관심은 과연 우리들의 보호에 있는 것일까? 우리들은 소련으로부터의 침략을 방지하는 어떠한 안정보장을 과연 가지고 있는 것인가? 일본이 자위능력을 가지고 있지 않은 일, 따라서 아주 쉽게 소련의 침략 먹이가 될 정도로 태평양에 고립된 채로 놓여있는 것에 대해 우리들 속에 그 어떠한 안전 보장을 제안하고 있는 것인가? 소련대표는 너무도 많이 이의를 제기했다고 우리들은 생각한다. 그 진상은 물론 1905년의 러시아 제국주의가 단순히 1951년의 소비에트 마르크스주의적 제국주의라고 하는 말로 대체되었던 것에 지나지 않는다.

이 조약은 평화를 위한 조약이 아니라 다시 일어나는 전쟁을 위한 조약이라고 하는 주장이 소련에 의해서 제기되고 있다. 이러한 성명이 어떠한 국가의 대표자에 의해서 행해지지 않으면 안 되는 일은 한탄스러울 뿐만 아니라 아주 염려스러운 일이다. 그것은 소련대표자에 의해서 행해지는 경우 더욱 그러하다.

나는 러시아 인민의 운명을 지배하고 있는 크레믈린의 사람들이 무엇을 생각하고 있는지 모르겠다. 왜냐하면 악마는 자신 스스로가 그 마음속을 모르고 있기 때문이다.

그러나 우리들은 세계의 정세와 함께 여기에 집합하고 있는 다른 많은 나라들을 대표자들에게 잘 알려진 그로미코 씨도 스스로 말하고 있는 것을 진정 믿고 있지 않다고 확신한다. 세 나라로부터 성립되는 자기 자신의 작은 블록 이외에 여기에 모여 있는 모든 국가정부에 반대해서 우리들이 고의적으로 전쟁을 준비하고 있다고 주장하는 일은 완전히 가공의 공상에 지나지 않는다. 그가 한둘의 국가에 대해서 얼마나 왜곡된 견해를 품고 있는가를 생각하면 예를 들자면 우리 호주가 그의 말에 따르자면 '침략적 블록에 일본을 참가시키는 일을 여는 듯한' 어떠한 조약을 즐겁게 체결한다고 과연 그는 믿고 있는 것일까? 몇 번에 걸쳐서 그의 선전기관이 주장하듯이 만약 소련이 희망하고 있는 것이 평화라면 소련이 이 태도가 좋지 못한 거짓을 나타낼 때에 평화를 달성하는 일이 있을 수 있다고 과연 소련은 생각하는 것일까? 소련 및 그 외 그 어느 국가도 전쟁을 희망하고 있지 않다. 여기에 모인 모든 국가가 희망하고 있는 것은 단순히 우리들 자신을 위할 뿐만이 아니라 지구상의 모든 사람들을 위한 평화이다. 이러한 논의는 소련과 같은 대국에 부합하는 것이 아니라 또한 그로미코 씨와 같은 학식을 가진 사람에게도 적합하지 않다.

소련의 또 하나의 도전은 이 조약이 우리국가와 같은 모든 국가의 배상청구를 무시하고 있는 일이다. 이 일은 명백히 정확하지는 않다. 물론 호주가 현재 우리들이 뒤에 언급하고 있는 것을 조건으로 하여 우리 국가가 끊임없이 주장해 왔던 점에 비해 질이 떨어지는 이 조약의 여러 조항을 수락할 용의가 있는 것은 사실이다. 왜 우리들이 이와 같은 용의가 있을까 하는 이유는 잘 알다시피 여기에서 반복할 필요는 없다. 그러나 태평양전쟁에서 피해를 입은 사람들을 위해서 소련이 배상발언을 하는 것은 사람들을 묘하게 비꼬는 느낌으로 비춰진다. 소련대표는 자국이 어떠한 평화조약에 서명하는 것도 기다리지 않고 그 전에 자국의 위법 행위에 의해서, 우리들은 직접적으로 '위법'이라는 말을 사용한다. 그것은 우리들이 하는 일에 대해서 때때로 사용하기 때문이다. 입지도 않은 손해에 대해서 자기 자신들이 배상을 시도했던 일을 잊어버리지 않았는가 생각된다. 소련은 소련이 현재 배상을 해야 한다고 희망하고 있는 국가에 대해서 어떠한 고려를 하지 않고 만주 및 한반도에 있는 평가하기 어려울 정도로 막대한 일본의 자산을 자국용으로 탈취해버렸다.

호주는 평화조약의 조항에 대해서 생각해보는 일 훨씬 이전에 소련 자신이 일본으로부터 이미 빼앗은 막대한 전리품을 공동의 장으로 제공할 용의가 있는지 스스로 선언한다면 호주와 같은 국가에게 배상을 지불하지 않으면 안 된다고 하는 소련의 관심을 한층 더 감명 깊게 생각할 것이다.

그와 같은 일이 있는 경우에는 일본의 침략에 의해서 현실적으로 손해를 입은 많은 국가에 대한 배상문제는 그로미코 씨 자신이 말하는 경우에 비교해서 한없이 더 단순하게 될 것임을 나는 그로미코 씨에게 확언할 수 있다. 그리고 지금 말한 말에 전후의 관계로, 나는 배상에 대해서 말하고 있기 때문에 호주정부 및 호주국민이 특히 관심을 가지고 있는 것은 일본인에 의해 잡힌 포로들에 대한 보상 방법을 규정하는 제16조의 규정이라고 말하는 것은 문제가 있다고 본다. 이 조약의 교섭기관 중 호주는 포로들이 수년간의 억류 중에 입었던 고통에 대해서 보상을 받아야만 하는 권리를 끊임없이 주장해 왔다. 우리들은 일본 정부가 제16조에 있어서 이 권리를 승인한 것을 기쁘게 생각한다. 우리들이 단지 하나 유감스럽게 보는 것은 이 16조의 조항에 기초해서 조달되는 기금이 그들이 입었던 고통의 모든 것을 보상하기에는 충분치 않다고 생각되기 때문이다. 때문에 나는 앞에서 말한 것처럼 호주는 현재 있는 그대로의 상태에서 이 조약을 수락할 용의가 있다고 말하는 것이다. 우리들은 일본 정부와 보상 문제를 앞으로 계속 토의할 권리를 유보하고 있다. 우리들은 일본 국민이 이들 사람들에 대한 보상에 대해서 뭔가 추가적인 의사표시를 해줄 것에 인색하지 말기를 희망하는 바이다.

소련대표에 의해서 제출된 또 하나의 논의점은 약간 주의를 기울여야만 하는 것이다. 그는 반복해서 제2, 제3의 열강 지도자들 간 전시중의 결정들을 원용해 왔다. 그는 그들이 마치 최고법규인 것처럼 말했다. 우리들 모두가 물론 몇 번이나 들은 논의점을 내가 이해기로는 그들 전시중의 제 결정이 여기에 있는 어떠한 국가들을 구속한다고 하는 것이다. 이 논의가 어떠한 의도를 가진 논리 위에 기초하고 있는 것인가? 또는 어떠한 근거에 의해서 이들 결정이 당사국이라는 국가를 이들 결정을 실질적 제 조항을 문자 그대로 이행하는 의무를 질 뿐만 아니라 복잡한 수속구정에 구속된다고 하는 것일까? 나는 지금까지 항상 완전히 이해하지는 못했다.

우리들은 인구적인 입장에서 본다면 세계의 큰 대국에 비해서 비교적 작지만 태평양에 있어서든 중동 및 유럽에 있어서든 현저한 공헌을 한 국가의 대표임을 자랑스럽게 여긴다.

태평양에 있어서는 3년 이상에 걸쳐서 큰 피해를 입으면서도 우리들의 큰 목적이 정당하다는 것과 결국 승리를 할 것이라는 신념을 한순간이라도 잃지 않고 싸워왔다. 더군다나 우리들이 엄숙하게 생각하는 일은 이 강화에 있어서 불과 며칠 밖에 전쟁을 하지 않았던 소련이 사용하고자 한다면 언제든지 자유롭게 사용할 수 있는 거부권에 의해서 무엇이든지 제한을 가하는 외상회의를 통해서 강화조건에 뭔가의 사항을 몇 년간이나 고생해서 싸워왔던 우리들 대신에 결정하는 일, 나아가 여러 국가를 대신해서 강화조건이 어떠한 것이어야 한다고 결정하는 그 권리를 가지고 있다고 하는 점이다. 이것은 만약 다른 이유가 없다고 하더라도 역사를 명확하게 하기 위해서 완전히 거절되지 않으면 안 되는 입장이다.

대소를 막론하고 어떠한 국가도 전시 중에 또는 그 어떠한 결정에 의해서도 자국이 아닌 다른 국가의 정책이 어떠해야만 한다고 결정하는 일은 허용되어서는 안 된다. 권력은 권위를 주는 것이 아니라 국가에 대소 크기를 막론하고 우리들은 상호적으로 평등하다. 어떠한 국가도 특히 그 권위를 부여받고 있지 않는 하 남의 나라를 대신해서 발언하는 일은 허용될 수 없다. 특히 이 이유를 위해서—다른 이유도 있지만—소련의 이 주장은 전혀 고려할 가치가 없는 것이다.

세계평화의 열쇠가 소련 손에 주어지고 있다는 사실이 아니라면 우리들은 무엇이 좋아서 소련의 태도에 대해 말할 필요가 있는 것인가? 또한 소련이 현재의 세계 위기를 통해서 생겨난 중대한 문제를 해결하고자 진실하고도 순수하게 행동한다면 이것을 반대하는 나라는 여기에 한 나라도 없을 것이다. 그러나 소련이 이 회의에 왔던 목적은 명백히 보인다. 소련은 지속적 평화를 만들어내고자 하는 것이 아니라 여기에 모인 모든 국가를 분리시키고자 하는 것이다. 이 일에 대해서는 소련은 완전히 실패했다. 소련은 선전장소를 만들고자 했지만 소련의 말은 우리들이 아니라 아시아 제국에게 향해 있었다. 이 말에 있어서도 또한 소련은 실패했다. 이들 국가는 다음과 같은 것을 알고 있기 때문이다. 그들 국가는 조항에 대한 제 국가들의 태도가 상이하다는 것을 러시아가 관심을 갖고 있는 것은 그들 국가의 복지가 아니라 자국의 이익만을 위해서라는 점을 알고 있다. 우리들은 여기에서 상호적으로 테이블 사이에 두고 소련이 말하듯이 우리들이 동의해야만 하는 강화의 세목을 연구하기 위한 협의를 해야만 한다고 하는 모양만 따지는 논의에는 과거 5년 이상을 걸쳐서 알려져 있는 그 행동의 이력에 비추어보아도 그 어느 누구도 속지 않을 것이다. 이 목적을 고려하면서 배포된 수정조항 속에는 전에는 여기에 대표자를 내고 있는 여러 국가의 공통적인 견해가 얼마나 절대다수가 되더라도 소련이 명령하는 조약이 아닌 한 어떠한 조약도 수락할 수가 없다고 하는 점을 재차 주장하고 있다. 이 일은 조약 제23조에 대한 소련의 수정제안을 본다면 명백하게 이 수정안에 있어서 소련은 강화를 결정해야만 하는 이 회의의 과반수의 권리를 자국이 우연히도 과반수의 일원이 아닌 한 부정하고 있는 것이다.

본인이 말한 것처럼 소련의 논의는 여기에 모인 대표자들을 향해서 말한 것이 아니다. 그들의 논의는 일면에는 반은 자유세계에 대한 소련의 악랄한 선전을 지지하기 위해, 반은 자국민에게 들려주기 위한 목적으로서 한 것이지만 타면에는 제가 이미 말한 바와 같이 주로 아시아제국 즉 소련과는 완전히 다른 이유에서 이 조약에 포함되어 있는 제안에 대한 약간의 상이한 견해를 표명하고 있는 아시아제국에 대해서 말하는 것이다.

다행히 몇 억 명에 달하는 아시아 국민들이 여기에 대표되어 있다. 그리고 그들은 서유럽 세계만이 그들에 대해서 우정과 동정적인 원조를 제공할 수 있으며 소련으로부터는 소련 자신의 이익을 위해 착취와 그리고 세계의 수 백 만 명의 사람들로부터 자유를 빼앗은 암흑 그 이상의 어느 것도 기대할 수 없다는 것을 알고 있다. 하지만 이것은 종국적으로는 아시아 국민 전체가 배워야 하는 일일 것이다.

그러므로 저는 소련과 소련을 지지하는 사람들의 책략이 얼마나 보여주기 위한 것인지 이 회의 홀 외의 모든 사람들에 대해서도 명백히 하지 않으면 안 된다고 생각한다. 왜냐하면 만약 소련이 제안한 수정안의 하나하나가 이 회의에서 심의되어 여기에 모인 모든 나라의 절대다수로 부결되었다고 해도 그것이 그들에게 특별한 영향을 미칠 수는 없기 때문이다. 소련이 요구하는 것은 강화가 아니기 때문에 일본과의 사이의 강화는 여전히 이루어질 수 없을 것이다. 소련의 목적은 전쟁 이후 계속 전쟁의 결과인 전쟁 황폐의 해결에 관계되는 가장 큰 문제에 대해서 소련 자신과 마음을 함께 하지 않는 모든 국가들을 무력화시키고 소련이 동의하든지 혹은 명령하든지 이외의 것에는 그들 나라에게는 어떠한 것도 시키지 않겠다고 하는 것이다.

아주 최근 수개월 사이에 유럽에 관한 토의를 위해 의사일정의 문구에 대해서 일치하기 위한 것까지 유럽에서 소련에 취한 행동은 소련이 여태껏 취해왔던 여러 술책의 전형이었지만 그 시도는 세계의 다른 지역이 이들 큰 문제에 대해 어떠한 해결을 발견할 수 있도록 모든 시도를 하고 있음에도 소련은 그대로 실행했던 것이다. 인류를 위해 다행이고 또한 결코 그러한 시도를 잊어버릴 수가 없는 일본에게 있어서는 참으로 다행이지만 이번에는 소련이 실패했다. 더구나 완전히 실패했다. 이제는 소련은 과거에 있어서 가끔씩 해왔듯이 우리들이 무엇을 해야만 한다고 하는 것에 대해서 우리들을 대신해서 결정할 수가 없을 것이다. 이 회의는 자유국가에게 있어서 대단한 승리이다. 지금부터 우리들은 우리들이 헌신해왔던 높은 목적과 모순되지 않으면서 우리들이 추구하고자 하는 방향을 스스로 정하고 이 목적을 향해서 함께 전진하지 않으면 안 된다.

그러나 저는 소련이 이 조약에 대해서 제안한 수정사항의 하나에 대해서 언급하지 않고 이 기회를 보내버릴 수가 없다. 저는 하나의 큰 대국이 그 목적을 수행하기 위해서 빠질 수 있는 그 위선의 심대함을 세계가 알 수 있도록 그 제안을 상세하게 파악하는 사이에 이 회의에 참석해 준 사람들이 반드시 인내하면서 들어주실 것으로 생각한다. 그 제안은 다음과 같은 새로운 조항을 제4장에 첨가해야만 한다고 하는 것이다.

> "일본은 일본국민에게 있어서의 민주주의적 경향의 부활 및 강화에 대한 모든 장애를 제거하고 인종, 성, 언어 그리고 종교에 대해서 차별하지 않고 인권의 향유와 표현의 자유, 보도 및 출판의 자유, 종교적 예배의 자유, 정치적 의견 및 공공 집회의 자유를 포함하는 기본적 자유의 향유를 일본관할권 하에 있는 모든 사람에게 보증하기 위해 필요한 모든 수단을 취할 것을 약속한다."

저는 현재 세계에 있어서의 비난과 반목 그리고 다툼에 새로운 비난을 첨가하고자 생각하는 것은 아니다. 그러나 일본인이 이들 자유를 부여받아야만 한다고 하는 일에 관심을 갖고 있는 듯이 위장하고 있는 소련대표의 말을 우리들은 진정으로 받아들일 수는 없다. 이것은 소련은 이상의 자유에서 그 어느 하나라도 자국민 또는 그 철의 장막 속에서 복종시키고 있는 국민에게 부여하고 있지 않기 때문이다.

우리들 앞에 있는 조약 초안에는 그 전문에서 실제로 일본은 소련이 말하고 있는 약속을 그야말로 부여할 것을 요청하고 있다. 그러나 그것은 소련대표에게는 중요한 것이 아니다. 이렇게 말하는 것은 여기에서의 소련대표의 목적은 진실을 찾는다던지 또는 그것을 말한다던지, 제가 그처럼 말하지 않으면 안 되는 것은 매우 유감이지만, 진실을 추구 한다던가 실제 그것을 말한다는 것이 아니라 진실을 왜곡시키는 일이다. 소련이 언급한 종류의 약속조건이 소련 및 소련 명령 하에 있는 여러 나라에게 있어서 어떻게 지켜져 왔는가를 살펴보자. 저는 성서에 한 구절을 빌려서 소련대표단의 주요를 환기하는 일을 의장이 허용해 줄 것으로 믿고 있다.

"남을 심판하지 마라. 그러면 너도 심판받게 된다. 어쩌면 네가 심판하는 재판에 의해 너도 심판될 수 있고 네가 측정하는 측량에 의해 너도 측량될 것이다. 또한 너희들은 왜 너희 형제들에 대해 티끌은 보고 너희들 자신에게 있는 티끌은 보지 못하는가?"

그러므로 소련에 있어서의 공산당 지배를 비판하는 표명하고 그것을 공표하는 자유는 광대한 러시아 전역을 통해서 그 어느 곳에도 존재하지 않을 뿐만 아니라 그 성격상 그들 정권하에서 그런 자유의 존재를 전혀 허용 받을 수 없는 일은 주지의 사실이다. 이 회의에서 소련을 비판하는 저와 혹은 타국의 대표가 이 회의에서 표명한 견해를 만약 소련 내에서 발표된다고 하면 어느 정도로 자유를 허용 받을 것인지 또는 우리들 가족이 어느 정도로 학대받거나 투옥 받지 않을 수 있을 것인지 그 어느 누고도 상상할 수가 없다.

세계의 방대한 지역에 걸쳐서 자유의 등불이 소련에 의해서 꺼져버렸다. 그리고 만약 소련이 자기 멋대로 한다면 세계는 완전히 암흑 속에 던져질 수도 있을 것이다. 지금 이 순간조차도 이 자유를 행사하고자 하는 것만으로도 왜곡된 죄목의 이름으로 옥중에서 신음하고 있는 서유럽 세계의 사람들이 있다. 그들이 종교적 예배의 자유에 대해서 언급한 것 속에는 아마도 모든 비꼬임 속에서도 가장 잔혹한 비꼬임을 포함하고 있다. 왜냐하면 우리들은 크리스천 기독교인이라면 누구나 알고 있듯이 그들 정권의 명령에 전면적으로 복종한다고 하는 조건하에 놓여있는 경우는 별도로 하고, 종교행위에 대해서 개인의 선택권을 행사하는 자유 등은 완전히 존재하지 않기 때문이다.

헝가리에 있어서의 민도센티 추기경 및 체코슬로바키아에 있어서의 베란 대주교의 사건은 이것을 놀라울 정도로 명백히 폭로했다.

다른 자유에 관해서 말한다면 그 현재의 정권을 타도하기 위해 자유롭게 정견을 발표한다던지 공공집회를 개최한다던지 또는 조직을 만들 수 있는 반대당이 소련에 있다는 것을 물어본 사람이 있는가? 크레믈린의 행동과 언사에 조금이라도 상이한 어떠한 정치적 의견을 소련에서 말한다는 것은 우리들 중 그 어느 누구도 들어본 적이 과연 있는가? 실제로 공산주의 교양을 선전하고자 하는 사람들을 제외하고는 소련 국외를 여행하는 자유조차도 없는 것이다. 그리고 그들 사람들 사이에는 다른 모든 사람들에 대한 정해진 문구는 '나보다도 더욱 알지 못하는 친구들'이라고 나는 생각한다. 소련은 소련 자신 및 그 위선제국을 세계로부터 격리시키고 그 지배하는 모든 국가에 있어서 완전히 그 상흔을 인정하지 않을 정도로 자유를 파괴해 버리고 말았다.

이와 같은 국제회의에서 이러한 위선을 듣게 되어 저는 가슴이 답답함을 느낀다. 소련이 항상 주장해왔듯이 세계의 다른 지역과의 평화를 원한다면 이들 자유의 하나하나를 소련과 소련의 지배하에 있는 모든 국가들의 남녀들에게 부여하는 것 이상으로 평화를 달성하기에 확실한 길은 없다고 하는 것을 저는 단지 부언하고 싶을 뿐이다. 그렇게 되면 완전히 인류는 자유로부터 발생하는 자유로운 공기를 참으로 호흡하게 되고 또한 국내에 있어서의 압정으로부터 해방되는 자유를 향유할 수 있을 것이다. 그리고 국외로부터의 침략을 아침햇살이 뜨면 사라져버리는 이슬처럼 사라져버리고 말 것이다.

이 조약 속에는 호주가 조약 초안에 나타난 그리고 그 결과로서 나온 견해와는 다른 견해를 가지고 있는 몇몇 문제들, 그중 몇몇은 이 조약에 포함되어 있거나 또는 어떤 것은 그 조약에 제외되어 있는 문제들이 있다. 그러나 호주국민은 현실주의적 국민들이다. 우리들은 다수 국가가 하나의 조약문에 대해서 의견을 모으지 않으면 안 될 때에는 어느 한 쪽 국가의 의견도 완전히 우수할 수만은 없다고 하는 것을 잘 알고 있다. 그러나 제가 일본이 어떠한 주권국가도 그 권리를 가지고 있는 것처럼 자국의 방위에 공헌할 수 있는 권리를 가지고 있음을 승인하고 참으로 방어를 위해 무력과 침략에 사용할 수 있는 무력 사이에 존재하는 근본적 차이를 실제로 인정한다. 나아가 일본국민은 앞으로 다른 나라의 국민과 공동으로 일치하여 생활하는 것을 현재로서는 희망하고 있지 않겠지만 그럼에도 불구하고 호주는 일본의 재무장 권리, 방위군의 규모 및 조직, 조선 능력의 한도, 원자병기의 제조 및 타 유사한 또는 관계에 있는 사항을 이 조약에 포함시키는 것이 바람직하다고 생각한다. 그러나 이것은 여기에 대표자를 보낸 모든 국가들에 대다수의 의견이 아님을 저는 의식하고 있다. 이것은 하나의 사실이며 또한 움직일 수 없는 사실이므로 우리들은 이것을 존중하지 않으면 안 된다.

소련처럼 극동위원회의 모든 정책결정이 충분히 이행되지 않았다고 주장하는 나라에 대해서는 저는 단지 다음과 같이 말하고 싶다. 즉 1945년 이후의 세계정세의 움직임, 모든 국가 간에 있어서의 의견의 엄격한 불일치, 전시 중에 우리 연합국이 행한 불행한 침략적인 전술, 우리들이 다수 국가 속에서 일부이었기 때문이라는 사실, 이러한 사실 및 다른 사실을 고려한다면 지금의 모든 상황 하에 있어서의 이 조약 초안은 아무리 더 이상 노력을 한다고 해도 우리가 달성할 수 있는 정도로까지 충분한 조약으로까지 만들기는 어렵다.

호주가 태평양 전쟁 중 또한 그 이후에 있어서 이 조약이 생겨나기까지의 검토에 대해 행한 권위에 대해서는 세밀하게 말할 필요가 없다. 이것은 지금에 이르러서는 역사가 되어버리고 말았기 때문이다. 그러나 우리들은 우리들이 유보함에도 불구하고 이것이 우리들이 서명해야만 하는 조약이라고 생각하는 데에 이르렀다.

우리들은 과거의 견해를 미래에 반영시키고자 희망하지는 않는다. 이것은 사실 화해를 위한 강화이다. 호주인은 마음이 좁은 국민이 아니다. 우리 국민은 위대한 스포츠 정신의 전통 속에서 발전해왔다. 호주인이라면 누구라도 알 수 있는 말이지만 사람이 쓰러졌을 때 그 사람을 때려도 좋다고 생각하지는 않는다. 일본 정부가 그 국민은 우리가 그 마음속에 어떠한 인간, 어떠한 국민에 대해서도 악의를 품고 있다는 것이 이님을 알 수 있을 것이다. 우리들은 우리들의 구 적국을 포함하는 모든 다른 국가들과 함께 평화가 인류 속에 태동하도록 노력할 것이다. 이 정신으로 우리들은 이 조약을 체결하는 것이다.

그러면 마지막으로 저는 일본과 소련에 대해서 세계의 모든 국민, 그들 두 나라 국민, 우리 국민, 세계의 모든 국민을 위해서 해야만 할 일이 굉장히 많음으로 우리들이 지혜를 모아도 현재에 우리가 딛고 있는 이 흙탕물 속에서 탈출하는 길을 발견하기는 쉽지 않다고 믿지 않을 수 없음을 고백한다. 전 세계의 남녀가 자기가 사는 장소가 소련, 일본, 중국, 한국, 미국, 영국, 유럽, 아시아, 아프리카, 남미 그리고 우리 호주 등을 막론하고 모두 평화롭게 생활하고자 하는 강한 희망에는 상호 간의 큰 차이가 없음을 우리는 의심하지는 않는다. 만약 우리들이 현재 우리들을 당황하게 하고 있는 약간의 오해를 뺄 수만 있다면 또한 상호 간의 상대방을 편하게 해주려고 하는 것을 방해하는 의혹, 공포, 시기 및 강한 오해 등을 나쁜 분위기에서 벗어날 수 없다고 한다면 또한 시작부터 세계를 분리시키고 있는 모든 나라의 하나하나에 있어서도 협정에 이룰 수가 없다면 우리들은 조금씩 상승해서 하늘의 별에 도달할 수 있을 것이며 또한 인류를 위한 평화를 발전할 수 있을지도 모르겠다.

샌프란시스코 회의에서의 요시다 수상의 연설

1951년 9월 7일

여기에 제시된 평화조약은 징벌적인 조항과 보복적인 조항은 포함하고 있지 않으며 우리국민에게 항구적인 제한을 가하는 것도 없이 일본에게 완전한 주권과 평등 그리고 자유를 회복시키며 일본을 자유롭고 평범한 일원으로서 국제사회로 나가는 것입니다.

복수를 정한 조약이 아니며 '화해와 신뢰'의 문서입니다. 일본정권 대표는 이 공평하고 관대한 평화조약을 흔쾌히 수락하는 바입니다.

지난 며칠에 걸쳐서 이 회의 석상의 몇몇 대표단은 이 조약에 대해서 비판과 고충을 표명했습니다만, 다수 국가 간의 평화해결에 있어서는 모든 나라를 완전히 만족시킬 수 있는 내용은 불가능합니다. 이 평화조약을 흔쾌히 수락하는 우리들 일본인들조차도 몇몇 점에 있어서는 고뇌와 우려의 느낌을 부정하지 않습니다. 이 조약은 공정하게 보면 역사상 유래가 없을 정도로 관대한 것입니다. 따라서 일본이 처한 입장을 충분히 인식하고 있습니다만 감히 몇 가지 점에서 여러 대표님들에게 주위를 환기시킬 수밖에 없는 것이 일본국민에 대한 저의 책임이라고 생각합니다.

첫째는 영토 처분 문제입니다.

아마미오시마, 류큐열도, 오가사와라군도 그 외 평화조약 제3조에 의해서 국제연합의 신탁통치 제도하에 놓여있는 북위 30도 이남의 여러 섬의 주권이 일본에게 남겨진다고 하는 미합중국 전권대표 및 영국 전권대표 발언을 저는 국민의 이름으로 큰 기쁨을 가지고 승낙하는 바입니다. 저는 세계 특히 아시아의 평화와 안전이 신속히 확립되고 이들 여러 섬이 하루라도 빨리 일본의 행정하에 돌아올 것을 기대합니다.

쿠릴열도 및 남사할린 지역은 일본이 침략에 의해서 탈취했다고 하는 소련 전권대표의 주장에는 승복할 수가 없습니다.

일본의 개국 당시 쿠릴남부의 두 섬인 에토로후, 쿠나시리 두 섬이 일본 영토이었던 것에 대해서는 제정러시아도 어떠한 이의를 제기하지 않았던 것입니다. 단지 우루푸 이북의 북쿠릴열도와 사할린 남부는 당시 러일 양국인들이 같이 살고 있었던 땅이었습니다. 1875년 5월 7일 일러 양국 정부의 평화적인 외교교섭을 통해서 사할린 남부는 러시아 영토로, 그 대상으로서 북쿠릴열도는 일본영토로 한다는 것에 합의했던 것입니다. 이름은 대상이지만, 사실은 사할린 남부를 양도해서 교섭타결을 진행한 것입니다. 그 후 사할린 남부는 1905년 9월 5일 루즈벨트 미국 대통령의 중개에 의해서 맺은 포츠머스 평화조약으로 일본영토가 되었던 것입니다.

쿠릴열도 및 사할린 남부는 일본 항복 직후인 1945년 9월 20일 소련이 일방적으로 자신의 영토로 수용한 것입니다. 또한 일본 본토이었던 북해도의 일부를 구성하는 시코탄과 하보마이제도도 종전 당시에는 일본병력이 존재했기 때문에 소련에게 점령된 채로 있습니다.

둘째는 경제에 관한 문제입니다.

일본은 이 조약에 의해서 전 영토의 45%를 그 자원과 함께 상실할 예정입니다. 8천4백만에 이르는 일본 인구는 나머지 지역에 한정되게 되었고 더구나 그 지역은 전쟁으로 인해 황폐화 되었으며 주요도시는 소실되었습니다. 또한 이 평화조약은 막대한 해외자산을 일본으로부터 이탈시키고 있습니다. 조약 제14조에 의하면 전쟁으로 인해 어떠한 손해를 입지 않았던 국가까지도 일본인의 개인재산을 접수하는 권리를 부여받고 있습니다. 그 외에도 다른 연합국에게 부담을 지우지 않았는데 특정의 연합국에게 배상을 지불할 수 있을지 없을지 심히 걱정되는 바입니다. 그러나 일본은 이미 조약을 수락한 이상 성의를 가지고 의무를 이행하고자 결의하고 있습니다. 저는 일본이 곤란한 조건하에서도 문제를 원만히 해결을 위한 노력을 하고 있으며 관계제국이 이해와 지지를 해주실 것을 요청하는 바입니다.

매우 철저히 파괴된 일본경제는 미국의 막대한 원조로 인해 도움을 받고 있으며 회복하는 순서에 들어가 있습니다. 일본은 적극적으로 국제 통상상의 관행을 준수하면서 세계경제의 번영에 기여할 각오입니다. 그 때문에 이미 국내법규를 정비해 왔습니다만 앞으로도 완벽하게 노력할 것이며 또한 각종 국제기구에 신속히 가입하여 국제무역의 건전한 발전에 참여할 각오입니다.

이 평화조약은 국제경제면에 있어서 이러한 일본국민의 염원을 실현시키고자 하는 길을 열어주고 있습니다. 그러나 이 여정은 연합국 측에서 문을 일방적으로 닫을 수도 있게끔 되어 있습니다. 이것은 평화조약의 본질적 성격 상 어쩔 수 없는 일임을 알고 있습니다만 우리 일본국민으로서는 모든 연합국이 현실적으로 이러한 길을 최대한 열어주시기를 희망해마지 않습니다.

제가 연설을 준비하고 나서 오늘 아침 인도네시아 수상이 저에게 세 가지 질문을 하신 것을 저는 알고 있습니다. 질문은 다른 대표도 제기한 의문을 명백히 하고자 한 것입니다. 답은 '그렇다'입니다. 그것은 조약 제14조 및 제9조의 공정한 해석이라고 생각하기 때문입니다. 이 답이 이 조약하에서의 일본의 선의에 대한 다른 여러 국가의 의문을 해결할 수 있기를 희망합니다.

셋째는 미인양자 문제입니다.

이 평화조약의 체결은 34만 명에 달하는 미인양 일본인의 운명에 관해서 일본국민의 우려를 새롭게 하는 것입니다. 저는 모든 연합국이 국제연합을 통해서 또는 다른 방법에 의해서 이들 억류되어 있는 일본인들의 신속한 귀환을 실현시킬 수 있는 모든 원조와 협력을 주실 것을 인도적으로 염원해마지 않습니다. 인도에 관한 규정이 특히 기초 초안의 최종단계에 있어서 평화조약에 삽입되었던 것은 일본국민에게 큰 만족이 되고 있습니다.

이상 말씀드린 우려할만한 사항이 있음에도 불구하고 또 그 때문이야말로 지금 이 시간을 통해서 이번 평화조약을 체결하는 것을 희망하고 있습니다.

일본국민은 일본이 평등한 주권국가로서 위에 상술한 염려를 제거하고 여러 국가의 불만, 의혹 등을 해소하기 위해 앞으로도 더욱 더 좋은 기회를 가질 수 있기를 기대하고 있습니다.

저는 이 회의에 대표되고 있는 여러 국가가 되도록 많이 평화조약에 서명할 것을 희망해마지 않습니다. 일본은 이들 국가와 상호 간의 신뢰와 이해심 있는 관계를 수립하고 또한 서로서로 세계의 민주주의와 자유를 전진시킬 각오로 있습니다.

일본대표단은 인도와 미얀마가 회의에 참석할 수 있지 않는 것을 알고 매우 유감스럽게 생각합니다. 아시아에 위치한 일본으로서는 다른 아시아 제국과 긴밀한 우호와 협력의 관계를 맺고 싶다고 열망하고 있습니다. 그들 나라와 일본은 전통문화, 사상 및 이상을 함께하고 있기 때문입니다. 우리 일본국민은 먼저 선량한 이웃국가 일원이 되어서 평화와 발전을 위해 충분히 공헌하고 나아가 일본이 국제사회의 좋은 일원이 될 것을 다짐하고 있습니다.

중국에 대해서는 우리도 중국이 통일되지 못했기 때문에 그 대표가 여기에 출석할 수 없었던 것을 유감스럽게 생각하고 있습니다. 중국과의 무역은 일본경제에 있어서 차지하고 있는 지위가 중요합니다. 과거 6년간의 경험이 나타내주고 있듯이 그것은 사실적 숫자보다도 더욱 더 중요성을 강조하지 않을 수 없습니다.

최근 불행하게도 공산주의의 압박과 전제를 수반하는 엄흉한 세력이 극동에서 불안과 혼란을 조장하고 각지에 공연한 침략을 행하고 있는 상황입니다. 일본 근처에도 그러하며 일본 아주 가까운 곳에서도 그러합니다. 그러나 우리 일본국민은 어떠한 무장을 하고 있지 않습니다. 이 집단적 침공에 대해서 일본국민으로서는 다른 자유국가에 집단적 안전보장을 요청할 수밖에 없는 것입니다. 그래서 우리는 미합중국과의 사이에 안전보장조약을 체결해야 하는 이유입니다. 우리국가의 독립은 자력으로 보호할 각오이지만 패배한 일본으로서는 자력을 가지고는 독립을 지킬 수 있는 국력을 회복하기까지, 혹은 일본이 자신의 힘으로 국제평화와 안전이 국제연합의 조치 또는 그 외 집단안정보장에 대해서 확보되는 날까지, 미군의 주재를 요청하지 않을 수 없습니다. 일본은 예전에는 북방으로부터 내려오는 구 러시아 제국주의 때문에 쿠릴열도와 북해도 등이 직접 그 침략의 위험에 처한 바 있습니다.

오늘 우리국가는 또한 같은 방향으로 공산주의의 위험에 처해 있습니다. 평화조약이 성립해서 점령이 종료하는 것과 동시에 일본에게 힘의 진공상태가 생겨날 경우에 안전보장조치를 강구하는 것은 민주국가 일본의 생존을 위해 당연히 필요할 뿐만 아니라 아시아의 평화와 안전을 가져오기 위한 기초조건이기도 하며 또한 새로운 전쟁의 위험을 저지하고 국제연합의 이상을 실현하기 위해서 꼭 필요한 일이기도 합니다.

일본국민은 이러한 평화애호국가들과 제휴해서 국제평화와 안정에 공헌할 것을 맹세합니다. 일본이 앞서 말한 안전보장조치를 취한다고 해서 이것으로 인해 곧 일본에 대한 침략의 공포를 불러일으키는 것은 아닙니다. 패전 후 오랜 세월의 축적을 상실하고 해외영토와 자원을 빼앗겨버린 일본에게는 이웃국가에 대한 군사적인 위협이 될 정도의 근대적인 군비를 가질 힘이 전혀 없습니다. 이 회의의 개회식 석상의 트루먼 대통령도 일본이 과거 6년간에 걸치는 연합국의 점령 하에 총사령관 맥아더 원수 및 리지웨이 대장이 현명하게도 호의를 가지고 지도해서 정신적 재생을 위한 철저한 정치적 및 사회적 개혁을 이루었고 이후 물질적 부흥의 토대도 만들었다고 말씀하셨습니다. 오늘날 일본은 예전의 일본이 아닙니다. 새로운 국민으로서 평화, 민주주의, 자유에 공헌해야만 한다고 하는 각 국가의 기대를 결단코 지켜갈 각오인 것입니다.

일본은 1854년 미합중국과 화친조약을 맺어서 국제사회로 나왔습니다. 그 후 1세기를 걸쳐서 그 사이에 두 번에 걸친 세계전쟁이 있었고 극동의 모습은 완전히 바뀌었습니다. 6년 전에 샌프란시스코에서 탄생한 국제연합 헌장 하에서 수많은 아시아의 새로운 국가가 상호의존적으로 평화와 번영을 함께하고 향유하고자 노력하고 있습니다. 저는 국민과 함께 대일평화조약의 성립이 이 노력의 결실의 하나라고 믿고 있으며 또한 여러 어려움이 제거되어서 일본도 그 빛나는 국제연합의 일원으로서 여러 국가에 의해 환영받는 나라가 될 것을 기도해마지 않습니다. 무엇보다도 국제연합 헌장의 표현 속에서 새로운 일본의 이상과 결의의 결정이 발견되기 때문입니다. 세계 어디에도 미래세대의 사람들을 전쟁에 참화로부터 구하기 위해 전력을 다하고자 하는 결의가 일본 이상으로 강한 나라는 없을 것입니다. 우리들은 여러 국가의 전권대표들이 지난 태평양전쟁에 있어서의 인류가 맛보았던 무서운 고통과 막대한 물질적 파괴를 회상시키는 말씀을 들었습니다. 우리들은 이 인류의 대재앙에 있어서 옛일본이 벌였던 역할을 비통한 마음으로 회고했습니다. 저는 옛일본이라고 말했습니다만 그것은 옛일본의 잔해 속에서 새로운 일본이 태동했기 때문입니다.

우리나라도 지난 세계대전에 의해서 가장 큰 파괴와 파멸을 입었던 나라 중의 하나입니다. 이 고난으로부터 모든 야망, 모든 정복욕을 깨끗이 버리고 극동과 전 세계에 있어서의 이웃 우방 국가들과 평화롭게 살고 그 사회 조직을 새롭게 고쳐서 모든 사람을 위해 보다 더 나은 생활을 만들어낼 희망에 불타오르고 있습니다.

일본은 그 역사의 새로운 페이지를 열고 있습니다. 우리들은 국제사회에서의 신시대를 열망하며 국제연합 헌장의 전문에서 말하고 있는 평화와 협조의 시대를 크게 대망하고 있습니다. 우리들은 평화, 정의, 진보, 자유에 헌신하는 국가들과 함께하며 이들 목적을 위해 전력을 기울일 것을 맹세합니다. 우리들은 앞으로 일본뿐만 아니라 전 인류가 협조와 진보의 혜택을 향유할 수 있기를 기원합니다.

에치슨 국무장관과 요시다 외무장관과의 왕복 서간

편지로서 말씀을 드리겠습니다. 오늘 서명한 평화조약의 발생과 동시에 일본은 국제연합 앞에서 '이 헌장에 따라서 취할 행동에 대한 모든 원조를 부여할 것을 요구하는 국제연합헌장 제2조에 표명된 의무를 수락하게 됩니다.'

우리들이 아는 한 무력침략이 한반도에서 일어났습니다. 이것에 대해서 국제연합 및 그 가맹국은 방지행동을 취하고 있습니다. 1950년 7월 7일의 안전보장이사회 결의에 따라서 미합중국하에 국제연합 통일사령부가 설치되었고 총회는 1951년 2월 1일의 결의에 의해서 모든 국가 및 당국에 대해 국제연합의 행동에 많은 원조를 해줄 것과 또한 침략자들에게 어떠한 원조를 주지 말 것을 요구했습니다. 연합국 최고사령관의 승인을 얻어서 일본은 국제연합의 행동에 군대를 참가시키고 있는 국제연합의 가맹국들에게 시설 및 역무를 제공함으로서 국제연합의 행동에 중요한 원조를 해왔으며 또한 현재도 하고 있습니다.

불행하지만 미래적 상황은 아직 결정되어 있지 않으며 국제사회의 행동을 지지하기 위해 일본에서의 시설 및 역무의 필요는 계속되거나 새롭게 생겨날 수 있음으로 저는 평화조약의 효력발생 후에 국제연합의 1 또는 2 이상의 가맹국의 군대가 극동에서의 국제연합의 행동에 종사하는 경우에는 이와 같은 국제연합의 행동에 종사하는 군대를 이 1 또는 2 이상의 가맹국이 일본 국내와 그 부속 도서에서 지지하는 것을 일본이 허용하고 또한 용이하게 할 것을 귀 정부를 대신해서 하는 것을 확인되면 크게 다행이겠습니다. 일본의 시설 및 역무를 사용하는데 수반되는 비용은 현재처럼 또는 일본과 관계 국제연합 가맹국 간의 사이에 별도로 합의하는 대로 부담하는 것입니다. 미국에 관해서는 미합중국과 일본과의 사이에 안전보장조약의 실시세목을 정하는 행정협정에 따라서 미국에 공여될 것을 넘어서는 시설 및 역무의 비용은 현재와 마찬가지로 미합중국의 부담으로 해서 정해져야 합니다. 본 장관은 여기에서 거듭해서 경의를 표하는 바입니다.

1951년 9월 8일
미합중국국무장관 디 에치슨
일본외무장관 요시다 시게루 귀하

서간으로 말씀드리고자 합니다. 본 장관은 귀 장관께서 다음과 같이 통보하신 오늘날짜의 서간을 수령한 것을 확인하며 영광으로 생각합니다.

본 장관은 귀 서간의 내용을 충분히 확인한 후에 정부를 대신해서 평화조약의 효력 발생 뒤에 국제연합의 1 또는 2 이상의 가맹국의 군대가 극동에서의 국제연합의 행동에 종사할 경우에는, 이와 같은 국제연합의 행동에 종사하는 군대를 상기 1 또는 2 이상의 가맹국이 일본 국내와 그 부근에서 지지하는 것을 일본이 허용하고 또한 용이하게 하는 것을 확인하며 영광으로 생각합니다. 일본의 시설 및 역무의 사용에 수반되는 비용은 현재대로 또는 일본과 관계연합 가맹국 간 사이에 별도로 확인되는 대로 부담해야 한다고 봅니다. 미합중국의 관해서는 일본과 미합중국 간의 안전보장조약의 실시세부조항을 정하는 행정협정에 따라서 미합중국에 공여되는 정도를 넘어서는 시설 및 역무에 대해서는 현재처럼 미합중국의 부담으로 하는 것으로 알겠습니다. 본 장관은 이 기회에 귀 장관에 대해서 거듭 경의를 표하는 바입니다.

1951년 9월 8일
일본 외무장관 요시다 시게루
미합중국국무장관 디 에치슨 귀하

주일 인도연락사절단장과 일본외무장관과의 왕복 서간

F 24조 (22)/51

편지로서 말씀드립니다. 인도 총리대신이 대일평화조약에 관해서 행한 성명과 인도와 일본 간의 전쟁상태를 될 수 있는 한 최대한 빨리 종료시키고 또한 양국 간의 완전한 외교관계를 설정하는 취지를 인도 정부가 선언한 의사에 따라서 저는 현재 샌프란시스코에서 개회중인 회의에 있어서 평화조약의 효력발생과 동시에 서명이 발생하는 것을 인도 정부가 예정하고 있는 고시안을 여기에 함께 동봉하는 것을 영광으로 생각합니다.

인도 정부는 앞서 말한 제안이 일본 정부에 의해서 수락될 것을 희망하며 신속한 회답을 받으면 감사하게 생각하겠습니다. 본 사절은 귀 장관에 대해서 거듭 경의를 표합니다.

1951년 9월 8일

인도정치대표자 겸 주일 인도연락사절단장 KK 차토우

일본정부외교장관 임시대리 마서야 히데쩌우 귀하

고시안

인도 정부는 약 6년 전에 일본과의 현실적인 적대행동이 일본의 항복문서 선언에 의해서 종료되었고 또한 일본의 평화조약이 연합국 다수에 의해서 1951년 9월 8일에 샌프란시스코에서 체결 서명된 일을 고려하여, 이 평화조약이 동 조약 제23조에 거론한 규정에 따라서 효력을 발생할 때에, 인도와 일본 간의 전쟁상태가 종료된다고 하는 결정을 했던 것을 일반의 정보를 위해서 여기에 고시한다.

인도 정부는 가능한 빠른 시일 내에 개별 이국 간 평화조약을 일본과 체결할 것을 제안한다. 이것으로 인도 정부와 일본 정부 관계는 일본의 개전 선언 전에 양자 간의 존재했던 우호관계로 돌아갈 것이다.

이 조약에 있어서 인도 정부는 샌프란시스코 조약에 기초해서 연합국 및 그 국민을 위해 규정된 모든 권리, 특권, 보상 및 이익을 이들을 실행시키는 권리와 함께, 인도 정부 및 인도국민에게 확보하는 조항을 규정하고 싶다는 의향이다.

서간으로 말씀드리겠습니다. 본 장관은 인도 정부가 샌프란시스코에서 서명된 일본과 평화조약 효력발생과 동시에 효력 발생할 고시안을 동봉한 1951년 9월 8일자의 귀 서간 F24(22)/51호를 감사하게 수령한 사실을 통보하는 것을 기쁘게 생각합니다. 본 장관은 일본 정부가 일본과 인도 사이의 전쟁상태가 종료되고 또한 양국 간의 완전한 외국관계를 설정하는 취지를 인도 정부에 마음을 진심으로 환영하는 것을 일본 정부를 대표해서 말씀드리는 것을 영광으로 생각합니다.

본 장관은 이상을 말씀드리며 거듭해서 귀 사절단에 대해 경의를 표합니다.

1951년 9월 10일

외무장관을 대신해서 외무차관 이구치 사다오

주일 일본연락사절단장 KK 차토우 공사 귀하

주일 이탈리아 외교사절단장과 일본외무장관과의 왕복 서간

서간으로 말씀드리겠습니다. 본 사절은 이탈리아 정부가 일본과 이탈리아 사이에 현재 존재하고 있는 전쟁상태를, 이번 샌프란시스코에서 서명된 일본과의 평화조약을 최초 효력발생일로 종료시키고 또한 양국 간의 완전하고도 우호적인 관계를 회복시킬 의도가 있음을 통보하는 것을 영광으로 생각합니다.

나아가 본 사절은 이탈리아 정부가 전기의 조약의 최초 효력 발생 후 이 평화조약의 기초가 되는 화해와 신뢰 및 양국 간에 존재하는 전통적인 우호관계의 정신을 가지고, 전쟁 상태가 존재한 결과 및 양국 관계가 취한 조치의 결과로서 양국 간의 발생한 모든 문제의 해결을 규정하는 협정을 일본과 체결할 의도가 있음을 통보하는 것을 영광으로 생각합니다. 본 사절은 귀 장관에 대해서 거듭 경의를 표합니다.

1951년 9월 27일

주일 이탈리아 외교사절단장 후작 플라스코 란잔 다이에타

일본외무장관 요시다 시게루 귀하

서간으로 말씀드리고자 합니다. 본 장관은 이탈리아 정부가 일본과 이탈리아 사이에 현재 존재하고 있는 전쟁상태를 이번 샌프란시스코에서 서명된 일본과의 평화조약이 최초 효력 발생일로 종료되고 양국 간의 완전하고도 우호적인 관계를 회복시키며 또한 전기의 효력 발생 후 이 평화조약의 기초를 이루는 화해와 신뢰 및 양국 간의 존재하는 전통적 우호관계 정신을 가지고 전쟁 상태의 존재의 결과 및 양국 당국이 취한 조치의 결과로서 양국 간에 발생한 모든 문제의 해결을 규정한 협정을 일본과 체결할 의도를

통보했던 1951년 9월 27일 자의 귀 서간을 감사하게 수령한 것을 통보함을 영광으로 생각합니다.

본 장관은 정부를 대신해서 일본 정부가 이탈리아의 따뜻한 통보에 대해서 이탈리아 정부에 감사하며 또한 그 내용에 완전히 동의하는 것을 회답으로 말씀드리는 영광으로 생각합니다.

본 대신은 귀 사절단에 대해 거듭 경의를 표합니다.

1951년 9월 27일

일본외무장관 요시다 시게루

주일 이탈리아 외교사절단장 후작 플라스코 란잔 다이에타 귀하

요시다 내각 총리대신 시정방침연설

1951년 10월 12일

지난번 샌프란시스코에 있어서 평화조약이 공산주의 세 국가 이외의 모든 참가국과의 사이에 조인이 끝났음을 참으로 기쁘게 생각합니다.

그 전문에 있어서 일본은 국제연합에 가입하고 국제연합 헌장의 원칙을 준수하며 인권을 존중하고 공정한 국제통상 관습을 존중할 의사를 표명하며 연합국은 이것을 환영하는 것을 명백히 하였습니다. 일본국민의 자발적 선언을 기록하며 기쁘게 이것을 환영하는 형태를 취했던 것은 연합국에 있어서 일본국민의 연합국이 일본국민의 의사를 존중하고 이것에 신뢰를 두는 정좌임으로 이 조약에 의해 성립되는 정신을 명백히 한 것입니다.

조약의 제1장은 전쟁 상태를 종료하고 일본 영역에 대한 일본국민의 완전한 주권을 인정하는 취지를 명백히 하고 있습니다.

제2장은 일본의 주권이 4개의 큰 섬 및 연합국이 결정한 그 외의 작은 섬들을 한정할 것을 정한 항복문서 제8항의 원칙에 따라서 영토의 처분을 규정하고 있습니다. 일본은 한반도의 독립을 승인하고 그 외 특정지역에 대한 권리 권원을 포기한다. 이들 지역의 귀속이 규정되어 있지 않는 것은 현재 연합국 사이의 의견의 일치를 보지 못하고 있기 때문입니다.

제3조에 규정한 북위 29도 이남의 남서제도에 대해서는 연합국을 시정권자로 하는 신탁통치 제도하에 둘 것을 규정하고 동 조항은 제2조와 마찬가지로 일본의 권리 권원의 포기를 명기하고 있지 않습니다. 이들 모든 섬에 관한 주권이 일본에 남아있다는 것은 샌프란시스코에 있어서 미영대표가 명언한 것이기도 합니다.

제3장은 안전보장에 관한 규정입니다. 일본은 국제연합 헌장 제2조의 원칙에 따라서 행동해야만 할 것을 약속하고 동시에 연합국에 있어서도 일본과의 관계에 있어서 마찬가지의 원칙하에 행동해야만 하는 것을 명백히 하

고 있습니다. 일본이 곧 국제연합의 일원이 될 수 있다면 이 규정이 필요하기도 합니다만 대국에 의한 거부권의 행사로 말미암아 자격 있는 모든 나라의 국제연합 가입이 방해되고 있는 사정을 감안하면 일본이 안정보장 면에 있어서 연합국과 이러한 관계에 서는 것을 명기할 필요가 있었습니다. 동시에 일본이 주권국가로서 국제연합 헌장 제51조라고 하는 개별적 또는 집단적 자위권을 가지고 있다는 점, 또한 일본이 집단적 안정보장 조치를 자발적으로 맺을 수 있다는 점을 명백히 하고 있습니다.

또한 포츠담선언 제9항에서 약속한 귀환하지 않은 일본군대의 인양실시의 사무를 이 조약에 있어서 확인 명기되어 있습니다.

제4장 무역 및 통상의 규정은 영속적인 차별 대우를 배제하고 일본경제는 어떠한 제한을 받지 않을 것을 명백히 하고 있습니다. 조약 체결 전 4년의 잠정기간 중에 연합국 국민은 호혜적인 기초에 있어서 관세에 관한 최혜국대우, 경제적 활동에 대해서는 내국민 대우를 받을 것으로 되어 있습니다.

제5장 배상 및 재산에 관한 규정에 있어서 일본이 연합국에 대해 손해배상 지불원칙을 승인함과 동시에 일본이 현재의 자원을 가지고 그 경제를 유지할 수 있는 한도에 있어서 부담한다고 하는, 즉 배상의 한도를 규정하고 있는 것입니다. 일본군대의 점령에 의해 손해를 받은 연합국에 대해서 일본인의 역무를 제공함으로서 배상을 해야만 한다고 하는 원칙으로 되어 있습니다.

덜레스 대표는 이 규정으로 올바른 청구권에 대해서는 정신적 만족을 주면서 태평양 지역에 있어서의 건전한 정치 및 경제와 양립할 수 있는 물질적 만족을 최대한 주는 해결책이라고 말합니다. 또한 일본은 현재 유휴 노동력과 유휴 공업력을 가지고 있지만 원료부족 때문에 이들을 활용할 수가 없습니다. 따라서 전쟁으로 황폐화된 이들 나라가 풍부하게 갖고 있는 원료를 일본에게 제공하고 일본인은 원료공급 국가를 위해 가공작업을 할 수 있으며 그 위에 일본인의 역무가 제공된다면 상당한 배상을 지불하는 것이 될 것입니다. 결정내용에 있어서는 소비재뿐만 아니라 기계 및 자본재도 포함될 수 있으며 이것으로 인해 미개발국은 그 공업화의 속도를 빨리하고 외국으로의 공업 상의 의존도를 약화시킬 수 있다고 말하고 있습니다.

제6장은 분쟁의 해결에 대해서 규정하고 있습니다.

제7장은 비준, 효력 발생 등의 규정입니다. 그 26조는 이 조약에 서명하지 않았던 국가들과 일본과의 사이에 나중에 체결되어야만 하는 이국 간의 평화조약 체결에 대한 규정입니다. 중국에 대해서는 연합국 사이에 그 대표정부에 관해 일치를 이루기 어려웠던 사정이 있으며 우선 연합국 사이에 의견이 일치할 때까지 대일강화를 연기할 수만은 없기 때문에 후일 일본과 중국 사이에 이 조약과 평화조약을 해결하는 길을 열어놓고 있습니다.

트루먼 대통령은 환영사에서 이 평화조약은 과거를 돌아보는 것이 아니라 장래를 희망하는 것이라고 말했고 또한 우리들은 신일본이 풍요한 문화와 평화에 대한 열정을 가지고 국제사회에 해야만 할 공헌을 기대한다고 하는 이 공헌은 세월이 갈수록 증대될 것이라고 말하고 있습니다. 덜레스 대표도 또한 이 조약이 전쟁으로부터의 승리, 승리로부터의 평화, 평화로부터의 전쟁이란 역사상 반복되어 왔던 악순환을 확실히 끊는다고 하는 것을 강조하면서, 복수의 평화가 아니라 정의의 평화라고 말했습니다. 양가 영국 대표는 영국은 전통적으로 일본과 이해관계를 함께 해왔으며 일본국민에게 우정을 느끼고 있었는데 이 전통은 불행히도 과거 20년간 발생한 일 때문에 깨졌지만 지금은 일본과의 종전 이후 우호관계를 회복해야만 한다고 믿고 있다고 말했습니다. 영연방은 일본군의 잔학한 폭행을 결코 망각하지 않지만 이 조약에 의해서 연합국은 적국에게 예전에 없었을 정도로 관대한 조약을 일본에게 부여하고 일본이 자유와 평화를 사랑하는 모든 국가의 사회로 정당하게 지위를 회복할 것을 원조할 수 있다는 것을 일본의 다행이라고 기원하고 있음을 알 수 있습니다. 이들 모두의 논조는 샌프란시스코 회의의 대일 우호적 감정을 표명하고 있는 것으로 생각되며 특히 여기에 모인 여러분에게 보고를 드리는 바입니다.

몇몇 아시아 국가들은 일본의 전시 중의 잔학행위, 전쟁의 참화에 의해 생겨난 손해에 대한 배상 이행을 말하고 있습니다. 또한 미국, 캐나다, 호주 및 다른 여러 나라는 일본의 어선에 의한 남획 등의 기존의 사실들을 돌아보며 어족 보호를 위한 어업 협정의 신속한 해결을 희망하고 나아가 일본의 장래에 대해서 재침략, 군국주의 부흥 등 통상상의 부당경쟁에 대한 의구심을 표명하고 있습니다. 저는 각국 대표가 의견을 진술한 후에 소견을 개진하는 기회를 얻었습니다. 저는 일본이 흔쾌히 이 평화조약을 수락할 것임을 명백히 했으며 영토, 경제, 미인양자 등 평화조약에 대해서 일본국민으로서 말해야만 하는 여러 논점을 솔직하게 말함과 동시에 오늘에 일본은 예전의 일본과는 다르며 국제연합 헌장 정신의 존중과 인권 존중 위에 서서 여러 나라들과 함께 세계평화와 번영을 위해 협력할 것이며 그 혜택을 함께 누릴 것임을 명백히 하였습니다. 국민 여러분의 뜻이라고 믿고 그렇게 연설하였습니다.

전쟁에 의한 손해배상 의무를 당연히 하는 것도 근대 전에 있어서의 패전국에게 지나친 의무를 완전히 수행할 능력이 없는 것은 명백합니다. 때문에 덜레스 대표는 전 관계자에게 유익한 형태의 경제체계 속에서 정의의 이상에 봉사하는 방식을 주장하셔서 일본은 이것을 흔쾌히 수락했던 것입니다. 이상은 일본은 승인을 가지고 임해야만 합니다. 이러한 취지는 저의 수락연설에 있어서도 명백히 했습니다. 이것에 수반되는 국민여러분의 부담이 가중될 것임을 부정할 수 없지만 우리국민의 애국심과 신의에 투철한 우리국민의 성격은 이 조약의 의무를 지는 것에 결코 이의가 없을 것임을 믿어 의심치 않습니다. 어업문제에 대해서도 똑같습니다.

일부 국가의 대표가 평화 회복 후에 있어서의 통상 상의 경쟁에 대한 의구심을 제기한 점은 제가 가장 의외라고 느꼈던 점입니다. 또한 쉽게 납득할 수 없었던 점이기도 합니다. 수락연설에 있어서도 언급한 대로 영토의 상실, 자원의 부족, 전쟁에 의한 국토의 황폐화, 선박의 상실, 기계설비의 소모, 나아가 차후 승인을 가지고 이행해야 할 배상의 부담 등 경제적으로 여러 면의 불리한 조건을 지고 있는 패전국 일본에 대해서 다른 나라가 경제적으로 위협을 느낀다고 하는 것은 저는 도저히 이해할 수가 없었습니다. 일본의 노동조건에 대해서도 트루먼 대통령 및 덜레스 대표가 그 연설에 있어서 강조한 바대로 점령 하에 단행된 개혁으로부터 세계 최고 수준의 노동법제를 정비해놓고 있습니다. 너무도 이상적이라서 우리국가의 정세에 적합하지 않다고 생각될 정도로 전례가 없을 정도의 고도의 노동기준을 설정하고 있습니다.

더군다나 평화조약에 있어서의 일본은 공정한 국제통상 관행을 준수해야만 할 것을 서약하고 있습니다. 따라서 일본무역의 해외진출을 두려워하며 일본의 자유 활동을 제한하고자 욕망하는 그러한 행동에 저는 점점 더 납득할 수가 없습니다.

그로미코 소련대표는 일본 군국주의자들의 부활방지가 평화조약 체결에 있어서의 주요한 임무가 되지 않으면 안 됨에도 불구하고 이 조약에는 어떠한 보장도 포함되어 있지 않다고 평하고 13항에 이르는 수정안을 제의한 바 있습니다. 이것에 대해 덜레스 대표는 소련대표는 일본에 있어서의 민주적 경향을 저해해서는 안 된다고 말했지만 소련이 말한 민주적 경향이라고 하는 것은 공산당의 것이며 따라서 일본에 있어서의 공산당의 파괴적 활동을 저지해서는 안 되고 즉 내부로부터의 일본을 무방비로 하게하는 목적입니다. 소련대표가 일본에게 허용하는 군비는 명목에 지나지 않은 군비를 인정해서 집단안정보장의 이익을 거부하는 것입니다. 일본을 둘러싼 네 개의 해협이 동해에 면한 해군력, 현실적으로는 소련해군만 통항을 허용한다고 하는 말은 대내적으로나 대외적으로나 일본을 무방비 상태로 두고 근린의 강한 힘의 희생으로 만들겠다고 하는 의도가 명료하게 폭로된 것이라고 반박하였습니다. 조약에 있어서 일본의 주권에 어떠한 구속을 가하고 있지는 않습니다. 따라서 일본이 스스로의 군비를 가지는 일이 평화조약에 있어서도 금지되어 있지는 않는 것입니다. 현실적으로도 일본으로서는 근대적 군비에 필요한 기초자원을 결여하고 있으며 재군비를 위해서는 증세를 해야만 하는데 국민이 견딜 수 있는 수준이 아닙니다. 더욱이 오늘날에 일본은 아직도 전쟁의 상흔으로부터 완전히 낳지 않았으며 군국주의, 국가주의 재현에 대한 경계는 아직도 소홀히 해서는 안 되는 상황입니다. 이 모든 사실 앞에서 소련 전권대표가 우리 국가에 대한 군국주의 부활 운운이라고 하는 것은 참으로 근거가 없는 선전에 불가합니다.

미일안전보장 조약은 평화조약과 같은 날에 서명되었습니다. 이것으로 인해 독립회복 후의 일본의 안전에 대해서 상당한 정도의 보장을 받게 되었습니다. 국내치안은 자력을 가지고 임해야 하는 것은 당연하지만 외부로부터의 침략에 대해서는 집단적 방위수단을 치할 것은 오늘날 국제 간의 통념입니다. 무책임한 침략주의가 빈발하는 국제현상에 있어서 독립과 자유를 회복하는 일에 있어서 군비 없는 일본이 다른 자유국가와 함께 집단적 안전보장 방법을 강구하는 일은 당연합니다. 일본이 침략주의 밖으로 벗어나는 일은 극동의 평화 나아가서 세계의 평화와 번영의 전제이기도 합니다. 이것이 미일안전보장 조약을 체결한 이유기도 합니다.

오늘날 중립조약으로 독립을 지켜야 한다고 떠드는 사람들이 있습니다만 일본을 둘러싼 국제 정세상 일본의 중립에 대해서 관계 열강 간의 합의가 가능하다고는 생각되지는 않습니다. 또한 만약 중립 존중의 약속이 있다고 하더라도 이 약속에 믿음을 둘 수 없는 성격의 나라가 있다고 하는 것을 잊어서는 안 됩니다. 한편 국제연합에 의한 일본 보장의 활로를 추구하는 사람도 있습니다. 국제연합은 세계 최대이며 최고의 안전보장 기구입니다. 하지만 유럽 여러 나라에 있어서도 국제연합의 보장에 더해서 보충적인 안전보장체제를 정비하고 있는 현상입니다. 평화조약에서의 일본의 안정보장의 길로서 평화애호국과의 집단안전보장 즉 이때의 일미조약에 의한 이외의 방법은 없다고 저는 생각하는 바입니다.

안전보장조약의 실시를 위해 필요한 세목은 앞으로 미일 양국 정부 간에 교섭해서 체결하기로 되어 있습니다. 이 내용은 장래에 결정하는 것임으로 국회에 대해서는 교섭이 성립하고 필요한 예산 또는 법안의 심의를 요청할 기회에 있어서 그 내용을 충분히 설명할 것입니다.

이 조약에 의한 안전보장은 조약 자신이 규정하고 있듯이 잠정적인조치입니다. 일본의 영구적인 안전보장의 길을 어떻게 할 것인가 하는 일은 독립 회복 후에 있어서 정부 혹은 국민이 독립적인 견지에 서서 신중히 고려해서 결정해야만 합니다.

남서제도의 처리에 있어서 아직도 국민 여러분의 일부에 불만의 소리가 들리고 있습니다. 일본은 1945년 8월 14일 무조건 항복을 하여 영토의 처분을 연합국 손에 넘겼습니다. 물론 연합국이 최후의 결정을 하는데 있어서는 우리 국민의 감정을 존중하는 최선의 노력을 하면서 도달한 것입니다, 국민 중 일부가 아직도 흔쾌히 받아들이지 않는 언동을 하는 일은 심정은 이해하지만 한편으로 연합국의 호의와 이해를 구하는 일에 미치지 못하며 안으로는 포츠담선언을 완전히 수락했던 우리국민의 당시의 태도에 비교해서 우리 국가의 위신을 저해하는 것입니다. 또한 일미 양국의 친선관계의 수립을 방해하는 악의의 책동에 놀아날 수도 있는 것임으로 생각합니다. 국민여러분이 냉정히 사태에 대응해서 미국 정부의 선의에 신뢰를 두고 이들 여러 섬의 지위에 관한 일미 양국 간의 협정결과를 조용히 기다려주실 것을 희망합니다.

평화조약내용에 있어서 일본국민으로서는 여러 가지 희망하는 것이 있을 수 있겠습니다만 역사상 전례가 없을 정도로 공정한 평화조약을 얻은 일은 지난 6년간 적극적으로 항복조항을 이행해왔던 일본국민에 대한 신뢰와 기대와 있었기 때문입니다. 이 조약에 선언된 일본의 의사 및 조약 의무의 완전한 준수 및 이행에 앞으로도 최선의 노력을 기울이며 일본국민 전체가 일치, 협력하여 조국의 재건에 매진해야 한다고 저는 열망하고 있습니다. 애치슨 의장은 폐회사에 있어서 일본의 친구로서 세계에서의 평등과 명예와 우호의 큰 길에 장애가 되는 일은 정부의 손으로 제거할 수 있는 것은 제거했으며 나머지 장애는 국민여러분만이 이것을 제거할 수 있습니다. 국민 여러분이 이해와 관대함을 가지고 다른 여러 나라와 행동을 함께 한다면 그것이 가능합니다. 이것의 성질은 일본국민의 본성 속에 있다고 말하고 있습니다. 일본에 세계에 있어서 평등과 명예 그리고 우호의 큰 길에 매진하면 곧 국민여러분이 곧 국민여러분의 자각과 분투의 관계되는 일입니다.

저는 관계제국과 적극적으로 평화조약, 일미 안전보장 기준을 끝내고 일본의 완전한 독립이 하루라도 빨리 실현되기 위하여 우리 일본국회에서 이 조약을 신속한 심의와 승인을 해주실 것을 희망해 마지않는 바입니다. (이하 생략)

연합국재산보상권

1951년 11월 26일 공포

법률 264호

제1장 총칙

(목적)

제1조

이 법률은 연합국과의 평화회복에 수반하여 연합국 또는 연합국인이 우리나라 내에서 가지고 있었던 재산에 대해서 전쟁의 결과 생겨난 손해에 대해서 보상을 행하는 것을 목적으로 한다.

(정의)

제2조

1. 이 법률에 있어서 '연합국'라고 하는 것은 일본과의 평화조약(이하 평화조약)이라고 한다. 일본과의 평화조약 제25조에 규정하는 연합국을 말한다.
2. 이 법률에 있어서 '연합국인'이라고 하는 것은, 다음 각 호에 언급하는 사람을 말한다.
   (1) 연합국 국적을 가진 자
   (2) 연합국 법령에 기초해서 설립된 법인 또는 그밖의 단체
   (3) 앞 호에 거론한 것을 제외하고 영리를 목적으로 하는 법인 그밖의 단체에서 앞 2호 또는 본 호에 거론하는 것이 그 주식 또는 지분의(당해법인 그밖의 단체 임원이 가지고 있는 주식 또는 지분을 제외한다) 전부를 가지고 있는 사람
   (4) 제2호에 거론한 것을 제외하고 제3호 또는 본 호에 거론하는 사람

이 지배하는 종교법인 또는 그밖의 영리를 목적으로 하지 않는 법인 또는 그밖의 단체

3. 이 법률에 있어서 '본국'이라고 하는 것은 혼슈, 홋카이도, 시코쿠, 큐슈, 그밖의 평화조약에 의해 일본의 주권이 회복되는 지역을 말한다.
4. 이 법률에 있어서 '전시 특별조치'라는 것은 구 적산관리법(1941년 법률 제99호)에 의한 조치 그밖의 대적조치이며 연합국 국적을 가진 자의 체포, 억류 혹은 구금 또는 연합국인의 재산 처분, 매각 그밖의 일본 정부 또는 그 대리기관에 의한 공권력의 행사로서 집행된 조치를 말한다.
5. 이 법률에 있어서 '재산'이란 동산, 부동산 이들 위에 존재하는 권리, 특허권, 실용신안권, 의장권, 상표권, 채권, 주식, 출자의 기초하는 권리 그밖의 이들에 준하는 재산권을 말한다.

(보상의 원칙)
제3조
1. 연합국 또는 연합국인이 1941년 12월 8일(이하 "개전시"라고 말한다)에 있어서 본국 내에 가지고 있었던 재산에 대해서 전쟁의 결과 손해가 발생했을 때, 일본 정부는 그 손해를 보상하는 것으로 한다. 단지 연합국인이 가지고 있었던 재산에 대해서는 당해 연합국인이 구 적산관리법에 의해 적국으로서 고시된 나라에 소속하는 경우 또는 당해 연합국인이 전시 특별조치에 의해 체포되고, 억류되고, 구금되고, 또는 자신이 가지고 있었던 재산을 압수되고 처분되고 혹은 매각되었던 경우에 한한다.
2. 전 항에 규정한 경우를 제외하고는 전시 중에 본국 내에 거주하고 있지 않았던 개인 또는 본국 내에 업무를 보지 않았던 법인인 연합국인이 개전 시에 있어서 본국 내에 가지고 있지 않았던 재산에 대해서

제4조 제1항 제1호 또는 제5호에 거론한 손해가 생겼을 때에는 일본 정부는 그 손해를 보상하는 것으로 한다.

3. 반환할 수 있는 상태에 있는 재산에 대해서 평화조약에 규정된 기한까지 반환청구가 이루어지지 않았을 때에는 그 재산에 대해서 발생한 손해에 대해서 보상하지 않는 것으로 한다. 단지 그 기간까지 반환청구가 이루어지지 않았던 일에 대해 일본 정부가 어쩔 수 없는 사유가 있다고 인정했을 때는 그 한계를 두지 않는다.
4. 제1항 또는 제2항의 규정에 의한 손해보상을 청구할 수 있는 자는 연합국인 경리를 제외하고 개전 시 및 평화조약 효력 발생 시에 있어서 연합국이지 않으면 안 된다.
5. 연합국인의 재산의 승계인이 평화조약의 효력 발생 시에 있어서 연합국인일 때에 그 승계인은 제1항 또는 제2항의 규정에 의한 손해보장의 청구를 할 수 있다. 단지 승계인이 손해가 발생하고 있었던 재산을 승계한 경우에 있어서는 그 손해에 대해 보상청구권을 해당 재산과 함께 승계 했을 때에 한한다.
6. 앞 5항의 규정은 구 외화채 처리법(1943년 법률 제60호)의 규정을 적용을 받은 공채 내지 사채 및 이들에 관계하는 이자채권에 관해서는 적용하지 않는다.

(손해의 범위 및 재산의 소재)

제4조

1. (1) 앞 조 제1항의 규정한 전쟁결과 재산에 대해서 생긴 손해는 다음 각 호에 거론하는 손해를 말한다. 일본 또는 일본과 전쟁하거나 혹은 교전상태에 있었던 나라의 전투행위에 기인하는 손해

   (2) 전시특별조치 그 외에 일본 정부 또는 그 대리기관의 조치에 기인하는 손해

(3) 해당 재산의 관리자 또는 소지인이 상당한 주의를 기울이지 않았던 일에 기인하는 손해

(4) 연합국인이 전쟁 때문에 해당 재산을 본국 내에 있어서 보험에 들 수 없었던 일에 기인하는 손해

(5) 연합국 점령군이 해당 재산을 사용한 기간 중에 생겨난 손해로서, 연합국 점령군이 상당한 주의를 기울이지 않았거나 혹은 연합국인이 해당 재산을 보험에 들지 않았던 그 일에 기인하는 사례

2. 개전 시 공해를 항해중인 일본선박에 선적되어 있었던 운송품 또는 수화물로서 본국 내에 육지로 인양되었던 것은 개전 시에 있어서 본국 내에 있었던 것으로 인정한다.

제2장 손해액의 산정

(유체물의 손해)

제5조

1. 유체물로서 반환되었던 것에 대해 생겨난 손해액은, 그 재산반환 시의 상태를 개전 시의 상태까지 회복하기 위한 보상 시(제16조 제1항 또는 제4항의 규정을 통해 일본 정부가 보상금을 지불할 때를 말한다. 이하 동문)에 있어서 필요한 금액 중 앞 조 제1항에 규정하는 손해와 관계하는 금액으로 한다. 이 경우에 있어서 그 재산이 그 반환금이 일본 정부의 부담에 의해서 보수된 것임을 해당재산에 대해서는 보수되었던 때의 상태를 반환시의 상태로 인정한다.

2. 유체물인데 멸실하거나 또는 현저한 손상이 발생했거나 또는 소재불명으로 인해 반환되지 않았던 것에 대해서 생겨난 손해액은, 개전 시의 상태의 그 재산과 같은 재산을 본국 내에 있어서 매입하기 위해 보상 시에 필요한 그 금액 중 앞 조 제1항에 규정하는 손해와 관계되는 금액으로 한다.

(용역물건 및 부동산의 임차권의 손해)

제6조

지상권, 영소작권, 지역권 또는 부동산의 임차권으로서 이들 권리의 목적물을 멸실 혹은 현저한 변경 때문에 반환되어지지 않았던 것에 대해 생겨난 손해액은, 이들 권리와 동일한 권리를 본국 내에 있어서 취득하기 위해 보상 시에 필요한 금액으로 한다.

(금전채권의 손해)

제7조

1. 금전채권에 대해 생겨난 손해액은 전시특별조치에 의해 양도되거나 혹은 소멸한 채권 금액으로 한다.
2. 금전채권을 담보하는 저당권, 질권, 유치권 또는 선 취득권이 전시특별조치에 의해 소멸된 경우 또는 이들 권리의 목적물이 전쟁의 결과 멸실되거나 또는 손상된 경우에 있어서의 금전 채권에 대해 발생한 손해액은, 이들 권리의 소멸, 그 목적물의 멸실 또는 손상에 의해 채권자가 변제할 수 없게 된 액으로 한다.

(공채 등의 손해)

제8조

1. 전시특별조치의 적용을 받은 공채, 사채, 특별법률에 의해 법인이 발행한 채권 또는 외국 또는 외국법인이 발행하는 공채 혹은 사채(이하 "공채 등"이라고 한다)에서 반환되지 않았던 것 중에서 보상 시까지의 상환기간이 도래했던 것에 대해 생겨난 손해액은 그 공채 등의 원래 이자와 그 공채 등에 부속되어 있었던 이자액의 합계액으로 한다.
2. 반환되지 않았던 공채 등에서 보상 시까지 상환기간이 도래하지 않았던 것에 대해 생겨난 손해액, 그 공채 등에 보상 시에 있어서의 시가와 보상 시까지 지불기한이 도래한 이자액의 합계액으로 한다.

(공업 소유권의 손해)

제9조

1. 전용권(구 공업소유권전시법 (1917년 법률 제21호) 제5조의 규정에 의해 전용하는 면허를 받은 자의 권리를 말한다. 이하 동문) 설정된 특허발명과 관계되는 특허권(연합국이 공업소유권 전후 조치권(1949년 정령 제309호) 제5조의 규정에 의해 동조에 규정하는 기간 중에 있어서의 그 특허발명의 실시 또는 특허권의 소멸에 대한 보수 또는 손해배상의 청구권이 포기된 것을 제외한다)에 대해서 생겨난 손해액은, 그 전용권자가 그 특허권을 존속기간 중에 그 특허발명을 실시한 경우에 있어서 지불해야만 했던 특허실시료에 상당하는 금액에서 그 특허권자가 일본 정부에 대해 납부해야만 했던 특허료에 상당하는 금액을 뺀 금액으로 한다.
2. 전시특별조치에 의해 취소되거나 또는 특허권자인 연합국인의 자유로운 의사에 의하지 않고 양도된 특허권(연합국인 공업소유권 전후보상조치령 제5조의 규정에 의해 동조의 규정하는 기간에 있어서의 그 특허발명의 실시 또는 특허권의 소멸에 대한 보수, 또는 손해배상의 청구권이 포기된 것을 제외한다)에 대해서 생겨난 손해액은, 그 특허권이 존속한 기간 중에 그 특허발명을 실시한 사람이 지불해야만 했던 특허실시료에 상당하는 금액으로부터 동기간 중에 그 특허권자가 일본 정부에 대해 납부해야만 했던 특허권에 상당하는 금액을 뺀 금액으로 한다.
3. 특허료의 미납입 또는 존속기간의 만료에 의해 소멸된 특허권(연합국인 공업소유권 전후조치령 제5조의 규정에 의해 동조에 규정하는 기간 중에 있어서의 특허발명의 실시 또는 특허권의 소멸에 대한 보수 또는 손해배상의 청구권이 포기된 것을 제외함)에 대해서 생긴 손해액은 그 특허료가 납입되거나 또는 그 특허권의 존속기간의 연장이 신청

되어 있었다면 그 특허권이 존재한 기간 중에 그 특허 발명을 실시한 발표한 자가 지불해야만 했던 특허실시료에 상당하는 금액에서 동기간 중에 그 특허권이 일본 정부에 대해 납입해야만 하는 특허료의 상당하는 금액을 엔 금액으로 한다.

4. 앞 3항의 규정에 있어서 특허발명을 실시한 자가 그 실시한 특허발명에 대해 지불해야만 했던 특허실시료는, 그 특허권에 대해 개전 시에 있어서 실시계약이 존재하고 있었던 때에는 그 실시계약이 정하고 있었던 특허실시료, 개전 시에 있어서 실시계약이 존재하지 않았던 때는 그 특허권과 유사한 특허권에 대해서 개전 시에 존재하고 있었던 실시계약에 규정한 특허실시권의 계산방법에 준해서 산출한다.
5. 앞 항에 규정한 실시계약 중에 특허권자가 실시권자에게 이행해야만 하는 의무 또는 실시권자가 특허권자로부터 받을 수 있는 이익에 대해서 명확할 때에는, 제1항에서 제3항까지에 규정한 기간 중에 그 의무가 이행되지 않거나 또는 그 이익을 받을 수가 없었던 것으로부터 특허발명을 실시한 자가 받은 불이익을 참작하여 그 사람이 지불해야만 하는 특허실시료를 계산할 수 있다.
6. 제2항에서 제5항까지의 규정은 실용신안권 및 의장권에 대해 준용한다.

(상표권의 손해)

제10조

전시특별조치에 의한 취소 또는 존속기간의 만료에 의해 소멸된 상표권에 대해서 발생한 손해액은, 그 상표를 사용한 자가 그 상표를 사용한 일에 의해서 받은 이익에 상당하는 금액과 그 상표의 신용을 개전 시의 상태로 회복하기 위한 보상 시에 있어서의 필요한 금액과의 합계액으로 한다.

(주식의 손해)

제11조

1. 제2조 제2항 제2호 및 제3호의 거론한 것 이외의 회사주식에 대해서 발생한 손해액은, 해당주식의 발행회사에 대해 제12조의 규정으로부터 계산한 손해액에 더하여 개전 시에 있어서의 해당회사의 기 지불 자본금의 금액에 대해 연합국인이 개전 시에 있어서 가지고 있었던 해당회사 주식의 기 지불 주식금액이 있는 비유를 계산해서 얻은 금액으로 한다.
2. 반환 전에 자녀 재산의 분배가 이루어진 회사주식에 대해서 생긴 손해액은, 반환 시 전의 분배에게 상당하는 금액을 1항의 금액에 가산한 금액으로 한다.

(회사손해액의 계산)

제12조

회사 손해액은 개전 시에 있어서 해당회사가 본국 내에 가지고 있었던 재산에 대해서 생긴 제4조 제1항에 규정한 손해액을 제5조에서 제11조까지의 규정에 준해서 산출한 금액으로부터 다음에 거론하는 금액을 뺀 금액으로 한다.

(1) 회사가 기업재건정비법(1946년 법률 제40호) 또는 금융기관재건정비법(1946년 법률 제39호)에 규정하는 특별손실 또는 확정손해를 발생시킨 경우에 있어서, 해당 특별 손실 또는 확정손해가 채무의 제거에 의해 보존되었을 때에는 그 제거된 채무 중 회사가 개전 시에 있어서 가지고 있었던 금액
(2) 회사가 전쟁의 결과 받은 손해를 보전하기 위해 감자한 경우에 있어서, 연합국의 이 외의 주주의 지불에 의해서 그 자본을 보충했을 때에는 그 보충한 금액
(3) 회사가 개전 시에 있어서 가지고 있지 않았던 재산으로서 보상 시에

있어서 가지고 있던 시가가 그 취득가격을 넘을 때에는 그 초과액

(합병한 회사 등의 주식의 손해액)
제13조
개전 이후 주식의 발행회사가 합병하거나 또는 분할했을 때에 있어서 주식손해액은 앞 2의 규정의 예에 준해서 계산을 하기로 한다.

제3장 보상금의 지불

(보상금액)
제14조
제3조 제4항 또는 제5항의 규정에 의해 일본 정부에 대해 보상을 청구할 수 있는 자(이하 '청구권자'라고 한다)에게 지불하는 보상금액은 제2장의 규장에 의해 산출된 손해액으로부터 다음 각 호의 거론하는 금액을 뺀 금액으로 한다.
(1) 일본은행이 관리하는 특수재산 관리감정에 속해있던 자금 중에서 청구권자 또는 그 대리인에 의해서 인출한 금액
(2) 청구권자가 개전 시에 있어서 가지고 있었던 재산 또는 그 과실에 의해 전시특별조치로서 변제받은 해당 청구권자가 개전 시에 있어서 가지고 있었던 채무액
(3) 반환된 재산이 반환 시에 있어서 개전 시보다도 가치가 증가한 경우에 있어서 반환을 받았던 자가 그 가치증가분의 재건을 요구하지 않았을 때에는 보상 시에 있어서의 그 가치증가분을 가치에 상당하는 금액

(보상금액의 방법 및 기한)
제15조
1. 청구권자는 그 소속하는 국가의 정부를 통해서 그 국가와 일본과의

사이를 평화조약 효력 발생 시로부터 18개월 이내에 일본 정부에 대해서 보상금 지불 청구서를 제출하지 않으면 안 된다.

2. 앞항에 규정하는 보상금 지불청구서에는 청구권자가 제3조 제4항 또는 제5항의 규정에 의해 보상청구를 할 수 있다는 점 및 청구하는 보상 내용을 밝힌 서류를 첨부시키지 않으면 안 된다.
3. 청구권자가 제1항에 규정한 기간 내에 보상금 지불청구권을 제출하지 않을 때는 그 청구권자는 보상금의 지불 청구권을 포기한 것으로 본다.

(보상금액의 지불)
제16조
1. 일본 정부는 제15조 제1항의 규정으로부터 보상권 지불 청구서가 청구권자로부터 제출되었을 때는, 이것을 심사하고 그 청구금액을 지불해야만 한다고 인정되었을 때는 지체 없이 그 금액을 청구권자에게 지불하지 않으면 안 된다.
2. 일본 정부는 보상금지불청구서를 심사한 결과 그 청구금액이 청구권자에게 지불해야만 하는 금액과 상이하다고 인정할 때는 지불해야만 한다고 인정한 금액을 청구권자에게 통지하지 않으면 안 된다.
3. 청구권자는 제2항의 규정으로부터 통지받은 금액의 이의가 없을 때는 그 금액의 지불을 일본 정부에 대해 청구할 수 있다.
4. 일본 정부는 제3항의 규정으로부터 동항의 금액지불을 청구받았을 때에는 지체없이 그 금액을 청구권자에게 지불하지 않으면 안 된다.

(보상금의 엔화로의 지불)
제17조
1. 제16조의 규정에 의해 지불해야만 하는 보상금은 본국 내에 있어서 엔화로 지불하는 것으로 하고 그 수령자에 의한 외국으로의 송금에 대해서는 외국환율에 관한 법령에 따르는 것으로 한다.

2. 일본 정부는 제7조에서 제9조까지 규정한 금전채권, 공채 등 또는 특허 실시료가 엔화 이외의 통화(이하 본 항에 있어서 '외화'라고 한다)에 의해 표시되고 외화로 지불해야만 하는 경우 또는 엔화로 표시되어 있지만 특약으로 확정환산율에 의해 환산된 외화로서 지불해야만 한다고 전해야 한다는 경우에 있어서는 보상금의 외화에 의한 지불을 승인하는 것으로 하며 일본의 외환상태가 허용하는 최대한 신속한 시기에 있어서 외국환율에 관한 법령규정에 따라 청구권자가 보상금의 외화에 의한 지불을 받을 수 있도록 하지 않으면 안 된다.
3. 앞항의 경우에 있어서 청구권자가 보상금을 엔화에 의한 지불을 승인할 때는 일본 정부는 그 보상 시의 공정외국환율 시세에 의해 환산한 엔화로 지불할 수 있다.

(보상금에 대한 이의)
제18조
1. 청구권자는 제16조 제2항의 규정으로부터 통지받은 금액의 이의가 있을 때에는 동항의 통지를 받은 날로부터 3개월 이내에 제20조에 규정하는 연합국재산보장심사회에 재심사를 청구할 수가 있다.
2. 청구권자는 연합국 재산 보장심사에 대해 스스로 동심사회에 출두해서 의견을 진술하는 일 또는 대리인을 동 심사회에 출두시켜서 의견을 진술시키는 일을 청구할 수가 있다.
3. 앞 2항의 규정은 일본 정부와 해당청구권자가 소속하는 국가의 정부와의 사이에 특별협정이 있는 경우에는 적용하지 않는다.

(1회계연도에 있어서의 보상금 지불의 한도)
제19조
일본 정부는 지불해야만 하는 보상금액의 합계액이 1회계연도에 있어서 100억 엔을 초과할 때는 그 초과금액에 해당되는 보상금은 다음 회계연도에 있어서 지불한다.

제4장 연합국재산보상심사회

제20조

1. 일본 정부는 제18조의 규정에 기초하는 재심사의 청구를 심사하기 위해 대장성에 연합국재산보상심사회를 둔다.
2. 연합국재산보상심사회의 조직 및 운영에 관한 필요한 사항은 정령으로 정한다.

제5장 잡칙

(과세상의 특례)

제21조

1. 이 법률에 의해 연합국인이 수령하는 보상금에는 조세를 가할 수가 없다.
2. 이 법률에 의해 연합국인이 수령하는 보상금에 대해서는 해당 연합국인에 대해 조세를 가할 수가 없다.

(서류의 제공)

제22조

1. 청구권자는 보상금을 청구하기 위해 필요한 경우에 있어서는 그 청구권의 입증을 위해 필요한 본국 내에 있는 서류의 사본을 제공해야 하는 것을 그 소속하는 국가의 정부를 통해 일본 정부에 대해 청구할 수가 있다.
2. 일본 정부는 앞항의 청구가 있을 때에는 그 청구에 관계되는 서류의 사본 무상으로 청구권자에게 제공하지 않으면 안 된다.

(비용의 지불)
제23조
1. 청구권자는 그 청구권의 입증을 위해 필요한 비용을 본국 내에서 지출할 때는 그 소속하는 국가의 정부를 거쳐서 일본 정부에 대해 그 지출한 금액에 상당하는 그 금액의 지불을 청구할 수 있다.
2. 일본 정부는 앞항의 청구가 있을 경우에 있어서 그 금액이 합리적이라고 인정할 때에는 그 청구와 관련하는 금액의 청구권자에게 지불하지 않으면 안 된다.

(보호 등의 징수)
제24조
일본 정부는 연합국인의 재산에 대해 발생한 손해액의 조사에 관해서 필요가 있다고 인정할 때에는 그 필요한 범위 내에서 그 재산에 관한 권리 혹은 의무를 가지고 있었던 자 또는 가지고 있는 자로서 청구권자 이외의 사람으로부터 보고 또는 자료를 징수할 수가 있다.

(실시규정)
제25조
이 법률의 실시에 관해 필요한 사항은 정령으로 정한다.

부칙
이 법률은 평화조약의 최초 효력발생일로부터 실시한다.

이유
연합국과 일본과의 사이의 평화해결에 수반하여 연합국 또는 연합국인이 본국 내에 가지고 있었던 재산에 대해 전쟁의 결과 생긴 손해에 대해서 보상을 행할 필요가 있다. 이것이 이 법률안을 제출하는 이유이다.

대중국정책에 관한 요시다 수상의 서간

1951년 12월 24일

지난 번 국회 중의원, 참의원에 있어서의 일본과의 평화조약 및 일미 안보조약의 심의에 있어서 일본의 미래 대중국 정책에 관해 많은 질문과 발언이 있었습니다. 그 발언 중 어떤 것이 전후의 관계나 배경으로부터 격리되어 인용되면 오해를 불러일으키므로 이것을 해명하고 싶다고 생각합니다.

일본 정부는 궁극적으로 일본의 이웃국가인 중국과의 사이에 전면적인 정치적 평화 내지 통상관계를 수립하는 것을 희망하고 있습니다. 국제연합에 있어서 중국의 의석, 발언권 및 투표권을 가지고 약간의 영역에 대해 현실적으로 시정권을 행사하며 또한 국제연합가맹국의 대부분과 외교관계를 유지하고 있는 중화민국국민정부 외교관계를 발전시켜 가는 것이 현재 가능합니다.

이 목적을 위해 우리정부는 1951년 11월 17일 중국국민정부의 동의를 얻어서 일본 정부 해외사무소를 대만에 설치하였습니다. 이것은 지난 다수국과의 평화조약이 효력이 발생하기까지 현재 일본에게 허용 받고 있는 외국과의 관계의 최고 형태입니다. 주대만일본정부대외사무소에 중요한 인원을 두고 있는 것도 우리정부가 중화민국국민정부와의 관계를 중시하고 있는 것을 나타내고 있는 것입니다. 우리정부는 법률적으로 가능하고 중국국민정부가 희망한다면 중국국민정부와의 사이에 지난 평화조약에 표시된 제 원칙에 따라서 양 정부 간의 정상적인 관계를 재계할 조약을 체결할 용의가 있습니다. 이 2국 간 조약의 조항은 중화민국에 관해서는 중화민국의 지배하에 현재 있거나 또는 앞으로 들어와야 하는 모든 영역에 적용할 수가 있습니다. 우리들은 중국국민정부와 이 문제를 신속히 협의하는 것을 원하고 있습니다.

중국의 공산정권에 관해서는 이 정권은 국제연합에 의해 침략자로서 현재 비난받고 있으며 그 결과 국제연합은 이 정권에 대해 여러 가지 조치를 권고했습니다. 일본은 현재 여기에 동조하고 있는 중이며 또한 다수국 간 평화조약 효력발생 이후에도 그 제5조(a)(iii)의 규정에 따라서 이것을 계속 하고자 합니다. 이 규정에 의해 일본은 국제연합이 헌장에 따라서 취하는 어떠한 행동에 대해서도 국제연합에게 모든 원조를 행할 것이며 또한 국제연합이 방지행동 또는 강제행동을 취하는 어떤 국가에 대해서도 원조공여를 하지 않을 것을 약속하는 바입니다. 또한 1950년 모스크바에 있어서 체결된 중소우호동맹 및 상호원조조약은 실제로 일본에 대한 군사동맹입니다. 사실상 중국의 공산정권은 일본의 헌법제도 및 현재 정부를 무력으로 정복시키고자 하는 일본공산당의 기도를 지원하는 중이라고 믿을만한 이유가 다분히 있습니다. 이러한 점을 고려하면 저는 일본 정부가 중국의 공산정권과 양국 간 조약을 체결할 의도를 가지고 있지 않음을 확언할 수가 있습니다.

1951년 12월 24일 요시다 시게루

주 워싱턴 국무성

존 포스트 델레스 귀하

일본과 미합중국 사이의 안전보장조약 제3조에 기반한 행정협정 및 교환공문

전문

일본과 미합중국은 1951년 9월 8일에 일본 국내 및 그 부근에 있어서의 미국의 육군, 공군 및 해군의 배치에 관한 규정을 안전보장조약에 서명하였으므로,

또한 동 조약 제3조는 미국군대의 일본 국내 및 그 부근에 있어서의 배치를 규율하는 조건은 양 정부 간의 행정협정으로 결정한다고 기술하고 있으므로,

또한 일본과 미합중국은 안전보장조약에 기반하는 각자의 의무를 구체화하며 양 국민 간의 상호이익 및 경의의 긴밀한 유대를 강화하는 실제적인 행정조치를 체결할 것을 희망하였으며

따라서 일본 정부와 미합중국 정부는 다음에 거론하는 조항에 의해 이 협정을 체결하였다.

제1조(정의)

이 협정에 있어서,

(a) '미국군대의 구성원'이란 일본영역 안에 있는 미합중국의 육군, 해군 및 공군에 속하는 인원으로서 현재 복역 중인 사람을 말한다.

(b) '군속'이란 미국의 국적을 가진 문민으로서 일본에 있는 미국군대에 고용되어 근무하거나 또는 여기에 수반하는 사람(통상일본에 거주하는 사람 및 제14조 1의 거론한 사람을 제외한다)을 말한다. 이 협정만의 적용상, 미국과 일본의 이중국적으로 미국이 일본에 들어오게 한 사람은 미국국민이라고 본다.

(c) '가족'이란 다음 사람을 말한다.

(1) 배우자 및 21세 미만의 자녀

(2) 부모 및 21세 이상의 자녀로 그 생계비의 반 이상을 미국군대의 구성원 또는 군속에 의존하는 사람

제2조(시설 및 구역의 결정)

1. 일본은 미국에 대해 안전보장조약 제1조에 거론한 목적을 수행하기 위해 필요한 시설 및 구역의 사용을 허용하는데 동의한다. 개별시설 및 구역에 있어서의 협정은 이 협정의 효력 발생일까지 아직 양 정부가 합의에 도달하고 있지 못 할 때는 이 협정 26조에 정한 합동위원회를 통해서 양 정부가 체결하지 않으면 안 된다. '시설 및 구역'에는 해당시설 및 구역의 운영에 필요한 현존설비 비품 및 정착물을 포함한다.
2. 일본과 미국은 어느 일방의 당사자가 요청할 때는 앞서 말한 결정사항을 재검토하지 않으면 안 되고 또한 전기의 시설 및 구역을 일본에 반환해야만 하거나 또는 새로운 시설 및 구역을 제공하는 일에 합의할 수 있다.
3. 미국군대가 사용하는 시설 및 구역은 이 협정 목적을 위해 필요하지 않게 될 때에는 언제라도 일본에 반환하지 않으면 안 된다. 미국은 시설 및 구역의 필요성을 전기의 반환은 목적으로 하여 끊임없이 검토하는 일에 동의한다.
4. (a) 미국군대가 사격장과 연습장 같은 시설 및 구역을 일시적으로 사용하고 있지 않을 때에는 일본의 당국과 국민은 그것을 임시적으로 사용할 수 있다. 단지 이 사용이 미국군대에 의한 해당 시설 및 구역을 정규사용 목적에 유해하지 않을 것에 합의한 경우에 한한다.

   (b) 미국군대가 일정한 기한을 정해서 사용해야만 하는 사격장 및 연습장과 같은 시설과 구역에 관해서는 합동위원회는 해당시설 및 구역

에 대한 협정 중에 적용이 있는 이 협정규정의 범위를 명기하지 않으면 안 된다.

제3조(시설 및 구역의 사용)

1. 미국은 시설 및 구역에 있어서 이들의 설정, 사용, 운영, 방위 또는 관리를 위해 필요하거나 적당한 권리능력 및 권능을 가진다. 미국은 또한 전기의 시설 및 구역에 인접하는 토지, 수원 및 공간 또는 전기의 시설 및 구역의 근접지역에 그들의 지지, 방위 및 관리를 위해 전기의 시설 및 구역으로의 출입의 편이를 도모하기 위해 필요한 권리, 권력 및 권능을 가진다. 이 조항에서 허용되는 권리, 권력, 및 권능을 시설 및 구역 외의 행사하는 경우에는 필요에 따라서 합동위원회를 통해서 양 정부 간에 협의하지 않으면 안 된다.
2. 미국은 전기의 권리, 권력 및 권능을 일본영역으로의, 일본 영역으로부터의 또는 영역 내의 항해, 항공, 통신 또는 육상교통을 불필요하게 방해하는 방법에 의해서는 행사하지 않을 것에 동의한다. 미국이 사용하는 전파발사의 장치가 응용하는 주파수, 전력 및 이들과 비슷한 사항에 관한 모든 문제는 상호정하는 바에 의해 해결하지 않으면 안 된다. 일시적인 조치로서 미국군대는 이 규정이 효력을 발생할 때에 가지고 있는 전력, 설계, 전파발사의 형식 및 주파수의 전자장치를 일본측으로부터의 전파발사에 의한 방해를 받지 않고 사용하는 권리를 가진다.
3. 전기의 규정은 미국이 일본과의 특별합의에 기초해서 행하는 건설에는 적용하지 않는다.

제5조(통과)

1. 미국 및 미국 이외의 국가의 선박 그리고 항공기에서 미국에 의해,

미국을 위하거나 미국의 관리하에 공공의 목적으로 운행되는 것은 입항료 또는 착륙료를 부과하지 않으며 일본의 항구 또는 비행장에 출입하는 권리를 부여받는다. 이 협정에 의해 면제를 받지 않는 화물 또는 여객이 그들 선박 또는 항공기에 적제되어 있을 때는 일본당국의 통보를 하지 않으면 안 된고 그들 화물 또는 여객은 일본의 법령에 따라서 입국시키지 않으면 안 된다.

2. 앞 1항에 거론한 선박 및 항공기, 미국 정부 소유의 차량(기갑차량을 포함한다) 및 미국군대의 구성원과 군속 그리고 그들의 가족은 미국군대가 사용하는 시설 및 구역에 출입하고 그들 간을 이동하며 또한 시설 및 구역과 일본의 항구 사이를 이동하는 권리를 부여받는다.
3. 앞 1항에 거론한 선박이 일본항구에 들어올 경우에는 통상의 경우 일본당국의 적당한 통보를 하지 않으면 안 된다. 전기의 선박은 강제입항 인도를 면제받는다. 단지 도선사를 사용할 때는 그에 상응하는 비율로 도선비용을 지불하지 않으면 안 된다.

제6조(항행과 통신의 체계)

1. 모든 비 군용 및 군용의 항공 교통관리와 통신체계는 긴밀히 협조해서 발전을 도모하며 나아가 집단안전보장의 이익을 달성하기 위해 필요한 정도로 상호 맞추어 정리하는 것으로 한다. 이 협조와 정합성을 도모하기 위해 필요한 수속과 그것에 대한 그 후의 변경은 상호합의에 의해 결정한다.
2. 미국군대가 사용하는 시설 및 구역 그리고 그것에 인접하는 수원 또는 그것에 근접해 있거나 설치되는 등대와 그밖의 항해보조시설 및 항공보안시설은 일본에서 사용되고 있는 방식으로 통일시키지 않으면 안 된다. 이들 시설을 설치한 일본 및 미국 당국은 그 위치와 특징을 상호간의 통보하지 않으면 안 되며 나아가 그들 시설을 변경하거나 새롭게

실시하기 전에 미리 통보하지 않으면 안 된다.

제7조(공익사업)

미국군대는 일본 정부의 각 성청부처에 당시 적용하고 있었던 조건보다도 불리하지 않는 조건에서 일본 정부에 속하거나 일본 정부에 의해 관리되면서 규제되는 모든 공익사업 및 공공역무를 이용하는 권리와 그 이용에 있어서의 우선권을 향유하는 권리를 가진다.

제8조(기상업무)

일본 정부는 현행 절차로 다음 기상업무를 미국군대에 제공하는 것을 약속한다. 단지 그 절차는 수시로 양 정부 간의 합의하여 변경 또는 일본이 국제민간 항공기관이나 세계기상기관의 가맹국이 된 결과로서 생겨나는 변경을 수용하기로 한다.

(a) 지상과 해상으로부터의 기상관측('X' 및 'T'라고 하는 위치에 있는 기상관측선으로부터의 관측을 포함한다.)

(b) 기상자료(중앙기상대의 전기적 보고 및 과거자료를 포함한다.)

(c) 항공기의 안전과 정확한 운항을 위해 필요한 기상정보를 전달하는 전기통신업무

(d) 지진관측의 자료(지진으로부터 생겨나는 해일이 예상되는 정도 및 그 해일의 역량을 받는 구역의 예보를 포함한다.)

제9조(입국)

1. 미국은 이 협정 목적을 위해 미국군대의 구성원과 군속 및 그들 가족인 사람을 일본에 입국시킬 권리를 가진다.
2. 미국군대의 구성원은 일본여권과 사증에 관한 법령의 적용으로부터 제외된다. 미국군대의 구성원과 군속 그리고 그들 가족은 외국인등록 및 관리에 관한 일본법령의 적용으로부터 제외된다. 단지 일본의 영역

에 영속적으로 거주하거나 주소를 가질 권리를 습득하는 것으로서는 인정하지 않는다.

3. 미국군대의 구성원은 일본으로의 입국 또는 일본으로부터의 출국에 있어서는 다음 문서를 휴대하지 않으면 안 된다.
   (a) 성명, 생년월일, 계급 및 번호, 군의 구분과 사실을 밝히는 신분증명서
   (b) 미국군대의 구성원으로서의 개인의 신분, 집단의 지위, 또는 명령 받은 여행을 증명하는 개별적이거나 집단적인 여행명령서

   미국군대의 구성원은 일본에 있는 동안의 신분증명을 위해 전기의 신분증명서를 휴대하지 않으면 안 된다.

4. 군속, 그의 가족 및 미국군대의 구성원 가족은 미국당국이 발급한 적당한 문서를 휴대하며 일본으로의 입국이나 일본으로부터의 출국에 있어서 또는 일본에 있는 동안 그 신분을 일본당국이 확인할 수 있도록 하지 않으면 안 된다.

5. 본 조항 1항에 기초하여 일본으로 입국한 사람의 신분에 변경이 있어서 그 사람이 전기의 입국권리를 가지지 못할 경우에는 미국당국은 일본당국에 통보하거나 또는 그 사람이 일본으로부터 퇴거하는 것을 일본당국에 의해 요구받았을 때는 일본 정부의 부담에 의하지 않으면서 적당한 기간 내에 일본으로부터 수송할 것을 확보하지 않으면 안 된다.

第10조(운전면허증과 자동차)

1. 일본은 미국이 미국군대의 구성원과 군속 그리고 그들 가족에 대해서 발급한 운전면허증 또는 운전허가증 또는 군의 운전허가증을 운전자 시험과 수수료를 부과하지 않고 유효한 것으로서 승인한다.
2. 미국군대와 군속의 공용차량은 그것을 용이하게 식별시킬 수 있는 명확한 번호표 또는 개별기호를 붙이지 않으면 안 된다.

3. 미국군대의 구성원과 군속 그리고 그들 가족의 사유차량은 일본국민에게 적용되는 조건과 동일한 조건으로 취득하는 일본의 등록번호표를 붙이지 않으면 안 된다.

제11조(수입)

1. 이 협정 중에 규정이 있는 경우를 제외하고는, 미국군대의 구성원과 군속 그리고 그들 가족은 일본의 세관당국에 의해 집행되는 법령에 따라야 한다.
2. 미국군대, 미국군대의 공인조달기관 또는 제15조에 정한 제 기관이 미국군대의 공용을 위하거나 또는 미국군대의 구성원과 군속 그리고 그들 가족의 사용을 위해 수입하는 모든 자재, 수요품과 비품 그리고 미국군대가 전용할 자재, 수요품과 비품 또는 미국군대가 사용하는 물품이나 시설에 최종적으로 사용해야만 하는 자재, 수요품이나 비품은 일본에 들여오는 것을 허용한다. 이 수입에는 관세 그밖의 과징금을 부과하지 않는다. 전기의 자재, 수요품이나 비품은 미국군대, 미국군대의 공인조달기관 및 제15조에 정한 제 기관이 수입하는 물건을 적당한 증명서(미국군대가 전용해야 할 자재, 수요품이나 비품 또는 전기의 군대가 사용하는 물품이나 시설에 최종적으로 사용해야만 하는 자재, 수요품 및 비품에 있어서의 미국군대가 전기의 목적에 의해 수령해야만 한다고 하는 적당한 증명서)를 필요로 한다.
3. 미국군대의 구성원이나 군속 그리고 그들 가족용이거나 또는 그들의 개인적 용도에 필요한 재산에는 관세나 그밖의 과징금을 부과한다. 단지 다음사항에 대해서는 관세나 그밖의 과징금을 부과하지 않는다.
   (a) 미국군대의 구성원이나 군속이 일본에서 근무하기 위해 최초의 도착했을 때에 수입하거나 그들 가족이 해당 미국군대의 구성원이나 군속과 동거하기 위해 최초에 도착했을 때에 수입하는 그들의 가구

및 가정용품 그리고 그들의 입국 시에 휴대하는 사용을 위한 휴대품

(b) 미국군대의 구성원이나 군속이 자기나 그 가족의 사용을 위해 수입하는 차량과 부품

(c) 미국군대의 구성원이나 군속 그리고 그들 가족의 사용을 위해 미국에 있어서 통상 일상용품으로서 구입된 종류의 상당량의 의류 및 가정용품으로서의 미국 군사우편국을 통하여 일본에 우송되는 물품

4. 앞 2항 및 3항에서 부여한 면제는 물품의 수입경우에만 적용하는 것으로 하고 수입 시 세관당국이 징수하는 관세 및 내국소비세가 이미 징수된 물품을 구입하는 경우에 그 관세 및 내국소비세를 지불한 것으로 이해하지 않으면 안 된다.

5. 세관검사는 다음 경우에는 하지 않는다.

(a) 명령에 의해 일본에 입국하거나 일본으로부터 출국하는 미국군대의 부대 또는 미국군대의 구성원

(b) 공용 봉인이 있는 공문서

(c) 미국 군사우편 노선상에 있는 우편물 및 미국 정부의 선박화물정권에 의해 선적된 군사화물

6. 일본과 미국당국이 상호 간의 합의하는 조건에 따라서 처분을 인정하는 경우를 제외하고는, 관세면제를 받고 일본에 수입되는 물품은, 관세면제를 받고 해당 물품을 수입하는 권리를 가지지 않는 자에 대해서는 일본 국내에서 처분하지 않으면 안 된다.

7. 앞 2항과 3항에 기초해서 관세나 그밖의 과징금의 면제를 받고 일본에 수입된 물품은, 관세나 그밖의 과징금의 면제를 받고 재수출할 수가 있다.

8. 미국군대는 일본당국과 협력하여 본 조항에 따라서 미국군대, 미국군대의 구성원과 군속 그리고 그들 가족에 부여한 특권의 남용을 방지하기 위해 필요한 조치를 취하지 않으면 안 된다.

9. (a) 일본 정부의 세관당국에 의해 집행되는 법령에 대한 위반행위를 방지하기 위해, 일본당국과 미국군대는 조사의 실시나 증거의 수집에 대해 상호 간의 원조하지 않으면 안 된다.
   (b) 미국군대는 일본 정부의 세관당국에 의해 행해지거나 또는 세관당국을 대신해서 행해지는 압수해야만 할 물건이 세관당국에 인도될 것을 확보하기 위해 가능한 모든 원조를 하지 않으면 안 된다.
   (c) 미국군대는 미국군대의 구성원이나 군속 그리고 그들 가족이 납부해야만 하는 관세, 조세 및 벌금의 납부를 확보하기 위해 가능한 모든 원조를 하지 않으면 안 된다.
   (d) 일본 정부의 관세나 재정에 관한 법령에 대한 위반행위와 관련해서 일본 정부의 세관당국이 압수한 미국군대에 속하는 차량 및 물건을 관계군부대의 당국에 인도하지 않으면 안 된다.

제12조(조달)

1. 미국은 이 협정 목적을 위하거나 또는 이 협정에서 인정되어 일본에서 공급되어야만 하는 수요품이나 또는 당연히 해야 할 공사를 위해 공급자 또는 공사를 하는 사람의 선택에 관해서 제한을 받지 않고 계약할 권리를 가진다.
2. 현지에서 공급되는 미국군대의 유지를 위해 필요한 자재, 수요품, 비품과 역무에서 그 조달이 일본경제에 불리한 영향을 미칠 우려가 있는 것은 일본의 권한 당국과의 조정하에 또한 바람직할 때는 일본의 권한 있는 당국을 통하거나 그 원조를 얻어서 조달하지 않으면 안 된다.
3. 미국군대는 또는 미국군대의 공인조달기관인 적당한 증명서에 의해서 일본에서 공용을 위해 조달하는 자재, 수요품, 비품이나 역무는 일본의 다음 조세를 면제한다.
   (a) 물품세

(b) 통행세

(c) 휘발유세

(d) 전기 가스세

최종적으로는 미국군대가 사용하기 위해 조달되는 자재, 수요품, 비품이나 역무는 미국군대의 적당한 증명서에 의해 물품세 및 휘발유세를 면제한다. 본 조항에 특히 거론하지 않는 일본의 현행 또는 장래의 조세로 미국군대에 의해 조달되거나 최종적으로는 미국군대가 사용되어지는 자재, 수요품, 비품이나 역무의 수입 가격의 상당하며 용이하게 판별할 수 있는 구분을 구성된다고 인정되는 물품에 관해서는, 양 정부는 본 조항의 목적에 합치되는 면제 또는 구제를 부여하기 위해 그 절차에 대해서 합의하는 것으로 한다.

4. 미국군대나 군속의 현지노무에 대한 수요는 일본당국의 원조를 얻어서 충족시킨다.
5. 소득세 및 사회보장을 위한 납부금을 원천징수 및 납부의무 또는 별도로 상호 간의 합의되는 경우를 제외하고는 임금과 제 수당에 관한 조건과 같은 고용과 노동의 조건, 노동자의 보호를 위한 조건 및 노동관계에 관한 노동자의 권리는 일본법령에 정하는 것에 의하지 않으면 안 된다.
6. 군속은 고용조건에 관해 일본 법령에 따르지 않으면 안 된다.
7. 미국군대의 구성원이나 군속 그리고 그들 가족은 일본에 있어서의 물품과 역무의 개인적 구입에 관해서 일본법령에 기초해서 부과된 조세 및 그밖의 유사한 공과금의 면제를 본 조항에 의해서 향유되는 일은 없다.
8. 일본과 미국당국이 상호 간에 합의하는 조건에 따라서 처분을 인정하는 경우를 제외하고는 앞 3항에 거론한 조세의 면제를 받아서 일본에 수입하는 물품을 해당조세의 면제를 받아서 해당 물품을 구입하는 권리를 가지지 않는 자에 대해서 일본 내에서 처분해서는 안 된다.

제13조(일반과세)

1. 미국군대는 미국군대가 일본에서 소유하고 사용하거나 또는 이전하는 재산에 대해서 조세의 그밖의 유사한 공과금을 부과해서는 안 된다.
2. 미국군대의 구성원과 군속 그리고 그들 가족은 그들의 미국군대에 있어서의 근무나 미국군대 또는 제15조에 정한 제 기관에 의한 고종의 결과로서 받는 소득에 대해서, 일본 정부 또는 일본에 있는 그밖의 다른 증세기관에 대해서 일본의 조세를 납부하는 의무를 지지 않는다. 본 조항의 조세는 전기의 개인에 대해서 일본에서 원천적으로 발생하는 소득에 대해서 일본의 조세납부를 면제하는 것이 아니라 또한 미국의 소득세에 관해 일본의 거주지를 가진 것을 원용하는 미국시민에 대해서, 소득에 대해서의 일본의 조세납부를 면제하는 것은 아니다. 전기의 사람이 미국군대의 구성원이나 군속 그리고 그들 가족인 이유만으로 일본의 세법 적용상 일본에 주소지나 거주지를 가진 기관이라고는 인정하지 않는다.
3. 미국군대의 구성원과 군속 그리고 그들 가족은 그들이 일시적으로 일본에 있다고 하는 이유만으로 일본에 소재하는 유 · 무형의 동산의 소유, 사용, 그들 상호 간의 이전이나 사망에 의한 이전에 대해서 일본에 있어서의 과세를 면제받는다. 단지 이 면제는 투자를 위해서나 투자 또는 사업을 위해 행할 때는 일본에 있어서 소유된 재산 또는 일본에 있어서 등록된 무형재산권에는 적용하지 않는다. 본 조항의 규정은 사유 차량에 의한 도로의 사용에 관해 납부해야만 하는 조세의 면제를 부여할 의무를 정한 것은 아니다.

제14조(계약자)

1. 통상 미국에 거주하는 사람(미국법률에 기초해서 조직된 법인을 포함한다) 및 그 피용자로서 미국군대를 위해 미국과의 계양이행만을 목적으로 하여 일본에 있는 사람을 본 조항에 규정이 있는 경우를 제외하

거는 일본 법령에 따르지 않으면 안 된다.

2. 전기의 사람 및 그 피용자는 그 신분에 관한 미국당국의 증명이 있을 때는 이 협정에 의한 다음 이익을 부여하는 것으로 한다.
   (a) 제5조 2항에 정한 출입 및 이동의 원리
   (b) 제9조의 규정에 의한 일본으로의 입국
   (c) 미국군대의 구성원과 군속 그리고 그들 가족에 대해서 제11조 3항에 정한 관세 및 그밖의 과징금의 면제
   (d) 미국 정부에 의해 인정되었을 때에는 제15조에 정한 제 기관의 역무를 이용하는 권리
   (e) 미국군대의 구성원과 군속 그리고 그들 가족에 대해서 제19조 2항에 정한 것
   (f) 미국 정부에 의해 인정되었을 때는 제20조에 정한 바에 의해 군표를 사용하는 권리
   (g) 제21조에 정한 우편시설의 이용
   (h) 고용조건에 관한 일본법령의 적용으로부터의 제외
3. 전기의 사람 및 그 피용자는 그 신분임을 여권에 기재하지 않으면 안 되고 도착과 출발 및 일본에 있는 동안의 거주지는 미국군대가 일본당국에 수시로 통지하지 않으면 안 된다.
4. 전기의 사람 및 그 피용자가 앞 1항에 거론한 계약의 이행을 위해서만 소유하고 사용하거나 또는 이전하는 감가상각자산(집을 제외한다)에 대해서는 미국군대의 권한 있는 관료의 증명이 있을 때는 일본의 조세 및 그밖의 공과금을 부과하지 않는다.
5. 전기의 사람 및 그 피용자는 미국군대의 권한 있는 관료의 증명이 있을 때에는 이들이 일시적으로 일본에 있다고 하는 이유만으로 일본에 소재하는 유무형의 동산의 소유, 사용, 사망에 의한 이전 또는 그 협정에 기초해서 조세의 면제를 받는 권리를 갖는 사람 혹은 기관으로의

이전에 대해, 일본에 있어서의 과세를 면제받는다. 단지 이 면제는 투자를 위하거나 혹은 다른 사업을 하기 위해 일본에 있어서 소유하는 재산이나 일본에 있어서의 등록된 무형재산권에는 적용하지 않는다. 본 조항의 규정은 사유차량에 의한 도로의 사용에 관해서 납부해야만 하는 조세의 면제를 부여하는 의무를 정한 것은 아니다.

6. 앞 1항에 거론한 사람과 그 피용자는 이 협정에 정한 어떠한 시설이나 구역의 건설, 유지 또는 운영에 관해서 미국 정부와 미국에 있어서 맺은 계약에 기초해서 발생하는 소득에 대해서는, 일본 정부 또는 일본에 있는 그밖의 징세기관에 대해서 소득세 또는 법인세를 납부할 의무를 지지 않는다. 6항의 규정은 그들에 대해서 일본에서 원천적으로 발생하는 소득에 대해서는 소득세, 법인세의 납부를 면제하는 것은 아니며 또한 미국의 소득세에 관해서 일반의 주소를 가진 것을 원용하는 전기의 사람과 그 이용자에 대해서 소득에 대해서는 일본의 면제납부를 면제하는 것은 아니다. 이들 사람이 미국 정부와의 계약이행에 관해서만 일본에 있는 기관은 전기의 과세상 일본의 거주지 또는 주소를 가진 기관이라고는 인정하지 않는다.

7. 일본당국은 본 조항 1에 거론한 사람 및 그 피용자에 대해서 일본에 있어서 범하는 범죄로 일본의 법률에 의해 처벌받아야만 하는 사람에 관해서 재판권을 행사하는 제1차적 권리를 가진다. 일본당국이 전기의 재판권을 행사하지 않기로 결정한 경우는 일본당국은 미국의 군 당국에 가능한 한 신속히 통보하지 않으면 안 된다. 이 통보가 있었을 때에는 미국의 군 당국은 전기의 사람에 대해서 미국법률에 의해 부여된 재판권을 행사하는 권리를 가진다.

제15조(판매 및 역무)

1. (a) 미국의 군 당국이 공인하고 나아가 규제하는 해군판매소, PX, 식당,

사교클럽, 극장, 신문과 그밖의 세출 외 자금에 의한 제의 제 기관은, 미국군대의 구성원과 군속 그리고 그들 가족의 용도에 부응하기 위해 미국군대가 사용하는 시설 및 구역 내에 설치 할 수가 있다. 이 협정 중에 특별한 규정이 있는 경우를 제외하고는 전기의 제 기관은 일본의 규제, 면허, 수수료, 조세 및 그 밖의 유사한 관리에 따르지 않으면 안 되는 것으로 한다.

(b) 미국의 군 당국이 공인하고 규제하는 신문이 일반대중에게 판매될 때는 해당 신문은 그 배분의 관해서는 일본의 규제, 면허, 수수료, 세금 그밖의 비슷한 관리에 따르는 것으로 한다.

2. 전기의 제 기관에 의한 상품 및 역무의 판매에는 앞 1항 (b)에 정한 경우를 제외하고는, 일본의 조세를 부과하지 않는다. 단지 이들 제 기관에 의한 상품 및 수요품의 일본 국내에서의 구입에는 일본의 세금을 부과한다.

3. 일본 및 미국당국이 상호 간의 합의하는 조건에 따라서 처분을 인정한 경우를 제외하고는, 전기의 제 기관이 판매하는 물품은 이들 제 기관으로부터 구입하는 것을 인정받지 못한 사람에 대해서 일본 국내에서 처분해서는 안 된다.

4. 소득세 및 사회보장을 위한 납부금의 원천징수와 납부에 대한 의무 그리고 별도로 상호 간의 합의하는 경우를 제외하고는, 임금과 제 수당에 관한 조건과 같은 고용 및 노동의 조건, 노동자의 보호를 위한 조건과 노동관계에 관한 노동자의 권리는 일본법령에 정한 바에 따르지 않으면 안 된다.

5. 본 조항에 거론한 모든 기관은 일본당국에 대해 일본의 세법이 요구하는 바에 의해 자료제공을 하는 것으로 한다.

제16조(일본의 법령 존중)

일본에 있어서 일본법령을 존중하고 이 협정정신에 반하는 활동 특히 정치적 활동을 조심하는 일은 미국군대의 구성원과 군속 그리고 그들 가족의 의무이다.

제17조(형사재판권)

1. 1951년 6월 19일에 런던에서 서명된 '군대의 지위에 관한 북대서양조약 당사국 간의 협정'이 미국에 대해 효력을 발생할 때는 미국은 즉시 일본의 선택에 의해 일본과의 사이에 전기의 협정의 해당규정과 같은 모양의 형사재판권에 관한 협정을 체결하는 것으로 한다.
2. 앞 1항에 거론한 북대서양조약협정이 미국에 대해 효력을 발생하기까지, 미국의 군사재판소 및 당국은 미국군대의 구성원과 군속 그리고 그들 가족(일본 국적만을 가진 그들 가족은 제외한다)이 일본 국내에서 범하는 모든 범죄에 대해서 재판전속권을 일본 국내에서 행사하는 권리를 가진다. 이 재판권은 언제라도 미국이 포기할 수 있다.
3. 앞 2항에 정한 재판권이 행사되는 동안에는 다음 규정을 적용한다.
   (a) 일본당국은 미국군대가 사용하는 시설 및 구역 외에 있어서, 미국군대의 구성원이나 군속 또는 그들 가족의 범죄행위 또는 범죄미수행위에 대해서 체포할 수가 있다. 그러나 체포한 경우에는 체포된 한 명 또는 두 명 이상의 개인을 즉시 미국군대에 인도하지 않으면 안 된다. 미국군대의 재판권으로부터 벗어나거나 시설 및 구역 외의 장소에서 발견된 사람은 요청에 따라서 일본당국이 체포하여 미국당국에 인도할 수가 있다.
   (b) 미국당국은 미국군대가 사용하는 시설이나 구역 내에 있어서, 재판전속권을 가진다. 일본의 재판권에 따르는 자로서 전기의 시설 또는 구역 내에서 발견된 사람은 요청에 따라서 일본 당국에 인도하

는 것으로 한다.

(c) 미국당국은 전기의 시설 또는 구역에 가까운 곳에서 해당시설이나 구역의 안전에 대한 범죄행위 또는 범죄미수행위의 현행범에 관계하는 자를 법의 정당한 절차에 따라서 체포할 수가 있다. 앞에 언급한 자로서 미국군대의 재판권에 따르지 않는 사람은 즉시 일본당국에 인도하지 않으면 안 된다.

(d) 앞 3항 (c)의 규정에 따르는 것을 조건으로 하여 시설이나 구역 외에 있어서의 미국군대의 군사경찰의 활동은 미국군대의 구성원과 군속 그리고 그들 가족의 질서와 규율의 유지 그리고 그들을 체포하기 위해 필요한 범위 내에 한정된다.

(e) 일본과 미국당국은 각각 재판소에 있어서의 형사상의 수사와 그 밖의 절차를 위해 증인과 증거를 제공하는 일에 대해서 협력하고 나아가 수사를 하는 것에 대해 상호 간의 협력하지 않으면 안 된다. 몇 사람이든 자기에 대한 형사재판권을 가지지 않는 재판소에 대한 재판소 모욕, 위증 또는 심판방해를 했을 때에는 이것을 범한 사람에 대한 재판권을 가진 재판소는 그 사람이 해당 재판소에 대해서 이들 범죄를 행한 것으로 인정하여 그 사람을 재판하는 것으로 한다.

(f) 미국군대는 미국군대의 구성원과 군속 그리고 그들 가족을 일본으로부터 퇴거시키는 전속적인 권리를 가진다. 미국은 일본 정부가 정당한 사유로 전기의 어떤 사람의 퇴거를 요청할 때는 그 요청에 호의적인 고려를 제공하는 것으로 한다.

(g) 일본당국은 미국군대가 사용하는 시설 및 구역 내에 있는 사람 혹은 재산에 대해서, 또는 소재지의 여부를 떠나서 미국군대의 재산에 대해서 수색이나 압수를 행할 권리를 가지지 못한다. 미국당국은 일본당국의 요청이 있을 때는 그 권한 범위 내에서 전기 및 수색

및 압수를 행하며 또한 그 결과에 대해 일본당국에 통지할 것을 약속한다. 전기의 재산(미국 정부가 소유하거나 사용하는 재산을 제외한다)에 관한 판결이 있는 경우에는 미국은 일본당국에 이것을 판결에 따라서 처분하기 위해 인도하는 것으로 한다. 일본당국은 미국군대가 사용하는 시설 및 구역 외에서, 미국군대의 구성원이나 군속 또는 그들 가족의 신체와 재산에 대해서 수색이나 압수를 행할 권리를 가지지 않는다. 단지 본 조항 3 (a)에 따라서 체포하는 일이 가능한 사람의 경우 그리고 전기의 수색이 일본의 재판권하에 있는 범인의 체포를 위해 필요하다고 하는 경우는 여기에 구속되지 않는다.

(h) 사형판결은 일본의 법제가 동일한 사형을 규정하고 있지 않은 경우는, 미국군대가 일본 국내에서 집행해서는 안 된다. 미국의 군사재판소 및 당국은 일본법령에 위반하는 모든 범죄에서 모든 범죄로 미국군대의 구성원과 군속 그리고 그들 가족이 일본 국내에서 범했다고 인정되는 일에 한해서 충분한 증거가 있는 것을 재판하고 나아가 유죄판결을 했을 때에는 처벌할 의사 및 능력을 가지는 일 그리고 미국군대의 구성원과 군속 그리고 그들 가족이 범했다고 인정되는 일로서 일본당국이 통고하는 사람 또는 미국의 군사재판소와 당국이 발견하는 사람을 수사하고 또한 정당하게 처리하는 의사와 능력을 가질 것을 약속한다. 나아가 미국 정부는 본 사항에 기초해서 생기는 모든 사건에 대해서 미국의 군사재판소가 행한 처분을 일본당국에 통고할 것을 약속한다. 미국은 이 사항에 기초해서 생기는 사건으로 일본 정부가 그것에 대한 미국의 재판권을 포기를 특히 중요하다고 인정한 것에 대해서, 일본당국이 그 포기를 요청할 때에는 그 요청에 호의적인 고려를 하지 않으면 안 된다. 이 포기가 있을 때는 일본은 그 재판권을 행사할 수가 있다.

5. 일본이 1항에 거론한 선택을 하지 않았을 때에는 앞 2항 이하에 정한 재판권은 양도하는 것으로 한다. 전기의 북대서양조약 협정이 이 협정의 효력발생일로부터 1년 이내에 효력을 발생하지 않을 경우에 있어 일본 정부에 요청이 있을 때에는 미국은 미국군대의 구성원과 군속 그리고 그들 가족이 일본에서 범한 범죄에 대한 재판권의 문제를 재고려를 하는 것으로 한다.

제18조(민사재판권)

1. 각 당사자는 그 군대의 구성원이나 그 문민정부직원이 공무집행에 종사하고 있는 동안에 일본에 있어서 입은 부상이나 사망에 대해서는, 그 부상 또는 사망이 공무집행 중의 다른 일반 당사자의 군대구성원 및 문민 직원에 의한 것일 때에는 타방 당사자에 대한 모든 청구권을 포기한다.
2. 각 당사자는 일본에 있어서 소유하는 재산에 대한 손해에 대해서는, 그 손해가 공무집행 중의 타방 당사자의 군대의 구성원과 문민정부직원에 의한 것일 때는 타방 당사자에 대한 모든 청구권을 포기한다.
3. 계약에 의한 청구를 제외하고는 공무집행중의 미국군대의 구성원이나 피용자의 작위 또는 부작위 또는 미국군대가 법률상 책임을 가진 그 밖의 작위, 부작위 혹은 사고로서, 비전투행위에 수반해서 생기거나 일본에 있어서 제3자에게 부상, 사망 또는 재산상의 손해를 주었던 일로부터 발생하는 청구는, 일본이 다음 규정에 따라서 처리하는 것으로 한다.
   (a) 청구는 청구가 발생한 날로부터 1년 이내에 재기하는 것으로 하고, 일본의 피용자의 행동으로부터 발생하는 청구에 관한 일본법령에 따라서 심사하고 또한 해결하고 또는 재판한다.
   (b) 일본은 전기의 어떠한 청구도 해결할 수 있는 것으로 하며, 합의되

거나 재판에 의해 결정된 금액의 지불은 일본이 엔으로 한다.

(c) 전기의 지불(해결에 의해서 진행된 것과 일본의 관할재판소에 의한 사건의 재판에 의해서 진행된 것과의 구별을 하지 않는다) 또는 지불을 인정하지 않는 일본의 관할재판소에 의한 최종의 재판은 구속력을 가진 최종적인 것으로 한다.

(d) 앞의 모든 사항에 따라서 청구를 만족시키기 위해 필요한 비용은 양국 정부가 합의하는 조건으로 분담한다.

(e) 일본이 앞 사망에 따라서 승인하거나 또는 승인하지 않았던 모든 청구의 명세 및 각 사건에 대한 인증과 일본이 지불하는 금액의 명세는, 정해야만 하는 결정해두어야만 하는 절차에 따라서 미국이 지불해야만 하는 분담액에 대한 변상요청과 함께 미국에 정기적으로 송부한다. 이 변상은 될 수 있는 한 신속하게 엔으로서 행하지 않으면 안 된다.

4. 각 당사자는 앞 제 항목의 실시에 있어서 그 인원이 공무집행에 종사하고 있었는지 어떤지를 결정하는 제1차적 권리를 가진다. 이 결정은 해당청구가 제기된 후 될 수 있는 한 신속하게 행하지 않으면 안 된다. 타방 당사자가 이 결정에 동의하지 않았을 때는 그 당사자는 이 협정의 제26조의 규정에 기초해서 협의를 위해 이 문제를 합동위원회에 부탁할 수가 있다.

5. 일본 국내에서의 불법적인 작위 또는 부작위로 공무집행 중에 일어난 일이든 아니든 그곳에서 발생한 미국군대의 구성원이나 피용자에 대한 청구는 다음 방법으로 처리하는 것으로 한다.

(a) 일본당국은 해당사건에 관한 모든 사정(손해를 받은 사람의 행동을 포함한다)을 고려하여, 공평하고도 공정하게 청구를 심사하고 나아가 청구인에 대한 보상금을 사정하며 또한 그 사건에 관한 보고서를 작성한다.

(b) 보고서는 미국당국에 교부되는 것으로 하며 미국당국은 지체없이 위자료의 지불을 신청할지 어떨지 결정하며 또한 신청할 경우에는 그 액수를 결정한다.

(c) 위자료의 지불신청에 있어서, 청구인이 그 청구의 완전한 변제로서 이것을 수락할 때는 미국당국은 스스로 지불하고 그리고 그 결정 및 지불한 액수를 일본당국에 통지한다.

(d) 앞 5항의 어떠한 규정도 청구의 완전한 변제로서 지불이 일어나지 않는 한, 미국군대의 구성원이나 피용자에 대한 소송을 수리하는 일본재판소의 재판권에 영향을 미치는 것은 아니다.

6. (a) 미국군대의 구성원과 문민인 피용자(일본국정만을 가진 피용자는 제외한다) 앞 3항에 거론한 청구에 관해서는 일본에 있어서 소송을 제기되는 것은 없지만 그밖의 모든 종류의 사건에는 일본재판권의 민사 소송에 따른다.

(b) 미국군대가 사용하는 시설 및 구역 내에 일본 법률에 기초한 강제 집행을 행해야만 하는 사유동산(미국군대가 사용하는 동산은 제외한다)이 있을 때는, 미국당국은 일본재판소의 요청에 기초하여 그들 재산을 압수하고 일본당국에 인도하지 않으면 안 된다.

(c) 미국당국은 일본재판소에 있어서의 민사소송을 위한 증인과 증거를 제공하는 일에 대해서 일본당국과 협력하지 않으면 안 된다.

7. 미국군대에 의하거나 그를 위한 물자, 수요품, 비품, 역무 및 노무의 조달에 관한 계약으로부터 생겨나는 분쟁에서 그 계약 당사자에 의해 해결되지 않는 것은, 합동위원회에 조정을 위해 부탁할 수가 있다. 단지 이 7항의 규정은 계약당사자가 가지는 어떤 민사소송을 제기할 권리를 해치는 것은 아니다.

제19조(외국환율관리)

1. 미국군대의 구성원과 군속 그리고 그들 가족은 일본 정부의 외국환율관리에 따른다.
2. 앞 1항의 규정은 미국달러 혹은 달러 정권에서 미국의 공금인 것, 이 협정에 관련 있는 근무나 고용의 결과로서 미국군대의 구성원 및 군속이 취득한 것, 혹은 전기의 사람이나 그들 가족이 일본 국외의 원천으로부터 취득한 것의 일본 국내 또는 일본 국외로 이전을 방해하는 것으로 이해해서는 안 된다.
3. 미국당국은 앞 2항에 전한 특권의 남용 또는 일본의 외국환율관리의 회피를 방지하기 위한 적당한 조치를 치하지 않으면 안 된다.

제20조(군표)

1. (a) 달러로서 표시되는 미국군표는 미국에 의해 인정된 사람이 미국군대가 사용하는 시설 및 구역 내에 있어서의 내부거래를 위해 사용할 수가 있다. 미국 정부는 인정을 받은 자가 미국규칙에 따라 인정되는 경우를 제외하고는 군표를 사용하는 거래에 종사하는 것을 금지하는 일을 확보하기 위해 적당한 조치를 치하는 것으로 한다, 일본 정부는 인정될 수 없는 일에 대해서 군표를 사용하는 일에 종사하는 것을 금지하기 위해 필요한 조치를 취하는 것으로 하며 또한 미국 당국의 협력을 얻어서 위조군표의 제조나 행사에 관여하는 사람으로서 일본재판권하에 있는 사람을 체포하고 나아가 처벌하는 것으로 한다.
   (b) 미국당국이 인정할 수 없는 자에 대해서 군표를 행사하는 미국군대의 구성원과 군속 그리고 그들 가족을 체포하며 처벌하는 일 그리고 일본에 있어서의 군표를 인정할 수 없는 사용의 결과로서 미국 또는 미국의 기관이 이들 인정할 수 없는 사람 혹은 일본 정부는

그 기관에 대해서 어떠한 의무도 지는 일이 없는 것으로 합의한다.

2. 군표관리를 하기 위해 미국은 그 감독하에 미국이 군표사용을 인정한 자만 용무를 충당하는 시설을 유지하고 또한 운영하는 일정한 미국의 금융기관을 지정할 권리를 가진다. 군용은행 시설을 유지하는 일이 인정된 금융기관은 그 시설을 해당기관의 일본에 있어서의 상업금융업무로부터 장소적으로 분리하여 설치하며 또한 유지하는 것으로 하고 이 시설을 유지하고 운영하는 일을 유일한 임무로 하는 직원을 둔다. 이 시설은 미국통화에 의한 은행 감정을 유지하며 또한 감정에 관한 모든 금융거래(이 협정의 제19조 2항에 정한 범위 내에 있어서의 자금의 수령 및 송금을 포함한다)를 행하는 것이 허용된다.

제21조(우편시설)

미국은 미국군대의 구성원과 군속 그리고 그들 가족이 이용하는 미국군사우편국을 일본에 있는 미국군사우편국 간 그리고 그들 군사우편국과 미국우편국 간에 있어서 우편물 송달을 위해 미국군대가 사용하는 시설 및 구역 내에 있어서 구역 내에 설치하고 운영하는 권리를 가진다.

제22조(예비역단체)

미국은 일본에 주류하는 모든 적법한 미국시민을 미국군대의 예비역단체로 편입하고 훈련하는 권리를 가진다. 단지 일본 정부가 고용하고 있는 자의 경우에는 일본 정부의 사전 동의를 얻지 않으면 안 된다.

제23조(군대 및 재산의 안전)

일본과 미국은 미국군대, 미국군대의 구성원과 군속 그리고 그들 가족과 그들의 재산의 안전을 확보하기 위해 수시로 필요한 조치를 치하는 일에 대해 협력하는 것으로 한다. 일본 정부는 그 영역에 있어서 미국의 설비, 비품, 재산, 기록 및 공무상의 정보의 충분한 안정과 보호를 확보하기 위해 적절한 일본의 법령에 기초하여 범인을 처벌하기 위해 필요한 입법 조치를 구하며 나아가 필요한 그밖의 조치를 치하는 일에 동의한다.

제24조(방위조치)

일본구역에 있어서 적대행위나 적대행위가 겁박한 위협이 발생한 경우에는 일본 정부와 미국 정부는 일본구역의 방위를 위해 필요한 공동조치를 치하며 또한 안정보장조약 제1조의 목적을 수행하기 위해 즉시 협의하지 않으면 안 된다.

제25조(경비)

1. 일본에서 미국군대를 유지하는 일에 수반되는 모든 경비는 다음 이항에 규정하는 바에 의해 일본이 부담해야만 하는 것을 제외하고는, 이 협정의 존속기관 중 일본에 부담을 주지 않고 미국이 부담하는 것에 합의한다.
2. 일본은 다음 각 사항을 행하는 일에 합의한다.
   (a) 제2조 및 제3조에 관한 모든 시설 구역 및 노선권(비행장과 항구에 있어서의 시설 및 구역같이 공동으로 사용되는 시설과 구역을 포함한다)을 이 협정의 존속기관 중 미국에 부담을 주지 않고 제공하며 또한 상당한 경우에는 시설 구역과 노선권의 소유자 및 제공자에게 보상을 행하는 일
   (b) 정기적인 재검토의 결과 체결되는 새로운 결정을 효력 발생일까지 미국이 수송이나 그밖의 필요한 역무와 필수품을 일본에서 조달하는 일에 충당하기 위해 매년 1억 5천5백만 달러에 상당하는 액수에 일본통화를 미국에 부담을 주지 않고 그 사용을 제공하는 일. 엔의 지불이 이루어질 때의 외환가격은 공정한 평가 다음 가격 즉 일본 정부가 인정하는 가격 또는 일본 정부나 그 기관 혹은 외국 환율거

래를 행하는 것을 인정받은 일본의 은행이 거래은행이 거래하는 일에 있어서 인정하는 가격으로 지불 이래 몇몇 사람이 이용할 수 있는 것 중에서 미국이 가장 유리하다고 인정되는 것으로 양국이 국제통화기금과 평가에 대해 합의하고 있을 때는 국제통화협정에서 금지하지 않는 것으로 한다.

3. 이 협정에 기초해서 생겨나는 자금상의 거래에 적용해야 하는 격리를 위해, 일본 정부와 미국 정부 사이에 규칙결정을 행하는 일에 합의한다.

제26조(합동위원회)

1. 이 협정에 실시해 관해서 상호협의를 필요로 하는 모든 상황에 관한 일본과 미국 간의 협의기관으로서 합동위원회를 설치한다. 특히 합동위원회는 미국이 안전보장조약 제1조에 거론하는 목적수행에 있어서 사용하기 위해 필요하다고 하는 일본 내의 시설이나 구역을 결정하는 협의기관으로서 임무를 수행한다.
2. 합동위원회는 일본의 대표자 일인 및 미국의 대표자 일인으로서 조직하며 각 대표자는 1인 또는 2인 이상의 대표자 및 직원단체를 가지는 것으로 한다. 합동위원회는 그 절차규칙을 정하고 또한 필요한 보조기관 및 사무기관을 설치한다. 합동위원회는 일본 또는 미국의 어떠한 일방의 대표자의 요청이 있을 때는 언제라도 즉시 회합할 수 있도록 조직한다.
3. 합동위원회가 문제를 해결할 수 없을 때는 적당한 경로를 통해서 그 문제를 각각의 정부가 더욱 고려하도록 요청하는 것으로 한다.

제27조(효력의 발생)

1. 이 협정은 일본과 미국 간의 안정보장조약이 효력이 발생하는 날에

효력을 발생한다.

2. 이 협정의 당사자는 이 협정의 규정 중 그 실시를 위해 예산상 및 입법상의 조치를 필요로 하는 일에 필요한 그 조치를 입법기관에 요청하는 것을 약속한다.

제28조(개정)

어떠한 당사자도 이 협정의 어떠한 조항에 대해서 그 개정을 언제라도 요청할 수가 있다. 그 경우에는 양 정부는 적당한 경로를 통해서 교섭하는 것으로 한다.

제29조(종료)

이 협정 및 여기에 합의된 개정은 안전보장조약이 유효한 동안에 유효하다고 본다. 단지 그 이전에 양 당사자 간의 합의에 의해 종료시킬 때는 거기에 한정되지 않는다.

이상의 정도로서, 양 정부의 대표자는 이 일을 위해 정당한 위임을 받아서 이 협정에 서명했다.

1952년 2월 28일 동경에서 똑같이 정분으로 일본어 및 영어에 의해서 본서 2통을 작성했다.

일본 정부를 위해

미합중국 정부를 위해

러스크 특별대표로부터 오카자키 외교장관으로의 서간

서간으로서 말씀을 드립니다. 본 대표는 오늘 서명된 행정협정의 제 조항에 관한 심사에 언급하는 것을 영광으로 생각합니다. 이 심의에 있어서 각하는 일본 정부의 견해로서 연합국에 의한 일본의 점령이 일본과의 평화조약의 효력발생과 함께 종료함으로 점령에 기초한 징발에 의한 시설 및 구역의 미국군대에 의한 사용도 또한 동시에 종료하며 따라서 그 이후는 미국군대에 의한 시설이나 구역의 사용이 각각의 정부가 일본과의 평화조약, 안정보장조약 및 행정협정에 기초하여 가지는 권리를 조건으로 하여 양 정부간의 합의에 따르지 않으면 안 되는 것으로 진술하셨습니다. 본 대표는 여기에 미국 정부의 견해도 똑같다는 것을 확인합니다.

행정협정 제2조 1항에는 “각각의 시설 및 구역에 관한 협정은, 이 협정 효력 발생일까지 양 정부가 합의에 도달하고 있지 않을 때는 이 협정의 제26조 정한 합동위원회를 통해서 양 정부가 체결하지 않으면 안 된다”라고 규정되어 있습니다. 미국 정부는 이 결정을 될 수 있는 한 신속하게 완성시키기 위해 협의가 긴급히 이루어져야 한다는 것에 양 정부가 의견이 일치하고 있다고 믿고 있습니다. 이 일을 염두에 두고 미국 정부는 전기의 협의를 즉시 개시하기 위해 각각의 정부로부터 일인의 대표자 및 필요한 직원들로 조직되는 예비 작업반을 일본 정부와 협의해서 설치할 용의가 있습니다. 예비 작업반이 작성하는 결정은 합의하는 데에 따라서 즉시 효력을 발생하며 예비 작업반의 임무는 행정협정이 효력을 발생하는 날에 합동위원회에 의해 인계된다고 이해합니다.

그러나 안정보장조약 제1조에 거론한 목적을 수행하기 위한 필요한 시설과 구역의 결정 및 준비에 있어서는 피할 수 없는 지연이 생겨날 수도 있습니다. 따라서 일본이 전기의 협정이나 결정이 성립할 동안에 시설 및 구역에서 그것에 대한 협정이나 결정이 일본과 평화조약의 효력발생일 이후 90일

이내에 성립하지 않는 것은 사용의 계속을 허용해주시면 참으로 다행이겠습니다.

본 대표는 귀 장관에게 경의를 표합니다.

1952년 2월 28일

동경에서 딘 러스크 국무장관

동경일본외교장관 오카자키 카츠오 귀하

오카자키 외교장관으로부터 러스크 특별대표로의 서간

서간으로서 말씀을 드립니다. 본 장관은 귀 대표가 다음과 같이 통보한 오늘 날짜의 서간을 수령한 것을 확인한 것을 영광으로 여깁니다. 본 대표는 오늘 서명한 행정협정의 제 조항에 관한 심의를 언급하는 것을 기쁘게 생각합니다. 이 심의에 있어서 각하는 일본 정부의 견해로서 연합국에 의한 일본의 점령이 일본과의 평화조약 효력발생과 함께 종료함으로 점령에 기초한 징발에 의한 시설 및 구역의 미국군대에 의한 사용도 또한 동시에 종료함으로 따라서 그 이후는 미국군대에 의한 시설과 구역의 사용이 각각의 정부가 일본과의 평화조약, 안정보장조약, 그리고 행정협정에 기초해서 가지는 권리를 조건으로 하여, 양 정부 간의 합의가 이루어지지 않으면 안 된다고 진술하셨습니다. 본 대표는 여기에 미국 정부의 견해도 또한 마찬가지인 것으로 확인합니다.

행정협정 제2조 1항에는 "각각의 시설 및 구역에 관한 협정은 이 협정의 효력 발생일까지 양 정부가 합의에 도달하고 있지 않을 때는, 이 협정의 제26조에 정한 합동위원회를 통해서 양 정부가 체결하지 않으면 안 된다"라고 규정되어 있습니다. 미국 정부는 이 결정을 가능한 한 신속하게 완성시키기 위해 협의가 긴급히 행해져야만 한다는 일에 양 정부의 의견이 일치한다고 믿고 있습니다, 이것을 염두에 두고서 미국 정부는 전기의 해결을 즉시 개시하기 위해 각각의 정부로부터 일인의 대표자 및 필요한 직원단체를 조직하는 예비작업반을 일본 정부와 협력해서 설치할 용의가 있습니다. 예비작업반이 작성하는 결정은 합의하는 데에 따라서 즉시 효력을 발생하며 예비작업의 임무는 행정협정이 효력을 발생하는 일에 합동위원회에 인계되는 것으로 양해됩니다.

그러나 안정보장조약 제1조에 거론한 목적을 수행되기 위해 필요한 시설과 구역의 결정 및 준비에 있어서는 피할 수 없는 지연이 발생할 수도 있겠습니다. 따라서 일본이 전기의 협정이나 결정이 성립되는 동안 시설과 구역에서 거기에 관한 협정이나 결정이 일본과의 평화조약의 발생일 이후 90일 이후에 성립하지 않는 것은 사용의 계속을 허락해주시면 참으로 다행이겠습니다.

일본 정부는 될 수 있는 한 신속하게 시설과 구역의 사용을 성립시키기 위해 협의를 개시하고자 하는 미국 정부의 요청에 완전히 동의합니다. 따라서 일본 정부는 귀 서간에 말씀하신 예비작업반을 즉시 설치하는 일에 동의합니다. 예비작업반이 작성하는 결정은 합의가 이루어지는 데에 따라서 즉시 효력을 발생하며 예비작업반의 임무는 행정협정이 효력을 발생하는 날에 합동위원회에 의해서 인계되는 것으로 양해합니다.

본 장관은 귀 서간의 내용을 충분히 인정한 위에서 일본 정부가 전기의 협정과 결정이 성립되는 동안에 시설이나 구역에서 그것에 관한 협정 및 결정이 일본과의 평화조약 효력 발생일 이후 90일 이내에 성립하지 않는 것은 사용의 계속을 미국 정부에 허용하는 것을 일본 정부를 대신하여 확인하는 것을 영광으로 생각합니다.

본 장관은 귀 대표에서 경의를 표합니다.

1952년 2월 28일 동경에서 오카자키 카츠오

동경 미합중국 대통령 특별대표 딘 러스크 귀하

【일지】

1942년

1월 1일 **연합국 공동선언**

1943년

11월 27일 카이로선언

1945년

2월 11일 얄타협정

7월 26일 **포츠담선언**

8월 14일 일본포츠담 선언 수락

9월 2일 **항복문서 서명**

22일 화이트하우스 '항복 후에 있어서의 미국의 초기 대일방침'

10월 40일 총사령부, 정치범 석방을 지령

13일 포레사절단 방일

25일 총사령부, 일본의 외교관계 정지를 지령

11월 4일 총사령부, 동경주재 중립국 외교사절과 교섭정지 지령

14일 총사령부, 재벌해체지령

12월 7일 포레 배상중단보고 발표

9일 총사령부, 농지개혁을 지령

23일 극동군사재판소 설치

1946년

1월 2일 총사령부, 일본의 행정권 행사범위 제한 지령

4일 총사령부, 공직추방 지령

2월 11일 미 · 영 · 소 3국 얄타비밀협정 전문 발표

27일 극동위원회 성립

5월 3일 극동군사재판소 개정

11월 3일 일본 신헌법 공포

1947년

1월 31일 맥아더 원수

2월 1일 파업중지를 지령

2월 10일 구 추축국 5개국 파리에서 평화조약 조인식 거행

3월 17일 맥아더 원수, 대일강화조기체결을 희망한다는 뜻을 성명

5월 3일 일본 신헌법 시행

20일 극동위원회, '배상에 관한 기본방침' 발표

6월 26일 **미정부 극동위원회 구성국에 대해서 대일강화예비회의 개최를 제안**

7월 22일 **소련, 대일강화에 관한 4국 외상회의 제안**

8월 13일 미국, 소련의 외상회의 방식을 거부함

15일 총사령부, 민간무역 재개 지령

29일 소련, 대일강화에 관해서 대일각서

11월 5일 런던외상회의 개최

17일 국민정부, 대일강화에 관한 대미영소 각서

27일 소련, 런던 4국외상회의에 있어서 대일강화 4국회담 제창

11월 17일자 국민정부 각서에 대해 소련회답

12월 5일 국민정부, 대소련 각서

30일 소련, 대국민정부 회답

1948년

3월 1일 조지 케난 미국무성 정치기획위원장 방일(~23일까지)

20일 도래버 사절단 방일(~4월 2일)

6월 30일 만국우편조합 가입

10월 21일 극동위원회, 기업인의 해외도항 허항 결정

11월 12일 극동군사재판소 최종판결

25일 국제전기통신조약 가입

1949년

2월 1일 도치공사 내일 로열 미육군장관 방일

4월 14일 아바마루 사건 배상청구권 포기에 관한 미일 간 협정 체결

5월 10일 샤프 사절단 내일

12일 극동위원회에 미국 대표 맥코일 소장 중간배상철거 중지 발표

6월 21일 총사령부, 7월 1일 이후 군정부의 명칭을 민사부로 변경하는 뜻을 발표

10월 1일 중화인민공화국 정부의 수립

2일 소련, 중화인민공화국 정부를 승인

1950년

1월 1일 총사령부 내의 민사국 설치

2월 14일 중소우호동맹 상호원조조약 체결

4월 6일 **미공화당 외교위원장 존 포스트 덜레스, 미국무장관 고문에 임명됨**

22일 타스통신, 일본인 포로송환 완료의 성명

5월 1일 영연방 대일강화운영위원회 개최(~17일)
6월 18일 존슨 미국방장관, 브레들리 통합참모본부의장 내일
21일 **덜레스 국무장관 고문 방일**
25일 **한국전쟁 발발, 국제연합안정보장위원회, 북한에 대한 정전 권고**
27일 안정보장위원회, 한국에 대한 무력원조를 국제연합 가맹국에 권고
9월 12일 존슨 미국방장관 사임, 마셜 원수 취임
14일 **미국무성, 극동위원회 구성국에 대해, 개별적으로 대일강화에 관한 비공식 토의를 개최하고 싶다는 뜻을 통고**
21일 덜레스 씨, 극동위원회 구성국 대표와 대일강화에 대한 비공식 협의 개시
10월 26일 덜레스 씨, 마릭 소련대표와 회담
11월 20일 **소련, 대일강화문제에 관한 대미각서 제출**
23일 **모스크바 방송, 미국의 강화 7원칙 및 대일각서 발표**
24일 미국무성, 강화 7원칙 및 소련의 대미각서 발표
12월 27일 **미국, 11월 20일자 소련각서에 대한 회답**

1951년
1월 25일 **덜레스 특사, 엘리슨 공사 록펠러 씨 등과 함께 방일**
27일 덜레스, 맥아더 원수와 회담
29일 요시다 수상, 덜레스와 회담
31일 요시다 · 덜레스 제2차 회담
2월 2일 **덜레스 씨, 마루노우치공업클럽에 있어서의 일미협회 주최의 만찬회에서 미국의 대일강화에 관한 견해 발표(~10일)**
7일 요시다 · 덜레스 제2차 회담

11일 **덜레스 씨, 일본 떠날 때의 성명발표**
덜레스 씨, 마닐라 도착
12일 덜레스 씨, 키리노 대통령과 회담
13일 덜레스 씨, 마닐라 출발
정부, 총사령부 섭외국은 동시에 요시다 수상 덜레스 특사 간에 교환된 평화조약체결 후의 일본 어업문제에 관한 왕복문서 발표
14일 덜레스 씨, 캔버라 도착
15일 덜레스 씨, 스벤다 호주외상, 도치 뉴질랜드 외상과 캔버라에서 회담
18일 회담종료 후 커뮤니케 발표
20일 덜레스 씨, 뉴질랜드 도착
25일 덜레스 씨, 워싱턴 귀환
3월 1일 덜레스 씨, 극동방문에 관한 전미방송
31일 **덜레스 씨, 로스엔젤레스시 호이티아 대학에서 대일평화조약 초안의 개요를 설명**
4월 5일 **UP통신 헨슬리 기자, 평화조약 초안 내용을 보도**
11일 맥아더 원수 해임, 후임에 리지웨이 중장을 임명
16일 **덜레스 씨 내일(~23일)**
18일 덜레스 · 리지웨이 · 요시다 3자회담
트루먼 대통령, 안전보장문제에 대해 성명
19일 덜레스 씨, 방송회관에서 기자회견
23일 **덜레스 · 요시다 회담**
덜레스 씨, 국제연합협회에서 연설
덜레스 씨 귀국
5월 7일 **소련, 대미영불 각서**

19일 **미국, 5월 7일자 소련 각서에 대해 회답**

6월 3일 **덜레스 씨, 엘리스 공사 등과 함께 영국 방문**

4일 덜레스 · 에틀리 수상 회담

7일 **덜레스 씨, 런던, 잉글리쉬 스피킹 유니언에서 연설**

9일 덜레스 씨, 파리 도착

10일 **소련, 대미영블 각서**

13일 덜레스 씨, 런던 귀환

14일 덜레스 · 모리슨 회담

미영, 공동커뮤니케 발표

덜레스 씨 귀국길에 오름

런던 발 엘리슨 공사 런던 출발 동경 비행, 도중에 인도, 파키스탄, 필리핀 방문

15일 덜레스, 워싱턴 귀환

20일 엘리슨 공사, 마닐라 도착

23일 엘리슨 공사, 키리노 대통령 · 로무로 외상과 회담

24일 **엘리슨 공사 내일**

25일 엘리슨 공사, 일본방송회관에서 기자회견

28일 요시다 · 엘리슨 회담

7월 1일 하코네에서 요시다 · 엘리슨 회담

3일 엘리슨 공사 귀국

5일 평화조약개정초안 워싱턴주재의 관계 외교대표에게 배부 개시

6일 미국무성, 9월 4~8일까지, 샌프란시스코에서 대일강화회의 개최를 발표

9일 미국, 6월 10일자 소련각서에 회답

10일 일본 정부, 평화조약 초안 수리

11일 덜레스 씨, 워싱턴에서 평화조약 초안발표에 임해서 성명

12일 **덜레스 씨, 대일평화조약 초안의 발표**
18일 덜레스 씨, 한국의 대일강화회의참가요구를 거부
20일 평화조약초안 연 18개소의 수정 발표
미영 양국정부, 대일참전 49개국에 대해 강화회의 참가초청장 보냄
트루먼 대통령, 대일강화회의 미국대표단 임명
일본 정부, 강화회의 초청장 수립
30일 주미 인도공사, 평화조약초안개정에 관한 대미각서를 덜레스에게 수교

8월 2일 세나나야케 스리랑카 수상, 대일 배상포기를 결정한 뜻을 의회에서 발표
4일 **일본 정부, 강화회의 전권위원단의 각의결정**
요시다 수상, 평화조약의 인양조항 삽입을 요청
12일 소련, 강화회의 출석 통보
미국, 7월 30일자 인도각서에 대해 회답
13일 평화조약 최종초안 배부개시
14일 **일본 정부, 조약 최종초안의 수리**
15일 저우언라이 중화인민공화국 외교부장, 대일평화조약에 관해 성명
16일 일본 정부, 평화조약 최종초안의 발표
제11회 임시국회개획, 요시다 수상 강화경과를 설명
미국, 대소련 각서
20일 미국, 대인도 각서
21일 인도지나 3국, 강화회의 초청장 수리
23일 인도, 대미국 각서
미얀마정부, 강화회의 불참 결정을 발표

인도, 강화회의 불참의 뜻을 미국에게 통보
24일 유고슬라비아, 강화회의 불참의 뜻을 발표
25일 미국, 대인도 각서
27일 네루 수상, 인도의 강화회의 불참에 대해 성명 발표
30일 대일평화조약에 관한 미국과의 각서교환에 관해 백서 발표
9월 2일 요시다 수상을 필두로 일본전권대표단 샌프란시스코 도착
요시다 수상, 애치슨 국무장관, 덜레스 씨와 회담
4일 **대일강화회의 개최(~8일까지)**
5일 오전, 제1회 전체회의(의사규칙, 중공초청문제, 의장선출)
오후, 제2회 전체회의(미영전권대표에 의한 조약안의 설명, 멕시코 도미니카 소련 각 국 전권 대표의 의견 개진)
밤, 제3회 전체회의(칠레 · 볼리비아 전권대표의 의견개진)
6일 오전, 제4회 전체회의(엘살바도르 · 노르웨이 · 아이티 · 이집트 · 라오스 · 세일론 · 쿠바 · 콜롬비아 · 코스타리카 · 터키 · 남아프리카 · 벨기에 전권대표의 의견개진)
오후, 제5회 전체회의(캄보디아 · 체코슬로바키아 · 파키스탄 · 프랑스 · 네덜란드 · 뉴질랜드 · 그리스 전권대표의 의견개진)
7일 오전, 제6회 전체회의(시리아 · 사우디아라비아 · 베네수엘라 · 우루과이 · 온두라스 · 니콰라과 · 캐나다 · 인도네시아 · 필리핀 · 룩셈부르크 · 이란 · 페루 · 브라질 · 과테말라 전권대표의 의견개진)
오후, 제7회 전체회의(이라크 · 에콰도르 · 호주 · 리베리아 · 레바논 · 에티오피아 · 베트남 · 폴란드 · 아르헨티나 전권대표의 의견개진)
밤, 제8회 전체회의(일본전권대표의 수락연설, 중공초청문제, 미영 전권대표의 회답)

8일 오전, 평화조약서명식
오후, 안전보장조약 서명 및 공문의 교환
10일 주일 인도대표단장 체토르 공사, 대일 전쟁상태 종결 선언안을 외무성에 송부
27일 일본 · 이탈리아 간 전쟁상태 종결 선언에 관한 서간 교환
10월 26일 중의원, 양 조약 승인
11월 18일 참의원 본 회의 양 조약 승인
19일 **일본, 양 조약 비준**
23일 러스크 미국무차관보 방일(~27일까지)
28일 **일본, 평화조약비준서를 미국에 기탁**
12월 10일 덜레스 씨 방일
17일 영국, 대일평화조약 비준

1952년
1월 3일 영국, 비준서기탁
16일 일본 정부, 중국선택문제에 관한 요시다 수상의 덜레스 앞으로 12월 24일자 서간 발표
26일 러스크 씨 방일
29일 행정협정에 관한 미 · 일 제1회공식회담 개최
2월 28일 **행정협정 서명, 러스크 씨 귀국**
3월 3일 멕시코기준서 기탁
4월 14일 미국 대통령 비준서에 서명
28일 **대일평화조약 발효**

부 록

(조약 영어 원문)

TREATY OF PEACE WITH JAPAN

Whereas the Allied Powers and Japan are resolved that henceforth their relations shall be those of nations which, as sovereign equals, cooperate in friendly association to promote their common welfare and to maintain international peace and security, and are therefore desirous of concluding a Treaty of Peace which will settle questions still outstanding as a result of the existence of a state of war between them;

Whereas Japan for its part declares its intention to apply for membership in the United Nations and in all circumstances to conform to the principles of the Charter of the United Nations; to strive to realize the objectives of the Universal Declaration of Human Rights; to seek to create within Japan conditions of stability and well-being as defined in Articles 55 and 56 of the Charter of the United Nations and already initiated by post-surrender Japanese legislation; and in public and private trade and commerce to conform to internationally accepted fair practices;

Whereas the Allied Powers welcome the intentions of Japan set out in the foregoing paragraph;

The Allied Powers and Japan have therefore determined to conclude the present Treaty of Peace, and have accordingly appointed the undersigned Plenipotentiaries, who, after presentation of their full powers, found in good and due form, have agreed on the following provisions:

CHAPTER I

PEACE

Article 1

(a) The state of war between Japan and each of the Allied Powers is terminated as from the date on which the present Treaty comes into force between Japan and the Allied Power concerned as provided for in Article 23.

(b) The Allied Powers recognize the full sovereignty of the Japanese people over Japan and its territorial waters.

CHAPTER II

TERRITORY

Article 2

(a) Japan recognizing the independence of Korea, renounces all right, title and claim to Korea, including the islands of Quelpart, Port Hamilton and Dagelet.

(b) Japan renounces all right, title and claim to Formosa and the Pescadores.

(c) Japan renounces all right, title and claim to the Kurile Islands, and to that portion of Sakhalin and the islands adjacent to it over which Japan acquired sovereignty as a consequence of the Treaty of Portsmouth of 5 September 1905.

(d) Japan renounces all right, title and claim in connection with the League of Nations Mandate System, and accepts the action of the United Nations Security Council of 2 April 1947, extending the trusteeship system to the Pacific Islands formerly under mandate to Japan.

(e) Japan renounces all claim to any right or title to or interest in connection with any part of the Antarctic area, whether deriving from the activities of Japanese nationals or otherwise.

(f) Japan renounces all right, title and claim to the Spratly Islands and to the Paracel Islands.

Article 3

Japan will concur in any proposal of the United States to the United Nations to place under its trusteeship system, with the United States as the sole administering authority, Nansei Shoto south of 29deg. north latitude (including the Ryukyu Islands and the Daito Islands), Nanpo Shoto south of Sofu Gan (including the Bonin Islands, Rosario Island and the Volcano Islands) and Parece Vela and Marcus Island. Pending the making of such a proposal and affirmative action thereon, the United States will have the right to exercise all and any powers of administration, legislation and jurisdiction over the territory and inhabitants of these islands, including their territorial waters.

Article 4

(a) Subject to the provisions of paragraph (b) of this Article, the disposition of property of Japan and of its nationals in the areas referred to in Article 2, and their claims, including debts, against the authorities presently administering such areas and the residents (including juridical persons) thereof, and the disposition in Japan of property of such authorities and residents, and of claims, including debts, of such authorities and residents against Japan and its nationals, shall be the subject of special arrangements between Japan and such authorities. The property of any of the Allied Powers or its nationals in the areas referred to in Article 2 shall, insofar as this has not already been done, be returned by the administering authority in the condition in which it now exists. (The term nationals whenever used in the present Treaty includes juridical persons.)

(b) Japan recognizes the validity of dispositions of property of Japan and

Japanese nationals made by or pursuant to directives of the United States Military Government in any of the areas referred to in Articles 2 and 3.

(c) Japanese owned submarine cables connection Japan with territory removed from Japanese control pursuant to the present Treaty shall be equally divided, Japan retaining the Japanese terminal and adjoining half of the cable, and the detached territory the remainder of the cable and connecting terminal facilities.

CHAPTER III

SECURITY

Article 5

(a) Japan accepts the obligations set forth in Article 2 of the Charter of the United Nations, and in particular the obligations

(i) to settle its international disputes by peaceful means in such a manner that international peace and security, and justice, are not endangered;

(ii) to refrain in its international relations from the threat or use of force against the territorial integrity or political independence of any State or in any other manner inconsistent with the Purposes of the United Nations;

(iii) to give the United Nations every assistance in any action it takes in accordance with the Charter and to refrain from giving assistance to any State against which the United Nations may take preventive or enforcement action.

(b) The Allied Powers confirm that they will be guided by the principles of Article 2 of the Charter of the United Nations in their relations with Japan.

(c) The Allied Powers for their part recognize that Japan as a sovereign nation possesses the inherent right of individual or collective self-defense referred to in Article 51 of the Charter of the United Nations and that Japan may voluntarily enter into collective security arrangements.

Article 6

(a) All occupation forces of the Allied Powers shall be withdrawn from Japan as soon as possible after the coming into force of the present Treaty, and in any case not later than 90 days thereafter. Nothing in this provision shall, however, prevent the stationing or retention of foreign armed forces in Japanese territory under or in consequence of any bilateral or multilateral agreements which have been or may be made between one or more of the Allied Powers, on the one hand, and Japan on the other.

(b) The provisions of Article 9 of the Potsdam Proclamation of 26 July 1945, dealing with the return of Japanese military forces to their homes, to the extent not already completed, will be carried out.

(c) All Japanese property for which compensation has not already been paid, which was supplied for the use of the occupation forces and which remains in the possession of those forces at the time of the coming into force of the present Treaty, shall be returned to the Japanese Government within the same 90 days unless other arrangements are made by mutual agreement.

CHAPTER IV

POLITICAL AND ECONOMIC CLAUSES

Article 7

(a) Each of the Allied Powers, within one year after the present Treaty has come into force between it and Japan, will notify Japan which of its prewar bilateral treaties or conventions with Japan it wishes to continue in force or revive, and any treaties or conventions so notified shall continue in force or by revived subject only to such amendments as may be necessary to ensure conformity with the present Treaty. The treaties and conventions so notified shall be considered as having been continued in force or revived three months after the date of notification and shall be registered with the Secretariat of the United Nations. All such treaties and conventions as to which Japan is not so notified shall be regarded as abrogated.

(b) Any notification made under paragraph (a) of this Article may except from the operation or revival of a treaty or convention any territory for the international relations of which the notifying Power is responsible, until three months after the date on which notice is given to Japan that such exception shall cease to apply.

Article 8

(a) Japan will recognize the full force of all treaties now or hereafter concluded by the Allied Powers for terminating the state of war initiated on 1 September 1939, as well as any other arrangements by the Allied Powers for or in connection with the restoration of peace. Japan also accepts the arrangements made for terminating the former League of Nations and Permanent Court of International Justice.

(b) Japan renounces all such rights and interests as it may derive from being a signatory power of the Conventions of St. Germain-en-Laye of 10 September 1919, and the Straits Agreement of Montreux of 20 July 1936, and from Article 16 of the Treaty of Peace with Turkey signed at Lausanne on 24 July 1923.

(c) Japan renounces all rights, title and interests acquired under, and is discharged from all obligations resulting from, the Agreement between Germany and the Creditor Powers of 20 January 1930 and its Annexes, including the Trust Agreement, dated 17 May 1930, the Convention of 20

January 1930, respecting the Bank for International Settlements; and the Statutes of the Bank for International Settlements. Japan will notify to the Ministry of Foreign Affairs in Paris within six months of the first coming into force of the present Treaty its renunciation of the rights, title and interests referred to in this paragraph.

Article 9

Japan will enter promptly into negotiations with the Allied Powers so desiring for the conclusion of bilateral and multilateral agreements providing for the regulation or limitation of fishing and the conservation and development of fisheries on the high seas.

Article 10

Japan renounces all special rights and interests in China, including all benefits and privileges resulting from the provisions of the final Protocol signed at Peking on 7 September 1901, and all annexes, notes and documents supplementary thereto, and agrees to the abrogation in respect to Japan of the said protocol, annexes, notes and documents.

Article 11

Japan accepts the judgments of the International Military Tribunal for the Far East and of other Allied War Crimes Courts both within and outside Japan, and will carry out the sentences imposed thereby upon Japanese nationals imprisoned in Japan. The power to grant clemency, to reduce sentences and to parole with respect to such prisoners may not be exercised except on the decision of the Government or Governments which imposed the sentence in each instance, and on recommendation of Japan. In the case of persons sentenced by the International Military Tribunal for the Far East, such power may not be exercised except on the decision of a majority of the Governments represented on the Tribunal, and on the recommendation of Japan.

Article 12

(a) Japan declares its readiness promptly to enter into negotiations for the conclusion with each of the Allied Powers of treaties or agreements to place their trading, maritime and other commercial relations on a stable and friendly basis.

(b) Pending the conclusion of the relevant treaty or agreement, Japan will, during a period of four years from the first coming into force of the present Treaty

(1) accord to each of the Allied Powers, its nationals, products and vessels

(i) most-favoured-nation treatment with respect to customs duties, charges, restrictions and other regulations on or in connection with the importation and exportation of goods;

(ii) national treatment with respect to shipping, navigation and imported goods, and with respect to natural and juridical persons and their interests - such treatment to include all matters pertaining to the levying and collection of taxes, access to the courts, the making and performance of contracts, rights to property (tangible and intangible), participating in juridical entities constituted under Japanese law, and generally the conduct of all kinds of business and professional activities;

(2) ensure that external purchases and sales of Japanese state trading enterprises shall be based solely on commercial considerations.

(c) In respect to any matter, however, Japan shall be obliged to accord to an Allied Power national treatment, or most-favored-nation treatment, only to the extent that the Allied Power concerned accords Japan national treatment or most- favored-nation treatment, as the case may be, in respect of the same matter. The reciprocity envisaged in the foregoing sentence shall be determined, in the case of products, vessels and juridical entities of, and persons domiciled in, any non-metropolitan territory of an Allied Power, and in the case of juridical entities of, and persons domiciled in, any state or province of an Allied Power having a federal government, by reference to the treatment accorded to Japan in such territory, state or province.

(d) In the application of this Article, a discriminatory measure shall not be considered to derogate from the grant of national or most-favored-nation treatment, as the case may be, if such measure is based on an exception customarily provided for in the commercial treaties of the party applying it, or on the need to safeguard that party's external financial position or balance of payments (except in respect to shiping and navigation), or on the need to maintain its essential security interests, and provided such measure is proportionate to the circumstances and not applied in an arbitrary or unreasonable manner.

(e) Japan's obligations under this Article shall not be affected by the exercise of any Allied rights under Article 14 of the present Treaty; nor shall the provisions of this Article be understood as limiting the undertakings assumed by Japan by virtue of Article 15 of the Treaty.

Article 13

(a) Japan will enter into negotiations with any of the Allied Powers, promptly upon the request of such Power or Powers, for the conclusion of bilateral or multilateral agreements relating to international civil air transport.

(b) Pending the conclusion of such agreement or agreements, Japan will, during a period of four years from the first coming into force of the present Treaty, extend to such Power treatment not less favorable with respect to air-traffic rights and privileges than those exercised by any such Powers at the date of such coming into force, and will accord complete equality of opportunity in respect to the operation and development of air services.

(c) Pending its becoming a party to the Convention on International Civil Aviation in accordance with Article 93 thereof, Japan will give effect to the provisions of that Convention applicable to the international navigation of aircraft, and will give effect to the standards, practices and procedures adopted as annexes to the Convention in accordance with the terms of the Convention.

CHAPTER V

CLAIMS AND PROPERTY

Article 14

(a) It is recognized that Japan should pay reparations to the Allied Powers for the damage and suffering caused by it during the war. Nevertheless it is also recognized that the resources of Japan are not presently sufficient, if it is to maintain a viable economy, to make complete reparation for all such damage and suffering and at the same time meet its other obligations.

Therefore,

1. Japan will promptly enter into negotiations with Allied Powers so desiring, whose present territories were occupied by Japanese forces and damaged by Japan, with a view to assisting to compensate those countries for the cost of repairing the damage done, by making available the services of the Japanese people in production, salvaging and other work for the Allied Powers in question. Such arrangements shall avoid the imposition of additional liabilities on other Allied Powers, and, where the manufacturing of raw materials is called for, they shall be supplied by the Allied Powers in question, so as not to throw any

foreign exchange burden upon Japan.

2. (I) Subject to the provisions of subparagraph (II) below, each of the Allied Powers shall have the right to seize, retain, liquidate or otherwise dispose of all property, rights and interests of

(a) Japan and Japanese nationals,

(b) persons acting for or on behalf of Japan or Japanese nationals, and

(c) entities owned or controlled by Japan or Japanese nationals,

which on the first coming into force of the present Treaty were subject to its jurisdiction. The property, rights and interests specified in this subparagraph shall include those now blocked, vested or in the possession or under the control of enemy property authorities of Allied Powers, which belong to, or were held or managed on behalf of, any of the persons or entities mentioned in (a), (b) or (c) above at the time such assets came under the controls of such authorities.

(II) The following shall be excepted from the right specified in subparagraph (I) above:

(i) property of Japanese natural persons who during the war resided with the permission of the Government concerned in the territory of one of the Allied Powers, other than territory occupied by Japan, except property subjected to restrictions during the war and not released from such restrictions as of the date of the first coming into force of the present Treaty;

(ii) all real property, furniture and fixtures owned by the Government of Japan and used for diplomatic or consular purposes, and all personal furniture and furnishings and other private property not of an investment nature which was normally necessary for the carrying out of diplomatic and consular functions, owned by Japanese diplomatic and consular personnel;

(iii) property belonging to religious bodies or private charitable institutions and used exclusively for religious or charitable purposes;

(iv) property, rights and interests which have come within its jurisdiction in consequence of the resumption of trade and financial relations subsequent to 2 September 1945, between the country concerned and Japan, except such as have resulted from transactions contrary to the laws of the Allied Power concerned;

(v) obligations of Japan or Japanese nationals, any right, title or interest in tangible property located in Japan, interests in enterprises organized under the laws of Japan, or any paper evidence thereof; provided that this exception shall only apply to obligations of Japan and its nationals expressed in Japanese currency.

(Ⅲ) Property referred to in exceptions (i) through (v) above shall be returned subject to reasonable expenses for its preservation and administration. If any such property has been liquidated the proceeds shall be returned instead.

(Ⅳ) The right to seize, retain, liquidate or otherwise dispose of property as provided in subparagraph (I) above shall be exercised in accordance with the laws of the Allied Power concerned, and the owner shall have only such rights as may be given him by those laws.

(Ⅴ) The Allied Powers agree to deal with Japanese trademarks and literary and artistic property rights on a basis as favorable to Japan as circumstances ruling in each country will permit.

(b) Except as otherwise provided in the present Treaty, the Allied Powers waive all reparations claims of the Allied Powers, other claims of the Allied Powers and their nationals arising out of any actions taken by Japan and its nationals in the course of the prosecution of the war, and claims of the Allied Powers for direct military costs of occupation.

Article 15

(a) Upon application made within nine months of the coming into force of the present Treaty between Japan and the Allied Power concerned, Japan will, within six months of the date of such application, return the property, tangible and intangible, and all rights or interests of any kind in Japan of each Allied Power and its nationals which was within Japan at any time between 7 December 1941 and 2 September 1945, unless the owner has freely disposed thereof without duress or fraud. Such property shall be returned free of all encumbrances and charges to which it may have become subject because of the war, and without any charges for its return. Property whose return is not applied for by or on behalf of the owner or by his Government within the prescribed period may be disposed of by the Japanese Government as it may determine. In cases where such property was within Japan on 7 December 1941, and cannot be returned or has suffered injury or damage as a result of the war, compensation will be made on terms not less favorable than the terms provided in the draft Allied Powers Property Compensation Law approved by the Japanese Cabinet on 13 July 1951.

(b) With respect to industrial property rights impaired during the war, Japan will continue to accord to the Allied Powers and their nationals benefits no less than those heretofore accorded by Cabinet Orders No. 309 effective 1 September 1949, No. 12 effective 28 January 1950, and No. 9 effective 1 February 1950, all as now amended, provided such nationals have applied for such benefits within the time limits prescribed therein.

(c) (ⅰ) Japan acknowledges that the literary and artistic property rights which existed in Japan on 6 December 1941, in respect to the published and unpublished works of the Allied Powers and their nationals have continued in force since that date, and recognizes those rights which have arisen, or but for the war would have arisen, in Japan since that date, by the operation of any conventions and agreements to which Japan was a party on that date, irrespective of whether or not such conventions or agreements were abrogated or suspended upon or since the outbreak of war by the domestic law of Japan or of the Allied Power concerned.

(ⅱ) Without the need for application by the proprietor of the right and without the payment of any fee or compliance with any other formality, the period from 7 December 1941 until the coming into force of the present Treaty between Japan and the Allied Power concerned shall be excluded from the running of the normal term of such rights; and such period, with an additional period of six months, shall be excluded from the time within which a literary work must be translated into Japanese in order to obtain translating rights in Japan.

Article 16

As an expression of its desire to indemnify those members of the armed forces of the Allied Powers who suffered undue hardships while prisoners of war of Japan, Japan will transfer its assets and those of its nationals in countries which were neutral during the war, or which were at war with any of the Allied Powers, or, at its option, the equivalent of such assets, to the International Committee of the Red Cross which shall liquidate such assets and distribute the resultant fund to appropriate national agencies, for the benefit of former prisoners of war and their families on such basis as it may determine to be equitable. The categories of assets described in Article 14(a)2(II)(ii) through (v) of the present Treaty shall be excepted from transfer, as well as assets of Japanese natural persons not residents of Japan on the first coming into force of the Treaty. It is equally understood that the transfer provision of this Article has no application to the 19,770 shares in the Bank for International Settlements presently owned by Japanese financial institutions.

Article 17

(a) Upon the request of any of the Allied Powers, the Japanese Government shall review and revise in conformity with international law any decision or order of the Japanese Prize Courts in cases involving ownership rights of nationals of that Allied Power and shall supply copies of all documents comprising the records of these cases, including the decisions taken and orders issued. In any case in which such review or revision shows that restoration is due, the provisions of Article 15 shall apply to the property concerned.

(b) The Japanese Government shall take the necessary measures to enable nationals of any of the Allied Powers at any time within one year from the coming into force of the present Treaty between Japan and the Allied Power concerned to submit to the appropriate Japanese authorities for review any judgment given by a Japanese court between 7 December 1941 and such coming into force, in any proceedings in which any such national was unable to make adequate presentation of his case either as plaintiff or defendant. The Japanese Government shall provide that, where the national has suffered injury by reason of any such judgment, he shall be restored in the position in which he was before the judgment was given or shall be afforded such relief as may be just and equitable in the circumstances.

Article 18

(a) It is recognized that the intervention of the state of war has not affected the obligation to pay pecuniary debts arising out of obligations and contracts (including those in respect of bonds) which existed and rights which were acquired before the existence of a state of war, and which are due by the Government or nationals of Japan to the Government or nationals of one of the Allied Powers, or are due by the Government or nationals of one of the Allied Powers to the Government or nationals of Japan. The intervention of a state of war shall equally not be regarded as affecting the obligation to consider on their merits claims for loss or damage to property or for personal injury or death which arose before the existence of a state of war, and which may be presented or re-presented by the Government of one of the Allied Powers to the Government of Japan, or by the Government of Japan to any of the Governments of the Allied Powers. The provisions of this paragraph are without prejudice to the rights conferred by Article 14.

(b) Japan affirms its liability for the prewar external debt of the Japanese State and for debts of corporate bodies subsequently declared to be liabilities of the Japanese State, and expresses its intention to enter into negotiations at an early date with its creditors with respect to the resumption of payments on those debts; to encourage negotiations in respect to other prewar claims and obligations; and to facilitate the transfer of sums accordingly.

Article 19

(a) Japan waives all claims of Japan and its nationals against the Allied Powers and their nationals arising out of the war or out of actions taken because of the existence of a state of war, and waives all claims arising from the presence, operations or actions of forces or authorities of any of the Allied

Powers in Japanese territory prior to the coming into force of the present Treaty.

(b) The foregoing waiver includes any claims arising out of actions taken by any of the Allied Powers with respect to Japanese ships between 1 September 1939 and the coming into force of the present Treaty, as well as any claims and debts arising in respect to Japanese prisoners of war and civilian internees in the hands of the Allied Powers, but does not include Japanese claims specificially recognized in the laws of any Allied Power enacted since 2 September 1945.

(c) Subject to reciprocal renunciation, the Japanese Government also renounces all claims (including debts) against Germany and German nationals on behalf of the Japanese Government and Japanese nationals, including intergovernmental claims and claims for loss or damage sustained during the war, but excepting (a) claims in respect of contracts entered into and rights acquired before 1 September 1939, and (b) claims arising out of trade and financial relations between Japan and Germany after 2 September 1945. Such renunciation shall not prejudice actions taken in accordance with Articles 16 and 20 of the present Treaty.

(d) Japan recognizes the validity of all acts and omissions done during the period of occupation under or in consequence of directives of the occupation authorities or authorized by Japanese law at that time, and will take no action subjecting Allied nationals to civil or criminal liability arising out of such acts or omissions.

Article 20

Japan will take all necessary measures to ensure such disposition of German assets in Japan as has been or may be determined by those powers entitled under the Protocol of the proceedings of the Berlin Conference of 1945 to dispose of those assets, and pending the final disposition of such assets will be responsible for the conservation and administration thereof.

Article 21

Notwithstanding the provisions of Article 25 of the present Treaty, China shall be entitled to the benefits of Articles 10 and 14(a)2; and Korea to the benefits of Articles 2, 4, 9 and 12 of the present Treaty.

CHAPTER VI

SETTLEMENT OF DISPUTES

Article 22

If in the opinion of any Party to the present Treaty there has arisen a dispute concerning the interpretation or execution of the Treaty, which is not settled by reference to a special claims tribunal or by other agreed means, the dispute shall, at the request of any party thereto, be referred for decision to the International Court of Justice. Japan and those Allied Powers which are not already parties to the Statute of the International Court of Justice will deposit with the Registrar of the Court, at the time of their respective ratifications of the present Treaty, and in conformity with the resolution of the United Nations Security Council, dated 15 October 1946, a general declaration accepting the jurisdiction, without special agreement, of the Court generally in respect to all disputes of the character referred to in this Article.

CHAPTER VII

FINAL CLAUSES

Article 23

(a) The present Treaty shall be ratified by the States which sign it, including

Japan, and will come into force for all the States which have then ratified it, when instruments of ratification have been deposited by Japan and by a majority, including the United States of America as the principal occupying Power, of the following States, namely Australia, Canada, Ceylon, France, Indonesia, the Kingdom of the Netherlands, New Zealand, Pakistan, the Republic of the Philippines, the United Kingdom of Great Britain and Northern Ireland, and the United States of America. The present Treaty shall come into force of each State which subsequently ratifies it, on the date of the deposit of its instrument of ratification.

(b) If the Treaty has not come into force within nine months after the date of the deposit of Japan's ratification, any State which has ratified it may bring the Treaty into force between itself and Japan by a notification to that effect given to the Governments of Japan and the United States of America not later than three years after the date of deposit of Japan's ratification.

Article 24

All instruments of ratification shall be deposited with the Government of the United States of America which will notify all the signatory States of each such deposit, of the date of the coming into force of the Treaty under paragraph (a) of Article 23, and of any notifications made under paragraph (b) of Article 23.

Article 25

For the purposes of the present Treaty the Allied Powers shall be the States at war with Japan, or any State which previously formed a part of the territory of a State named in Article 23, provided that in each case the State concerned has signed and ratified the Treaty. Subject to the provisions of Article 21, the present Treaty shall not confer any rights, titles or benefits on any State which is not an Allied Power as herein defined; nor shall any right, title or interest of Japan be deemed to be diminished or prejudiced by any provision of the Treaty in favour of a State which is not an Allied Power as so defined.

Article 26

Japan will be prepared to conclude with any State which signed or adhered to the United Nations Declaration of 1 January 1942, and which is at war with Japan, or with any State which previously formed a part of the territory of a State named in Article 23, which is not a signatory of the present Treaty, a bilateral Treaty of Peace on the same or substantially the same terms as are provided for in the present Treaty, but this obligation on the part of Japan will expire three years after the first coming into force of the present Treaty. Should Japan make a peace settlement or war claims settlement with any State granting that State greater advantages than those provided by the present Treaty, those same advantages shall be extended to the parties to the present Treaty.

Article 27

The present Treaty shall be deposited in the archives of the Government of the United States of America which shall furnish each signatory State with a certified copy thereof.

IN FAITH WHEREOF the undersigned Plenipotentiaries have signed the present Treaty.

DONE at the city of San Francisco this eighth day of September 1951, in the English, French, and Spanish languages, all being equally authentic, and in the Japanese language.

DECLARATION

With respect to the Treaty of Peace signed this day, the Government of Japan makes the following Declaration:

1. Except as otherwise provided in the said Treaty of Peace, Japan recognizes the full force of all presently effective multilateral international instruments to which Japan was a. party on September 1, 1939, and declares that it will, on the first coming into force of the said Treaty, resume all its rights and obligations under those instruments. Where, however, participation in any instrument involves membership in an international organization of which Japan ceased to be a member on or after: September 1, 1939, the provisions of the present paragraph shall be dependent on Japan's readmission to membership in the organization concerned.
2. It is the intention of the Japanese Government formal ly, to accede to the following international instruments within the shortest practicable time, not to exceed one year from the first coming into force of the Treaty of Peace:
   (1) Protocol opened for signature at Lake Success on December 11, 1946, amending the agreements, conventions and protocols on narcotic drugs of January 23, 1912, February 11, 1925, February 19, 1925, July 13, 1931, November 27, 1931, and June 26, 1936;
   (2) Protocol opened for signature at Paris on November 19, 1948, bringing under internaticnal control drugs outside the scope of the convention of July 13, 1931, for limiting the manufacture and reg ulating the distribution of narcotic drugs, as amended by the protocol signed at Lake Success on December 11, 1946;
   (3) International Convention on the Execution of Foreign Arbitral Awards

signed at Geneva on September 26, 1927;

(4) International Convention relating to Economic Statistics with Protocol signed at Geneva on December 14, 1928, and Protocol amending the International Convention of 1928 relating to Economic Statistics signed at Paris on December 9, 1948;

(5) International Convention relating to the simplification of Customs Formalities, with 'protocol of signature, signed at Geneva on November 3, 1923;

(6) Agreement of Madrid of April 14, 1891, for the Prevention of False Indication of Origin of Goods, as revised at Washington on June 2, 1911, at The Hague on November 6, 1925, and at London on June 2, 1934;

(7) Convention for the unification of certain rules relating to international transportation by air, and additional protocol, signed at Warsaw on October 12, 1929;

(8) Convention on safety of life at sea opened for signature at London on June 19, 1948;

(9) Geneva conventions of August 12, 1949, for the protection of war victinis.

3. It is equally the intention of the Japanese Govern ment, within six months of the first coming into force of the Treaty of Peace, to apply for Japan's admission to participa tion in (a) the Convention on Interrational Civil Aviation opened for signature at Chicago on December 7, 1944, and, as soon as Japan is itself a party to that Convention, to accept the International Air Services Transit Agreement also opened for signature at Chicago on December 7, 1944; and (b) the Convention of the World Meteorological Organization opened for signature at Washington on October 11, 1947.

DECLARATION

With respect to the Treaty of Peace-signed this day, the Government of Japan makes the following Declaration:

Japan will recognize any Commission, Delegation or other Organization authorized by any of the Allied Powers to identi fy, list, maintain or regulate its war graves, cemeteries and memorials in Japanese territory; will facilitate the work of such Organizations; and will, in respect of the above mentioned war graves, cemeteries and memorials, enter into negotiations for the conclusion of such agreements as may prove necessary with the Allied Power concerned, or with any Commission, Delegation or other Organization authorized by it.

Japan trusts that the Allied Powers will enter into dis cussions with the Japanese Government with a view to ar rangements being made for the maintenance of any Japanese war graves or cemeteries which may exist in the territories of the Allied Powers and which it is desired to preserve.

PROTOCOL

The Undersigned, duly authorized to that effect, have agreed on the following provisions for regulating the question of Contracts, Periods of Prescription and Negotiable Instru ments, and the question of Contracts of Insurance, upon the restoration of peace with Japan:—

CONTRACTS, PRESCRIPTION AND NEGOTIABLE INSTRUMENTS

A. CONTRACTS

1. Any contract which required for its execution inter course between any of the parties thereto having become enemies as defined in part F shall, subject to the exceptions set out in paragraphs 2 and 3 below, be deemed to have been dissolved as from the time when any of the parties thereto became enemies. Such dissolution, however, is without prej udice to the provisions of Articles 15 and 18 of the Treaty of Peace signed this day, nor shall it relieve any party to the contract from the obligation to repay amounts received as advances or as payments on account and in respect of which such party has not rendered performance in return.
2. Notwithstanding the provisions of paragraph 1 above, there shall be excepted from dissolution and, without prejudice to the rights contained in Article 14 of the Treaty of Peace signed this day, there shall remain in force such parts of any contract as are severable and did not require for their execution intercourse between any of the parties thereto, having become enemies as defined in part F. Where the provisions of any contract are not so severable, the contract shall be deemed to have been dissolved in its entirety. The foregoing shall be subject to the application of domestic

laws, orders or regu lations made by a signatory hereto which is an Allied Power under the said Treaty of Peace and having jurisdiction over the contract or over any of the parties thereto and shall be subject to the terms of the contract.

3. Nothing in part A shall be deemed to invalidate trans actions lawfully carried out in accordance with a contract between enemies if they have been carried out with the au thorization of the Government concerned being the Govern ment of a signatory hereto which is an Allied Power under the said Treaty of Peace.
4. Notwithstanding the foregoing provisions, contracts of insurance and reinsurance shall be dealt with in accordance with the provisions of parts D and E of the present Protocol.

B. PERIODS OF PRESCRIPTION

1. All periods of prescription or limitation of right of action or of the right to take conservatory measures in respect of relations affecting persons or property, involving nationals of the signatories hereto who, by reason of the state of war, were unable to take judicial action or to comply with the formalities necessary to safeguard their rights, irrespective of whether these periods commenced before or after the outbreak of war, shall be regarded as having been suspended, for the duration of the war in Japanese territory on the one hand, and on the other hand in the territory of those signatories which grant to Japan, on a reciprocal basis, the benefit of the provi sions of this paragraph. These periods shall begin to run again on the coming into force of the Treaty of Peace signed this day. The provisions of this paragraph shall be applicable in regard to the periods fixed for the presentation of interest or dividend coupons or for the presentation for payment of securities drawn for repayment or repayable on any other ground, provided that in respect of such coupons or securities the period

shall begin to run again on the date when money becomes available for payments to the holder of the coupon or security.

2. Where, on account of failure to perform any act or to comply with any formality during the war, measures of ex ecution have been taken in Japanese territory to the prejudice of a national of one of the signatories being an Allied Power under the said Treaty of Peace, the Japanese Government shall restore the rights which have been detrimentally affected. If such restoration is impossible or would be inequitable the Japanese Government shall provide that the national of the signatory concerned shall be afforded such relief as may be. just and equitable in the circumstances...

C. NEGOTIABLE INSTRUMENTS

1. As between enemies, no negotiable instrument made before the war shall be deemed to have become invalid by reason only of failure within the required time to present the instrument for acceptance or payment, or to protest the instrument, nor by reason of failure to complete any formality during the war.

2. Where the period within which a negotiable instru ment should have been presented for acceptance or for pay ment, or within which notice of non-acceptance or non-pay ment should have been given to the drawer or endorser, or within which the instrument should have been protested, has elapsed during the war, and the party who should have presented or protested the instrument or have given notice of non-acceptance or non-payment has failed to do so during the: war, a period of not less than three months from the coming into force of the Treaty of Peace signed this day shall be allowed within which presentation, notice of non-acceptance or non-payment, or protest may be made.

3. If a person has, either before or during the war, in curred obligations under a negotiable instrument in con sequence of an undertaking given to him

by a person who has subsequently become an enemy, the latter shall remain liable to indemnify the former in respect of these obligations, not withstanding the outbreak of war.

D. INSURANCE AND REINSURANCE CONTRACTS ! (OTHER THAN LIFE) WHICH HAD NOT TERMI NATED BEFORE THE DATE AT WHICH THE PARTIES BECAME ENEMIES

1. Contracts of Insurance shall be deemed not to have been dissolved by the fact of the parties becoming enemies; provided that the risk had attached before the date at which the parties became enemies, and the Insured had paid, before that date, all moneys owed by way of premium or consider ation for effecting or keeping effective the Insurance in ac cordance with Contract.
2. Contracts of Insurance other than those remaining in force under the preceding clause shall be deemed not to have come into existence, and any moneys paid thereunder shall be returnable.
3. Treaties and other Contracts of Reinsurance, save as hereinafter expressly provided, shall be deemed to have been determined as at the date the parties became enemies, and all jcessions thereunder shall be cancelled with effect from that date. Provided that cessions in respect of voyage policies :which had attached under a Treaty of Marine Reinsurance - shall be deemed to have remained in full effect until their natural expiry in accordance with the terms and conditions on .. which the risk had been ceded.
4. Contracts of Facultative Reinsurance, where the risk had attached and all moneys owed by way of premium or consideration for effecting or keeping effective the Reinsurance had been paid or set off in the customary manner, shall, unless the reinsurance Contract otherwise provides, be deemed to have remained in full effect until the date at which the parties became

enemies and to have been determined on that date.

Provided that such Facultative Reinsurances in respect of tvoyage policies shall be deemed to have remained in full - effect until their natural expiry in accordance with the terms and conditions on which the risk had been ceded. Provided further that Facultative Reinsurances in respect of a Contract of Insurance remaining in force under clause 1 above shall be deemed to have remained in full effect until the expiry of the original Insurance.

5. Contracts of Facultative Reinsurance other than those: dealt with in the preceding clause, and all Contracts of Excess of Loss Reinsurance on an "Excess of Loss Ratio" basis and of Hail Reinsurance (whether facultative or not), shall be deemed not to have come into existence, and any moneys paid thereunder shall be returnable.

6. Unless the Treaty or other Contract of Reinsurance otherwise provides, premiums shall be adjusted on a pro rata temporis basis.

7. Contracts of Insurance or Reinsurance (including cessions under Treaties of Reinsurance) shall be deemed not to cover losses or claims caused by belligerent action by either Power of which any of the parties was a national or by the Allies or Associates of such Power.

8. Where an insurance has been transferred during the war from the original to another Insurer, or has been wholly reinsured, the transfer or reinsurance shall; whether effected voluntarily or by administrative or legislative action, be recog nized and the liability of the original Insurer shall be deemed to have ceased as from the date of the transfer or reinsurance.

9. Where there was more than one Treaty or other Con tract of Reinsurance between the same parties, there shall be an adjustment of accounts between them, and in order to establish a resulting balance there shall be brought into the accounts all balances (which shall include an agreed reserve for losses still outstanding) and all moneys which may be due from one party

to the other under all such contracts or which may be returnable by virtue of any of the foregoing provisions.

10. No interest shall be payable by any of the parties for any delay which, owing to the parties having become enemies, has occurred or may occur in the settlement of premiums or Claims or balances of account.

11. Nothing in this part of the present Protocol shall in any way prejudice or affect the rights given by Article 14 of the Treaty of Peace signed this day.

E. LIFE INSURANCE CONTRACTS

Where an insurance has been transferred during the war from the original to another insurer or' has been wholly reinsured, the transfer or reinsurance shall, if effected at the instance of the Japanese administrative or legislative authori ties, be recognized, and the liability of the original insurer shall be deemed to have ceased as from the date of the transfer or reinsurance.

F. SPECIAL PROVISION

For the purposes of the present Protocol, natural or jurid ical persons shall be regarded as enemies from the date when trading between them shall have become unlawful under laws, orders, or regulations to which such persons or the contracts were subject.

FINAL ARTICLE

The present Protocol is open for signature by Japan and any State signatory to the Treaty of Peace with Japan signed this day, and shall, in respect of the matters with which it deals, govern the relations between Japan and each of the other States signatory to the present Protocol as from the date when Japan and that State are both bound by the said Treaty of Peace.

The present Protocol shall be deposited in the archives of the Government of the United States of America which shall furnish each signatory State with a certified copy thereof.

IN FAITH WHEREOF the undersigned plenipotentiaries have signed the present Protocol.

DONE at the city of San Francisco this. eighth day of September 1951, in the English, French, and Spanish lan guages, all being equally authentic, and in the Japanese language.

Security Treaty Between Japan and the United States

Japan has this day signed a Treaty of Peace with the Allied Powers. On the coming into force of that Treaty, Japan will not have the effective means to exercise its inherent right of self-defense because it has been disarmed.

There is danger to Japan in this situation because irresponsible militarism has not yet been driven from the world. Therefore, Japan desires a Security Treaty with the United States of America to come into force simultaneously with the Treaty of Peace between the United States of America and Japan.

The Treaty of Peace recognizes that Japan as a sovereign nation has the right to enter into collective security arrangements, and further, the Charter of the United Nations recognizes that all nations possess an inherent right of individual and collective self-defense.

In exercise of these rights, Japan desires, as a provisional arrangement for its defense, that the United States of America should maintain armed forces of its own in and about Japan so as to deter armed attack upon Japan.

The United States of America, in the interest of peace and security, is presently willing to maintain certain of its armed forces in and about Japan, in the expectation, however, that Japan will itself increasingly assume responsibility for its own defense against direct and indirect aggression, always avoiding any armament which could be an offensive threat or serve other than to promote peace and security in accordance with the purposes and principles of the United Nations Charter.

Accordingly, the two countries have agreed as follows:

Article I

Japan grants, and the United States of America accepts, the right, upon the coming into force of the Treaty of Peace and of this Treaty, to dispose United States land, air and sea forces in and about Japan. Such forces may be utilized to contribute to the maintenance of international peace and security in the Far East and to the security of Japan against armed attack from without, including assistance given at the express request of the Japanese Government to put down largescale internal riots and disturbances in Japan, caused through instigation or intervention by an outside power or powers.

Article II

During the exercise of the right referred to in Article I, Japan will not grant, without the prior consent of the United States of America, any bases or any rights, powers or authority whatsoever, in or relating to bases or the right of garrison or of maneuver, or transit of ground, air or naval forces to any third power.

Article III

The conditions which shall govern the disposition of armed forces of the United States of America in and about Japan shall be determined by administrative agreements between the two Governments.

Article IV

This Treaty shall expire whenever in the opinion of the Governments of the United States of America and Japan there shall have come into force such United Nations arrangements or such alternative individual or collective security dispositions as will satisfactorily provide for the maintenance by the United Nations or otherwise of international peace and security in the Japan Area.

Article V

This Treaty shall be ratified by the United States of America and Japan and will come into force when instruments of ratification thereof have been exchanged by them at Washington.

Signatories

IN WITNESS WHEREOF the undersigned Plenipotentiaries have signed this Treaty.

DONE in duplicate at the city of San Francisco, in the English and Japanese languages, this eighth day of September, 1951.

찾아보기

[기타]

역자소개

송휘영

영남대학교 독도연구소 연구교수

일본 교토대학교(京都大学) 대학원 석사 · 박사 과정(농업경제학) 졸업

저서: 『일본 향토사료 속의 독도』(선인), 『독도=죽도 문제 '고유영토론'의 역사적 검토』(선인, 공역), 『독도 영토주권과 국제법적 권원』(동북아 역사재단, 공저) 등

박병선

전 매일신문사 논설위원

계명대학교 대학원 석사과정(일본학) 수료

저서: 『고고씽~ 대구 도심의 역사 속으로』(매일신문사), 『경북의 혼』(경상북도, 공저), 『경북체육사』(경북도체육회, 공저) 등

박지영

영남대학교 독도연구소 연구교수

일본 도쿄대학교(東京大学) 대학원 석사 · 박사 과정(일본사) 졸업

저서: 『1877년 태정관 지령에 관한 연구』(KMI, 공저), 『울릉도 · 독도로 건너간 거문도 · 초도 사람들』(선인, 공저), 『울릉도 · 독도 관련 거문도 자료 해제』(선인) 등

이성환

계명대학교 인문국제학대학 교수

일본 츠쿠바대학교(筑波大学) 대학원 석사 · 박사 과정(정치학) 졸업

저서: 『일본 태정관과 독도』(지성인, 공저), 『전쟁국가 일본』(살림), 『청일전쟁』(살림), 『러일전쟁』(살림) 등

김 영

대구한의대학교 기초교양대학 교수

일본 오차노미즈여자대학교(お茶の水女子大学) 대학원 석사 · 박사 과정(비교문화학) 졸업

저서: 『일본문화의 이해』(제이앤씨), 『平安文學新論』(岩波書店, 공저), 『일본 언론에 나타난 독도』(지성인) 등

손기섭

부산외국어대학교 외교학과 교수, 사회과학대학 학장

일본 도쿄대학교(東京大学) 대학원 박사과정(국제정치학) 졸업

저서: 『동아시아 영토분쟁과 외교정책』(세종연구소, 공저), 『동아시아 평화와 협력을 위한 대화』(제주평화연구원), 『동북아 국제관계와 한반도』(부산외대) 등